Mathematische Propädeutik für Wirtschaftswissenschaftler

Lineare Algebra und Lineare Optimierung

Von
Universitätsprofessor
Dr. rer. nat. Arno Jaeger
und
Universitätsprofessor
Dr. rer. oec. Gerhard Wäscher

R. Oldenbourg Verlag München Wien

Zur Erinnerung an unsere Eltern

Die Deutsche Bibliothek - CIP-Einheitsaufnahme

Jaeger, Arno:
Mathematische Propädeutik für Wirtschaftswissenschaftler : lineare Algebra u. lineare Optimierung / von Arno Jaeger u. Gerhard Wäscher. -
München : Oldenbourg, 1998
ISBN 3-486-24586-4
NE: Wäscher, Gerhard:

Rosenheimer Straße 145, D-81671 München
Telefon: (089) 45051-0, Internet: http://www.oldenbourg.de

Gedruckt auf säure- und chlorfreiem Papier
Gesamtherstellung: R. Oldenbourg Graphische Betriebe GmbH, München

ISBN 3-486-24586-4

Inhaltsverzeichnis

Vorwort

Mit dieser Veröffentlichung liegt nun ein weiterer Text zur mathematischen Propädeutik in Linearer Algebra vor. Wer dieses Buch zur Hand nimmt, mag sich fragen, ob diesem Thema überhaupt noch neue Aspekte abzugewinnen seien. Wir glauben das schon, neigen doch die bisherigen Bücher nach unserer Ansicht zu zwei Extremen:

- Entweder handelt es sich um kochrezepthafte Bücher, bei denen das numerische Rechnen, etwa im Rahmen des Anwendens von Algorithmen, im Vordergrund steht, nicht jedoch die Übung in begrifflichem mathematischen Denken und Handeln. Die Bewältigung eines solchen Textes mag ausreichen, um eine Klausur zu bestehen, fördert aber nicht gerade das Verständnis des mathematischen Hintergrundes. Das selbständige Aneignen weiterführender Texte erweist sich für die Studenten dann in der Regel als außerordentlich schwierig.
- Oder die betreffenden Bücher sind mathematisch anspruchsvoll, elegant, abstrakt, exakt. Sie ziehen vor allem die mathematisch besonders begabten und interessierten Studenten an, die große Mehrheit wird aber eher abgestoßen. Gleichzeitig wachsen ihre Vorurteile und Abneigungen gegenüber der Mathematik.

Mit dem vorliegenden Lehrbuch soll ein dritter Weg beschritten werden. Unsere Darstellung wird zwar ebenfalls exakt sein, d.h. Beweise bzw. Beweisandeutungen werden nur in ganz wenigen Fällen unterdrückt, mathematische Eleganz steht jedoch nicht im Vordergrund, sondern vielmehr Transparenz und Einfachheit. Schwierige Stellen werden deshalb langsam entwickelt und durch numerische, den Lehrtext unterbrechende Beispiele erhellt. Zur Gewährleistung des Lernerfolgs wird der Leser hiermit ermuntert, die Beispiele „per Hand" nachzuvollziehen. Eine Vielzahl von Übungsaufgaben (mit Lösungen am Ende des Buches) sollen darüber hinaus der Einübung des Gelesenen dienen. Durch fünf über das ganze Buch hin entwickelte betriebswirtschaftliche Grundbeispiele versuchen wir, immer wieder den Zusammenhang zwischen ökonomischer Wirklichkeit und mathematischen Gegebenheiten herzustellen.

Das Buch ist offensichtlich zunächst als Begleitlektüre für die mathematische Propädeutik eines Studiums der Wirtschaftswissenschaften gedacht. Es ist jedoch so aufgebaut, daß es auch für ein Selbststudium, etwa zur Vorbereitung auf ein quantitatives Fach des Hauptstudiums (Unternehmensforschung, Ökonometrie o.ä.) oder im Rahmen einer Prüfungsvorbereitung, verwendet werden kann. Wir haben dazu am Anfang eines jeden Kapitels die Lernziele und an seinem Schluß Wiederholungsfragen zur Selbstkontrolle aufgeführt. Weiterhin dienen Umrahmungen von wesentlichen Aspekten als deutliche optische Merkhilfe. Im Rahmen von längeren Beweisführungen sind außerdem bedeutsame Zwischenergebnisse durch senkrechte Balken markiert. Die wichtigsten Rechenverfahren sind schließlich unter Berücksichtigung aller Sonderfälle in Form von Algorithmen beschrieben. Sie können direkt als Vorlage zur Erstellung von entsprechenden EDV-Programmen dienen.

Abschließend möchten wir an dieser Stelle allen denjenigen danken, die uns bei der Erstellung des Buches unterstützt haben. Herr Dipl.-Ökonom Hermann Müller hat alle Entwürfe des Textes kritisch gelesen und in vielfacher Weise wertvolle Verbesserungsvorschläge eingebracht. Herr Dipl.-Mathematiker Heinz Schannath hat das Manuskript einschließlich der Übungsaufgaben sorgfältig geprüft und eine Reihe von Änderungen angeregt. Herr Dipl.-Mathematiker Manfred Meika erstellte verschiedene Abbildungen mit Hilfe eines Computerprogrammes. Diese drei Herren und Herr cand. oec. Matthias Klein haben sich an dem mühevollen Korrekturlesen beteiligt. Auch Herr Professor Dr. Helmut Reichardt, Frau Dr. Agnes Reichardt, Herr Dipl.-Mathematiker Alfred Bischoff und Frau stud. oec. Helga Trojahn gaben dankenswerte Anregungen.

Möge unser Buch nicht nur den Studenten der Wirtschaftswissenschaft die Furcht vor der Mathematik nehmen und zum erfolgreichen Bestehen der Examina beitragen, sondern auch die Verbreitung mathematischer Denkweisen im Rahmen ökonomischer Überlegungen fördern!

A. Jaeger
G. Wäscher

Kapitel I: Einleitung

Gliederung

Wenn Sie soeben mit einem Studium der Wirtschaftswissenschaft begonnen haben, so wundern Sie sich vielleicht, daß Sie sich in den ersten Semestern nicht nur mit einführenden Vorlesungen über Betriebs- und Volkswirtschaftslehre, sondern auch in einem unerwarteten Umfang mit Mathematik beschäftigen müssen, mit der Sie in Lehrveranstaltungen über „Lineare Algebra und Lineare Optimierung", „Analysis", „Statistische Methodenlehre" o.ä. konfrontiert werden. Dieses erste Kapitel soll Sie deshalb zunächst in die Beziehungen zwischen Mathematik, insbesondere der Linearen Algebra und Linearen Optimierung, und der Wirtschaftswissenschaft einführen. Wie beginnen mit einigen Bemerkungen über die Gebiete und Aufgaben der Mathematik (Abschnitt 2) und gehen dann näher auf die Prozesse des Abstrahierens und Mathematisierens ein (Abschnitt 3), die zur Bildung von mathematischen Modellen ökonomischer Gegebenheiten führen (Abschnitt 4). Danach machen wir Sie mit den ersten Grundbegriffen der Linearen Algebra und Linearen Optimierung vertraut (Abschnitt 5). Mit ihnen können in Abschnitt 6 zur Motivation und Veranschaulichung fünf ökonomische Grundbeispiele linearer Modelle vorgeführt werden, die aus Fragestellungen der betrieblichen Praxis gewonnen sind und im Verlaufe des Buches bewältigt werden, sobald jeweils das mathematische Rüstzeug entwickelt ist.

1. Lernziele

Wenn Sie dieses Kapital durchgearbeitet haben, sollten Sie in der Lage sein,
- die Begriffe Realstruktur, Realsystem, Formalstruktur, Formalsystem und ihre Unterschiede zu beschreiben sowie an Beispielen zu demonstrieren,
- die Prozesse des Abstrahierens, Mathematisierens und Konkretisierens zu erläutern und in den Aufbau und die Auswertung von mathematischen Modellen einzuordnen,
- die Vorteile der Mathematisierung einzusehen,
- zwischen drei Haupttypen von Modellen zu differenzieren,
- die Begriffe lineares Restriktionssystem, Lösung und lineares Optimierungssystem zu definieren und zu erläutern,
- Grundbeispiele linearer Modelle aus der betrieblichen Praxis aufzubauen und zu diskutieren.

2. Gebiete und Aufgaben der Mathematik

Seit mehreren Jahrzehnten hat sich die Mathematik in einem Maße entwickelt, von dem der Nichtfachmann gewöhnlich kaum eine Vorstellung besitzt. So führt etwa ein unlängst vom „Zentralblatt für Mathematik" und den „Mathematical Reviews" gemeinsam konzipiertes Schema zur Klassifizierung von wissenschaftlichen Veröffentlichungen 3398 Teilgebiete, zusammengefaßt in 61 Gebieten auf. Unter Anlehnung an dieses Schema könnte man durch weitere Zusammenfassung etwa die folgenden Obergebiete der Mathematik erhalten:

1. Allgemeines (einschl. Didaktik und Geschichte)
2. Mathematische Logik und Grundlagen
3. Mengen und Relationen
4. Algebra und Zahlentheorie
5. Analysis

6. Geometrie und Topologie
7. Mathematische Statistik und Stochastik
8. Allgemeine Angewandte Mathematik (einschl. mathematischer Informatik)
9. Physikomathematik (spezifische Mathematik der physikalischen Wissenschaften)
10. Soziomathematik (spezifische Mathematik der Gesellschaftswissenschaften, insb. Ökonomathematik, also spezifische Mathematik der Wirtschaftswissenschaft)
11. Biomathematik (einschl. Mathematik der Medizin)
12. Technomathematik (spezifische Mathematik für Ingenieure, einschl. gewisser systemtheoretischer und kybernetischer Gebiete).

Zwischen diesen Obergebieten bestehen jedoch vielfältige Wechselbeziehungen und Überlappungen, so daß bedeutsame mathematische (Er-)Kenntnisse häufig in mehreren, zum Teil weit auseinanderliegenden Gebieten zu erfassen sind. Die Lineare Algebra etwa, mit deren Grundlagen wir Sie in diesem Buch vertraut machen wollen, entstammt offensichtlich dem Obergebiet 4, das in elementaren Teilbereichen für das Lösen von linearen Gleichungssystemen, für (algebraische) Vektoren und Matrizen sowie für Determinanten zuständig ist. Schon von der Schule und z. B. der geometrischen Vektorrechnung her wissen Sie jedoch, daß diese Themenkreise auch sehr enge Beziehungen zum Obergebiet 6 besitzen. Von noch größerer Bedeutung ist dieses Obergebiet für die Lineare Optimierung, die man nur mit Einschränkungen zur Linearen Algebra rechnen kann. Logische und graphentheoretische Methoden der Linearen Algebra, die in diesem Buche nur am Rande behandelt werden können, weisen auf wichtige Zusammenhänge mit den Obergebieten 2 und 3 hin. Die Eingliederung des Gesamtstoffes dieses Buches in das Obergebiet 10 ist natürlich bereits definitorisch selbstverständlich. Man könnte so fortfahren und enge Verbindungen der Linearen Algebra mit jedem der übrigen Obergebiete herstellen. Sie spielt damit in der Mathematik eine universelle Rolle.

Die Gegenstände von wissenschaftlichen Untersuchungen in den genannten Obergebieten (abgesehen natürlich von gewissen Teilen des Obergebietes 1) sind die **Eigenschaften** der Elemente von Mengen sowie die **Beziehungen** zwischen ihren Elementen. Etwas präziser gesagt, geht es um Mengen von Relationen in einer zugrundegelegten Menge; hierfür wählen wir die Bezeichnungsweise (mathematische) *Struktur*. Die gedankliche Zusammenfassung einer Menge und ihrer Struktur nennen wir ein (mathematisches) *System*.[1)] Es ist also dann die Struktur eines Systems die Menge aller (zu betrachtender) Eigenschaften und Beziehungen; und die *Grundmenge* eines Systems ist diejenige Menge, auf deren Elemente sich die Systemstruktur bezieht.

Beispiel I-1

Die algebraische (Grund-)Struktur des Systems der reellen Zahlen kann wie folgt zusammengefaßt werden, sobald die vier Grundrechnungsarten bereits definiert sind:
Die Null hat die Eigenschaft $0 + x = x$ für jedes reelle x. Die Eins hat die Eigenschaft $1 \cdot x = x$ für jedes reelle x. Die Inverse x^{-1} hat zu x die Beziehung $x^{-1} \cdot x = 1$ für jedes von Null verschiedene reelle x.

[1)] Es muß allerdings darauf aufmerksam gemacht werden, daß die Sprechweisen „System“ und „Struktur“ in der diesbezüglichen Literatur nicht einheitlich verwendet werden, was teilweise auch mit ihrer begrifflichen Nähe zusammenhängt.

Es gelten für alle reellen x, y und z die Beziehungen:

$x + y = y + x$ (Kommutativgesetz der Addition)
$x + (y + z) = (x + y) + z$ (Assoziativgesetz der Addition)
$x \cdot y = y \cdot x$ (Kommutativgesetz der Multiplikation)
$x \cdot (y \cdot z) = (x \cdot y) \cdot z$ (Assoziativgesetz der Multiplikation)
$x \cdot (y + z) = x \cdot y + x \cdot z$ (Distributivgesetz).

Das Erkennen von Strukturen mathematischer Systeme und die Gewinnung neuer Erkenntnisse über sie kann man als erste *(kognitive)* Aufgabe der Mathematik auffassen. Daneben bildet das Entwickeln von mathematischen Methoden, z. B. von Rechenverfahren zur (numerischen) Beantwortung häufig wiederkehrender Fragen, im Rahmen von mathematischen Systemen ihre zweite *(instrumentelle)* Aufgabe, die gerade in bezug auf die Wirtschaftswissenschaft von entscheidender Bedeutung ist. Ein Verfahren, welches eine eindeutige und lückenlose, meist schematische Anleitung zum Behandeln eines genau definierten Typs einer mathematischen Fragestellung gibt, und zwar unter Berücksichtigung aller möglicherweise auftretenden Fälle, nennt man einen (mathematischen) *Algorithmus*. Dieser ist Vorstufe für einen Computeralgorithmus. Wir werden in diesem Buch eine ganze Reihe von Algorithmen in allen Details vorführen.

3. Abstrahieren und Mathematisieren

„System" und „Struktur" sind Ihnen natürlich wohlbekannte Vokabeln, die Sie jedoch vermutlich bislang nur in anderen als mathematischen Kontexten verwendet haben. Tatsächlich lassen sich unsere Definitionen unmittelbar auf außermathematische Gegebenheiten übertragen, indem man noch zusätzlich außermathematische Bedeutungen für die Elemente der zugrundeliegenden Menge, deren Eigenschaften und deren Beziehungen zuläßt. Auch für jede andere Wissenschaft, z. B. die Wirtschaftswissenschaft, lassen sich die beschriebenen kognitiven und instrumentellen Aufgaben aufzeigen. Im Gegensatz zu der absoluten begrifflichen Schärfe der Mathematik müssen Sie aber dann – wegen dieser zusätzlichen Bedeutungen – mit mangelnder Präzision, mit Unschärfen und Verschwommenheit rechnen, die durch Unzulänglichkeiten in der Umgangssprache und bis zu einem gewissen Grade auch in den entsprechenden Fachsprachen bedingt sind. Wir kommen auf diesen Aspekt noch zurück.

Zunächst wollen wir uns aber der Frage zuwenden, wie man nun überhaupt innerhalb und außerhalb der Mathematik zu einem wissenschaftlich analysierbaren System gelangt. Stark vereinfacht kann man sich die Gewinnung eines Systems mit seiner Struktur wie folgt vorstellen: Aus einer zunächst unübersehbaren Fülle von Eindrücken, die auf uns zukommen, werden gewisse (z. B. immer wiederkehrende, auffällige, interessante) Eindrücke herausgefiltert und gesammelt. Man läßt sich dabei durch Ähnlichkeiten und Analogien zu bereits bekannten Situationen – auch in ganz anderen Wissenschaften und Künsten – leiten. Auf diese Weise können die verschiedenartigsten und von Person zu Person unterschiedliche Erfahrungen einfließen. Teilaspekte (auch solche, die man nicht sehen will oder kann) werden (bewußt, unbewußt oder unterbewußt) vernachlässigt. Genauer gesagt, erfolgt bei einem Vorgehen wie diesem:

- ein Weglassen von Objekten, Gegenständen, Dingen,

- ein Weglassen von Eigenschaften von Objekten (was Weglassen von Teilen ihrer Begriffsinhalte einschließt),
- ein Weglassen von Beziehungen und Wechselbeziehungen zwischen den Objekten (was Weglassen von Bedeutungsunterschieden einschließt).

Vielleicht die schwerwiegendste Folge ist hierbei ein **Verwischen von Unterschieden**, wodurch man zu einer Gleichsetzung von solchen Objekten, solchen Eigenschaften und solchen Beziehungen kommt, die es eigentlich (z. B. räumlich, zeitlich, sachlich) nicht sind, und eine **Vergröberung der Situation** bewirkt. Einen Prozeß derartiger und ähnlicher Vereinfachungen und Verallgemeinerungen nennt man *Abstrahieren* und das dadurch gewonnene Ergebnis ein *Abstraktum* bzw. die Ergebnisse *Abstrakta*.[1] Solche Prozesse sind nun aber keinesfalls eigens zum Aufbau einer Wissenschaft erfunden worden, sondern treten ja bereits bei all unseren Sinneswahrnehmungen (Sehen, Hören, Riechen, Tasten, Schmecken) auf. Auch die Entwicklung von Begriffssprachen mit den Übergängen zu immer abstrakteren Oberbegriffen durch Einschränkung der Begriffsinhalte und dadurch Erweiterung der Begriffsumfänge geschieht genau auf die gleiche Weise.

Beispiel I-2
Das Schwarz-Weiß-Fernsehbild einer realen Situation ist ein (hier technisch erzeugtes) Abstraktum der Wirklichkeit, welches lediglich digitalisierte Schatten zeigt. Es bringt nur einen Teil der Wirklichkeit; die Beschränkungen einerseits auf Bildpunkte und andererseits auf relative Helligkeitsunterschiede (anstatt von Farben) ergeben Vergröberungen, und es treten Verzerrungen von Längenverhältnissen und Winkeln auf.

Wir wollen nun von einem *Realsystem* und einer *Realstruktur* sprechen, wenn ihnen eine (außermathematische) Bedeutung zukommt oder sie im Rahmen einer Realwissenschaft wie der Wirtschaftswissenschaft einen unmittelbaren Realitätsbezug aufweisen. Ihnen stehen innerhalb der Mathematik *Formalsystem* und *Formalstruktur* gegenüber.

Beispiel I-3
Es seien fünf Punkte A, B, C, D, E durch Strecken wie in folgendem Diagramm verbunden:

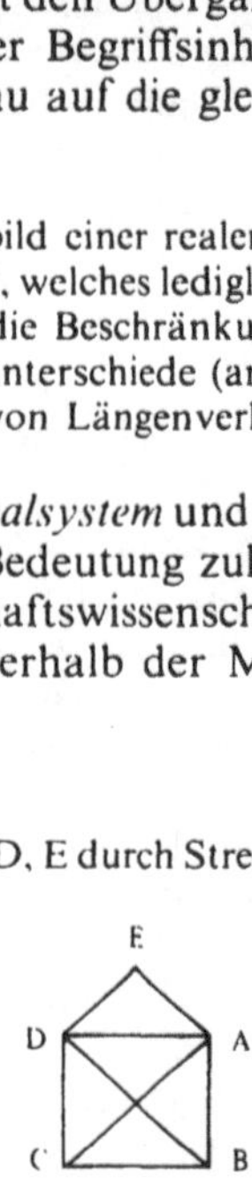

Dadurch ist das Formalsystem auch für jeden Laien sofort verständlich als geometrisches System beschrieben. Frage: Kann man in einem Zug (z. B. in einem Bleistiftzug ohne Absetzen) jede Strecke genau einmal entlang gehen, und wenn ja, auf welche Weise? Man kann zunächst folgende elementare Überlegung anstellen: Will man zu einem Punkt und wieder von ihm fort, so braucht man zwei verschiedene mit diesem Punkt verbundene Strecken. Will man das mehrfach tun, so braucht man dazu eine gerade Zahl von entsprechenden Strecken. B und C sind aber Endpunkte von je drei, also einer ungeraden Zahl von Strecken. Folglich muß man entweder bei B oder bei C anfangen und dann zwangsläufig

[1] Das Ihnen vertrautere Wort „Abstraktion" ist leider ebenso doppeldeutig wie das Wort „Produktion". Einmal kann damit der entsprechende Prozeß und ein anderes Mal das Ergebnis dieses Prozesses gemeint sein.

mit C bzw. B aufhören. Ein möglicher Streckenzug wäre BAEDBCADC. Angenommen, es gäbe jedoch noch eine zweite Strecke von B nach C, wie in dem folgenden Diagramm beschrieben:

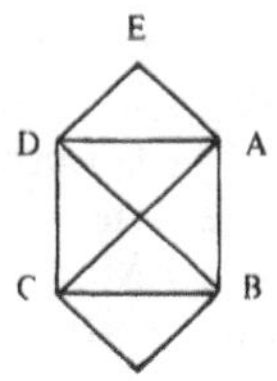

Dann ist jeder Punkt mit vier Strecken verbunden, und man kann von jedem Punkt eine entsprechende Route wählen, die schließlich wieder zu diesem Punkt zurückführt. Die Abkürzung „BC“ ist dann aber, weil mehrdeutig, nicht mehr erlaubt. Der Vorteil dieser geometrischen Systembeschreibung (wie auch in vielen anderen Fällen bei der Verwendung der Geometrie) ist, daß dieses Formalsystem automatisch in ein Realsystem umgedeutet werden kann (wobei hier noch zusätzlich die Mehrdeutigkeit von „Punkt“ und „Strecke“ hilft): Man lege für „Punkt“ die Bedeutung „Straßenkreuzung“ und für „Strekke“ die Bedeutung „Straße“ fest (und mache die Zusatzannahme, daß Straße DB auf einer Brücke die Straße CA überquert), und schon hat man ein mögliches Problem für einen Straßeninspekteur. Oder aber man lege für „Punkt“ die Bedeutung „Flughafen“ und für „Strecke“ die Bedeutung „Flugstrecke“ fest, und schon hat man ein mögliches Problem für eine Fluglinie. Der Unterschied zwischen Formalsystem und Realsystem ist hier noch sehr subtil, aber die Angelegenheit wird sofort anders, sobald sie vielleicht 100 Punkte und viele Verbindungsstrecken haben, denn dann geht es schlecht mit dem Zeichnen, und Sie sind gezwungen, das geometrische Formalsystem in ein algebraisches zu übersetzen.

Ein ganz anderes, aber mit dem gleichen Typ von Diagrammen beschreibbares *Problem* ist das *des Handlungsreisenden*: Dieser soll eine Route wählen, bei der er jeden Ort einmal aufsucht, und zwar unter Zurücklegen der geringstmöglichen Gesamtstreckenlänge. Schon bei einer relativ geringen Anzahl von Orten kann das ein unzumutbar aufwendiges numerisches Problem werden. Geht die Anzahl der Orte in die Hunderte, so ist man schon froh, wenn man eine zufriedenstellende Lösung anstatt einer bestmöglichen gefunden hat.

Wie die Geschichte der Wissenschaften häufig gezeigt hat, bestehen zwischen beiden Systemarten fruchtbare Wechselbeziehungen.[1] Das Erkennen von Systemen der einen Art kann zunächst zum Entdecken von Systemen der anderen Art und dann zu wissenschaftlichen Forschungen über die letzteren führen, und umgekehrt. So führten schon in den Dreißiger und Vierziger Jahren erst volkswirtschaftliche, dann militärische und schließlich betriebliche Fragestellungen immer mehr zu Formalsystemen der Linearen Algebra und Linearen Optimierung, und dieses löste erhebliche Impulse zur gezielten Weiterentwicklung der relevanten Gebiete der Mathematik aus, die noch keinesfalls abgeschlossen ist. Umgekehrt haben die Ökonomen in den letzten Jahrzehnten u. a. aufgrund von besserer mathematischer Vorbildung z. B. in Linearer Algebra und Linearer Optimierung immer mehr erkennen können, daß beim Konzipieren von für Sie interessanten Realsystemen bereits formale „Vorbilder“ mit passenden Begriffen, Theoremen und Methoden zur Verfügung stehen. Sehr begünstigt wurde diese wechselseitige Befruchtung auch durch Persönlichkeiten wie z. B. George B. DANTZIG, die gleichzeitig Ökonomen und Mathematiker waren oder ihre Berufsausbildung in der einen Fachrichtung erhielten,

[1] Siehe z. B. den interessanten Zusammenhang zwischen der Entwicklung der Differentialrechnung, der NEWTONschen Mechanik und der LEIBNIZschen Monadenlehre.

aber ihre Berufspraxis in der andern ausübten. (Als sicherlich einmaliger Sonderfall erweist sich in diesem Zusammenhang John von NEUMANN, der drittens auch noch ein sehr schöpferischer theoretischer Physiker war!)

Den Abstraktionsprozeß von einem bereits erkannten oder gedanklich noch verschwommenen Realsystem zu einem entsprechenden Formalsystem wollen wir *Mathematisieren* [1] nennen. Durch das Mathematisieren werden Fragen oder ganze Komplexe von Fragen (Fragestellungen) der Ökonomie durch Fragen der Mathematik ersetzt, wobei selbst innerhalb der Mathematik noch weitere Abstraktionen erfolgen können oder müssen. Charakteristischerweise werden bei einem solchen Prozeß – wie bereits erwähnt – auf jeden Fall die den Elementen, ihren Eigenschaften und den Beziehungen zukommenden Bedeutungen unterdrückt. Damit der Bezug zu dem zugrundeliegenden Realsystem nicht verloren geht, ist für jede der in dem Formalsystem vorkommenden Größen die jeweilige Bedeutung zu protokollieren. Weiterhin sollten die beim Abstrahieren zugrundegelegten Meß- und Bewertungsvorschriften aufgeschrieben werden.

Beispiel I-4

Ein Student soll von den Professoren A, B und C je eine Stunde lang nachmittags um 1 Uhr, 2 Uhr und 3 Uhr mündlich geprüft werden. Professor A ist von 13 bis 14 Uhr, B von 14 bis 15 Uhr und C von 15 bis 16 Uhr verhindert. Welche Möglichkeiten ergeben sich für die Aufstellung des Prüfungszeitplans? Für die Beantwortung dieser Frage braucht man wegen der zugrundeliegenden banalen Situation kein großartiges System aufzustellen, sondern kann wie folgt vorgehen: Man schreibe sich das Schema

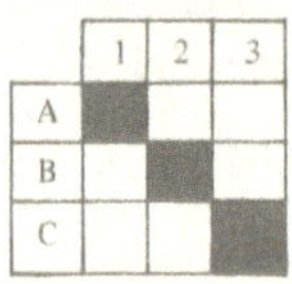

auf, das sich von selbst versteht, schwärze die „unzulässigen" Kästchen A1, B2 und C3 und suche in dem Schema alle Konstellationen auf, bei denen sowohl jede Zeile als auch jede Spalte jeweils nur in einem Kästchen markiert sind. Beginnt man die Markierung mit A2, so erlaubt die C-Zeile nur noch C1, und zwangsläufig bleibt in der B-Zeile dann nur noch B3 übrig. Wählt man jedoch zunächst A3, so bleibt in der B-Zeile nur noch B1 übrig, und dann ist schließlich nur noch C2 möglich. Es gibt also lediglich die zwei Möglichkeiten A2, B3, C1 und A3, B1 und C2.

Hat man nun aber etwa 16 Prüfer, zwei Prüfungstage von je acht Stunden und zeitlich unterschiedliche und unterschiedlich lange Verhinderungen, so wird man mit „Common Sense" schlecht zurecht kommen, sondern vielleicht nach einigem Nachdenken das folgende Formalsystem aufstellen und seine Lösungen zu bestimmen suchen.

Grundmenge der mathematischen Größen

Indexmengen $I := \{A, B, C, \dots\}$, $J := \{1, 2, 3, \dots\}$, Variablen $x_{ij} \in \{0, 1\}$ für $i \in I$ und $j \in J$.

[1] Die leider häufig für einen derartigen Prozeß gebräuchliche Bezeichnungsweise „Quantifizieren" ist in doppelter Weise irreführend, weil erstens Quantifizierung wesentlich mehr als Zuordnung von Zahlen bedeutet und zweitens die Mathematik noch ganz andere als quantitative Strukturen betrachtet, z. B. die mit Symbolen wie „$<$" oder „$\leqq$" arbeitenden Ordnungs- und Vergleichsstrukturen.

Mathematische Struktur

$$x_{A1} + x_{A2} + x_{A3} + \ldots = 1$$
$$x_{B1} + x_{B2} + x_{B3} + \ldots = 1$$
$$\vdots$$
$$x_{A1} + x_{B1} + x_{C1} + \ldots = 1$$
$$x_{A2} + x_{B2} + x_{C2} + \ldots = 1$$
$$x_{A3} + x_{B3} + x_{C3} + \ldots = 1$$
$$\vdots$$

Bezug zum Realsystem

I: Menge der Prüfer
J: Menge der zur Verfügung stehenden Stunden
$x_{ij} = 1$: Prüfer i wird der Zeitstunde j zugeordnet
$x_{ij} = 0$: Prüfer i wird nicht der Zeitstunde j zugeordnet
Wir setzen im vorab $x_{ij} := 0$, d.h. lassen diese Variable aus, wenn Prüfer i während der Zeitstunde j nicht zur Verfügung steht.

Entscheidend für den studentischen Leser ist hierbei im Augenblick nicht, daß er die Übertragung der realen Situation in das mathematische System unverzüglich verstanden hat, sondern daß er bereits an diesem Beispiel einsieht, daß man aus dem Formalsystem nicht unbedingt Rückschlüsse auf eine zugrundeliegende Fragestellung ziehen kann, ohne daß ein Bezug zum Realsystem festgelegt ist. (Die Bestimmung der Lösungsgesamtheit dieses Beispiels kann schon den Rahmen dieses Buches sprengen, weil die Variablen nur die Werte 1 oder 0 annehmen dürfen. Außerdem ergibt sich aus der realen Fragestellung bereits, daß nicht mal eine einzige Lösung zu existieren braucht, wenn nämlich die Konstellation der Verhinderungen zu unglücklich ist.)

Realistische Prüfungsplan-Probleme sind wesentlich komplexer, da man nicht nur für einen Studenten, sondern für eine große Anzahl von ihnen gleichzeitig einen solchen Plan aufstellen muß, wobei noch die Prüfer wechseln.

Das Rückgängigmachen eines Abstraktionsprozesses wollen wir *Konkretisieren* nennen. Hierbei handelt es sich im wesentlichen um die Interpretation der Ergebnisse einer Analyse des Formalsystems im Hinblick auf das zugehörige Realsystem (*originäres* Konkretisieren) bzw. des Realsystems im Hinblick auf die reale Gegebenheit (*sekundäres* Konkretisieren). Anders ausgedrückt: Aus den mathematisch gewonnenen Antworten werden Rückschlüsse auf die in den Realwissenschaften bzw. der Realität gesuchten Antworten gezogen.

Die soeben skizzierten gegenseitigen Beziehungen zwischen Realität, Realwissenschaft (insbesondere hier der Wirtschaftswissenschaft) und Mathematik lassen sich idealtypisch wie folgt veranschaulichen:

Abb. I-1: Das zweistufige Abstrahieren von Realität zu Mathematik, das zweistufige Konkretisieren von Mathematik zu Realität

Die schon bei grober Sicht offenkundige Zweistufigkeit des Abstrahierens von der Realität zur Mathematik bzw. des umgekehrten Vorgangs des Konkretisierens wird sehr oft (bewußt oder unbewußt) vernachlässigt.[1] Das erste (*originäre*) Abstrahieren hängt vorwiegend von sachlichen Gesichtspunkten, z. B. dem Fachverständnis, der Zugehörigkeit zu einer Schule und dem Kenntnisstand des Ökonomen ab; das zweite (*sekundäre*) überwiegend von mathematischen Gesichtspunkten, z. B. auch erheblich von subjektiven mathematischen Kenntnissen. Jede der beiden Abstraktionsstufen wird nun meist auch nicht unmittelbar erreicht, sondern erst als Ergebnis von hintereinandergeschalteten abstrahierenden Zwischenschritten und unter Anwendung des Prinzips von „trial and error". Dabei muß nachdrücklich betont werden, daß man natürlich die beiden Umformungsrichtungen in Abb. I-1 nicht isoliert voneinander sehen darf, denn sie bedingen und beeinflussen sich wechselseitig.

Die Mathematisierung bietet die folgenden Vorteile:

- Zwang zur Präzision, zur Protokollierung aller Einzelheiten und zur lückenlosen Offenlegung aller Prämissen (einschl. aller vorgenommenen Vereinfachungen),
- keine Möglichkeit des Ausweichens durch geschickte, z. B. bewußt mehrdeutige Formulierungen und damit auch keine semantische Möglichkeit des Entschuldigens im Nachhinein,
- weitgehendes Ausschalten von logischen Fehlschlüssen,
- Hilfe für das Aufdecken und Verstehen von verborgenen Zusammenhängen,
- Ausnutzen der jahrhundertelangen Erfahrungen des Anwendens der Mathematik,
- Erreichen einer notwendigen Vorstufe zur Benutzung des Computers.

Für die fachbezogene Beurteilung des Übergangs zur und (noch mehr) von der Mathematik sind aber möglichst adäquate **Mathematikkenntnisse für den Ökonomen** unabdingbar, insbesondere **Kenntnisse der Linearen Algebra**, da man wegen ihrer strukturellen Unkompliziertheit wenn irgend möglich versucht, mit ihr auszukommen.

4. Modelle von ökonomischen Gegebenheiten

Ähnlich wie bei den Worten „System" und „Struktur" besteht sowohl in den Fachsprachen als auch in der Umgangssprache eine gewisse begriffliche Verwirrung im Zusammenhang mit dem Wort „Modell". Wir wollen im folgenden unter einem *Modell* ein System verstehen, das mit Hilfe von Abstraktionsprozessen **zu einem fachspezifischen Zweck** aus einer tatsächlichen oder auch nur gedachten realen, möglicherweise noch recht unstrukturierten Situation gewonnen wurde. Dabei kann es sich um ein Realsystem innerhalb einer Realwissenschaft wie der Wirtschaftswissenschaft oder um ein Formalsystem innerhalb der Mathematik handeln. Im zweiten Fall, der uns in diesem Buch besonders beschäftigen wird, wollen wir allgemein von einem *mathematischen Modell* oder fachspezifisch auch von einem *ökonomathematischen Modell* sprechen. Dieser Modellbegriff umfaßt auch die zugehörigen Abbildungsvorschriften, also Abstraktions- und Konkretionsvorschriften und insbesondere Bedeutungsfestlegungen für die im Formalsystem auftreten-

[1] Vgl. z. B. selbst Jaeger [1972a]. Dahinter steckt allerdings noch eine wohl unlösbare Frage: Existieren die realen Strukturen der Welt an sich, sind sie gewissermaßen „gottgeschaffen", oder sind sie vom Menschen der Realität aufgezwungen?

den mathematischen Größen. Dabei kann ein solches Modell alle Zwischenstufen einschließen, von der bloßen Verwendung der Buchstabenrechnung zur Gewinnung von anderen Zahlen, über prinzipiell sehr durchsichtige Situationen mit der einzigen Komplikation sehr großer Datenmengen bis zur Aufdeckung von verborgenen, möglicherweise sehr überraschenden Zusammenhängen und Gesetzmäßigkeiten bei recht undurchsichtiger Situation.
Für die Untersuchung von ökonomischen Fragestellungen werden nach ihrem jeweiligen Zweck drei Haupttypen von Modellen unterschieden:

- **Beschreibungsmodelle**
  Diese Modelle abstrahieren lediglich ökonomische Gegebenheiten, ohne daß sie unmittelbar zur Herleitung von Aussagen vorhersagender oder empfehlender Art beitragen. Mit ihnen können aber an großen Datenbänken numerische Auswertungen vorgenommen und viele neu definierte abgeleitete Größen wie etwa Mittelwerte berechnet werden. Zum Beispiel eignen sie sich dazu, aus Tausenden von Informationen über Güterpreise eine quantitative Aussage über die jährliche Inflationsrate in einer Volkswirtschaft (in der Vergangenheit) zu gewinnen.
- **Prognosemodelle**
  Diese Modelle dienen zur Voraussage zukünftiger ökonomischer Gegebenheiten. Mit ihnen wird z. B. versucht, die spezifischen Absatzchancen eines Produktes oder die Auswirkungen neuer Steuergesetze gesamtwirtschaftlich oder einzelwirtschaftlich zu ergründen.
- **Entscheidungsmodelle**
  Diese Modelle dienen der Auswahl von Maßnahmen zur Gestaltung von ökonomischen Gegebenheiten. In sie gehen in starkem Umfang solche Informationen ein, die vorher aus Beschreibungs- und/oder Prognosemodellen gewonnen wurden. Sie werden in stets wachsendem Maße als Entscheidungshilfe bei Unternehmungen und staatlichen Stellen benutzt.

Im ökonomischen Bereich hat man beim Modellbau, der Modellanalyse und der praktischen Verwertung von Modellen mit einer prinzipiellen Schwierigkeit zu kämpfen, die bei naturwissenschaftlich-technischen Modellen eigentlich überhaupt nicht (oder nur in extremen Sonderfällen) auftritt: den vielseitigen, oft schlecht und manchmal gar nicht abzuschätzenden Einflüssen von Seiten des Menschen. Der Aufbau eines anspruchsvollen (und noch nicht allgemein bekannten oder verwendeten) ökonomathematischen Modelles kann bereits deshalb eine große Aufgabe bedeuten, die erhebliche Kenntnisse nicht nur der Wirtschaftswissenschaft und der Mathematik, sondern möglicherweise auch anderer Realwissenschaften wie etwa der Psychologie und der Soziologie erfordert.

Wenn irgend möglich, werden erfahrene Modellbauer versuchen, ökonomathematische Modelle zu konstruieren, die aus Grundbausteinen der Linearen Algebra und Linearen Optimierung zusammengesetzt sind, wie sie im Verlaufe dieses Buches in Form von Begriffen, theoretischen Zusammenhängen zwischen diesen Begriffen (Lehrsätzen, Eigenschaften) und präzisierten Verfahrensvorschriften (Algorithmen) skizziert werden. Diese sind nämlich, im Vergleich zu Bausteinen anderer mathematischer Gebiete, sowohl begrifflich besonders einfach als auch besonders leicht zu handhaben. Wir wollen hier in diesem Buch solche Modelle *lineare Modelle* nennen. Einige ökonomathematische Grundmodelle aus dem betrieblichen Bereich werden noch in diesem Kapitel vorgestellt und in späteren Kapiteln näher behandelt. Sie sollen nicht nur der Motivation dienen, sondern auch immer wieder unterstreichen, daß sich Ökonomen mit Linearer Algebra und Linearer Optimierung befassen müssen. Wegen ihrer Ausgereiftheit können diese Grundbeispiele allerdings den irreführenden Eindruck erwecken, die Benutzung linearer Modelle reduziere sich auf eine Verwendung von mathematischen Rezepten oder gar nur der mathematischen Sprache und Symbolik.

Modellbau und Modellanalyse sind jedoch keinesfalls Gegenstände dieses Buches. Für die Behandlung derartiger Themen eignen sich elementare Einführungen wegen mehrerer Schwierigkeiten nicht: Erstens sind praxisbezogene mathematische Modelle in der Regel sehr umfangreich (viele Elemente) und sehr komplex (viele Zusammenhänge), so daß sie bereits aus Zeit- und Platzgründen drastisch vereinfacht werden müssen. Aufgrund solcher Vereinfachungen klingen sie dann häufig so banal, daß beim Uneingeweihten der Eindruck erweckt werden kann, es werde künstlich „Verwissenschaftlichung" betrieben und etwas Einfaches durch etwas Gekünsteltes, sehr Unverständliches ersetzt. Zweitens erfordern solche realistischen Modelle meist erhebliche Sachkenntnisse aus den jeweiligen ökonomischen und möglicherweise außerökonomischen Sachgebieten, die erst mühevoll gewonnen werden müssen, wozu keine Zeit ist und wozu das zusätzliche Hintergrundwissen des Studenten noch gar nicht vorhanden sein kann. Drittens fehlen auch die mathematischen Grundkenntnisse, die – wie hier in Linearer Algebra und Linearer Optimierung – vorher vermittelt werden müssen. Wenn die entsprechenden Kenntnisse vollständig fehlen, kann es in der Praxis leicht geschehen, daß das geeignetste mathematische Modell nur deshalb nicht akzeptiert wird, weil es dem für die Benutzung Verantwortlichen völlig undurchsichtig erscheint (während die Konkurrenz aus ihrer Benutzung erhebliche Vorteile zieht).

5. Erste Grundbegriffe der Linearen Algebra und Linearen Optimierung

Eine mathematische Bedingung

$$a_1 x_1 + a_2 x_2 + \ldots + a_n x_n \,\square\, b$$

mit den (numerisch festgelegten oder noch nicht festgelegten) Größen $a_1, a_2, \ldots, a_n, b$, bei der das Quadrat „$\square$" für eines der Zeichen

„$=$" (sprich: „gleich" oder „genau so groß wie),
„$\leqq$" (sprich: „kleiner gleich" oder „höchstens so groß wie"),
„$\geqq$" (sprich: „größer gleich" oder „mindestens so groß wie"),
„$<$" (sprich: „kleiner" oder „echt kleiner" oder „strikt kleiner"),
„$>$" (sprich: „größer", „echt größer" oder „strikt größer")

steht und den Zahlenbereich der *Variablen* $x_1, x_2, \ldots, x_n$ auf solche Zahlenwerte einengen soll, die dieser Einschränkung genügen, heiße *lineare Restriktion.* Lineare Restriktionen zeichnen sich durch zwei Eigenschaften aus:

- Sämtliche Variablen kommen nur in der ersten Potenz vor.
- Es kommen keine Produkte von Variablen vor.

Die Konstanten $a_1, a_2, \ldots, a_n$ bezeichnet man als *Koeffizienten*, b als *absolutes Glied* oder als *rechte Seite* der Restriktion.

Beispiel I-5
Die folgenden mathematischen Formeln R_1–R_5 definieren lineare Restriktionen:

$$\begin{array}{ll}
R_1: 3x_1 + 2x_2 + 4x_3 + 9x_4 & = 220 \\
R_2: \quad x_2 & \geqq 0 \\
R_3: \quad x_5 & < -7 \\
R_4: \quad x_3 + x_4 - x_6 & = 2{,}25 \\
R_5: \quad x_4 + x_6 & > 0.
\end{array}$$

Keine linearen Restriktionen sind durch R_6–R_8 gegeben:

$$\begin{array}{ll}
R_6: 2x_1 + 4x_2^2 + x_3 & \leqq 40 \\
R_7: x_1 + x_2 \cdot x_3 + x_4 & = 7 \\
R_8: \quad x_4^2 & \geqq 100.
\end{array}$$

Steht in einer linearen Restriktion das Gleichheitszeichen „=", so spricht man natürlich auch von einer *linearen Gleichung*, ansonsten von einer *linearen Ungleichung*. Ein weiterer spezieller Restriktionstyp ergibt sich, wenn man für eine Variable x_i fordert, sie solle ausschließlich nichtnegative Werte annehmen. In diesem Fall schreibt man

$$x_i \geqq 0$$

und spricht von einer *Nichtnegativitätsrestriktion* oder auch kurz von einer *NN-Restriktion.*

Beispiel I-6

Bei den Restriktionen R_1 und R_4 aus dem letzten Beispiel handelt es sich um lineare Gleichungen, bei R_2 um eine NN-Restriktion.

Restriktionen, bei denen die Zeichen „<" und „>" vorkommen, erweisen sich als rechentechnisch ungünstig, lassen sich jedoch vermeiden. So kann etwa die Ungleichung

$$a_1 x_1 + a_2 x_2 + \ldots + a_n x_n < b$$

durch

$$a_1 x_1 + a_2 x_2 + \ldots + a_n x_n \leqq b - \varepsilon$$

ersetzt werden, wobei ε im Rahmen der Rechengenauigkeit beliebig klein gewählt werden kann. Die folgenden Betrachtungen beschränken sich deshalb hauptsächlich auf Restriktionen der Form „=", „≦", „≧".

In der Regel sollen Zahlenwerte für die Variablen $x_1, x_2, \ldots, x_n$ so gesucht werden, daß sie gleichzeitig mehreren linearen Restriktionen

$$\text{(I-1)} \quad \begin{cases} a_{11}x_1 + a_{12}x_2 + \ldots + a_{1n}x_n \;\square_1\; b_1 \\ a_{21}x_1 + a_{22}x_2 + \ldots + a_{2n}x_n \;\square_2\; b_2 \\ \vdots \\ a_{m1}x_1 + a_{m2}x_2 + \ldots + a_{mn}x_n \;\square_m\; b_m \end{cases}$$

genügen. In diesem Fall heiße die Zusammenfassung dieser $m\,(m \geqq 1)$ Restriktionen *lineares Restriktionssystem.* Bei einer Darstellung von linearen Restriktionssystemen des Typs (I-1) gibt normalerweise, wie hier, der erste Index der Koeffizienten $a_{11}, a_{12}, \ldots, a_{mn}$ also die jeweilige Restriktion an, in der dieser Koeffizient steht, der zweite Index die Variable, auf die er sich bezieht. Entsprechend beziehen sich die Indices der Quadrate $\square_1, \square_2, \ldots, \square_m$ bzw. die Indices der rechten Seiten $b_1, b_2, \ldots, b_m$ auf die betreffenden Restriktionen.

Beispiel I-7

$$\mathrm{RS}_1: \begin{cases} 3x_1 + 4x_2 - 5x_3 + 2x_4 \geqq 1 \\ x_1 + x_2 - x_3 = 2 \\ x_4 \geqq 0 \\ 7x_2 + x_3 - 9x_4 \leqq 110 \end{cases}$$

stellt ein lineares Restriktionssystem für die Variablen x_1, x_2, x_3, x_4 dar.

Steht jedes der Zeichen „$\square_i$" $(i = 1, \ldots, m)$ für das Gleichheitszeichen „=", so heiße (I-1) ein *(allgemeines) lineares Gleichungssystem.*

Beispiel I-8

Bei folgenden Restriktionssystemen handelt es sich um lineare Gleichungssysteme:

$$\mathrm{RS}_2: \begin{cases} 3x_1 + 4x_2 + 5x_3 + 2x_4 = 16 \\ 2x_1 - 4x_2 = 2 \\ 3x_1 + 2x_2 - x_3 = 24. \end{cases}$$

$$\mathrm{RS}_3: \quad x_1 + x_2 = 2.$$

$$\mathrm{RS}_4: \begin{cases} x_1 + x_2 + 3x_3 = 0 \\ x_1 + 2x_2 + 2x_3 = 0 \\ 4x_1 + 6x_2 + 8x_3 = 0 \\ x_2 + x_3 = 0. \end{cases}$$

Neben der oben verwendeten *ausführlichen Schreibweise* (I-1) ist für lineare Restriktionssysteme auch die kürzere *Summenschreibweise* (I-2) gebräuchlich:

$$\text{(I-2)} \quad \begin{cases} \sum_{j=1}^{n} a_{1j}x_j \,\square_1\, b_1 \\ \sum_{j=1}^{n} a_{2j}x_j \,\square_2\, b_2 \\ \vdots \\ \sum_{j=1}^{n} a_{mj}x_j \,\square_m\, b_m. \end{cases}$$

Häufig kürzt man sogar noch knapper das ganze System durch eine Gleichung mit variablem Index i ab:

$$\text{(I-3)} \quad \sum_{j=1}^{n} a_{ij}x_j \,\square_i\, b_i, \quad i = 1, 2, \ldots, m.$$

Sind nun $x_1^*, x_2^*, \ldots, x_n^*$ derartige reelle Zahlen, daß sämtliche Restriktionen von (I-1) erfüllt sind, wenn man die Variablen x_j auf die entsprechenden Werte x_j^* *fixiert*, d.h. die Ersetzung

$$\begin{aligned} x_1 &= x_1^* \\ x_2 &= x_2^* \\ &\vdots \\ x_n &= x_n^* \end{aligned}$$

vornimmt, dann heiße die durch die Numerierung geordnete vertikal oder horizontal geschriebene Zusammenfassung

$$\begin{pmatrix} x_1^* \\ x_2^* \\ \vdots \\ x_n^* \end{pmatrix} \quad \text{bzw.} \quad (x_1^*, x_2^*, \ldots, x_n^*)$$

dieser Zahlen $x_1^*, x_2^*, \ldots, x_n^*$ kurz eine *Lösung* oder ausführlicher ein *Lösungsvektor* des linearen Restriktionssystems (I-1). Ganz allgemein bezeichnet man nämlich jede solche Zusammenfassung in der durch die Numerierung festgelegten Reihenfolge als n-*Vektor* oder kürzer als *Vektor* (siehe Kapitel III, wo Vektoren systematisch eingeführt und behandelt werden). Die Frage, ob bestimmte Zahlenwerte für die Variablen $x_1, x_2, \ldots, x_n$ eine Lösung eines Restriktionssystems darstellen, untersucht man gemäß unserer Definition dadurch, daß man diese Zahlen einfach in jede Restriktion des Restriktionssystems einsetzt, die linke Seite numerisch ausrechnet und überprüft, ob das jeweilige Restriktionszeichen $\square_i$ zwischen der ausgerechneten Zahl auf der linken Seite und derjenigen auf der rechten Seite tatsächlich Gültigkeit besitzt.

Beispiel I-9
Wir überprüfen, ob

$$(4, 3, 5, 2)$$

eine Lösung des Restriktionssystems RS_1 aus Beispiel I-7 darstellt. Dazu ersetzen wir in diesem Restriktionssystem die Variablen x_1, x_2, x_3, x_4 jeweils durch die Zahlen 4, 3, 5, 2 und erhalten:

Überprüfung für die 1. Restriktion

$$3 \cdot 4 + 4 \cdot 3 - 5 \cdot 5 + 2 \cdot 2 \overset{?}{\geqq} 1$$

$$\curvearrowright \quad 12 + 12 - 25 + 4 \overset{?}{\geqq} 1$$

$$\curvearrowright \quad 3 \geqq 1 \quad \surd$$

Überprüfung für die 2. Restriktion

$$4 + 3 - 5 \overset{?}{=} 2$$

$$\curvearrowright \quad 2 = 2 \quad \surd$$

Überprüfung für die 3. Restriktion

$$2 \geqq 0 \quad \surd$$

Überprüfung für die 4. Restriktion

$$7 \cdot 3 + 5 - 9 \cdot 2 \overset{?}{\leqq} 110$$

$$\curvearrowright \quad 21 + 5 - 18 \overset{?}{\leqq} 110$$

$$\curvearrowright \quad 8 \leqq 110 \quad \surd$$

Das Fragezeichen „?" soll deutlich machen, daß die Gültigkeit des darunterstehenden Zeichens noch zu prüfen ist. Entsprechend steht ein Haken „$\surd$" neben derjenigen Restriktion, aus der die Gültigkeit des entsprechenden Restriktionszeichens klar hervorgeht. Schließlich ist das Zeichen „$\curvearrowright$" wie „folglich" zu lesen.

(4, 3, 6, −2)

ist dagegen keine Lösung des Restriktionssystems, weil die Zahlenwerte schon der ersten Restriktion nicht genügen:

Überprüfung für die 1. Restriktion

$$3 \cdot 4 + 4 \cdot 3 - 5 \cdot 6 + 2 \cdot (-2) \overset{?}{\geqq} 1$$

$$\curvearrowright \quad 12 + \quad 12 - \quad 30 + \quad (-4) \overset{?}{\geqq} 1$$

$$\curvearrowright \qquad -10 \ngeqq 1.$$

Das Zeichen „$\ngeqq$" besagt dabei, daß das Ungleichheitszeichen „$\geqq$" keine Gültigkeit besitzt.

Sofern wir in einer Restriktion oder in einem ganzen Restriktionssystem alle auftretenden Variablen x_j mit einem Stern * versehen, meinen wir mit dieser *Fixierung der Variablen auf Zahlenwerte* x_j^*, daß $(x_1^*, x_2^*, \ldots, x_n^*)$ eine Lösung sein soll. Insbesondere repräsentieren dann Gleichungen mit allseits fixierten Variablen Identitäten und nicht mehr Restriktionen.

Im Sinne der Mengenlehre kann man die Menge aller Lösungen eines linearen Restriktionssystems (I-1) auch folgendermaßen interpretieren: Es sei $\mathscr{L}_i$ die Menge aller Lösungen der Restriktion mit Nummer (präziser: Index) i (i = 1, …, m). Die Menge $\mathscr{L}_{RS}$ aller Lösungen des Restriktionssystems ergibt sich dann als Schnittmenge der Lösungsmengen $\mathscr{L}_i$ (i = 1, …, m):

$$\mathscr{L}_{RS} = \mathscr{L}_1 \cap \mathscr{L}_2 \cap \ldots \cap \mathscr{L}_m.$$

Ihnen dürfte klar sein, daß eine Restriktion und entsprechend auch ein Restriktionssystem durchaus mehrere Lösungen besitzen kann. Wegen dieser Möglichkeit der Existenz mehrerer Lösungen ist es zweckmäßig, die Größen $x_1, x_2, \ldots, x_n$ nicht – wie Sie es aus der Schulmathematik kennen mögen – als Unbekannte anzusehen, sondern sie vielmehr – wie wir es bereits getan haben – als Variablen (im Sinne der Analysis) aufzufassen, die gewissen Einschränkungen unterliegen. Im übrigen ist dieser Fall aus ökonomischer Sicht von besonderem Interesse, und zwar vor allem im Zusammenhang mit Entscheidungssituationen. Bildet unser Restriktionssystem nämlich die jeweiligen Handlungsmöglichkeiten ab, so folgt daraus, daß ein gewisser Handlungsspielraum besteht. Im Wirtschaftsleben zeitigen nun unterschiedliche Handlungsweisen aber auch unterschiedliche ökonomische Folgen im Hinblick auf angestrebte Ziele, wie die Erzielung eines möglichst hohen Unternehmungsgewinnes, einer möglichst großen Kapitalverzinsung, eines möglichst hohen Umsatzes usw. Es liegt nun nahe, die Auswirkungen der verschiedenen Handlungsmöglichkeiten im Hinblick auf ihre jeweilige Zielerreichung ebenfalls innerhalb des Modells zu erfassen. Bei einem linearen Modell geschieht das durch eine *lineare Zielfunktion*. Das ist in der Sprechweise der Schulmathematik eine Funktion

$$\text{(I-4)} \qquad x_0 = b_0 + c_1 x_1 + c_2 x_2 + \ldots + c_n x_n,$$

mit der unabhängigen Variablen x_0, hier *Zielvariable* genannt, und den abhängigen Variablen $x_1, x_2, \ldots, x_n$, in diesem Zusammenhang auch *Restriktionsvariablen* genannt, die jedem Vektor

$$(x_1^*, x_2^*, \ldots, x_n^*)$$

von reellen Zahlen $x_1^*, x_2^*, \ldots, x_n^*$ (also insbesondere auch jeder Lösung eines linearen Restriktionssystems (I-1)) mit Hilfe des linearen Polynoms

$$b_0 + c_1 x_1 + c_2 x_2 + \ldots + c_n x_n$$

eine Zahl

$$x_0^* = b_0 + c_1 x_1^* + c_2 x_2^* + \ldots + c_n x_n^*$$

zuordnet. x_0^* nennt man in diesem Zusammenhang auch den *Zielwert* von $(x_1^*, x_2^*, \ldots, x_n^*)$.

Beispiel I-10

Durch

$\mathscr{L}_1^{\mathrm{I}}$: (4, 3, 5, 2)

$\mathscr{L}_1^{\mathrm{II}}$: (3, 3, 4, 5)

sind zwei Lösungen für das Restriktionssystem RS_1 aus Beispiel I-7 gegeben. Die Zielfunktion

$$x_0 = 10x_1 + 20x_2 + 10x_3 + 30x_4$$

ordnet der Lösung $\mathscr{L}_1^{\mathrm{I}}$ den Zielwert

$$x_0 = 210$$

und der Lösung $\mathscr{L}_1^{\mathrm{II}}$ den Zielwert

$$x_0 = 280$$

zu.

Die Zielvariable wird auch manchmal implizit durch die *Zielgleichung*

$$\text{(I-5)} \qquad x_0 + a_{01} x_1 + a_{02} x_2 + \ldots + a_{0n} x_n = b_0$$

eingeführt. Dabei ist der Zusammenhang zwischen beiden Darstellungsformen durch

$$a_{01} = -c_1, \; a_{02} = -c_2, \ldots, a_{0n} = -c_n$$

gegeben. Die (definitorische) Zielfunktion und die daraus abgeleitete Zielgleichung faßt man (zumindest in der hier zu behandelnden elementaren Theorie) nicht als Restriktion auf, sondern betrachtet und schreibt sie bewußt gesondert.

Im Rahmen ökonomischer Problemlösungsprozesse sucht man – wie bereits erwähnt – nach ganz bestimmten Lösungen eines Restriktionssystems, nämlich nach solchen, die extrem günstig sind, d. h. zu denen es keine günstigeren gibt. Das sind meistens Lösungen, die in bezug auf eine bestimmte Zielfunktion entweder einen möglichst großen oder einen möglichst kleinen Zielwert aufweisen. Im ersten Fall spricht man von einer *Maximierungs-*, im zweiten Fall von einer *Minimierungs-* bzw. allgemein von einer *Optimierungsaufgabe*, und derartige Lösungen nennt man entsprechend *optimal.*

Eine Maximierungsaufgabe (Minimierungsaufgabe) wird gewöhnlich in der Form

$$\text{(I-6)} \quad \begin{cases} x_0 = b_0 + \sum_{j=1}^{n} c_j \cdot x_j \\ \sum_{j=1}^{n} a_{ij} \cdot x_j \,\Box_i\, b_i \quad i = 1, \ldots, m \\ x_0 \to \text{max! (min!)} \end{cases}$$

oder noch kürzer

$$\text{(I-7)} \quad \begin{cases} x_0 = b_0 + \sum_{j=1}^{n} c_j \cdot x_j \to \text{max! (min!)} \\ \sum_{j=1}^{n} a_{ij} \cdot x_j \,\Box_i\, b_i, \quad i = 1, \ldots, m \end{cases}$$

aufgeschrieben. Jedes formale System des Typs (I-6) bzw. (I-7), bestehend aus einer Zielfunktion (I-4) oder einer äquivalenten Zielgleichung (I-5), einem System von Restriktionen (I-3) sowie einer *Zielvorschrift*

$$x_0 \to \text{max!} \quad \text{oder} \quad x_0 \to \text{min!}$$

bezeichnet man als *lineares Optimierungssystem.* Für $x_0 \to$ max! spricht man auch genauer von einem *linearen Maximierungssystem*, für $x_0 \to$ min! von einem *linearen Minimierungssystem.*

Beispiel I-11

Unterstellt sei wieder das Restriktionssystem RS_1 aus Beispiel I-7. Gesucht sei eine Lösung dieses Restriktionssystems, deren Zielwert in bezug auf die in Beispiel I-10 angegebene Zielfunktion möglichst groß wird. Die entsprechende Maximierungsaufgabe können wir dann folgendermaßen formulieren:

$$\begin{aligned} x_0 = 10x_1 + 20x_2 + 10x_3 + 30x_4 &\to \text{max!} \\ 3x_1 + 4x_2 - 5x_3 + 2x_4 &\geqq 1 \\ x_1 + x_2 - x_3 \quad &= 2 \\ x_4 &\geqq 0 \\ 7x_2 + x_3 - 9x_4 &\leqq 110. \end{aligned}$$

Die Frage, wie sich für lineare Restriktionssysteme Lösungen und insbesondere möglichst gute Lösungen finden lassen, bildet einen zentralen Punkt in diesem Buch.

6. Grundbeispiele linearer Modelle aus dem betrieblichen Bereich

Mathematische und insbesondere lineare Modelle werden Sie in vielen ökonomischen Bereichen vorfinden. Die linearen Modelle in der Volkswirtschaftslehre erfordern jedoch leider eine Reihe ökonomischer Vorkenntnisse, die wir bei Ihnen noch nicht voraussetzen können. Deshalb beschränken wir uns in diesem Buch auf die Vorstellung und Behandlung von sechs Grundbeispielen aus dem betrieblichen Bereich, die Sie auch ohne ökonomische Spezialkenntnisse verstehen werden. Es sei allerdings darauf hingewiesen, daß wir diese Beispiele aus praktischen und didaktischen Gründen gegenüber den tatsächlichen Gegebenheiten der Praxis erheblich vereinfacht und verkleinert haben. Dadurch ergibt sich lediglich ein gradueller, jedoch kein wesensmäßiger Unterschied zu den zugrundeliegenden realen Fragestellungen.

6.1. Grundbeispiel 1: Prozeßanalyse

Wie beginnen mit einem abstrakten Beispiel, das seine Entsprechung in der Realität vor allem bei Montageprozessen findet. Auf dieses Grundbeispiel werden wir bereits im nächsten Kapitel im Zusammenhang mit einem Gleichungs- und Ungleichungssystem zurückkommen.

Darstellung der Ausgangssituation
Betrachtet sei ein zweistufiger Produktionsprozeß, der in Abb. I-2 vereinfacht dargestellt ist.

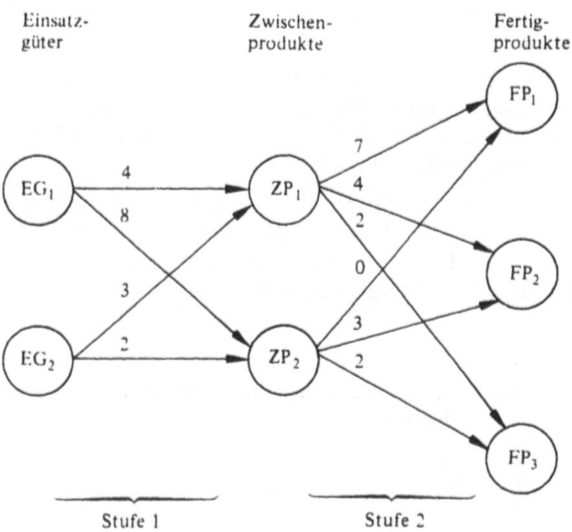

Abb. I-2: Vereinfachte Darstellung eines zweistufigen Produktionsprozesses

Eine Darstellung, wie sie durch Abb. I-2 gegeben ist, bezeichnet man in Anlehnung an VAZSONYI ([1962], S. 383) als *Gozinto-Graph* (eine Verballhornung der Aussprache von „goes into").

Sie besagt hier folgendes: Aus den Einsatzgütern EG_1 und EG_2 werden zunächst die Zwischenprodukte ZP_1 und ZP_2 gefertigt, aus denen wiederum die Fertigprodukte FP_1, FP_2 und FP_3 hergestellt werden. Die Pfeile zeigen jeweils die Produktionsrichtung an. Die Zahlen an den Pfeilen stehen für die Mengeneinheiten eines Einsatzgutes bzw. Zwischenproduktes, die für die Herstellung einer Mengeneinheit (ME) eines nachfolgenden Zwischenproduktes bzw. Fertigproduktes einzusetzen sind. Beispielsweise werden zur Herstellung einer Mengeneinheit von FP_2 4 ME von ZP_1 und 3 ME von ZP_2 benötigt. Für eine Mengeneinheit von ZP_1 sind wiederum 4 ME von EG_1 und 3 ME von EG_2 einzusetzen.

Für einen Planungszeitraum liegen uns in bezug auf den Produktionsprozeß noch die folgenden Informationen vor: Von den Fertigprodukten FP_1, FP_2 und FP_3

seien 20, 10 bzw. 5 ME herzustellen; Lagerbestände bestehen weder für die Einsatzgüter noch für die Zwischenprodukte und sollen auch nicht gebildet werden. Bei den Zwischenprodukten sei außerdem sowohl ein Zu- als auch ein Verkauf ausgeschlossen. Die Einstandspreise der Einsatzgüter EG_1 und EG_2 betragen 40 und 60 Geldeinheiten (GE) pro Mengeneinheit.

Typische Fragestellungen sind nun:

- Wie viele Mengeneinheiten der Einsatzgüter sind in einer Mengeneinheit der Fertigprodukte enthalten?
- Wie viele Mengeneinheiten der Einsatzgüter sind für das vorgegebene Produktionsprogramm zu beschaffen?
- Wie viele Mengeneinheiten der Zwischenprodukte sind herzustellen?
- Wie hoch sind die Kosten pro Mengeneinheit der Fertigprodukte, die durch die Einsatzgüter verursacht werden?

Vorbemerkung

Die Beantwortung der oben gestellten Fragen ist wegen der geringen Anzahl der aufgeführten Produkte natürlich schon anhand von Abb. I-2 möglich. Wir wollen uns das dadurch klarmachen, daß wir zunächst die für die Herstellung einer Mengeneinheit von FP_2 benötigten Mengeneinheiten von EG_1 ermitteln.

Zur Herstellung von FP_2 sind die Zwischenprodukte ZP_1 und ZP_2 einzusetzen, die beide EG_1 enthalten, und zwar enthält jede Mengeneinheit von ZP_1 4 ME, jede Mengeneinheit von ZP_2 8 ME von EG_1. Für eine Mengeneinheit von FP_2 werden aber 4 ME von ZP_1 und 3 ME von ZP_2 benötigt, insgesamt also

$$\textcircled{4} \cdot \boxed{4} + \textcircled{8} \cdot \boxed{3} = 40.$$

In jeder Mengeneinheit von FP_2 sind also 40 Mengeneinheiten von EG_1 enthalten. In Tab. I-1 sind die Rechnungen für die übrigen Fertigprodukte und Einsatzgüter enthalten:

	FP_1	FP_2	FP_3
EG_1	$\textcircled{4} \cdot \boxed{7} + \textcircled{8} \cdot \boxed{0} = 28$	$\textcircled{4} \cdot \boxed{4} + \textcircled{8} \cdot \boxed{3} = 40$	$\textcircled{4} \cdot \boxed{2} + \textcircled{8} \cdot \boxed{2} = 24$
EG_2	$\textcircled{3} \cdot \boxed{7} + \textcircled{2} \cdot \boxed{0} = 21$	$\textcircled{3} \cdot \boxed{4} + \textcircled{2} \cdot \boxed{3} = 18$	$\textcircled{3} \cdot \boxed{2} + \textcircled{2} \cdot \boxed{2} = 10$

Tab. I-1: Gehalt (in ME) an Einsatzstoffen EG_1 und EG_2 pro ME der Fertigprodukte FP_1, FP_2 und FP_3

Quadrate und Kreise sollen das Typische an der Zusammensetzungsvorschrift verdeutlichen, die in Kapitel IV unmittelbar als Grundlage für die Definition der Matrizenmultiplikation dienen wird. In den Kreisen stehen immer diejenigen ME des Einsatzgutes EG_i $(i = 1, 2)$, die pro ME des Zwischenproduktes ZP_k $(k = 1, 2)$ einzusetzen sind. Entsprechend geben die Zahlen in den Quadraten an, wieviel ME des Zwischenproduktes ZP_k pro ME des Fertigproduktes FP_j $(j = 1, 2, 3)$ benötigt werden.

Ganz analog ließen sich die übrigen Fragen beantworten. Es dürfte aber auch klar sein, daß eine solche Analyse bei realen Produktionsprozessen mit einer Vielzahl von Produktionsstufen und vielleicht Hunderten von Einsatzgütern, Zwischen-

und Endprodukten nicht mehr oder nur in sehr aufwendiger Weise durchführbar ist. Wir wollen deshalb versuchen, mit dem folgenden mathematischen Modell einen anderen Weg zu finden.

Mathematische Größen und ihre Bedeutung im Modell

Für das zu erstellende Modell wählen wir die folgenden Symbole mit der jeweils zugeordneten Bedeutung:

x_1: zu beschaffende Mengeneinheiten des Einsatzgutes EG_1;
x_2: zu beschaffende Mengeneinheiten des Einsatzgutes EG_2;
x_3: herzustellende Mengeneinheiten des Zwischenproduktes ZP_1;
x_4: herzustellende Mengeneinheiten des Zwischenproduktes ZP_2;
x_5: herzustellende Mengeneinheiten des Fertigproduktes FP_1;
x_6: herzustellende Mengeneinheiten des Fertigproduktes FP_2;
x_7: herzustellende Mengeneinheiten des Fertigproduktes FP_3.

Modellformulierung

Zunächst sei lediglich die zweite und dritte Frage betrachtet, zu deren simultaner Beantwortung wir hier ein Modell formulieren. In bezug auf die beiden anderen Fragen wird ein geeignetes Instrumentarium erst in Kapitel IV entwickelt. Wir kommen dort darauf zurück.

Jeder Knoten in Abb. I-2 läßt sich als Darstellung einer Aktivität bei einer gewissen Normalleistung interpretieren, die in der Beschaffung bzw. in der Produktion einer Mengeneinheit des in dem jeweiligen Knoten genannten Gutes besteht.

- Durch den Knoten EG_1 wird beispielsweise die Aktivität zur Beschaffung einer Mengeneinheit des Einsatzgutes EG_1 repräsentiert.
- Durch den Knoten ZP_2 wird die Aktivität zur Herstellung einer Mengeneinheit des Zwischenproduktes ZP_2 repräsentiert.
- Durch den Knoten FP_1 wird die Aktivität zur Herstellung einer Mengeneinheit des Fertigproduktes FP_1 repräsentiert.

Derartige *Einheitsaktivitäten* lassen sich leicht durch Listen beschreiben, bei denen sich jedes Glied auf ein Gut bezieht und die Mengenangaben eines hergestellten Gutes mit positiven, die eines eingesetzten Gutes mit negativen Vorzeichen versehen sind. Dabei werden nur die bei der betreffenden Aktivität **direkt** eingehenden und hergestellten Gütermengen betrachtet. Für die Aktivität zur Herstellung **einer** Mengeneinheit von FP_2, kurz Einheitsaktivität für FP_2, ergibt sich beispielsweise:

Gut \ Aktivität	FP_2
EG_1	0
EG_2	0
ZP_1	−4
ZP_2	−3
FP_1	0
FP_2	1
FP_3	0

Tab. I-2: Liste der Einheitsaktivität für das Produkt FP_2

Faßt man sämtliche Einheitsaktivitäten eines Produktionsprozesses zu einer Tabelle zusammen, so erhält man eine sog. *Aktivitätstabelle*, die für das Beispiel aus Abb. I-2 folgendermaßen aussieht:

Gut \ Aktivität	EG_1	EG_2	ZP_1	ZP_2	FP_1	FP_2	FP_3
EG_1	1		-4	-8			
EG_2		1	-3	-2			
ZP_1			1		-7	-4	-2
ZP_2				1		-3	-2
FP_1					1		
FP_2						1	
FP_3							1

Tab. I-3: Aktivitätstabelle 1 (Einheitsaktivitäten)

Zur weiteren Interpretation einer derartigen Tabelle sei zunächst eine **Vergangenheitsbetrachtung** vorgenommen. Die in einem vergangenen Planungszeitraum tatsächlich beschafften und hergestellten Gütermengen (*Aktivitätsgrade*) seien mit $\bar{x}_1, \bar{x}_2, \ldots, \bar{x}_7$ bezeichnet. Sie geben an, wie oft in dem betrachteten Planungszeitraum die betreffende Einheitsaktivität durchgeführt wurde.

Multipliziert man nun die in der Aktivitätstabelle 1 von Tab. I-3 gegebenen Einheitsaktivitäten mit dem jeweiligen Aktivitätsgrad, so gelangt man zu einer neuen Aktivitätstabelle (Tab. I-4):

Gut \ Aktivität	EG_1	EG_2	ZP_1	ZP_2	FP_1	FP_2	FP_3
EG_1	$1\bar{x}_1$		$-4\bar{x}_3$	$-8\bar{x}_4$			
EG_2		$1\bar{x}_2$	$-3\bar{x}_3$	$-2\bar{x}_4$			
ZP_1			$1\bar{x}_3$		$-7\bar{x}_5$	$-4\bar{x}_6$	$-2\bar{x}_7$
ZP_2				$1\bar{x}_4$		$-3\bar{x}_6$	$-2\bar{x}_7$
FP_1					$1\bar{x}_5$		
FP_2						$1\bar{x}_6$	
FP_3							$1\bar{x}_7$

Tab. I-4: Aktivitätstabelle 2 (mit Aktivitätsgraden im Planungszeitraum)

Eine derartige Aktivitätstabelle läßt sich nun auch zeilenweise lesen. Dazu sei die erste Zeile betrachtet. $1\bar{x}_1$ gibt die insgesamt beschaffte Gütermenge des Einsatzgutes EG_1 an. Hiervon wurden $4\bar{x}_3$ Mengeneinheiten zur Herstellung von $\bar{x}_3$ ME von ZP_1 und $8\bar{x}_4$ Mengeneinheiten zur Herstellung von $\bar{x}_4$ ME von ZP_2 verbraucht. Summiert man die Elemente einer beliebigen Zeile der Aktivitätstabelle 2 auf, so bedeutet allgemein

- ein positives Ergebnis, daß von dem betreffenden Gut mehr beschafft bzw. produziert wurde, als im gesamten Produktionsprozeß benötigt wurde. Der Überschuß konnte auf Lager genommen oder verkauft werden;
- ein negatives Ergebnis, daß von dem betreffenden Gut weniger beschafft bzw. produziert wurde, als im gesamten Produktionsprozeß benötigt wurde. Das Defizit mußte durch Lagerbestandsverringerungen ausgeglichen werden;

- das Ergebnis Null, daß gerade soviel von dem betreffenden Gut beschafft bzw. produziert wurde, wie im gesamten Produktionsprozeß beschafft wurde.

Die Ergebnisse könnte man in einer zusätzlichen Spalte der Aktivitätstabelle 2 festhalten und deren Elemente als rechte Seiten eines Gleichungssystems interpretieren. In dieser Vergangenheitsbetrachtung stellen diese rechten Seiten zunächst Unbekannte dar, die aus den vorgegebenen Aktivitätsgraden zu ermitteln waren.

Die oben aufgeworfene Fragestellung beinhaltet dagegen eine **Zukunftsbetrachtung**, bei der – genau umgekehrt – die rechten Seiten des Gleichungssystems bekannt, die Aktivitätsgrade aber zu ermitteln sind.

- Fertigprodukte
  Von FP_1, FP_2 und FP_3 sind 20, 10 und 5 ME herzustellen. Folglich muß entsprechend unserer Bedeutungsfestlegung für die Symbole

$$\begin{aligned} x_5 \qquad\qquad &= 20 \\ x_6 \qquad &= 10 \\ x_7 &= 5 \end{aligned}$$

  gelten.

- Zwischenprodukte
  Für die Zwischenprodukte ZP_1 und ZP_2 soll voraussetzungsgemäß weder Lagerbildung noch ein Zukauf möglich sein. Es sind deshalb genau so viele Mengeneinheiten von diesen Produkten herzustellen, wie für die Produktion von x_5 ME von FP_1, x_6 ME von FP_2 und x_7 ME von FP_3 benötigt werden. Anders ausgedrückt gilt für ZP_1: Die Differenz zwischen den hergestellten Mengeneinheiten von ZP_1 einerseits und den zur Produktion von FP_1, FP_2 und FP_3 benötigten Mengeneinheiten dieses Gutes andererseits soll genau gleich Null sein:

$$x_3 \qquad - 7x_5 - 4x_6 - 2x_7 = 0$$

  Entsprechend ergibt sich für ZP_2:

$$x_4 - \qquad 3x_6 - 2x_7 = 0.$$

- Einsatzgüter
  Analog müssen von den Einsatzgütern EG_1 und EG_2 genau soviel Mengeneinheiten hergestellt werden, wie zur Herstellung von ZP_1 und ZP_2 benötigt werden:

$$\begin{aligned} x_1 \qquad - 4x_3 - 8x_4 \qquad &= 0 \\ x_2 - 3x_3 - 2x_4 \qquad &= 0. \end{aligned}$$

- NN-Restriktionen
  Schließlich sollen negative Werte für die Unbekannten $x_1, \ldots, x_7$ ausgeschlossen werden.

$$x_1, x_2, x_3, x_4, x_5, x_6, x_7 \geqq 0.$$

  Diese NN-Restriktionen besagen insbesondere, daß eine Vernichtung vorhandener Lagerbestände an Einsatzgütern, Zwischen- und Endprodukten nicht zulässig sein soll. Dabei steht der zuletzt angeführte Ausdruck als Abkürzung für das Restriktionssystem

$$\begin{array}{lll} x_1 & & \geqq 0 \\ & x_2 & \geqq 0 \\ & \cdot & \\ & \cdot & \\ & \cdot & \\ & & x_7 \geqq 0. \end{array}$$

Wir fassen sämtliche Restriktionen, die ja gleichzeitig erfüllt sein sollen, zu einem Restriktionssystem zusammen:

$$\begin{array}{l} x_1 - 4x_3 - 8x_4 = 0 \\ x_2 - 3x_3 - 2x_4 = 0 \\ x_3 - 7x_5 - 4x_6 - 2x_7 = 0 \\ x_4 - 3x_6 - 2x_7 = 0 \\ x_5 = 20 \\ x_6 = 10 \\ x_7 = 5 \\ x_1, x_2, x_3, x_4, x_5, x_6, x_7 \geqq 0. \end{array}$$

Sie sehen, daß Tab. I-3 unmittelbar die Koeffizienten des Systems dieser Gleichungen in ihren jeweiligen Positionen wiedergibt.

6.2. Grundbeispiel 2: Absatzprognose

Im Anschluß an das Beispiel aus dem Produktionsbereich wollen wir uns nun näher mit Fragestellungen aus dem Absatzbereich beschäftigen. Es soll zunächst untersucht werden, wie sich der zukünftige Marktanteil eines Anbieters abschätzen läßt.

Darstellung der betrachteten Ausgangssituation

Es sei ein Markt für einen bestimmen Zeitschriftentyp, nämlich Reisemagazine, betrachtet. Wir nehmen an, daß monatlich etwa 50000 Exemplare verkauft werden, wodurch das Marktvolumen nahezu ausgeschöpft sei. Die 50000 Exemplare teilen sich vollständig auf drei monatlich erscheinende Magazine A, B und C auf. Ihre Marktanteile haben sich bei etwa 20%, 50% und 30% eingependelt. Trotzdem ist zu beobachten, daß stets ein Teil der Käufer beim Kauf im folgenden Monat zu einem anderen Magazin überwechselt. Die Herausgeber des Magazins A überlegen nun, ob sie nicht auf das Übergangsverhalten Einfluß nehmen sollen, um so ihren Marktanteil zu vergrößern. So könnte man etwa über eine verstärkte Abonnentenwerbung versuchen, einen größeren Teil von Käufern an ihr Magazin zu binden. Das von der Marktforschungsabteilung geschätzte neue Übergangsverhalten ist in Abbildung I-3 auf der folgenden Seite veranschaulicht.

Die Zahlen an den Pfeilen geben dabei an, welche Anteile der Käufer der Zeitschrift i (i = A, B, C) in dem folgenden Monat zur Zeitschrift j (j = A, B, C) überwechseln.

Folgende Fragen sollen – unter der Annahme gleichbleibender Übergangshäufigkeiten – beantwortet werden:

– Wie hoch sind die Marktanteile der Zeitschriften im nächsten Monat (t = 1)?

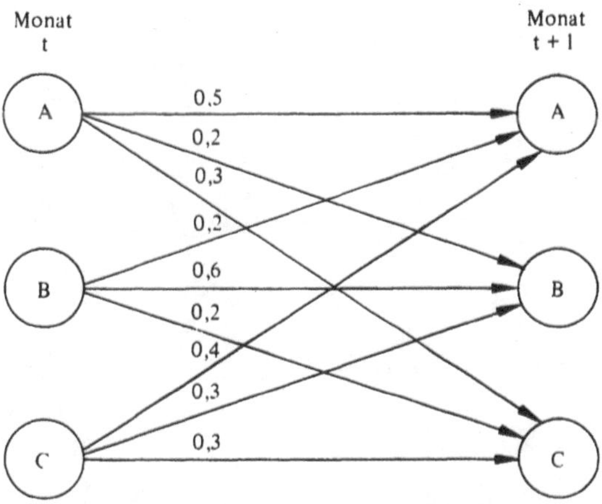

Abb. I-3: Darstellung der (relativen) Übergangshäufigkeiten zwischen den Magazinen A, B und C

- Wie hoch sind die Marktanteile der Zeitschriften in den folgenden Monaten?
- Pendeln sich die Marktanteile der Zeitschriften längerfristig bei bestimmten Werten ein?

Vorbemerkung

Auch im vorliegenden Fall können die gestellten Fragen durch einfache Überlegungen beantwortet werden. So läßt sich der Marktanteil $x_A^{(1)}$ des Magazins A im nächsten Monat (t = 1) anhand von Abb. I-3 ausrechnen:

$$x_A^{(1)} = 0{,}2 \cdot 0{,}5 + 0{,}5 \cdot 0{,}2 + 0{,}3 \cdot 0{,}4 = 0{,}32.$$

Entsprechend für die übrigen Marktanteile $x_B^{(1)}$ und $x_C^{(1)}$:

$$x_B^{(1)} = 0{,}2 \cdot 0{,}2 + 0{,}5 \cdot 0{,}6 + 0{,}3 \cdot 0{,}3 = 0{,}43$$
$$x_C^{(1)} = 0{,}2 \cdot 0{,}3 + 0{,}5 \cdot 0{,}2 + 0{,}3 \cdot 0{,}3 = 0{,}25.$$

Ausgehend von diesen Werten lassen sich analog die neuen Marktanteile $x_A^{(2)}$, $x_B^{(2)}$, $x_C^{(2)}$ für den übernächsten Monat (t = 2), daraus wieder die Marktanteile in dem darauffolgenden Monat (t = 3) usw. errechnen. Die Ergebnisse sind in Tab. I-5, auf zwei Stellen nach dem Komma gerundet, zusammengestellt.

Nach der Periode 3 ändern sich die Marktanteile kaum noch. In einem Fall wie diesem, in dem kein Unterschied zwischen den Anteilen in den Perioden $\bar{t} - 1$ und $\bar{t}$ mehr festzustellen ist, wollen wir von einem *Gleichgewichtszustand* sprechen. Man erhält im vorliegenden Fall bereits für kleine Werte von t Näherungswerte für die Marktanteile im Gleichgewichtszustand, der hier existiert.

Offensichtlich erweisen sich die dargestellten Rechnungen als sehr aufwendig, wenn eine Vielzahl von Magazinen zu betrachten ist. Es versagt außerdem, wenn kein Gleichgewichtszustand erreicht wird. Wir wollen deshalb ein Modell entwerfen, mit dem wir feststellen können, ob überhaupt ein solcher Gleichgewichtszustand existiert und wie er ggf. aussieht.

Anteil von / in	A	B	C
$t=0$	0,20	0,50	0,30
$t=1$	0,32	0,43	0,25
$t=2$	0,35	0,40	0,25
$t=3$	0,36	0,38	0,26
	⋮		
$t=\bar{t}$	0,36	0,38	0,26

Tab. I-5: Marktanteile der Magazine A, B und C in den Monaten $t = 0, 1, 2, 3, \ldots, \bar{t}$.

Mathematische Größen und ihre Bedeutung im Modell

$x_i^{(t)}$: Marktanteil des Magazins i (i = A, B, C) in der Periode t ($t = 0, 1, 2, \ldots, \bar{t}$).

Modellformulierung

- Gleichgewichtszustand

  Unter Verwendung der angegebenen Symbole lassen sich unsere Überlegungen zur Entwicklung der Marktanteile von der Periode $t-1$ zur Periode t wie folgt formulieren:

$$\begin{aligned} 0{,}5x_A^{(t-1)} + 0{,}2x_B^{(t-1)} + 0{,}4x_C^{(t-1)} &= x_A^{(t)} \\ 0{,}2x_A^{(t-1)} + 0{,}6x_B^{(t-1)} + 0{,}3x_C^{(t-1)} &= x_B^{(t)} \\ 0{,}3x_A^{(t-1)} + 0{,}2x_B^{(t-1)} + 0{,}3x_C^{(t-1)} &= x_C^{(t)}. \end{aligned}$$

  Existiert ein Gleichgewichtszustand, dann soll er – ohne Einschränkung der Allgemeingültigkeit – im Monat $\bar{t}-1$ eintreten. Für einen Gleichgewichtszustand muß aber

$$x_i^{(\bar{t})} = x_i^{(\bar{t}-1)} \quad \text{für} \quad i = A, B, C$$

  gelten. Zur Vereinfachung lassen wir für den Gleichgewichtszustand außerdem die zeitliche Indizierung fort:

$$x_i := x_i^{(\bar{t})} = x_i^{(\bar{t}-1)}; \quad i = A, B, C.$$

Somit erhalten wir das Gleichungssystem

$$\begin{aligned} 0{,}5x_A - 0{,}2x_B - 0{,}4x_C &= 0 \\ -0{,}2x_A + 0{,}4x_B - 0{,}3x_C &= 0 \\ -0{,}3x_A - 0{,}2x_B + 0{,}7x_C &= 0. \end{aligned}$$

- Gesamtmarkt
  Die Summe aller Marktanteile muß Eins ergeben:

$$x_A + x_B + x_C = 1 .$$

- NN-Restriktionen

$$x_A, x_B, x_C \geqq 0 .$$

Zusammengefaßt: Zu untersuchen ist das Restriktionssystem

$$\begin{aligned} 0{,}5x_A - 0{,}2x_B - 0{,}4x_C &= 0 \\ -0{,}2x_A + 0{,}4x_B - 0{,}3x_C &= 0 \\ -0{,}3x_A - 0{,}2x_B + 0{,}7x_C &= 0 \\ x_A + \quad x_B + \quad x_C &= 1 \\ x_A, \quad x_B, \quad x_C &\geqq 0 . \end{aligned}$$

Hat dieses System keine Lösung, so existiert offensichtlich kein Gleichgewichtszustand unseres Prozesses. Hat es genau eine Lösung, so liegt damit der gesuchte Gleichgewichtszustand mit den jeweiligen Marktanteilen vor. Wir kommen auf dieses System in Kapitel II und IV noch eingehend zurück.

6.3. Grundbeispiel 3: Innerbetriebliche Leistungsverrechnung

Während die bisher vorgestellten Fallstudien vor allem Fragestellungen aus der Such- bzw. Planungsphase behandelten, betrifft das folgende Grundbeispiel die Kontrollphase.

Darstellung der betrachteten Ausgangssituation

Wir wollen uns als nächstes einer Fahrradfabrik zuwenden. Neben dem eigentlichen Hauptbetrieb der Radfertigung weist die Unternehmung auf dem Fabrikgelände noch drei Hilfsbetriebe auf, die bestimmte, bei der Radfertigung benötigte Leistungen bereitstellen. Es handelt sich dabei um einen Instandhaltungsbetrieb (I), einen Betrieb zur Dampferzeugung (D) sowie den betrieblichen Fuhrpark (F). Diese drei Hilfsbetriebe geben nun aber nicht nur Leistungen an den Hauptbetrieb, sondern auch untereinander ab. So führt etwa der Instandhaltungsbetrieb Wartungs- und Reparaturarbeiten an den Fertigungsanlagen, aber auch an den Fahrzeugen des Fuhrparks sowie an den Dampferzeugungsanlagen durch. Die Anzahl der in einem ausgewählten Betrachtungszeitraum untereinander und nach außen (d.h. an den Hauptbetrieb) abgegebenen Leistungseinheiten sind für die Hilfsbetriebe in der folgenden Abbildung aufgeführt (vgl. Abb. I-4).

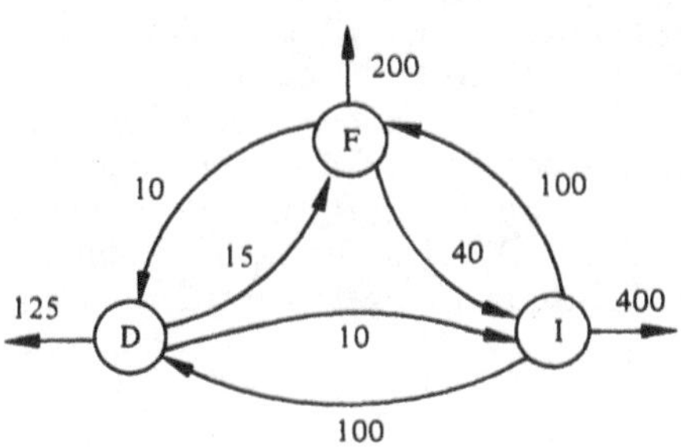

Abb. I-4: Von den Hilfsbetrieben abgegebene Leistungseinheiten

Der Dampferzeugungsbetrieb stellte danach 15 Leistungseinheiten für den Fuhrpark, 10 Leistungseinheiten für den Instandhaltungsbetrieb und 125 für den Hauptbetrieb bereit. Dadurch entstanden natürlich gewisse Kosten. So sind an Löhnen und Gehältern, anteiligen Abschreibungen sowie für von außen bezogene Materialien bei der Dampferzeugung 10000 DM, im Instandhaltungsbetrieb 20000 DM und im Fuhrpark 25000 DM angefallen.

Die Abteilung für das Rechnungswesen möchte nun eine Kalkulation durchführen, die der Ermittlung der durchschnittlichen Kosten pro Stück der verschiedenen Radtypen dient. In diese (durchschnittlichen) Stückkosten sollen auch sämtliche von den Hilfsbetrieben verursachten Kosten eingehen. Für die verschiedenen Radtypen kennt man bereits die jeweils erforderliche Anzahl von Leistungseinheiten der Hilfsbetriebe, die zur Herstellung eines Exemplares erforderlich ist. Das Rechnungswesen hat deshalb die folgende Frage:

- Welche Kosten sind pro Einheit der von den Hilfsbetrieben bezogenen Leistungen anzusetzen?

Die Bestimmung dieser Kosten gestaltet sich nicht so einfach, wie es vielleicht auf den ersten Blick erscheinen mag. Sicherlich wäre es falsch, die oben angeführten Kostenbeträge einfach durch die jeweilige, für den Hauptbetrieb bereitgestellte Leistungsmenge zu dividieren. So kommen für jeden Hilfsbetrieb zu diesen Kosten (*Primärkosten*) noch Kosten für die von den anderen Hilfsbetrieben bezogenen Leistungen (*Sekundärkosten*) hinzu. Dieser neue Kostenbetrag ist dann aber nicht nur auf die an den Hauptbetrieb abgegebenen Leistungen zu verteilen, sondern auch auf diejenigen Leistungen, die von den übrigen Hilfsbetrieben beansprucht werden. Zur Ermittlung der auf einen Hilfsbetrieb entfallenden Sekundärkosten müssen aber die Kosten pro Leistungseinheit der beiden übrigen Hilfsbetriebe schon bekannt sein. Die Kosten des Dampferzeugungsbetriebes lassen sich etwa erst berechnen, wenn die Kosten pro Leistungseinheit des Fuhrparks und die Kosten pro Leistungseinheit des Instandhaltungsbetriebes bekannt sind. Die Kosten des Fuhrparks sind gleichermaßen aber wieder abhängig von denjenigen der Dampferzeugung und des Instandhaltungsbetriebes. Diese wechselseitigen Abhängigkeiten verhindern offensichtlich eine **sukzessive** Berechnung der auf eine Leistungseinheit bezogenen Kosten der Hilfsbetriebe. Wir werden stattdessen ein Modell formulieren, mit dessen Hilfe sich diese Kosten **simultan** bestimmen lassen.

Mathematische Größen und ihre Bedeutung im Modell

x_j: Kosten pro Leistungseinheit des Hilfsbetriebes j (j = D, F, I).

Modellformulierung

- Gesamtkosten eines Hilfsbetriebes
  Betrachten wir zunächst den Hilfsbetrieb „Dampferzeugung“. Er hat insgesamt 150 Leistungseinheiten bereitgestellt, so daß ein Kostenbetrag in Höhe von $150\,x_D$ DM auf die anderen Hilfsbetriebe und den Hauptbetrieb zu verteilen sind. Dieser Kostenbetrag setzt sich zusammen aus den Primärkosten in Höhe von 10000 DM sowie den Sekundärkosten für die von den übrigen Hilfsbetrieben bezogenen Leistungen in Höhe von $10\,x_F + 100\,x_I$ DM. Da sämtliche Kosten der Dampferzeugung auf die bereitgestellten Leistungen umgelegt werden sollen, muß gelten:

$$150\,x_D = 10000 + 10\,x_F + 100\,x_I .$$

Analog ergibt sich für die beiden anderen Hilfsbetriebe

$$250\,x_F = 25000 + 100\,x_I + 15\,x_D$$
$$600\,x_I = 20000 + 10\,x_D + 40\,x_F.$$

- Insgesamt umzulegende Kosten
Die dem Hauptbetrieb zuzurechnenden Kosten müssen identisch sein mit der Summe aller in den Hilfsbetrieben angefallenenen Kosten:

$$125\,x_D + 200\,x_F + 400\,x_I = 55000.$$

- NN-Restriktionen
Negative Kosten pro Leistungseinheit müssen als Komponenten der Lösung ausgeschlossen werden:

$$x_D, x_F, x_I \geqq 0.$$

Zusammengefaßt: Es muß eine Lösung des folgenden Restriktionssystems gefunden werden:

$$\begin{aligned}
150\,x_D - 10\,x_F - 100\,x_I &= 10000\\
-15\,x_D + 250\,x_F - 100\,x_I &= 25000\\
-10\,x_D - 40\,x_F + 600\,x_I &= 20000\\
125\,x_D + 200\,x_F + 400\,x_I &= 55000\\
x_D, \quad x_F, \quad x_I &\geqq 0.
\end{aligned}$$

Erstmalig werden wir in Kapitel II auf dieses Grundbeispiel eingehen. Wir kommen dann später noch einmal in Kapitel VI darauf zurück.

6.4. Grundbeispiel 4: Produktionsprogrammplanung

Beispiele der folgenden Art dienen üblicherweise zur Einführung in die Lineare Optimierung. Wir kommen dabei noch einmal auf den Ihnen bereits bekannten Fahrradhersteller zurück.

Darstellung der Ausgangssituation

Die Fahrradfabrik produziert von einem Leichtmetallrad zwei Typen, ein Herrenrad (H) und ein Damenrad (D). Beide Typen unterscheiden sich konstruktionsmäßig im wesentlichen nur in zwei Punkten, dem Rahmen und der Gangschaltung. Auch der Fertigungsprozeß ist weitgehend identisch. Gangschaltung, Lichtanlage und Tretlager sowie verschiedene Kleinteile werden von Zulieferern bezogen, alle übrigen Teile (Rahmen, Schutzbleche etc.) selbst hergestellt. Die Montage, die sich in zwei Stufen gliedert, erfolgt zentral:

In einer ersten Werkstatt werden hauptsächlich vorbereitende Tätigkeiten ausgeführt. Der Rahmen wird zunächst auf ein fahrbares Gerüst gespannt. Dann werden Gewinde gebohrt, Leitungen für die Lichtanlage verlegt, die Führungen für die Gangschaltung angebracht usw. Alle diese Tätigkeiten werden Zug um Zug hintereinander von einer Arbeitskraft ausgeführt. Sie benötigt dafür bei einem Herrenrad im Durchschnitt etwa 15 Minuten, bei einem Damenrad – aufgrund des anders gearteten Rahmens – etwas länger, nämlich 20 Minuten. Insgesamt sind sechs Personen mit solchen vorbereitenden Tätigkeiten betraut.

Zur Durchführung der verbleibenden Montagearbeiten (Anbringen des Lenkers, der Pedale und der Schutzbleche, Einbau der Räder etc.) werden die Gerüste dann in eine zweite Abteilung gerollt. Auch dort übernimmt wieder jeweils eine Arbeitskraft sämtliche anfallenden Montagevorgänge. Im Durchschnitt benötigt sie hierfür – gleichgültig ob es sich um ein Damen- oder um ein Herrenrad handelt – 20 Minuten. Fünf Personen sind in dieser Werkstatt beschäftigt.

Gegenwärtig werden die Räder zum Preis von DM 200,— (Herrenrad) bzw. DM 150,— (Damenrad) ausschließlich an Händler – abgegeben. Es stellt sich nun im Rahmen der monatlichen Produktionsplanung die Frage:

- Welche Stückzahlen der Radtypen H und D sollen im kommenden Monat (20 Arbeitstage von jeweils acht Stunden) hergestellt werden, damit der Umsatz möglichst groß wird?

Dabei ist zu beachten, daß der Rahmenhersteller monatlich höchstens 800 Rahmen für Herrenräder und 2000 für Damenräder liefern kann. Weiterhin soll es wegen der unterschiedlichen Ansprüche an die Qualifikation der Beschäftigten nicht möglich sein, Arbeitskräfte aus der ersten Werkstatt in der zweiten Werkstatt zu beschäftigen und umgekehrt. Wegen der beengten Verhältnisse am gegenwärtigen Standort ist auch keine Lagerung der Fertigprodukte möglich. Somit sind Produktions- und Absatzmengen identisch.

Mathematische Größen und ihre Bedeutung im Modell

x_0: zu maximierender Umsatz des Planungszeitraums;
x_H: zu produzierende Anzahl von Herrenrädern;
x_D: zu produzierende Anzahl von Damenrädern.

Modellformulierung

- Zielfunktion und Zielvorschrift
  Der zu maximierende Umsatz im Planungszeitraum ergibt sich als Summe der mit den jeweiligen Verkaufspreisen multiplizierten Absatzmengen der Fertigprodukte. Damit lauten die Zielfunktion

$$x_0 = 200x_H + 150x_D$$

  und die zugehörige Zielvorschrift

$$x_0 \rightarrow \max!$$

- Restriktionen
  - Produktion
    Es muß für alle Werkstätten gewährleistet sein, daß für das zu realisierende Produktionsprogramm die jeweils benötigte Personalkapazität die tatsächlich vorhandene Kapazität nicht überschreitet. Letztere beträgt in dem betrachteten Monat für Werkstatt 1 (W_1) ($6 \cdot 8 \cdot 20 =$) 960 Personenstunden und für Werkstatt 2 (W_2) ($5 \cdot 8 \cdot 20 =$) 800 Personenstunden. Damit läßt sich formulieren:

$$W_1\!: \ {}^1\!/_4\, x_H + {}^1\!/_3\, x_D \leqq 960$$
$$W_2\!: \ {}^1\!/_3\, x_H + {}^1\!/_3\, x_D \leqq 800.$$

    Die linke Seite jeder Ungleichung gibt für das zu realisierende Produktionsprogramm die jeweils benötigte Personalkapazität, die rechte Seite die jeweils vorhandene Personalkapazität an.

- Beschaffung
  Die Beschränkungen bei der Bereitstellung von Rahmen lassen sich wie folgt erfassen:

$$\begin{array}{lll} B_1: & x_H & \leqq 800 \\ B_2: & & x_D \leqq 2000. \end{array}$$

- NN-Restriktionen
  Negative Produktionsmengen ergeben keinen Sinn. Deshalb müssen negative Zahlen als Lösungswerte für die Variablen x_H und x_D ausgeschlossen werden.

$$\begin{array}{lll} N_1: & x_H & \geqq 0 \\ N_2: & & x_D \geqq 0. \end{array}$$

Zusammengefaßt erhält man das folgende Optimierungssystem:

$$\begin{aligned} x_0 = 200x_H + 150x_D &\rightarrow \max! \\ {}^1\!/_4 x_H + {}^1\!/_3 x_D &\leqq 960 \\ {}^1\!/_3 x_H + {}^1\!/_3 x_D &\leqq 800 \\ x_H \qquad\quad &\leqq 800 \\ x_D &\leqq 2000 \\ x_H, \quad x_D &\geqq 0. \end{aligned}$$

Damit haben wir zum ersten Mal ein Optimierungssystem entwickelt. Zweck dieses Modells ist, die Auswahl eines – im Hinblick auf die Zielvorstellung „Umsatzmaximierung" – möglichst guten Produktionsprogramms aus der Menge aller möglichen Produktionsprogramme zu unterstützen. Insofern handelt es sich um ein Entscheidungsmodell. Wir kommen auf dieses Optimierungssystem bereits im nachfolgenden Kapitel II zurück. Rechnerisch lösen werden wir die Optimierungsaufgabe aber erst in Kapitel VI.

6.5. Grundbeispiel 5: Mischungsoptimierung

Mit dem folgenden Beispiel wollen wir uns schließlich dem Beschaffungsbereich zuwenden.

Darstellung der Ausgangssituation

Ein Betrieb der Eisen- und Stahlindustrie stelle Rohstahl her, der zur Erfüllung bestimmter Qualitätsansprüche gewisse Grenzen beim Schwefel- und Phosphorgehalt nicht überschreiten, beim Eisen-, Chrom- und Siliziumgehalt nicht unterschreiten soll (vgl. Tab. I-6 und I-7).

	Maximalgehalt in %
Schwefel	6
Phosphor	4

Tab. I-6: Gewünschter Maximalgehalt an Schwefel und Phosphor

	Mindestgehalt in %
Eisen	50
Chrom	5
Silizium	5

Tab. I-7: Gewünschter Mindestgehalt an Eisen, Chrom und Silizium

Zur Beschickung des Hochofens werden auf dem Beschaffungsmarkt mehrere Füllstoffe zu unterschiedlichen Preisen und unterschiedlichen verfügbaren Mengen angeboten. Außerdem unterscheidet sich die Ausbeute an Rohstahl pro eingesetzter Tonne Füllstoff nach Menge und Zusammensetzung (Tab. I-8).

	Füllstoff	1	2	3	4
Zusammensetzung des Roheisens (in %)	Schwefel	5	12	10	6
	Phosphor	8	0	2	1
	Eisen	40	45	55	65
	Chrom	8	1	6	3
	Silizium	10	30	20	4
Preis pro Tonne (in DM)		410,–	430,–	500,–	620,–
höchstens beschaffbare Menge (in Tonnen)		5000	8000	10000	8000
Ausbeute Rohstahl pro Tonne Füllstoff (in Tonnen)		0,7	0,75	0,85	0,9

Tab. I-8: Zusammensetzung des Rohstahls bei Einsatz des Füllstoffes j (j = 1, ..., 4); Preis, Höchstbeschaffungsmenge und Ausbeute je Tonne Füllstoff

Insgesamt sollen in dem betrachteten Planungszeitraum 10000 Tonnen Rohstahl hergestellt werden.

– Wieviel Tonnen der einzelnen Füllstoffe sollen beschafft werden, damit die Einsatzstoffkosten möglichst gering sind?

Lagerbestände der Füllstoffe seien im betrachteten Betrieb nicht vorhanden.

Mathematische Größen und ihre Bedeutung im Modell

x_0: zu minimierende Einsatzstoffkosten;
x_j: zu beschaffende Gütermenge (in Tonnen) des Füllstoffes j
(j = 1, 2, 3, 4).

Modellformulierung

- Zielfunktion und Zielvorschrift
  Die Gesamtkosten des produzierten Rohstahls ergeben sich als Summe der benö-

tigten Füllstoffmengen bewertet mit den jeweiligen Füllstoffpreisen:

$$x_0 = 410x_1 + 430x_2 + 500x_3 + 620x_4$$
$$x_0 \rightarrow \min!$$

- Restriktionen
  - Maximalgehalt an Schwefel und Phosphor im produzierten Rohstahl

$$\begin{aligned} 0{,}7 \cdot 0{,}05x_1 + 0{,}75 \cdot 0{,}12x_2 + 0{,}85 \cdot 0{,}10x_3 + 0{,}9 \cdot 0{,}06x_4 &\leqq 0{,}06 \cdot 10000 \\ 0{,}7 \cdot 0{,}08x_1 \qquad\qquad\qquad + 0{,}85 \cdot 0{,}02x_3 + 0{,}9 \cdot 0{,}01x_4 &\leqq 0{,}04 \cdot 10000. \end{aligned}$$

  - Mindestgehalt an Eisen, Chrom und Silizium im produzierten Rohstahl

$$\begin{aligned} 0{,}7 \cdot 0{,}40x_1 + 0{,}75 \cdot 0{,}45x_2 + 0{,}85 \cdot 0{,}55x_3 + 0{,}9 \cdot 0{,}65x_4 &\geqq 0{,}50 \cdot 10000 \\ 0{,}7 \cdot 0{,}08x_1 + 0{,}75 \cdot 0{,}01x_2 + 0{,}85 \cdot 0{,}06x_3 + 0{,}9 \cdot 0{,}03x_4 &\geqq 0{,}05 \cdot 10000 \\ 0{,}7 \cdot 0{,}10x_1 + 0{,}75 \cdot 0{,}30x_2 + 0{,}85 \cdot 0{,}20x_3 + 0{,}9 \cdot 0{,}04x_4 &\geqq 0{,}05 \cdot 10000. \end{aligned}$$

  - Ergänzung zu 10000 Tonnen Gesamtproduktion

$$0{,}7x_1 + 0{,}75x_2 + 0{,}85x_3 + 0{,}9x_4 = 10000.$$

  - Beschaffungshöchstmenge

$$\begin{aligned} x_1 &\leqq 5000 \\ x_2 &\leqq 8000 \\ x_3 &\leqq 10000 \\ x_4 &\leqq 8000. \end{aligned}$$

  - NN-Restriktionen

$$x_1, \quad x_2, \quad x_3, \quad x_4 \geqq 0.$$

Wir rechnen noch die Koeffizienten und die rechten Seiten aus und erhalten folgendes Optimierungssystem:

$$x_0 = 410x_1 + 430x_2 + 500x_3 + 620x_4 \rightarrow \min!$$

$$\begin{aligned} 0{,}0350x_1 + 0{,}0900x_2 + 0{,}0850x_3 + 0{,}540x_4 &\leqq 600 \\ 0{,}0560x_1 + \qquad\qquad + 0{,}0170x_3 + 0{,}0090x_4 &\leqq 400 \\ 0{,}2800x_1 + 0{,}3375x_2 + 0{,}4675x_3 + 0{,}5850x_4 &\geqq 5000 \\ 0{,}0560x_1 + 0{,}0750x_2 + 0{,}0510x_3 + 0{,}0270x_4 &\geqq 500 \\ 0{,}0700x_1 + 0{,}2250x_2 + 0{,}1700x_3 + 0{,}0360x_4 &\geqq 500 \\ 0{,}7000x_1 + 0{,}7500x_2 + 0{,}8500x_3 + 0{,}9000x_4 &\geqq 10000 \\ x_1 &\leqq 5000 \\ x_2 &\leqq 8000 \\ x_3 &\leqq 10000 \\ x_4 &\leqq 8000 \\ x_1, \quad x_2, \quad x_3, \quad x_4 &\geqq 0. \end{aligned}$$

Mit der Bestimmung einer optimalen Lösung für diese Minimierungsaufgabe befassen wir uns in Kapitel VI.

7. Literaturhinweise

Leicht lesbare einführende Texte zur Rolle der Mathematik in den Wirtschaftswissenschaften finden sich etwa bei GAL/GEHRING [1981, S. 1–36] und MÜLLER-MERBACH [1973, S. 1–26]. Dem fortgeschrittenen Leser, der ein wenig tiefer in die wissenschaftstheoretischen Grundlagen eindringen will, sei eine Arbeit von JAEGER [1980] empfohlen.

Um die Anwendung der Mathematik in der betriebswirtschaftlichen Forschung und Praxis gab es zum Ende der fünfziger und zu Beginn der sechziger Jahre einen wissenschaftlichen Disput, der heute recht vergnüglich nachzulesen ist, in dem aber auch heute noch verbreitete Mißverständnisse und Fehleinschätzungen zum Ausdruck kommen. Man lese dazu etwa die Beiträge von ISCHBOLDIN [1960], KLINGER [1964], MATTESSICH [1960], KOSIOL [1964], SCHELLER [1964] und WITTMANN [1958]. In einer neueren Arbeit untersucht KISTNER [1981] die Wirkungen der Mathematik auf die Betriebswirtschaftstheorie.

Zur Einführung in die Probleme der Modellbildung und Modellbenutzung eignen sich etwa die Texte von ADAM/WITTE [1975/1976], GASS [1985, S. 3–22] und KÖHLER [1975]. Zur Vertiefung seien die Arbeiten von DINKELBACH [1973], GROCHLA [1969], JAEGER [1972], [1980], KOSIOL [1961] und ZIMMERMANN [1980] sowie die Bücher von WILLIAMS [1978, S. 3–35] und SAATY/ALEXANDER [1981, S. 3–33 u. 137–175] empfohlen.

Weitere einfache Anwendungsbeispiele bringen zwei Arbeiten von WÄSCHER [1982], [1984] sowie JUDIN/GOLSTEIN [1970] und VAJDA [1960]. Realitätsnähe Fallstudien sind etwa in ARONOFSKY/DUTTON/TAYYABKHAN [1978] zu finden. Eine umfangreiche Bibliographie zu den realen Anwendungsmöglichkeiten der Linearen Optimierung ist in RUNZHEIMER [1983, S. 148–152] veröffentlicht.

Einen modernen algebraischen Aspekt der Linearität finden Sie an Beispielen von Produktionsvorgängen in JAEGER/WENKE [1969, S. 35 u. 175–210] erklärt.

Wiederholungsfragen

1. Was versteht man unter der Struktur einer Menge, und was versteht man in diesem Zusammenhang unter einem (mathematischen) System?
2. Was ist der Unterschied zwischen Realsystem mit Realstruktur und Formalsystem mit Formalstruktur? Geben Sie Beispiele!
3. Welche Veränderungen könnten im Verlaufe eines Abstraktionsprozesses vorgenommen worden sein, und warum ist dieser i. a. zweistufig, wenn Sie bis zur Mathematik vordringen wollen?
4. Was versteht man unter Mathematisieren, und was sind die Vorteile der Mathematisierung?
5. Was versteht man unter originärem Konkretisieren, und was muß vorher festgelegt bzw. nicht vergessen worden sein, damit man diesen Prozeß vornehmen kann?
6. Was ist hier der Unterschied zwischen System und Modell?
7. Welche Modelltypen kennen Sie? Geben Sie Beispiele!
8. Was versteht man unter einer linearen Restriktion und einer linearen Zielfunktion, und was sind ihre charakteristischen Eigenschaften?
9. Welche Schreibweisen kennen Sie für lineare Restriktionssysteme?
10. Was versteht man unter einer Lösung eines linearen Restriktionssystems?

11. Wie läßt sich die Grundaufgabe der Linearen Optimierung formulieren? Geben Sie zunächst eine formale mathematische Antwort, und erläutern Sie diese dann verbal!

Übungsaufgaben

Aufgabe I-1

Gegeben sei das folgende lineare Restriktionssystem:

$$\begin{aligned} 50x_1 + 40x_2 + 60x_3 + 100x_4 + 30x_5 &\leqq 3000 \\ -20x_1 - 5x_2 - 25x_3 - 20x_4 - 5x_5 &\geqq -500 \\ 25x_1 + 30x_2 + 10x_3 + 20x_4 + 30x_5 &\leqq 1000. \end{aligned}$$

Überprüfen Sie, ob durch

$$\begin{array}{l} (\ \ 0,\ 40,\ 0,\ 20,\ -20) \\ (\ 20,\ 40,\ 10,\ 0,\ 100) \\ (\ -8,\ -10,\ -10,\ 27,\ 22) \\ (-150,\ -100,\ 110,\ 0,\ 120) \end{array}$$

Lösungen für dieses Restriktionssystem gegeben sind!

Aufgabe I-2

Ein Großkunde einer Molkerei hat Milch von 3,5 Prozent Fettgehalt, lieferbar in 50-Liter-Kanistern, bestellt, die Molkerei stellt aber nur Milch mit 1,8 und 5 Prozent Fettgehalt her. Sie möchte deshalb wissen, wieviel Liter Milch beider Qualitäten miteinander für einen Kanister zu mischen sind. Erstellen Sie ein Restriktionssystem zur Beantwortung dieser Frage! Vergessen Sie nicht, die Bedeutung der verwendeten Größen anzugeben!

Aufgabe I-3

Wie müßte das Restriktionssystem des Grundbeispiels 1 aussehen, wenn abweichend von der ursprünglichen Situation folgendes gelten soll:

Beim Einsatzgut EG_1 ist eine Lagerbestandserhöhung um 120 ME vorgesehen. Der Lagerbestand von EG_2 soll unverändert gleich Null bleiben. Die Lagerbestände von ZP_1 und ZP_2 sollen um 50 ME bzw. um 60 ME vermindert werden.

Aufgabe I-4

Eine Unternehmung stellt die Endprodukte EP_6 und EP_7 unter Verwendung der Einsatzgüter EG_1 und EG_3 sowie der Zwischenprodukte ZP_2, ZP_4 und ZP_5 her. Die Mengenbeziehungen zwischen den Endprodukten, den Zwischenprodukten und den Einsatzgütern seien durch den folgenden Gozinto-Graph (Abb. I-5) gegeben, wobei die Zahlen an den Pfeilen angeben, wieviel Mengeneinheiten eines Gutes zur Herstellung eines nachgelagerten Produktes benötigt werden.

a) Erstellen Sie eine zugehörige Aktivitätstabelle der Einheitsaktivitäten, wobei Sie als Normalleistung jeweils die Herstellung oder die Beschaffung einer Mengeneinheit des jeweiligen Gutes ansehen!

b) Für die kommende Planungsperiode bestehen bereits Lieferverträge über 2000 Mengeneinheiten (ME) von EP_6 und 3000 ME von EP_7. Die Absatzabteilung

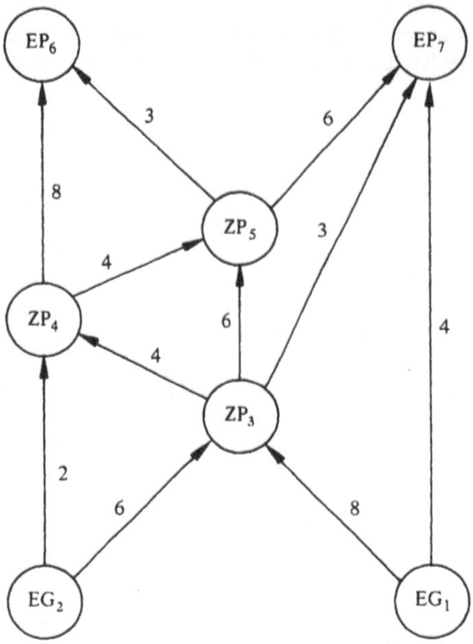

Abb. I-5: Gozinto-Graph eines Produktionsprozesses

schätzt die darüber hinaus möglichen Absatzmengen auf 4000 bzw. 1000 ME. Eine Lagerung der Endprodukte ist nicht möglich, da es sich um leicht verderbliche Waren handelt, die nach ihrer Herstellung sofort an die Abnehmer geliefert werden. Ebenso ist eine Lagerung der Zwischenprodukte nicht möglich. Von den Rohstoffen können in der betreffenden Planungsperiode höchstens 20000 ME EG_1 bzw. 16000 ME EG_2 beschafft werden. Erstellen Sie ein Restriktionssystem, durch das die Menge der zulässigen Beschaffungs- und Herstellmengen für die Güter EG_1, EG_2, ZP_3, ZP_4, ZP_5, EP_6 und EP_7 beschrieben wird!

Aufgabe I-5

Es sei ein Betrieb betrachtet, der grundsätzlich zwei Produkte FP_1 und FP_2 herstellen und auf dem Absatzmarkt anbieten kann. Die Produktion unterliegt nun gewissen Beschränkungen. So durchlaufen FP_1 und FP_2 zunächst die Fertigungsanlagen A_1 und A_2. Das Produkt FP_1 wird außerdem einer Nachbehandlung auf der Anlage A_3 unterzogen. Über die zur Herstellung einer Produktmengeneinheit benötigten Bearbeitungszeiten sowie über die Kapazitäten der Maschinen im Planungszeitraum liegen folgende Informationen vor (Tab. I-9).

	Bearbeitungszeit (in Stunden) pro ME von		Periodenkapazität (in Stunden)
	FP_1	FP_2	
A_1	1	1	100
A_2	0,75	2	150
A_3	2	0	120

Tab. I-9: Bearbeitungszeiten pro Produktmengeneinheit und Periodenkapazität der Maschinen

Von der Beschaffungs- und von der Absatzseite her bestehen dagegen keine Beschränkungen, d.h. die zur Herstellung erforderlichen (und nicht näher betrachteten) Einsatzgüter können beschafft, die hergestellten Produkte sämtlich abgesetzt werden. Der Verkaufspreis beträgt 400 GE für FP_1 bzw. 300 GE für FP_2. Sämtliche Informationen sind noch einmal in Abb. I-6 zusammengefaßt.

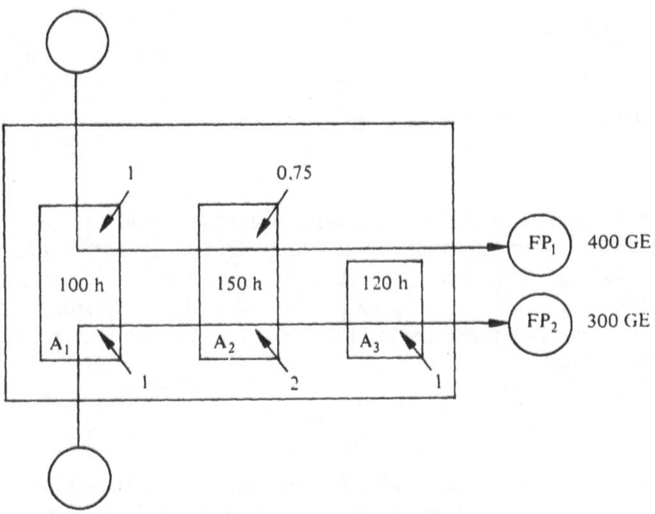

Abb. I-6: Daten des Produktionsplanungsproblems

Der Betrieb interessiere sich für dasjenige Produktionsprogramm, das den Umsatz im Planungszeitraum maximiert. Erstellen Sie ein entsprechendes Optimierungssystem!

Aufgabe I-6

Es sei ein Betrieb betrachtet, der in zwei Produktionsstätten PS_1 und PS_2 Ziegelsteine herstellt. Der Ausstoß betrage in der betrachteten Planungsperiode 130 bzw. 270 Tonnen (Lagerbestände sind nicht vorhanden). In der Planungsperiode ist ein Vertrag zu erfüllen, aufgrund dessen zwei Baustellen BS_1 und BS_2 mit 150 bzw. 180 Tonnen zu beliefern sind. Die Kosten, die für den Transport **einer** Tonne Ziegelsteine von der Produktionsstätte PS_i ($i = 1, 2$) zur Baustelle BS_j ($j = 1, 2$) anfallen, ergeben sich aus der Tab. I-10:

von \ nach	BS_1	BS_2
PS_1	45	30
PS_2	20	50

Tab. I-10: Kosten des Transportes einer Tonne Ziegelsteine von PS_i ($i = 1, 2$) nach BS_j ($j = 1, 2$)

Graphisch läßt sich der Sachverhalt auch folgendermaßen darstellen (vgl. Abb. I-7):

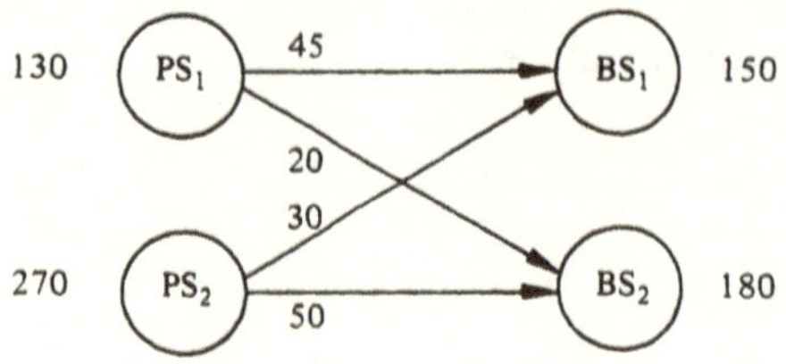

Abb. I-7: Graphische Darstellung eines Transportproblems

Es sei angenommen, der Ziegelsteinproduzent will seine Verträge unbedingt erfüllen. Wie ist der Transport vorzunehmen, damit die gesamten Transportkosten minimiert werden? Erstellen Sie ein Optimierungssystem, mit dessen Hilfe sich diese Frage beantworten läßt! Bezeichnen Sie darin mit x_{ij} die Mengeneinheiten (Tonnen) des Transportgutes, die von der Produktionsstätte PS_i ($i = 1, 2$) zur Baustelle BS_j ($j = 1, 2$) zu transportieren sind!

Aufgabe I-7

Ein Betrieb will für das 1. Quartal des kommenden Jahres die optimale Bestellmengenpolitik für ein bestimmtes Einsatzgut ermitteln. Die folgenden Gegebenheiten seien dabei zu berücksichtigen:

Der Betrieb kann am Anfang eines jeden Monats einkaufen. Der Einkaufspreis schwankt jedoch saisonbedingt. In der unten angegebenen Tab. I-11 ist eine Schätzung für den in den einzelnen Monaten jeweils gültigen Preis aufgeführt. Bis zum Verbrauch der Einsatzgüter können diese in benachbarten Lagerhäusern eingelagert werden. Für die einzelnen Monate stehen verschieden große Lagerhäuser zur Verfügung. Je nach Ausstattung dieser Häuser bekommt die Unternehmung unterschiedliche Preise pro gelagerter Mengeneinheit und Monat in Rechnung gestellt (vgl. Tab. I-11). Lagerzugänge und Lagerabgänge treten nur zum Monatsanfang auf. Zu Beginn des Quartals sei der Lagerbestand Null.

Aufgrund bestehender Lieferverträge sind in den einzelnen Monaten bestimmte Einsatzgüter für die Produktion bereitzustellen, die ebenfalls der Tab. I-11 entnommen werden können:

Monat	Januar	Februar	März
Einkaufspreis [DM/Stück]	10	20	30
Lagerkapazität [Stück/Monat]	40	40	60
Kosten für die Lagerung [DM/Stück]	8	8	5
Einsatzgütermengen [Stück]	80	40	80

Tab. I-11: Zusammengestellte Informationen über das Beschaffungs- und Lagerungsproblem

Gesucht sind diejenigen Lagerungs- und Bestellmengen, welche die Summe der Bestellmengen- und Lagerungskosten für das betrachtete Quartal minimiert.

Formulieren Sie für diese Fragestellung eine lineare Optimierungsaufgabe. Verwenden Sie dabei die folgenden mathematischen Größen (aus Vereinfachungsgründen seien die drei Monate durchnumeriert):

x_0: zu minimierende Summe aus Lagerungs- und Bestellmengenkosten für das Quartal;

x_j: im Monat j (j = 1, 2, 3) **zu bestellende** Mengeneinheiten des Einsatzgutes;

x_{3+j}: **Lagerbestand** im Monat j (j = 1, 2, 3)

Kapitel II: Lineare Restriktionssysteme

Gliederung

Im Mittelpunkt dieses Kapitels steht die Betrachtung einer wichtigen Klasse linearer Restriktionssysteme, der linearen Gleichungssysteme (Abschnitt 2). Vor allem wollen wir dabei den Aspekt behandeln, wie sich deren Lösungen bestimmen lassen. Nach dem in erster Linie motivierenden Unterabschnitt 2.1, in dem wir mit Hilfe graphischer Überlegungen an Ihre Kenntnisse aus der Schule anknüpfen, untersuchen wir zunächst Gleichungssysteme eines ganz speziellen Typs, nämlich sog. kanonische Gleichungssysteme (2.2). Derartige Gleichungssysteme zeichnen sich dadurch aus, daß sich ihre Lösungen sofort ablesen lassen. Anschließend gehen wir auf Umformungen ein, die die Lösungen eines Gleichungssystems nicht verändern. Zur Bestimmung der Lösungen eines beliebigen Gleichungssystems bringt man es mit Hilfe einer Folge solcher Umformungen zielstrebig in eine kanonische Form und liest dort die Lösungen ab (2.4 und 2.5). Damit ist unsere ursprüngliche Frage eigentlich schon beantwortet. Schließlich behandeln wir noch einige Gesichtspunkte, die in den späteren Kapiteln dieses Buches von Bedeutung sind (2.6).

In einem weiteren Abschnitt befassen wir uns dann mit allgemeinen Restriktionssystemen. Allerdings sind wir an dieser Stelle noch nicht in der Lage, Lösungsverfahren für solche Systeme angeben zu können. Insofern besitzt dieser Teil nur eine Vorbereitungsfunktion für später folgende Teile des Buches. Nach einigen Ausführungen zur Geometrie dieser Systeme (3.1) werden wir auch hier wieder Umformungen angeben, die die Lösungsmenge der betrachteten Systeme nicht verändern (3.2). Schließlich werden noch zwei spezielle Typen von Restriktionssystemen vorgestellt, und es wird gezeigt, wie sich beliebige Restriktionssysteme in solche Systeme überführen lassen (3.3 und 3.4).

Das Kapitel schließt mit der Anwendung der erarbeiteten Kenntnisse auf die Grundbeispiele ab.

1. Lernziele

Wenn Sie dieses Kapitel durchgearbeitet haben, sollten Sie in der Lage sein,

- im Hinblick auf lineare Gleichungssysteme die Begriffe „kanonische Form", „Basisvariable", „Nichtbasisvariable", „Basislösung", „lösungsneutrale Umformung", „Inkonsistenz", „Redundanz" und „Freiheitsgrad" zu definieren und zu erläutern,
- anzugeben, welche Fälle in bezug auf die Lösungsgesamtheit eines linearen Gleichungssystems auftreten können,
- verbal den Weg zur Bestimmung der Lösungsgesamtheit eines linearen Gleichungssystems zu skizzieren sowie
- die dabei vorzunehmenden lösungsneutralen Umformungen anzugeben,
- numerisch die Lösungsgesamtheit zu einem vorgegebenen Gleichungssystem zu bestimmen.

Im Zusammenhang mit allgemeineren Restriktionssystemen sollten Sie angeben können,

- was gleichgerichtete Ungleichungssysteme und NN-Gleichungssysteme sind,
- wie man beliebige lineare Restriktionssysteme in derartige Systeme umformt und
- welche lösungsneutralen und welche sonstigen Umformungen dabei von Bedeutung sind.

2. Lineare Gleichungssysteme

2.1. Zur Geometrie linearer Gleichungssysteme

Mit einfachen Spezialfällen linearer Gleichungssysteme haben Sie wahrscheinlich bereits in der Schule zu tun gehabt. Wir wollen an Ihre Erfahrungen aus dieser Zeit anknüpfen und betrachten zunächst ein System von zwei linearen Gleichungen G_1 und G_2 in zwei Variablen x_1 und x_2:

$$G_1: a_{11}x_1 + a_{12}x_2 = b_1$$
$$G_2: a_{21}x_1 + a_{22}x_2 = b_2.$$

Aus der Analytischen Geometrie wissen Sie, daß sich jede Gleichung (sofern darin mindestens eine Variable mit einem von Null verschiedenen Koeffizienten auftritt) bzw. genauer: die Lösungen jeder Gleichung als eine Gerade und damit die Lösungen beider Gleichungen durch ein System von zwei Geraden darstellen läßt. Wenn wir die Lage der Geraden zueinander betrachten, lassen sich drei Fälle unterscheiden, die in Abb. II-1 dargestellt sind.

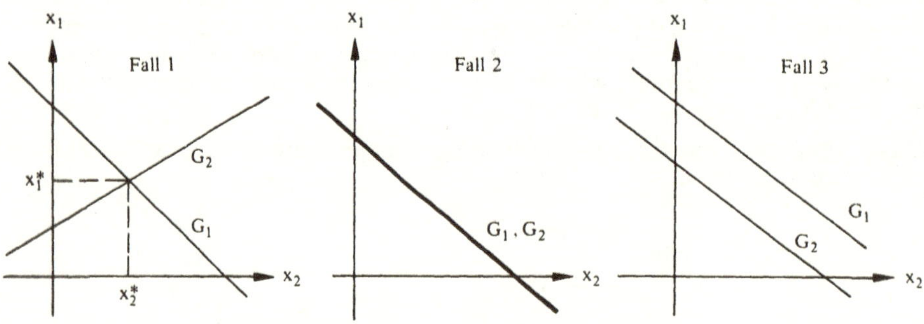

Abb. II-1: Mögliche Fälle für die Lage zweier Geraden zueinander

Fall 1: Lösbarkeit ohne Freiheitsgrade (*Eindeutige Lösbarkeit*)

Die Geraden haben genau einen Schnittpunkt. Das Gleichungssystem besitzt **genau eine** Lösung (x_1^*, x_2^*).

Fall 2: Lösbarkeit mit Freiheitsgraden (*Mehrfache* Lösbarkeit)

Beide Geraden fallen zusammen. Man hat – grob gesprochen – die Freiheit, für eine der beiden Variablen jede beliebige reelle Zahl annehmen zu können. Es existieren damit **unendlich viele** Lösungen.

Fall 3: Unlösbarkeit (auch: *Widersprüchlichkeit, Inkonsistenz*)

Die beiden Geraden sind parallel, aber nicht zusammenfallend, so daß es **keine** Lösung des Gleichungssystems gibt.

Nehmen wir dagegen ein System von drei linearen Gleichungen

$$G_1: a_{11}x_1 + a_{12}x_2 + a_{13}x_3 = b_1$$
$$G_2: a_{21}x_1 + a_{22}x_2 + a_{23}x_3 = b_2$$
$$G_3: a_{31}x_1 + a_{32}x_2 + a_{33}x_3 = b_3$$

in den drei Variablen x_1, x_2 und x_3, so gibt die geometrische Interpretation folgendes Bild (vgl. im folgenden Abb. II-2): Die Lösungen jeder Gleichung, in der mindestens eine Variable mit einem von Null verschiedenen Koeffizienten auftritt, bilden eine Ebene. Die drei Ebenen können nun wieder auf verschiedene Weise zueinander angeordnet sein.

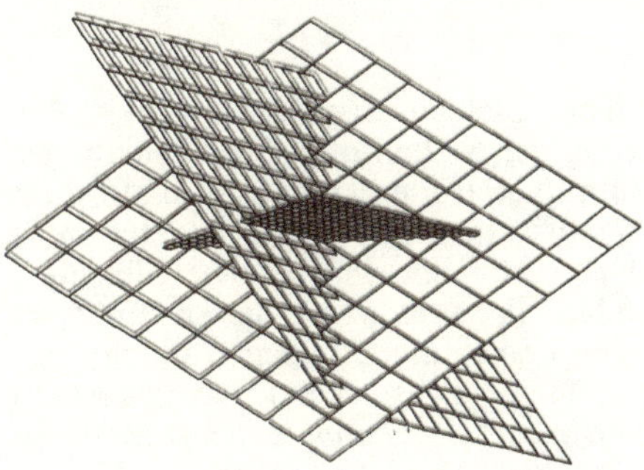

Fall 1: Lösbarkeit ohne Freiheitsgrade

Die drei Ebenen haben genau einen gemeinsamen Schnittpunkt.

Fall 2a: Lösbarkeit mit einem Freiheitsgrad

Die drei Ebenen haben genau eine (räumliche) Schnittgerade gemeinsam.

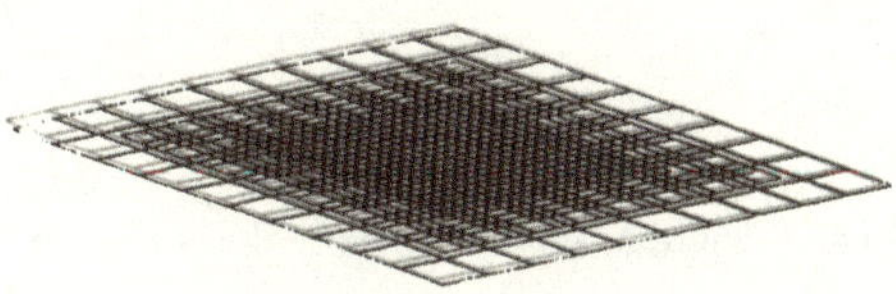

Fall 2b: Lösbarkeit mit zwei Freiheitsgraden

Alle Ebenen fallen zusammen.

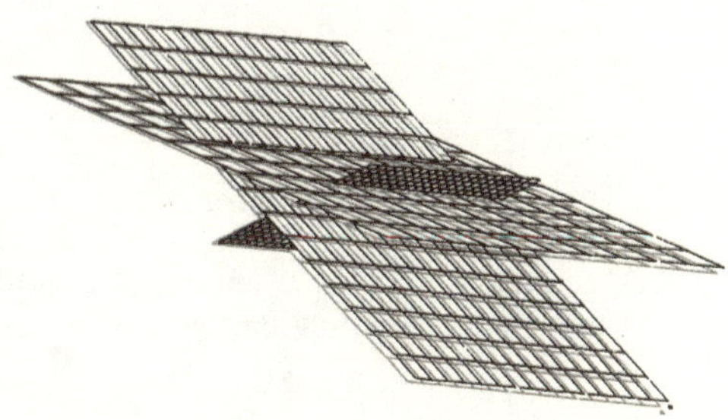

Fall 3: Unlösbarkeit

Die drei Ebenen haben keinen gemeinsamen Schnittpunkt.

Abb. II-2: Mögliche Fälle für die Lage dreier Ebenen zueinander

Auch bei drei Variablen ergeben sich also wieder die Fälle „Lösbarkeit ohne Freiheitsgrade", „Lösbarkeit mit Freiheitsgraden" und „Unlösbarkeit". Tatsächlich sind dies auch die Fälle, die wir bei Gleichungssystemen mit noch mehr Variablen unterscheiden können und mit denen wir uns in den folgenden Abschnitten befassen wollen. Eine geometrische Veranschaulichung der Lösungsmengen ist dabei jedoch aus naheliegenden Gründen im eigentlichen Sinne nicht mehr möglich; üblich ist jedoch auch hier eine durch die Anschauung geprägte Sprechweise wie z. B. „n-dimensionale Geometrie", „Hyperebene" usw.

2.2. Kanonische Gleichungssysteme

In diesem Abschnitt bilden Gleichungssysteme der Gestalt

$$
\text{(II-1)}\quad \left\{\begin{array}{llll}
x_1 & & + a_{1r+1}x_{r+1} + x_{1r+2}x_{r+2} + \ldots + a_{1n}x_n = b_1 \\
& x_2 & + a_{2r+1}x_{r+1} + a_{2r+2}x_{r+2} + \ldots + a_{2n}x_n = b_2 \\
& \ddots & \\
& & x_r + a_{rr+1}x_{r+1} + a_{rr+2}x_{r+2} + \ldots + a_{rn}x_n = b_r
\end{array}\right.
$$

den Mittelpunkt unserer Untersuchungen. Jedes Gleichungssystem, das diese Gestalt hat oder das sich durch eine Vertauschung der Reihenfolge von Gleichungen und/oder Variablen und/oder durch eine Umnumerierung der Variablen auf diese Form bringen läßt, heißt *kanonisches Gleichungssystem* oder *Gleichungssystem in kanonischer Form*. Genauer zeichnet es sich dadurch aus, daß in jeder Gleichung (mindestens) eine Variable vorkommt, deren Koeffizienten nur in der entsprechenden Gleichung den Wert Eins, in den übrigen Gleichungen dagegen überall den Wert Null annehmen. Liegt speziell, wie in (II-1), diese Eigenschaft für die ersten r Variablen vor, so sprechen wir auch von einem *natürlichen kanonischen Gleichungssystem* bzw. einem *Gleichungssystem in natürlicher kanonischer Form.*

Beispiel II-1
Kanonische Gleichungssysteme sind etwa:

$$
GS_1:\quad \left\{\begin{array}{l}
x_1 \qquad + 2x_4 - 5x_5 = -2 \\
\quad x_2 \quad + \ x_4 - 5x_5 = \ 6 \\
\qquad x_3 + 3x_4 \qquad = \ 4.
\end{array}\right.
$$

$$GS_2:\quad x_1 = 2.$$

$$
GS_3:\quad \left\{\begin{array}{l}
\ \ 2x_1 \qquad + x_3 - 2x_4 \qquad = 2 \\
-3x_1 + x_2 \qquad + 5x_4 \qquad = 2 \\
\ \ x_1 \qquad\qquad + 2x_4 + x_5 = 12.
\end{array}\right.
$$

GS_1 und GS_2 sind sogar natürliche kanonische Gleichungssysteme. Keine kanonischen Gleichungssysteme sind dagegen:

$$
GS_4:\quad \left\{\begin{array}{l}
x_1 + x_2 \quad + 2x_4 = 12 \\
\qquad\qquad\quad 2x_4 = 14 \\
\qquad\quad x_3 - 2x_4 = \ 9.
\end{array}\right.
$$

$$
GS_5:\quad \left\{\begin{array}{l}
x_1 \qquad\quad + 2x_4 - 6x_5 = 12 \\
\quad -x_2 \quad + 4x_4 + 6x_5 = 18 \\
\qquad\quad x_3 + 2x_4 - 8x_5 = 24.
\end{array}\right.
$$

$$
GS_6:\quad \left\{\begin{array}{l}
x_1 + 2x_2 - 4x_3 = 4 \\
\qquad x_2 + \ x_3 = 1.
\end{array}\right.
$$

Keinesfalls ist es erforderlich, daß zum Vorliegen der kanonischen Form stets die ersten r Variablen $x_1, x_2, \ldots, x_r$ die angeführte Eigenschaft besitzen (vgl. hierzu das Gleichungssystem GS_3 aus Beispiel II-1). Wie leicht einzusehen ist, gelten die später abgeleiteten Aussagen für beliebige kanonische Gleichungssysteme, da sich derartige Systeme stets durch ein Vertauschen der Reihenfolge von Gleichungen und/oder durch eine Umnumerierung der Variablen auf die Form (II-1) bringen lassen. Es ist ebenfalls nicht ausgeschlossen, daß in einer Zeile (oder sogar in mehreren Zeilen) mehrere Variablen mit der geforderten Eigenschaft für die anderen Zeilen vorkommen, was uns später noch zu weiterer Präzisierung zwingen wird.

Beispiel II-2
Das Gleichungssystem

$$\begin{aligned} x_1 + 2x_2 + x_3 \qquad &= 1 \\ 3x_2 \qquad + x_4 &= 4 \end{aligned}$$

läßt eine zweifache Interpretation zu: Es kann sowohl als kanonische Form in bezug auf x_1 und x_4 als auch als kanonische Form in bezug auf x_3 und x_4 aufgefaßt werden. Deshalb werden wir später immer genau angeben, welche Variablen die kanonische Form definieren sollen.

Das Gleichungssystem (II-1) kann man nun offensichtlich auch in der Form

$$\text{(II-2)} \quad \left\{ \begin{aligned} x_1 &= b_1 - a_{1r+1}x_{r+1} - a_{1r+2}x_{r+2} - \ldots - a_{1n}x_n \\ x_2 &= b_2 - a_{2r+1}x_{r+1} - a_{2r+2}x_{r+2} - \ldots - a_{2n}x_n \\ &\vdots \\ x_r &= b_r - a_{rr+1}x_{r+1} - a_{rr+2}x_{r+2} - \ldots - a_{rn}x_n \end{aligned} \right.$$

betrachten. Man sieht sofort, daß man im Fall $n > r$ die Freiheit hat, den $n - r$ Variablen auf der rechten Seite der Gleichungen jeweils unabhängig voneinander beliebige reelle Werte $t_{r+1}, t_{r+2}, \ldots, t_n$ zu erteilen. Damit sind dann aber die Werte der Variablen auf den linken Seiten eindeutig festgelegt, und man erhält als Lösung von (II-1):

$$\text{(II-3)} \quad \begin{pmatrix} b_1 - a_{1r+1}t_{r+1} - a_{1r+2}t_{r+2} - \ldots - a_{1n}t_n \\ b_2 - a_{2r+1}t_{r+1} - a_{2r+2}t_{r+2} - \ldots - a_{2n}t_n \\ \vdots \\ b_r - a_{rr+1}t_{r+1} - a_{rr+2}t_{r+2} - \ldots - a_{rn}t_n \\ t_{r+1} \\ t_{r+2} \\ \ddots \\ t_n \end{pmatrix}$$

Beispiel II-3
Das kanonische Gleichungssystem GS_1 aus Beispiel II-1 stellen wir analog zu (II-2) zunächst wie folgt auf:

$$\begin{aligned} x_1 &= -2 - 2x_4 + 5x_5 \\ x_2 &= 6 - 1x_4 + 5x_5 \\ x_3 &= 4 - 3x_4 . \end{aligned}$$

Dann ordnen wir den Variablen x_4 und x_5 beliebige Werte zu, etwa $x_4 = 1$ und $x_5 = 2$, und finden durch Ausrechnen die entsprechenden Werte für x_1, x_2 und x_3.

$$\begin{aligned} x_1 &= -2 - 2 \cdot 1 + 5 \cdot 2 = 6 \\ x_2 &= -6 - 1 \cdot 1 + 5 \cdot 2 = 3 \\ x_3 &= 4 - 3 \cdot 1 + 0 \cdot 2 = 1 . \end{aligned}$$

Eine Lösung von GS_1 lautet damit:

(6, 3, 1, 1, 2).

Entsprechend formen wir GS_3 aus Beispiel II-1 um zu

$$\begin{aligned} x_2 &= 2 + 3x_1 - 5x_4 \\ x_3 &= 2 - 2x_1 + 2x_4 \\ x_5 &= 12 - x_1 - 2x_4. \end{aligned}$$

Setzt man etwa $x_1 = 0$ und $x_4 = 5$, so erhält man als eine Lösung von GS_3

$(0, -23, 12, 5, 2)$.

Die Variablen $x_{r+1}, x_{r+2}, \ldots, x_n$ bezeichnet man aus naheliegenden Gründen auch als *freie Variablen* bezüglich der zugrundeliegenden kanonischen Form. Ihre Anzahl gibt gewissermaßen den „Grad der Freiheit“ an. Auch hat sich für sie die Bezeichnung als *Nichtbasisvariablen* (abgekürzt: NBV) eingebürgert. Die links stehenden Größen $x_1, x_2, \ldots, x_r$ nennt man auch *gebundene Variablen* oder – aus Gründen, die erst später einsichtig werden – *Basisvariablen* (BV).

Ein rechentechnisch besonders einfacher Weg zum Auffinden einer Lösung von (II-1) ergibt sich, wenn man in (II-3)

$$t_{r+1} = t_{r+2} = \ldots = t_n = 0$$

wählt. Für die Variablen auf der linken Seite findet man dann die Restriktionen

$$\begin{aligned} x_1 &= b_1 \\ x_2 &= b_2 \\ &\vdots \\ x_r &= b_r, \end{aligned}$$

durch welche die Basisvariablen unmittelbar auf die jeweiligen Werte der rechten Seiten fixiert sind, und somit zwangsläufig als Lösung (hier vorteilhaft als Spalte aufgeschrieben)

$$\begin{pmatrix} b_1 \\ b_2 \\ \vdots \\ b_r \\ 0 \\ 0 \\ \vdots \\ 0 \end{pmatrix}.$$

Diese spezielle Lösung eines kanonischen Gleichungssystem (II-1), die man also dadurch erhält, daß man sämtlichen freien Variablen den Wert Null zuordnet, bezeichnet man auch als *Basislösung* für diese spezielle kanonische Form. Basislösungen spielen vor allem im Rahmen der Linearen Optimierung eine große Rolle und werden uns später noch weiter beschäftigen.

Beispiel II-4
In GS_1 setzen wir

$x_4 = x_5 = 0$

und erhalten als eine Basislösung von GS_1

$$\begin{pmatrix} -2 \\ 6 \\ 4 \\ 0 \\ 0 \end{pmatrix}.$$

Analog setzen wir bei GS_3

$x_1 = x_4 = 0$

und erhalten als eine Basislösung von GS_3

$$\begin{pmatrix} 0 \\ 2 \\ 2 \\ 0 \\ 12 \end{pmatrix}.$$

Wie sie mittlerweile erkannt haben, kommt den Größen $t_{r+1}, t_{r+2}, \ldots, t_n$ in (II-3) eine Zwischenstellung zu:

- Einerseits sollen sie deutlich machen, daß man den entsprechenden Variablen feste Werte zugeordnet hat.
- Andererseits sollen sie aber auch zum Ausdruck bringen, daß man sich noch auf keine bestimmten Werte festgelegt hat.

Derartige Größen, die gewissermaßen eine Zwischenstellung zwischen Variablen und Konstanten einnehmen, heißen auch *Parameter*. Interpretiert man nun die $t_{r+1}, t_{r+2}, \ldots, t_n$ in (II-3) als variabel, so steht (II-3), falls nicht gerade $r = n$ ist und somit gar keine Parameter auftreten, nicht nur für eine Lösung, sondern für eine unendliche Menge von Lösungen von (II-1).

Beispiel II-5
Für das Gleichungssystem GS_1 aus Beispiel II-1 wird durch

$$\begin{pmatrix} -2 - 2t_4 + 5t_5 \\ 6 - t_4 + 5t_5 \\ 4 - 3t_4 \\ t_4 \\ t_5 \end{pmatrix}, \; t_4, t_5 \text{ beliebige reelle Zahlen}$$

und für das Gleichungssystem GS_3 durch

$$\begin{pmatrix} t_1 \\ 2 + 3t_1 - 5t_4 \\ 2 - 2t_1 + 2t_4 \\ t_4 \\ 12 - t_1 - 2t_4 \end{pmatrix}, \; t_1, t_4 \text{ beliebige reelle Zahlen}$$

eine Menge von Lösungen dargestellt.

Tatsächlich ist durch den Ausdruck (II-3) sogar eine Darstellung der Menge **aller** Lösungen eines kanonischen Gleichungssystems (II-1) und nicht nur einer Teilmenge gegeben. Das läßt sich beweisen, indem man zeigt, daß sich **jede** Lösung

$$\text{(II-4)} \qquad \begin{pmatrix} x_1^* \\ x_2^* \\ \vdots \\ x_r^* \\ x_{r+1}^* \\ x_{r+2}^* \\ \vdots \\ x_n^* \end{pmatrix}$$

von (II-1) in der Form (II-3) darstellen läß. Setzen wir etwa in (II-3)

$$\text{(II-5)} \qquad \begin{cases} t_{r+1} = x_{r+1}^* \\ t_{r+2} = x_{r+2}^* \\ \vdots \\ t_n \quad = x_n^* , \end{cases}$$

so müssen auch die Gleichungen

$$\begin{aligned} x_1^* &= b_1 - a_{1r+1}x_{r+1}^* - a_{1r+2}x_{r+2}^* - \ldots - a_{1n}x_n^* \\ x_2^* &= b_2 - a_{2r+1}x_{r+1}^* - a_{2r+2}x_{r+2}^* - \ldots - a_{2n}x_n^* \\ &\vdots \\ x_r^* &= b_r - a_{rr+1}x_{r+1}^* - a_{rr+2}x_{r+2}^* - \ldots - a_{rn}x_n^* . \end{aligned}$$

erfüllt sein. Denn wie wir oben gesehen haben, sind durch Festlegung der $n - r$ Variablen $x_{r+1}, x_{r+2}, \ldots, x_n$ in (II-2) auch die Werte der übrigen Variablen $x_1, x_2, \ldots, x_r$ bestimmt, und zwar eindeutig. Setzen wir also die in (II-5) angegebenen Werte jeweils für $t_{r+1}, t_{r+2}, \ldots, t_n$ von (II-3) ein, so müssen sich nach Ausrechnen die Werte $x_1^*, x_2^*, \ldots, x_r^*$ ergeben, es sei denn, (II-4) wäre keine Lösung von (II-1), was aber einen Widerspruch zu unserer Annahme bedeuten würde. Ist also eine Lösung (II-4) eines Gleichungssystems der Form (II-1) gegeben, dann läßt sie sich in der Form (II-3) darstellen, nämlich genauer durch die Gleichung

$$\text{(II-6)} \qquad \begin{pmatrix} x_1^* \\ x_2^* \\ \vdots \\ x_r^* \\ x_{r+1}^* \\ x_{r+2}^* \\ \vdots \\ x_n^* \end{pmatrix} = \begin{pmatrix} b_1 - a_{1r+1}x_{r+1}^* - a_{1r+2}x_{r+2}^* - \ldots - a_{1n}x_n^* \\ b_2 - a_{2r+1}x_{r+1}^* - a_{2r+2}x_{r+2}^* - \ldots - a_{2n}x_n^* \\ \vdots \\ b_r - a_{rr+1}x_{r+1}^* - a_{rr+2}x_{r+2}^* - \ldots - a_{rn}x_n^* \\ x_{r+1}^* \\ x_{r+2}^* \\ \ddots \\ x_n^* \end{pmatrix} .$$

Da wir uns aber nicht festgelegt haben, wie die Lösung (II-4) konkret aussehen soll, sondern vielmehr mit unbestimmten Werten $x_1^*, x_2^*, \ldots, x_n^*$ gearbeitet haben, ist die Möglichkeit zur Darstellung gem. (II-3) tatsächlich für beliebige Lösungen von (II-1) gegeben. Neben den durch (II-3) dargestellten Lösungen von (II-1) können also keine weiteren Lösungen existieren. Damit haben wir gezeigt:

Allgemeine Lösung eines kanonischen Gleichungssystems

Durch die Darstellung

$$\text{(II-3)}\qquad \begin{pmatrix} b_1 - a_{1r+1}t_{r+1} - a_{1r+2}t_{r+2} - \ldots - a_{1n}t_n \\ b_2 - a_{2r+1}t_{r+1} - a_{2r+2}t_{r+2} - \ldots - a_{2n}t_n \\ \vdots \\ b_r - a_{rr+1}t_{r+1} - a_{rr+2}t_{r+2} - \ldots - a_{rn}t_n \\ t_{r+1} \\ t_{r+2} \\ \ddots \\ t_n \end{pmatrix}$$

$(t_{r+1}, t_{r+2}, \ldots, t_n$ beliebige reelle Zahlen)

sind sämtliche Lösungen eines kanonischen Gleichungssystems

$$\text{(II-1)}\qquad \begin{cases} x_1 \qquad + a_{1r+1}x_{r+1} + a_{1r+2}x_{r+2} + \ldots + a_{1n}x_n = b_1 \\ \quad x_2 \qquad + a_{2r+1}x_{r+1} + a_{2r+2}x_{r+2} + \ldots + a_{2n}x_n = b_2 \\ \qquad \ddots \\ \qquad\quad x_r + a_{rr+1}x_{r+1} + a_{rr+2}x_{r+2} + \ldots + a_{rn}x_n = b_r \end{cases}$$

gegeben.

Man bezeichnet (II-3) auch als *allgemeine Lösung* von (II-1) *in Parameterform*. Wir betrachten diesen Ausdruck noch einmal etwas eingehender. Offensichtlich besitzt danach ein kanonisches Gleichungssystem (II-1) – im Gegensatz zu beliebigen linearen Gleichungssystemen, die wir in Abschnitt 2.1. dieses Kapitels behandelt haben – stets mindestens eine Lösung. In dem Grenzfall $r = n$ hat es dabei keine freien Variablen und geht über in

$$\begin{aligned} x_1 \qquad &= b_1 \\ x_2 \quad &= b_2 \\ \ddots \quad & \\ x_r &= b_r . \end{aligned}$$

Analog zu (II-3) erhält man als einzige Lösung dieses Systems, die zugleich eine Basislösung ist,

$$\begin{pmatrix} b_1 \\ b_2 \\ \vdots \\ b_r \end{pmatrix}.$$

Dies ist der bereits erwähnte Fall der „eindeutigen Lösbarkeit" bzw. der „Lösbarkeit ohne Freiheitsgrade". Tritt dagegen eine freie Variable x_q mit mindestens einem von Null verschiedenen Koeffizienten

$$a_{pq} \neq 0 \quad \text{für ein beliebiges } p \in \{1, 2, \ldots, r\}$$

auf, so besitzt das kanonische Gleichungssystem unendlich viele Lösungen. In diesem Fall kann man nämlich der freien Variablen beliebige Zahlenwerte t_q zuordnen und erhält für jeden Wert für x_q genau eine Lösung, und zwar jeweils eine andere (Lösbarkeit mit Freiheitsgraden).

Wir fassen zusammen:

Lösungsvielfalt von kanonischen Gleichungssystemen
Ein kanonisches Gleichungssystem hat entweder genau eine oder unendlich viele Lösungen.

2.3. Lösungsneutrale Umformungen für Gleichungssysteme

Nun sind wir zwar in der Lage, auf äußerst einfachem Wege die Menge aller Lösungen eines kanonischen Gleichungssystems zu ermitteln. Leider besitzen aber die in der Praxis vorkommenden Systeme nicht sofort diese Gestalt. Allerdings: Wenn es gelänge, ein solches Gleichungssystem auf ein kanonisches Gleichungssystem umzuformen, ohne dabei dessen Lösungsmenge zu verändern, so wäre unser Problem im Prinzip bewältigt. Wir brauchten dann nur bei dem letzten (kanonischen) Gleichungssystem die Lösungsmenge des ursprünglichen Gleichungssystems abzulesen.

Gleichungssysteme, welche die gleiche Lösungsmenge besitzen, wollen wir als *äquivalent* bezeichnen. Jede Umformung, die ein Gleichungssystem in ein äquivalentes Gleichungssystem überführt, wollen wir *lösungsneutral* nennen. Daraus folgt unmittelbar, daß die Nichtexistenz einer Lösung des neuen Systems auch zur Nichtexistenz einer Lösung des alten Systems führt und umgekehrt. Aus der Schulalgebra sollten Ihnen die folgenden lösungsneutralen Umformungen bekannt sein:

Lösungsneutrale Einzelumformungen bei Gleichungssystemen			
Stichwort	Typ	Mnemotechnische Rechenvorschrift	Symbol
elementare Umformungen	(1) Ersetzen einer Gleichung durch ein c-faches von ihr ($c \neq 0$)	*M*ultipliziere die p-te Gleichung mit $c(\neq 0)$	$\mathbf{M}_p(c)$
	(2) Ersetzen einer Gleichung durch die Summe dieser Gleichung und des c-fachen einer anderen Gleichung des Systems	*F*üge zur p-ten Gleichung die q-te Gleichung mit c multipliziert hinzu	$\mathbf{F}_{pq}(c)$
Transposition	(3) Umstellen der Reihenfolge zweier Gleichungen	*T*ransponiere die p-te und die q-te Gleichung	$\mathbf{T}_{pq}$
Nullelimination	(4) Auslassen einer Nullgleichung	An*n*ulliere die p-te Gleichung, falls sie eine Nullgleichung ist, und numeriere die restlichen Gleichungen um	$\mathbf{N}_{p\phi}$

Dabei wollen wir unter dem *c-fachen einer Gleichung* G

(II-7) $\quad G: a_1x_1 + a_2x_2 + \ldots + a_nx_n = b$

die neue Gleichung cG

(II-8) $\quad cG\colon (ca_1)x_1 + (ca_2)x_2 + \ldots + + (ca_n)x_n = cb$

verstehen. Die *Summe* $G_1 + G_2$ *zweier Gleichungen* G_1 und G_2

(II-9) $\quad G_1\colon a_{11}x_1 + a_{12}x_2 + \ldots + a_{1n}x_n = b_1$

(II-10) $\quad G_2\colon a_{21}x_1 + a_{22}x_2 + \ldots + a_{2n}x_n = b_2$

soll

(II-11) $\quad G_1 + G_2\colon$

$$(a_{11} + a_{21})x_1 + (a_{12} + a_{22})x_2 + \ldots + (a_{1n} + a_{2n})x_2 = b_1 + b_2$$

bedeuten. Analog sei die *Summe* $G_1 + cG_2$ *einer Gleichung* G_1 *und des* c-*fachen einer anderen Gleichung* G_2 durch

(II-12) $\quad G_1 + cG_2\colon$

$$(a_{11} + ca_{21})x_1 + (a_{12} + ca_{22})x_2 + \ldots + (a_{1n} + ca_{2n})x_2 = b_1 + cb_2$$

definiert. Eine *Nullgleichung* sei schließlich eine Gleichung der Form

(II-13) $\quad 0x_1 + 0x_2 + \ldots + 0x_n = 0.$

(1) Umformungen des Typs $M_p(c)$

Daß eine solche Umformung tatsächlich lösungsneutral ist, läßt sich leicht wie folgt einsehen: Liegt eine Lösung

(II-14) $\quad (x_1^*, x_2^*, \ldots, x_n^*)$

der Gleichung (II-7) vor, dann bedeutet das nichts anderes, als daß – nach Ausrechnen – auf der linken Seite von (II-7) die gleiche Zahl steht wie auf der rechten Seite. Anders ausgedrückt: Das Gleichheitszeichen in der Gleichung

(II-15) $\quad a_1x_1^* + a_2x_2^* + \ldots + a_nx_n^* = b$

mit den auf die Zahlenwerte $x_1^*, x_2^*, \ldots, x_n^*$ fixierten Variablen $x_1, x_2, \ldots, x_n$ ist berechtigt. Was kann man nun aber für die gleiche Lösung in bezug auf

(II-16) $\quad (ca_1)x_1^* (ca_2)x_2^* + \ldots + (ca_n)x_n^* = cb$

aussagen? Da in dieser Gleichung nur Zahlen $c, a_1, \ldots, a_n, x_1^*, \ldots, x_n^*$ vorkommen, können wir auf der linken Seite c ausklammern und erhalten

(II-17) $$c\underbrace{(a_1x_1^* + a_2x_2^* + \ldots + a_nx_n^*)}_{\substack{= \\ b \\ \text{(wegen (II-15))}}} = cb.$$

Wir erkennen das Gleichheitszeichen in der Beziehung (II-16) ebenfalls als berechtigt, so daß tatsächlich jede Lösung von (II-7) auch Lösung von (II-8) ist. Ersetzen wir also in einem Gleichungssystem eine Gleichung (II-7) durch ein c-faches ($c \neq 0$) von ihr, so erfüllen alle Lösungen des alten Gleichungssystems auch das neue System. Sind nun aber möglicherweise neue Lösungen hinzugetreten? Wir wenden auf das neue System eine weitere Operation des betrachteten Typs an und ersetzen die bereits umgeformte Gleichung durch das $\left(\frac{1}{c}\right)$-fache von ihr. Auch durch diese Umformung $\mathbf{M}_p\left(\frac{1}{c}\right)$ könnten allenfalls Lösungen hinzutreten. Da nun aber wieder das Ausgangssystem dasteht, ändern Umformungen des Typs $\mathbf{M}_p(c)$ die Lösungsmengen von Gleichungssystemen überhaupt nicht.

Beispiel II-6

Wir verwenden unsere neuen Erkenntnisse dazu, das Gleichungssystem GS_5 aus Beispiel II-1 lösungsneutral in eine kanonische Form zu überführen. Indem wir die 2. Gleichung durch ihr (-1)-faches ersetzen, also die Umformung $\mathbf{M}_2(-1)$ vornehmen, erhalten wir das äquivalente Gleichungssystem

$$\begin{aligned} x_1 \quad\quad + 2x_4 - 6x_5 &= 12 \\ x_2 \quad - 4x_4 - 6x_5 &= -18 \\ x_3 + 2x_4 - 8x_5 &= 24 \end{aligned}$$

und lesen daraus die Lösungsmenge **dieses und des ursprünglichen Systems** ab:

$$\begin{pmatrix} 12 - 2t_4 + 6t_5 \\ -18 + 4t_4 + 6t_5 \\ 24 - 2t_4 + 8t_5 \\ t_4 \\ t_5 \end{pmatrix}, \quad t_4 \text{ und } t_5 \text{ beliebige reelle Zahlen.}$$

(2) Umformungen des Typs $\mathbf{F}_{pq}(c)$

Für eine solche Umformung kann man wie folgt schließen: Ist ein Vektor (II-14) Lösung eines bestimmten Gleichungssystems, in dem auch (II-9) und (II-10) vorkommen, so gilt für diese Lösung wieder:

(II-18) $a_{11}x_1^* + a_{12}x_2^* + \ldots + a_{1n}x_n^* = b_1$

(II-19) $a_{21}x_1^* + a_{22}x_2^* + \ldots + a_{2n}x_n^* = b_2$.

Nehmen wir nun ohne Einschränkung der Allgemeingültigkeit an, Gleichung (II-9) solle durch die Summe dieser Gleichung und des c-fachen der Gleichung (II-10) ersetzt werden. Dann tritt (II-12) an die Stelle von (II-9). Jede Lösung des alten Systems erfüllt nun auch die neue Gleichung. Setzt man nämlich (II-14) in (II-12) ein, so erhält man zunächst

$$(a_{11} + ca_{21})x_1^* + (a_{12} + ca_{22})x_2^* + \ldots + (a_{1n} + ca_{2n})x_n^* \overset{?}{=} b_1 + cb_2$$

und durch Ausrechnen

$$a_{11}x_1^* + ca_{21}x_1^* + a_{12}x_2^* + ca_{22}x_2^* + \ldots + ca_{1n}x_n^* + ca_{2n}x_n^* \overset{?}{=} b_1 + cb_2$$

bzw. nach erneutem Zusammenfassen

$$\underbrace{(a_{11}x_1^* + a_{12}x_2^* + \ldots + a_{1n}x_n^*)}_{\substack{= \\ b_1 \\ \text{(wegen (II-18))}}} + c\underbrace{(a_{21}x_1^* + a_{22}x_2^* + \ldots + a_{2n}x_n^*)}_{\substack{= \\ c \cdot b_2 \\ \text{(wegen (II-19))}}} = b_1 + cb_2.$$

Das Gleichheitszeichen in der letzten Gleichung erkennt man als offensichtlich berechtigt, so daß jede Lösung des alten Systems auch eine Lösung des neuen Systems ist. Durch Umformungen des Typs $\mathbf{F}_{pq}(c)$ gehen also keine Lösungen des Gleichungssystems verloren, es kommen aber auch – wie man sofort sieht – keine Lösungen hinzu. Führt man nämlich eine weitere Umformung des gleichen Typs durch und ersetzt die neue Gleichung (II-12) durch die Summe dieser Gleichung und des $(-c)$-fachen der Gleichung (II-10), so könnten erneut allenfalls Lösungen hinzukommen. Da aber nach Durchführung dieser Umformung wieder das Ausgangssystem mit der ursprünglichen Gleichung (II-9) (und der ursprünglichen Lösungsmenge) dasteht, ändern Umformungen des Typs $\mathbf{F}_{pq}(c)$ die Lösungsmenge überhaupt nicht.

Beispiel II-7
Wir legen das Gleichungssystem GS_6 aus Beispiel II-1 zugrunde und ersetzen die 1. Gleichung durch die Summe dieser Gleichung und des (-2)-fachen der 2. Gleichung, führen also die Umformung $\mathbf{F}_{12}(-2)$ durch. Es ergibt sich das äquivalente Gleichungssystem

$$\begin{aligned} x_1 \quad\;\; - 6x_3 &= 2 \\ x_2 + \;\; x_3 &= 2 \end{aligned}$$

und damit

$$\begin{pmatrix} 2 + 6t_3 \\ 2 - \;\; t_3 \\ t_3 \end{pmatrix}, \quad t_3 \text{ beliebige reelle Zahl}$$

als allgemeine Lösung von GS_6.

(3) Umformungen des Typs $\mathbf{T}_{pq}$

Daß eine Umformung dieses Typs die Lösungsmenge eines Gleichungssystems unverändert läßt, bedarf wohl keiner Erläuterung. Man nennt diese Umformungen aber in den meisten Lehrbüchern nicht „elementar", weil sie sich aus Hintereinanderausführungen von Umformungen des Typs $\mathbf{F}_{pq}(c)$ (dreimal angewandt) und $\mathbf{M}_p(c)$ (einmal angewandt), erzeugen läßt. Will man etwa in dem Gleichungssystem

$$\begin{aligned} G_1&: a_{11}x_1 + a_{12}x_2 + \ldots + a_{1n}x_n = b_1 \\ G_2&: a_{21}x_1 + a_{22}x_2 + \ldots + a_{2n}x_n = b_2 \end{aligned}$$

die Reihenfolge der Gleichungen vertauschen, so kann man wie folgt vorgehen:

- Man ersetzt zuerst die zweite Gleichung durch die Summe der zweiten und der ersten Gleichung, wendet also $\mathbf{F}_{21}(1)$ an, und erhält das erste umgeformte System:

$$\begin{aligned} G_1&: \quad a_{11}x_1 + \quad\quad + a_{12}x_2 + \ldots \quad\quad + a_{1n}x_n = b_1 \\ G_1 + G_2&: (a_{11} + a_{21})x_1 + (a_{12} + a_{22})x_2 + \ldots + (a_{1n} + a_{2n})x_n = b_1 + b_2. \end{aligned}$$

- Man ersetzt sodann die erste Gleichung durch die Summe dieser Gleichung und des (-1)-fachen der neuen zweiten Gleichung, wendet also $\mathbf{F}_{12}(-1)$ an, und erhält das zweite umgeformte System:

$$\begin{aligned} -G_2&: \quad - a_{21}x_1 \quad\quad - a_{22}x_2 - \ldots \quad\quad - a_{2n}x_n = \quad - b_2 \\ G_1 + G_2&: (a_{11} + a_{21})x_1 + (a_{12} + a_{22})x_2 + \ldots + (a_{1n} + a_{2n})x_n = b_1 + b_2. \end{aligned}$$

– Man ersetzt die jetzige zweite Gleichung durch die Summe dieser Gleichung und der jetzigen ersten Gleichung und erhält das dritte umgeformte System:

$$\begin{array}{llllll} -G_2: & -a_{21}x_1 & -a_{22}x_2 - \ldots & -a_{2n}x_n & = & -b_2 \\ G_1: & a_{11}x_1 & +a_{12}x_2 + \ldots & +a_{1n}x_n & = & b_1. \end{array}$$

– Schließlich ersetzt man in diesem dritten System die erste Gleichung durch ihr (-1)-faches, wendet also $\mathbf{M}_1(-1)$ an, und erhält schließlich als viertes System:

$$\begin{array}{llllll} G_2: & a_{21}x_1 & +a_{22}x_2 + \ldots & +a_{2n}x_n & = & b_2 \\ G_1: & a_{11}x_1 & +a_{12}x_2 + \ldots & +a_{1n}x_n & = & b_1. \end{array}$$

(4) Umformungen des Typs $N_{p\emptyset}$

Das Streichen der p-ten Gleichung ist zwar immer möglich, aber keineswegs immer lösungsneutral, ganz im Gegensatz zu den ersten drei Einzelumformungstypen. Schon deshalb pflegt man eine solche Umformung nicht „elementar" zu nennen. Es ist aber offensichtlich, daß man Nullgleichungen (II-13) ohne Beeinflussung der Lösungsmenge weglassen kann, da beliebige reelle Zahlen für $x_1, x_2, \ldots, x_n$ sie erfüllen. Anders ausgedrückt, sie schränken den Zahlenbereich der Variablen überhaupt nicht ein, stellen also keine „echten" Restriktionen dar.

2.4. Pivotieren

Im vorstehenden Abschnitt haben wir vier Grundtypen von Umformungen kennengelernt, welche die Lösungsmenge eines Gleichungssystems unverändert lassen. Im Gegensatz zu den Beispielen II-6 und II-7 reicht nun aber gewöhnlich die Anwendung nur einer solchen Umformung nicht aus, um eine kanonische Form für ein Gleichungssystem zu erlangen. Vielmehr muß man mehrere Einzelumformungen hintereinander ausführen, um dieses zu erwirken. An dieser Stelle wollen wir zunächst klären, wie man – nachdem man eine Variable zur Basisvariablen einer zu konstruierenden kanonischen Form bestimmt hat – erreicht, daß diese Variable in einer Gleichung den Koeffizienten 1 und in allen übrigen Gleichungen den Koeffizienten Null erhält. Im einzelnen geht man wie folgt vor:

– Man ersetzt eine Gleichung – z. B. die p-te Gleichung –, in der die Variable x_q effektiv, d. h. mit einem **von Null verschiedenen Koeffizienten** a_{pq}, auftritt, durch ihr $\left(\frac{1}{a_{pq}}\right)$-faches $(a_{pq} \neq 0)$. Dadurch erhält x_q in dieser p-ten Gleichung den Koeffizienten 1. Diesen Vorgang nennt man auch *Normierung* der p-ten Gleichung nach der q-ten Variablen.

– Man ersetzt dann nacheinander jede der übrigen Gleichungen durch die Summe der betreffenden Gleichung $(i = 1, \ldots, r;\ i \neq p)$ und des $(-a_{iq})$-fachen der bereits umgeformten p-ten Gleichung. Dadurch erhält in jeder dieser übrigen Gleichungen die Variable x_q den Koeffizienten 0. Einen solchen Schritt bezeichnet man auch als *Eliminierung* der Variablen x_q aus der i-ten Gleichung.

Wir sehen, daß ausschließlich lösungsneutrale Einzelumformungen angewandt werden. Damit sind sämtliche entstehenden Gleichungssysteme dem ursprünglichen und damit auch untereinander äquivalent.

Beispiel II-8
Gegeben sei das folgende Gleichungssystem:

$$GS_7: \begin{cases} x_1 + 3x_2 - 3x_3 + 2x_4 = -2 \\ x_2 - x_3 - x_4 = -1 \\ 2x_1 + 4x_2 - 2x_3 + 4x_4 = -2. \end{cases}$$

Wir bestimmen zunächst x_1 als Basisvariable. Außerdem legen wir fest, daß die dritte Gleichung nach dieser Variablen normiert werden soll. Das ist zulässig, da $a_{31} = 2$ gilt.

1. Umformung

Wir normieren die dritte Gleichung nach der Variablen x_1, indem wir diese Gleichung durch ihr $(\frac{1}{2})$-faches ersetzen.

Ergebnis:

$$\begin{aligned} x_1 + 3x_2 - 3x_3 + 2x_4 &= -2 \\ x_2 - x_3 - x_4 &= -1 \\ x_1 + 2x_2 - x_3 + 2x_4 &= -1. \end{aligned}$$

2. Umformung

Wir eliminieren x_1 aus der ersten Gleichung, indem wir die erste Gleichung durch die Summe dieser Gleichung und des (-1)-fachen der (umgeformten) dritten Gleichung ersetzen.

Ergebnis:

$$\begin{aligned} x_2 - 2x_3 &= -1 \\ x_2 - x_3 - x_4 &= -1 \\ x_1 + 2x_2 - x_3 + 2x_4 &= -1. \end{aligned}$$

Eine weitere Umformung ist nicht erforderlich, da x_1 bereits in der 2. Gleichung nicht mehr vorkommt.

Hat man eine Variable x_q zur Basisvariablen bestimmt und ist sowohl eine Gleichung nach dieser Variablen normiert als auch x_q aus allen übrigen Gleichungen eliminiert, so wollen wir auch die Sprechweise benutzen, daß das Gleichungssystem *nach* x_q *aufgelöst* sei. Es sei *vollständig* aufgelöst, wenn eine maximale Menge von Basisvariablen gewählt ist. Ein Bündel von Umformungen, die erforderlich sind, um ein Gleichungssystem nach einer Variablen aufzulösen, nennt man *Pivotschritt* und die Ausführung eines Pivotschrittes *Pivotieren*. x_q nennt man in diesem speziellen Zusammenhang auch *Pivotvariable*, die p-te Gleichung, die nach dieser Variablen normiert wird, *Pivotgleichung*. Das Indexpaar (p, q) bezeichnet man als *Pivot*, den Koeffizienten a_{pq} als *Pivotelement*. Man beachte dabei noch einmal, daß die Benutzung des Ausdrucks „Pivot (p, q)" automatisch $a_{pq} \neq 0$ voraussetzt.

Bei der Ausführung von Pivotschritten „per Hand" erweist es sich als sehr umständlich und unübersichtlich, stets das gesamte Gleichungssystem (d. h. mit sämtlichen Variablensymbolen) vollständig aufzuschreiben. Es empfiehlt sich stattdessen, ein *Rechentableau* der Form

$$\begin{array}{|cccc||c|} \hline a_{11} & a_{12} & \cdots & a_{1n} & b_1 \\ a_{21} & a_{22} & \cdots & a_{2n} & b_2 \\ \vdots & \vdots & \ddots & \vdots & \vdots \\ a_{r1} & a_{r2} & \cdots & a_{rn} & b_r \\ \hline \end{array}$$

als Abkürzung zu verwenden. In einem solchen Tableau notiert man also Zeile für Zeile lediglich die Koeffizienten der Variablen sowie – hinter einem Doppelstrich – den zugehörigen Wert der rechten Seite der jeweiligen Gleichung. Häufig trägt man noch in einer Kopfzeile die Symbole der zu den Spalten gehörenden Variablen sowie „RS" für „rechte Seite" ein.

(T_1)

x_1	x_2	$\dots$	x_n	RS
a_{11}	a_{12}	$\dots$	a_{1n}	b_1
a_{21}	a_{22}	$\dots$	a_{2n}	b_2
$\vdots$	$\vdots$	$\ddots$	$\vdots$	$\vdots$
a_{r1}	a_{r2}	$\dots$	a_{rn}	b_r

Beispiel II-9

Für das Gleichungssystem GS_7 aus Beispiel II-8 ergäbe sich das folgende Tableau (mit Kopfzeile):

x_1	x_2	x_3	x_4	RS
1	3	−3	2	−2
0	1	−1	−1	−1
2	4	−2	4	−2

Ein derartiges Tableau steht entweder stellvertretend für ein Gleichungssystem **vor** einem Pivotschritt (*Ausgangstableau*) oder für ein Gleichungssystem **nach** einem Pivotschritt (*umgeformtes Tableau*). Einzelumformungen werden dagegen in der Regel nicht dokumentiert.

Es sollen nun die Formeln abgeleitet werden, mit deren Hilfe man das durch einen gewählten Pivotschritt umgeformte Tableau unmittelbar aus dem Ausgangstableau berechnen kann, ohne daß man die zugrundeliegenden Umformungsschritte jedes Mal im Einzelnen nachvollziehen muß. Wir schreiben dazu zunächst das zu irgendeinem Gleichungssystem gehörende Rechentableau als Ausgangstableau auf, wobei wir jetzt die einzelnen Tableaufelder zur Verbesserung der Übersichtlichkeit durch Längs- und Querstriche voneinander trennen. Aus dem gleichen Grund verzichten wir auf eine gesonderte Aufführung der zweiten und der n-ten Koeffizientenspalte sowie auf die letzten Zeilen des Gleichungssystems. (Siehe Tabelle II-1.) Wir nehmen weiterhin an, daß wir uns für eine Pivotvariable x_q und eine Pivotgleichung mit dem Index p entschieden haben, und es gelte $a_{pq} \neq 0$. Damit steht a_{pq} als Pivotelement fest. Zur Verdeutlichung des auszuführenden Pivotschritts versehen wir das Pivotelement mit einem Kreis. Die der Pivotgleichung entsprechende Zeile des Tableaus sei im folgenden auch *Pivotzeile*, die zu der Variablen x_q gehörenden Koeffizientenspalte auch *Pivotspalte* genannt.

Im umgeformten Tableau markieren wir als erstes die Pivotvariable x_q, indem wir über die betreffende Koeffizientspalte einen Stern setzen, sowie die Pivotgleichung mit dem Index p, indem wir links neben die betreffende Koeffizientenzeile ebenfalls einen Stern setzen. Damit wollen wir hervorheben, daß wir x_q zur Basisvariablen für ein zu konstruierendes kanonisches System und zwar in bezug auf die p-te Gleichung bestimmt haben. Die Markierung der Pivotzeile ist nicht allgemein üblich, kann aber sehr empfehlenswert sein (siehe Beispiel II-11 im folgenden Abschnitt).

Tab. II-1: Veränderung des Tableaus durch einen Pivotschritt mit Pivot (p, q)

			Pivot-spalte q ↓		irgendeine andere Spalte j ↓		
	a_{11}	…	a_{1q}	…	a_{1j}	…	b_1
	⋮		⋮		⋮		⋮
ile p →	a_{p1}	…	(a_{pq})	…	a_{pj}	…	b_p
	⋮		⋮		⋮		⋮
ine Zeile i →	a_{i1}	…	a_{iq}	…	a_{ij}	…	b_i
	⋮		⋮		⋮		⋮

Ausgangstableau

*

	$a_{11} - a_{1q} \cdot \frac{a_{p1}}{a_{pq}}$	…	0	…	$a_{1j} - a_{1q} \cdot \frac{a_{pj}}{a_{pq}}$	…	$b_1 - a_{1q} \cdot \frac{b_p}{a_{pq}}$
	⋮		nur Nullen		⋮		⋮
rmte ile p →*	$\frac{a_{p1}}{a_{pq}}$	…	1	…	$\frac{a_{pj}}{a_{pq}}$	…	$\frac{b_p}{a_{pq}}$
	⋮		nur Nullen		⋮		⋮
ine andere rmte Zeile i →	$a_{i1} - a_{iq} \cdot \frac{a_{p1}}{a_{pq}}$	…	0	…	$a_{ij} - a_{iq} \cdot \frac{a_{pj}}{a_{pq}}$	…	$b_i - a_{iq} \cdot \frac{b_p}{a_{pq}}$
	⋮		⋮		⋮		⋮

umgeformtes Tableau

Ziel: Auflösung des Systems nach der Variablen x_q

In den noch leeren Rahmen des umgeformten Tableaus tragen wir dann zunächst die neuen Koeffizienten der Pivotzeile p (also nach der Normierung) ein; sie ergeben sich aus den entsprechend mit $\left(\frac{1}{a_{pq}}\right)$ multiplizierten Elementen der Pivotzeile des Ausgangstableaus. An die Stelle des alten Koeffizienten a_{pj} ($j = 1, \ldots, n$) tritt damit der neue Koeffizient $\frac{a_{pj}}{a_{pq}}$, bzw. an die Stelle von b_p tritt $\frac{b_p}{a_{pq}}$. Wenden wir uns nun der Umformung der ersten Zeile bzw. ihrer Koeffizienten zu. Eliminierung von x_q aus dieser Zeile bedeutet, daß der Koeffizient a_{1q} zu Null werden soll. Dazu ist die erste Zeile durch die Summe dieser Zeile und des $(-a_{1q})$-fachen der bereits umgeformten Pivotzeile zu ersetzen. An die Stelle von a_{1j} $(j = 1, \ldots, n)$ bzw. von b_1 tritt damit

$$a_{1j} + (-a_{1q}) \frac{a_{pj}}{a_{pq}} \quad \text{bzw.} \quad b_1 + (-a_{1q}) \cdot \frac{b_p}{a_{pq}}, \quad j = 1, \ldots, n$$

oder

$$a_{1j} - a_{1q} \cdot \frac{a_{pj}}{a_{pq}} \quad \text{bzw.} \quad b_1 - a_{1q} \cdot \frac{b_p}{a_{pq}}, \quad j = 1, \ldots, n.$$

Analog ergibt sich für die neuen Koeffizienten der übrigen Zeilen

$$a_{ij} - a_{iq} \cdot \frac{a_{pj}}{a_{pq}} \quad \text{bzw.} \quad b_i - a_{iq} \cdot \frac{b_p}{a_{pq}}, \quad i = 1, \ldots, r;\ i \neq p, \quad j = 1, \ldots, n.$$

↑ j-ter Koeffizient in der umgeformten Pivotzeile (zu $\frac{a_{pj}}{a_{pq}}$)

↑ rechte Seite in der umgeformten Pivotzeile (zu $\frac{b_p}{a_{pq}}$)

Der Koeffizient a_{iq} wird in diesem Zusammenhang auch *Eliminationsfaktor* für die Zeile i ($\neq$ p) genannt.

Sie brauchen vor den vorstehenden Formeln nicht zu erschrecken, sie sind tatsächlich weniger kompliziert, als sie aussehen. Auch ist es nicht erforderlich, sie auswendig zu lernen. Vielmehr dürften Sie beim Durcharbeiten der Beispiele und der Übungsaufgaben ein Gespür dafür entwickeln, was sie eigentlich besagen.

Beispiel II-10

Ausgehend von dem Gleichungssystem GS_7 aus Beispiel II-8 demonstrieren wir die Verwendung des Rechentableaus. Dabei soll das umgeformte Tableau schrittweise aufgebaut werden. Als Pivotvariable wählen wir wieder x_1 und als Pivotelement den Koeffizienten a_{31}.

Ausgangstableau

x_1	x_2	x_3	x_4	RS
1	3	−3	2	−2
0	1	−1	−1	−1
(2)	4	−2	4	−2

Eintragung der umgeformten Pivotzeile in das umgeformte Tableau

	x_1 *	x_2	x_3	x_4	RS
*	1	2	−1	2	−1

Eintragung der neuen ersten Zeile in das umgeformte Tableau

	*				
	x_1	x_2	x_3	x_4	RS
	0	1	−2	0	−1
*	1	2	−1	2	−1

Eintragung der neuen (unveränderten) zweiten Zeile in das umgeformte Tableau

	*				
	x_1	x_2	x_3	x_4	RS
	0	1	−2	0	−1
	0	1	−1	−1	−1
*	1	2	−1	2	−1

Ergebnis: Das entsprechende Gleichungssystem ist nach x_1 aufgelöst.

2.5. Modifizierter GAUSS-Algorithmus

Nachdem wir nun wissen, welche Umformungen im Hinblick auf die zu konstruierende kanonische Form vorzunehmen sind, wenn man eine Variable zur Basisvariablen bestimmt hat, liegt das weitere Vorgehen auf der Hand: Man führt mehrere Pivotschritte nacheinander durch, wobei der Pivot des nächsten Schrittes jeweils im Schnitt einer noch nicht markierten Zeile mit einer noch nicht markierten Spalte gesucht werden muß. Nach Wahl eines solchen neuen Pivots (k, l) wird der Pivotschritt ausgeführt, die entsprechende Pivotvariable x_l **in die Menge der bereits ausgewählten Basisvariablen aufgenommen** und die k-te Zeile sowie die l-te Spalte markiert. Auf diese Weise werden jeweils neue, aber äquivalente Systeme berechnet, die nach immer mehr Variablen gleichzeitig, aber unterschiedlich (d.h. jeweils nach anderen Zeilen) aufgelöst sind. Dieser schrittweise Umformungsprozeß endet (spätestens), sobald alle Zeilen markiert sind oder jede noch unmarkierte Zeile nur Nullen als Koeffizienten enthält.

Beispiel II-11
Ausgehend von dem Gleichungssystem GS_7 aus Beispiel II-8 haben wir in Beispiel II-10 unter Verwendung des Pivotelements a_{31} das folgende Tableau erhalten:

	*				
	x_1	x_2	x_3	x_4	RS
	0	1	−2	0	−1
	0	1	(−1)	−1	−1
*	1	2	−1	2	−1

Nun wählen wir $a_{23} = -1$ (also ein Element aus der zweiten Zeile) als Pivotelement aus. Dann ergibt sich:

	*		*		
	x_1	x_2	x_3	x_4	RS
	0	(−1)	0	2	1
*	0	−1	1	1	1
*	1	1	0	3	0

Damit ist das Gleichungssystem auch nach x_3 aufgelöst. Jetzt können wir nur noch ein Pivotelement in der ersten Zeile suchen, und es bieten sich a_{12} $(= -1)$ und a_{14} $(= 2)$ an, wodurch also entweder x_2 oder x_4 als weitere Basisvariable bestimmt würde. Legen wir x_2 als Basisvariable fest, so ergibt sich als umgeformtes Tableau:

	*	*	*		
	x_1	x_2	x_3	x_4	RS
*	0	1	0	−2	−1
*	0	0	1	−1	0
*	1	0	0	5	1

Damit liegt ein kanonisches Gleichungssystem vor, aus dem wir die allgemeine Lösung

$$\begin{pmatrix} 1 - 5t_4 \\ -1 + 2t_4 \\ 0 + t_4 \\ 0 + t_4 \end{pmatrix}, \quad t_4 \text{ beliebige reelle Zahl}$$

ablesen.

Nicht für jedes Gleichungssystem läßt sich eine kanonische Form so leicht herstellen, wie es in Beispiel II-11 demonstriert wurde. Zum einen kann sich eine Gleichung der Form

$$0x_1 + 0x_2 + \ldots + 0x_n = b_q \quad (b_q \neq 0)$$

bzw. im Rechentableau eine Zeile mit dem Index q der Form

0	0	...	0	b_q

$(b_q \neq 0)$

ergeben. Für eine solche Gleichung existiert keine Lösung, da mit beliebigen Zahlen für $x_1, x_2, \ldots, x_n$ der Ausdruck auf der linken Seite stets gleich Null ist und damit die Gleichung nie mehr wahr sein kann. Wenn aber eine solche Gleichung keine Lösung hat, so hat auch das gesamte Gleichungssystem und auch das Ausgangssystem keine Lösung, und Sie können die Suche nach einer Lösung abbrechen (falls Sie es nicht vorziehen, sorgfältig nachzuprüfen, ob Sie nicht einen Fehler beim Aufschreiben oder Rechnen gemacht haben).

Beispiel II-12

Gegeben sei das folgende Gleichungssystem:

$$GS_9: \begin{cases} 4x_1 + 6x_2 + 2x_3 - 2x_4 = 6 \\ 4x_1 + 2x_2 + 2x_3 + 4x_4 = 6 \\ 6x_1 + 7x_2 + 3x_3 \qquad\quad = 10. \end{cases}$$

Das zugehörige Ausgangstableau lautet:

x_1	x_2	x_3	x_4	RS
4	6	2	-2	6
4	2	(2)	4	6
6	7	3	0	10

Wir pivotieren zunächst unter Verwendung des Pivotelementes $a_{23} = 2$, und es ergibt sich:

			*		
	x_1	x_2	x_3	x_4	RS
	0	(4)	0	-6	0
*	2	1	1	2	3
	0	4	0	-6	1

Als nächstes Pivotelement wählen wir $a_{12} = 4$:

		*	*		
	x_1	x_2	x_3	x_4	RS
*	0	1	0	$-\frac{3}{2}$	0
*	2	0	1	$-\frac{7}{2}$	3
	0	0	0	0	1

Aus der letzten Zeile entnehmen wir, daß das Gleichungssystem GS_9 keine Lösung besitzt.

Ein Gleichungssystem, das keine Lösung besitzt, bezeichnet man als *widersprüchlich* oder *inkonsistent*.

Weniger problematisch ist das Auftreten einer Gleichung (bzw. mehrerer Gleichungen) der Form

$$0x_1 + 0x_2 + \ldots + 0x_n = 0.$$

Wie wir bereits gesehen haben, können wir eine solche Nullgleichung auslassen, da sie für den Wertebereich der Variablen keine „echte“ Einschränkung darstellt. Später (vgl. Abschnitt 9 von Kapitel IV) wird es sich jedoch empfehlen, Gleichungen dieser Form bzw. Tableauzeilen dieser Form nicht wegzulassen, sondern durch geeignete Vertauschungen an das untere Ende des Systems bzw. des Tableaus zu schieben.

Beispiel II-13

Gegeben sei das Gleichungssystem

$$GS_{10}: \begin{cases} 5x_1 + 3x_2 - 6x_3 + 7x_4 = 4 \\ 4x_1 + 8x_2 - 8x_3 + 20x_4 = 4 \\ 4x_1 - 4x_3 = 4 \\ 6x_1 - 8x_2 - x_3 - 21x_4 = 4 \\ 6x_1 + 2x_2 - 6x_3 + 4x_4 = 4. \end{cases}$$

Unter Verwendung der jeweils umkreisten Pivotelemente ergeben sich folgende Tableaus:

	x_1	x_2	x_3	x_4	RS
	5	3	−6	7	4
	4	8	−8	20	4
	4	0	−4	0	4
	6	−8	−1	−21	4
	6	$\textcircled{2}$	−6	4	4

		*			
	x_1	x_2	x_3	x_4	RS
	− 4	0	3	1	− 2
	−20	0	16	4	−12
	$\textcircled{4}$	0	− 4	0	4
	30	0	−25	−5	20
*	3	1	− 3	2	2

	*	*			
	x_1	x_2	x_3	x_4	RS
	0	0	$\textcircled{-1}$	1	2
	0	0	−4	4	8
*	1	0	−1	0	1
	0	0	5	−5	−10
*	0	1	0	2	− 1

	*	*	*		
	x_1	x_2	x_3	x_4	RS
*	0	0	1	−1	−2
	0	0	0	0	0
*	1	0	0	−1	−1
	0	0	0	0	0
*	0	1	0	2	−1

Die zweite und die vierte Zeile des letzten Tableaus sind überflüssig und können gestrichen werden:

	*	*	*		
	x_1	x_2	x_3	x_4	RS
*	0	0	1	−1	−2
*	1	0	0	−1	−1
*	0	1	0	2	−1

Das verbleibende System liegt in kanonischer Form vor, so daß man als allgemeine Lösung von GS_{10} ablesen kann:

$$\begin{pmatrix} -1+t_4 \\ -1-2t_4 \\ -2+t_4 \\ t_4 \end{pmatrix}, \quad t_4 \text{ beliebige reelle Zahl.}$$

Kann beim Umformen von Gleichungssystemen auf die kanonische Form eine einzelne Gleichung gestrichen werden, so sagt man, die betreffende Gleichung sei *redundant*. Setzen wir einmal voraus, daß es nicht erforderlich ist, das Umformungsverfahren wegen Inkonsistenz abzubrechen, und gehen wir so vor, daß wir Nullgleichungen sofort streichen, wenn sie auftreten, dann erreichen wir nach spätestens m-maligem Pivotieren eine kanonische Form für das Gleichungssystem. Wir benötigen weniger Pivotschritte, wenn zwischendurch Nullgleichungen eliminiert werden, wobei für jede gestrichene Nullgleichung genau ein Pivotschritt weniger erforderlich ist.

Beispiel II-14
Das Gleichungssystem GS_{10} aus Beispiel II-13 weist 5 Gleichungen auf. Im Rahmen des Umformungsprozesses traten 2 Nullgleichungen auf, so daß nur $5-2=3$ Schritte zur Erzeugung der kanonischen Form erforderlich waren.

Wir fassen unsere Überlegungen zu folgendem Verfahren zusammen:

Algorithmus 1: Verfahren zur Bestimmung einer kanonischen Form für ein lineares Gleichungssystem (Modifizierter GAUSS-Algorithmus)

Anwendungsvoraussetzungen

Gegeben ist ein allgemeines lineares Gleichungssystem

GS	G_1	$a_{11}x_1 + a_{12}x_2 + \ldots + a_{1n}x_n = b_1$
	G_2	$a_{21}x_1 + a_{22}x_2 + \ldots + a_{2n}x_n = b_2$
	$\vdots$	$\vdots$
	G_m	$a_{m1}x_1 + a_{m2}x_2 + \ldots + a_{mn}x_n = b_m$

Anfangsschritt

(0.1) Setze $r := m$!

Schritt 1 (Unlösbarkeit)

(1.1) Gibt es eine Gleichung G_p in GS, in der alle Koeffizienten gleich Null sind und die rechte Seite ungleich Null ist?
JA → (6.1)!
NEIN → (2.1)!

Schritt 2 (Nullgleichung)

(2.1) Gibt es eine Gleichung G_p in GS, in der alle Koeffizienten und die rechte Seite gleich Null sind?
JA → (2.2)!
NEIN → (3.1)!

(2.2) Streiche die Gleichung G_p!

(2.3) Numeriere die Gleichungen in GS neu durch!

(2.4) Setze $r := r - 1$!
→ (2.1)!

Schritt 3 (kanonische Form)

(3.1) Ist die Anzahl der bereits markierten Basisvariablen in GS gleich r?
JA → (6.2)!
NEIN → (4.1)!

Schritt 4 (Auswahl des Pivotelementes)

(4.1) Wähle eine Gleichung G_p, die noch nicht markiert ist!

(4.2) Wähle eine Variable x_q, die noch nicht als Basisvariable markiert ist, mit $a_{pq} \neq 0$!

Schritt 5 (Pivotschritt)

(5.1) Setze

$$a_{ij} := a_{ij} - a_{iq} \cdot \frac{a_{pj}}{a_{pq}} \quad \text{für } i = 1, \ldots, r, \; i \neq p, \; j = 1, \ldots, n;$$

$$b_i := b_i - a_{iq} \cdot \frac{b_p}{a_{pq}} \quad \text{für } i = 1, \ldots, r, \; i \neq p;$$

$$a_{pj} := \frac{a_{pj}}{a_{pq}} \quad \text{für } j = 1, \ldots, n;$$

$$b_p := \frac{b_p}{a_{pq}}!$$

→ (1.1)!

(5.2) Markiere x_q als Basisvariable!

(5.3) Markiere die Gleichung G_p!

Endschritt

(6.1) „Das Gleichungssystem besitzt keine Lösung."
→ (6.3)!

(6.2) „Das Gleichungssystem liegt in kanonischer Form vor."

(6.3) STOP!

Das vorstehende Verfahren haben wir als *modifizierten* GAUSS-*Algorithmus* bezeichnet. Wir müssen jedoch darauf hinweisen, daß die Namensgebung für dieses Verfahren in der Literatur keineswegs eindeutig ist. JAEGER/WENKE [1969, S. 55] bezeichnen es etwa als *„Methode der schrittweisen Entschlüsselung"*. SCHWARZE [1978, S. 83] spricht von *„Vollständiger Elimination"*. Andere Autoren (etwa BERG/KORB [1976, S. 8ff.] nennen es einfach „GAUSS*scher Algorithmus*". Wieder andere Autoren (so etwa BADER/FRÖHLICH [1980, S. 79ff.], OBERHOFER [1978, S. 62]) verstehen darunter aber etwas anderes.

Wenden wir den modifizierten GAUSS-Algorithmus auf ein beliebiges Gleichungssystem an, so können zunächst zwei Fälle auftreten: Einerseits kann sich ein Widerspruch ergeben. Das Gleichungssystem ist dann nicht lösbar. Andernfalls liegt nach höchstens m Pivotschritten eine kanonische Form des Gleichungssystems vor. Das Gleichungssystem ist dann lösbar, wobei – wie wir aus unseren Überlegungen über kanonische Gleichungssysteme wissen – entweder genau eine Lösung (Lösbarkeit ohne Freiheitsgrad) oder aber unendlich viele Lösungen (Lösbarkeit mit Freiheitsgraden) vorkommen können. Damit ergibt sich für allgemeine Gleichungssysteme:

Lösungsgesamtheit allgemeiner linearer Gleichungssysteme
Lineare Gleichungssysteme haben entweder keine Lösung, genau eine Lösung oder unendlich viele Lösungen.

Wir benutzen nun – wie wir es zum Teil schon taten und auch in Zukunft tun werden – die folgenden Abkürzungen:

m: Anzahl der ursprünglichen Gleichungen;
r: Anzahl der Gleichungen nach Überführung in eine kanonische Form;
g: Anzahl der bei den Umformungen insgesamt gestrichenen Nullgleichungen;
n: Anzahl der Variablen;
f: Anzahl der Nichtbasisvariablen (Freiheitsgrad des lösbaren Systems).

Dann gilt offensichtlich:

Freiheitsgrad eines lösbaren Gleichungssystems
$f = n - r = n - m + g$

Beispiel II-15
Für das Gleichungssystem GS_{10} aus Beispiel II-13 gilt (vgl. Beispiel II-14):

$$m = 5 \qquad r = 3$$
$$g = 2 \qquad n = 4.$$

Damit ergibt sich:

$$f = 4 - 3 = 4 - 5 + 2 = 1.$$

Zuvor haben wir bereits auf die Wichtigkeit von Basislösungen hingewiesen, da man sie aus kanonischen Gleichungssystemen sofort ermitteln kann. Wir sprechen nun im folgenden auch von einer *Basislösung eines linearen Gleichungssystems* und meinen damit eine Basislösung eines äquivalenten kanonischen Gleichungssystems, das wir aus dem ursprünglichen System durch schrittweises Pivotieren erhalten haben.

Beispiel II-16
Durch den Vektor (vgl. Beispiel II-11)

$$\begin{pmatrix} 1 \\ -1 \\ 0 \\ 0 \end{pmatrix}$$

ist eine Basislösung des Gleichungssystems GS_7 aus Beispiel II-8 gegeben. Der Vektor

$$\begin{pmatrix} -1 \\ -1 \\ -2 \\ 0 \end{pmatrix}$$

stellt eine Basislösung des Gleichungssystems GS_{10} aus Beispiel II-13 dar.

2.6. Ergänzende Bemerkungen

2.6.1. Präzisierung des Zusammenhanges zwischen Basisvariablen, kanonischer Form, Basislösung und Entartung

Wir haben bereits angedeutet, daß die bisherige Behandlung kanonischer linearer Gleichungssysteme (aus didaktischen Gründen) noch ungenau und zu präzisieren ist. Dies soll nun erfolgen. Insbesondere wollen wir die gegenseitige Abhängigkeit der drei Begriffe Menge der Basisvariablen, kanonisches Gleichungssystem und Basislösung näher untersuchen.

Durch die schrittweise Wahl von immer neuen Pivotvariablen als zusätzliche Basisvariablen ist nach dem modifizierten GAUSS-Algorithmus die kanonische Form, abgesehen von der Reihenfolge der Gleichungen, eindeutig bestimmt. Das Umgekehrte braucht dagegen nicht unbedingt der Fall zu sein. Es kann nämlich durchaus sein, daß zwei verschiedene Mengen von Basisvariablen zu der gleichen kanonischen Form führen.

Beispiel II-17 (vgl. Beispiel II-2)
Für das Gleichungssystem

$$\begin{aligned} x_1 + 2x_2 + x_3 &= 1 \\ 3x_2 + x_4 &= 4 \end{aligned}$$

führt die Menge der Basisvariablen $\{x_1, x_4\}$ zu der kanonischen Form

	*			*	
	x_1	x_2	x_3	x_4	RS
*	1	2	1	0	1
*	0	3	0	1	4

mit der Basislösung $\begin{pmatrix} 1 \\ 0 \\ 0 \\ 4 \end{pmatrix}$,

dagegen die Menge der Basisvariablen $\{x_3, x_4\}$ zu der kanonischen Form

			*	*	
	x_1	x_2	x_3	x_4	RS
*	1	2	1	0	1
*	0	3	0	1	4

mit der Basislösung $\begin{pmatrix} 0 \\ 0 \\ 1 \\ 4 \end{pmatrix}$.

Schlimmer noch: Bei einundderselben Lösung eines Gleichungssystems ist es u. U. möglich, daß sie gleichzeitig als Basislösung zu zwei (oder noch mehr) unterschiedlichen Mengen von Basisvariablen aufgefaßt werden kann.

Beispiel II-18

$\begin{pmatrix} 1 \\ 0 \\ 2 \\ 0 \end{pmatrix}$ ist gleichzeitig Basislösung von

	*	*	*		
	x_1	x_2	x_3	x_4	RS
*	0	1	0	1	0
*	1	0	0	0	1
*	0	0	1	0	2

und von

	*		*	*	
	x_1	x_2	x_3	x_4	RS
*	0	1	0	1	0
*	1	0	0	0	1
*	0	0	1	0	2

mit den Basisvariablenmengen $\{x_1, x_2, x_3\}$ bzw. $\{x_1, x_3, x_4\}$.

Dieser Fall, den man auch als *Entartung* bezeichnet, kann nur dann vorkommen, wenn bei einer Basislösung eine Basisvariable den Wert Null annimmt, d.h. in der Tableaudarstellung der kanonischen Form in der Spalte RS eine Null steht. Die Möglichkeit des Auftretens des Entartungsfalls wird in der Linearen Optimierung einige Sondermaßnahmen erforderlich machen.

Wir sehen also, daß durch den Begriff „Basislösung" nicht unbedingt die zu ihr gehörenden Basisvariablen festgelegt sind, sondern es muß umgekehrt zuerst die Menge der Basisvariablen gewählt werden, und erst als eine Folge davon ist die Basislösung bestimmt.

Abhängigkeiten zwischen Basisvariablen, kanonischer Form und Basislösung
Basisvariablenmenge → kanonische Form, Basisvariablenmenge → Basislösung

Auch aus diesem Grunde empfiehlt es sich, die Basisvariablen besonders zu markieren. Das kann aber nicht nur dadurch geschehen, daß man – wie wir es getan haben – über die betreffende Spalte des Rechentableaus einen Stern setzt. Eine andere, häufig benutzte Möglichkeit besteht in der Verwendung eines alternativen, *verkürzten* Rechentableaus, bei dem die (schon) gewählten Basisvariablen lediglich in einer zusätzlichen linken Randspalte (im folgenden mit BV überschrieben) und zwar in ihrer zugehörigen Zeile aufgeführt sind, während rechts davon nur noch diejenigen Koeffizientenspalten auftreten, die sich nicht auf (schon) gewählte Basisvariablen beziehen. Bei diesem alternativen Tableau sind dann weder Zeilen- noch Spaltenmarkierungen erforderlich. Aus einem Tableau dieser Form kann man noch einfacher die allgemeine Lösung ablesen.

Beispiel II-19

Die wesentlichen Schritte des Beispiels II-13 können durch die folgenden verkürzten Rechentableaus wiedergegeben werden:

BV	x_1	x_3	x_4	RS
	-4	3	1	-2
	-20	16	4	-12
	(4)	-4	0	4
	30	-25	-5	20
x_2	3	-3	2	2

BV	x_3	x_4	RS
	(-1)	1	2
	-4	4	8
x_1	-1	0	1
	5	-5	-10
x_2	0	2	-1

BV	x_4	RS
x_3	-1	-2
	0	0
x_1	-1	-1
	0	0
x_2	2	-1

BV	x_4	RS
x_3	-1	-2
x_1	-1	-1
x_2	2	-1

Allgemeine Lösung: $\begin{pmatrix} -1+1t_4 \\ -1-2t_4 \\ -2+1t_4 \\ t_4 \end{pmatrix}$, t_4 beliebige reelle Zahl.

Anstelle mit der Menge der Basisvariablen zu arbeiten, kann man auch einfach die Menge der zu den Basisvariablen gehörenden Indices verwenden, die manchmal *Indexbasis* genannt wird.

In der Literatur findet man relativ häufig die (saloppe) Sprechweise *Basis* als Kurzform für „Menge der Basisvariablen". Das kann jedoch mißverständlich sein, da „Basis" in der Linearen Algebra noch etwas anderes, aber verwandtes bedeutet (siehe auch Kapitel III, Abschnitt 8).

2.6.2. Der Übergang von einem kanonischen Gleichungssystem zu einem äquivalenten kanonischen Gleichungssystem

Hat man eine erste kanonische Form für ein Gleichungssystem gefunden und existiert noch mindestens eine freie Variable x_q, so kann man, wenn man will, natürlich eine weitere Pivotierung vornehmen. Im Gegensatz zu der Situation des schrittweisen Aufbaus eines kanonischen Systems mit Hilfe des modifizierten GAUSS-Algorithmus sind wir aber jetzt gezwungen, einen Pivot (p, q) in einer (markierten!) Zeile zu wählen, die ja schon mit einer Basisvariablen, sagen wir x_h, belegt ist. Das sieht man unmittelbar bei Verwendung der alternativen Tableauschreibweise, die in dieser Hinsicht ihre Überlegenheit zeigt. Durch den Pivotschritt wird das Gleichungssystem nunmehr (u. a.) nach x_q aufgelöst, und wir können x_q als neue Basisvariable wählen; die bisherige Basisvariable x_h fällt dann jedoch zwangsläufig aus der Basisvariablenmenge heraus, und ihre Markierung muß gelöscht werden. Wir haben also dadurch bei zwei Variablen wechselseitig die Eigenschaft ausgetauscht, Basisvariable oder Nichtbasisvariable zu sein, und deshalb spricht man bei einem solchen

Pivotschritt auch von einem *Austauschschritt*. Zwei Basislösungen bzw. zwei Tableaus, die durch einen einzigen Austauschschritt ineinander überführbar sind, nennt man auch *benachbart*. Natürlich sind vor und nach dem Austauschschritt sämtliche Zeilen markiert, so daß Zeilenmarkierungen unnötig sind, sobald man bereits von einer kanonischen Form ausgeht.

Beispiel II-20
In Beispiel II-13 entwickelten wir zum Gleichungssystem GS_{10} die kanonische Form

	*	*	*		
	x_1	x_2	x_3	x_4	RS
*	0	0	1	−1	−2
*	1	0	0	−1	−1
*	0	1	0	(2)	−1

oder alternativ:

BV	x_4	RS
x_3	−1	−2
x_1	−1	−1
x_2	2	−1

sowie die allgemeine Lösung

$$\mathscr{L}^{\mathrm{I}}_{10}: \begin{pmatrix} -1 + t_4 \\ -1 - 2t_4 \\ -2 + t_4 \\ t_4 \end{pmatrix}, \; t_4 \text{ beliebige reelle Zahl.}$$

Wählen wir nun den oben umkreisten Koeffizienten als neues Pivotelement, so erhalten wir durch den Austauschschritt mit Pivot (3, 4) als weitere kanonische Form für das Gleichungssystem GS_{10}

	*		*	*	
	x_1	x_2	x_3	x_4	RS
*	0	$\frac{1}{2}$	1	0	$-\frac{5}{2}$
*	1	$\frac{1}{2}$	0	0	$-\frac{3}{2}$
*	0	$\frac{1}{2}$	0	1	$-\frac{1}{2}$

oder alternativ:

BV	x_2	RS
x_3	$\frac{1}{2}$	$-\frac{5}{2}$
x_1	$\frac{1}{2}$	$-\frac{3}{2}$
x_4	$\frac{1}{2}$	$-\frac{1}{2}$

,

woraus man die allgemeine Lösung

$$\mathscr{L}^{\mathrm{II}}_{10}: \begin{pmatrix} -\frac{3}{2} - \frac{1}{2}t_2 \\ t_2 \\ -\frac{5}{2} - \frac{1}{2}t_2 \\ -\frac{1}{2} - \frac{1}{2}t_2 \end{pmatrix}, \; t_2 \text{ beliebige reelle Zahl}$$

ablesen kann.

Die Lösungsmengen $\mathscr{L}^{\mathrm{I}}_{10}$ und $\mathscr{L}^{\mathrm{II}}_{10}$ sehen auf den ersten Blick voneinander verschieden aus. Tatsächlich wurden aber beim Übergang von der ersten kanonischen Form zur zweiten nur lösungsneutrale Umformungen angewendet, so daß $\mathscr{L}^{\mathrm{I}}_{10}$ und $\mathscr{L}^{\mathrm{II}}_{10}$ nur verschiedene Darstellungen derselben Lösungsmenge sind.

Sie werden sich möglicherweise fragen, warum man einen solchen Übergang von einer kanonischen Form zu einer benachbarten überhaupt durchführen will, wo man aus der ersten doch bereits **sämtliche** Lösungen ablesen kann. Beachten Sie jedoch bitte, daß die jeweiligen **Basis**lösungen im allgemeinen voneinander verschieden sind. (Im Entartungsfall stimmen sie möglicherweise überein.)

Beispiel II-21
Aus $\mathscr{L}^{\mathrm{I}}_{10}$ entnehmen wir die Basislösung

$$\begin{pmatrix} -1 \\ -1 \\ -2 \\ 0 \end{pmatrix},$$

aber aus $\mathscr{L}^{\mathrm{II}}_{10}$ die benachbarte Basislösung

$$\begin{pmatrix} -\frac{3}{2} \\ 0 \\ -\frac{5}{2} \\ -\frac{1}{2} \end{pmatrix}.$$

Mit Austauschschritten zur Gewinnung von jeweils benachbarten Basislösungen von Gleichungssystemen werden wir uns aber noch eingehender befassen.

2.6.3. Die simultane Bestimmung einer kanonischen Form für mehrere Gleichungssysteme mit identischen linken Seiten

Eine dritte ergänzende Bemerkung betrifft den Umstand, daß sich – nach einer leichten Modifizierung – mit Hilfe von Algorithmus 1 gleichzeitig die kanonische Form (und damit auch die allgemeinen Lösungen!) solcher Gleichungssysteme bestimmen lassen, die sich voneinander ausschließlich in den rechten Seiten unterscheiden. Bei der rechentechnischen Durchführung von Algorithmus 1 erweitert man das Tableau T_1 einfach um je eine zusätzliche Spalte für jede Variante der rechten Seiten. Für k Varianten ergibt sich etwa:

(T_2)

x_1	x_2	...	x_n	RS_1	RS_2	...	RS_k
a_{11}	a_{12}	...	a_{1n}	b_{11}	b_{12}	...	b_{1k}
a_{21}	a_{22}	...	a_{2n}	b_{21}	b_{22}	...	b_{2k}
$\vdots$	$\vdots$		$\vdots$	$\vdots$	$\vdots$		$\vdots$
a_{m1}	a_{m2}	...	a_{mn}	b_{m1}	b_{m2}	...	b_{mk}

Durch den Doppelstrich wird – so wollen wir sagen – das Tableau in einen *linken Teil* und einen *rechten Teil* getrennt.

Jede Umformung führt man nun gleichzeitig in bezug auf sämtliche Spalten $RS_1, RS_2, \ldots, RS_k$ aus. Das sei in einem Beispiel demonstriert.

Beispiel II-22
Für das Gleichungssystem

$$GS_{11}: \begin{cases} x_1 + \ x_2 + 2x_3 \qquad = 30 \\ \qquad 2x_2 + \ x_3 \qquad = 10 \\ x_1 + \ x_2 + \ x_3 - x_4 = 15 \end{cases}$$

soll die allgemeine Lösung bestimmt werden. Ebenso ist die allgemeine Lösung anzugeben, wenn die rechten Seiten des Gleichungssystems abgeändert werden in

$$b_{12} = -15$$
$$b_{22} = \ \ 10$$
$$b_{32} = \ \ 30$$

bzw. in

$b_{13} = 10$
$b_{23} = 5$
$b_{33} = 10.$

Das Ausgangstableau T_2 sieht damit wie folgt aus:

x_1	x_2	x_3	x_4	RS_1	RS_2	RS_3
1	1	2	0	30	−15	10
0	2	1	0	10	10	5
1	1	1	−1	15	30	10

Unter Verwendung der umkreisten Koeffizienten als Pivotelemente ergeben sich die folgenden umgeformten Tableaus:

(* über x_4)

	x_1	x_2	x_3	x_4	RS_1	RS_2	RS_3
	1	1	2	0	30	−15	10
	0	2	1	0	10	10	5
*	−1	−1	−1	1	−15	−30	−10

(* über x_1, * über x_4)

	x_1	x_2	x_3	x_4	RS_1	RS_2	RS_3
*	1	1	2	0	30	−15	10
	0	2	1	0	10	10	5
*	0	0	1	1	15	−45	0

(* über x_1, * über x_3, * über x_4)

	x_1	x_2	x_3	x_4	RS_1	RS_2	RS_3
*	1	−3	0	0	10	−35	0
*	0	2	1	0	10	10	5
*	0	−2	0	1	5	−55	−5

Daraus erhält man als allgemeine Lösung für das ursprüngliche Gleichungssystem GS_{11}:

$$\begin{pmatrix} 10 + 3t_2 \\ t_2 \\ 10 - 2t_2 \\ 5 + 2t_2 \end{pmatrix}, \quad t_2 \text{ beliebige reelle Zahl,}$$

und als allgemeine Lösung des Gleichungssystems mit den veränderten rechten Seiten RS_2:

$$\begin{pmatrix} -35 + 3t_2 \\ t_2 \\ 10 - 2t_2 \\ -55 + 2t_2 \end{pmatrix}, \quad t_2 \text{ beliebige reelle Zahl,}$$

bzw. mit RS_3:

$$\begin{pmatrix} 0+3t_2 \\ t_2 \\ 5-2t_2 \\ -5+2t_2 \end{pmatrix}, \quad t_2 \text{ beliebige reelle Zahl.}$$

3. Vorbereitende Bemerkungen über gemischte lineare Restriktionssysteme

Bisher haben wir uns in diesem Kapitel ausschließlich mit Restriktionen in Form von Gleichungen befaßt. Bei wirtschaftswissenschaftlichen Anwendungen der Linearen Algebra haben wir es allerdings meist nicht mit Gleichungssystemen, sondern mit allgemeineren Systemen zu tun, in denen neben Gleichungen auch Ungleichungen auftreten, vor allem in Form von Nichtnegativitätsforderungen für die Variablen. Sobald aber auch nur eine einzige Ungleichung auftritt, führt der modifizierte GAUSS-Algorithmus nicht mehr zwingend zu einer Lösung. Auch gibt es keine einfache Verallgemeinerung des GAUSS-Algorithmus, mit der sich die Fragen nach Redundanz, Inkonsistenz und Gesamtheit der Lösungen sofort beantworten lassen. Im Gegenteil: Die Herleitung derartiger Methoden ist mit einem erheblich größeren Schwierigkeitsgrad verbunden, als wir bisher zu bewältigen hatten. In den folgenden Abschnitten dieses Kapitels wollen wir deshalb die anstehenden Fragen auch noch nicht im Detail beantworten. Die Ausführungen besitzen vielmehr nur vorbereitenden Charakter. Erst in Kapitel VI kommen wir dann noch einmal auf die Frage nach der Bestimmung von Lösungen für lineare Restriktionssysteme zurück.

3.1. Zur Geometrie gemischter linearer Restriktionssysteme

Mit der geometrischen Interpretation von linearen Ungleichungen werden Sie in der Schule nicht unbedingt schon zu tun gehabt haben. Dies ist deshalb in relativ ausführlicher Weise Gegenstand dieses Abschnittes.

Wir beginnen – wie gewohnt – mit dem zweidimensionalen Fall und betrachten zunächst die Ungleichung

U: $a_1x_1 + a_2x_2 \leqq b$, wobei nicht **gleichzeitig** $a_1 = 0$ **und** $a_2 = 0$.

Diese spezielle Ungleichung besagt geometrisch, daß die Lösungspunkte (x_1, x_2) entweder auf der durch die Gleichung

$\bar{U}$: $a_1x_1 + a_2x_2 = b$

definierten Geraden oder auf der durch die strikte Ungleichung

$$a_1x_1 + a_2x_2 < b$$

definierten Seite von ihr liegen. Aus der Sicht der Geometrie nennt man eine solche Lösungsmenge kurz eine *Halbebene* oder (unabhängig von der Dimension) einen *Halbraum*. Die durch $\bar{U}$ definierte Gerade (im folgenden auch als *Begrenzungsgleichung* bzw. *Begrenzungsgerade* bezeichnet) kann man relativ einfach zeichnen, wenn man zwei Punkte auf ihr kennt. Man braucht dann lediglich diese beiden Punkte durch eine Gerade miteinander zu verbinden bzw. diese Gerade ins Unend-

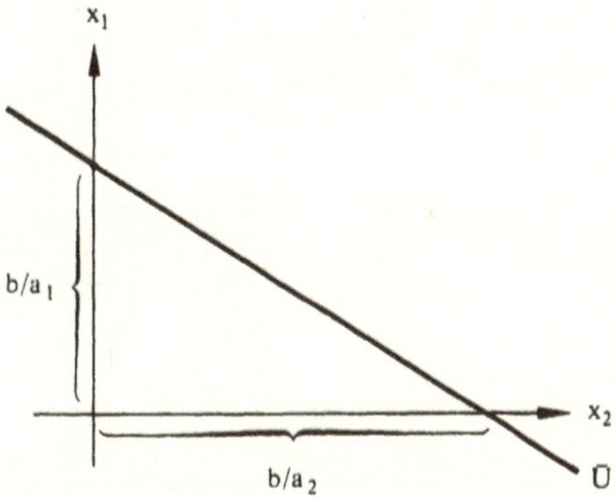

Abb. II-3: Die Lösungsmenge der die Ungleichung U begrenzenden Gleichung Ū

liche zu verlängern. Setzen wir zunächst $a_1 \neq 0$ und $a_2 \neq 0$ voraus, dann bieten sich als derartige Punkte direkt $(b/a_1, 0)$ und $(0, b/a_2)$ an (vgl. Abb. II-3).

Wo liegen nun die weiteren Lösungspunkte von U? Die richtige Seite findet man praktisch durch Einsetzen der Koordinaten eines beliebig wählbaren Punktes (der aber nicht auf der Begrenzungsgeraden liegen darf) in die Ungleichung U. Aus rechentechnischen Gründen empfehlen sich dabei besonders die Punkte (0, 0), (0, 1), (1, 0), von denen nicht alle drei auf der Geraden liegen können. Ist die Ungleichung erfüllt, befindet man sich auf der richtigen Seite, sonst auf der falschen. Die Markierung der Seite, auf der sich die übrigen Lösungspunkte befinden, kann etwa durch Schraffierung dieser Seite an ihrem Rand oder durch einen auf diese Seite weisenden Pfeil (*Normale*) geschehen (vgl. Abb. II-4).

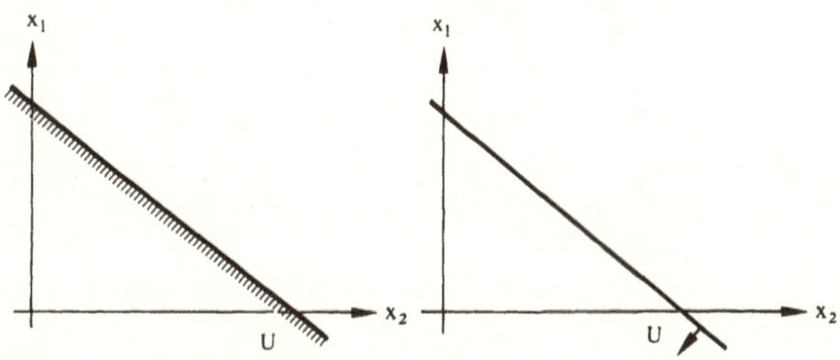

Abb. II-4: Unterschiedliche Markierungsformen der durch die Ungleichung U definierten Lösungspunkte

Beispiel II-23
Gegeben sei die Ungleichung

U: $2x_1 + 4x_2 \leqq 20.$

(0, 5) und (10, 0) sind zwei Punkte auf der den Lösungsraum begrenzenden Gleichung Ū, die wir damit zeichnen können:

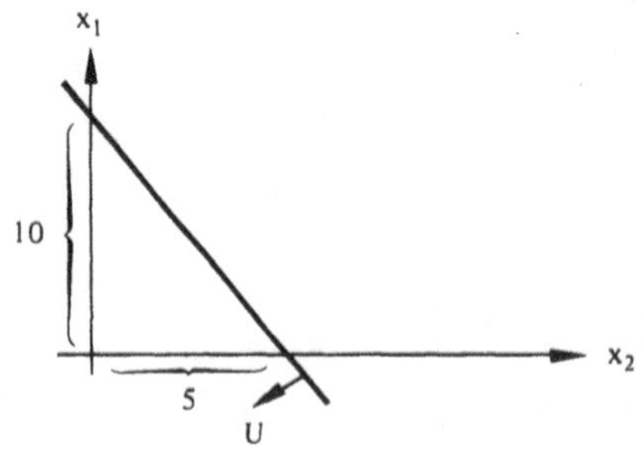

Durch Einsetzen von (0, 0) in U finden wir

$$2 \cdot 0 + 4 \cdot 0 \leqq 20$$
$$0 \leqq 20 \quad \surd.$$

Damit müssen die übrigen Lösungspunkte unterhalb der Geraden $\bar{U}$ liegen.

Gilt dagegen etwa $a_2 = 0$, so geht U über in

U': $a_1 x_1 \leqq b$.

Die Lösungspunkte von U' liegen wieder, geometrisch interpretiert, entweder auf der Geraden

$\bar{U}'$: $a_1 x_1 = b$

oder auf der durch

$$a_1 x_1 < b$$

definierten Seite von ihr. Die begrenzende Gerade $\bar{U}'$ ist dann offensichtlich eine Parallele zur Abszisse im Abstand b/a_1 (vgl. Abb. II-5).

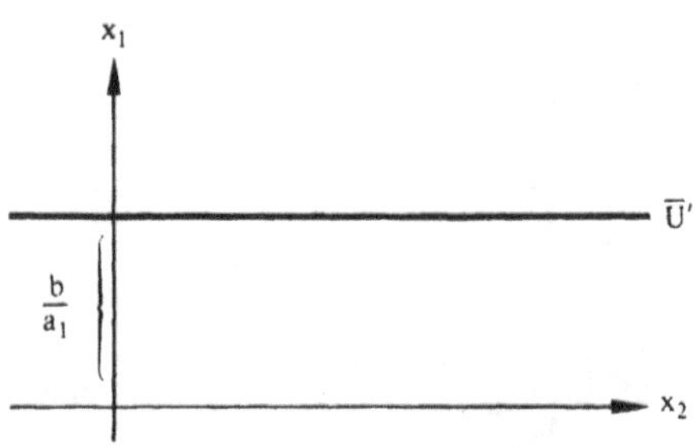

Abb. II-5: Den Lösungsraum der Ungleichung U' begrenzende Gerade $\bar{U}'$

Die „richtige" Seite findet man wieder analog durch Einsetzen der Koordinaten eines Punktes in U'.

Wir betrachten nun ein System in zwei Variablen, das aus einer Gleichung G und einer Ungleichung U mit zugehöriger Begrenzungsgeraden $\bar{U}$ besteht. Bei geometrischer Interpretation von G und U sind in bezug auf die relative Lage von G und der durch U definierten Begrenzungsgleichung $\bar{U}$ jetzt folgende Fälle möglich:

Fall 1:

G und $\bar{U}$ schneiden sich. Die Lösungsmenge des Systems ist eine *Halbgerade*.

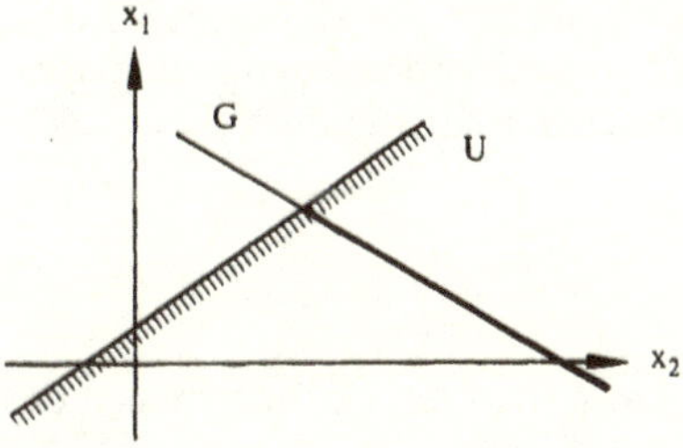

Abb. II-6: Lösungsmenge (dick eingezeichnet) des Restriktionssystems (G, U) – Fall 1

Fall 2:

Die Gerade G und die Begrenzungsgerade $\bar{U}$ sind parallel, aber G befindet sich der der „richtigen" Seite von $\bar{U}$, oder G und U stimmen überein. Dann ist G die Lösung des Systems, und U ist **redundant**.

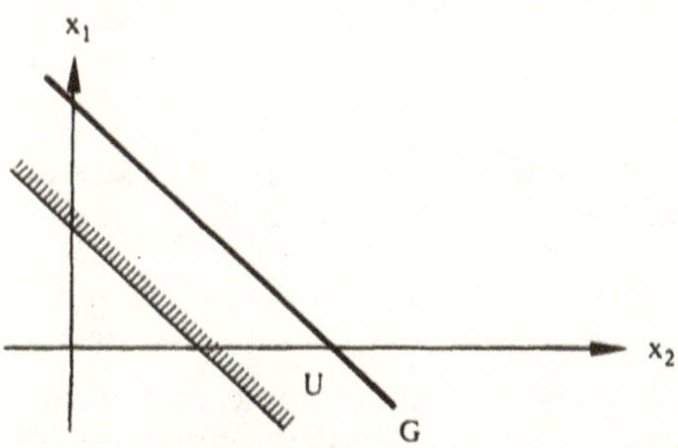

Abb. II-7: Lösungsmenge (dick eingezeichnet) des Restriktionssystems (G, U) – Fall 2

Fall 3:

Die Gerade G und die Begrenzungsgerade $\bar{U}$ sind parallel, aber G befindet sich auf der „falschen" Seite von $\bar{U}$. Dann gibt es keinen gemeinsamen Punkt, d.h. das System ist **inkonsistent**.

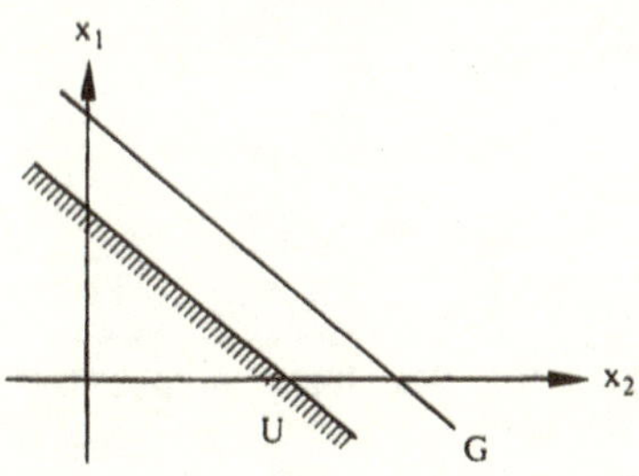

Abb. II-8: Leere Lösungsmenge des Restriktionssystems (G, U) – Fall 3

Betrachtet man dagegen ein System, das aus zwei Ungleichungen

U_1: $a_{11}x_1 + a_{12}x_2 \leqq b_1$, **nicht** $a_{11} = 0$ **und** $a_{12} = 0$
U_2: $a_{21}x_1 + a_{22}x_2 \leqq b_2$, **nicht** $a_{21} = 0$ **und** $a_{22} = 0$

besteht, so sind bei geometrischer Betrachtung noch mehr Fälle zu unterscheiden. Mit $\bar{U}_1$ und $\bar{U}_2$ wollen wir dabei die zu U_1 und U_2 gehörenden Begrenzungsgleichungen bzw. im Zusammenhang mit der geometrischen Interpretation die zugehörigen Begrenzungsgeraden bezeichnen.

Fall 1:

Die Begrenzungsgeraden schneiden sich. Dann kann man die Lösungsmenge des Ungleichungssystems (U_1, U_2) wie in Abb. II-9 darstellen.

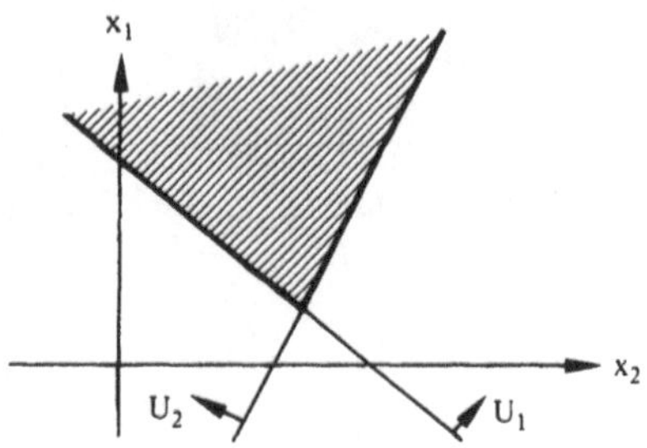

Abb. II-9: Lösungsmenge (dick bzw. schraffiert eingezeichnet) des Ungleichungssystems (U_1, U_2) – Fall 1

Fall 2:

Die Begrenzungsgeraden haben keinen gemeinsamen Punkt (d.h. sie sind parallel und nicht identisch), lassen aber gemeinsame Punkte zu. Dann erhält man als Lösungsmenge von (U_1, U_2) so etwas wie einen nach beiden Seiten „ins Unendliche gehenden Streifen".

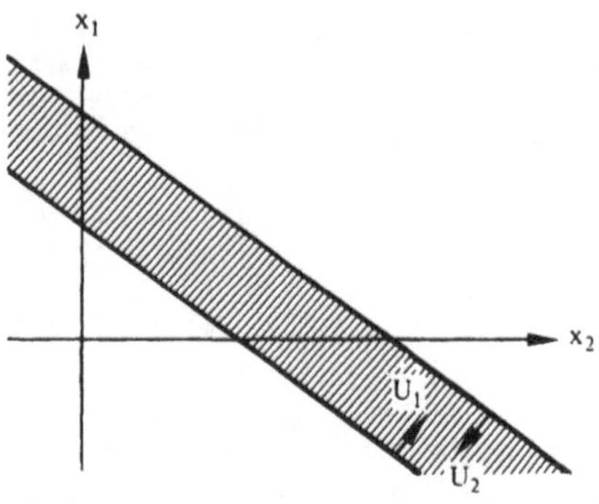

Abb. II-10: Lösungsmenge (dick bzw. schraffiert eingezeichnet) des Ungleichungssystems (U_1, U_2) – Fall 2

Fall 3:

Die Begrenzungsgeraden sind identisch, definieren aber gerade die „entgegengesetzten" Halbebenen. Dann besteht – aus geometrischer Sicht – die Lösungsmenge von (U_1, U_2) genau aus den Punkten der durch $\bar{U}_1$ $(= \bar{U}_2)$ definierten Begrenzungsgeraden.

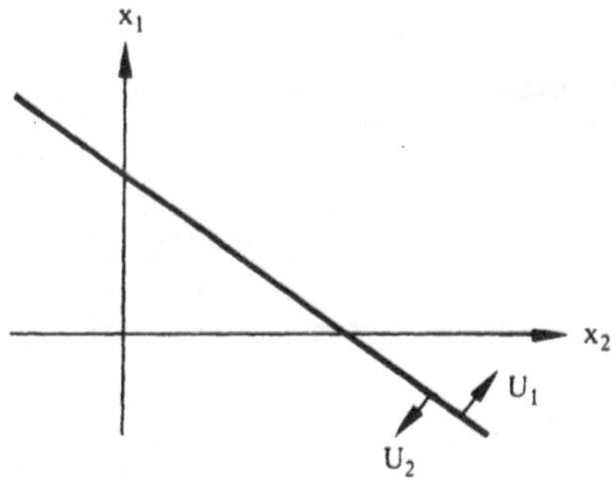

Abb. II-11: Lösungsmenge (dick eingezeichnet) des Ungleichungssystems (U_1, U_2) – Fall 3

Fall 4:

Die Begrenzungsgeraden sind ohne Schnittpunkt, legen aber Halbräume „in der gleichen Richtung" fest. Die Lösungsmenge des Ungleichungssystems (U_1, U_2) wird dann definiert durch denjenigen Halbraum, der geometrisch Untermenge des anderen ist (*Redundanz 1. Art*).

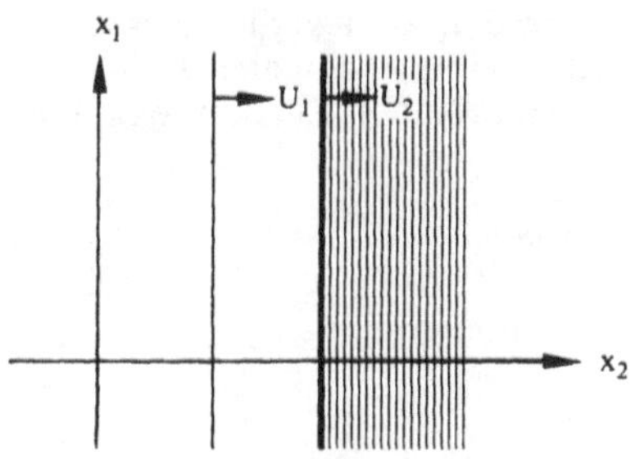

Abb. II-12: Lösungsmenge (dick bzw. schraffiert eingezeichnet) des Ungleichungssystems (U_1, U_2) – Fall 4

Fall 5:

Die Begrenzungsgeraden sind identisch und definieren die gleiche Halbebene, die geometrisch die Lösungsmenge von (U_1, U_2) ist. Eine der beiden Ungleichungen (gleichgültig welche) ist überflüssig (*Redundanz 2. Art*).

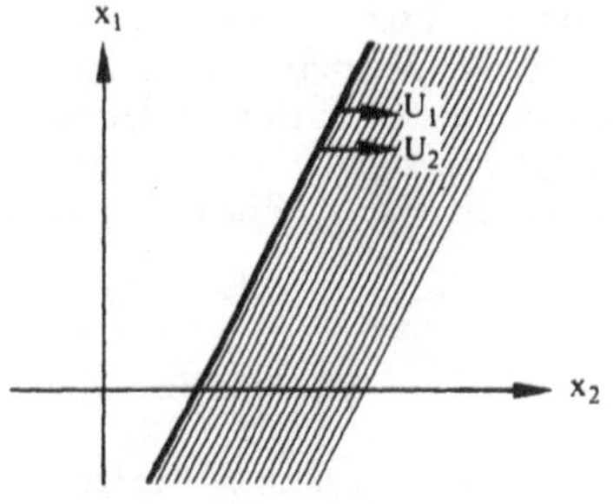

Abb. II-13: Lösungsmenge (dick bzw. schraffiert eingezeichnet) des Ungleichungssystems (U_1, U_2) – Fall 5

Fall 6:

Die Begrenzungsgeraden haben keinen gemeinsamen Punkt, und die Halbebenen liegen „auseinander". Die Lösungsmenge von (U_1, U_2) ist **leer**.

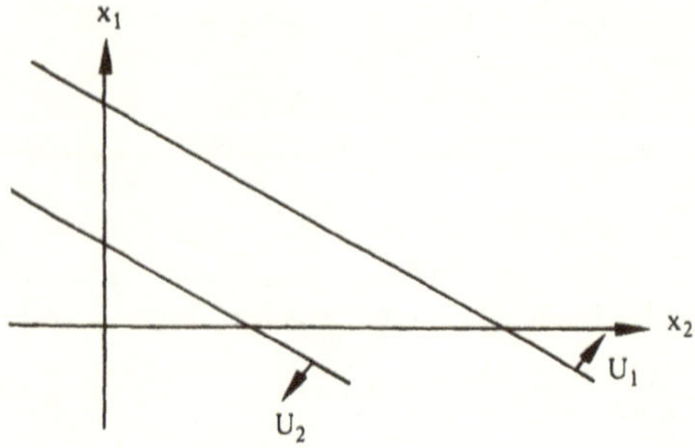

Abb. II-14: (Leere) Lösungsmenge des Ungleichungssystems (U_1, U_2) – Fall 6

Geht man zu linearen Ungleichungssystemen oder Mischsystemen aus linearen Gleichungen und Ungleichungen mit drei oder noch mehr Variablen über, so wird die Situation noch viel unübersichtlicher. Wir wollen deshalb lediglich einige wesentliche Aspekte und Begriffe kurz skizzieren. Im dreidimensionalen Fall kann man durchaus noch mit geometrischen Vorstellungen arbeiten: Eine einzelne Ungleichung

$$a_1x_1 + a_2x_2 + \ldots + a_nx_n \leqq b, \text{ nicht } a_i = 0 \text{ für alle } i$$

zerfällt in die Gleichung

$$a_1x_1 + a_2x_2 + \ldots + a_nx_n = b,$$

die eine *Begrenzungsebene* definiert, und die Ungleichung

$$a_1x_1 + a_2x_2 + \ldots + a_nx_n < b.$$

Durch die Begrenzungsebene wird der restliche Raum in zwei Teile zerlegt, und

$$a_1x_1 + a_2x_2 + \ldots + a_nx_n < b$$

ist genau für die in der einen Hälfte liegenden Punkte erfüllt. Für welche Hälfte, kann man wieder einfach durch Einsetzen der Koordinaten von geeigneten Punkten, etwa (0, 0, 0), (1, 0, 0), (0, 1, 0), (0, 0, 1) herausfinden. Die Gesamtheit dieser und der auf der Begrenzungsebene liegenden Punkte bezeichnet man wiederum als *Halbraum*. Auf dem Papier kann man die dreidimensionale Situation im Prinzip noch perspektivisch darstellen, aber bei mehreren Ungleichungen wird das bereits ziemlich unübersichtlich, so daß wir hier darauf verzichten wollen. Für $n \geqq 4$ sagt man,

$$\sum_{j=1}^{n} a_j x_j = b$$

definiere eine *Hyperebene* (manchmal salopp auch nur „*Ebene*" genannt). Sie trennt wiederum den nicht auf der Hyperebene liegenden Teil des Raumes in zwei Teile, und genau einer dieser Teile wird durch

$$\sum_{j=1}^{n} a_j x_j < b$$

festgelegt. Lösungen von Ungleichungen lassen sich jetzt geometrisch nur noch durch Projektionen auf den dreidimensionalen Raum und anschließendes perspektivisches zweidimensionales Zeichnen verdeutlichen.

Aufgrund dieser Schwierigkeiten veranschaulicht man häufig Ungleichungssituationen lediglich für den einfachen Fall zweier Variablen. Dadurch erweckt man zwar eine gewisse geometrische Vorstellung, aber die Komplexität und Vielfalt der allgemeinen n-dimensionalen Situation wird verschleiert. Insbesondere betrachtet man im Zusammenhang mit ökonomischen Anwendungen als visuelle Hilfe zur Darstellung von Lösungsmengen linearer Ungleichungssysteme den zweidimensionalen Fall auf vereinfachte, durch endlich viele Geradenstücke begrenzte geometrische Gebilde der Art, wie sie in Abb. II-15 abgebildet sind.

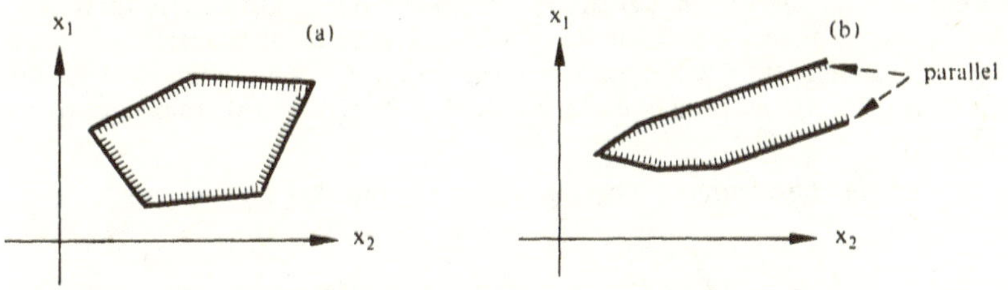

Abb. II-15: Lösungsmengen zweier linearer Ungleichungssysteme

Derartige Gebilde werden *konvexe Polygone* und in ihrer n-dimensionalen Verallgemeinerung *konvexe Polyeder* genannt. Im Gegensatz zum Typ (b), dessen Auftreten und Behandlung unangenehm sein kann, liegt beim Typ (a) der Lösungsbereich innerhalb eines (möglicherweise sehr großen) Kreises oder Quadrates. Dieser ist dann also (im Sinne der Analysis) *beschränkt*. Der Lösungsbereich schließt außerdem wegen „$\leqq$“ und „$\geqq$“ seine ganze Berandung mit ein, ist also (im Sinne der Analysis) auch *abgeschlossen*. In dem modernen mathematischen Gebiet der Topologie bedeutet das Adjektiv *kompakt* in diesem Zusammenhang soviel wie beschränkt und abgeschlossen. Ein kompaktes Polyeder, also der Fall (a), wird auch als *Polytop* bezeichnet.

Die bisherigen einfachen Beispiele lassen bereits erahnen, daß eine Behandlung von Systemen, die Ungleichungen enthalten, insbesondere die explizite Bestimmung aller Lösungen und die Beantwortung von Fragen nach Redundanz und Inkonsistenz, wesentlich aufwendiger ist, als wenn nur Gleichungen vorliegen.

3.2. Lösungsneutrale Umformungen mit Ungleichungen

Man kann – wie für lineare Gleichungen – auch in bezug auf lineare Ungleichungen gewisse Rechenoperationen definieren. Es seien dazu die folgenden Ungleichungen gegeben:

(II-20) U_1: $a_{11}x_1 + a_{12}x_2 + \ldots + a_{1n}x_n \geqq b_1$

(II-21) U_2: $a_{21}x_1 + a_{22}x_2 + \ldots + a_{2n}x_n \geqq b_2$

(II-22) U_3: $a_{31}x_1 + a_{32}x_2 + \ldots + a_{3n}x_n \leqq b_3$

(II-23) U_4: $a_{41}x_1 + a_{42}x_2 + \ldots + a_{4n}x_n \leqq b_4$.

Das c-*fache einer Ungleichung* U_1 bzw. U_3 sei bei **positivem** $c(c > 0)$ für (II-20) definiert durch

$$cU_1\colon (ca_{11})x_1 + (ca_{12})x_2 + \ldots + (ca_{1n})x_n \geqq cb_1,$$

für (II-22) durch

$$cU_3\colon (ca_{31})x_1 + (ca_{32})x_2 + \ldots + (ca_{3n})x_n \leqq cb_3,$$

bei **negativem** $c(c < 0)$ für (II-20) durch

$$cU_1\colon (ca_{11})x_1 + (ca_{12})x_2 + \ldots + (ca_{1n})x_n \leqq cb_1$$

und für (II-22) durch

$$cU_3\colon (ca_{31})x_1 + (ca_{32})x_2 + \ldots + (ca_{3n})x_n \geqq cb_3.$$

Man geht dabei von der folgenden, für die Multiplikation von Ungleichungen zwischen Zahlen gültigen Regel aus: Die Richtung des Ungleichheitszeichens einer Ungleichung ist beizubehalten, wenn man die Ungleichung mit einer positiven Zahl multipliziert, dagegen umzukehren, wenn man die Ungleichung mit einer negativen Zahl multipliziert.

Die *Summe zweier gleichgerichteter Ungleichungen* U_1 und U_2 bzw. U_3 und U_4 ist durch

(II-24) $$U_1 + U_2\colon (a_{11} + a_{21})x_1 + (a_{12} + a_{22})x_2 + \ldots + (a_{1n} + a_{2n})x_n \geqq b_1 + b_2$$

bzw. durch

(II-25) $$U_3 + U_4\colon (a_{31} + a_{41})x_1 + (a_{32} + a_{42})x_2 + \ldots + (a_{3n} + a_{4n})x_n \leqq b_3 + b_4$$

definiert. Als Summe erhält man also wieder eine Ungleichung, bei der das Ungleichheitszeichen dieselbe Richtung aufweist wie in den addierten Ungleichungen. Auch hier geht man von der entsprechenden, für das Addieren von Ungleichungen zwischen Zahlen geltenden Regel aus.

Beispiel II-24

Es seien die folgenden Ungleichungen gegeben:

$$U_1\colon 2x_1 + 4x_2 + 5x_3 + 2x_4 \leqq 27$$
$$U_2\colon 4x_1 - x_2 - 3x_3 + 7x_4 \leqq -12.$$

Das (-2)-fache von U_1 ist dann durch

$$(-2)U_1\colon -4x_1 - 8x_2 - 10x_3 - 4x_4 \geqq -54$$

und die Summe von U_1 und U_2 durch

$$U_1 + U_2\colon 6x_1 + 3x_2 + 2x_3 + 9x_4 \leqq 15$$

gegeben.

Liegt ein Restriktionssystem vor, in dem neben Gleichungen auch Ungleichungen auftreten, so stellt sich die Frage, welche Umformungen man nun vornehmen kann, ohne die Lösungsmenge dieses Restriktionssystems zu verändern. Analog zu dem Beweis für die entsprechende Operation in bezug auf lineare Gleichungssysteme sieht man unmittelbar ein:

Das *Ersetzen einer Ungleichung durch ein* c-*faches* (c $\neq$ 0) *von ihr* ist eine lösungsneutrale Umformung.

Was läßt sich nun aber über das *Ersetzen einer Ungleichung durch die Summe dieser Ungleichung und des c-fachen einer anderen gleichgerichteten Ungleichung* aussagen? Eine gemeinsame Lösung

$$(x_1^*, x_2^*, \ldots, x_n^*)$$

von (II-20) und von (II-21) erfüllt sicherlich auch die Ungleichung (II-24). Damit gehen aber durch die betrachtete Operation keine Lösungen verloren. Allerdings werden – abgesehen von Sonderfällen, Lösungen hinzukommen (d. h. die Lösungsmenge erweitert sich), wie man schon an dem folgenden Beispiel sieht.

Beispiel II-25
Das Ungleichungssystem

$$US_2: \begin{cases} x_1 \geqq 0 \\ x_1 + x_2 \geqq 0 \end{cases}$$

geht aus dem System

$$US_1: \begin{cases} x_1 \geqq 0 \\ x_2 \geqq 0 \end{cases}$$

hervor, indem man die zweite Ungleichung durch die Summe dieser Ungleichung und der ersten Ungleichung ersetzt. Die graphische Veranschaulichung der Lösungsmenge zeigt, daß US_2 mehr Lösungen als US_1 besitzt.

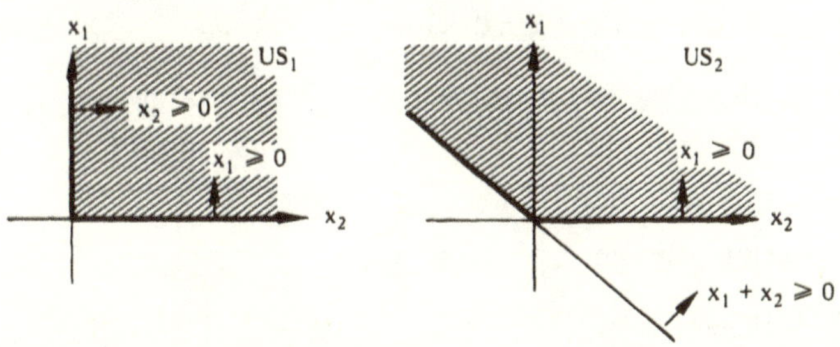

Abb. II-16: Lösungsmengen (dick bzw. schraffiert eingezeichnet) der Ungleichungssysteme US_1 und US_2

Beispielsweise besitzt US_2 die Lösung (10, −2), während dieser Vektor für U_1 aufgrund der NN-Bedingungen für beide Variablen keine Lösung darstellt.

Entsprechendes gilt für Ungleichungen des „$\leqq$"-Typs, so daß wir festhalten können:

Das Ersetzen einer Ungleichung durch die Summe dieser Ungleichung und des c-fachen einer anderen gleichgerichteten Ungleichung ist i.a. **keine** lösungsneutrale Umformung.

Eine weitere lösungsneutrale Umformung besteht in dem Ersetzen einer Gleichung

(II-26) $\quad a_1x_1 + a_2x_2 + \ldots + a_nx_n = b$

durch das Ungleichungssystem

$$\text{(II-27)} \quad \begin{cases} a_1x_1 + a_2x_2 + \ldots + a_nx_n \leqq b \\ a_1x_1 + a_2x_2 + \ldots + a_nx_n \geqq b \end{cases}.$$

Jede Lösung von (II-26) ist offensichtlich sofort auch eine Lösung von (II-27), denn setzt man diese Lösung in die linken Seiten der beiden Ungleichungen ein, so nehmen beide linken Seiten den Wert b an, womit beide Ungleichungen wahr sind. Jede Lösung von (II-27) ist aber auch Lösung von (II-26), denn besitzt bei einer Ungleichung zwischen der linken und der rechten Seite sowohl das Zeichen „$\leqq$", als auch das Zeichen „$\geqq$" Gültigkeit, so muß die linke Seite genau gleich der rechten Seite dieser Ungleichung und damit gleich b sein.

Beispiel II-26
In einem Restriktionssystem komme die Gleichung

$$x_1 + 2x_2 + 4x_3 = 20$$

vor. Sie kann lösungsneutral durch das Ungleichungssystem

$$x_1 + 2x_2 + 4x_3 \leqq 20$$
$$x_1 + 2x_2 + 4x_3 \geqq 20$$

ersetzt werden.

Natürlich läßt sich andersherum auch ein Ungleichungssystem (II-27) durch eine entsprechende Gleichung (II-26) ersetzen, wovon wir schon vorhin sprachen (vgl. Abb. II-11 sowie die zugehörigen Ausführungen auf S. 78).

Lösungsneutrale Umformungen mit Ungleichungen
a) Ersetzen einer Ungleichung durch ein c-faches ($c \neq 0$) von ihr. b) Ersetzen einer Gleichung $a_1x_1 + a_2x_2 + \ldots + a_nx_n = b$ durch das Ungleichungssystem $a_1x_1 + a_2x_2 + \ldots + a_nx_n \leqq b$ $a_1x_1 + a_2x_2 + \ldots + a_nx_n \geqq b$ oder umgekehrt.

Es gibt zwar noch weitere lösungsneutrale Umformungen, doch wollen wir auf sie nicht weiter eingehen, da sie für unsere weiteren Überlegungen nicht von Bedeutung sind.

3.3. Gleichgerichtete Ungleichungssysteme

Die für gemischte linare Systeme existierenden lösungsneutralen Operationen, die wir im vorigen Unterabschnitt beschrieben, reichen allein nicht aus, derartige Systeme in einfacher Weise so umzuformen, daß aus dem umgeformten System sofort gewisse Fragen (etwa zur Gesamtheit der Lösungen) über das Ursprungssystem beantwortet werden können. Sie sind jedoch geeignet, beliebige lineare Restriktionssysteme in andere äquivalente Systeme eines speziellen Typs zu überführen, der vor allem im Zusammenhang mit wesentlichen Aussagen zur Linearen Optimierung von Bedeutung ist. Wenn diese Aussagen auch über den Inhalt dieses Buches hinausgehen, so wollen wir doch hier den Grundstein dafür legen. Der angesprochene Typ von Restriktionssystemen hat dabei entweder die Gestalt

$$\begin{aligned}
&a_{11}x_1 + a_{12}x_2 + \ldots + a_{1n}x_n \leqq b_1 \\
&a_{21}x_1 + a_{22}x_2 + \ldots + a_{2n}x_n \leqq b_2 \\
&\vdots \\
&a_{m1}x_1 + a_{m2}x_2 + \ldots + a_{mn}x_n \leqq b_m
\end{aligned}$$

oder die Gestalt

$$\begin{aligned}
&a_{11}x_1 + a_{12}x_2 + \ldots + a_{1n}x_n \geqq b_1 \\
&a_{21}x_1 + a_{22}x_2 + \ldots + a_{2n}x_n \geqq b_2 \\
&\vdots \\
&a_{m1}x_1 + a_{m2}x_2 + \ldots + a_{mn}x_n \geqq b_m .
\end{aligned}$$

In beiden Fällen bestehen die Systeme ausschließlich aus Ungleichungen, die jeweils alle die „gleiche Richtung" aufweisen. Derartige Systeme wollen wir auch als *gleichgerichtete Ungleichungssysteme* bezeichnen. Beliebige gemischte lineare Restriktionssysteme überführt man nun in derartige Systeme mit Hilfe folgender Umwandlungen:

- Zunächst ersetzt man jede Gleichung analog zu (II-26) und (II-27) durch jeweils eine entsprechende Ungleichung des Typs „$\leqq$" und eine des Typs „$\geqq$". Danach liegen nur noch Ungleichungen vor.
- Dann legt man sich auf eine Ungleichungsrichtung fest und multipliziert sämtliche Ungleichungen, welche die entgegengesetzte Richtung aufweisen, mit (-1).

Beispiel II-27
Es sei das folgende Restriktionssystem gegeben

$$RS_5: \begin{cases} 2x_1 + 4x_2 = 8 \\ 10x_1 + 2x_2 \leqq 40 \\ 4x_1 + 8x_2 \geqq 4. \end{cases}$$

Dieses System soll in ein reines, gleichgerichtetes Ungleichungssystem mit „$\leqq$"-Restriktionen umgeformt werden. Dazu ersetzen wir die Gleichung durch zwei entgegengerichtete Ungleichungen und erhalten

$$RS_5^{I}: \begin{cases} 2x_1 + 4x_2 \geqq 8 \\ 2x_2 + 4x_2 \leqq 8 \\ 10x_1 + 2x_2 \leqq 40 \\ 4x_1 + 8x_2 \geqq 4. \end{cases}$$

Nun multiplizieren wir in RS_5^{I} die erste und die vierte Ungleichung mit (-1):

$$RS_5^{II}: \begin{cases} -2x_1 - 4x_2 \leqq -8 \\ 2x_1 + 4x_2 \leqq 8 \\ 10x_1 + 2x_2 \leqq 40 \\ -4x_1 - 8x_2 \leqq -4. \end{cases}$$

RS_5^{II} besitzt die gleiche Lösungsmenge wie RS_5.

Im folgenden haben wir die Umformungsschritte noch einmal systematisch zusammengefaßt:

Algorithmus 2: Überführung eines gemischten linearen Restriktionssystems in ein reines „≦"-System (bzw. in ein reines „≧"-System)

Anwendungsvoraussetzungen

Gegeben sei ein gemischtes lineares Restriktionssystem

RS		
	R_1	$a_{11}x_1 + a_{12}x_2 + \ldots + a_{1n}x_n \;\square_1\; b_1$
	R_2	$a_{21}x_1 + a_{22}x_2 + \ldots + a_{2n}x_n \;\square_2\; b_2$
	$\vdots$	$\vdots$
	R_m	$a_{m1}x_1 + a_{m2}x_2 + \ldots + a_{mn}x_n \;\square_m\; b_m$

wobei „$\square_i$" ($i = 1, 2, \ldots, m$) entweder für „=", „≦" oder „≧" steht.

Anfangsschritt

(0.1) Setze $r := m$!

Schritt 1 (Gleichungen)

(1.1) Gibt es eine Restriktion R_p, bei der es sich um eine Gleichung

$$a_{p1}x_2 + a_{p2}x_2 + \ldots + a_{pn}x_n = b_p$$

handelt?

JA → (1.2)!
NEIN → (2.1)!

(1.2) Ersetze die Restriktion R_p durch das System von Ungleichungen

$$a_{p1}x_1 + a_{p2}x_2 + \ldots + a_{pn}x_n \leqq b_p$$
$$a_{p1}x_1 + a_{p2}x_2 + \ldots + a_{pn}x_n \geqq b_p.$$

(1.3) Setze $r := r + 1$!

(1.4) Numeriere die Restriktionen neu von 1 bis r durch!
→ (1.1)!

Schritt 2 („falsche" Richtung des Ungleichheitszeichens)

(2.1) Gibt es eine Restriktion R_p, bei der es sich um eine „≧"-Restriktion (bzw. „≦"-Restriktion) handelt?

JA → (2.2)!
NEIN → (3.1)!

(2.2) Ersetze die Restriktion R_p durch das (-1)-fache von ihr!
→ (2.1)!

Endschritt

(3.1) „Es liegt ein gleichgerichtetes Ungleichungssystem vor!"

(3.2) STOP!

3.4. NN-Gleichungssysteme

Ein weiterer zentraler Typ von Restriktionssystemen, mit dem wir uns später noch eingehend befassen werden, besitzt die Gestalt

$$\text{(II-28)} \quad \begin{cases} \text{GS:} & \begin{cases} a_{11}x_1 + a_{12}x_2 + \ldots + a_{1n}x_n = b_1 \\ a_{21}x_1 + a_{22}x_2 + \ldots + a_{2n}x_n = b_2 \\ \vdots \\ a_{m1}x_1 + a_{m2}x_2 + \ldots + a_{mn}x_n = b_m \end{cases} \\ \text{NN:} & \quad x_1, \quad x_2, \quad \ldots, \quad x_n \geqq 0. \end{cases}$$

Dieser Typ zeichnet sich dadurch aus, daß für jede der Variablen eine Nichtnegativitätsrestriktion vorliegt (Teilsystem NN). Darüberhinaus kommen ausschließlich Gleichungen als Restriktionen vor (Teilsystem GS). Derartige Restriktionssysteme wollen wir *lineare Gleichungssysteme mit Nichtnegativitätsrestriktionen* oder auch kurz: *NN-Gleichungssysteme* nennen. Wie sich später noch zeigen wird, lassen sich für derartige Restriktionssysteme tatsächlich relativ einfach Lösungen ermitteln.

Wie kann man nun aber beliebige lineare Restriktionssysteme so umformen, daß sie die Gestalt eines NN-Gleichungssystems annehmen? Liegt etwa ursprünglich eine Ungleichung

$$\text{(II-29)} \quad a_1x_1 + a_2x_2 + \ldots + a_nx_n \leqq b \quad \text{mit} \quad b \geqq 0$$

vor, so kann man sie durch das gemischte Restriktionssystem

$$\text{(II-30)} \quad \begin{cases} a_1x_1 + a_2x_2 + \ldots + a_nx_n + s = b \\ \qquad\qquad\qquad\qquad\qquad\quad s \geqq 0 \end{cases}$$

ersetzen. Der Übergang von (II-29) nach (II-30) stellt nun jedoch bereits an sich keine lösungsneutrale Umformung mehr dar, denn in (II-29) kommt die Variable s überhaupt nicht vor. Allerdings läßt sich aus jeder Lösung

$$\text{(II-31)} \quad \begin{pmatrix} x_1^* \\ x_2^* \\ \vdots \\ x_n^* \\ s^* \end{pmatrix}$$

von (II-30) sofort eine Lösung von (II-29) ableiten, nämlich

$$\text{(II-32)} \quad \begin{pmatrix} x_1^* \\ x_2^* \\ \vdots \\ x_n^* \end{pmatrix}.$$

(II-32) unterscheidet sich von (II-31) nur dadurch, daß das (n + 1)-te Glied ausgelassen ist. s* läßt sich im übrigen auch als Maß dafür interpretieren, um wieviel bei einer bestimmten Lösung (II-32) von (II-29) die linke Seite der Ungleichung kleiner ist als die rechte Seite. Eine Variable dieses Typs bezeichnet man deshalb in diesem Zusammenhang (vor allem bei $b \geqq 0$) als *Schwundvariable*. Für eine solche Schwundvariable muß natürlich im Hinblick darauf, daß wir eigentlich Lösungen für ein Restriktionssystem bestimmen wollen, das die Ungleichung (II-29) enthält, zwingend die Nichtnegativität gefordert werden, denn bei einer Lösung (II-31) von (II-30) mit

$$s^* < 0$$

ist der Ausdruck

$$a_1 x_1^* + a_2 x_2^* + \ldots + a_n x_n^*$$

größer als b, und damit kann (II-32) keine Lösung von (II-29) sein.

Beispiel II-28
Gegeben sei die Ungleichung

$$U_3\colon\ 2x_1 + 4x_2 + x_3 \leqq 20.$$

Durch die Einführung einer Schwundvariablen s gelangt man zu folgendem Restriktionssystem:

$$RS_6\colon \begin{cases} 2x_1 + 4x_2 + x_3 + s = 20 \\ s \geqq 0. \end{cases}$$

Für RS_6 existiert u.a. die Lösung

$$\begin{pmatrix} 1 \\ 2 \\ 5 \\ 5 \end{pmatrix}.$$

Hiervon ausgehend läßt sich sofort eine Lösung für die Ungleichung U_3 angeben, nämlich:

$$\begin{pmatrix} 1 \\ 2 \\ 5 \end{pmatrix}.$$

Setzt man diese Lösung in U_3 ein, so stellt man durch Ausrechnen fest, daß die linke Seite um 5 kleiner ist als die rechte Seite. Das entspricht genau dem Wert der Schwundvariablen s in der Lösung von RS_6.

Falls nun eine Ungleichung des Typs

$$\text{(II-33)} \quad a_1 x_1 + a_2 x_2 + \ldots + a_n x_n \geqq b$$

vorliegt, so ersetzt man sie entsprechend durch das gemischte Restriktionssystem

$$\text{(II-34)} \quad \begin{cases} a_1 x_1 + a_2 x_2 + \ldots + a_n x_n - s = b \\ s \geqq 0. \end{cases}$$

Aus jeder Lösung

$$\text{(II-35)} \quad \begin{pmatrix} x_1^* \\ x_2^* \\ \vdots \\ x_n^* \\ s^* \end{pmatrix}$$

von (II-34) läßt sich sofort wieder eine Lösung für (II-33) angeben, nämlich

$$\text{(II-36)} \qquad \begin{pmatrix} x_1^* \\ x_2^* \\ \vdots \\ x_n^* \end{pmatrix}.$$

(II-36) unterscheidet sich von (II-35) wieder lediglich dadurch, daß das (n + 1)-te Glied fehlt. s^* läßt sich in diesem Zusammenhang als Maß dafür interpretieren, um wieviel bei der vorliegenden Lösung (II-36) die linke Seite von (II-33) größer als die rechte Seite ist. s bezeichnet man hier (vor allem bei $b \geqq 0$) auch als *Überschußvariable*. Ähnlich wie für eine Schwundvariable muß auch für eine Überschußvariable zwingend die Nichtnegativität gefordert werden, denn bei einer Lösung (II-35) von (II-34) mit

$$s^* < 0$$

ist der Ausdruck

$$a_1 x_1^* + a_2 x_2^* + \ldots + a_n x_n^*$$

kleiner als b, und damit kann durch (II-36) keine Lösung von (II-33) vorliegen.

Beispiel II-29

Gegeben sei das Restriktionssystem

$$RS_7 \begin{cases} \quad\;\; 2x_2 - 3x_3 \geqq -10 \\ x_1 - \;\; x_2 - \;\; x_3 \geqq -20. \end{cases}$$

Durch die Einführung zweier Überschußvariablen s_1 und s_2 erhält man als Hilfssystem zu RS_7:

$$RS_7^{!}: \begin{cases} \quad\;\; 2x_2 - 3x_3 - s_1 \qquad = -10 \\ x_1 - \;\; x_2 - \;\; x_3 \qquad - s_2 = -20 \\ \qquad\qquad\qquad\quad s_1 \qquad \geqq \;\; 0 \\ \qquad\qquad\qquad\qquad\quad s_2 \geqq \;\; 0. \end{cases}$$

Wir multiplizieren die erste Gleichung von $RS_7^{!}$ mit (−1) und erhalten das zu $RS_7^{!}$ äquivalente System

$$RS_7^{!!}: \begin{cases} \quad - 2x_2 + 3x_3 + s_1 \qquad = \;\; 10 \\ x_1 - \;\; x_2 - \;\; x_3 \qquad - s_2 = -20 \\ \qquad\qquad\qquad\quad s_1 \qquad \geqq \;\; 0 \\ \qquad\qquad\qquad\qquad\quad s_2 \geqq \;\; 0. \end{cases}$$

Aus dem Gleichungs-(Teil-)System von $RS_7^{!!}$ lesen wir als (Basis-)Lösung von $RS_7^{!!}$ bzw. $RS_7^{!}$

(−20, 0, 0, 10, 0)

ab, die auch die NN-Bedingungen für s_1 und s_2 erfüllt. Daraus entwickeln wir für RS_7 die Lösung

(−20, 0, 0).

Beachten Sie bitte, daß die Bestimmung einer Lösung nicht immer so einfach ist, wie im vorstehenden Beispiel. Hat man bei einem Restriktionssystem sämtliche Ungleichungen durch das Einführen von Überschuß- und Schwundvariablen in Gleichungen verwandelt, so kann man auf diese Gleichungen zwar den GAUSS-Algorithmus anwenden, dieses Verfahren garantiert aber keineswegs, daß bei der gefundenen kanonischen Form die Überschuß- und Schwundvariablen auch nichtnegative Werte annehmen. Im übrigen sei noch darauf hingewiesen, daß man Überschuß- und Schwundvariable auch unter dem Oberbegriff „*Schlupfvariable*" zusammenfaßt.

Schließlich kann es noch vorkommen, daß in einem Restriktionssystem eine Variable x_q keiner Nichtnegativitätsrestriktion unterliegt. Um in einem solchen Falle auf die Gestalt eines NN-Gleichungssystems zu kommen, ersetzt man sie durch die Differenz zweier nichtnegativer Variablen x_q' und x_q'':

(II-37) $x_q = x_q' - x_q''$

mit

(II-38) $x_q' \geqq 0, x_q'' \geqq 0.$

Auch diese Umformung ist nicht lösungsneutral, doch können wir aus einer Lösung eines derartig gewonnenen Hilfssystems wieder sofort auf eine Lösung des ursprünglichen Systems schließen, indem wir die Umformung (II-37) und (II-38) wieder rückgängig machen.

Beispiel II-30

Wir gehen von dem System RS_7^{II} aus Beispiel II-29 aus und bringen es endgültig auf die Form eines NN-Gleichungssystems, indem wir die nicht vorzeichenbeschränkten Variablen x_1, x_2 und x_3 durch entsprechende Differenzen zweier nichtnegativer Variablen ersetzen. Wir erhalten dann als **Hilfssystem** zu RS_7^{II}:

$$RS_7^{III}:\quad \begin{aligned} & -2x_2' + 2x_2'' + 3x_3' - 3x_3'' + s_1 = 10 \\ & x_1' - x_1'' - x_2' + x_2'' - x_3' + x_3'' - s_2 = -20 \\ & x_1',\ x_1'',\ x_2',\ x_2'',\ x_3',\ x_3''\ s_1,\ s_2 \geqq 0. \end{aligned}$$

Multipliziert man noch die zweite Restriktionsgleichung mit (-1), so erhält man

$$RS_7^{IV}:\quad \begin{aligned} & -2x_2' + 2x_2'' + 3x_3' - 3x_3'' + s_1 = 10 \\ & -x_1' + x_1'' + x_2' - x_2'' + x_3' - x_3'' + s_2 = 20 \\ & x_1',\ x_1'',\ x_2',\ x_2'',\ x_3',\ x_3'',\ s_1,\ s_2 \geqq 0. \end{aligned}$$

Daraus kann man etwa die Basislösung

(0, 20, 0, 0, 0, 0, 10, 0)

des Gleichungs-(Teil-)Systems von RS_7^{III} bzw. RS_7^{IV} ablesen, die sogar deren sämtliche NN-Bedingungen erfüllt. Machen wir die Ersetzung der unbeschränkten Variablen x_1, x_2 und x_3 durch entsprechende Differenzen nichtnegativer Variablen wieder rückgängig, so finden wir die bereits bekannte Lösung von RS_7^{II}

$(-20, 0, 0, 10, 0)$,

bzw. als Lösung von RS_7:

$(-20, 0, 0)$.

Damit sind sämtliche Aspekte diskutiert, in denen gemischte Restriktionssysteme von NN-Gleichungssystemen abweichen können. Wir fassen zusammen:

Algorithmus 3: Überführung eines linearen Restriktionssystems in ein NN-Gleichungssystem

Anwendungsvoraussetzungen

Gegeben ist ein lineares Restriktionssystem der Form

AR	R_1 R_2 $\vdots$ R_m	$a_{11}x_1 + a_{12}x_2 + \ldots + a_{1n}x_n \,\square_1\, b_1$ $a_{21}x_1 + a_{22}x_2 + \ldots + a_{2n}x_n \,\square_2\, b_2$ $\vdots$ $a_{m1}x_1 + a_{m2}x_2 + \ldots + a_{mn}x_n \,\square_m\, b_m$
	NN-Restriktionen für gewisse Variablen	

wobei „$\square_i$" ($i = 1, \ldots, m$) für eines der Zeichen „=", „$\leqq$" oder „$\geqq$" steht.

Schritt 1 (unbeschränkte Variable)

(1.1) Existiert eine nicht vorzeichenbeschränkte Variable x_q?

JA → (1.2)!
NEIN → (2.1)!

(1.2) Nimm in jeder Restriktion, in der die Variable x_q vorkommt, die Ersetzung

$$x_q = x_q' - x_q''$$

vor!

(1.3) Führe zwei neue NN-Restriktionen für x_q' und x_q'' ein!

→ (1.1)!

Schritt 2 („$\leqq$"-Restriktionen)

(2.1) Existiert unter den ersten m Restriktionen eine Restriktion R_p der Form

$$a_{p1}x_1 + a_{p2}x_2 + \ldots + a_{pn}x_n \leqq b_p?$$

JA → (2.2)!
NEIN → (3.1)!

(2.2) Ersetze die Restriktion R_p durch

$$a_{p1}x_1 + a_{p2}x_2 + \ldots + a_{pn}x_n + s_p = b_p!$$

(2.3) Führe eine NN-Restriktion für s_p ein!

→ (2.1)!

Schritt 3 („$\geqq$"-Restriktionen)

(3.1) Existiert unter den ersten m Restriktionen eine Restriktion R_p der Form

$$a_{p1}x_1 + a_{p2}x_2 + \ldots + a_{pn}x_n \geqq b_p?$$

JA → (3.2)!
NEIN → (4.1)!

(3.2) Ersetze die Restriktion R_p durch

$$a_{p1}x_1 + a_{p2}x_2 + \ldots + a_{pn}x_n - s_p = b_p!$$

(3.3) Führe eine NN-Restriktion für s_p ein!

$\rightarrow$ (3.1)!

Endschritt

(4.1) „Es liegt ein NN-Gleichungssystem vor!"

(4.2) STOP!

Liegt nun das Teilsystem GS eines NN-Gleichungssystems (II-28) in kanonischer Form vor, so sprechen wir von einem *NN-Gleichungssystem in kanonischer Form.* Analog dazu verstehen wir unter einer *Basislösung eines NN-Gleichungssystems* stets eine Basislösung des Teilsystems GS. Eine kanonische Form bzw. die entsprechende Basislösung eines NN-Gleichungssystems heißen speziell *zulässig* (oder präziser *primal zulässig*), wenn sämtliche rechten Seiten von GS größer oder gleich Null sind:

$$b_i \geqq 0 \quad \text{für} \quad i = 1, \ldots, m.$$

Wir wollen damit betonen, daß nicht alle Basislösungen von GS auch Lösungen des NN-Gleichungssystems sind, sondern nur solche, die auch dem Teilsystem NN (den Nichtnegativitätsrestriktionen) genügen.

Beispiel II-31

Nehmen Sie an, ein Restriktionssystem bestünde zusätzlich zu den Restriktionen des Systems RS_7 (vgl. Beispiel II-29) noch aus Nichtnegativitätsrestriktionen für die Variablen x_1, x_2 und x_3:

$$\begin{aligned} 2x_2 - 3x_3 &\geqq -10 \\ x_1 - x_2 - x_3 &\geqq -20 \\ x_1, \quad x_2, \quad x_3 &\geqq 0. \end{aligned}$$

Analog zu den Umformungen von Beispiel II-29 erhält man durch das Einführen von Schlupfvariablen bzw. durch Multiplikation der ersten Restriktion mit (-1):

$$\begin{aligned} -2x_2 + 3x_3 + s_1 \quad &= 10 \\ x_1 - x_2 - x_3 \quad - s_2 &= -20 \\ x_1, \quad x_2, \quad x_3, \quad s_1, \quad s_2 &\geqq 0. \end{aligned}$$

Dieses NN-Gleichungssystem liegt in einer kanonischen Form vor. Die ausgewiesene Basislösung

$(-20, 0, 0, 10, 0)$

des Systems ist wegen der NN-Bedingung für x_1 jedoch nicht zulässig.

Eine kanonische Form besitzt auch das System RS_7^{IV} aus Beispiel II-30 (Basisvariablen s_1 und x_1''). Die vorliegende kanonische Form sowie die ausgewiesene Basislösung

$(0, 20, 0, 0, 0, 0, 10, 0)$

sind zulässig, da sämtliche rechten Seiten des Gleichungs-(Teil-)Systems nichtnegativ sind.

4. Weiterführung der Grundbeispiele

Wir wollen nun untersuchen, inwieweit das bisher entwickelte Instrumentarium verwendbar ist, um die in Kapitel I, Abschnitt I-6 vorgestellten Fragestellungen zu beantworten. Als erstes betrachten wir die im Zusammenhang mit den Grundbeispielen 1–3 aufgestellten Restriktionssysteme. Es handelt sich dabei ausnahmslos um NN-Gleichungssysteme, für die wir bisher noch keine Verfahren zur Bestimmung von Lösungen kennengelernt haben. Wir können allenfalls versuchen, mit Hilfe des GAUSS-Algorithmus eine Lösung der Gleichungsteilsysteme zu finden. Vielleicht erfüllen diese Lösungen ja sogar die NN-Bedingungen, dann können wir die gestellten Fragen beantworten. Andernfalls müssen wir später noch einmal auf sie zurückkommen. Wir weisen aber noch einmal darauf hin, daß unser Vorgehen an dieser Stelle mit den bisherigen Kenntnissen lediglich ein „trial-and-error"-Verfahren darstellt.

4.1. Grundbeispiel 1: Prozeßanalyse

Für das Gleichungsteilsystem des in Kapitel I, Abschnitt 6.1 entwickelten Restriktionssystems bestimmen wir mit Hilfe des GAUSS-Algorithmus zunächst die Lösungsmenge. Simultan untersuchen wir dabei die Problemvariante aus Aufgabe I-3. Die jeweils verwendeten Pivotelemente sind – wie üblich – umkreist. x_1 und x_2 können hierbei gleich zu Beginn und ohne Umformungen als Basisvariablen für die erste bzw. zweite Zeile gewählt und entsprechende Markierungen vorgenommen werden.

	*	*							
	x_1	x_2	x_3	x_4	x_5	x_6	x_7	RS_1	RS_2
*	1		−4	−8				0	120
*		1	−3	−2				0	0
			1		−7	−4	−2	0	−50
				1		−3	−2	0	−60
					1			20	20
						1		10	10
							(1)	5	5

	*	*					*		
	x_1	x_2	x_3	x_4	x_5	x_6	x_7	RS_1	RS_2
*	1		−4	−8				0	120
*		1	−3	−2				0	0
			1		−7	−4		10	−40
				1		−3		10	−50
					1			20	20
						(1)		10	10
*							1	5	5

	*	*				*	*		
	x_1	x_2	x_3	x_4	x_5	x_6	x_7	RS_1	RS_2
*	1		−4	−8				0	120
*		1	−3	−2				0	0
			1		−7			50	0
				1				40	−20
					①			20	20
*						1		10	10
*							1	5	5

	*	*			*	*	*		
	x_1	x_2	x_3	x_4	x_5	x_6	x_7	RS_1	RS_2
*	1		−4	−8				0	120
*		1	−3	−2				0	0
			1					190	140
				①				40	−20
*					1			20	20
*						1		10	10
*							1	5	5

	*	*		*	*	*	*		
	x_1	x_2	x_3	x_4	x_5	x_6	x_7	RS_1	RS_2
*	1		−4					320	−40
*		1	−3					80	−40
			①					190	140
*				1				40	−20
*					1			20	20
*						1		10	10
*							1	5	5

	*	*	*	*	*	*	*		
	x_1	x_2	x_3	x_4	x_5	x_6	x_7	RS_1	RS_2
*	1							1080	520
*		1						650	380
*			1					190	140
*				1				40	−20
*					1			20	20
*						1		10	10
*							1	5	5

Wir stellen fest: Da die vorliegenden kanonischen Formen keine freien Variablen aufweisen, besitzt jedes Gleichungs-(Teil-)System genau eine Lösung. Die Variablenwerte der für das erste Gleichungssystem gefundenen Lösung sind ausnahmslos nichtnegativ, so daß

(1080, 650, 190, 40, 20, 10, 5)

auch eine zulässige Lösung für das gesamte Restriktionssystem der Grundversion des Beispiels darstellt. Sie ist wie folgt zu interpretieren: Zur Herstellung der gewünschten Endproduktmengen müssen von ZP_1 190 ME und von ZP_2 40 ME hergestellt bzw. von EG_1 1080 ME und von EG_2 650 ME beschafft werden. Überzeugen Sie sich von der Richtigkeit der Ergebnisse für die Einsatzgütermengen von EG_1 und EG_2, indem Sie die Angaben aus der Tabelle I-3 mit den entsprechenden Mengen für FP_1, FP_2 und FP_3 multiplizieren und dann (zeilenweise) addieren.

Für das Gleichungsteilsystem des in Aufgabe I-3 aufgestellten Restriktionssystems haben wir die Lösung

(520, 380, 140, −20, 20, 10, 5)

erhalten. Dieser Vektor ist keine Lösung des gesamten Restriktionssystems, weil er die NN-Bedingung für x_4 verletzt. Im Hinblick auf die zugrundeliegende reale Situation interpretiert, würde damit die Vernichtung von 20 ME des Zwischenproduktes gefordert. Das haben wir aber gerade bei der Modellformulierung ausschließen wollen. Da es sich bei dem vorliegenden Vektor um die einzige Lösung des Gleichungs-(Teil-)Systems handelt, diese Lösung aber für das Gesamtsystem unzulässig ist, besitzt das betreffende Restriktionssystem überhaupt keine Lösung. Das gewünschte Beschaffungs- und Produktionsprogramm ist – zumindest unter den gemachten Annahmen – nicht realisierbar.

Wir sehen außerdem, daß in den linken Seiten des betrachteten Gleichungsteilsystems die Verflechtungen zwischen Einsatzgütern, Zwischen- und Endprodukten zum Ausdruck kommen. Nimmt man diese Verflechtung als konstant an, so hängt die Realisierbarkeit bzw. Nichtrealisierbarkeit eines geplanten Beschaffungs- und Produktionsprogramms ausschließlich von den darin vorgegebenen Beschaffungs- und Produktionsmengen ab. Das betreffende Gleichungsteilsystem kann man dann nämlich auf dem bereits demonstrierten Wege nach $x_1, x_2, \ldots, x_7$ auflösen, ohne daß dabei freie Variablen auftreten. Sofern es zu keinem Widerspruch kommt, hat das Gleichungsteilsystem genau eine Lösung, die aber für das gesamte Restriktionssystem unzulässig sein kann. Auf jeden Fall hat das gesamte Restriktionssystem aber höchstens eine Lösung, und deren Existenz hängt nur von den rechten Seiten des Ausgangssystems ab.

Was kann man nun aber tun, wenn man festgestellt hat, daß für ein vorgegebenes Beschaffungs- und Produktionsprogramm keine zulässige Lösung existiert? Eine Möglichkeit besteht darin, ein verändertes Programm vorzugeben und die Lösung des entsprechenden neuen Restriktionssystems zu berechnen. Dabei ist es nicht erforderlich, sämtliche Rechentableaus neu zu bestimmen. Wir werden ihnen vielmehr im Zusammenhang mit der Matrizenrechnung einen einfacheren Weg vorstellen. Allerdings garantiert auch diese Vorgehensweise nicht, daß man sofort eine zulässige Lösung findet. Man sollte sich dann fragen, ob nicht die Anforderungen an den Produktionsprozeß zu streng formuliert sind. Insbesondere bietet es sich an zu prüfen, ob tatsächlich sämtliche Restriktionen (abgesehen von den NN-Bedingungen) als Gleichungen formuliert sein müssen. Vielleicht wäre es ja im Hinblick auf die in Aufgabe I-3 vorgestellte Ausgangssituation zulässig, nur folgendes zu verlangen: Von den Fertigprodukten FP_1, FP_2 und FP_3 sollen nach wie vor genau 20, 10 und 5 ME hergestellt werden. Beim Einsatzgut EG_1 ist eine Lagerbestandserhöhung von mindestens 80, höchstens aber von 140 ME vorgesehen. Der Lagerbestand von EG_2 soll konstant bleiben, der Abbau der Lagerbestände bei den Zwischenprodukten soll mindestens 10 ME bei ZP_1 und 20 ME bei ZP_2 betragen. Als neues Restriktionssystem erhielte man dann das folgende Mischsystem:

$$\begin{array}{lllllllll}
x_1 & & -4x_3 & -8x_4 & & & & \geqq & 80 \\
x_1 & & -4x_3 & -8x_4 & & & & \leqq & 140 \\
 & x_2 & -3x_3 & -2x_4 & & & & = & 0 \\
 & & x_3 & & -7x_5 & -4x_6 & -2x_7 & \leqq & -10 \\
 & & & x_4 & & -3x_6 & -2x_7 & \leqq & -20 \\
 & & & & x_5 & & & = & 20 \\
 & & & & & x_6 & & = & 10 \\
 & & & & & & x_7 & = & 5 \\
x_1, & x_2, & x_3, & x_4, & x_5, & x_6, & x_7 & \geqq & 0.
\end{array}$$

Mit diesem Restriktionssystem werden wir uns in Kapitel VI eingehender befassen.

4.2. Grundbeispiel 2: Absatzprognose

Auch in bezug auf das Restriktionssystem des Grundbeispiels „Absatzprognose" lassen wir zunächst die NN-Bedingungen außer Betracht und bestimmen allein für das Gleichungsteilsystem eine Lösung. Die Anwendung des GAUSS-Algorithmus liefert nach drei Pivotschritten das folgende bzw. ein äquivalentes Tableau (auf zwei Dezimalstellen gerundet).

x_A	x_B	x_C	RS
0	0	1	0,26
0	0	0	0
0	1	0	0,38
1	0	0	0,36

Wir lesen daraus die einzige, auch für das gesamte Restriktionssystem zulässige Lösung

(0,36, 0,38, 0,26)

ab. Sie besagt, daß im Gleichgewichtszustand der Marktanteil für die Zeitschrift A 36 Prozent, für B 38 Prozent und für C 26 Prozent betragen wird. Das Ergebnis überrascht nicht, hatten wir es doch bereits in Kapitel I mit andersartigen Überlegungen ermittelt.

4.3. Grundbeispiel 3: Innerbetriebliche Leistungsverrechnung

Wir wenden den GAUSS-Algorithmus auf den Gleichungsteil des Restriktionssystems an, das wir im Zusammenhang mit dem Grundbeispiel „Innerbetriebliche

Leistungsverrechnung" aufgestellt haben. Den Ausgangspunkt bildet das folgende Tableau:

x_D	x_F	x_I	RS
(150,00)	– 10,00	–100,00	10000,00
– 15,00	250,00	–100,00	25000,00
– 10,00	– 40,00	600,00	20000,00
125,00	200,00	400,00	55000,00

Unter Verwendung des markierten Koeffizienten als Pivotelement ergibt sich daraus:

x_D	x_F	x_I	RS
1,00	–0,07	–0,67	66,67
0,00	(249,00)	–110,00	26000,00
0,00	–40,67	593,33	20666,67
0,00	208,33	483,33	46666,67

Dabei haben wir auf zwei Stellen nach dem Komma gerundet. Benutzt man wieder den markierten Koeffizienten als Pivotelement, so folgt dann (ebenfalls auf zwei Stellen gerundet):

x_D	x_F	x_I	RS
1,00	0,00	–0,70	73,63
0,00	1,00	–0,44	104,42
0,00	0,00	575,37	24912,98
0,00	0,00	575,37	24912,99

Dieses umgeformte Gleichungssystem enthält nun einen Widerspruch. Subtrahiert man nämlich – lösungsneutral – die dritte von der vierten Gleichung, so gelangt man zu der neuen vierten Gleichung:

x_D	x_F	x_I	RS
0,00	0,00	0,00	0,01

Daraus könnte man die Schlußfolgerung ziehen, das betrachtete Gleichungs- bzw. das gesamte Restriktionssystem besäße überhaupt keine Lösung. Damit wäre aber auch die ursprüngliche Aufgabenstellung der Leistungsverrechnung nicht lösbar. Bei genauer Analyse erweist sich diese Folgerung jedoch als falsch, denn es existiert – wie wir noch sehen werden – tatsächlich eine Lösung. Wie Sie möglicherweise schon selbst festgestellt haben, ist unser Ergebnis auf mangelnde Rechengenauigkeit bzw. Rundungsfehler zurückzuführen. Offensichtlich kann das Eintreten eines solchen Falles, bei dem ein lösbares Gleichungssystem als unlösbar (oder ein unlösbares System als lösbar) ausgewiesen wird, in der ökonomischen Praxis zu schwerwiegenden Fehlentscheidungen führen. Zwar arbeiten Computer, auf deren Einsatz man bei der Auflösung von Gleichungssystemen in der Praxis angewiesen ist, mit einer weitaus größeren Rechengenauigkeit, letztlich behoben wird diese Schwierigkeit dadurch jedoch nicht zwingend. Tatsächlich sehen sich Anwender entsprechender Computersoftware gelegentlich solchen Situationen gegenüber. Es gibt deshalb auch eine ganze Reihe von Veröffentlichungen darüber, wie man im Zusammenhang mit linearen Gleichungs- und Optimierungssystemen Rechenfehler „in den Griff" bekommt (vgl. etwa MÜLLER-MERBACH [1970]). In unserem Fall wäre es etwa sinnvoll gewesen, das Ausgangssystem – quasi in einer Vorstufe – auf überflüssige Gleichungen hin zu untersuchen. Ersetzt man die vierte Gleichung durch die Summe dieser Gleichung und der ersten drei Gleichungen (lösungsneutrale Umformung), so erhält man:

x_D	x_F	x_I	RS
150,00	–10,00	–100,00	10000,00
–15,00	250,00	–100,00	25000,00
–10,00	–40,00	600,00	20000,00
0,00	0,00	0,00	0,00

Die vierte Gleichung ist nun eine Nullgleichung und kann weggelassen werden. Wendet man analog zu unserer oben dargestellten Vorgehensweise wieder den GAUSS-Algorithmus an, so erhält man nach drei Pivotschritten die folgende kanonische Form:

x_D	x_F	x_I	RS
1,00	0,00	0,00	103,77
0,00	1,00	0,00	123,55
0,00	0,00	1,00	43,30

Hätten wir im übrigen von dem Tableau ausgehend, das den Widerspruch enthielt, stur weitergerechnet, so hätten wir das gleiche Tableau, allerdings mit einer zusätzlichen Nullzeile, erhalten. Die Rundungsfehler hätten sich damit gegenseitig kompensiert. Auch das muß natürlich bei Fragestellungen der Praxis nicht immer so sein.

Interpretieren wir abschließend noch das Endtableau. Danach sind pro Leistungseinheit des Dampferzeugungsbetriebes DM 103,77, pro Leistungseinheit des Fuhrparks DM 123,55 und pro Leistungseinheit des Instandhaltungsbetriebes DM 43,30 als Kosten anzusetzen.

4.4. Grundbeispiel 4: Produktionsprogrammplanung

Wir haben Ihnen zwar bisher kein Verfahren vorgestellt, mit dem Sie die Optimierungsaufgabe aus dem Grundbeispiel 4 lösen können. Allerdings reichen Ihre Kenntnisse aus, um dessen Restriktionssystem graphisch zu analysieren. In der Abb. II-17 ist die durch die Restriktionen W_1, W_2, B_1, B_2, N_1, N_2 definierte Lösungsmenge dargestellt. Jeder Punkt innerhalb und auf dem Rand der durch den Streckenzug $\overline{OA}\overline{BC}\overline{DO}$ begrenzten Fläche repräsentiert ein ganz bestimmtes, reali-

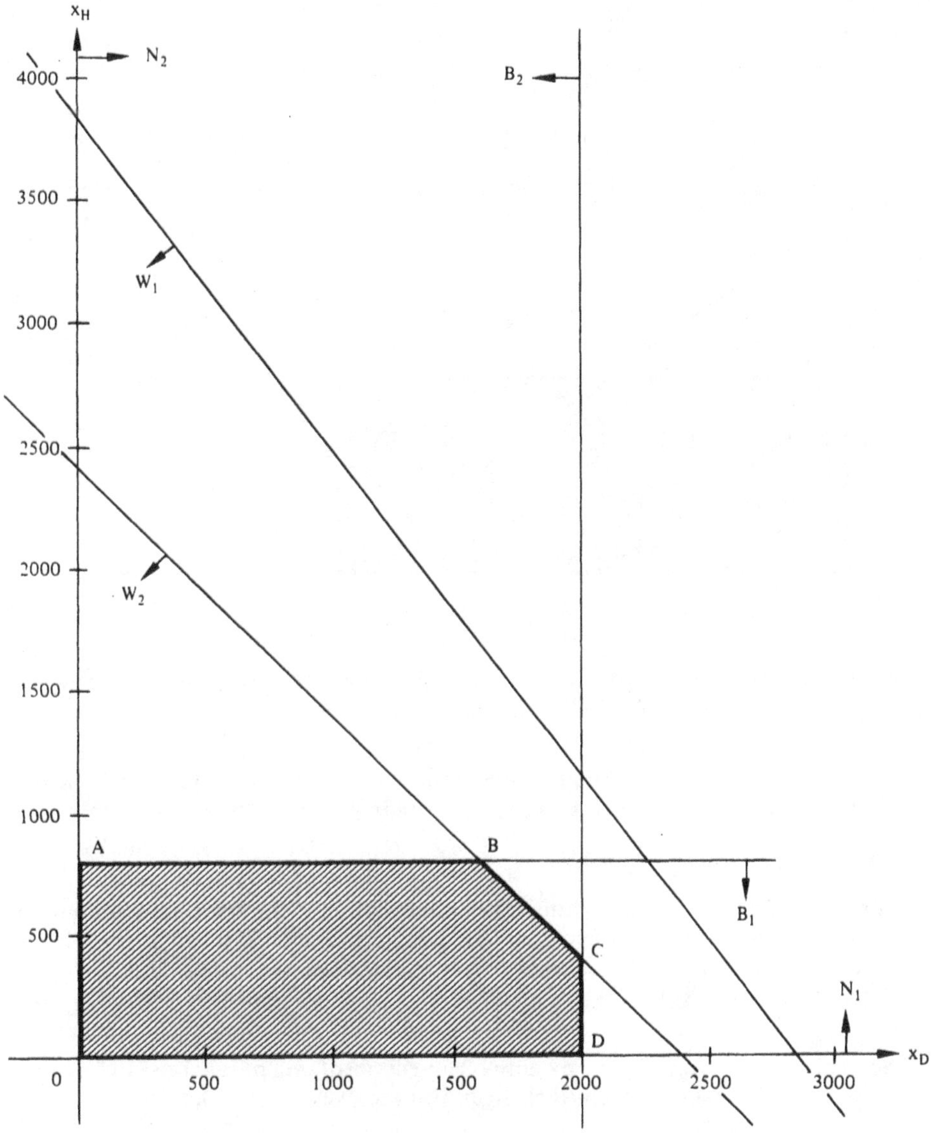

Abb. II-17: Durch das Restriktionssystem des Grundbeispiels „Produktionsprogrammplanung" beschriebene Lösungsmenge (stark umrandet und schraffiert ausgefüllt)

sierbares Produktionsprogramm (x_H^*, x_D^*). Man sieht sofort, daß die Menge dieser Lösungspunkte sich nicht verändert, wenn man die Restriktion W_1 entfernt. Anders ausgedrückt: Sie ist redundant.

Wo liegen nun aber die – im Hinblick auf die unterstellte Zielfunktion – guten oder sogar optimalen Lösungspunkte? In Abb. II-18 haben wir noch einmal die Lösungsmenge des Restriktionssystems eingezeichnet. Außerdem finden Sie dort zwei

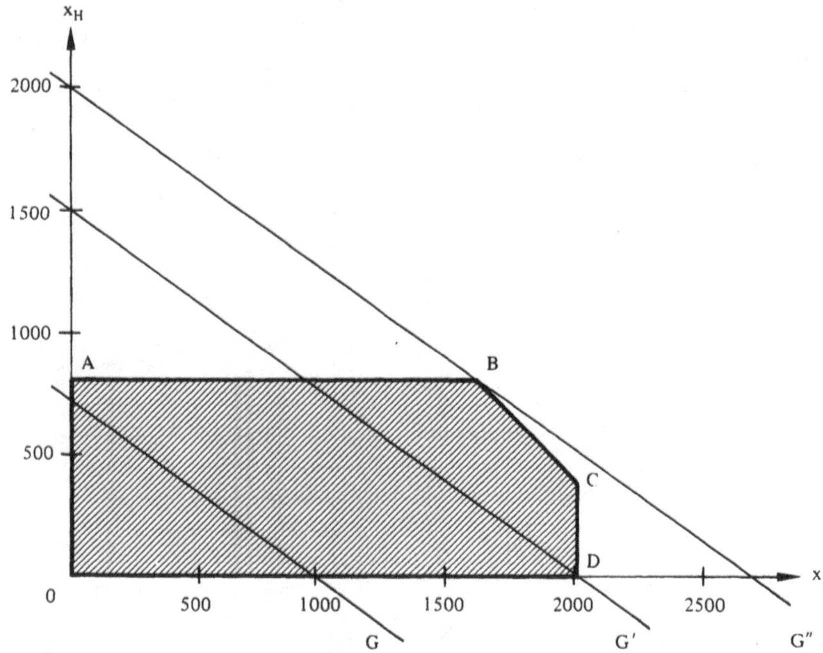

Abb. II-18: Lösungsmenge des Grundbeispiels „Produktionsprogrammplanung" und verschiedene Zielwertgeraden

Geraden G und G'. G repräsentiert alle Punkte (Produktionsprogramme), die den konstanten Zielwert (Umsatz) von $x_0 = 150000$ DM bringen, also auf der durch

$$G: 200x_H + 150x_D = 150000$$

definierten Geraden liegen. Natürlich handelt es sich nicht bei allen Punkten auf dieser Geraden mit konstantem Zielwert, die wir auch eine *Zielwertgerade* nennen wollen, um Lösungen des Restriktionssystem, sondern nur bei solchen, die innerhalb bzw. auf dem Rand der schraffierten Fläche liegen. Wir haben sie dick eingezeichnet.

Die zweite, weiter vom Koordinatenursprung entfernt und parallel zu G verlaufende Gerade G' veranschaulicht diejenigen Punkte, welche die Gleichung

$$G': 200x_H + 150x_D = 300000$$

erfüllen, also einen höheren konstanten Zielwert gewährleisten. Daraus läßt sich schließen:

- Sämtliche zu einer Zielfunktion gehörende Zielwertgeraden verlaufen parallel.
- Höhere Zielwerte repräsentierende Zielwertgeraden liegen für den Fall **nichtnegativer** Koeffizienten in der Zielfunktion weiter vom Koordinatenursprung (in Richtung größerer Achsenabschnitte) entfernt als Zielwertgeraden niedrigerer Zielwerte.
- Durch jeden Lösungspunkt läuft genau eine Zielwertgerade.

Ein Lösungspunkt ist offensichtlich optimal, wenn es zu der durch ihn verlaufenden Zielwertgeraden nur noch weiter vom Koordinatenursprung entfernt liegende Zielwertgeraden gibt, die keine Lösungspunkte mehr aufweisen. Ein solcher optimaler Lösungspunkt ist der (Eck-)Punkt B mit den Koordinaten

$$x_H^* = 800$$
$$x_D^* = 1600.$$

Danach sollte die Fahrradfabrik in dem betrachteten Monat 800 Herren- und 1600 Damenräder herstellen. Der maximale Zielwert (Umsatz) beträgt dann

$$x_0 = 200 \cdot 800 + 150 \cdot 1600 = 400000 \quad \text{(DM)}.$$

Die Steigung der Zielwertgeraden wird nun – wie Sie sich leicht klarmachen können – durch das Verhältnis der Koeffizienten von x_H und x_D in der Zielfunktion bestimmt. Was geschieht nun, wenn sich dieses Verhältnis ändert? Nehmen wir etwa an, der Absatzpreis des Damenrades sei auf 200 DM gestiegen. In Abb. II-19 haben wir wieder die durch das Restriktionssystem beschriebene Lösungsmenge sowie die einen Zielwert in Höhe von 150000 repräsentierende Zielwertgerade

$$G: 200x_H + 200x_D = 150000$$

eingezeichnet.

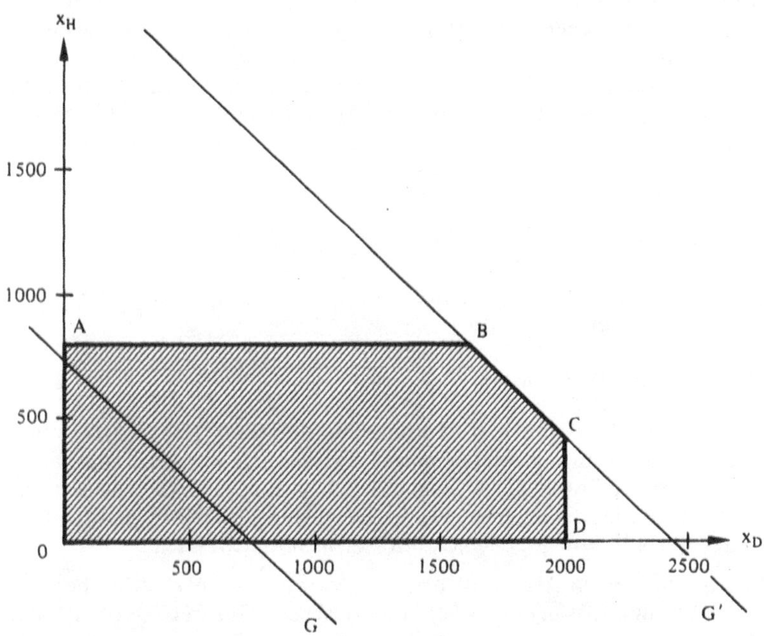

Abb. II-19: Lösungsmenge des Grundbeispiels „Produktionsprogrammplanung" und verschiedene Zielwertgeraden für veränderte Absatzpreise

Wir wissen außerdem, daß bessere Lösungspunkte, sofern sie existieren, auf zu G parallelen Zielwertgeraden liegen, die (in Richtung größerer Achsenabschnitte)

weiter vom Koordinatenursprung entfernt sind. Deshalb verschieben wir G solange parallel nach rechts, wie wir noch Lösungspunkte auf der Geraden finden können. G' markiert die Position, von der an keine weitere Parallelverschiebung mehr möglich ist. Jenseits von G' verlaufen nur noch Zielwertgeraden, zu denen es keine Lösungspunkte mehr gibt. G' fällt nun aber gerade mit der Begrenzungsgleichung einer nicht redundanten Restriktion (nämlich von W_2) zusammen. Damit sind sämtliche zwischen B und C liegenden Punkte, aber auch die (Eck-)Punkte B und C selbst optimal. Der zugehörige Periodenumsatz beträgt – wie Sie sich durch Einsetzen der Koordinaten eines solchen Punktes in die neue Zielfunktion

$$x_0 = 200x_H + 200x_D$$

überzeugen können – 480000 DM.

Man schließt nun sofort für den zweidimensionalen Fall: Nur wenn das Verhältnis der Koeffizienten der Zielfunktion gleich dem Verhältnis der Koeffizienten einer nicht redundanten Restriktion ist, können mehrere optimale Lösungspunkte vorkommen. (Entsprechende höherdimensionale Situationen sind wesentlich komplizierter zu beschreiben.) Ansonsten existiert stets nur ein optimaler Lösungspunkt, und der ist ein Eckpunkt der Lösungsmenge. Aber auch wenn es mehr als einen optimalen Lösungspunkt gibt, gibt es immer auch einen optimalen Eckpunkt (in unserem Fall Punkt B bzw. C). (Diese hier nur für den zweidimensionalen Fall demonstrierte Aussage über einen optimalen Eckpunkt läßt sich tatsächlich auf den n-dimensionalen Fall verallgemeinern.) Man könnte deshalb auf die Idee kommen, ein Optimierungsproblem dadurch zu lösen, daß man „einfach" die Koordinaten aller Eckpunkte der Lösungsmenge ermittelt (die je durch die Schnittpunkte der zu den Ungleichungsrestriktionen gehörenden Begrenzungsgeraden bzw. durch die zu den jeweiligen Gleichungsrestriktionen gehörenden Geraden festgelegt sind), die zugehörigen Zielwerte ausrechnet und dann die beste Lösung auswählt. In dem vorliegenden Grundbeispiel wären das die Punkte mit den Koordinaten

$$\begin{pmatrix}0\\0\end{pmatrix}, \begin{pmatrix}800\\0\end{pmatrix}, \begin{pmatrix}800\\1600\end{pmatrix}, \begin{pmatrix}400\\2000\end{pmatrix}, \begin{pmatrix}0\\2000\end{pmatrix}.$$

Setzt man diese Koordinaten in die ursprüngliche Zielfunktion ein, dann ergeben sich die zugehörigen Zielwerte

0, 160000, 400000, 380000, 300000,

und wir erkennen wieder den Punkt mit den Koordinaten (800, 1600) als optimale Lösung des betrachteten Optimierungssystems. Tatsächlich kann bei ökonomischen Untersuchungen der Praxis die Anzahl der Eckpunkte aber so groß werden, daß selbst modernste Rechenanlagen mit ihrer Ermittlung überfordert sind. Wir werden uns später deshalb einem geeigneteren Verfahren zuwenden.

Zunächst haben Sie in diesem Abschnitt aber ein Verfahren zur graphischen Bestimmung einer optimalen Lösung eines Maximierungssystems mit zwei Variablen kennengelernt:

- Man stellt zunächst die durch die Restriktionen definierte Lösungsmenge graphisch dar. Ist die Menge (bei einem Widerspruch zwischen Restriktionen) leer, so hat das System keine Lösung, und es existiert folglich auch keine optimale Lösung.

- Andernfalls zeichnet man als nächstes eine durch die Lösungsmenge verlaufende Zielwertgerade ein, wobei man im Prinzip den jeweiligen Zielwert beliebig vorgeben kann,
- Schließlich nimmt man eine Parallelverschiebung der Zielwertgeraden in Richtung größerer Zielwerte so lange vor, wie auf der Zielwertgeraden noch Lösungspunkte liegen. (Sind die Zielkoeffizienten sämtlich nichtnegativ, geschieht das in Richtung größerer Achsenabschnitte.)

Gewöhnlich tangiert die verschobene Zielwertgerade die Lösungsmenge in einem Eckpunkt. Dessen Koordinaten sind die gesuchten optimalen Variablenwerte. Möglicherweise tangiert die Zielwertgerade die Lösungsmenge aber auch in einer Verbindungsstrecke zwischen zwei Eckpunkten. Dann repräsentiert jeder Lösungspunkt dieser Strecke (einschließlich der Eckpunkte) eine optimale Lösung des Maximierungssystems. Minimierungsaufgaben löst man analog, wobei die zunächst eingezeichnete Zielwertgerade lediglich möglichst weit in die entgegengesetzte Richtung verschoben werden muß.

5. Literaturhinweise

Weitere bzw. weiterführende theoretische Überlegungen über lineare Restriktionssysteme, insbesondere im Zusammenhang mit Ungleichungen, finden Sie in JAEGER/WENKE [1969, S. 257–264], GALE [1960, S. 42–69], ZOUTENDIJK [1976, S. 13–19], GAL [1979, S. 62–75], DÜCK/KÖRTH/RUNGE/WUNDERLICH [1980, S. 262–282], GAL/KRUSE/VOGEL/WOLF [1983, S. 201–230]. Numerische Aspekte sind ausführlich in GILL/MURRAY/WRIGHT [1981] behandelt.

Einfache betriebliche Situationen, die zu linearen Restriktionssystemen führen, sind in JAEGER/WENKE [1969, S. 32–41] beschrieben.

Die Gesamtheit aller nichtnegativen Lösungen eines linearen Gleichungssystems, die hier nicht behandelt wird, finden Sie (in spezieller Form) in JAEGER/WENKE [1969, S. 114–127].

Wiederholungsfragen

1. Was versteht man unter einem linearen Gleichungssystem in kanonischer Form?
   Geben Sie in diesem Zusammenhang auch eine Definition der Begriffe „Basisvariable", „Nichtbasisbariable", „Freiheitsgrad" und „Basislösung"!
2. Welche lösungsneutralen Einzelumformungen für lineare Gleichungssysteme kennen Sie?
3. Welche dieser Einzelumformungen verwendet man beim Pivotieren?
4. Welche Fälle können in bezug auf die Lösungsgesamtheit eines linearen Gleichungssystems auftreten?
5. Welche Grundidee liegt dem modifizierten GAUSS-Algorithmus zugrunde? Skizzieren Sie kurz seine Anwendungsvoraussetzungen und seinen Ablauf!
6. Wie erkennt man bei Anwendung des GAUSS-Algorithmus, daß ein Gleichungssystem keine Lösung besitzt?
7. Welche lösungsneutralen Umformungen kennen Sie für lineare Ungleichungssysteme?

8. Was versteht man unter gleichgerichteten Ungleichungssystemen bzw. NN-Gleichungssystemen?
9. Wie lassen sich beliebige gemischte Restriktionssysteme auf gleichgerichtete Ungleichungssysteme bzw. NN-Gleichungssysteme umformen?
10. Was versteht man in diesem Zusammenhang unter Schlupfvariablen und welche Typen davon kennen Sie?

Übungsaufgaben

Aufgabe II-1

Gegeben sei das Gleichungssystem

$$\begin{aligned} 2x_1 + 4x_2 &= 8 \qquad (G_1) \\ 5x_1 + 2x_2 &= 10 \qquad (G_2). \end{aligned}$$

a) Stellen Sie die Lösungen der Gleichungen graphisch dar!

b) Welcher der in bezug auf die Lösungsgesamtheit von Gleichungssystemen besprochenen Fälle liegt hier vor?

Aufgabe II-2

Gegeben sei das Gleichungssystem

$$\begin{aligned} x_1 \qquad + 4x_4 + 2x_5 &= -2 \\ x_2 \quad + 2x_4 - x_5 &= -6 \\ x_3 - 2x_4 + x_5 &= 4. \end{aligned}$$

Geben Sie die allgemeine Lösung dieses Gleichungssystems in Parameterform an!

Aufgabe II-3

Bestimmen Sie die allgemeine Lösung des folgenden Gleichungssystems in Parameterform

$$\begin{aligned} x_1 \qquad - 2x_3 + x_4 \qquad &= 6 \\ 2x_1 + x_2 - 2x_3 \qquad\qquad &= 4 \\ x_1 \qquad - x_3 \qquad + x_5 &= -2. \end{aligned}$$

Wie lautet die zu der vorliegenden kanonischen Form gehörende Basislösung?

Aufgabe II-4

Zeigen Sie, daß die beiden Gleichungssysteme

$$\begin{aligned} x_1 \quad &= 4 \\ x_2 &= 2 \end{aligned} \quad \text{und} \quad \begin{aligned} 2x_1 + 4x_2 &= 16 \\ x_1 + x_2 &= 6 \end{aligned}$$

äquivalent sind!

Aufgabe II-5

Bestimmen Sie die allgemeinen Lösungen der folgenden Gleichungssysteme in Parameterform:

a) $$\begin{aligned} 4x_1 + 2x_2 + x_3 - 6x_4 - 3x_5 &= 8 \\ -3x_1 - 4x_2 - x_3 + 2x_4 - 2x_5 &= 10, \end{aligned}$$

b) $$\begin{aligned} 4x_1 + 4x_2 - 6x_3 &= 0 \\ 2x_1 + 8x_2 \phantom{{}-6x_3} &= 0 \\ 4x_2 + 2x_3 &= 0! \end{aligned}$$

Aufgabe II-6

Gegeben sei das Gleichungssystem

$$\begin{aligned} 2x_1 + 4x_2 + 4x_3 &= 1 \\ x_1 \phantom{{}+4x_2} + 2x_3 &= 0 \\ x_1 + 2x_2 + x_3 &= 0. \end{aligned}$$

Bestimmen Sie für dieses Gleichungssystem sowie für diejenigen Systeme, die sich dadurch ergeben, daß man die rechten Seiten in

$$\begin{aligned} b_{12} &= 0 \\ b_{22} &= 1 \\ b_{23} &= 0 \end{aligned}$$

bzw.

$$\begin{aligned} b_{13} &= 0 \\ b_{23} &= 0 \\ b_{33} &= 1 \end{aligned}$$

verändert, jeweils die allgemeine Lösung (sofern das möglich ist)!

Aufgabe II-7

Überführen Sie das Restriktionssystem

$$\begin{aligned} 2x_1 - 4x_2 + 8x_3 + 16x_4 &= 160 \\ x_1 - 2x_2 - x_3 + 4x_4 &\leqq 80 \\ 4x_1 \phantom{{}-2x_2} + 8x_3 + x_4 &\leqq 100 \\ 2x_1 - 2x_2 - 2x_3 + 2x_4 &= 40 \end{aligned}$$

in ein gleichgerichtetes Ungleichungssystem, das nur $\geqq$-Restriktionen aufweist!

Aufgabe II-8

Gegeben sei das Restriktionssystem

$$\begin{aligned} 2x_1 + 4x_2 + x_3 \phantom{{}+2x_4} &\leqq 20 \\ -4x_1 + x_2 + 2x_3 + 2x_4 &\geqq -40 \\ x_1 + x_2 - 4x_3 \phantom{{}+2x_4} &\leqq 10 \\ x_1, \quad x_3, \quad x_4 &\geqq 0. \end{aligned}$$

Formen Sie dieses Restriktionssystem in ein Hilfssystem vom Typ eines NN-Gleichungssystems um!

Aufgabe II-9

Gegeben sei das Restriktionssystem

$$\begin{aligned} 3x_1 + 4x_2 - x_3 &\leqq 10 \\ 2x_1 + 2x_3 &\geqq -10 \\ x_2 &\geqq 0. \end{aligned}$$

Bringen Sie dieses Restriktionssystem auf die Gestalt

- eines gleichgerichteten Ungleichungssystems,
- eines NN-Gleichungssystems!

Aufgabe II-10

Bestimmen Sie graphisch eine optimale Lösung für das in Aufgabe I-5 aufgestellte Optimierungssystem, und interpretieren Sie diese im Hinblick auf die zugrundeliegende Problemstellung!

Kapitel III: Vektoren

Gliederung

In diesem Kapitel behandeln wir ein Stoffgebiet, das zunächst völlig von dem bisher Dargestellten losgelöst zu sein scheint. Es handelt sich dabei um die Vektorrechnung, die manchem von Ihnen vielleicht schon aus der Schule bekannt ist und die sich zur Beschreibung von (ökonomischen) Sachverhalten und zu deren genauerer Analyse hervorragend eignet. Wir beginnen damit, daß wir zunächst erläutern, was wir hier unter einem Vektor verstehen wollen (Abschnitt 2). Anschließend definieren wir gewisse Relationen zwischen Vektoren (Abschnitt 3). Einfache Rechenoperationen wie Addition und Subtraktion von Vektoren sowie ihre Multiplikation mit Zahlen bzw. Zahlenvariablen sind der Gegenstand des dann folgenden Abschnitts 4. Eine komplexere Rechenoperation, die sog. Linearkombination, ergibt sich, wenn bestimmte einfache Rechenoperationen kombiniert werden. Sie wird in Unterabschnitt 6.1 vorgestellt. Mit ihrer Hilfe läßt sich dann auch wieder der Zusammenhang zwischen Vektoren und linearen Restriktionssystemen herstellen (Abschnitt 6.2). In den Abschnitten 7 und 8 führen wir die Begriffe „lineare (Un-)Abhängigkeit", „Vektorraum", „Rang" und „Basis" ein, die zur Charakterisierung von Vektorsystemen herangezogen werden können. Auch hier arbeiten wir wieder die Beziehungen zu linearen Gleichungssystemen heraus. Das Kapitel schließt mit der geometrischen Interpretation einiger ausgewählter Rechenoperationen für Vektoren. Da die Überlegungen dieses Kapitels relativ abstrakt und ohne direkten Anwendungsbezug sind, verzichten wir auf eine Weiterführung der Grundbeispiele.

1. Lernziele

Wenn Sie dieses Kapitel durchgearbeitet haben, sollten Sie angeben können,

- was man unter einem „Vektor" versteht und wie man Vektoren abkürzt,
- wie man die Rechenoperationen „Addition", „Subtraktion", „Negation", „Multiplikation mit einem Skalar" und „Linearkombination" in bezug auf Vektoren definiert und numerisch ausführt,
- wie man lineare Gleichungssysteme unter Verwendung von Vektoren aufschreibt,
- wie man bei unterschiedlichen Restriktionssystemen aus vorgegebenen Lösungen zu weiteren Lösungen gelangt,
- wie man für Vektorsysteme „lineare Abhängigkeit", „lineare Unabhängigkeit", „Vektorsystem", „Rang" und „Basis" definiert.

Außerdem sollten Sie für zahlenmäßig vorgegebene Vektorsysteme mit Hilfe numerischer Untersuchungen Fragen

- nach „linearer (Un-)Abhängigkeit", „Rang" und „Basis" sowie
- nach Möglichkeiten zur Darstellung bestimmter Vektoren als Linearkombination von Vektoren des Systems

beantworten können.

2. Der Begriff des Vektors

Unter einem *Vektor* oder *Tupel* der *Dimension* m (kürzer: m-*Vektor*, m-*dimensionaler Vektor* oder m-*Tupel*) wollen wir hier einfach eine endliche Folge von m mathematischen Größen, die man in diesem Zusammenhang auch *Glieder* oder *(Skalar-)*

Komponenten nennt, verstehen. Diese Glieder, bei denen es sich hauptsächlich um Zahlen oder Variablen handelt, lassen sich auf zwei verschiedene Weisen aufschreiben, nämlich nebeneinander (*Zeilenschreibweise*) oder untereinander (*Spaltenschreibweise*), wobei man stets zur Verdeutlichung der Zusammengehörigkeit Begrenzungsklammern verwendet:

$$(a_1, a_2, \ldots, a_m) \quad \text{bzw.} \quad \begin{pmatrix} a_1 \\ a_2 \\ \vdots \\ a_m \end{pmatrix}.$$

Bei der Zeilenschreibweise werden manchmal auch die Kommata durch auffällige Abstände zwischen den Gliedern ersetzt; verwendet man Kommata, so muß man Dezimalbrüche mit dem (angelsächsischen) Dezimalpunkt schreiben, oder man muß als Abstandssymbol Semikola benutzen. Innerhalb eines geschriebenen Textes empfiehlt sich aus Gründen der Platzersparnis die Zeilenschreibweise; im Zusammenhang mit der im nächsten Kapitel zu behandelnden Matrizenrechnung ist jedoch meist die Spaltenschreibweise erforderlich. Aus diesem Grunde nehmen manche Autoren automatisch alle auftretenden Vektoren als Spaltenvektoren an; auch bei uns wird das meist der Fall sein. Will man auf die jeweilige Schreibweise Bezug nehmen, so spricht man auch von einem *Zeilenvektor* bzw. einem *Spaltenvektor*.

Beispiel III-1
In den vorstehenden Kapiteln haben Sie bereits ständig mit Vektoren zu tun gehabt. Ohne daß wir explizit diesen Namen verwendeten, definierten wir Lösungen von Restriktionssystemen als solche.

Zur Vereinfachung der Schreibweise und Konzentration der Betrachtungsweise kürzt man häufig Vektoren durch einen einzigen (hier im Text stets fettgedruckten) Buchstaben ab, bei unbestimmten Gliedern in der Regel unter Verwendung des gleichen Buchstabens, wie er auch für die indizierten Glieder angenommen wurde; also beispielsweise

$$\mathbf{a} = \begin{pmatrix} a_1 \\ a_2 \\ \vdots \\ a_m \end{pmatrix}, \quad \mathbf{x} = (x_1, x_2, \ldots, x_n), \quad \mathbf{b} = (b_1, b_2, \ldots, b_m).$$

Die besondere Nützlichkeit der Vektorrechnung besteht nämlich darin, daß man vektorielle Zusammenhänge sowohl innerhalb der Mathematik als auch in mathematischen Modellen der Realität kurz und prägnant mit einigen wenigen Symbolen beschreiben und analysieren kann, ohne dabei zunächst auf formale oder numerische Details (insbesondere bezüglich der Skalarkomponenten) Rücksicht nehmen zu müssen. Man arbeitet also so lange, wie es geht, mit einem einzigen Symbol pro Vektor oder, wie man auch sagt, *komponentenfrei*. Auch die Vektoren von Variablen, also z. B. **x**, stellt man sich dabei gedanklich als ein einziges mathematisches Objekt, eine *vektorielle* Variable, vor. Erst am Schluß, d. h. nach Abschluß aller allgemeinen mathematischen Überlegungen und den daraus resultierenden Umformungen, setzt man die konkreten Zahlen für die Skalarkomponenten ein.

3. Gleichungen und Ungleichungen zwischen Vektoren

Zu den einfachsten Formen der Analyse vektorieller Gegebenheiten gehört der Größenvergleich ihrer entsprechenden Glieder. Insbesondere interessiert häufig die Frage, ob die Gleichheitsrelation oder gewisse größenmäßige Ungleichheitsrelationen zwischen betrachteten Vektoren gliedweise erfüllt sind. Dabei wollen wir immer davon ausgehen, daß jeder der zu vergleichenden Vektoren die gleiche Dimension besitzt. Wir wollen dann auch sagen, die betrachteten Vektoren seien *gleichdimensioniert*.

Beispiel III-2
Gegeben seien

$$\mathbf{a} = \begin{pmatrix} 3 \\ 4 \\ 1 \end{pmatrix}, \quad \mathbf{b} = \begin{pmatrix} 2 \\ 4 \\ 1 \\ 6 \end{pmatrix}, \quad \mathbf{c} = \begin{pmatrix} 1 \\ 4 \\ 3 \end{pmatrix}, \quad \mathbf{d} = \begin{pmatrix} 3 \\ 4 \\ 1 \end{pmatrix}, \quad \mathbf{f} = \begin{pmatrix} 2 \\ 4 \\ 2 \\ 6 \end{pmatrix}, \quad \mathbf{g} = \begin{pmatrix} 3 \\ 6 \\ 4 \\ 8 \end{pmatrix}.$$

a, **c** und **d** sind gleichdimensioniert, ebenso **b**, **f** und **g**. Dagegen sind **a** und **b** nicht gleichdimensioniert.

Die Gleichheitsrelation zwischen Vektoren definieren wir nun wie folgt:

„=“-Relation zwischen gleichdimensionierten Vektoren (Gleichheit von Vektoren)
$\mathbf{a} = \mathbf{b} \Leftrightarrow \begin{pmatrix} a_1 \\ a_2 \\ \vdots \\ a_m \end{pmatrix} \mathbf{=} \begin{pmatrix} b_1 \\ b_2 \\ \vdots \\ b_m \end{pmatrix} :\Leftrightarrow \begin{cases} a_1 = b_1 \\ a_2 = b_2 \\ \vdots \\ a_m = b_m . \end{cases}$

Einer Gleichung zwischen zwei Vektoren (hier symbolisiert durch ein fettgedrucktes Gleichheitszeichen) entsprechen danach m Gleichungen zwischen ihren Gliedern (und umgekehrt). Sind diese Gleichungen für ein bestimmtes Vektorpaar **a** und **b** sämtlich erfüllt, so sagen wir, **a** und **b** seien *gleich*.

Beispiel III-3
Die Vektoren **a** und **d** aus Beispiel III-2 sind gleich, **a** und **c** sind nicht gleich.

Analog kann man in bezug auf die Definition bestimmter Ungleichungen zwischen Vektoren vorgehen, wobei wir wiederum durch Fettdruck das vektorielle Vergleichen symbolisieren wollen:

„≦“-Relation zwischen gleichdimensionierten Vektoren („≧“-Relation entsprechend)
$\mathbf{a} \leqq \mathbf{b} \Leftrightarrow \begin{pmatrix} a_1 \\ a_2 \\ \vdots \\ a_m \end{pmatrix} \boldsymbol{\leqq} \begin{pmatrix} b_1 \\ b_2 \\ \vdots \\ b_m \end{pmatrix} :\Leftrightarrow \begin{cases} a_1 \leqq b_1 \\ a_2 \leqq b_2 \\ \vdots \\ a_m \leqq b_m . \end{cases}$

Hierbei muß noch darauf aufmerksam gemacht werden, daß in der Literatur anstelle von „$\leqq$" bzw. „$\geqq$" auch die Schreibweise „$\leq$" bzw. „$\geq$" üblich ist, in der fortgeschrittenen Theorie jedoch definitorische Unterschiede gemacht werden. Sind für zwei Vektoren **a** und **b** wieder die „$\leqq$"-Relationen zwischen sämtlichen „entsprechenden" Gliederpaaren erfüllt, so heiße **a** *gliedweise höchstens so groß wie* **b** bzw. **b** *gliedweise mindestens so groß wie* **a**. Der Hinweis auf die Glieder soll dabei betonen, daß der Größenvergleich sich hier nicht auf die später (vgl. Abschnitt 9 dieses Kapitels) eingeführten Längen von Vektoren bezieht.

Beispiel III-4
Für die Vektoren aus Beispiel III-2 gilt u.a.:

- **b** ist höchstens so groß wie **g**,
- **g** ist mindestens so groß wie **b**,
- **a** ist mindestens so groß wie **d**,
- **d** ist mindestens so groß wie **a**,
- **b** ist höchstens so groß wie **f**.

4. Einfache Rechenoperationen für Vektoren

In diesem Abschnitt wollen wir eine Reihe von einfachen Rechenoperationen für Vektoren definieren, nämlich die Addition, die Subtraktion, die Negation und die Multiplikation mit einer Zahl. Wenn dabei mehrere Vektoren gleichzeitig verwendet werden, so setzen wir wieder stets voraus, daß jeder von ihnen die gleiche Anzahl von Gliedern besitzt. Gelegentlich bringen wir diesen Umstand auch durch verbale Zusätze wie „*addierbar*" und „*subtrahierbar*" zum Ausdruck. Die Symbole für alle diejenigen Operationen, an denen ausschließlich Vektoren beteiligt sind, kennzeichnen wir dabei ebenfalls durch Fettdruck.

Zunächst definieren wir die Addition zweier Vektoren a und b wie folgt:

Addition von gleichdimensionierten Vektoren	
a + b	$\begin{pmatrix} a_1 \\ a_2 \\ \vdots \\ a_m \end{pmatrix} + \begin{pmatrix} b_1 \\ b_2 \\ \vdots \\ b_m \end{pmatrix} := \begin{pmatrix} a_1 + b_1 \\ a_2 + b_2 \\ \vdots \\ a_m + b_m \end{pmatrix}$

Es werden also jeweils die „entsprechenden" Glieder addiert. Da es sich bei diesen Gliedern ausnahmslos um (bestimmte oder unbestimmte) Zahlen bzw. um Zahlenvariablen handelt, folgt daraus sofort:

Rechengesetze bezüglich der vektoriellen Addition gleichdimensionierter Vektoren
Kommutativgesetz **a + b = b + a** Assoziativgesetz **(a + b) + c = a + (b + c)**

Es läßt sich also sofort die Summe von mehr als zwei addierbaren Vektoren bilden, ohne daß dabei Besonderheiten in bezug auf die Reihenfolge der Summanden oder in bezug auf die Klammerbildung zu beachten wären. Insbesondere kann man auch das Summenzeichen mit allen dafür geltenden Regeln benutzen.

Beispiel III-5
Für die Vektoren **b**, **f** und **g** aus Beispiel III-2 gilt etwa

$$\mathbf{b}+\mathbf{f}+\mathbf{g}=\begin{pmatrix}7\\14\\7\\20\end{pmatrix}.$$

Analog definiert man die vektorielle Subtraktion:

Subtraktion von gleichdimensionierten Vektoren	
$\mathbf{a}-\mathbf{b}$	$\begin{pmatrix}a_1\\a_2\\\vdots\\a_m\end{pmatrix}-\begin{pmatrix}b_1\\b_2\\\vdots\\b_m\end{pmatrix}:=\begin{pmatrix}a_1-b_1\\a_2-b_2\\\vdots\\a_m-b_m\end{pmatrix}.$

Man subtrahiert also einen Vektor **b** von einem Vektor **a**, indem man jedes der Glieder von **b** jeweils von dem betreffenden Glied von **a** subtrahiert.

Beispiel III-6
Für die Vektoren **a** und **c** aus Beispiel III-2 ergibt sich etwa

$$\mathbf{a}-\mathbf{c}=\begin{pmatrix}2\\0\\-2\end{pmatrix}.$$

oder

$$\mathbf{a}-\mathbf{a}=\begin{pmatrix}0\\0\\0\end{pmatrix}.$$

Subtrahiert man einen Vektor mit m Gliedern von sich selbst, so ergibt sich – wie man aus dem vorstehenden Beispiel entnehmen kann – ein aus m Nullen bestehender Vektor

$$\begin{pmatrix}a_1\\a_2\\\vdots\\a_m\end{pmatrix}-\begin{pmatrix}a_1\\a_2\\\vdots\\a_m\end{pmatrix}=\begin{pmatrix}0\\0\\\vdots\\0\end{pmatrix}.$$

Ein derartiger Vektor wird auch (m-)*Nullvektor* genannt und mit **0** abgekürzt. Ihm kommt in der Vektorrechnung die Rolle zu, die die Zahl Null beim Rechnen mit reellen Zahlen einnimmt. Weiterhin sei definiert:

Negation eines Vektors	
$-\mathbf{a}$	$-\begin{pmatrix} a_1 \\ a_2 \\ \vdots \\ a_m \end{pmatrix} := \begin{pmatrix} -a_1 \\ -a_2 \\ \vdots \\ -a_m \end{pmatrix}$

Beispiel III-7
In bezug auf den Vektor **b** aus Beispiel III-2 gilt

$$-\mathbf{b} = -\begin{pmatrix} 2 \\ 4 \\ 1 \\ 6 \end{pmatrix} = \begin{pmatrix} -2 \\ -4 \\ -1 \\ -6 \end{pmatrix}.$$

Wie beim Rechnen mit reellen Zahlen erhält man auch für Vektoren:

Rechengesetze bezüglich Negation und Nullvektor
$\mathbf{a} + (-\mathbf{a}) = \mathbf{0}$ $\mathbf{0} - \mathbf{a} = -\mathbf{a}$

Schließlich betrachten wir als letzte „einfache" Rechenoperation:

Multiplikation eines Vektors mit einem Skalar t	
Multiplikation von links	
$t \cdot \mathbf{a}$	$t \cdot \begin{pmatrix} a_1 \\ a_2 \\ \vdots \\ a_m \end{pmatrix} := \begin{pmatrix} t \cdot a_1 \\ t \cdot a_2 \\ \vdots \\ t \cdot a_m \end{pmatrix}$
Multiplikation von rechts	
$\mathbf{a} \cdot t$	$\begin{pmatrix} a_1 \\ a_2 \\ \vdots \\ a_m \end{pmatrix} \cdot t := \begin{pmatrix} a_1 \cdot t \\ a_2 \cdot t \\ \vdots \\ a_m \cdot t \end{pmatrix}$

Das Ergebnis wird auch *Vielfaches* des entsprechenden Vektors genannt. Wir benutzen hier zur visuellen Verdeutlichung Malzeichen, diese werden jedoch später meist weggelassen. Beachten Sie bitte, daß in manchen Büchern über Vektorrechnung nur die Multiplikation mit einem Skalar von links eingeführt oder betont wird; Unterabschnitt 6.2.1 eröffnet aber erst in Verbindung mit der Multiplikation von rechts einen neuartigen Aspekt linearer Gleichungssysteme. In bezug auf diese Rechenoperationen lassen sich direkt die folgenden Rechengesetze angeben:

Rechengesetze bezüglich der Multiplikation von Vektoren **a** und **b** mit Skalaren s und t
Kommutativgesetz $t \cdot \mathbf{a} = \mathbf{a} \cdot t$ Assoziativgesetz $s \cdot (t \cdot \mathbf{a}) = (s \cdot t) \cdot \mathbf{a}$ Distributivgesetze $(s + t) \cdot \mathbf{a} = s \cdot \mathbf{a} + t \cdot \mathbf{a}$ $s \cdot (\mathbf{a} + \mathbf{b}) = s \cdot \mathbf{a} + s \cdot \mathbf{b}$

Als Spezialfälle erhalten wir insbesondere

$$\begin{aligned} 1 \cdot \mathbf{a} &= \mathbf{a} \\ (-1) \cdot \mathbf{a} &= -\mathbf{a}. \end{aligned}$$

Beispiel III-8
Gegeben seien wieder die Vektoren **f** und **g** aus Beispiel III-2. Es gilt nun etwa

$$3 \cdot \begin{pmatrix} 2 \\ 4 \\ 2 \\ 6 \end{pmatrix} = \begin{pmatrix} 2 \\ 4 \\ 2 \\ 6 \end{pmatrix} \cdot 3 = \begin{pmatrix} 6 \\ 12 \\ 6 \\ 18 \end{pmatrix},$$

$$5 \cdot \left(2 \cdot \begin{pmatrix} 2 \\ 4 \\ 2 \\ 6 \end{pmatrix} \right) = (5 \cdot 2) \cdot \begin{pmatrix} 2 \\ 4 \\ 2 \\ 6 \end{pmatrix} = 10 \cdot \begin{pmatrix} 2 \\ 4 \\ 2 \\ 6 \end{pmatrix} = \begin{pmatrix} 20 \\ 40 \\ 20 \\ 60 \end{pmatrix},$$

$$(2 + 3) \cdot \begin{pmatrix} 2 \\ 4 \\ 2 \\ 6 \end{pmatrix} = 2 \cdot \begin{pmatrix} 2 \\ 4 \\ 2 \\ 6 \end{pmatrix} + 3 \cdot \begin{pmatrix} 2 \\ 4 \\ 2 \\ 6 \end{pmatrix} = \begin{pmatrix} 10 \\ 20 \\ 10 \\ 30 \end{pmatrix},$$

$$3 \cdot \left(\begin{pmatrix} 2 \\ 4 \\ 2 \\ 6 \end{pmatrix} + \begin{pmatrix} 3 \\ 6 \\ 4 \\ 8 \end{pmatrix} \right) = 3 \cdot \begin{pmatrix} 2 \\ 4 \\ 2 \\ 6 \end{pmatrix} + 3 \cdot \begin{pmatrix} 3 \\ 6 \\ 4 \\ 8 \end{pmatrix} = \begin{pmatrix} 15 \\ 30 \\ 18 \\ 42 \end{pmatrix}.$$

Sofern man also diese einfachen Rechenoperationen für Vektoren verwendet, hat man lediglich die vom Rechnen mit reellen Zahlen her bekannten Rechengesetze zu beachten. Man muß allerdings stets darauf achten, daß man keine Ausdrücke zusammenstellt, die nicht in allen Teilen definiert sind.

5. Innere Produkte von Vektoren

Während die bisher vorgestellten Rechenoperationen für Vektoren nicht sonderlich überraschend definiert waren, ergeben sich in bezug auf die Multiplikation von Vektoren neue Aspekte. Das *innere Produkt* (auch *skalares Produkt* oder *Skalarprodukt* genannt) zweier gleichdimensionierter Vektoren **a** und **b** ist nämlich wie folgt definiert:

Inneres Produkt zweier m-Vektoren in der Vektorrechnung

$$\begin{aligned} \mathbf{a} * \mathbf{b} &= \begin{pmatrix} a_1 \\ a_2 \\ \vdots \\ a_m \end{pmatrix} * \begin{pmatrix} b_1 \\ b_2 \\ \vdots \\ b_m \end{pmatrix} \\ &= (a_1, a_2, \ldots, a_m) * \begin{pmatrix} b_1 \\ b_2 \\ \vdots \\ b_m \end{pmatrix} \\ &= \begin{pmatrix} a_1 \\ a_2 \\ \vdots \\ a_m \end{pmatrix} * (b_1, b_2, \ldots, b_m) \\ &= (a_1, a_2, \ldots, a_m) * (b_1, b_2, \ldots, b_m) \\ &:= a_1 b_1 + a_2 b_2 + \ldots + a_m b_m \end{aligned}$$

Beachten Sie bitte, daß die symbolische Schreibweise für die Bildung des inneren Produktes in der Literatur uneinheitlich ist; wir halten es jedoch für zweckmäßig, wegen der Gefahr der Verwechslung mit der Matrizenmultiplikation (siehe Kapitel IV) hier kein gewöhnliches Malzeichen „·" zu verwenden. Als Ergebnis der Multiplikation ergibt sich in diesem Fall also kein neuer Vektor, sondern ein Skalar, d.h. eine Zahl. Für die Konstruktion des inneren Produktes **a** * **b** ist es also nach dieser Definition belanglos, ob es sich bei den Faktoren **a** und **b** um Zeilenvektoren, Spaltenvektoren oder beides handelt. Wir weisen aber bereits hier darauf hin, daß es **bei Wechsel zur Symbolik der** im nächsten Kapitel behandelten **Matrizenmultiplikation** erforderlich sein wird, **a** als Zeilen- und **b** als Spaltenvektor aufzufassen.

Beispiel III-9
Wir bilden das innere Produkt aus den Vektoren **f** und **g** des Beispiels III-2:

$$\begin{pmatrix} 2 \\ 4 \\ 2 \\ 6 \end{pmatrix} * \begin{pmatrix} 3 \\ 6 \\ 4 \\ 8 \end{pmatrix} = 2 \cdot 3 + 4 \cdot 6 + 2 \cdot 4 + 6 \cdot 8 = 86.$$

Auf den ersten Blick mag das so definierte Produkt zweier Vektoren für Sie vielleicht keinen Sinn ergeben. Bereits im nächsten Kapitel werden wir aber schon darauf zurückkommen. Im übrigen möchten wir Sie darauf hinweisen, daß man das lineare

Polynom

$$c_1 x_1 + c_2 x_2 + \ldots + c_n x_n$$

der Zielfunktion eines Optimierungssystems bzw. jede linke Seite einer linearen Restriktion

$$a_{i1} x_1 + a_{i2} x_2 + \ldots + a_{in} x_n$$

als inneres Produkt der Vektoren

$$\begin{pmatrix} c_1 \\ c_1 \\ \vdots \\ c_n \end{pmatrix} \text{ und } \begin{pmatrix} x_1 \\ x_2 \\ \vdots \\ x_n \end{pmatrix} \text{ bzw. } \begin{pmatrix} a_{i1} \\ a_{i2} \\ \vdots \\ a_{in} \end{pmatrix} \text{ und } \begin{pmatrix} x_1 \\ x_2 \\ \vdots \\ x_n \end{pmatrix}$$

interpretieren kann.

Wenden wir uns nun den Rechengesetzen für das innere Produkt zu. Hier gilt:

Rechengesetze für das innere Produkt von gleichdimensionierten Vektoren **a**, **b** und **c** (s ein Skalar)
Kommutativgesetz $\mathbf{a} * \mathbf{b} = \mathbf{b} * \mathbf{a}$ Assoziativgesetz $s(\mathbf{a} * \mathbf{b}) = (\mathbf{a} * \mathbf{b})\, s = (s\mathbf{a}) * \mathbf{b} = \mathbf{a} * (\mathbf{b}s)$ Distributivgesetz $\mathbf{a} * (\mathbf{b} + \mathbf{c}) = \mathbf{a} * \mathbf{b} + \mathbf{a} * \mathbf{c}$

Das kommutative Gesetz ergibt sich direkt aus der Gültigkeit des kommutativen Gesetzes für Zahlen bzw. Zahlenvariablen. Die übrigen Gesetze beweist man durch Ausrechnen.

Beispiel III-10

Für die Vektoren **b**, **f** und **g** aus Beispiel III-2 gilt etwa:

$$\begin{pmatrix} 2 \\ 4 \\ 2 \\ 6 \end{pmatrix} * \begin{pmatrix} 3 \\ 6 \\ 4 \\ 8 \end{pmatrix} = \begin{pmatrix} 3 \\ 6 \\ 4 \\ 8 \end{pmatrix} * \begin{pmatrix} 2 \\ 4 \\ 2 \\ 6 \end{pmatrix} = 86.$$

$$5 \cdot \left(\begin{pmatrix} 2 \\ 4 \\ 2 \\ 6 \end{pmatrix} * \begin{pmatrix} 3 \\ 6 \\ 4 \\ 8 \end{pmatrix} \right) = \left(\begin{pmatrix} 2 \\ 4 \\ 2 \\ 6 \end{pmatrix} * \begin{pmatrix} 3 \\ 6 \\ 4 \\ 8 \end{pmatrix} \right) \cdot 5$$

$$= \left(5 \cdot \begin{pmatrix} 2 \\ 4 \\ 2 \\ 6 \end{pmatrix} \right) * \begin{pmatrix} 3 \\ 6 \\ 4 \\ 8 \end{pmatrix} = \begin{pmatrix} 2 \\ 4 \\ 2 \\ 6 \end{pmatrix} * \left(\begin{pmatrix} 3 \\ 6 \\ 4 \\ 8 \end{pmatrix} \cdot 5 \right) = 430.$$

$$\begin{pmatrix}2\\4\\1\\6\end{pmatrix} * \left(\begin{pmatrix}2\\4\\2\\6\end{pmatrix} + \begin{pmatrix}3\\6\\4\\8\end{pmatrix}\right) = \begin{pmatrix}2\\4\\1\\6\end{pmatrix} * \begin{pmatrix}2\\4\\2\\6\end{pmatrix} + \begin{pmatrix}2\\4\\1\\6\end{pmatrix} * \begin{pmatrix}3\\6\\4\\8\end{pmatrix} = 140.$$

Beachten Sie bitte, daß es mit drei Vektoren $\mathbf{a}$, $\mathbf{b}$, $\mathbf{c}$ keine Erweiterung des Begriffs „inneres Produkt" geben kann. Es ist nämlich $\mathbf{a} \cdot (\mathbf{b} * \mathbf{c})$ ein Vielfaches von $\mathbf{a}$, $(\mathbf{a} * \mathbf{b}) \cdot \mathbf{c}$ dagegen ein Vielfaches von $\mathbf{c}$.

Bei praktischen Anwendungen ist es manchmal erforderlich, die Glieder eines Vektors $\mathbf{a}$ aufzusummieren. Formal kann man das dadurch bewirken, daß man das innere Produkt von $\mathbf{a}$ und einem Vektor $\mathbf{1} := (1, 1, \ldots, 1)$ bildet, der ausschließlich aus Einsen besteht.

Beispiel III-11
Die Elemente des Vektors

$$\begin{pmatrix}2\\4\\3\\6\end{pmatrix}$$

sollen aufsummiert werden. Wir bilden

$$\begin{pmatrix}2\\4\\2\\6\end{pmatrix} * \begin{pmatrix}1\\1\\1\\1\end{pmatrix} = 14$$

und erhalten das gewünschte Ergebnis.

6. Linearkombinationen von Vektoren

6.1. Der Begriff der Linearkombination

Die im Abschnitt 4 dieses Kapitels vorgestellten einfachen Rechenoperationen des Addierens und Skalarmultiplizierens von Vektoren lassen sich nun in naheliegender Weise miteinander kombinieren. Wir gehen aus von einer Folge $\mathbf{F}$ von n gleichdimensionierten Vektoren

(III-1) $\mathbf{a}^{(1)}, \mathbf{a}^{(2)}, \ldots, \mathbf{a}^{(n)}$,

die in der Linearen Algebra auch ein (*Zeilen-* oder *Spalten-*)*Vektorsystem*, ein *System von Vektoren* oder eine *Familie von Vektoren* genannt wird. Dieser Sprachgebrauch impliziert dabei stets, daß die Reihenfolge des Aufschreibens der Vektoren wichtig wird und der gleiche Vektor mehrmals auftreten kann! Im Grunde genommen ist ein (endliches) System begrifflich auch nichts anderes als ein Vektor (aber man möchte Sprechweisen wie „Vektor von Vektoren" oder „Vektor von Gleichungen" vermeiden). Exakt wäre hier deshalb zwar die definitorische Abkürzung

$$\mathbf{F} := (\mathbf{a}^{(1)}, \mathbf{a}^{(2)}, \ldots, \mathbf{a}^{(n)}),$$

aber wir wollen in Zukunft um der optischen Übersichtlichkeit willen auch Schreibweisen wie

$$\mathbf{F}\colon\ \mathbf{a}^{(1)}, \mathbf{a}^{(2)}, \ldots, \mathbf{a}^{(n)}$$

wählen. Hat man außerdem eine Folge ebenso vieler Skalare

$$\text{(III-2)}\qquad s_1, s_2, \ldots, s_n$$

ausgewählt, so kann man die folgende Summe von Vielfachen der Vektoren aus (III-1) bilden:

$$\text{(III-3)}\qquad s_1\mathbf{a}^{(1)} + s_2\mathbf{a}^{(2)} + \ldots + s_n\mathbf{a}^{(n)}$$

oder andersherum geschrieben:

$$\text{(III-4)}\qquad \mathbf{a}^{(1)}s_1 + \mathbf{a}^{(2)}s_2 + \ldots + \mathbf{a}^{(n)}s_n\,.$$

Diese spezielle Kombination der zwei Folgen (III-1) und (III-2) wird eine *Linearkombination* der Vektoren (genauer: *des Vektorsystems*) $\mathbf{a}^{(1)}, \mathbf{a}^{(2)}, \ldots, \mathbf{a}^{(n)}$ mit den *Multiplikatoren* (oder: *Gewichten*) $s_1, s_2, \ldots, s_n$ genannt. Im Falle (III-3) spricht man auch von *Linksmultiplikatoren*, im Falle (III-4) von *Rechtsmultiplikatoren*. Speziell ist jeder Vektor $\mathbf{a}^{(j)}$ eines solchen Systems als Linearkombination $0\cdot\mathbf{a}^{(1)} + \ldots + 0\cdot\mathbf{a}^{(j-1)} + 1\cdot\mathbf{a}^{(j)} + 0\cdot\mathbf{a}^{(j+1)} \ldots + 0\cdot\mathbf{a}^{(n)}$ darstellbar.

Beispiel III-12
Wir kombinieren die Vektoren **a**, **c** und **d** des Beispiels III-2 unter Verwendung von Rechtsmultiplikatoren -1, 1, 2 und erhalten dann durch Ausrechnen

$$\begin{pmatrix}3\\4\\1\end{pmatrix}\cdot(-1) + \begin{pmatrix}1\\4\\3\end{pmatrix}\cdot 1 + \begin{pmatrix}3\\4\\1\end{pmatrix}\cdot 2 = \begin{pmatrix}4\\8\\4\end{pmatrix}.$$

Gewisse Eigenschaften des Systems der Multiplikatoren $s_1, s_2, \ldots, s_n$ führen zu der Unterscheidung wichtiger Typen von Linearkombinationen. Eine Linearkombination (III-3) bzw. (III-4) mit

$$\sum_{j=1}^{n} s_j = 1$$

nennt man *normiert*. Gilt

$$s_j \geqq 0 \quad \text{für} \quad j = 1, \ldots, n,$$

so bezeichnet man die entsprechende Linearkombination als *nichtnegativ*. Eine Linearkombination, die sowohl normiert als auch nichtnegativ ist, nennt man insbesondere *konvex*. (Man findet in diesem Falle auch die Sprechweise *konvexe Kombination* oder *Konvexkombination*.)

Beispiel III-13
Durch

$$\begin{pmatrix}3\\4\\1\end{pmatrix}\cdot(-2) + \begin{pmatrix}1\\4\\3\end{pmatrix}\cdot 3 + \begin{pmatrix}3\\4\\1\end{pmatrix}\cdot 0$$

ist eine normierte, durch

$$\begin{pmatrix}3\\4\\1\end{pmatrix}\cdot 4+\begin{pmatrix}1\\4\\3\end{pmatrix}\cdot 10+\begin{pmatrix}3\\4\\1\end{pmatrix}\cdot 0$$

eine nichtnegative und durch

$$\begin{pmatrix}3\\4\\1\end{pmatrix}\cdot 0{,}5+\begin{pmatrix}1\\4\\3\end{pmatrix}\cdot 0{,}25+\begin{pmatrix}3\\4\\1\end{pmatrix}\cdot 0{,}25$$

eine konvexe Linearkombination der Vektoren **a**, **c** und **d** aus Beispiel III-2 gegeben.

Eine Linearkombination (III-3) bzw. (III-4) mit

$$s_j = 0 \quad \text{für} \quad j = 1, \ldots, n$$

heißt *trivial*. Existiert dagegen mindestens ein q mit

$$s_q \neq 0 \quad \text{für} \quad q \in \{1, \ldots, n\},$$

so heißt die Linearkombination *nichttrivial*.

Beispiel III-14
Durch

$$\begin{pmatrix}3\\4\\1\end{pmatrix}\cdot 0+\begin{pmatrix}1\\4\\3\end{pmatrix}\cdot 0+\begin{pmatrix}3\\4\\1\end{pmatrix}\cdot 0$$

ist die triviale Linearkombination der Vektoren **a**, **c** und **d** aus Beispiel III-2 gegeben. Jede der Linearkombinationen aus Beispiel III-13 stellt eine nichttriviale Linearkombination dieser Vektoren dar.

Jeder m-Vektor

$$\mathbf{a} = \begin{pmatrix}a_1\\a_2\\\vdots\\a_m\end{pmatrix}$$

läßt sich, wie wir sofort sehen werden, als Linearkombination der m-Vektoren

$$\mathbf{e}^{(1)} := \begin{pmatrix}1\\0\\0\\\vdots\\0\\0\end{pmatrix}, \quad \mathbf{e}^{(2)} := \begin{pmatrix}0\\1\\0\\\vdots\\0\\0\end{pmatrix}, \quad \ldots, \quad \mathbf{e}^{(m)} := \begin{pmatrix}0\\0\\0\\\vdots\\0\\1\end{pmatrix}$$

schreiben. $\mathbf{e}^{(i)}$ heiße der i-te *(Spalten-) Einheitsvektor*. Mit Ausnahme des i-ten Gliedes, das den Wert Eins annimmt, nehmen alle Glieder den Wert Null an.

Kanonische Zerlegung oder Zusammensetzung eines Vektors mittels Einheitsvektoren

$$\begin{pmatrix} a_1 \\ a_2 \\ \vdots \\ a_m \end{pmatrix} = a_1 \cdot \begin{pmatrix} 1 \\ 0 \\ \vdots \\ 0 \end{pmatrix} + a_2 \cdot \begin{pmatrix} 0 \\ 1 \\ \vdots \\ 0 \end{pmatrix} + \ldots + a_m \cdot \begin{pmatrix} 0 \\ 0 \\ \vdots \\ 1 \end{pmatrix}$$

$$= \begin{pmatrix} 1 \\ 0 \\ \vdots \\ 0 \end{pmatrix} \cdot a_1 + \begin{pmatrix} 0 \\ 1 \\ \vdots \\ 0 \end{pmatrix} \cdot a_2 + \ldots + \begin{pmatrix} 0 \\ 0 \\ \vdots \\ 1 \end{pmatrix} \cdot a_m,$$

kürzer:

$$\mathbf{a} = \sum_{i=1}^{m} a_i \mathbf{e}^{(i)} = \sum_{i=1}^{m} \mathbf{e}^{(i)} a_i$$

Beispiel III-15
Für den Vektor **a** aus Beispiel III-2 läßt sich schreiben:

$$\begin{pmatrix} 3 \\ 4 \\ 1 \end{pmatrix} = 3 \cdot \begin{pmatrix} 1 \\ 0 \\ 0 \end{pmatrix} + 4 \cdot \begin{pmatrix} 0 \\ 1 \\ 0 \end{pmatrix} + 1 \cdot \begin{pmatrix} 0 \\ 0 \\ 1 \end{pmatrix}.$$

6.2. Linearkombinationen und Restriktionssysteme

6.2.1. Linearkombinationen und Gleichungssysteme

Einen wichtigen Zusammenhang zu linearen Gleichungssystemen erkennt man sofort, wenn man als zu kombinierende Vektoren

$$\text{(III-5)} \quad \mathbf{a}^{(1)} := \begin{pmatrix} a_{11} \\ a_{21} \\ \vdots \\ a_{m1} \end{pmatrix}, \quad \mathbf{a}^{(2)} := \begin{pmatrix} a_{12} \\ a_{22} \\ \vdots \\ a_{m2} \end{pmatrix}, \quad \ldots, \quad \mathbf{a}^{(n)} := \begin{pmatrix} a_{1n} \\ a_{2n} \\ \vdots \\ a_{mn} \end{pmatrix}$$

einführt, wobei sich in a_{ij} der erste Index i auf die Gliednummer und der zweite Index j auf die Vektornummer beziehen soll, und die Variablen $x_1, x_2, \ldots, x_n$ als Rechtsmultiplikatoren nimmt. Nach der Definition (III-4) folgt dann sofort:

$$\text{(III-6)}\quad \mathbf{a}^{(1)}x_1 + \mathbf{a}^{(2)}x_2 + \ldots + \mathbf{a}^{(n)}x_n = \begin{pmatrix} a_{11} \\ a_{21} \\ \vdots \\ a_{m1} \end{pmatrix} x_1 + \begin{pmatrix} a_{12} \\ a_{22} \\ \vdots \\ a_{m2} \end{pmatrix} x_2 + \ldots + \begin{pmatrix} a_{1n} \\ a_{2n} \\ \vdots \\ a_{mn} \end{pmatrix} x_n$$

$$= \begin{pmatrix} a_{11}x_1 \\ a_{21}x_1 \\ \vdots \\ a_{m1}x_1 \end{pmatrix} + \begin{pmatrix} a_{12}x_2 \\ a_{22}x_2 \\ \vdots \\ a_{m2}x_2 \end{pmatrix} + \ldots + \begin{pmatrix} a_{1n}x_n \\ a_{2n}x_n \\ \vdots \\ a_{mn}x_n \end{pmatrix}$$

$$= \begin{pmatrix} a_{11}x_1 + a_{12}x_2 + \ldots + a_{1n}x_n \\ a_{21}x_1 + a_{22}x_2 + \ldots + a_{2n}x_n \\ \vdots \\ a_{m1}x_1 + a_{m2}x_2 + \ldots + a_{mn}x_n \end{pmatrix}.$$

Die linken Seiten eines Gleichungssystems lassen sich danach als Linearkombinationen des Systems seiner Koeffizienten (spalten)vektoren mit den Rechtsmultiplikatoren $x_1, x_2, \ldots, x_n$ interpretieren. Führen wir als Abkürzung für die Spalte der rechten Seiten des Gleichungssystems noch den Vektor

$$\mathbf{b} := \begin{pmatrix} b_1 \\ b_2 \\ \vdots \\ b_m \end{pmatrix}$$

ein, so kann man ein lineares Gleichungssystems auch wie folgt aufschreiben:

$$\text{(III-7)}\quad \mathbf{a}^{(1)}x_1 + \mathbf{a}^{(2)}x_2 + \ldots + \mathbf{a}^{(n)}x_n = \mathbf{b}.$$

Daraus folgt sofort:

Interpretation der Lösung $\mathbf{x}^*$ bzw. der Unlösbarkeit eines linearen Gleichungssystems
Die Lösungs(skalar)komponenten x_j^* sind die jeweiligen Rechtsmultiplikatoren für eine solche Linearkombination der Koeffizientenspaltenvektoren, die dem Vektor **b** der rechten Seiten gleich ist. Unlösbarkeit des Gleichungssystems ist gleichbedeutend damit, daß eine solche Linearkombination nicht existiert.

Beispiel III-16
Das Gleichungssystem

$$GS_6: \begin{cases} x_1 + 2x_2 - 4x_3 = 4 \\ \qquad x_2 + \quad x_3 = 1 \end{cases}$$

aus Beispiel II-1 läßt sich unter Verwendung von Vektoren auch wie folgt aufschreiben:

$$\begin{pmatrix} 1 \\ 0 \end{pmatrix} x_1 + \begin{pmatrix} 2 \\ 1 \end{pmatrix} x_2 + \begin{pmatrix} -4 \\ 1 \end{pmatrix} x_3 = \begin{pmatrix} 4 \\ 1 \end{pmatrix}.$$

Die Aufgabe der Ermittlung aller Lösungen eines Gleichungssystems ist gleichbedeutend mit der Bestimmung aller Vektoren

$$\mathbf{x} = \begin{pmatrix} x_1 \\ x_2 \\ \vdots \\ x_n \end{pmatrix}$$

derart, daß in (III-7) die entsprechende Linearkombination der Koeffizientenspaltenvektoren dem Vektor **b** der rechten Seiten gleich ist.

Betrachten wir nun die in (II-3) definierte allgemeine Lösung **x** eines kanonischen linearen Gleichungssystems, das nach den Basisvariablen $x_1, x_2, \ldots, x_r$ aufgelöst ist, und fassen zunächst die Basisvariablen durch Definition zu einem Vektor $\mathbf{x_B}$ zusammen:

$$\mathbf{x_B} := \begin{pmatrix} x_1 \\ x_2 \\ \vdots \\ x_r \end{pmatrix},$$

so kann man, den oberen Teil der Formel (II-3) zusammenfassend, für $\mathbf{x_B}$ vektoriell schreiben:

(III-8) $\mathbf{x_B} = \mathbf{b} - \mathbf{a}^{(r+1)} t_{r+1} - \mathbf{a}^{(r+2)} t_{r+2} - \ldots - \mathbf{a}^{(n)} t_n .$

Für den analog definierten Vektor $\mathbf{x_N}$ der Nichtbasisvariablen $x_{r+1}, x_{r+2}, \ldots, x_n$

$$\mathbf{x_N} := \begin{pmatrix} x_{r+1} \\ x_{r+2} \\ \vdots \\ x_n \end{pmatrix}$$

kann man entsprechend aus Formel (II-3) ablesen:

(III-9) $\mathbf{x_N} = \mathbf{e}^{(1)} t_{r+1} + \mathbf{e}^{(2)} t_{r+2} + \ldots + \mathbf{e}^{(n-r)} t_n .$

Dabei sei $\mathbf{e}^{(i)}$ wieder der bereits eingeführte i-te Spalteneinheitsvektor, und zwar mit (n − r) Gliedern. Die Vektorgleichungen (III-8) und (III-9) lassen sich dann noch symbolisch zusammenfassen:

Vektorielle Darstellung der allgemeinen Lösung eines kanonischen Gleichungssystems in Parameterform
$\begin{pmatrix} \mathbf{x_B} \\ \cdots \\ \mathbf{x_N} \end{pmatrix} = \begin{pmatrix} \mathbf{b} \\ \cdots \\ \mathbf{0} \end{pmatrix} + \begin{pmatrix} -\mathbf{a}^{(r+1)} \\ \cdots \\ \mathbf{e}^{(1)} \end{pmatrix} t_{r+1} + \begin{pmatrix} -\mathbf{a}^{(r+2)} \\ \cdots \\ \mathbf{e}^{(2)} \end{pmatrix} t_{r+2} + \ldots + \begin{pmatrix} -\mathbf{a}^{(n)} \\ \cdots \\ \mathbf{e}^{(n-r)} \end{pmatrix} t_n .$

Beispiel III-17

Die Lösung des Gleichungssystems GS_1 aus Beispiel II-1 können wir nun auch wie folgt darstellen (vgl. auch Beispiel II-5):

$$\begin{pmatrix} -2 \\ 6 \\ 4 \\ \hdashline 0 \\ 0 \end{pmatrix} + \begin{pmatrix} -2 \\ -1 \\ -3 \\ \hdashline 1 \\ 0 \end{pmatrix} t_4 + \begin{pmatrix} 5 \\ 5 \\ 0 \\ \hdashline 0 \\ 1 \end{pmatrix} t_5, \qquad t_4, t_5 \text{ beliebige reelle Zahlen.}$$

Zusammenhänge zwischen Linearkombinationen von Vektoren und linearen Gleichungssystemen beschränken sich nicht allein auf eine neue Darstellung von Gleichungssystemen und Auffassung ihrer Lösungen. Vielmehr kann man mit Hilfe der Begriffe des Abschnittes II.2.3. auch sofort den Begriff der Linearkombination von Vektoren auf *Linearkombination von Gleichungen* ausdehnen und dann jede der in jenem Abschnitt behandelten Umformungen als das Ersetzen einer Gleichung durch eine Linearkombination von Gleichungen des vorangegangenen Systems interpretieren.

- Das Ersetzen der p-ten Gleichung durch ein c-faches von ihr bedeutet ihr Ersetzen durch eine Linearkombination der Gleichungen, bei der die p-te Gleichung den Multiplikator c und die übrigen Gleichungen jeweils den Multiplikator Null erhalten.

- Das Ersetzen der p-ten Gleichung durch die Summe dieser Gleichung und des c-fachen einer anderen q-ten Gleichung bedeutet ihr Ersetzen durch eine Linearkombination, bei der die p-te Gleichung den Multiplikator Eins, die q-te Gleichung den Multiplikator c und alle übrigen Gleichungen jeweils den Multiplikator Null zugeordnet erhalten.

Da man bei Anwendung des modifizierten GAUSS-Verfahrens eine Folge ausschließlich solcher elementarer Umformungen anwendet, gilt insbesondere auch, daß jede Gleichung einer aus einem Gleichungssystem erzeugten kanonischen Form als Linearkombination der Gleichungen dieses ursprünglichen Systems darstellbar ist. Diese Tatsache läßt sich etwa mit Hilfe des folgenden Induktionsbeweises zeigen: 1. Jede Gleichung G_i des Ausgangssystems ist als Linearkombination

$$0 \cdot G_1 + \ldots + 0 \cdot G_{i-1} + 1 \cdot G_i + 0 \cdot G_{i+1} + \ldots + 0 \cdot G_m$$

aller ursprünglichen Gleichungen darstellbar. 2. Angenommen, es sei schon bewiesen, daß sich jede Gleichung $\bar{G}_i$ eines nach h Umformungsschritten erhaltenen neuen Systems als Linearkombination

$$\bar{G}_i = s_{i1} G_1 + s_{i2} G_2 + \ldots + s_{im} G_m$$

darstellen läßt. Eine Umformung vom Typ $\mathbf{M}_i(c)$ ersetzt dann einfach $\bar{G}_i$ durch $c\bar{G}_i$, das sich als

$$cs_{i1} G_1 + cs_{i2} G_2 + \ldots + cs_{im} G_m$$

darstellen läßt. Eine Umformung vom Typ $\mathbf{F}_{ik}(c)$ ersetzt $\bar{G}_i$ durch $\bar{G}_i + c\bar{G}_k$ $(i \neq k)$, das sich dann als

$$s_{i1} G_1 + s_{i2} G_2 + \ldots + s_{im} G_m + cs_{k1} G_1 + cs_{k2} G_2 + \ldots + cs_{km} G_m$$

oder anders angeordnet als

$$(s_{i1} + cs_{k1}) G_1 + (s_{i2} + cs_{k2}) G_2 + \ldots + (s_{im} + cs_{km}) G_m$$

darstellen läßt. Also gilt die Behauptung auch nach dem (k + 1)-ten Umformungsschritt!

Beispiel III-18
Gegeben sei das folgende Gleichungssystem:

$$\begin{aligned} 2x_1 + 4x_2 - 4x_3 &= 10 \\ 5x_1 - 2x_2 + 10x_3 &= 40 \end{aligned} \quad \text{repräsentiert durch} \quad \begin{matrix} (2, & 4, & -4; & 10) \\ (5, & -2, & 10; & 40) \end{matrix}$$

d. h. durch die Zeilenvektoren ihrer Koeffizienten und ihrer mit einem Semikolon abgetrennten rechten Seiten. Für dieses Gleichungssystem ist ein äquivalentes Gleichungssystem in kanonischer Form durch

$$\begin{aligned} x_1 \qquad + \frac{4}{3}x_3 &= \frac{15}{2} \\ x_2 - \frac{5}{3}x_3 &= -\frac{5}{4} \end{aligned} \quad \text{repräsentiert durch} \quad \begin{matrix} \left(1, 0, \frac{4}{3}; \frac{15}{2}\right) \\ \left(0, 1, -\frac{5}{3}; -\frac{5}{4}\right) \end{matrix}$$

gegeben. Es soll gezeigt werden, wie sich jede der zwei Gleichungen des kanonischen Systems als Linearkombination der Gleichungen des ursprünglichen Systems darstellen läßt.

Zur Ermittlung der Multiplikatoren s_1, s_2, die zur Darstellung der ersten Gleichung des kanonischen Systems erforderlich sind, erstellen wir *unter Übergang zur Spaltenschreibweise* für die repräsentierenden Vektoren den folgenden Ansatz:

$$\begin{pmatrix} 2 \\ 4 \\ -4 \\ 10 \end{pmatrix} s_1 + \begin{pmatrix} 5 \\ -2 \\ 10 \\ 40 \end{pmatrix} s_2 = \begin{pmatrix} 1 \\ 0 \\ 4/3 \\ 15/2 \end{pmatrix}.$$

Der entsprechende Ansatz in bezug auf die zweite Gleichung des kanonischen Systems lautet nach Übergang zur Spaltenschreibweise:

$$\begin{pmatrix} 2 \\ 4 \\ -4 \\ 10 \end{pmatrix} s_1 + \begin{pmatrix} 5 \\ -2 \\ 10 \\ 40 \end{pmatrix} s_2 = \begin{pmatrix} 0 \\ 1 \\ -5/3 \\ -5/4 \end{pmatrix}.$$

Beide Gleichungssysteme lösen wir simultan und erhalten:

s_1	s_2	RS_1	RS_2
(2)	5	1	0
4	−2	0	1
−4	10	4/3	−5/3
10	40	15/2	−5/4

*

* s_1	s_2	RS_1	RS_2
1	5/2	1/2	0
0	−12	−2	1
0	(20)	10/3	−5/3
0	15	5/2	−5/4

	* s_1	* s_2	RS_1	RS_2
*	1	0	1/12	5/24
	0	0	0	0
*	0	1	1/6	−1/12
	0	0	0	0

Aus dem letzten Tableau entnehmen wir, daß sich

- die erste Gleichung des kanonischen Systems als Linearkombination der Gleichungen des ursprünglichen Systems mit den Multiplikatoren 1/12 bzw. 1/6 und
- die zweite Gleichung des kanonischen Systems als Linearkombination der Gleichungen des ursprünglichen Systems mit den Multiplikatoren 5/24 und −1/12

darstellen läßt.

Besitzt ein allgemeines lineares Gleichungssystem Lösungen, so läßt es sich auch (lösungsneutral) in eine kanonische Form überführen. Die entsprechenden Gleichungssysteme zur Ermittlung der Multiplikatoren, wie wir sie im vorstehenden Beispiel III-18 erstellt haben, können dann nie unlösbar sein.

Weitere interessante Aspekte ergeben sich insbesondere auch im Hinblick auf Linearkombinationen von Lösungen linearer Gleichungssysteme, die wir ja von vornherein als Vektoren eingeführt haben. Beispielsweise gilt:

Linearkombination von Lösungen eines homogenen linearen Gleichungssystems

Jede Linearkombination von Lösungen eines linearen Gleichungssystems der Form

$$\text{(III-10)} \qquad \sum_{j=1}^{n} a_{ij} x_j = 0, \quad i = 1, \ldots, m$$

ist ebenfalls eine Lösung dieses Systems.

Ein Gleichungssystem, das sich wie das vorstehende System (III-10) dadurch auszeichnet, daß sämtliche rechten Seiten gleich Null sind, und ebenfalls ein entsprechendes Ungleichungssystem nennt man auch *homogen*, andernfalls nennt man es *inhomogen*. Man kann die Gültigkeit dieser Aussage auf verschiedene Weisen zeigen, z. B. durch mühevolles Einsetzen allgemeiner Ausdrücke. Die Verwendung des inneren Produktes liefert einen schnellen Beweis. Es sei:

$$\text{(III-11)} \qquad \begin{pmatrix} a_1 \\ a_2 \\ \vdots \\ a_n \end{pmatrix} * \begin{pmatrix} x_1 \\ x_2 \\ \vdots \\ x_n \end{pmatrix} = 0$$

oder kürzer

$$\text{(III-12)} \qquad \mathbf{a} * \mathbf{x} = 0$$

eine Gleichung aus System (III-10). Sie stehe stellvertretend für alle Gleichungen von (III-10). Außerdem sei jedes $\mathbf{x}^{*(1)}, \mathbf{x}^{*(2)}, \ldots, \mathbf{x}^{*(l)}$ eine Lösung von (III-10),

d. h. es gelte

(III-13) $\mathbf{a} * \mathbf{x}^{*(j)} = 0 \quad$ für $j = 1, \ldots, l$.

Für jede Linearkombination

(III-14) $\sum_{j=1}^{l} \mathbf{x}^{*(j)} \cdot s_j$

mit Multiplikatoren $s_1, s_2, \ldots, s_l$ ergibt sich durch Einsetzen in die linke Seite von (III-12) und schrittweises Anwenden der Rechenregeln für innere Produkte:

$$\mathbf{a} * \left(\sum_{j=1}^{l} \mathbf{x}^{*(j)} s_j\right) = \sum_{j=1}^{l} \mathbf{a} * (\mathbf{x}^{*(j)} s_j) = \sum_{j=1}^{l} \underbrace{(\mathbf{a} * \mathbf{x}^{*(j)})}_{\substack{0 \\ \text{(wegen (III-13))}}} s_j = \sum_{j=1}^{l} 0 s_j = 0,$$

d. h. (III-12) ist für (III-14) erfüllt. Was nun aber für eine Gleichung gilt, das gilt auch für alle. Der Beweis ist damit vollständig erbracht.

Beispiel III-19

Gegeben sei das folgende homogene Gleichungssystem:

$$\begin{aligned} 5x_1 + 2x_2 - x_3 &= 0 \\ 2x_1 + x_2 + 2x_3 &= 0. \end{aligned}$$

Wie Sie sich leicht überzeugen können, sind durch

$$\begin{pmatrix} 5 \\ -12 \\ 1 \end{pmatrix}, \quad \begin{pmatrix} -10 \\ 24 \\ -2 \end{pmatrix} \quad \text{und} \quad \begin{pmatrix} 25 \\ -60 \\ 5 \end{pmatrix}$$

drei Lösungen dieses Systems gegeben. Jede beliebige Linearkombination dieser Lösungen ist nun wieder eine Lösung des Systems, u. a. auch die folgende:

$$\begin{pmatrix} 5 \\ -12 \\ 1 \end{pmatrix} \cdot (-1) + \begin{pmatrix} -10 \\ 24 \\ -2 \end{pmatrix} \cdot 2 + \begin{pmatrix} 25 \\ -60 \\ 5 \end{pmatrix} \cdot 0 = \begin{pmatrix} -25 \\ 60 \\ -5 \end{pmatrix}.$$

Überprüfung für die 1. Gleichung

$$5 \cdot (-25) + 2 \cdot 60 - 1 \cdot (-5) \stackrel{?}{=} 0$$
$$0 = 0 \quad \checkmark$$

Überprüfung für die 2. Gleichung

$$2 \cdot (-25) + 1 \cdot 60 + 2 \cdot (-5) \stackrel{?}{=} 0$$
$$0 = 0 \quad \checkmark$$

Für allgemeine Gleichungssysteme bilden nur bestimmte Linearkombinationen von Lösungen wieder Lösungen des Systems.

Linearkombination von Lösungen allgemeiner linearer Gleichungssysteme
Jede **normierte** Linearkombination von Lösungen eines linearen Gleichungssystems (III-15) $\sum_{j=1}^{n} a_{ij} x_j = b_i, \quad i = 1, \ldots, m$ ist wieder eine Lösung dieses Systems.

Der Beweis läuft völlig analog zu dem vorangegangenen:

(III-16) $\mathbf{a} * \mathbf{x} = b$ (b eine Zahl!)

sei eine der Gleichungen von (III-15), und $\mathbf{x}^{*(1)}, \mathbf{x}^{*(2)}, \ldots, \mathbf{x}^{*(l)}$ seien Lösungen von (III-15). Es gilt also

(III-17) $\mathbf{a} * \mathbf{x}^{*(j)} = b \quad \text{für } j = 1, \ldots, l.$

Setzt man die normierte Linearkombination

(III-18) $\sum_{j=1}^{l} \mathbf{x}^{*(j)} s_j \quad \text{mit} \quad \sum_{j=1}^{l} s_j = 1$

in die linke Seite von (III-16) ein, so ergibt sich wieder durch schrittweises Anwenden der Rechenregeln für das innere Produkt:

$$\mathbf{a} * \Big(\sum_{j=1}^{l} \mathbf{x}^{*(j)} s_j\Big) = \sum_{j=1}^{l} \underbrace{(\mathbf{a} * \mathbf{x}^{*(j)})}_{\substack{b \\ (\text{wegen (III-17)})}} s_j = \sum_{j=1}^{l} b s_j = b \underbrace{\Big(\sum_{j=1}^{l} s_j\Big)}_{1} = b.$$

(III-16) ist also für (III-18) erfüllt.

Beispiel III-20
Gegeben sei das lineare Gleichungssystem

$$\begin{aligned} 4x_1 + 2x_2 + x_3 - 6x_4 - 3x_5 &= 8 \\ -3x_1 - 4x_2 - x_3 + 2x_4 - 2x_5 &= 10. \end{aligned}$$

Durch

$$\begin{pmatrix} 7 \\ -1 \\ -27 \\ -1 \\ -1 \end{pmatrix} \quad \text{und} \quad \begin{pmatrix} 11 \\ -2 \\ -41 \\ -2 \\ 1 \end{pmatrix}$$

sind zwei Lösungen des Systems gegeben. Weitere Lösungen erhält man durch Linearkombinationen der Form

$$\begin{pmatrix} 7 \\ -1 \\ -27 \\ -1 \\ -1 \end{pmatrix} s_1 + \begin{pmatrix} 11 \\ -2 \\ -41 \\ -2 \\ 1 \end{pmatrix} s_2 \quad \text{mit } s_1 + s_2 = 1.$$

Wählen wir etwa $s_1 = -2$ und $s_2 = 3$, so ergibt sich der Vektor

$$\begin{pmatrix} 19 \\ -4 \\ -69 \\ -4 \\ 5 \end{pmatrix},$$

der ebenfalls eine Lösung des System sein müßte.

Überprüfung der 1. Gleichung

$$\begin{aligned} 4(19) + 2(-4) + 1(-69) - 6(-4) - 3(5) &\overset{?}{=} 8 \\ 76 - 8 - 69 + 24 - 15 &\overset{?}{=} 8 \\ 8 &= 8 \quad \surd \end{aligned}$$

Überprüfung der 2. Gleichung

$$\begin{aligned} -3(19) - 4(-4) - 1(-69) + 2(-4) - 2(5) &\overset{?}{=} 10 \\ -57 + 16 + 69 - 8 - 10 &\overset{?}{=} 10 \\ 10 &= 10 \quad \surd \end{aligned}$$

6.2.2. Linearkombinationen und gleichgerichtete Ungleichungssysteme

In Kapitel II haben wir spezielle Restriktionssysteme, sog. gleichgerichtete Ungleichungssysteme, kennengelernt. Diese Systeme waren insofern interessant, weil sich beliebige Restriktionssysteme mit Hilfe lösungsneutraler Umformungen in diese Form überführen ließen. Für solche Systeme wollen wir nun wieder Aussagen über Linearkombinationen von Lösungen formulieren.

Linearkombinationen von Lösungen gleichgerichteter homogener Ungleichungssysteme
Jede **nichtnegative** Linearkombination von Lösungen eines homogenen linearen Ungleichungssystems (III-19) $\sum_{j=1}^{n} a_{ij} x_j \geqq 0, \quad i = 1, \ldots, m$ ist ebenfalls Lösung dieses Systems.

Für den Beweis beschränken wir uns wiederum auf eine Ungleichung

(III-20) $\mathbf{a} * \mathbf{x} = 0$

von (III-19). $\mathbf{x}^{*(j)}$ $(j = 1, \ldots, l)$ seien Lösungen von (III-19), d.h. es sei

(III-21) $\mathbf{a} * \mathbf{x}^{*(j)} \geqq 0 \quad$ für $j = 1, \ldots, l$

erfüllt. Multipliziert man jede dieser Ungleichungen mit einem eigenen nichtnegativen s_j, so bleibt die Ungleichungsrichtung erhalten, und man bekommt

(III-22) $(\mathbf{a} * \mathbf{x}^{*(j)})\, s_j = \mathbf{a} * (\mathbf{x}^{*(j)} s_j) \quad$ für $j = 1, \ldots, l.$

Durch Summieren dieser Ungleichungen folgt

$$\text{(III-23)} \quad \sum_{j=1}^{l} \mathbf{a} * (\mathbf{x}^{*(j)} s_j) = \mathbf{a} * (\sum_{j=1}^{l} \mathbf{x}^{*(j)} s_j) \geqq 0$$

d.h. die nichtnegative Linearkombination

$$\sum_{j=1}^{l} \mathbf{x}^{*(j)} s_j, \quad s_j \geqq 0 \quad \text{für } j = 1, \ldots, l$$

ist in der Tat wieder Lösung von (III-20).

Beispiel III-21
Gegeben sei das homogene Ungleichungssystem

$$\begin{aligned} -4x_1 + 2x_2 &\geqq 0 \\ x_1 + x_2 &\geqq 0 \\ x_1 &\geqq 0 \\ x_2 &\geqq 0. \end{aligned}$$

Durch

$$\begin{pmatrix} 0 \\ 0 \end{pmatrix}, \begin{pmatrix} 1 \\ 2 \end{pmatrix} \text{ und } \begin{pmatrix} 1 \\ 3 \end{pmatrix}$$

sind drei Lösungen des Systems gegeben. Jede nichtnegative Linearkombination

$$\begin{pmatrix} 0 \\ 0 \end{pmatrix} s_1 + \begin{pmatrix} 1 \\ 2 \end{pmatrix} s_2 + \begin{pmatrix} 1 \\ 3 \end{pmatrix} s_3, \quad s_1, s_2, s_3 \geqq 0$$

dieser Lösungen ist nun wieder eine Lösung des Systems, also auch

$$\begin{pmatrix} 0 \\ 0 \end{pmatrix} 1 + \begin{pmatrix} 1 \\ 2 \end{pmatrix} 2 + \begin{pmatrix} 1 \\ 3 \end{pmatrix} 4 = \begin{pmatrix} 6 \\ 16 \end{pmatrix}.$$

Für inhomogene Ungleichungssysteme gilt entsprechend:

Linearkombinationen von Lösungen gleichgerichteter Ungleichungssysteme
Jede **konvexe** Linearkombination von Lösungen eines linearen Ungleichungssystems $\text{(III-24)} \quad \sum_{j=1}^{n} a_{ij} x_j \geqq b_i = 1, \ldots, m$ ist ebenfalls Lösung dieses Systems.

Der Beweis erfolgt analog zu den bisher durchgeführten. Wir überlassen es Ihnen, diesen durchzuführen. Sofern Sie die bisherigen Ausführungen verstanden haben, dürfte Ihnen das nicht sonderlich schwer fallen.

Beispiel III-22
Gegeben sei das Restriktionssystem

$$\begin{aligned} -3x_1 + 6x_2 &\geqq 6 \\ x_1 + x_2 &\geqq 10 \\ x_1 &\geqq 0 \\ x_2 &\geqq 4. \end{aligned}$$

Lösungen dieses Systems bilden etwa die Vektoren

$$\begin{pmatrix} 0 \\ 10 \end{pmatrix}, \begin{pmatrix} 4 \\ 8 \end{pmatrix} \text{ und } \begin{pmatrix} 6 \\ 6 \end{pmatrix}$$

sowie jede konvexe Linearkombination dieser Vektoren:

$$\begin{pmatrix} 0 \\ 10 \end{pmatrix} s_1 + \begin{pmatrix} 4 \\ 8 \end{pmatrix} s_2 + \begin{pmatrix} 6 \\ 6 \end{pmatrix} s_3$$

mit $s_1 + s_2 + s_3 = 1$, $s_1, s_2, s_3 \geqq 0$.

Für $s_1 = \frac{1}{4}$, $s_2 = \frac{1}{4}$, $s_3 = \frac{1}{2}$ ergibt sich die Lösung

$$\begin{pmatrix} 4 \\ 7{,}5 \end{pmatrix}.$$

Im Rahmen der Linearen Optimierung befaßt man sich häufig mit Restriktionssystemen der Form

$$\text{(III-25)} \quad \begin{cases} \sum_{j=1}^{n} a_{ij} x_j \leqq b_i, & i = 1, \ldots, m \\ x_j \geqq 0, & j = 1, \ldots, n. \end{cases}$$

Auch für solche Systeme bildet jede konvexe Linearkombination von Lösungen wieder eine Lösung dieses Systems. Um das zu zeigen, multiplizieren wir die ersten m Ungleichungen von (III-25) lösungsneutral mit (-1) und erhalten das zu (III-25) äquivalente Ungleichungssystem

$$\text{(III-26)} \quad \begin{cases} \sum_{j=1}^{n} (-a_{ij}) x_j \geqq -b_i, & i = 1, \ldots, m \\ x_j \geqq 0, & j = 1, \ldots, n. \end{cases}$$

Dieses Ungleichungssystem weist aber die Struktur des Systems (III-24) auf, für das die angesprochene Eigenschaft gilt.

7. Lineare Abhängigkeit und Unabhängigkeit

Im vorstehenden Abschnitt haben wir die Koeffizienten und die rechten Seiten eines Gleichungssystems als ein spezielles Vektorsystem interpretiert. Die jeweilige Struktur dieses Vektorsystems ist nun von entscheidender Bedeutung für die Lösbarkeit bzw. Unlösbarkeit eines Gleichungssystems. Zur Beschreibung dieser Struktur sind in diesem Zusammenhang vor allem die Begriffe der linearen Abhängigkeit bzw. der linearen Unabhängigkeit von Bedeutung.

7.1. Lineare Abhängigkeit und Unabhängigkeit in allgemeinen Vektorsystemen

Ein System (III-1) von gleichdimensionierten Vektoren nennt man genau dann *linear unabhängig*, wenn sich der entsprechend dimensionierte Nullvektor **nur** als triviale Linearkombination dieser Vektoren darstellen läßt. Andernfalls heißt es *linear abhängig*. Es ist offensichtlich, daß der Nullvektor $\mathbf{0}$ sich stets als Linearkombination

$$\mathbf{a}^{(1)} s_1 + \mathbf{a}^{(2)} s_2 + \ldots + \mathbf{a}^{(n)} s_n = \mathbf{0}$$

der Vektoren $\mathbf{a}^{(1)}, \mathbf{a}^{(2)}, \ldots, \mathbf{a}^{(n)}$ mit den Multiplikatoren Null, d.h.

$s_j = 0 \quad \text{für } j = 1, \ldots, n,$

darstellen läßt. Das wäre ja gerade die angesprochene triviale Linearkombination. Der Begriff der linearen Unabhängigkeit impliziert nun, daß darüber hinaus **keine weiteren** Linearkombinationen zur Darstellung des entsprechenden Nullvektors existieren.

Offensichtlich ist an dieser Stelle bereits:

Lineare Abhängigkeit bzw. Unabhängigkeit von Vektorsystemen (1)
Ein System gleichdimensionierter Vektoren, das einen Nullvektor enthält, ist stets linear abhängig.

Man kann diesem Vektor nämlich stets einen beliebigen Multiplikator ungleich Null und den übrigen Vektoren jeweils den Multiplikator Null zuordnen. Mit der so konstruierten **nichttrivialen** Linearkombination kann dann der entsprechende Nullvektor dargestellt werden.

Beispiel III-23
Das Vektorsystem

$$\begin{pmatrix} 0 \\ 0 \\ 0 \end{pmatrix}, \begin{pmatrix} 1 \\ 4 \\ 7 \end{pmatrix}, \begin{pmatrix} 9 \\ 8 \\ 1 \end{pmatrix}$$

ist linear abhängig, weil sich der entsprechende dreidimensionale Nullvektor stets auf die folgende Weise als nichttriviale Linearkombination dieser Vektoren darstellen läßt:

$$\begin{pmatrix} 0 \\ 0 \\ 0 \end{pmatrix} t_1 + \begin{pmatrix} 1 \\ 4 \\ 7 \end{pmatrix} 0 + \begin{pmatrix} 9 \\ 8 \\ 1 \end{pmatrix} 0 = \begin{pmatrix} 0 \\ 0 \\ 0 \end{pmatrix} \quad \text{mit } t_1 \neq 0 .$$

Auch für weniger offensichtliche Fälle liegt nun nahe, wie man untersucht, ob ein System von Vektoren linear abhängig oder unabhängig ist: Man bestimmt einfach die allgemeine Lösung des Gleichungssystems

$$\text{(III-27)} \quad \mathbf{a}^{(1)} x_1 + \mathbf{a}^{(2)} x_2 + \ldots + \mathbf{a}^{(n)} x_n = \mathbf{0} .$$

Dieses System ist ein homogenes Gleichungssystem. Es ist also stets lösbar, und jede Basislösung ist gleich dem Nullvektor. Besitzt das System nur eine solche Lösung, die dann *trivial* genannt wird, so ist das Vektorsystem $\mathbf{a}^{(1)}, \mathbf{a}^{(2)}, \ldots, \mathbf{a}^{(n)}$ linear unabhängig. Existieren dagegen auch andere Lösungen, und das ist nur der Fall, wenn mindestens ein Freiheitsgrad, also mindestens eine Nichtbasisvariable, existiert, so liegt ein linear abhängiges System vor.

Beispiel III-24
Wir untersuchen das Vektorsystem

$$\text{VS}_1: \quad \begin{pmatrix} 1 \\ 1 \\ 4 \\ 0 \end{pmatrix}, \begin{pmatrix} 1 \\ 2 \\ 2 \\ 1 \end{pmatrix}, \begin{pmatrix} 3 \\ 2 \\ 14 \\ -1 \end{pmatrix}$$

auf lineare Abhängigkeit bzw. Unabhängigkeit. Dazu ermitteln wir die allgemeine Lösung des Gleichungssystems:

$$\begin{aligned} x_1 + x_2 + 3x_3 &= 0 \\ x_1 + 2x_2 + 2x_3 &= 0 \\ 4x_1 + 2x_2 + 14x_3 &= 0 \\ x_2 - x_3 &= 0. \end{aligned}$$

Nach zwei Pivotschritten gelangt man beispielsweise zu dem Rechentableau

	* x_1	* x_2	x_3	RS
*	1	0	4	0
*	0	1	−1	0
	0	0	0	0
	0	0	0	0

,

aus dem wegen der Existenz einer Nichtbasisvariablen sofort die lineare Abhängigkeit von $\mathbf{VS_1}$ folgt. Aus dem Tableau liest man weiterhin die allgemeine Lösung

$$\begin{pmatrix} 0 \\ 0 \\ 0 \end{pmatrix} + \begin{pmatrix} -4 \\ 1 \\ 1 \end{pmatrix} t_3, \quad t_3 \text{ beliebige reelle Zahl,}$$

ab, und setzt man darin etwa $t_3 = 1$, so erhält man die nichttrivaiale Lösung

$$\begin{pmatrix} -4 \\ 1 \\ 1 \end{pmatrix},$$

d.h. es gilt

$$\begin{pmatrix} 1 \\ 1 \\ 4 \\ 0 \end{pmatrix} \cdot (-4) + \begin{pmatrix} 1 \\ 2 \\ 2 \\ 1 \end{pmatrix} \cdot 1 + \begin{pmatrix} 3 \\ 2 \\ 14 \\ -1 \end{pmatrix} \cdot 1 = \begin{pmatrix} 0 \\ 0 \\ 0 \\ 0 \end{pmatrix}.$$

Dieses Analyseverfahren legt eine zweite Schlußfolgerung nahe:

Lineare Abhängigkeit und Unabhängigkeit von Vektorsystemen (2)
Das ausschließlich aus den n **verschiedenen** Einheits-n-Vektoren $\mathbf{e}^{(1)}, \mathbf{e}^{(2)}, \ldots, \mathbf{e}^{(n)}$ bestehende Vektorsystem **E** ist linear unabhängig.

Das entsprechende Gleichungssystem (III-27) liegt nämlich unmittelbar in kanonischer Form vor, besitzt keine Nichtbasisvariable und damit auch keine nichttriviale Lösungen.

Beispiel III-25
Das Vektorsystem

$$VS_2: \begin{pmatrix} 0 \\ 1 \\ 0 \\ 0 \end{pmatrix}, \begin{pmatrix} 1 \\ 0 \\ 0 \\ 0 \end{pmatrix}, \begin{pmatrix} 0 \\ 0 \\ 0 \\ 1 \end{pmatrix}$$

ist linear unabhängig, da das Gleichungssystem

$$\begin{aligned} 0x_1 + 1x_2 + 0x_3 &= 0 \\ 1x_1 + 0x_2 + 0x_3 &= 0 \\ 0x_1 + 0x_2 + 0x_3 &= 0 \\ 0x_1 + 0x_2 + 1x_3 &= 0 \end{aligned}$$

nur die triviale Lösung

$$\begin{pmatrix} 0 \\ 0 \\ 0 \end{pmatrix}$$

besitzt. Ebenso leicht läßt sich einsehen:

Lineare Abhängigkeit und Unabhängigkeit von Vektorsystemen (3)
Ein Vektorsystem, das aus n m-Vektoren besteht und für das $n > m$ gilt, ist stets linear abhängig.

Das entsprechende homogene Gleichungssystem (III-27) besitzt in diesem Fall mehr Variablen als Gleichungen. Da das System lösbar ist, erreicht man nach höchstens m Pivotschritten eine kanonische Form mit mindestens $n - m$ (> 0 wegen $n > m$) Freiheitsgraden.

Beispiel III-26
Das System der vier 3-Vektoren

$$\begin{pmatrix} 3 \\ 4 \\ 1 \end{pmatrix}, \begin{pmatrix} 3 \\ 0 \\ 1 \end{pmatrix}, \begin{pmatrix} 0 \\ 1 \\ 0 \end{pmatrix}, \begin{pmatrix} 0 \\ 2 \\ 1 \end{pmatrix}$$

ist linear abhängig.

Schließlich ergibt sich noch direkt aus unseren Überlegungen:

Lineare Abhängigkeit und Unabhängigkeit von Vektorsystemen (4)
– Erweitert man ein linear abhängiges Vektorsystem um einen weiteren gleichdimensionierten Vektor, so ist das neue System ebenfalls linear abhängig. – Verkleinert man ein linear unabhängiges Vektorsystem durch das Weglassen einer oder mehrerer (aber nicht aller) Vektoren, so ist das neue System ebenfalls linear unabhängig.

Beispiel III-27
Vergrößern wir das Vektorsystem $\mathbf{VS_1}$ aus Beispiel III-24 um einen weiteren Vektor, etwa

$$\begin{pmatrix} 2 \\ 4 \\ 2 \\ 0 \end{pmatrix},$$

so ist das neue System

$$\begin{pmatrix} 1 \\ 1 \\ 4 \\ 0 \end{pmatrix}, \begin{pmatrix} 1 \\ 2 \\ 2 \\ 1 \end{pmatrix}, \begin{pmatrix} 3 \\ 2 \\ 14 \\ -1 \end{pmatrix}, \begin{pmatrix} 2 \\ 4 \\ 2 \\ 0 \end{pmatrix}$$

linear abhängig.

Verkleinern wir das Vektorsystem $\mathbf{VS_2}$ aus Beispiel III-25 um einen Vektor, beispielsweise den zweiten, so ist auch das verkleinerte System

$$\begin{pmatrix} 0 \\ 1 \\ 0 \\ 0 \end{pmatrix}, \begin{pmatrix} 0 \\ 0 \\ 0 \\ 1 \end{pmatrix}$$

automatisch linear unabhängig.

Vielleicht nicht sofort einzusehen, aber letztlich doch leicht zu beweisen ist die folgende Aussage:

Lineare Abhängigkeit und Unabhängigkeit von Vektorsystemen (5)
Ist ein System von Vektoren linear abhängig, so läßt sich mindestens ein Vektor des Systems als Linearkombination der übrigen Vektoren des Systems darstellen.

Ausgangspunkt ist also ein linear abhängiges System von gleichdimensionierten Vektoren $\mathbf{a}^{(1)}, \mathbf{a}^{(2)}, \ldots, \mathbf{a}^{(n)}$. Folglich muß eine Linearkombination

$$\text{(III-28)} \quad \mathbf{a}^{(1)} s_1 + \mathbf{a}^{(2)} s_2 + \ldots + \mathbf{a}^{(n-1)} s_{n-1} + \mathbf{a}^{(n)} s_n = \mathbf{0}$$

dieser Vektoren mit Multiplikatoren $s_1, s_2, \ldots, s_n$ existieren, für die mindestens ein

$$s_q \neq 0, \quad q \in \{1, \ldots, n\}$$

ist. Ohne Einschränkung der Allgemeingültigkeit nehmen wir an, daß

$$s_n \neq 0$$

ist. (Ansonsten sortieren wir den betreffenden Vektor „an das Ende“ des Systems und numerieren die Vektoren und die Multiplikatoren neu durch.) Dann dürfen wir sämtliche Gleichungen von (III-28) durch ihr $\left(\frac{1}{s_n}\right)$-faches ersetzen und erhalten

$$\text{(III-29)} \quad \mathbf{a}^{(1)} \cdot \frac{s_1}{s_n} + \mathbf{a}^{(2)} \cdot \frac{s_2}{s_n} + \ldots + \mathbf{a}^{(-1)} \cdot \frac{s_{n-1}}{s_n} + \mathbf{a}^{(n)} = \mathbf{0}.$$

Anstelle von (III-29) können wir aber auch schreiben

$$\text{(III-30)} \quad \mathbf{a}^{(n)} = \mathbf{a}^{(1)} \cdot (-1)\frac{s_1}{s_n} + \mathbf{a}^{(2)} \cdot (-1)\frac{s_2}{s_n} + \ldots + \mathbf{a}^{(n-1)} \cdot (-1)\frac{s_{n-1}}{s_n}.$$

Dieser Ausdruck bestätigt, was zu zeigen war: Ein Vektor des Systems, nämlich $\mathbf{a}^{(n)}$, läßt sich als Linearkombination der übrigen Vektoren ($\mathbf{a}^{(1)}, \mathbf{a}^{(2)}, \ldots, \mathbf{a}^{(n-1)}$) mit den Multiplikatoren $(-1)\frac{s_1}{s_n}, (-1)\frac{s_2}{s_n}, \ldots, (-1)\frac{s_{n-1}}{s_n}$ darstellen.

Beispiel III-28

Zugrundegelegt sei wieder das Vektorsystem $\mathbf{VS}_1$ aus Beispiel III-24. Wir sahen, daß sich der entsprechende Nullvektor als Linearkombination dieser Vektoren u.a. wie folgt darstellen läßt:

$$\begin{pmatrix} 1 \\ 1 \\ 4 \\ 0 \end{pmatrix} \cdot (-4) + \begin{pmatrix} 1 \\ 2 \\ 2 \\ 1 \end{pmatrix} \cdot 1 + \begin{pmatrix} 3 \\ 2 \\ 14 \\ -1 \end{pmatrix} \cdot 1 = \begin{pmatrix} 0 \\ 0 \\ 0 \\ 0 \end{pmatrix}.$$

Wir ersetzen jede dieser vier Gleichungen nun durch ihr $\left(-\frac{1}{4}\right)$-faches:

$$\begin{pmatrix} 1 \\ 1 \\ 4 \\ 0 \end{pmatrix} + \begin{pmatrix} 1 \\ 2 \\ 2 \\ 1 \end{pmatrix} \cdot \left(-\frac{1}{4}\right) + \begin{pmatrix} 3 \\ 2 \\ 14 \\ -1 \end{pmatrix} \cdot \left(-\frac{1}{4}\right) = \begin{pmatrix} 0 \\ 0 \\ 0 \\ 0 \end{pmatrix}.$$

Aus dieser Gleichung folgt sofort

$$\begin{pmatrix} 1 \\ 1 \\ 4 \\ 0 \end{pmatrix} = \begin{pmatrix} 1 \\ 2 \\ 2 \\ 1 \end{pmatrix} \cdot \frac{1}{4} + \begin{pmatrix} 3 \\ 2 \\ 14 \\ -1 \end{pmatrix} \cdot \frac{1}{4}.$$

Der erste Vektor des Systems läßt sich also als Linearkombination der beiden übrigen Vektoren und der Multiplikatoren $\frac{1}{4}, \frac{1}{4}$ darstellen.

Genauso leicht läßt sich die Umkehrung der Aussage beweisen:

Lineare Abhängigkeit und Unabhängigkeit von Vektorsystemen (6)
Läßt sich ein Vektor eines Vektorsystems als Linearkombination der übrigen Vektoren darstellen, so ist das System linear abhängig.

Es handle sich bei diesem darstellbaren Vektor wieder um $\mathbf{a}^{(n)}$. Dann existieren Multiplikatoren $s_1, s_2, \ldots, s_{n-1}$ derart, daß das Gleichungssystem

(III-31) $\mathbf{a}^{(n)} = \mathbf{a}^{(1)} s_1 + \mathbf{a}^{(2)} s_2 + \ldots + \mathbf{a}^{(n-1)} s_{n-1}$

erfüllt ist. Ebenfalls erfüllt muß dann aber auch das Gleichungssystem

(III-32) $\mathbf{a}^{(1)}(-s_1) + \mathbf{a}^{(2)}(-s_2) + \ldots + \mathbf{a}^{(n-1)}(-s_{n-1}) + \mathbf{a}^{(n)} \cdot 1 = \mathbf{0}$

sein. Auf der linken Seite von (III-32) steht jedoch eine nichttriviale Linearkombination der Vektoren des Systems, das deshalb linear abhängig sein muß.

Unmittelbar aus der vorstehenden Aussage folgt:

Lineare Abhängigkeit und Unabhängigkeit von Vektorsystemen (7)
Ist ein Vektor eines Vektorsystems das Vielfache eines anderen Vektors des Systems, so liegt ein linear abhängiges System vor.

Beispiel III-29

Das Vektorsystem

$$\begin{pmatrix} 3 \\ 2 \\ 1 \end{pmatrix}, \begin{pmatrix} 1 \\ 0 \\ 0 \end{pmatrix}, \begin{pmatrix} -6 \\ -4 \\ -2 \end{pmatrix}$$

ist linear abhängig, da der dritte Vektor das (-2)-fache des ersten Vektors darstellt.

7.2. Lineare Abhängigkeit und Unabhängigkeit in linearen Gleichungssystemen

Die lineare Unabhängigkeit ist deshalb so wichtig und interessant, weil sie sehr eng mit der eindeutigen Lösbarkeit von konsistenten Gleichungssystemen zusammenhängt. Die lineare Unabhängigkeit eines Vektorsystems

(III-33) $\mathbf{a}^{(1)}, \mathbf{a}^{(2)}, \ldots, \mathbf{a}^{(n)}$

beinhaltet nämlich nicht nur die **eindeutige** Darstellbarkeit des m-Nullvektors als Linearkombination der Vektoren des Systems

(III-34) $\mathbf{a}^{(1)} x_1 + \mathbf{a}^{(2)} x_2 + \ldots + \mathbf{a}^{(n)} x_n = \mathbf{0}$

und damit die **eindeutige** Lösbarkeit des homogenen Gleichungssystems (III-34). Vielmehr ist auch ein beliebiger m-Vektor $\mathbf{b}$ ($\neq \mathbf{0}$), sofern er überhaupt als Linearkombination des Systems (III-33) darstellbar ist, **eindeutig** als Linearkombination dieses Systems darstellbar.

(III-35) $\mathbf{a}^{(1)} x_1 + \mathbf{a}^{(2)} x_2 + \ldots + \mathbf{a}^{(n)} x_n = \mathbf{b}\,.$

Unter der Voraussetzung der Lösbarkeit an sich besitzt das Gleichungssystem (III-33) folglich genau eine Lösung. Das kann man wie folgt einsehen: Hätte (III-35) bei linearer Unabhängigkeit seiner Koeffizientenspalten (III-33) zwei verschiedene Lösungen

$$\mathbf{x}^* := (x_1^*, x_2^*, \ldots, x_n^*)$$

und

$$\mathbf{x}^{**} := (x_1^{**}, x_2^{**}, \ldots, x_n^{**}),$$

so wäre ihre Differenz $\mathbf{x}^* - \mathbf{x}^{**}$ ($\neq \mathbf{0}$) eine nichttriviale Lösung von (III-34), weil aus den wahren Vektorgleichungen

$$\begin{aligned} \mathbf{a}^{(1)}x_1^* + \mathbf{a}^{(2)}x_2^* + \ldots + \mathbf{a}^{(n)}x_n^* &= \mathbf{b} \\ \mathbf{a}^{(1)}x_1^{**} + \mathbf{a}^{(2)}x_2^{**} + \ldots + \mathbf{a}^{(n)}x_n^{**} &= \mathbf{b} \end{aligned}$$

durch Subtraktion beider Seiten die wahre Vektorgleichung

$$\mathbf{a}^{(1)} \cdot (x_1^* - x_1^{**}) + \mathbf{a}^{(2)} \cdot (x_2^* - x_2^{**}) + \ldots + \mathbf{a}^{(n)}(x_n^* - x_n^{**}) = \mathbf{0}$$

folgt, d.h. (III-33) wäre linear abhängig. Dieser Widerspruch löst sich nur, wenn es keine zwei verschiedenen Lösungen gibt. Damit können wir als Zwischenergebnis festhalten:

> Ein lösbares lineares Gleichungssystem, dessen Koeffizientenspalten (III-33) linear unabhängig sind, hat genau eine Lösung. Der Vektor **b** der rechten Seiten des Systems ist in eindeutiger Weise als Linearkombination der Koeffizientenspalten darstellbar.

Wäre umgekehrt (III-33) linear abhängig, d.h. existierte eine nichttriviale Lösung

$$\mathbf{u}^* := (u_1^*, u_2^*, \ldots, u_n^*) \neq (0, 0, \ldots, 0)$$

von (III-34), und würde

$$\mathbf{x}^* = (x_1^*, x_2^*, \ldots, x_n^*)$$

eine Lösung von (III-35) sein, so wäre $\mathbf{x}^* + \mathbf{u}^*$ eine von $\mathbf{x}^*$ verschiedene weitere Lösung von (III-35), denn aus den zwei Vektorgleichungen

$$\begin{aligned} \mathbf{a}^{(1)}x_1^* + \mathbf{a}^{(2)}x_2^* + \ldots + \mathbf{a}^{(n)}x_n^* &= \mathbf{b} \\ \mathbf{a}^{(1)}u_1^* + \mathbf{a}^{(2)}u_2^* + \ldots + \mathbf{a}^{(n)}u_n^* &= \mathbf{0} \end{aligned}$$

folgt durch Addition beider Seiten sofort die Richtigkeit dieser Behauptung:

$$\mathbf{a}^{(1)}(x_1^* + u_1^*) + \mathbf{a}^{(2)}(x_2^* + u_2^*) + \ldots + \mathbf{a}^{(n)}(x_n^* + u_n^*) = \mathbf{b}.$$

Wir halten als weiteres Zwischenergebnis fest:

> Ein lösbares lineares Gleichungssystem, dessen Koeffizientenspalten (III-33) linear abhängig sind, hat unendlich viele Lösungen. Der Vektor **b** kann auf unendlich viele Weisen als Linearkombination der Koeffizientenspalten dargestellt werden.

Fassen wir die beiden letzten Zwischenergebnisse zusammen, so können wir auch sagen:

Eindeutige Darstellbarkeit und lineare Unabhängigkeit
Bei eindeutiger Darstellbarkeit des Vektors **b** der rechten Seiten eines Gleichungssystems als Linearkombination der Koeffizientenspalten ist das System seiner Koeffizientenspalten linear unabhängig.

Im übrigen hätten wir anstelle des zweiten Zwischenergebnisses auch formulieren können:

Lösungen eines allgemeinen und des zugehörigen homogenen Gleichungssystems
Aus der Lösung eines linearen Gleichungssystems (III-35) erhält man durch Addition einer Lösung des zugehörigen homogenen Systems (III-34) wieder eine Lösung von (III-35).

Beispiel III-30
Wir betrachten das Gleichungssystem GS_{10} aus Beispiel II-13:

$$\begin{aligned} 5x_1 + 3x_2 - 6x_3 + 7x_4 &= 4 \\ 4x_1 + 8x_2 - 8x_3 + 20x_4 &= 4 \\ 4x_1 \qquad - 4x_3 \qquad &= 4 \\ 6x_1 - 8x_2 - x_3 - 21x_4 &= 4 \\ 6x_1 + 2x_2 - 6x_3 + 4x_4 &= 4. \end{aligned}$$

Für dieses System ermittelten wir die kanonische Form (vgl. Beispiel II-13):

$$\begin{aligned} x_3 - x_4 &= -2 \\ x_1 \qquad - x_4 &= -1 \\ x_2 \qquad + 2x_4 &= -1 \end{aligned}$$

und daraus die allgemeine Lösung von GS_{10}

$$\begin{pmatrix} -1 + t_4 \\ -1 - 2t_4 \\ -2 + t_4 \\ t_4 \end{pmatrix}, \quad t_4 \text{ beliebige reelle Zahl.}$$

Für $t_4 = 2$ ergibt sich etwa als Lösung von GS_{10}:

$$\mathbf{x}^* := \begin{pmatrix} 1 \\ -5 \\ 0 \\ 2 \end{pmatrix}.$$

Als kanonische Form des zu GS_{10} gehörenden homogenen Gleichungssystems erhält man entsprechend

$$\begin{aligned} x_3 - x_4 &= 0 \\ x_1 \qquad - x_4 &= 0 \\ x_2 \qquad + 2x_4 &= 0. \end{aligned}$$

Daraus liest man die allgemeine Lösung des zu GS_{10} gehörenden homogenen Systems ab:

$$\begin{pmatrix} t_4 \\ -2t_4 \\ t_4 \\ t_4 \end{pmatrix}.$$

Mit $t_4 = 3$ ergibt sich

$$\mathbf{u}^* := \begin{pmatrix} 3 \\ -6 \\ 3 \\ 3 \end{pmatrix}.$$

Nach unseren Überlegungen muß nun auch

$$\mathbf{x}^* + \mathbf{u}^* = \begin{pmatrix} 4 \\ -11 \\ 3 \\ 5 \end{pmatrix}$$

Lösung von GS_{10} sein. Durch Einsetzen in die Gleichungen von GS_{10} kann man sich davon numerisch überzeugen.

Ebenso wie der Begriff der Linearkombination können auch die Begriffe der linearen Abhängigkeit und Unabhängigkeit von Vektoren auf Gleichungssysteme übertragen werden. Damit sind wir nun auch in der Lage, das Auftreten von Nullzeilen beim Überführen von Gleichungssystemen in eine kanonische Form neu zu interpretieren. Zunächst bilden wir zur Vereinfachung aus den Koeffizienten a_{ij} $(i = 1, \ldots, m, j = 1, \ldots, n)$ und den rechten Seiten b_i $(i = 1, \ldots, m)$ die Zeilenvektoren, als solche durch das Symbol $>$ betont:

$$\begin{aligned} \overset{>}{\mathbf{a}}^{(1)} &= (a_{11}, a_{12}, \ldots, a_{1n}; b_1) \\ \overset{>}{\mathbf{a}}^{(2)} &= (a_{21}, a_{22}, \ldots, a_{2n}; b_2) \\ &\vdots \\ \overset{>}{\mathbf{a}}^{(m)} &= (a_{m1}, a_{m2}, \ldots, a_{mn}; b_m), \end{aligned}$$

Diese Vektoren nennen wir in Anlehnung an die Sprechweise, die wir schon für die Rechentableaus im Rahmen des modifizierten GAUSS-Verfahrens gewählt haben, *Zeilen* des Gleichungssystems oder genauer: *erweiterte Koeffizientenzeilen*, wobei wir die rechten Seiten wieder symbolisch durch Semikola abgesondert haben. Wir sahen schon, daß sich jede umgeformte Zeile eines Gleichungssystems als Linearkombination der Zeilen des ursprünglichen Gleichungssystems darstellen läßt. Tritt nun eine Nullzeile auf, so folgt daraus, daß eine nichttriviale Linearkombination der Vektoren $\overset{>}{\mathbf{a}}^{(1)}, \overset{>}{\mathbf{a}}^{(2)}, \ldots, \overset{>}{\mathbf{a}}^{(n)}$ des Ausgangssystems existieren muß, die den entsprechenden Nullvektor (mit $n + 1$ Elementen) ergibt:

$$\overset{>}{\mathbf{a}}^{(1)} t_1 + \overset{>}{\mathbf{a}}^{(2)} t_2 + \ldots + \overset{>}{\mathbf{a}}^{(n)} t_n = \overset{>}{\mathbf{0}}.$$

Die Zeilen sind dann also linear abhängig. Dann muß aber eine Zeile des Ausgangssystems als Linearkombination der übrigen darstellbar sein. Die entsprechende Gleichung stellt also keine eigenständige Restriktion dar, sondern ist redundant und kann ausgelassen werden. Die nach der Transformation auf eine kanonische Form übriggebliebenen Gleichungen sind linear unabhängig.

Beispiel III-31

In Beispiel II-13 haben wir das Gleichungssystem GS_{10} gelöst. Dabei stellte sich heraus, daß die zweite und die vierte Zeile redundant waren. Wir wollen nun zeigen, wie sich diese Zeilen

Z_2: (4, 8, −8, 20; 4)
Z_4: (6, −8, −1, −21; 4)

als Linearkombination der übrigen Zeilen des Gleichungssystems

Z_1: (5, 3, −6, 7; 4)
Z_3: (4, 0, −4, 0; 4)
Z_5: (6, 2, −6, 4; 4)

darstellen lassen. Dazu gehen wir zweckmäßigerweise zur Spaltenschreibweise über und wählen den folgenden Ansatz (in Tabellenform):

x_1	x_2	x_3	RS_1	RS_2
5	4	6	4	6
3	0	2	8	−8
−6	−4	−6	−8	−1
7	0	4	20	−21
4	4	4	4	4

Nach dreimaligem Pivotieren erhält man das folgende Tableau:

	x_1 *	x_2 *	x_3 *	RS_1	RS_2
*	1	0	0	4	−5
	0	0	0	0	0
	0	0	0	0	0
*	0	0	1	−2	3,5
*	0	1	0	−1	2,5

(wobei die gestrichelten Linien, dem Semikolon entsprechend, die rechten Seiten der Gleichungen abtrennen sollen).
Daraus entnehmen wir, daß sich beide Vektoren – jeweils in eindeutiger Weise – als Linearkombination darstellen lassen, und zwar ergibt sich für Z_2:

$$\begin{pmatrix} 4 \\ 8 \\ -8 \\ 20 \\ \hline 4 \end{pmatrix} = \begin{pmatrix} 5 \\ 3 \\ -6 \\ 7 \\ \hline 4 \end{pmatrix} \cdot 4 + \begin{pmatrix} 4 \\ 0 \\ -4 \\ 0 \\ \hline 4 \end{pmatrix} \cdot (-1) + \begin{pmatrix} 6 \\ 2 \\ -6 \\ 4 \\ \hline 4 \end{pmatrix} \cdot (-2)$$

bzw. für Z_4:

$$\begin{pmatrix} 6 \\ -8 \\ -1 \\ -21 \\ \hline 4 \end{pmatrix} = \begin{pmatrix} 5 \\ 3 \\ -6 \\ 7 \\ \hline 4 \end{pmatrix} \cdot (-5) + \begin{pmatrix} 4 \\ 0 \\ -4 \\ 0 \\ \hline 4 \end{pmatrix} \cdot (2,5) + \begin{pmatrix} 6 \\ 2 \\ -6 \\ 4 \\ \hline 4 \end{pmatrix} \cdot (3,5).$$

8. Vektorraum, Basis und Rang

Eine nichtleere Menge von m-Vektoren mit der Eigenschaft, daß jeder Vektor, der sich als Linearkombination endlich vieler Vektoren dieser Menge darstellen läßt, wieder zu der Menge gehört, nennt man in der Mathematik auch *Vektorraum* oder präziser *Unterraum* des Vektorraums $\mathbb{R}^m$ **aller** reellen m-Vektoren, und man benutzt auch die Sprechweise, daß eine solche Menge *in bezug auf die Bildung von Linearkombinationen abgeschlossen* ist.

Betrachtet man nun die Multiplikatoren $s_1, s_2, \ldots, s_n$ in einer Linearkombination (III-3) bzw. (III-4) nicht mehr als feste Zahlen, sondern als beliebig wählbare Parameter, dann beschreibt (III-3) bzw. (III-4) nicht mehr eine, sondern die Menge **aller** Linearkombinationen des Vektorsystems **V**:

$$(\mathbf{a}^{(1)}, \mathbf{a}^{(2)}, \ldots, \mathbf{a}^{(n)}).$$

Beispiel III-32

$$\mathbf{VR_1}: \left\{ \begin{pmatrix} 3 \\ 4 \\ 1 \end{pmatrix} s_1 + \begin{pmatrix} 1 \\ 4 \\ 3 \end{pmatrix} s_2 \;\middle|\; s_1, s_2 \text{ beliebige reelle Zahlen} \right\}$$

ist die Menge aller Linearkombinationen der Vektoren **a** und **c** des Beispiels III-2.

Die Menge aller Linearkombinationen eines solchen Vektorsystems **V**, für die wir eine der folgenden Abkürzungen

$$\text{(III-36)} \quad [\mathbf{V}] := [\mathbf{a}^{(1)}, \mathbf{a}^{(2)}, \ldots, \mathbf{a}^{(n)}] := \{\sum_{i=1}^{n} \mathbf{a}^{(i)} s_i \mid s_i \ (i = 1, \ldots, n) \text{ reelle Zahlen}\}$$

verwenden werden, bildet nun – wie noch gezeigt werden soll – einen Vektorraum, welcher auch der von diesem Vektorsystem (III-1) *erzeugte* (oder: *aufgespannte*) Vektorraum genannt wird.

Beispiel III-33

Zur Erläuterung der eingeführten Begriffe setzen wir das vorstehende Beispiel fort. Nach unserer (bisher nicht bewiesenen) Behauptung muß $\mathbf{VR_1}$ ein Vektorraum sein. Er wird durch die Vektoren

$$\begin{pmatrix} 3 \\ 4 \\ 1 \end{pmatrix}, \begin{pmatrix} 1 \\ 4 \\ 3 \end{pmatrix}$$

aufgespannt. Setzt man z. B.

$$(s_1^*, s_2^*) = (1, 2)$$
$$(s_1^{**}, s_2^{**}) = (2, -1),$$

so erhält man zwei neue Vektoren des Vektorraums $\mathbf{VR_1}$:

$$\begin{pmatrix} 5 \\ 12 \\ 7 \end{pmatrix}, \begin{pmatrix} 5 \\ 4 \\ -1 \end{pmatrix}.$$

Wenn $\mathbf{VR_1}$ nun tatsächlich ein Vektorraum ist, dann muß auch jeder Vektor, der sich als Linearkombination **dieser neuen Vektoren** darstellen läßt, zu $\mathbf{VR_1}$ gehören, also etwa auch der Vektor

$$\begin{pmatrix} 5 \\ -12 \\ -17 \end{pmatrix} = \begin{pmatrix} 5 \\ 12 \\ 7 \end{pmatrix} \cdot (-2) + \begin{pmatrix} 5 \\ 4 \\ -1 \end{pmatrix} \cdot 3.$$

Dieser neue Vektor gehört zu $\mathbf{VR}_1$, wenn es ein Paar (s_1, s_2) von Multiplikatoren s_1, s_2 gibt, für das gilt:

$$\begin{pmatrix} 3 \\ 4 \\ 1 \end{pmatrix} s_1 + \begin{pmatrix} 1 \\ 4 \\ 3 \end{pmatrix} s_2 = \begin{pmatrix} 5 \\ -12 \\ -17 \end{pmatrix}.$$

Durch Auflösen dieses Gleichungssystems findet man, daß

$$(s_1^{***}, s_2^{***}) = (4, -7)$$

solche Multiplikatoren sind.

Wir zeigen die Gültigkeit der Aussage nun allgemein. Dazu gehen wir von dem System von Vektoren (III-1) und den damit gebildeten Linearkombinationen

$$\text{(III-37)} \quad \begin{cases} \mathbf{b}^{(1)} = \mathbf{a}^{(1)} s_{11} + \mathbf{a}^{(2)} s_{12} + \ldots + \mathbf{a}^{(n)} s_{1n} \\ \mathbf{b}^{(2)} = \mathbf{a}^{(1)} s_{21} + \mathbf{a}^{(2)} s_{22} + \ldots + \mathbf{a}^{(n)} s_{2n} \\ \vdots \\ \mathbf{b}^{(m)} = \mathbf{a}^{(1)} s_{m1} + \mathbf{a}^{(2)} s_{m2} + \ldots + \mathbf{a}^{(n)} s_{mn} \end{cases}$$

aus. Eine Linearkombination

$$\text{(III-38)} \quad \sum_{i=1}^{m} p_i \mathbf{b}^{(i)}$$

dieser Linearkombinationen von $\mathbf{a}^{(1)}, \mathbf{a}^{(2)}, \ldots, \mathbf{a}^{(m)}$ mit den Multiplikatoren p_i $(i = 1, \ldots, m)$ ist ebenfalls Element von $[\mathbf{a}^{(1)}, \mathbf{a}^{(2)}, \ldots, \mathbf{a}^{(n)}]$, wenn sie sich als Linearkombination

$$\text{(III-39)} \quad \mathbf{a}^{(1)} t_1 + \mathbf{a}^{(2)} t_2 + \ldots + \mathbf{a}^{(n)} t_n$$

darstellen läßt. Es gilt aber offensichtlich

$$\text{(III-40)} \quad \sum_{i=1}^{m} p_i \mathbf{b}^{(i)} = \mathbf{a}^{(1)} \cdot \Big(\sum_{i=1}^{m} p_i s_{i1}\Big) + \mathbf{a}^{(2)} \cdot \Big(\sum_{i=1}^{m} p_i s_{i2}\Big) + \ldots + \mathbf{a}^{(n)} \cdot \Big(\sum_{i=1}^{m} p_i s_{in}\Big),$$

wobei wir von dem Kommutativgesetz der Skalarmultiplikation Gebrauch machten. Damit ist aber schon alles bewiesen, denn man braucht nur

$$\begin{aligned} t_1 &= \sum_{i=1}^{m} p_i s_{i1} \\ t_2 &= \sum_{i=1}^{m} p_i s_{i2} \\ &\vdots \\ t_n &= \sum_{i=1}^{m} p_i s_{in}. \end{aligned}$$

zu nehmen.

Wir fassen zusammen:

Der von einem Vektorsystem erzeugte Vektorraum
Die Menge aller Linearkombinationen $[\mathbf{V}]$ eines Vektorsystems $\mathbf{V}$ ist ein Vektorraum.

Beispiel III-34

Dem System (III-37) entsprach im vorangegangenen Beispiel III-33 das System

$$\begin{pmatrix} 5 \\ 12 \\ 7 \end{pmatrix} = \begin{pmatrix} 3 \\ 4 \\ 1 \end{pmatrix} \cdot 1 + \begin{pmatrix} 1 \\ 4 \\ 3 \end{pmatrix} \cdot 2$$

$$\begin{pmatrix} 5 \\ 4 \\ -1 \end{pmatrix} = \begin{pmatrix} 3 \\ 4 \\ 1 \end{pmatrix} \cdot 2 + \begin{pmatrix} 1 \\ 4 \\ 3 \end{pmatrix} \cdot (-1).$$

Analog zu (III-40) bildeten wir

$$\begin{pmatrix} 5 \\ 12 \\ 7 \end{pmatrix} \cdot (-2) + \begin{pmatrix} 5 \\ 4 \\ -1 \end{pmatrix} \cdot 3 \stackrel{?}{=} \left(\begin{pmatrix} 3 \\ 4 \\ 1 \end{pmatrix} \cdot 1 + \begin{pmatrix} 1 \\ 4 \\ 3 \end{pmatrix} \cdot 2 \right) \cdot (-2)$$

$$+ \left(\begin{pmatrix} 3 \\ 4 \\ 1 \end{pmatrix} \cdot 2 + \begin{pmatrix} 1 \\ 4 \\ 3 \end{pmatrix} \cdot (-1) \right) \cdot 3.$$

Durch Ausrechnen bzw. Ausklammern erhält man dann:

$$\begin{pmatrix} 5 \\ -12 \\ -17 \end{pmatrix} = \begin{pmatrix} 3 \\ 4 \\ 1 \end{pmatrix} \cdot 4 + \begin{pmatrix} 1 \\ 4 \\ 3 \end{pmatrix} \cdot (-7). \quad \checkmark$$

Die hier ermittelten Multiplikatoren stimmen natürlich mit denen aus Beispiel III-33 überein.

Verwendet man als Abkürzung für das System der Koeffizientenspalten $\check{\mathbf{a}}^{(1)}, \check{\mathbf{a}}^{(2)}, \ldots, \check{\mathbf{a}}^{(n)}$ eines linearen Gleichungssystems den Buchstaben $\mathbf{A}$, also

$$\mathbf{A} := (\check{\mathbf{a}}^{(1)}, \check{\mathbf{a}}^{(2)}, \ldots, \check{\mathbf{a}}^{(n)}),$$

so nennt man den von $\mathbf{A}$ erzeugten Vektorraum $[\mathbf{A}]$ (also die Menge aller Linearkombinationen der Koeffizientenspalten des Gleichungssystems) auch den *Spaltenraum* der Koeffizienten des Gleichungssystems, und Lösbarkeit des Gleichungssystems ist dann auch einfach gleichbedeutend damit, daß der Vektor $\mathbf{b}$ der rechten Seiten in diesem Spaltenraum liegt.

Ein linear **un**abhängiges System $\mathbf{B}$ von m-Vektoren nennt man eine *Basis* eines Vektorraumes $\mathbf{V}$, wenn sich jeder Vektor aus $\mathbf{V}$ als Linearkombination der Vektoren von $\mathbf{B}$ darstellen läßt (und zwar in **eindeutiger** Weise, wie wir schon gesehen haben), d. h. wenn

$$[\mathbf{B}] = \mathbf{V}.$$

Speziell spricht man von einer *Spaltenbasis* der Koeffizienten eines linearen Gleichungssystems, wenn man sich auf deren Spaltenraum bezieht. Diejenigen Koeffizientenspalten des (ursprünglichen wie auch jedes in Richtung auf eine kanonische Form lösungsneutral umgeformten) linearen Gleichungssystems, die zu der Menge aller Basisvariablen (bzgl. einer bestimmten vorliegenden kanonischen Form) gehören, erweisen sich als eine Spaltenbasis des Spaltenraumes (woraus die Bezeichnungsweise „**Basis**variable" abgeleitet wurde).

Beispiel III-35

Für das Gleichungssystem GS_7 aus Beispiel II-8 (in Tableaudarstellung)

x_1	x_2	x_3	x_4	RS
1	3	−3	2	−2
0	1	−1	−1	−1
2	4	−2	4	−2

haben wir in Beispiel II-11 die folgende kanonische Form erzeugt (wieder in Tableaudarstellung):

	*	*	*		
	x_1	x_2	x_3	x_4	RS
*	0	1	0	−2	−1
*	0	0	1	−1	0
*	1	0	0	5	1

Das System

$$\begin{pmatrix} 1 \\ 0 \\ 2 \end{pmatrix}, \begin{pmatrix} 3 \\ 1 \\ 4 \end{pmatrix}, \begin{pmatrix} -3 \\ -1 \\ -2 \end{pmatrix}$$

der zu den (späteren) Basisvariablen x_1, x_2, x_3 gehörenden ursprünglichen Koeffizientenspalten bilden (nach unserer noch nicht bewiesenen Behauptung) eine Basis des Vektorraumes

$$\mathbf{VR_2} := \left\{ \begin{pmatrix} 1 \\ 0 \\ 2 \end{pmatrix} \cdot t_1 + \begin{pmatrix} 3 \\ 1 \\ 4 \end{pmatrix} \cdot t_2 + \begin{pmatrix} -3 \\ -1 \\ -2 \end{pmatrix} \cdot t_3 + \begin{pmatrix} 2 \\ -1 \\ 4 \end{pmatrix} \cdot t_4 \;\middle|\; t_1, t_2, t_3, t_4 \; \begin{matrix} \text{beliebige} \\ \text{reelle} \\ \text{Zahlen} \end{matrix} \right\}.$$

Da das ursprüngliche Gleichungssystem lösbar ist, muß der Vektor

$$\begin{pmatrix} -2 \\ -1 \\ -2 \end{pmatrix}$$

der ursprünglichen rechten Seiten zu diesem Vektorraum gehören. Das ist tatsächlich der Fall, denn er ist ja als Linearkombination der Koeffizientenspalten des Systems darstellbar:

$$\begin{pmatrix}-2\\-1\\-2\end{pmatrix}=\begin{pmatrix}1\\0\\2\end{pmatrix}\cdot 1+\begin{pmatrix}3\\1\\4\end{pmatrix}\cdot(-1)+\begin{pmatrix}-3\\-1\\-2\end{pmatrix}\cdot 0+\begin{pmatrix}2\\-1\\4\end{pmatrix}\cdot 0.$$

Wir führen den Beweis in zwei Teilen, wobei wir sorgfältig zwischen dem ursprünglichen System

$$\text{(III-41)}\quad \mathbf{a}^{(1)}x_1+\mathbf{a}^{(2)}x_2+\ldots+\mathbf{a}^{(r)}x_r+\mathbf{a}^{(r+1)}x_{r+1}+\ldots+\mathbf{a}^{(n)}x_n=\mathbf{b}$$

mit m-Vektoren $\mathbf{a}^{(j)}$ $(j=1,\ldots,n)$ und dem umgeformten kanonischen System

$$\text{(III-42)}\quad \mathbf{e}^{(1)}x_1+\mathbf{e}^{(2)}x_2+\ldots+\mathbf{e}^{(r)}x_r+\tilde{\mathbf{a}}^{(r+1)}x_{r+1}+\ldots+\tilde{\mathbf{a}}^{(n)}x_n=\tilde{\mathbf{b}}$$

mit r-Vektoren unterscheiden müssen. Wir unterstellen, daß $x_1, x_2, \ldots, x_r$ (möglicherweise nach einer Umnumerierung) die Basisvariablen bezüglich (III-42) sind.

1. Teil des Beweises

Wir zeigen zunächst, daß das System

$$\text{(III-43)}\quad (\mathbf{a}^{(1)}, \mathbf{a}^{(2)}, \ldots, \mathbf{a}^{(r)})$$

der Koeffizientenspalten der Basisvariablen (kurz: *Basisspalten*) linear unabhängig ist. Wir bemerken als erstes, daß (III-41) lösbar ist. Mit der Zusatzbedingung

$$\text{(III-44)}\quad x_{r+1}=x_{r+2}=\ldots=x_n=0$$

(d.h. alle Nichtbasisvariablen gleich Null) ist (III-41) sogar eindeutig lösbar. Denn hätte man für das verkürzte System

$$\mathbf{a}^{(1)}x_1+\mathbf{a}^{(2)}x_2+\ldots+\mathbf{a}^{(r)}x_r=\mathbf{b}$$

zwei verschiedene Lösungen

$$(x_1^*, x_2^*, \ldots, x_r^*) \quad \text{und} \quad (x_1^{**}, x_2^{**}, \ldots, x_r^{**})$$

gefunden, so wäre das System (III-43) linear abhängig. Durch

$$(x_1^*, x_2^*, \ldots, x_r^*, 0, \ldots, 0) \quad \text{und} \quad (x_1^{**}, x_2^{**}, \ldots, x_r^{**}, 0, \ldots, 0)$$

wären dann aber auch zwei verschiedene Lösungen von (III-42) gegeben, weil ja (III-41) und (III-42) genau dieselben Lösungen besitzen. Das führt aber zu einem Widerspruch, denn durch Nullsetzen der Nichtbasisvariablen $x_{r+1}, \ldots, x_n$ (III-42) sieht man, daß unter der gemachten Zusatzbedingung (III-44) die Werte der Basisvariablen **eindeutig** durch $\tilde{b}_1, \tilde{b}_2, \ldots, \tilde{b}_r$ festgelegt sind. Folglich muß das Spaltensystem (III-43) linear unabhängig sein.

2. Teil des Beweises

Wir zeigen nun, daß jede Koeffizientenspalte einer Nichtbasisvariablen (oder kurz: *Nicht-Basisspalte*) von (III-41) als Linearkombination der Basispalten von (III-41) darstellbar ist. Dazu setzen wir speziell

$$\mathbf{b}:=\mathbf{a}^{(r+k)}, \text{ oder detaillierter } b_i:=a_{i,r+k},\ k=1,\ldots,n-r,$$

d.h. wir setzen die rechte Seite von (III-41) gleich einer Nicht-Basisspalte dieses Systems. (III-41) ist nun selbstverständlich lösbar, nämlich **zum Beispiel** mit der Fixierung von x_{r+k} auf $x_{r+k} = 1$ und für alle anderen Variablen $x_j = 0$ für $j = 1, \ldots, n, j \neq r + k$. Also ist dann auch (III-42) lösbar, und zwar auf unendlich viele Weisen, natürlich nur, sobald $r \neq n$ ist, also überhaupt mindestens eine Nicht-Basisspalte existiert. Eine Lösung von (III-42), und zwar eine **andere** als die soeben vorgeschlagene, ist die zugehörige Basislösung

$$\begin{aligned} x_1 &= \tilde{b}_1 \\ x_2 &= \tilde{b}_2 \\ &\vdots \\ x_r &= \tilde{b}_r \\ x_{r+1} &= 0 \\ &\vdots \\ x_n &= 0, \end{aligned}$$

wobei sich $\tilde{b}_i$ $(i = 1, \ldots, r)$ natürlich aus den speziellen $b_i := a_{i,r+k}$ ableitet. Diese Basislösung löst dann aber auch (III-41), d.h. das Gleichheitszeichen zwischen der rechten und der linken Seite der Gleichung

$$\text{(III-45)} \quad \mathbf{a}^{(1)}\tilde{b}_1 + \mathbf{a}^{(2)}\tilde{b}_2 + \ldots + \mathbf{a}^{(r)}\tilde{b}_r = \mathbf{a}^{(r+k)}$$

hat seine Berechtigung. (III-45) sagt aber nichts anderes aus, als daß die (beliebige) Nicht-Basisspalte als Linearkombination des Systems der Basisspalten darstellbar ist.

Damit haben wir für das System der Koeffizientenspalten der Basisvariablen die beiden Eigenschaften nachgewiesen, die eine Basis ausmachen. Mit Hilfe derartiger Überlegungen kann man weiterhin ableiten, daß jede Basis eines (aus endlich vielen m-Vektoren erzeugten) Vektorraumes die gleiche Anzahl von Vektoren enthält. Im Zusammenhang mit den erzeugenden Vektoren nennt man diese Zahl den *Rang* des betrachteten Systems, im Zusammenhang mit dem dadurch erzeugten Vektorraum spricht man jedoch von der *Dimension* des Raumes.

Beispiel III-36
Die in Beispiel III-35 angegebene Basis des durch die Koeffizientenspalten des Gleichungssystems GS_7 erzeugten Vektorraumes $\mathbf{VR_2}$ enthält drei Elemente. Der Rang des durch die Koeffizientenspalten des Gleichungssystems gebildeten Systems ist damit gleich drei. Ebenfalls gleich drei ist die Dimension des Vektorraumes $\mathbf{VR_2}$.

Des weiteren kann man sich überlegen, daß bei der Benutzung eines Systems von m-Vektoren der Rang des Vektorsystems bzw. die Dimension des von diesem System aufgespannten Vektorraumes nicht größer als m sein kann (denn mehr als m verschiedene Basisvariablen könnte man in dem entsprechenden Gleichungssystem (III-41) durch lösungsneutrale Operationen ja nicht erzeugen). Damit können wir festhalten:

Rang eines Vektorsystems
Der Rang r eines aus gleichdimensionierten Vektoren bestehenden Vektorsystems ist höchstens gleich der Anzahl n der Vektoren und höchstens gleich der Anzahl m der Glieder der Vektoren: $$r \leqq \min(m, n).$$

Für den Vektorraum $\mathbb{R}^m$ aller reellen m-Vektoren ist der Rang genau gleich m, weil das System der Einheitsvektoren

$$\mathbf{e}^{(1)}, \mathbf{e}^{(2)}, \ldots, \mathbf{e}^{(m)}$$

linear unabhängig ist und den ganzen $\mathbb{R}^m$ aufspannt, d.h. eine Basis von $\mathbb{R}^m$ bildet.

Schließlich wollen wir genauer von einer *internen Basis* **B** eines endlichen Systems **V** von m-Vektoren sprechen, wenn es sich bei **B** um eine Basis des von **V** erzeugten Raumes [**V**] handelt, aber diese sich nur aus Vektoren von **V** zusammensetzt. In diesem Sinne war $\mathbf{a}^{(1)}, \mathbf{a}^{(2)}, \ldots, \mathbf{a}^{(r)}$ eine interne Spaltenbasis von (III-41).

Beispiel III-37
Das System

$$\begin{pmatrix} 1 \\ 0 \\ 1 \end{pmatrix}, \begin{pmatrix} 3 \\ 1 \\ 4 \end{pmatrix}, \begin{pmatrix} -3 \\ -1 \\ -2 \end{pmatrix}$$

ist eine interne Basis, das System

$$\begin{pmatrix} 0 \\ 0 \\ 1 \end{pmatrix}, \begin{pmatrix} 1 \\ 0 \\ 0 \end{pmatrix}, \begin{pmatrix} 0 \\ 1 \\ 0 \end{pmatrix}$$

ist eine Basis, jedoch **keine interne** Basis des durch Koeffizientenspalten des Gleichungssystems GS_7 erzeugten Vektorraumes (vgl. Beispiel III-35).

Es folgt direkt, wie man zu einem gegebenen System **V** von Vektoren $\mathbf{a}^{(1)}, \mathbf{a}^{(2)}, \ldots, \mathbf{a}^{(n)}$ eine interne Basis bzw. zu einem von **V** aufgespannten Vektorraum [**V**] eine Basis bestimmt. Man betrachtet die Vektoren $\mathbf{a}^{(1)}, \mathbf{a}^{(2)}, \ldots, \mathbf{a}^{(n)}$ als Koeffizientenspalten eines linearen Gleichungssystems (III-41), das man durch lösungsneutrale Operationen in ein kanonisches System des Typs (III-42) bzw. eines äquivalenten Typs umformt. Diejenigen Koeffizientenspalten des Ausgangssystems, die sich auf die Basisvariablen des kanonischen Systems beziehen, bilden eine interne Basis des Systems **V** bzw. eine Basis des von **V** aufgespannten Vektorraumes [**V**].

Beispiel III-38
Zu dem Spaltenvektorsystem

$$VS_3: \begin{pmatrix} 1 \\ 1 \\ 4 \\ 0 \end{pmatrix}, \begin{pmatrix} 1 \\ 2 \\ 2 \\ 1 \end{pmatrix}, \begin{pmatrix} 3 \\ 2 \\ 14 \\ -1 \end{pmatrix}, \begin{pmatrix} 2 \\ 4 \\ 2 \\ 0 \end{pmatrix}$$

soll eine interne Basis bestimmt werden. Wir wenden dazu auf das Teil-Tableau

1	1	3	2
1	2	2	4
4	2	14	2
0	1	−1	0

ohne Hinzufügen von rechten Seiten den (lösungsneutralen) GAUSS-Algorithmus an. Unter sukzessiver Verwendung der Pivots (1, 1) (4, 3) und (2, 4) erhält man das folgende Tableau

	*		*	*
*	1	4	0	0
*	0	0	0	1
	0	0	0	0
*	0	−1	1	0

Daraus ermitteln wir als eine interne Basis von $\mathbf{VS}_3$ das aus dem ersten, dritten und vierten Vektor bestehende System

$$\begin{pmatrix} 1 \\ 1 \\ 4 \\ 0 \end{pmatrix}, \begin{pmatrix} 3 \\ 2 \\ 14 \\ -1 \end{pmatrix}, \begin{pmatrix} 2 \\ 4 \\ 2 \\ 0 \end{pmatrix}.$$

Der Rang von $\mathbf{VS}_3$ ist danach gleich drei.

Wir möchten zum Abschluß noch darauf hinweisen, daß Überlegungen dieses Abschnittes nicht mehr in ähnlicher Weise durchgeführt werden können, wenn man einen allgemeineren Vektorbegriff als in diesem Buch verwendet, also z. B. unendliche Folgen als Vektoren auffaßt bzw. in „unendlich-dimensionalen" Vektorräumen arbeitet.

9. Zur Geometrie der Vektorrechnung

Bei der geometrischen Veranschaulichung von Vektoren (etwa im Zusammenhang mit der Darstellung von Lösungsmengen linearer Restriktionssysteme) haben wir Vektoren stets als Punkte, genauer als Zusammenfassung ihrer Koordinatenwerte (x_1^*, x_2^*) in einem zweidimensionalen bzw. (x_1^*, x_2^*, x_3^*) in einem dreidimensionalen Koordinatensystem, interpretiert (1. Interpretation). Dabei nahmen wir weiterhin das Koordinatensystem als *kartesisch* an, d. h. die Koordinatenachsen müssen paarweise senkrecht zueinander stehen und die Einheitsmaße auf jeder Achse gleich sein. Auch im Folgenden wollen wir ausschließlich kartesische Koordinatensysteme betrachten.

Es gibt jedoch noch eine zweite geometrische Interpretation eines Vektors $\mathbf{x}^*$, nämlich als Repräsentant der durch einen Pfeil symbolisierten Parallelverschiebung aller Punkte in dem fest bleibenden Koordinatensystem. Diese Abbildung durch Parallelverschiebung wird auch *Translation* genannt (2. Interpretation). Zwei gleichlange, parallele und gleichgerichtete Pfeile stehen für die gleiche Translation.

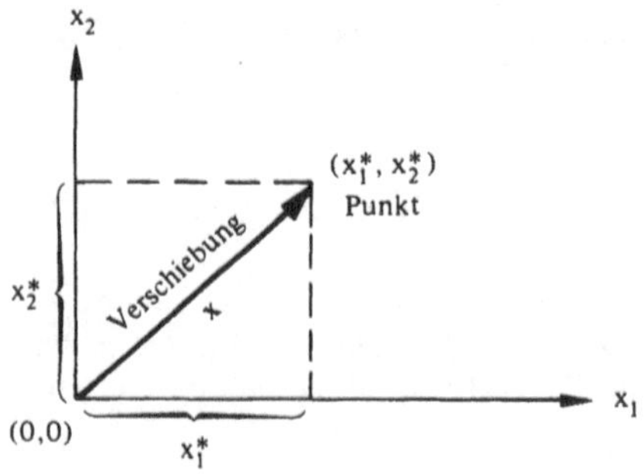

Abb. III-1: Veranschaulichung unterschiedlicher geometrischer Interpretationen des Vektorbegriffes

Im Folgenden wollen wir uns nun mit dieser zweiten Interpretation etwas näher befassen. Die **Addition** von zwei Vektoren bedeutet dann geometrisch so etwas wie eine Pfeiladdition, die in Abb. III-2 veranschaulicht ist. Aus dem aus Pfeilen zusammengesetzten Parallelogramm liest man sofort ab, daß

$$\mathbf{x} + \mathbf{y} = \mathbf{y} + \mathbf{x}$$

gelten muß. Abstrakter aufgefaßt geht es um die Hintereinanderschaltung von Translationen, die wieder zu einer Translation führt.

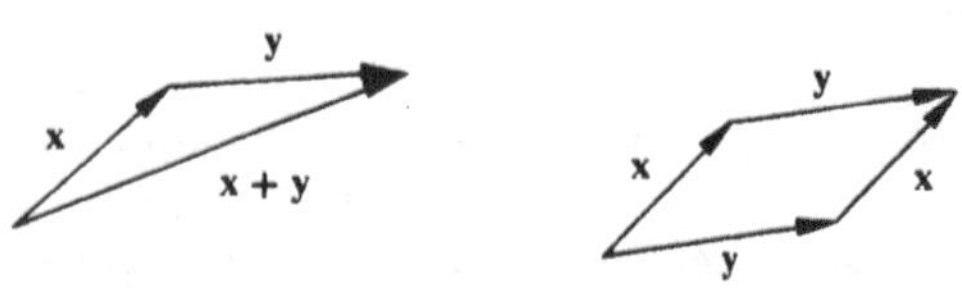

Abb. III-2: Geometrische Veranschaulichung der Vektoraddition

Die Negation eines Vektors bedeutet geometrisch einfach das Umkehren der Pfeilrichtung (Abb. III-3).

Abb. III-3: Geometrische Veranschaulichung der Negation eines Vektors

Die **algebraische** Definition

$$\mathbf{x} * \mathbf{y} := \sum_{i=1}^{n} x_i y_i$$

des **inneren Produktes** zweier n-Vektoren **x** und **y** läßt sich ebenfalls für **geometrische** Zwecke auswerten. Bildet man zunächst $\mathbf{x} * \mathbf{x}$, das Produkt eines Vektors mit sich selbst, auch *inneres Quadrat* genannt und manchmal (potentiell mißverständlich!) $\mathbf{x}^2$ geschrieben, so folgt im zweidimensionalen Fall aus dem pythagoräischen Lehrsatz, daß für den *Abstand*, abgekürzt $\|\mathbf{x}\|$, des Punktes **x** vom Koordinatenursprung oder, anders ausgedrückt, für die *Länge* des zugehörigen Pfeils

$$\|\mathbf{x}\| = \sqrt{x_1^2 + x_2^2} = \sqrt{\sum x_i^2}$$

bzw. unter Verwendung der Schreibweise des inneren Produktes

$$\|\mathbf{x}\| = \sqrt{\mathbf{x} * \mathbf{x}}$$

gilt, wie aus Abb. III-4 abzulesen ist.

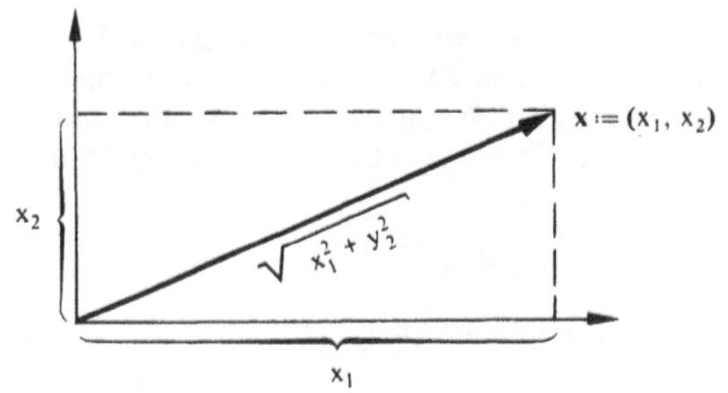

Abb. III-4: Geometrische Veranschaulichung der Länge eines Vektors

Ganz analog definiert man algebraisch auch die *Länge eines Vektors* im n-dimensionalen **Fall** durch

$$\text{(III-46)}\quad \|\mathbf{x}\| := \sqrt{\mathbf{x}^2} = \sum_{i=1}^{n} x_i^2$$

(wobei der Fall n = 3 auch geometrisch mit Hilfe des räumlichen pythagoräischen Satzes beweisbar ist). In einem solchen Zusammenhang müssen Sie jedoch sorgfältig aufpassen, daß Sie das Wurzelzeichen $\sqrt{\ }$ nicht durch das substantiell andersdeutige Quadratzeichen aufheben dürfen!

Man beachte weiterhin, daß $\|\mathbf{x}\| = 0$ gleichbedeutend mit $\mathbf{x} = \mathbf{0}$ ist: Kein anderer als der Nullvektor hat die Länge Null.

Beispiel III-39
Für die Länge $\|\mathbf{a}\|$ des Vektors

$$\mathbf{a} = \begin{pmatrix} 3 \\ 4 \\ 12 \end{pmatrix}$$

erhält man

$$\|\mathbf{a}\| = \sqrt{3^2 + 4^2 + 12^2} = \sqrt{169} = 13.$$

Will man einen durch $\mathbf{x}$ mit $\mathbf{x} \neq \mathbf{0}$ definierten geometrischen Vektor durch einen Vektor $\mathbf{y}$ mit gleicher Richtung, aber der Länge 1 ersetzen, so braucht man lediglich

$$\mathbf{y} = \frac{1}{\|\mathbf{x}\|} \cdot \mathbf{x}$$

zu bilden, denn

$$\|\mathbf{y}\| = \frac{1}{\|\mathbf{x}\|} \cdot \|\mathbf{x}\| = 1 .$$

Die Entfernung dist ($\mathbf{x}, \mathbf{y}$) zweier Punkte $\mathbf{x}$ und $\mathbf{y}$ ist gleich der Länge der Parallelverschiebung von $\mathbf{x}$ nach $\mathbf{y}$, d.h. der Länge des Vektors $\mathbf{y} - \mathbf{x}$:

$$\text{dist}(\mathbf{x}, \mathbf{y}) = \|\mathbf{y} - \mathbf{x}\| = \sqrt{(\mathbf{y} - \mathbf{x})^2} = \sqrt{\sum (y_i - x_i)^2} .$$

Die geometrische Bedeutung des allgemeinen inneren Produktes ergibt sich aus folgenden Überlegungen: Es seien nun $\mathbf{x} \neq \mathbf{0}$ und $\mathbf{y} \neq \mathbf{0}$ und (zur Vereinfachung der Diskussion) $\mathbf{x}$ und $\mathbf{y}$ nicht Vielfache voneinander (d.h. – geometrisch gesprochen – nicht parallel). Dann besagt der Cosinussatz der Trigonometrie in unserer Symbolik (vgl. Abb. III-5)

(III-47) $\|\mathbf{x} - \mathbf{y}\|^2 = \|\mathbf{x}\|^2 + \|\mathbf{y}\|^2 - 2\|\mathbf{x}\| \cdot \|\mathbf{y}\| \cdot \cos\alpha ,$

wobei α der zwischen den Pfeilen $\mathbf{x}$ und $\mathbf{y}$ liegende Winkel ist.

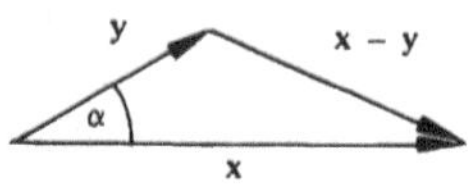

Abb. III-5: Geometrische Veranschaulichung des Cosinussatzes der Trigonometrie

Unter Benutzung der Definition (III-46) folgt aber bei vektorieller Schreibweise des inneren Produktes

(III-48) $\|\mathbf{x} - \mathbf{y}\|^2 = (\mathbf{x} - \mathbf{y}) * (\mathbf{x} - \mathbf{y}) =$
$= \mathbf{x}^2 + \mathbf{y}^2 - 2(\mathbf{x} * \mathbf{y}) =$
$= \|\mathbf{x}\|^2 + \|\mathbf{y}\|^2 - 2(\mathbf{x} * \mathbf{y}).$

Ein Vergleich von (III-48) und (III-47) zeigt sofort als geometrische Bedeutung des inneren Produktes

(III-49) $\mathbf{x} * \mathbf{y} = \|\mathbf{x}\| \cdot \|\mathbf{y}\| \cdot \cos\alpha .$

Dabei passen sich auch die Spezialfälle $\|\mathbf{x}\| = 0$, $\|\mathbf{y}\| = 0$ sowie „$\mathbf{x}$ und $\mathbf{y}$ parallel" nahtlos ein. Insbesondere folgt daraus unmittelbar, daß im zwei- oder dreidimensionalen Fall bei $\|\mathbf{x}\| \neq 0$ und $\|\mathbf{y}\| \neq 0$ die Beziehung $\mathbf{x} * \mathbf{y} = 0$ gleichbedeutend damit ist, daß die geometrischen Vektoren *senkrecht* zueinander stehen; eine Sprechweise, die auch im n-dimensionalen Fall benutzt wird. Man beachte allerdings, daß wegen $\cos\alpha = \cos(-\alpha)$ aus dem inneren Produkt **keine** Aufschlüsse über Winkel**richtungen** gezogen werden können.

Zum Schluß dieses Abschnittes noch zwei Bemerkungen über die geometrische Interpretation gewisser Linearkombinationen im zwei- oder dreidimensionalen Fall. Bezieht man unsere Überlegungen in Abschnitt 6 dieses Kapitels über eine normierte Linearkombination auf eine einzelne Gleichung, so folgt unmittelbar:

Jede normierte Linearkombination der Koordinatenvektoren von zwei verschiedenen Punkten ist Koordinatenvektor eines Punktes auf der Geraden durch die beiden Punkte.

Dieses gilt, wie man ebenfalls zeigen kann, auch entsprechend bei höheren Dimensionen. Wir wollen schließlich ohne Beweis die folgende geometrische Aussage bringen:

> Jede konvexe Linearkombination der Koordinatenvektoren von zwei verschiedenen Punkten ist Koordinatenvektor eines Punktes auf der Verbindungsstrecke zwischen den beiden Punkten.

Eine Menge von Punkten nennt man *konvex*, wenn sie mit zwei Punkten auch alle Punkte auf der Verbindungsstrecke enthält. Es ergibt sich also dann, daß die Lösungsmenge von (III-24), falls nicht leer, konvex ist. Das erklärt auch die Verwendung dieses Adjektivs in Unterabschnitt II.3.1 und insbesondere bei der Beschreibung der Lösungsmengen der Abb. II-15.

10. Literaturhinweise

Vektoren gehören schon seit Jahrzehnten zum Standardstoff aller Lehrbücher über Lineare Algebra und Analytische Geometrie. Ausgelöst nicht zuletzt durch das Problem des Speicherns ihrer Glieder in Computern (bereits angedeutet in JAEGER [1960, S. 16]) ist häufig bei der praktischen Anwendung von Vektoren für ihre Glieder die Benutzung einer **Rand-** oder **Bezugsspalte** erforderlich, bei denen die jeweiligen Bezüge nicht notwendigerweise durch einen Anfangsabschnitt der natürlichen Zahlen, sondern auch durch allgemeinere Abkürzungen (oder Worte) als Indices angegeben sein können und dann die Reihenfolge des Auflistens völlig unwesentlich wird. Eine sehr einfache Behandlung findet sich in JAEGER/WENKE [1969, S. 18–21, S. 30–32, S. 135–143]. Welche Bedeutung bei der Indizierung die von den jeweiligen Abstraktionsgraden abhängigen modalen (z. B. ökonomischen, physikalischen, technischen oder miteinander kombinierten) Größen besitzen, ist in JAEGER [1983, S. 257–258] erhellt. Die elementaren Grundzüge der n-dimensionalen Geometrie beschreiben z. B. GAL/KRUSE/VOGELER/WOLF [1983, S. 59–88].

Wiederholungsfragen

1. Was versteht man unter einem Vektor? Geben Sie eine Definition an!
2. Wann nennt man zwei Vektoren gleich, wann nennt man einen Vektor mindestens (höchstens) so groß wie einen anderen Vektor?
3. Wie sind die Rechenoperationen Addition und Subtraktion von Vektoren bzw. Multiplikation eines Vektors mit einem Skalar definiert?
4. Was versteht man unter dem inneren Produkt zweier Vektoren?
5. Was versteht man unter einer Linearkombination von Vektoren? Was ist speziell eine normierte, eine nichtnegative, eine konvexe bzw. eine triviale Linearkombination?
6. Wann nennt man ein Vektorsystem linear abhängig bzw. unabhängig? Welche speziellen Vektorsysteme kennen Sie, die linear abhängig sind?
7. Die Koeffizientenspalten eines linearen Gleichungssystems seien linear unabhängig. Was können Sie über die Lösbarkeit des Gleichungssystems aussagen?
8. Beim Überführen eines linearen Gleichungssystems in eine kanonische Form ergebe sich eine Nullzeile. Was können Sie im Hinblick auf die lineare Abhängigkeit bzw. Unabhängigkeit des Systems der erweiterten Koeffizientenzeilen aussagen?

9. Was versteht man unter einem Vektorraum?
10. Was versteht man unter einer (internen) Basis und unter dem Rang eines Vektorsystems?
11. Wie läßt sich die Addition, die Negation, das innere Quadrat und das innere Produkt von Vektoren geometrisch interpretieren?

Übungsaufgaben

Gegeben seien die Vektoren

$$\mathbf{a} := \begin{pmatrix} -2 \\ 1 \\ 1 \end{pmatrix}, \quad \mathbf{b} := \begin{pmatrix} 2 \\ 0 \\ 1 \end{pmatrix}, \quad \mathbf{c} := \begin{pmatrix} 1 \\ 2 \\ -3 \end{pmatrix}, \quad \mathbf{d} := \begin{pmatrix} 4 \\ 7 \\ 5 \end{pmatrix},$$

$$\mathbf{e} := \begin{pmatrix} 1 \\ 0 \\ 0 \end{pmatrix},$$

$$\mathbf{f} := \begin{pmatrix} 0 \\ -1 \\ 4 \\ -2 \end{pmatrix}, \quad \mathbf{g} := \begin{pmatrix} 2 \\ 4 \\ -8 \\ 3 \end{pmatrix}, \quad \mathbf{h} := \begin{pmatrix} 1 \\ 2 \\ -1 \\ -4 \end{pmatrix},$$

$$\mathbf{i} := \begin{pmatrix} 4 \\ 2 \\ 0 \\ 1 \end{pmatrix},$$

$$\mathbf{j} := \begin{pmatrix} 2 \\ -2 \end{pmatrix}, \quad \mathbf{k} := \begin{pmatrix} -1 \\ 0 \end{pmatrix}, \quad \mathbf{l} := \begin{pmatrix} 1 \\ 1 \end{pmatrix},$$

$$\mathbf{m} := \begin{pmatrix} 1 \\ 3 \end{pmatrix}, \quad \mathbf{n} := \begin{pmatrix} -1 \\ 2 \end{pmatrix}, \quad \mathbf{o} := \begin{pmatrix} 0 \\ 0 \end{pmatrix}.$$

Aufgabe III-1

Bestimmen Sie, sofern das möglich ist, unter Verwendung der oben angegebenen Vektoren:

$\mathbf{a} + \mathbf{b}$,

$\mathbf{a} + \mathbf{c}$,

$\mathbf{c} - \mathbf{f}$,

$3 \cdot \mathbf{i}$,

$-\mathbf{f}$,

$2\mathbf{a} + \mathbf{d} - \mathbf{e}$,

$3\mathbf{g} - 5\mathbf{g}$,

$6 \cdot 2 \cdot \mathbf{m}$,

m * n,
b * f,
f(g * k),
m * l.

Aufgabe III-2

Für das Gleichungssystem

$$\begin{aligned} 4x_1 - 3x_2 - x_3 + 5x_4 &= 0 \\ 2x_1 + x_2 + 2x_3 \phantom{{}+5x_4} &= 0 \end{aligned}$$

sind durch

$$\begin{pmatrix} 1 \\ 2 \\ -2 \\ 0 \end{pmatrix}, \begin{pmatrix} 0 \\ 2 \\ -1 \\ 1 \end{pmatrix}, \begin{pmatrix} 1 \\ 0 \\ -1 \\ -1 \end{pmatrix}$$

drei Lösungen gegeben. Geben Sie weitere Lösungen an, ohne dabei Bezug auf den GAUSS-Algorithmus zu nehmen!

Aufgabe III-3

Für das Gleichungssystem

$$\begin{aligned} x_1 + x_2 + x_3 &= 6 \\ 2x_1 - x_2 + x_3 &= 3 \end{aligned}$$

sind die folgenden beiden Lösungen gegeben:

$$\begin{pmatrix} 3 \\ 3 \\ 0 \end{pmatrix}, \begin{pmatrix} -1 \\ 1 \\ 6 \end{pmatrix}.$$

Geben Sie weitere Lösungen an!

Aufgabe III-4

Gegeben sei das folgende homogene Ungleichungssystem:

$$\begin{aligned} 2x_1 + 2x_2 + 4x_3 &\geqq 0 \\ x_1 + x_2 - x_3 &\geqq 0. \end{aligned}$$

a) Prüfen Sie, ob

$$\begin{pmatrix} 10 \\ 10 \\ 1 \end{pmatrix} \quad \text{und} \quad \begin{pmatrix} 2 \\ 4 \\ -3 \end{pmatrix}$$

Lösungen des Gleichungssystems sind!

b) Bestimmen Sie weitere Lösungen des Systems!

c) Zeigen Sie an diesem Ungleichungssystem, daß eine normierte Linearkombination zweier Lösungen $\mathbf{x}^*$ und $\mathbf{x}^{**}$ eines linearen homogenen Ungleichungssystems nicht wieder eine Lösung dieses Ungleichungssystems sein muß!

Aufgabe III-5

Gegeben sei das folgende Ungleichungssystem:

$$\begin{aligned} -x_1 + x_2 - x_3 &\geqq -28 \\ -3x_2 + x_3 &\geqq 25 \\ x_1 + 2x_2 &\geqq 1 \\ x_1 &\geqq 0 \\ x_2 &\geqq 0 \\ x_3 &\geqq 0. \end{aligned}$$

a) Zeigen Sie, daß

$$\begin{pmatrix} 1 \\ 0 \\ 25 \end{pmatrix} \quad \text{und} \quad \begin{pmatrix} 1{,}5 \\ 0{,}5 \\ 27 \end{pmatrix}$$

Lösungen des betrachteten Ungleichungssystems sind!

b) Bestimmen Sie weitere Lösungen für das betrachtete System!

c) Bestätigen Sie die Richtigkeit Ihres Ergebnisses durch eine Probe!

Aufgabe III-6

Geben Sie auf der Grundlage der in Kapitel II, Abschnitt 4.4 ermittelten Koordinaten der Eckpunkte weitere Lösungen des Restriktionssystems des Grundbeispiels „Produktionsprogrammplanung" an!

Aufgabe III-7

Gegeben seien die Vektoren

$$\begin{pmatrix} 3 \\ 4 \\ 2 \end{pmatrix}, \begin{pmatrix} 1 \\ 1 \\ 0 \end{pmatrix}, \begin{pmatrix} 3 \\ 2 \\ 1 \end{pmatrix}.$$

a) Zeigen Sie, ob und ggf. wie sich mit Hilfe dieser Vektoren die oben angegebenen Vektoren **a**, **b**, **c** und **f** als Linearkombination darstellen lassen!

b) Was läßt sich über diese drei Vektoren im Hinblick auf lineare Abhängigkeit bzw. Unabhängigkeit aussagen?

Aufgabe III-8

Untersuchen Sie die folgenden, aus den oben angegebenen Vektoren gebildeten Vektorsysteme auf lineare Abhängigkeit bzw. Unabhängigkeit:

(a, b, c, d),

(a, b, c),
(g, h, 2h),
(j, l, m),
(j, o),
(b, c, 2e).

Sofern Sie feststellen, daß ein System linear abhängig ist, zeigen Sie, wie sich einer der Vektoren des jeweiligen Systems als Linearkombination der übrigen Vektoren des Systems darstellen läßt.

Aufgabe III-9

Für das Gleichungssystem

$$GS_7: \left\{ \begin{array}{rcl} x_1 + 3x_2 - 3x_3 + 2x_4 &=& -2 \\ x_2 - x_3 - x_4 &=& -1 \\ 2x_1 + 4x_2 - 2x_3 + 4x_4 &=& -2 \end{array} \right.$$

haben wir in Beispiel II-11 die folgende kanonische Form ermittelt:

$$GS'_7: \left\{ \begin{array}{rcl} x_2 \qquad - 2x_4 &=& -1 \\ x_3 - x_4 &=& 0 \\ x_1 \qquad + 5x_4 &=& 1. \end{array} \right.$$

Zeigen Sie, daß und ggf. wie sich jede erweiterte Koeffizientenzeile von GS'_7 als Linearkombination der erweiterten Koeffizientenzeilen von GS_7 darstellen läßt!

Aufgabe III-10

Bestimmen Sie eine interne Basis sowie den Rang der folgenden, aus den oben angegebenen Vektoren gebildeten Vektorsysteme:

(a, b, c, d, e),
(j, l, o),
(j, k, l),
(j, k, n).

Aufgabe III-11

Gegeben sei das Spaltenvektorsystem

$$\mathbf{VS_4}: \quad \begin{pmatrix} 4 & 0 & 2 & 0 & 1 \\ 6 & 0 & 2 & 1 & 0 \\ 4 & 1 & 2 & 0 & 0 \end{pmatrix}.$$

Untersysteme von $\mathbf{VS_2}$ sind etwa durch die folgenden Vektorsysteme definiert:

$$\mathbf{US_1}: \quad \begin{pmatrix} 4 \\ 6 \\ 4 \end{pmatrix}.$$

$\mathbf{US_2}$: $\begin{pmatrix}4\\6\\4\end{pmatrix}, \begin{pmatrix}0\\1\\0\end{pmatrix}$.

$\mathbf{US_3}$: $\begin{pmatrix}4\\6\\4\end{pmatrix}, \begin{pmatrix}2\\2\\2\end{pmatrix}, \begin{pmatrix}0\\1\\0\end{pmatrix}$.

$\mathbf{US_4}$: $\begin{pmatrix}0\\0\\1\end{pmatrix}, \begin{pmatrix}0\\1\\0\end{pmatrix}, \begin{pmatrix}1\\0\\0\end{pmatrix}$.

$\mathbf{US_5}$: $\begin{pmatrix}4\\6\\4\end{pmatrix}, \begin{pmatrix}2\\2\\2\end{pmatrix}, \begin{pmatrix}1\\0\\0\end{pmatrix}$.

$\mathbf{US_6}$: $\begin{pmatrix}4\\6\\4\end{pmatrix}, \begin{pmatrix}2\\2\\2\end{pmatrix}, \begin{pmatrix}0\\1\\0\end{pmatrix}, \begin{pmatrix}1\\0\\0\end{pmatrix}$.

Welches dieser Systeme $\mathbf{US_1}-\mathbf{US_6}$ stellt nun eine interne Basis von $\mathbf{VS_4}$ dar?

Kapitel IV: Matrizen

Gliederung

Im Rahmen der Vektorrechnung haben wir bisher stets Vektoren berechnet, deren Glieder Zahlen (oder Variablen) waren. Es liegt nahe, in einem nächsten Schritt anstelle der Zahlen Vektoren zu betrachten, genauer: Zeilenvektoren von Spaltenvektoren bzw. Spaltenvektoren von Zeilenvektoren. Mit diesen komplexen Gebilden, sog. Matrizen, befassen wir uns im wesentlichen in diesem Kapitel. Die Matrizenrechnung stellt insofern eine konsequente Weiterführung der Vektorrechnung dar. Sie eignet sich wie diese ganz hervorragend zur Analyse komplexer ökonomischer Zusammenhänge, erlaubt dabei aber eine noch komprimiertere Denk- und Schreibweise. Wir beginnen die Ausführungen wie gewöhnlich mit einer Definition dessen, was wir unter einer Matrix verstehen wollen (Abschnitt 2). Abschnitt 3 dient in erster Linie der Motivation, soll aber auch Beziehungen zu den bereits mehrfach verwendeten, im Hinblick auf praktische Anwendungen bedeutsamen Pfeildiagrammen erhellen. Im darauffolgenden Abschnitt 4 stellen wir noch einige spezielle Typen von Matrizen vor, bevor wir wie bei der Vektorrechnung Gleichungen und Ungleichungen zwischen Matrizen definieren (Abschnitt 5). Die beiden sich anschließenden Abschnitte befassen sich mit Rechenoperationen für Matrizen. Vorgestellt werden u. a. die relativ einfachen Operationen des Addierens, Subtrahierens und Skalarmultiplizierens von Matrizen (Abschnitt 6), sowie die auf den ersten Blick überraschend definierte Operation des Multiplizierens von Matrizen (Abschnitt 7). Wir werden dabei auch zeigen, wie sich ein lineares Gleichungssystem unter Verwendung von Matrizen darstellen und wie sich das Überführen des Systems in eine kanonische Form als Folge von Multiplikationen des Systems mit geeigneten Matrizen auffassen läßt (Unterabschnitte 7.2 und 7.3). Eine Operation „Division" existiert in der Matrizenrechnung nicht. Allerdings gibt es – wie beim Rechnen mit reellen Zahlen – unter gewissen Umständen ein inverses Element, die Inverse einer Matrix. Eine Definition der Inversen findet sich in Unterabschnitt 8.1, Ausführungen zu ihrer Bestimmung in Unterabschnitt 8.2. In Abschnitt 9 übertragen wir den Begriff des Ranges von Vektorsystemen auf Matrizen und leiten damit wichtige Aussagen über die Lösbarkeit von Gleichungssystemen ab. Ein Exkurs behandelt ergänzend einen speziellen Typ von Matrizen, die orthogonale Matrix (Abschnitt 10). Zum Abschluß führen wir dann wieder die Grundbeispiele fort (Abschnitt 11).

1. Lernziele

Wenn Sie dieses Kapitel durchgearbeitet haben, sollten Sie

- wissen, was man unter einer Matrix im Allgemeinen und einer Diagonalmatrix, einer Skalarmatrix, einer Einheitsmatrix, einer oberen bzw. unteren Dreiecksmatrix und einer normierten Dreiecksmatrix im Speziellen versteht;
- Informationen aus Pfeildiagrammen in Matrizendarstellung überführen können und umgekehrt;
- angeben können, wie für Matrizen die Rechenoperationen „Addition", „Subtraktion", „Negation", „Multiplikation mit einem Skalar", „Transponieren" und „Matrizenmultiplikation" definiert sind;
- wissen, was man unter elementaren Matrizenoperationen versteht und welche Matrizen sie bewirken;
- die Inverse einer Matrix definieren und unter der Voraussetzung ihrer Existenz ein Verfahren zu ihrer Bestimmung skizzieren können;

- einige Zusammenhänge zwischen dem Rang der (erweiterten) Koeffizientenmatrix eines linearen Gleichungssystems sowie seiner Lösbarkeit herstellen können.

Außerdem sollten Sie in der Lage sein,

- die genannten Rechenoperationen für numerisch spezifizierte Matrizen auszuführen;
- lineare Gleichungssysteme in Matrizenform durch Multiplikation mit geeigneten Matrizen in eine kanonische Form zu überführen und
- die Inverse einer numerisch vorgegebenen Matrix auszurechnen.

2. Der Begriff der Matrix

Im vorangegangenen Kapitel haben wir gezeigt, wie sich lineare Gleichungssysteme für allgemeine Überlegungen, bei denen die Koeffizienten und die rechten Seiten nicht numerisch spezifiziert sind, mit Hilfe von Vektoren verkürzt darstellen lassen. Eine noch komprimiertere Schreibweise wird nun durch die Verwendung von Matrizen möglich.

In elementarer Sicht, der wir hier zunächst folgen wollen, handelt es sich bei einer *Matrix* (genauer: $(m \times n)$-*Matrix*) um ein rechteckiges oder speziell (bei $m = n$) quadratisches Schema von $m \cdot n$ mathematischen Größen (meist Zahlen, eventuell auch Variablen oder Parametern) $a_{11}, a_{12}, \ldots, a_{mn}$, die in m *Zeilen* und n *Spalten* angeordnet sind:

$$\text{(IV-1)} \qquad \begin{pmatrix} a_{11} & a_{12} & \cdots & a_{1n} \\ a_{21} & a_{22} & \cdots & a_{2n} \\ \vdots & \vdots & & \vdots \\ a_{m1} & a_{m2} & \cdots & a_{mn} \end{pmatrix}.$$

Als gemeinsamer Oberbegriff von „Zeile“ und „Spalte“ wird später auch „*Reihe*“ verwendet. Durch die Begrenzungsklammern soll wieder die Zusammengehörigkeit der Größen $a_{11}, a_{12}, \ldots, a_{mn}$ zum Ausdruck gebracht werden. Diese Größen werden auch *Glieder* der Matrix genannt. Sofern sie – wie in (IV-1) – nicht numerisch spezifiziert sind, verwendet man zur Bezeichnung der Glieder gewöhnlich einen Kleinbuchstaben (hier „a“), den man zur Kennzeichnung des jeweiligen Zeilen- und Spaltenbezugs mit einem Doppelindex ij versieht. Dabei gibt in der Regel der erste Index (hier „i“) die Zeilenreferenz und der zweite Index (hier „j“) die Spaltenreferenz an. Bei a_{ij} handelt es sich folglich dann um dasjenige Glied einer Matrix, das in der i-ten Zeile und der j-ten Spalte, kurz: in der *Position* (i, j), steht.

Zur Abkürzung eines solchen Schemas (IV-1) wählen wir einen fettgedruckten Großbuchstaben. Sind dabei die Glieder nur allgemein, aber nicht näher numerisch festgelegt, so nimmt man in der Regel den gleichen Buchstaben, den man bereits zur Bezeichnung der Glieder ausgewählt hat. Für (IV-1) ist etwa die folgende Abkürzung üblich:

$$\text{(IV-2)} \qquad \mathbf{A} := \begin{pmatrix} a_{11} & a_{12} & \cdots & a_{1n} \\ a_{21} & a_{22} & \cdots & a_{2n} \\ \vdots & \vdots & & \vdots \\ a_{m1} & a_{m2} & \cdots & a_{mn} \end{pmatrix} \quad \text{oder kürzer } \mathbf{A} := (a_{ij}).$$

Die besondere Nützlichkeit der Matrizenrechnung liegt – ähnlich wie bei der Vektorrechnung – darin begründet, daß man bei allgemeinen Überlegungen zunächst häufig nicht das ganze Schema (IV-1) im Einzelnen verwenden muß, sondern mit dem entsprechenden Einzelbuchstaben arbeiten kann. So wird mühevolles Herumrechnen mit unübersichtlichen, langen Formeln ersetzt durch Denken unter Verwendung extremer Kurzschrift.

Wie die Ausdrücke (IV-1) und (IV-2) bereits nahelegen, werden im folgenden solche Matrizen von besonderer Bedeutung sein, die aus den Koeffizienten eines linearen Gleichungssystems gebildet werden. Die Matrix (IV-1) nennt man dann *Koeffizientenmatrix* des entsprechenden Gleichungssystems. Häufig erweitert man diese Matrix nach rechts noch um eine zusätzliche Spalte mit den rechten Seiten des Gleichungssystems

$$\left(\begin{array}{cccc|c} a_{11} & a_{12} & \dots & a_{1n} & b_1 \\ a_{21} & a_{22} & \dots & a_{2n} & b_2 \\ \vdots & \vdots & & \vdots & \vdots \\ a_{m1} & a_{m2} & \dots & a_{mn} & b_m \end{array}\right),$$

wobei wir hier den Spaltenvektor der rechten Seiten noch optisch durch eine gestrichelte Trennungslinie abgrenzen. Diese Matrix, für die wir im folgenden auch die Abkürzung $(\mathbf{A}, \mathbf{b})$ wählen wollen, nennt man auch die *erweiterte Koeffizientenmatrix* des Gleichungssystems.

Beispiel IV-1

Für das Gleichungssystem GS_7 aus Beispiel II-8 erhält man die Koeffizientenmatrix

$$\begin{pmatrix} 1 & 3 & -3 & 2 \\ 0 & 1 & -1 & -1 \\ 2 & 4 & -2 & 4 \end{pmatrix}$$

sowie die erweiterte Koeffizientenmatrix

$$\left(\begin{array}{cccc|c} 1 & 3 & -3 & 2 & -2 \\ 0 & 1 & -1 & -1 & -1 \\ 2 & 4 & -2 & 4 & -2 \end{array}\right).$$

Weiterhin bietet es sich unmittelbar als sehr wichtige Konsequenz an, Zeilenvektoren und Spaltenvektoren als „verkümmerte“ einzeilige bzw. einspaltige Matrizen anzusehen. Sehr wichtig ist außerdem, daß man eine Matrix auch als einen Spaltenvektor ihrer Zeilen bzw. als einen Zeilenvektor ihrer Spalten oder im Sinne von Unterabschnitt 6.1 in Kapitel III als (Spalten-)System ihrer Zeilen(-Vektoren) bzw. als (Zeilen-)System ihrer Spalten(-Vektoren) auffassen kann.

Beispiel IV-2

Die vorstehende erweiterte Koeffizientenmatrix des Gleichungssystems GS_7 läßt sich etwa interpretieren als Spaltenvektor der erweiterten Koeffizientenzeilen

$$\begin{pmatrix} (1, & 3, -3, & 2; -2) \\ (0, & 1, -1, & -1; -1) \\ (2, & 4, -2, & 4; -2) \end{pmatrix}$$

oder auch als Zeilenvektor der Koeffizientenspalten, erweitert um die Spalte der rechten Seiten

$$\left(\begin{pmatrix}1\\0\\2\end{pmatrix}, \begin{pmatrix}3\\1\\4\end{pmatrix}, \begin{pmatrix}-3\\-1\\-2\end{pmatrix}, \begin{pmatrix}2\\-1\\4\end{pmatrix}; \begin{pmatrix}-2\\-1\\-2\end{pmatrix}\right).$$

3. Matrizen und Pfeildiagramme

An dieser Stelle wollen wir auf gewisse, im Hinblick auf praktische Anwendungen wichtige Zusammenhänge zwischen Matrizen und (pfeil-)bewerteten Pfeildiagrammen, wie wir sie schon in den Grundbeispielen verwendet haben, hinweisen.[1] Betrachten Sie dazu bitte die folgende Abb. IV-1, die wir der Übungsaufgabe I-6 entnommen haben.

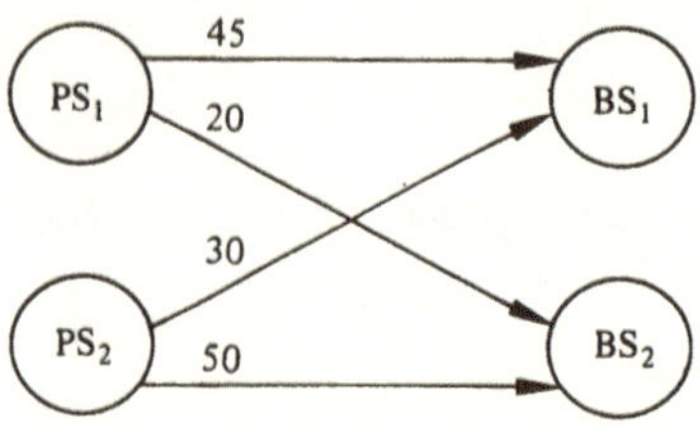

Abb. IV-1: Beispiel (1) eines zweiteiligen bewerteten Pfeildiagrammes

Das in Abb. IV-1 dargestellte Pfeildiagramm zeichnet sich zunächst – grob gesprochen – dadurch aus, daß die Menge der *Knoten* in zwei Teilmengen zerfällt, wobei aus der einen Teilmenge, im folgenden *Vormenge* genannt, (gebildet durch die Knoten PS_1 und PS_2 auf der linken Seite) nur Pfeile hinausgehen, während in die zweite Teilmenge, im folgenden *Nachmenge* genannt, (Knoten BS_1 und BS_2 auf der rechten Seite) nur Pfeile hineingehen. Ein derartiges Pfeildiagram nennt man auch *zweiteilig* oder *bipartit*. Außerdem hat es die Eigenschaft, daß jedem Pfeil eine Zahl zugeordnet ist, und heißt daher *(pfeil-)bewertet*. Diese Zuordnung von Zahlen zu Pfeilen heißt dann *Pfeilbewertung* und jede so verwendete Zahl *Pfeilwert*. Die darin enthaltenen Informationen lassen sich direkt zu einer Matrix zusammenfassen, sobald man die Knoten der beiden Teilmengen (wie bereits geschehen) jeweils für sich durchnumeriert hat. Für jeden Knoten der Vormenge reserviert man dann in der zu erstellenden Matrix (in der Folge der Numerierung) eine Zeile, für jeden Knoten der Nachmenge entsprechend eine Spalte. Als Matrixglied in der Position (i, j) entnimmt man den Pfeilwert desjenigen Pfeiles, der von dem i-ten Knoten der Vormenge zum j-ten Knoten der Nachmenge weist. Für das Pfeildiagramm aus der Abb. IV-1 ergibt sich danach die folgende Matrix:

$$\begin{pmatrix}45 & 20\\30 & 50\end{pmatrix}.$$

[1] Wir ziehen dabei die Bezeichnungsweise „Pfeildiagramm“ den Worten „gerichteter Graph“ oder „Digraph“ vor, weil innerhalb und außerhalb der Mathematik „Graph“ als Bezeichnung für sehr unterschiedliche Begriffe Verwendung gefunden hat und daher mißverständlich sein kann.

Je nach Numerierung der Knoten erhält man allerdings unterschiedliche Matrizen, d. h. die Matrizendarstellung ist – von trivialen Sonderfällen abgesehen – gewöhnlich nicht eindeutig. Zur Verbesserung der Identifizierung schreibt man sich deshalb in einer zusätzlichen *Randzeile* (oben) und in einer zusätzlichen *Randspalte* (links) die jeweiligen Knotennummern oder allgemeiner Knotennamen als *Indices* oder allgemeine Bezugsgrößen mit auf:

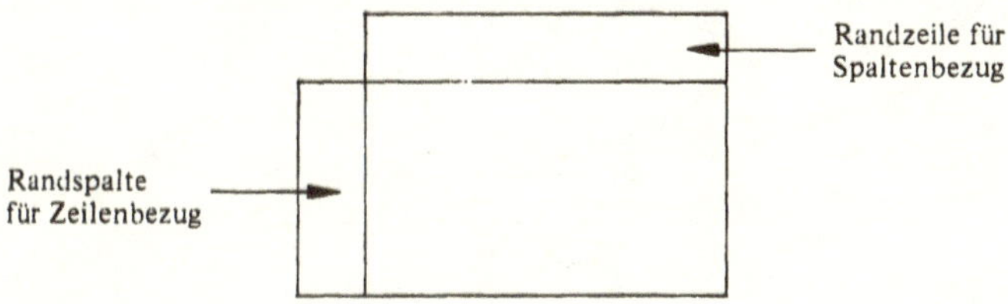

Für das Pfeildiagramm aus Abb. IV-1 sähe eine solche *„Matrix mit Bezugsrand"* wie folgt aus:

	BS_1	BS_2
PS_1	45	20
PS_2	30	50

Wenn als Knotennamen dem Benutzer sofort verständliche, auf die abgebildete Realität bezogene Abkürzungen verwendet werden, kann im Extremfall sogar ein ganzes mathematisches Modell nur aus einer Matrix mit Bezugsrand bestehen. Umgekehrt lassen sich die in einer Matrix enthaltenen Informationen sofort in Form eines zweiteiligen Pfeildiagramms darstellen. Man braucht lediglich für jede Zeile (mit der Bezugsgröße) i und jede Spalte (mit der Bezugsgröße) j der Matrix einen Knoten zu zeichnen (etwa die einen links untereinander und die anderen rechts untereinander), dann den Knoten i und den Knoten j durch einen auf j weisenden Pfeil zu verbinden und an diesen Pfeil die Zahl a_{ij} zu schreiben. Dabei läßt man – je nach der Modellsituation – eventuell diejenigen Pfeile weg, denen der Wert 0 zugeordnet ist. Unterstellen wir etwa die folgende Matrix mit Bezugsrand,

$\mathbf{M}_1 :=$

	A	B	C
A	0,5	0,2	0,3
B	0,2	0,6	0,2
C	0,4	0,3	0,3

so kann man nach unseren Überlegungen das in Abb. IV-2 dargestellte Pfeildiagramm entwickeln.

Wie Sie sicher sofort erkannt haben, handelt es sich dabei um das Pfeildiagramm aus dem Grundbeispiel „Absatzprognose".

Es sei gleich darauf hingewiesen, daß solche Matrizen, bei denen die Zeilen- und Spaltenbezugsgrößen übereinstimmen sowie gleichgeordnet sind (wie etwa bei der oben eingeführten Matrix $\mathbf{M}_1$), auch durch *einteilige* Pfeildiagramme dargestellt

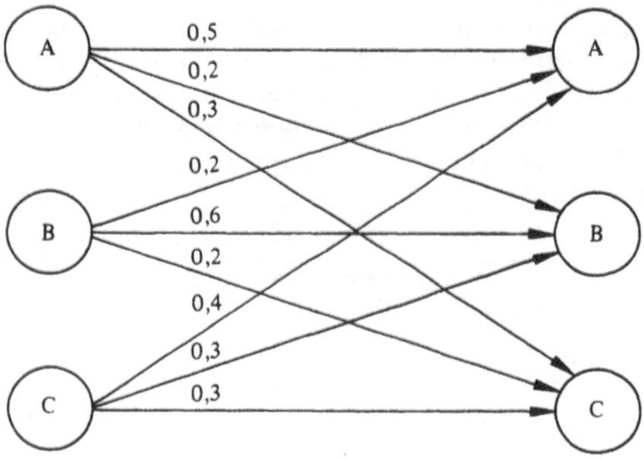

Abb. IV-2: Beispiel (2) für ein zweiteiliges bewertetes Pfeildiagramm

werden können, indem man jetzt jeder Bezugsgröße i nur (einmal) einen Knoten zuordnet und von jeden Knoten i zu jedem Knoten j einen Pfeil mit a_{ij} als zugeteiltem Wert zeichnet. Dabei heißt ein von i nach i gehender Pfeil *Rückkehrpfeil*. Sofern $a_{ij} = 0$ gilt, läßt man auch hier häufig den entsprechenden Pfeil von dem Knoten i zum Knoten j weg. Das der Matrix $\mathbf{M}_1$ entsprechende einteilige Pfeildiagramm hätte die folgende Gestalt:

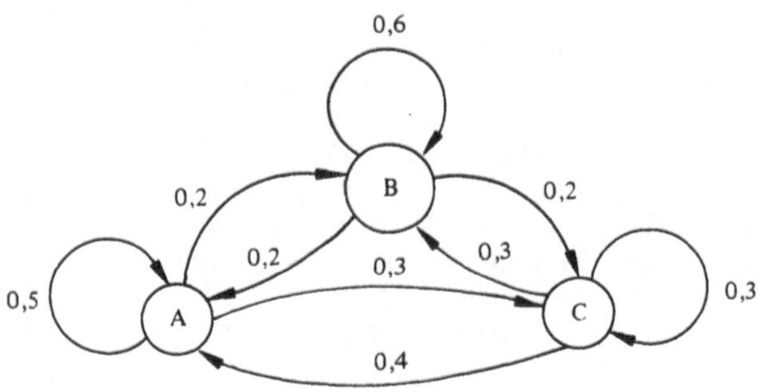

Abb. IV-3: Beispiel für ein einteiliges bewertetes Pfeildiagramm

4. Spezielle Matrizen

Nachdem wir definiert haben, was wir unter einer Matrix verstehen wollen, ist es an dieser Stelle notwendig, Sie mit einer Reihe spezieller Matrizen bekanntzumachen. Die erste wichtige Klasse bilden Matrizen, deren Zeilenanzahl m mit ihrer Spaltenanzahl n übereinstimmt:

$$\begin{pmatrix} a_{11} & a_{12} & \cdots & a_{1n} \\ a_{21} & a_{22} & \cdots & a_{2n} \\ \vdots & \vdots & & \vdots \\ a_{n1} & a_{n2} & \cdots & a_{nn} \end{pmatrix} \quad \text{(quadratische Matrix).}$$

Eine derartige Matrix heißt *quadratisch*, und n nennt man dann auch die *Ordnung* der Matrix. Die Positionen der Glieder $a_{11}, a_{22}, \ldots, a_{nn}$, also die Glieder mit Paaren gleicher Indices, bilden zusammengefaßt die sog. *Hauptdiagonale*. Als *Nebendiagonale* wird die Zusammenfassung der zu den Gliedern $a_{n1}, a_{n-1,2}, \ldots, a_{1n}$ gehörenden Positionen bezeichnet.

Beispiel IV-3
Gegeben seien die Matrizen

$$\mathbf{A} := \begin{pmatrix} 1 & 0 \\ 1 & 1 \end{pmatrix}, \quad \mathbf{B} := \begin{pmatrix} 1 & 1 & 1 \\ 1 & 1 & 1 \end{pmatrix}, \quad \mathbf{C} := \begin{pmatrix} 1 & 0 & 1 \\ 0 & 1 & 0 \\ 0 & 0 & 1 \\ 0 & 0 & 0 \end{pmatrix},$$

$$\mathbf{D} := \begin{pmatrix} 2 & 3 & 7 \\ 0 & 2 & 4 \\ 0 & 0 & 2 \end{pmatrix}, \quad \mathbf{E} := \begin{pmatrix} 1 & 0 & 0 \\ 0 & 1 & 0 \\ 0 & 0 & 1 \end{pmatrix}, \quad \mathbf{F} := \begin{pmatrix} 0 & 0 & 0 & 0 \\ 0 & 0 & 0 & 0 \\ 0 & 0 & 0 & 0 \\ 0 & 0 & 0 & 0 \end{pmatrix},$$

$$\mathbf{G} := \begin{pmatrix} 0 & 0 & 0 \\ 0 & 0 & 0 \\ 1 & 0 & 0 \end{pmatrix}, \quad \mathbf{H} := \begin{pmatrix} 2 & 2 \\ 2 & 2 \end{pmatrix}, \quad \mathbf{I} := \begin{pmatrix} 4 & 0 & 0 \\ 0 & 5 & 0 \\ 0 & 0 & 6 \end{pmatrix}, \quad \mathbf{J} := \begin{pmatrix} 4 & 0 \\ 0 & 4 \end{pmatrix}.$$

Mit Ausnahme von **B** und **C** sind sämtliche Matrizen quadratisch. **A**, **H** und **J** sind von der Ordnung 2, **D**, **E**, **G** und **I** von der Ordnung 3 und **F** von der Ordnung 4.

Eine quadratische Matrix, bei der sämtliche Elemente, die nicht auf der Hauptdiagonalen liegen, gleich Null sind, nennt man auch *Diagonalmatrix*. Eine derartige Matrix **A** besitzt die folgende allgemeine Gestalt:

$$\begin{pmatrix} a_{11} & 0 & \ldots & 0 \\ 0 & a_{22} & \ldots & 0 \\ \vdots & \vdots & & \vdots \\ 0 & 0 & \ldots & a_{nn} \end{pmatrix} \qquad \text{(Diagonalmatrix)}$$

und wird häufig **D** oder genauer $\mathbf{D}(a_{11}, a_{22}, \ldots, a_{nn})$ abgekürzt (vgl. Unterabschnitt 7.2. in diesem Kapitel).

Beispiel IV-4
Von den Matrizen aus Beispiel IV-3 sind **E**, **F**, **I** und **J** Diagonalmatrizen.

Eine Diagonalmatrix der noch einfacheren Gestalt

$$\begin{pmatrix} \lambda & 0 & \ldots & 0 \\ 0 & \lambda & \ldots & 0 \\ \vdots & \vdots & & \vdots \\ 0 & 0 & \ldots & \lambda \end{pmatrix} \qquad \text{(Skalarmatrix)}$$

bezeichnet man als *Skalarmatrix*.

Beispiel IV-5
Die Matrizen **E**, **F** und **J** aus Beispiel IV-3 sind Skalarmatrizen.

Speziell spricht man von einer *Einheitsmatrix*, wenn bei einer Skalarmatrix sämtliche Elemente der Hauptdiagonalen den Wert Eins annehmen.

Beispiel IV-6
Die Matrix **E** aus Beispiel IV-3 stellt eine Einheitsmatrix dar.

Als Abkürzung für eine Einheitsmatrix wählt man im deutschsprachigen Raum gewöhnlich – und wie schon in Beispiel IV-3 geschehen – den Buchstaben **E**:

$$\mathbf{E} := \begin{pmatrix} 1 & 0 & \dots & 0 \\ 0 & 1 & \dots & 0 \\ \vdots & \vdots & & \vdots \\ 0 & 0 & \dots & 1 \end{pmatrix} \qquad \text{(Einheitsmatrix)},$$

im angelsächsischen Raum dagegen **I** (für *identity matrix*). Eine Einheitsmatrix läßt sich insbesondere als ein Zeilenvektor von Einheitsspaltenvektoren (hier speziell symbolisiert durch den Akzent „ $\vee$ ")

$$\text{(IV-3)} \quad \check{\mathbf{e}}^{(1)} := \begin{pmatrix} 1 \\ 0 \\ 0 \\ \vdots \\ 0 \\ 0 \end{pmatrix}, \check{\mathbf{e}}^{(2)} := \begin{pmatrix} 0 \\ 1 \\ 0 \\ \vdots \\ 0 \\ 0 \end{pmatrix}, \dots, \check{\mathbf{e}}^{(n)} := \begin{pmatrix} 0 \\ 0 \\ 0 \\ \vdots \\ 0 \\ 1 \end{pmatrix}$$

auffassen und dann schreiben als

$$\text{(IV-4)} \quad \mathbf{E} = (\check{\mathbf{e}}^{(1)}, \check{\mathbf{e}}^{(2)}, \dots, \check{\mathbf{e}}^{(n)}).$$

Natürlich ist ebenso eine Interpretation von **E** als Spaltenvektor von Einheitszeilenvektoren (hier wieder durch „ $>$ " symbolisiert) möglich:

$$\text{(IV-5)} \quad \mathbf{E} = \begin{pmatrix} \overset{>}{\mathbf{e}}^{(1)} \\ \overset{>}{\mathbf{e}}^{(2)} \\ \vdots \\ \overset{>}{\mathbf{e}}^{(n)} \end{pmatrix}$$

mit

$$\text{(IV-6)} \begin{cases} \overset{>}{\mathbf{e}}^{(1)} := (1, 0, 0, \dots, 0, 0) \\ \overset{>}{\mathbf{e}}^{(2)} := (0, 1, 0, \dots, 0, 0) \\ \vdots \\ \overset{>}{\mathbf{e}}^{(n)} := (0, 0, 0, \dots, 0, 1). \end{cases}$$

(Vgl. Abschnitt 7 in Kapitel III).

Beachten Sie bitte, daß wir trotz des Symbols **E** nicht von „der" Einheitsmatrix sprechen, sondern vielmehr Einheitsmatrizen verschiedener Ordnungen wohl voneinander unterscheiden müssen. Offensichtlich ist die Einheitsmatrix 2. Ordnung

$$\begin{pmatrix} 1 & 0 \\ 0 & 1 \end{pmatrix}$$

etwas anderes als die Einheitsmatrix 3. Ordnung

$$\begin{pmatrix} 1 & 0 & 0 \\ 0 & 1 & 0 \\ 0 & 0 & 1 \end{pmatrix}.$$

Eine quadratische Matrix, bei der sämtliche Positionen entweder unterhalb oder oberhalb der Hauptdiagonalen nur mit Nullen besetzt sind, nennt man *Dreiecksmatrix*, und wir wollen sie **Δ** abkürzen. Sofern die mit Nullen besetzten Felder unterhalb der Hauptdiagonalen liegen, spricht man genauer von einer *oberen*, im anderen Fall von einer *unteren* Dreiecksmatrix:

$$\begin{pmatrix} a_{11} & a_{12} & \dots & a_{1n} \\ 0 & a_{22} & \dots & a_{2n} \\ \vdots & \vdots & & \vdots \\ 0 & 0 & \dots & a_{nn} \end{pmatrix} \quad \text{(obere Dreiecksmatrix),}$$

$$\begin{pmatrix} a_{11} & 0 & \dots & 0 \\ a_{21} & a_{22} & \dots & 0 \\ \vdots & \vdots & & \vdots \\ a_{n1} & a_{n2} & \dots & a_{nn} \end{pmatrix} \quad \text{(untere Dreiecksmatrix).}$$

Sind bei einer Dreiecksmatrix die Glieder der Hauptdiagonalen sämtlich gleich Eins, so nennt man sie speziell *normiert*.

Beispiel IV-7
Von den Matrizen aus Beispiel IV-3 sind **A** und **G** untere Dreiecksmatrizen, **D** dagegen eine obere Dreiecksmatrix. **E**, **F**, **I** und **J** sind sowohl untere als auch obere Dreiecksmatrizen. Normierte Dreiecksmatrizen sind **A** und **E**.

5. Gleichungen und Ungleichungen zwischen Matrizen

Die einfachen Relationen „=" und „≦", die wir bereits für Vektoren eingeführt haben, lassen sich leicht auf Matrizen übertragen. So wollen wir auch hier immer davon ausgehen, daß die in diesem Zusammenhang zu vergleichenden Matrizen jeweils die gleiche Zeilenanzahl **und** die gleiche Spaltenanzahl aufweisen müssen, in welchem Falle wir auch sagen, daß sie *gleichdimensioniert* sind.

Beispiel IV-8
Gleichdimensioniert sind einerseits die Matrizen **A**, **H** und **J**, andererseits **D**, **E**, **G** und **I** aus Beispiel IV-3. Nicht gleichdimensioniert sind dagegen **A** und **B** bzw. **C** und **F**.

Die Gleichheitsrelation definieren wir nun wieder „elementweise":

„=“-Relation zwischen gleichdimensionierten Matrizen (Gleichheit von Matrizen)	
A = B	$\begin{pmatrix} a_{11} & a_{12} & \dots & a_{1n} \\ a_{21} & a_{22} & \dots & a_{2n} \\ \vdots & \vdots & & \vdots \\ a_{m1} & a_{m2} & \dots & a_{mn} \end{pmatrix} = \begin{pmatrix} b_{11} & b_{12} & \dots & b_{1n} \\ b_{21} & b_{22} & \dots & b_{2n} \\ \vdots & \vdots & & \vdots \\ b_{m1} & b_{m2} & \dots & b_{mn} \end{pmatrix}$ $:\Leftrightarrow$ $\begin{matrix} a_{11} = b_{11}, & a_{12} = b_{12}, & \dots, & a_{1n} = b_{1n} \\ a_{21} = b_{21}, & a_{22} = b_{22}, & \dots, & a_{2n} = b_{2n} \\ \vdots & \vdots & & \vdots \\ a_{m1} = b_{m1}, & a_{m2} = b_{m2}, & \dots, & a_{mn} = b_{mn} \end{matrix}$

Einer Gleichung zwischen Matrizen entsprechen also $m \cdot n$ Gleichungen zwischen ihren Gliedern und umgekehrt. Sind diese Gleichungen für ein Paar von Matrizen **A** und **B** sämtlich erfüllt, so nennt man **A** und **B** *gleich*. Die „≦“-Relation zwischen Matrizen definieren wir analog.

„≦“-Relation zwischen gleichdimensionierten Matrizen („≧“-Relation entsprechend)	
A ≦ B	$\begin{pmatrix} a_{11} & a_{22} & \dots & a_{1n} \\ a_{21} & a_{22} & \dots & a_{2n} \\ \vdots & \vdots & & \vdots \\ a_{m1} & a_{m2} & \dots & a_{mn} \end{pmatrix} \leqq \begin{pmatrix} b_{11} & b_{12} & \dots & b_{1n} \\ b_{21} & b_{22} & \dots & b_{2n} \\ \vdots & \vdots & & \vdots \\ b_{m1} & b_{m2} & \dots & b_{mn} \end{pmatrix}$ $:\Leftrightarrow$ $\begin{matrix} a_{11} \leqq b_{11}, & a_{12} \leqq b_{12}, & \dots, & a_{1n} \leqq b_{1n} \\ a_{21} \leqq b_{21}, & a_{22} \leqq b_{22}, & \dots, & a_{2n} \leqq b_{2n} \\ \vdots & \vdots & & \vdots \\ a_{m1} \leqq b_{m1}, & a_{m2} \leqq b_{m2}, & \dots, & a_{mn} \leqq b_{mn} \end{matrix}$

(Auch hier ist die Schreibweise in der Literatur nicht einheitlich, d.h. man findet auch „≤“ bzw. „≥“.) Sind zwischen zwei Matrizen **A** und **B** sämtliche $m \cdot n$ „≦“-Relationen erfüllt, so heiße **A** *gliedweise höchstens so groß wie* **B** bzw. **B** *gliedweise mindestens so groß wie* **A**.

Beispiel IV-9

Für die Matrizen aus Beispiel IV-3 lassen sich im Hinblick auf die bisher definierten Relationen lediglich die folgenden als wahr angeben:

$$\begin{matrix} \mathbf{E} \leqq \mathbf{D} \\ \mathbf{E} \leqq \mathbf{I} \end{matrix} \quad \text{oder entsprechend} \quad \begin{matrix} \mathbf{D} \geqq \mathbf{E} \\ \mathbf{I} \geqq \mathbf{E} \end{matrix}.$$

6. Einfache Rechenoperationen für Matrizen

Zu den einfachen Operationen für Matrizen zählen wir auch hier wieder die Addition, die Subtraktion, die Negation und die Multiplikation mit einer Zahl. Als neue Operation kommt noch das *Transponieren* hinzu.

Für zwei gleichdimensionierte Matrizen ist die Addition – wie zu erwarten – wie folgt definiert:

Addition von gleichdimensionierten Matrizen	
A + B	$$\begin{pmatrix} a_{11} & a_{12} & \dots & a_{1n} \\ a_{21} & a_{22} & \dots & a_{2n} \\ \vdots & \vdots & & \vdots \\ a_{m1} & a_{m2} & \dots & a_{mn} \end{pmatrix} + \begin{pmatrix} b_{11} & b_{12} & \dots & b_{1n} \\ b_{21} & b_{22} & \dots & b_{2n} \\ \vdots & \vdots & & \vdots \\ b_{m1} & b_{m2} & \dots & b_{mn} \end{pmatrix}$$ $$:= \begin{pmatrix} a_{11} + b_{11}, & a_{12} + b_{12}, & \dots, & a_{1n} + b_{1n} \\ a_{21} + b_{21}, & a_{22} + b_{22}, & \dots, & a_{2n} + b_{2n} \\ \vdots & \vdots & & \vdots \\ a_{m1} + b_{m1}, & a_{m2} + b_{m2}, & \dots, & a_{mn} + b_{mn} \end{pmatrix}$$

Anders ausgedrückt: Zwei Matrizen werden addiert, indem man sie „gliedweise“ addiert. Da es sich bei den Gliedern von Matrizen wieder um Zahlen bzw. Zahlenvariablen handelt, sieht man mühelos die Gültigkeit der folgenden Rechengesetze ein:

Rechengesetze bezüglich der Addition gleichdimensionierter Matrizen
Kommutativgesetz $\mathbf{A} + \mathbf{B} = \mathbf{B} + \mathbf{A}$ Assoziativgesetz $(\mathbf{A} + \mathbf{B}) + \mathbf{C} = \mathbf{A} + (\mathbf{B} + \mathbf{C})$.

Die Gültigkeit dieser Gesetze sichert wieder, daß bei einer Summe mehrerer *addierbarer*, d.h. gleichdimensionierter, Matrizen die Reihenfolge der Summanden und die Klammerbildung keine Rolle spielt und daher auch sofort das Summenzeichen verwendet werden kann.

Beispiel IV-10
Für die Matrizen **D**, **E** und **G** aus Beispiel IV-3 ergibt sich etwa

$$\mathbf{D} + \mathbf{E} + \mathbf{G} = \begin{pmatrix} 3 & 3 & 7 \\ 0 & 3 & 4 \\ 1 & 0 & 3 \end{pmatrix}.$$

Eine Matrix **A** subtrahiert man von einer gleichdimensionierten Matrix **B**, indem man jedes Glied von **B** jeweils von dem „entsprechenden“ Glied von **A**, d.h. von dem Glied in gleicher Position, subtrahiert.

Subtraktion von gleichdimensionierten Matrizen	
A − B	$\begin{pmatrix} a_{11} & a_{12} & \dots & a_{1n} \\ a_{21} & a_{22} & \dots & a_{2n} \\ \vdots & \vdots & & \vdots \\ a_{m1} & a_{m2} & \dots & a_{mn} \end{pmatrix} - \begin{pmatrix} b_{11} & b_{12} & \dots & b_{1n} \\ b_{21} & b_{22} & \dots & b_{2n} \\ \vdots & \vdots & & \vdots \\ b_{m1} & b_{m2} & \dots & b_{mn} \end{pmatrix}$ $:= \begin{pmatrix} a_{11} - b_{11}, & a_{12} - b_{12}, & \dots, & a_{1n} - b_{1n} \\ a_{21} - b_{21}, & a_{22} - b_{22}, & \dots, & a_{2n} - b_{2n} \\ \vdots & \vdots & & \vdots \\ a_{m1} - b_{m1}, & a_{m2} - b_{m2}, & \dots, & a_{mn} - b_{mn} \end{pmatrix}$

Subtrahiert man eine (m × n)-Matrix von sich selbst, so ergibt sich eine *(m × n)-Nullmatrix* **0**, das ist eine Matrix, die ausschließlich Nullen enthält.

Beispiel IV-11
Für die Matrizen **A** und **J** aus Beispiel IV-3 ergibt sich etwa

$$\mathbf{A} - \mathbf{J} = \begin{pmatrix} -3 & 0 \\ 1 & -3 \end{pmatrix}.$$

Subtrahiert man **C** von sich selbst, so gelangt man zu einer (4 × 3)-Nullmatrix:

$$\mathbf{C} - \mathbf{C} = \begin{pmatrix} 0 & 0 & 0 \\ 0 & 0 & 0 \\ 0 & 0 & 0 \\ 0 & 0 & 0 \end{pmatrix}.$$

Rechengesetz bezüglich einer Nullmatrix **0** bei gleichdimensionierten Matrizen
0 + A = A + 0 = A

Die *Negation* von Matrizen definieren wir wie folgt:

Negation von Matrizen	
−A	$-\begin{pmatrix} a_{11} & a_{12} & \dots & a_{1n} \\ a_{21} & a_{22} & \dots & a_{2n} \\ \vdots & \vdots & & \vdots \\ a_{m1} & a_{m2} & \dots & a_{mn} \end{pmatrix} := \begin{pmatrix} -a_{11}, & -a_{12}, & \dots, & -a_{1n} \\ -a_{21}, & -a_{22}, & \dots, & -a_{2n} \\ \vdots & \vdots & & \vdots \\ -a_{m1}, & -a_{m2}, & \dots, & -a_{mn} \end{pmatrix}$

Beispiel IV-12
Für die Matrix **D** aus Beispiel IV-3 gilt etwa

$$-\mathbf{D} = \begin{pmatrix} -2 & -3 & -7 \\ 0 & -2 & -4 \\ 0 & 0 & -2 \end{pmatrix}.$$

Als Rechengesetze gelten auch hier:

Rechengesetze bezüglich der Subtraktion und Negation von gleichdimensionierten Matrizen
$\mathbf{A} + (-\mathbf{A}) = \mathbf{0}$ $\mathbf{0} - \mathbf{A} = -\mathbf{A}$

0 bezeichnet dabei eine Nullmatrix von gleicher Zeilenanzahl und Spaltenanzahl wie **A**. Schließlich betrachten wir wie in der Vektorrechnung wieder die Multiplikation mit einem Skalar, d.h. einer mathematischen Einzelgröße, die keine Matrix (und auch kein Vektor) ist.

Multiplikation einer Matrix mit einem Skalar t	
Multiplikation von links	
$t \cdot \mathbf{A}$	$t \cdot \begin{pmatrix} a_{11} & a_{12} & \dots & a_{1n} \\ a_{21} & a_{22} & \dots & a_{2n} \\ \vdots & \vdots & & \vdots \\ a_{m1} & a_{m2} & \dots & a_{mn} \end{pmatrix} := \begin{pmatrix} t \cdot a_{11}, t \cdot a_{12}, \dots, t \cdot a_{1n} \\ t \cdot a_{21}, t \cdot a_{22}, \dots, t \cdot a_{2n} \\ \vdots \quad \vdots \quad \vdots \\ t \cdot a_{m1}, t \cdot a_{m2}, \dots, t \cdot a_{mn} \end{pmatrix}$
Multiplikation von rechts	
$\mathbf{A} \cdot t$	$\begin{pmatrix} a_{11} & a_{12} & \dots & a_{1n} \\ a_{21} & a_{22} & \dots & a_{2n} \\ \vdots & \vdots & & \vdots \\ a_{m1} & a_{m2} & \dots & a_{mn} \end{pmatrix} \cdot t := \begin{pmatrix} a_{11} \cdot t, a_{12} \cdot t, \dots, a_{1n} \cdot t \\ a_{21} \cdot t, a_{22} \cdot t, \dots, a_{2n} \cdot t \\ \vdots \quad \vdots \quad \vdots \\ a_{m1} \cdot t, a_{m2} \cdot t, \dots, a_{mn} \cdot t \end{pmatrix}$

Auch hier sind die Malzeichen „ · “ zur Verdeutlichung hinzugefügt und werden später meist weggelassen. Man sieht sofort, daß nach unserer Definition auch hier wieder ein Kommutativgesetz Gültigkeit hat. Dieses und weitere Rechengesetze für die Multiplikation mit Skalaren sind im folgenden aufgelistet.

Rechengesetze bezüglich der Multiplikation von Matrizen **A** und **B** mit Skalaren s und t
Kommutativgesetz $t \cdot \mathbf{A} = \mathbf{A} \cdot t$ Assoziativgesetz $s \cdot (t \cdot \mathbf{A}) = (s \cdot t) \cdot \mathbf{A}$ Distributivgesetz $(s + t) \cdot \mathbf{A} = s \cdot \mathbf{A} + t \cdot \mathbf{A}$ $s \cdot (\mathbf{A} + \mathbf{B}) = s \cdot \mathbf{A} + s \cdot \mathbf{B}$ (bei Gleichdimensioniertheit)

Beispiel IV-13
Gegeben seien wieder die Matrizen aus Beispiel IV-3. Es gilt etwa

$$2\begin{pmatrix} 2 & 3 & 7 \\ 0 & 2 & 4 \\ 0 & 0 & 2 \end{pmatrix} = \begin{pmatrix} 2 & 3 & 7 \\ 0 & 2 & 4 \\ 0 & 0 & 2 \end{pmatrix} 2 = \begin{pmatrix} 4 & 6 & 14 \\ 0 & 4 & 8 \\ 0 & 0 & 4 \end{pmatrix}$$

$$2\left(3\begin{pmatrix} 4 & 0 & 0 \\ 0 & 5 & 0 \\ 0 & 0 & 6 \end{pmatrix}\right) = (2 \cdot 3)\begin{pmatrix} 4 & 0 & 0 \\ 0 & 5 & 0 \\ 0 & 0 & 6 \end{pmatrix} = \begin{pmatrix} 24 & 0 & 0 \\ 0 & 30 & 0 \\ 0 & 0 & 36 \end{pmatrix}$$

$$(4+1)\begin{pmatrix} 1 & 0 \\ 1 & 1 \end{pmatrix} = 4\begin{pmatrix} 1 & 0 \\ 1 & 1 \end{pmatrix} + 1\begin{pmatrix} 1 & 0 \\ 1 & 1 \end{pmatrix} = \begin{pmatrix} 5 & 0 \\ 5 & 5 \end{pmatrix}$$

$$6\left(\begin{pmatrix} 2 & 3 & 7 \\ 0 & 2 & 4 \\ 0 & 0 & 2 \end{pmatrix} + \begin{pmatrix} 1 & 0 & 0 \\ 0 & 1 & 0 \\ 0 & 0 & 1 \end{pmatrix}\right) = 6\begin{pmatrix} 2 & 3 & 7 \\ 0 & 2 & 4 \\ 0 & 0 & 2 \end{pmatrix} + 6\begin{pmatrix} 1 & 0 & 0 \\ 0 & 1 & 0 \\ 0 & 0 & 1 \end{pmatrix}$$

$$= \begin{pmatrix} 18 & 18 & 42 \\ 0 & 18 & 24 \\ 0 & 0 & 18 \end{pmatrix}.$$

Für spätere Zwecke (z. B. für die in diesem Buch nicht behandelte Dualitätstheorie der Linearen Optimierung) sei noch eine andere wichtige Operation an einer Matrix, das *Transponieren* (auch: *Spiegeln, Stürzen*), eingeführt. Darunter versteht man, daß man in einer Matrix **A** die Spalten mit den Zeilen vertauscht. Diese neue Matrix nennt man die *Transponierte* von **A**.[1]

[1] Warnung: Man beachte allerdings, daß der Ausdruck „Transposition" sich auch auf die Vertauschung von zwei Zeilen oder von zwei Spalten beziehen kann, vgl. bereits Unterabschnitt 7.2 in diesem Kapitel und Unterabschnitt 2.1 in Kapitel V.

Wir wollen sie mit **A'** abkürzen. (Gebräuchlich sind aber auch die Abkürzungen $\mathbf{A}^{t}$, $\mathbf{A}^{T}$ oder $\mathbf{A}^{\tau}$.

Transponieren einer Matrix
$$\begin{pmatrix} a_{11} & a_{12} & \dots & a_{1n} \\ a_{21} & a_{22} & \dots & a_{2n} \\ \vdots & \vdots & & \vdots \\ a_{m1} & a_{m2} & \dots & a_{mn} \end{pmatrix}' := \begin{pmatrix} a_{11} & a_{21} & \dots & a_{m1} \\ a_{12} & a_{22} & \dots & a_{m2} \\ \vdots & \vdots & & \vdots \\ a_{1n} & a_{2n} & \dots & a_{mn} \end{pmatrix}$$

Beispiel IV-14

$$\begin{pmatrix} 1 & 4 & 7 & 0 \\ 2 & 5 & 8 & 1 \\ 3 & 6 & 9 & 2 \end{pmatrix}' = \begin{pmatrix} 1 & 2 & 3 \\ 4 & 5 & 6 \\ 7 & 8 & 9 \\ 0 & 1 & 2 \end{pmatrix}$$

Gilt für eine quadratische Matrix

$$\mathbf{A} = \mathbf{A}',$$

so nennt man **A** auch *symmetrisch.*

Beispiel IV-15
Die Matrizen **E**, **F**, **H**, **I** und **J** aus Beispiel IV-3 sind symmetrisch.

7. Matrizenmultiplikation

7.1. Allgemeine Grundlagen der Matrizenmultiplikation

Während die bisher vorgestellten Rechenoperationen für Matrizen keine besonderen Überraschungen boten, ist die Matrizenmultiplikation auf den ersten Blick etwas ungewöhnlich definiert. Erfahrungsgemäß bereitet es Studenten der Wirtschaftswissenschaften Schwierigkeiten, diese Definition sofort zu akzeptieren, so daß wir zuerst einige vorbereitende Ausführungen machen wollen.

Wir betrachten zunächst das System von m linearen Funktionen in den Variablen $z_1, z_2, \ldots, z_l$:

$$\text{(IV-7)} \quad \begin{cases} y_1 = a_{11} z_1 + a_{12} z_2 + \ldots + a_{1l} z_l \\ y_2 = a_{21} z_1 + a_{22} z_2 + \ldots + a_{2l} z_l \\ \vdots \\ y_m = a_{m1} z_1 + a_{m2} z_2 + \ldots + a_{ml} z_l \end{cases} \quad \text{oder vektoriell abgekürzt } \mathbf{y} = \mathbf{f}(\mathbf{z}).$$

Nun wollen wir die Annahme machen, daß die Variablen $z_1, z_2, \ldots, z_l$ selbst wieder von anderen Variablen $x_1, x_2, \ldots, x_n$ abhängen. Genauer gelte:

(IV-8) $$\begin{cases} z_1 = b_{11}x_1 + b_{12}x_2 + \ldots + b_{1n}x_n \\ z_2 = b_{21}x_1 + b_{22}x_2 + \ldots + b_{2n}x_n \\ \vdots \\ z_l = b_{l1}\, x_1 + b_{l2}\, x_2 + \ldots + b_{ln}x_n \end{cases}$$ oder wieder vektoriell abgekürzt $\mathbf{z} = \mathbf{g}(\mathbf{x})$.

Beispiel IV-16

Betrachten Sie bitte noch einmal den in Abb. I-2 dargestellten Produktionsprozeß des Grundbeispiels „Prozeßanalyse". Es soll zunächst untersucht werden, wie viele Mengeneinheiten y_1 und y_2 der Einsatzgüter EG_1 und EG_2 erforderlich sind, um z_1 bzw. z_2 Mengeneinheiten der Zwischenprodukte ZP_1 und ZP_2 zu erstellen. Diese Frage läßt sich offensichtlich mit Hilfe des folgenden Systems linearer Funktionen untersuchen:

$$y_1 = 4z_1 + 8z_2$$
$$y_2 = 3z_1 + 2z_2.$$

Für die Untersuchung des entsprechenden Zusammenhanges zwischen den Mengeneinheiten z_1 bzw. z_2 der Zwischenprodukte und den Mengeneinheiten x_1, x_2 bzw. x_3 der Fertigprodukte FP_1, FP_2 und FP_3 erhalten wir analog

$$z_1 = 7x_1 + 4x_2 + 2x_3$$
$$z_2 = 0x_1 + 3x_2 + 2x_3.$$

Welcher funktionale Zusammenhang besteht dann aber zwischen den Variablen $y_1, y_2, \ldots, y_m$ und den Variablen $x_1, x_2, \ldots, x_n$? Anders gefragt: Wie sehen die Koeffizienten der Variablen x_j in dem Ausdruck $\mathbf{f}(\mathbf{g}(\mathbf{z}))$ – bekannt im eindimensionalen Fall von der Kettenregel der Differentialrechnung unter dem Stichwort „*Funktion von Funktion*" – aus? Zur Beantwortung dieser Frage müssen wir also in (IV-7) die z_j durch die rechts in (IV-8) aufgeführten Ausdrücke substituieren (eine *lineare Substitution* vornehmen) und erhalten – unter Verwendung des Summenzeichens –:

$$\begin{aligned} y_1 &= a_{11}\Big(\sum_{j=1}^{n} b_{1j}x_j\Big) + a_{12}\Big(\sum_{j=1}^{n} b_{2j}x_j\Big) + \ldots + a_{1l}\Big(\sum_{j=1}^{n} b_{lj}x_j\Big) \\ y_2 &= a_{21}\Big(\sum_{j=1}^{n} b_{1j}x_j\Big) + a_{22}\Big(\sum_{j=1}^{n} b_{2j}x_j\Big) + \ldots + a_{2l}\Big(\sum_{j=1}^{n} b_{lj}x_j\Big) \\ &\vdots \\ y_m &= a_{m1}\Big(\sum_{j=1}^{n} b_{1j}x_j\Big) + a_{m2}\Big(\sum_{j=1}^{n} b_{2j}x_j\Big) + \ldots + a_{ml}\Big(\sum_{j=1}^{n} b_{lj}x_j\Big). \end{aligned}$$

Für die i-te Gleichung gilt dabei

$$y_i = a_{i1}\Big(\sum_{j=1}^{n} b_{1j}x_j\Big) + a_{i2}\Big(\sum_{j=1}^{n} b_{2j}x_j\Big) + \ldots + a_{il}\Big(\sum_{j=1}^{n} b_{lj}x_j\Big)$$

oder noch kürzer geschrieben und unter Benutzung der Rechenregel für das Vertauschen der Reihenfolge bei Doppelsummen umgeformt:

$$\begin{aligned} y_i &= \sum_{k=1}^{l} a_{ik}\Big(\sum_{j=1}^{n} b_{kj}x_j\Big) \\ &= \sum_{k=1}^{l}\Big(\sum_{j=1}^{n} a_{ik}b_{kj}x_j\Big) \\ &= \sum_{j=1}^{n}\Big(\sum_{k=1}^{l} a_{ik}b_{kj}\Big)x_j. \end{aligned}$$

Wenn Sie wollen, können wir an dieser Stelle auch wieder die ganz ausführliche Schreibweise wählen. Wir erhalten dann:

$$\text{(IV-9)} \quad \begin{cases} y_1 = (\sum_{k=1}^{l} a_{1k} b_{k1}) x_1 + (\sum_{k=1}^{l} a_{1k} b_{k2}) x_2 + \ldots + (\sum_{k=1}^{l} a_{1k} b_{kn}) x_n \\ y_2 = (\sum_{k=1}^{l} a_{2k} b_{k1}) x_1 + (\sum_{k=1}^{l} a_{2k} b_{k2}) x_2 + \ldots + (\sum_{k=1}^{l} a_{2k} b_{kn}) x_n \\ \vdots \\ y_m = (\sum_{k=1}^{l} a_{mk} b_{k1}) x_1 + (\sum_{k=1}^{l} a_{mk} b_{k2}) x_2 + \ldots + (\sum_{k=1}^{l} a_{mk} b_{kn}) x_n . \end{cases}$$

Beispiel IV-17

Wir setzen das Beispiel IV-16 analog zu unseren letzten Überlegungen fort und setzen ein:

$$y_1 = 4(7x_1 + 4x_2 + 2x_3) + 8(0x_1 + 3x_2 + 2x_3)$$
$$y_2 = 3(7x_1 + 4x_2 + 2x_3) + 2(0x_1 + 3x_2 + 2x_3).$$

Durch Ausrechnen erhält man weiter

$$y_1 = 28x_1 + 40x_2 + 24x_3$$
$$y_2 = 21x_1 + 18x_2 + 10x_3 .$$

Damit ist der direkte Zusammenhang zwischen Einsatzgütermenge und Fertigproduktmenge hergestellt. Durch Vorgaben der Fertigproduktmengen x_1, x_2 und x_3 lassen sich direkt die dazu benötigten Einsatzgütermengen ausrechnen.

Diese Überlegungen bilden den Hintergrund für die folgende Definition der Matrizenmultiplikation:

Matrizenmultiplikation einer $(m \times l)$-Matrix **A** mit einer $(l \times n)$-Matrix **B**

Gegeben seien die Matrizen

$$\mathbf{A} := \begin{pmatrix} a_{11} & a_{12} & \ldots & a_{1l} \\ a_{21} & a_{22} & \ldots & a_{2l} \\ \vdots & \vdots & & \vdots \\ a_{m1} & a_{m2} & \ldots & a_{ml} \end{pmatrix} \quad \text{und} \quad \mathbf{B} := \begin{pmatrix} b_{11} & b_{12} & \ldots & b_{1n} \\ b_{21} & b_{22} & \ldots & b_{2n} \\ \vdots & \vdots & & \vdots \\ b_{l1} & b_{l2} & \ldots & b_{ln} \end{pmatrix}.$$

Dann ist das Produkt $\mathbf{A} \cdot \mathbf{B}$ wie folgt als $(m \times n)$-Matrix definiert:

$$\text{(IV-10)} \quad \mathbf{A} \cdot \mathbf{B} := \begin{pmatrix} \sum_{k=1}^{l} a_{1k} b_{k1}, & \sum_{k=1}^{l} a_{1k} b_{k2}, & \ldots, & \sum_{k=1}^{l} a_{1k} b_{kn} \\ \sum_{k=1}^{l} a_{2k} b_{k1}, & \sum_{k=1}^{l} a_{2k} b_{k2}, & \ldots, & \sum_{k=1}^{l} a_{2k} b_{kn} \\ \vdots & \vdots & & \vdots \\ \sum_{k=1}^{l} a_{mk} b_{k1}, & \sum_{k=1}^{l} a_{mk} b_{k2}, & \ldots, & \sum_{k=1}^{l} a_{mk} b_{kn} \end{pmatrix}.$$

Auch bei dem Aufschreiben eines Matrizenproduktes wird später häufig das Malzeichen „ · " weggelassen. Wir sehen, die Matrix **A** entspricht der Koeffizientenmatrix des Gleichungssystems (IV-7), die Matrix **B** der Koeffizientenmatrix (IV-8) und das Matrizenprodukt **A · B** der Koeffizientenmatrix von (IV-9).

Dabei kann **A · B** noch in zweifacher Weise anders interpretiert werden:

- Erstens: **A** ist ein Symbol für eine Rechenvorschrift (ein *Linksoperator*), durch die **B** verändert wird.
- Zweitens: **B** ist ein Symbol für eine Rechenvorschrift (ein *Rechtsoperator*), durch die **A** verändert wird.

Diese Interpretationen, welche dem modernen mathematischen Abbildungsbegriff entnommen sind, sind manchmal bei Überlegungen mit Matrizen vorteilhaft, deren Glieder noch nicht näher festgelegt sind. Beachten Sie im übrigen, daß die Anzahl der Spalten der Matrix **A** unbedingt gleich der Anzahl der Zeilen der Matrix **B** (nämlich gleich l) sein muß, damit das Produkt **A · B** überhaupt definiert ist. Vor allem wenn mehrere Faktoren miteinander multipliziert werden sollen, bietet es sich an, zunächst einmal zu überprüfen, ob für sämtliche vorkommenden Produkte diese Bedingung auch erfüllt ist. Hat man festgestellt, daß das Produkt **A · B** zweier Matrizen **A** und **B** definiert ist, so berechnet man das Glied, das bei diesem Produkt die Position (i, j) bekommt, nach der Formel

$$\sum_{k=1}^{l} a_{ik} b_{kj} .$$

Diese Formel bedeutet aber nichts anderes, als daß wir das innere Produkt aus der i-ten **Zeile** von **A** und der j-ten **Spalte** von **B** zu bilden haben. Das Produkt ist also wieder eine Matrix, die genau soviele **Zeilen** wie **A** und genau soviele **Spalten** wie **B** aufweist. Die Gestalt des Matrizenproduktes bestimmt sich folglich nach den Anzahlen der „äußeren Indices" und beträgt (m × n). Für die Berechnung von Matrizenprodukten „per Hand" kann man das sog. FALK*sche Schema* verwenden, bei dem die miteinander zu multiplizierenden Matrizen wie auf S. 179 dargestellt aufgeschrieben werden.

In den „Quadranten" links unten trägt man also den linken Faktor **A** und in den „Quadranten" rechts oben den rechten Faktor **B** ein. Dann berechnet man gliedweise das Produkt **A · B** und trägt die Ergebnisse in den „Quadranten" rechts unten ein. Die Zeile von **A** bzw. die Spalte von **B**, aus denen man dabei jeweils zur Berechnung des Gliedes in der Position (i, j) das innere Produkt zu bilden hat, erhält man, indem man einfach von der Position (i, j) nach links in die Matrix **A** bzw. nach oben in die Matrix **B** geht.

Beispiel IV-18

Wir betrachten die Koeffizientenmatrizen der Gleichungssysteme in Beispiel IV-16 zur Beschreibung des Produktionsprozesses aus dem Grundbeispiel „Prozeßanalyse" und wählen die folgenden Abkürzungen:

$$\mathbf{K} := \begin{pmatrix} 4 & 8 \\ 3 & 2 \end{pmatrix}, \quad \mathbf{L} := \begin{pmatrix} 7 & 4 & 2 \\ 0 & 3 & 2 \end{pmatrix}.$$

Wir wollen nun das Produkt **K · L** bilden. Dieses Produkt ist definiert, da die Spaltenanzahl von **K** mit der Zeilenanzahl von **L** übereinstimmt. Wir entwerfen dazu das zugehörige

FALKsches Schema für das Ausrechnen des Matrizenproduktes $\mathbf{A} \cdot \mathbf{B} =: \mathbf{C}$

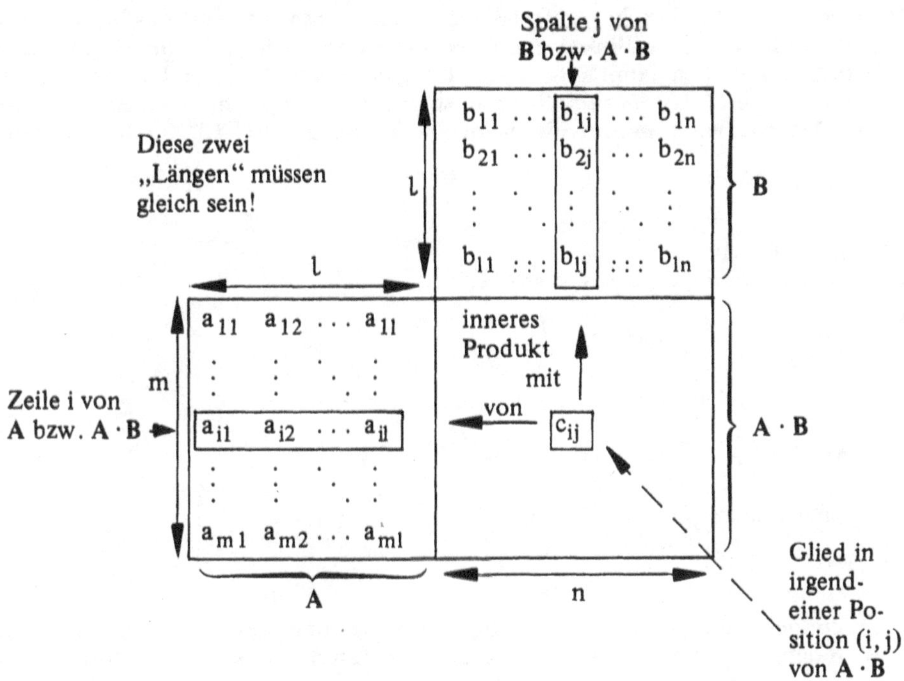

$$c_{ij} := a_{i1} \cdot b_{1j} + a_{i2} \cdot b_{2j} + \ldots + a_{il} \cdot b_{lj}$$

FALKsche Schema:

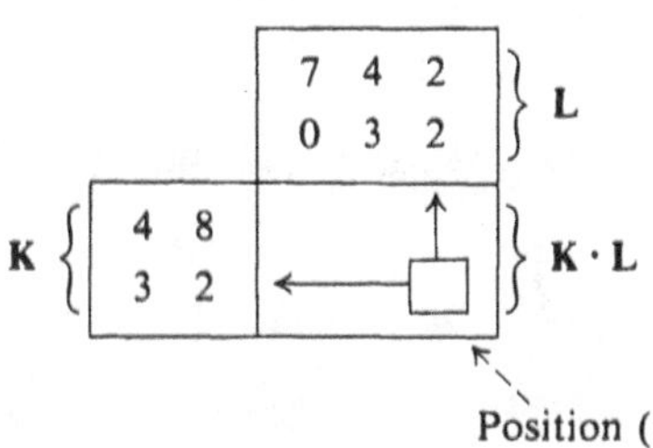

Außerdem haben wir bereits verdeutlicht, wie man zu der Zeile von **K** und der Spalte von **L** gelangt, aus denen man zur Berechnung des Gliedes aus der Position (2, 3) das innere Produkt bilden muß. Für dieses Glied ermitteln wir $3 \cdot 2 + 2 \cdot 2$, also: 10.

Führt man analog die Berechnungen für alle übrigen Positionen durch, so erhält man

$$\mathbf{K} \cdot \mathbf{L} = \begin{pmatrix} 4 \cdot 7 + 8 \cdot 0, & 4 \cdot 4 + 8 \cdot 3, & 4 \cdot 2 + 8 \cdot 2 \\ 3 \cdot 7 + 2 \cdot 0, & 3 \cdot 4 + 2 \cdot 3, & 3 \cdot 2 + 2 \cdot 2 \end{pmatrix}$$

$$= \begin{pmatrix} 28 & 40 & 24 \\ 21 & 18 & 10 \end{pmatrix}.$$

Dies ist im übrigen die Koeffizientenmatrix des in Beispiel IV-17 erstellten Gleichungssystems.

Ihnen wird vielleicht schon aufgefallen sein, daß wir in bezug auf das Matrizenprodukt $\mathbf{A} \cdot \mathbf{B}$ von einem **linken Faktor A** und einem **rechten Faktor B** gesprochen haben. Wir wollten damit auf die Bedeutung der Reihenfolge der Faktoren hinweisen, denn die Matrizenmultiplikation ist, wie man sich leicht an einem Gegenbeispiel klarmachen kann, im allgemeinen **nicht kommutativ**, d.h. im allgemeinen

$$\mathbf{A} \cdot \mathbf{B} \neq \mathbf{B} \cdot \mathbf{A}.$$

Beispiel IV-19
Gegeben seien die quadratischen Matrizen

$$\mathbf{M} := \begin{pmatrix} -1 & 2 \\ 0 & 4 \end{pmatrix} \quad \text{und} \quad \mathbf{N} := \begin{pmatrix} 3 & 4 \\ 6 & 0 \end{pmatrix}.$$

Damit berechnen wir

$$\mathbf{M} \cdot \mathbf{N} = \begin{pmatrix} 9 & -4 \\ 24 & 0 \end{pmatrix} \quad \text{und} \quad \mathbf{N} \cdot \mathbf{M} = \begin{pmatrix} -3 & 22 \\ -6 & 12 \end{pmatrix}.$$

Offensichtlich gilt in diesem Falle:

$$\mathbf{M} \cdot \mathbf{N} \neq \mathbf{N} \cdot \mathbf{M}.$$

Im übrigen sieht man sofort, daß möglicherweise nur eines der Produkte $\mathbf{A} \cdot \mathbf{B}$ bzw. $\mathbf{B} \cdot \mathbf{A}$ definiert zu sein braucht, sofern die Matrizen **A** und **B** nicht quadratisch sind.

Beispiel IV-20
Für die aus der (2×2)-Matrix **K** und der (2×3)-Matrix **L** (vgl. Beispiel IV-18) zu bildenden Produkte gilt:

$\mathbf{K} \cdot \mathbf{L}$ ist definiert;
$\mathbf{L} \cdot \mathbf{K}$ ist nicht definiert.

Beispiel IV-21
Für die Matrix **K** aus Beispiel IV-18 und die Matrizen **M** und **N** aus Beispiel IV-19 gilt:

$$\mathbf{K} \cdot (\mathbf{M} \cdot \mathbf{N}) = \begin{pmatrix} 4 & 8 \\ 3 & 2 \end{pmatrix} \cdot \begin{pmatrix} 9 & -4 \\ 24 & 0 \end{pmatrix} = \begin{pmatrix} 228 & -16 \\ 75 & -12 \end{pmatrix}.$$

Weiterhin haben wir

$$\mathbf{K} \cdot \mathbf{M} = \begin{pmatrix} -4 & 40 \\ -3 & 14 \end{pmatrix} \quad \text{und}$$

$$(\mathbf{K} \cdot \mathbf{M}) \cdot \mathbf{N} = \begin{pmatrix} -4 & 40 \\ -3 & 14 \end{pmatrix} \cdot \begin{pmatrix} 3 & 4 \\ 6 & 0 \end{pmatrix} = \begin{pmatrix} 228 & -16 \\ 75 & -12 \end{pmatrix}.$$

Also gilt in diesem Beispiel $\mathbf{K} \cdot (\mathbf{M} \cdot \mathbf{N}) = (\mathbf{K} \cdot \mathbf{M}) \cdot \mathbf{N}$.

Während also das Kommutativgesetz für die Matrizenmultiplikation nicht gilt, gibt bereits Beispiel IV-21 einen Hinweis, daß das Assoziativgesetz für Matrizen gelten könnte. Tatsächlich ergeben sich aus den Definitionen die folgenden Rechenregeln:

Allgemeine Rechengesetze für die Matrizenmultiplikation
Assoziativgesetze $(\mathbf{A}\cdot\mathbf{B})\cdot\mathbf{C} = \mathbf{A}\cdot(\mathbf{B}\cdot\mathbf{C})$ $(s\cdot\mathbf{A})\cdot\mathbf{B} = s\cdot(\mathbf{A}\cdot\mathbf{B})$ Distributivgesetze $\mathbf{A}\cdot(\mathbf{B}+\mathbf{C}) = \mathbf{AB}+\mathbf{AC}$ $(\mathbf{A}+\mathbf{B})\cdot\mathbf{C} = \mathbf{AC}+\mathbf{BC}$ mit Matrizen **A**, **B**, **C** und dem Skalar s (sofern definiert)

Vorausgesetzt ist dabei natürlich, daß die jeweiligen Additionen bzw. Multiplikationen auch definiert sind. Das erste Assoziativgesetz hat zur Folge, daß Produkte von mehr als zwei Matrizen ohne Klammern hintereinander aufgeschrieben werden können, wobei man allerdings sorgfältig darauf **achten** muß, daß **keine Reihenfolgen vertauscht** werden. Wir werden hier deshalb meist keine Klammern bei Matrizenprodukten verwenden, es sei denn, zur Verdeutlichung spezieller Überlegungen oder Umformungen. Da die Matrizenoperationen das „tägliche Brot" der Linearen Algebra sind, führt kein Weg an dem intensiven numerischen Üben insbesondere der Matrizenmultiplikation vorbei. Überschlagen Sie deshalb bitte nicht die Rechenbeispiele hierzu!

Beispiel IV-22
Gegeben seien die Matrizen

$$\mathbf{Q} = \begin{pmatrix} 2 & 0 \\ 4 & -2 \\ -1 & 1 \end{pmatrix}, \quad \mathbf{R} = \begin{pmatrix} 2 & 4 \\ 0 & -3 \end{pmatrix}, \quad \mathbf{S} = \begin{pmatrix} 0 & -2 \\ 2 & 1 \end{pmatrix}, \quad \mathbf{T} = \begin{pmatrix} 2 & 1 & 2 \\ 3 & 0 & 2 \end{pmatrix}.$$

Zum weiteren Üben des Rechnens mit numerischen Matrizen schauen wir uns die Gültigkeit des ersten Assoziativgesetzes anhand dieser Matrizen an:

$$\left(\begin{pmatrix} 2 & 0 \\ 4 & -2 \\ -1 & 1 \end{pmatrix}\cdot\begin{pmatrix} 2 & 4 \\ 0 & -3 \end{pmatrix}\right)\cdot\begin{pmatrix} 0 & -2 \\ 2 & 1 \end{pmatrix} \stackrel{?}{=} \begin{pmatrix} 2 & 0 \\ 4 & -2 \\ -1 & 1 \end{pmatrix}\cdot\left(\begin{pmatrix} 2 & 4 \\ 0 & -3 \end{pmatrix}\cdot\begin{pmatrix} 0 & -2 \\ 2 & 1 \end{pmatrix}\right)$$

$$\begin{pmatrix} 4 & 8 \\ 8 & 22 \\ -2 & -7 \end{pmatrix}\cdot\begin{pmatrix} 0 & -2 \\ 2 & 1 \end{pmatrix} \stackrel{?}{=} \begin{pmatrix} 2 & 0 \\ 4 & -2 \\ -1 & 1 \end{pmatrix}\cdot\begin{pmatrix} 8 & 0 \\ -6 & -3 \end{pmatrix}$$

$$\begin{pmatrix} 16 & 0 \\ 44 & 6 \\ -14 & -3 \end{pmatrix} = \begin{pmatrix} 16 & 0 \\ 44 & 6 \\ -14 & -3 \end{pmatrix}. \quad \checkmark$$

Mit dem Skalar 3 sehen wir für das zweite Assoziativgesetz analog:

$$\left(3\cdot\begin{pmatrix}2 & 4\\ 0 & -3\end{pmatrix}\right)\cdot\begin{pmatrix}0 & -2\\ 2 & 1\end{pmatrix} \stackrel{?}{=} 3\cdot\left(\begin{pmatrix}2 & 4\\ 0 & -3\end{pmatrix}\cdot\begin{pmatrix}0 & -2\\ 2 & 1\end{pmatrix}\right)$$

$$\begin{pmatrix}6 & 12\\ 0 & -9\end{pmatrix}\cdot\begin{pmatrix}0 & -2\\ 2 & 1\end{pmatrix} \stackrel{?}{=} 3\cdot\begin{pmatrix}8 & 0\\ -6 & -3\end{pmatrix}$$

$$\begin{pmatrix}24 & 0\\ -18 & -9\end{pmatrix} = \begin{pmatrix}24 & 0\\ -18 & -9\end{pmatrix}. \quad \surd$$

Entsprechend für das erste Distributivgesetz:

$$\begin{pmatrix}2 & 0\\ 4 & -2\\ -1 & 1\end{pmatrix}\cdot\left(\begin{pmatrix}2 & 4\\ 0 & -3\end{pmatrix}+\begin{pmatrix}0 & -2\\ 2 & 1\end{pmatrix}\right) \stackrel{?}{=} \begin{pmatrix}2 & 0\\ 4 & -2\\ -1 & 1\end{pmatrix}\cdot\begin{pmatrix}2 & 4\\ 0 & -3\end{pmatrix} + \begin{pmatrix}2 & 0\\ 4 & -2\\ -1 & 1\end{pmatrix}\cdot\begin{pmatrix}0 & -2\\ 2 & 1\end{pmatrix}$$

$$\begin{pmatrix}2 & 0\\ 4 & -2\\ -1 & 1\end{pmatrix}\cdot\begin{pmatrix}2 & 2\\ 2 & -2\end{pmatrix} \stackrel{?}{=} \begin{pmatrix}4 & 8\\ 8 & 22\\ -2 & -7\end{pmatrix} + \begin{pmatrix}0 & -4\\ -4 & -10\\ 2 & 3\end{pmatrix}$$

$$\begin{pmatrix}4 & 4\\ 4 & 12\\ 0 & -4\end{pmatrix} = \begin{pmatrix}4 & 4\\ 4 & 12\\ 0 & -4\end{pmatrix}. \quad \surd$$

In bezug auf das zweite Distributivgesetz sehen wir analog:

$$\left(\begin{pmatrix}2 & 4\\ 0 & -3\end{pmatrix}+\begin{pmatrix}0 & -2\\ 2 & 1\end{pmatrix}\right)\cdot\begin{pmatrix}2 & 1 & 2\\ 3 & 0 & 2\end{pmatrix} \stackrel{?}{=} \begin{pmatrix}2 & 4\\ 0 & -3\end{pmatrix}\cdot\begin{pmatrix}2 & 1 & 2\\ 3 & 0 & 2\end{pmatrix} + \begin{pmatrix}0 & -2\\ 2 & 1\end{pmatrix}\cdot\begin{pmatrix}2 & 1 & 2\\ 3 & 0 & 2\end{pmatrix}$$

$$\begin{pmatrix}2 & 2\\ 2 & -2\end{pmatrix}\cdot\begin{pmatrix}2 & 1 & 2\\ 3 & 0 & 2\end{pmatrix} \stackrel{?}{=} \begin{pmatrix}16 & 2 & 12\\ -9 & 0 & -6\end{pmatrix} + \begin{pmatrix}-6 & 0 & -4\\ 7 & 2 & 6\end{pmatrix}$$

$$\begin{pmatrix}10 & 2 & 8\\ -2 & 2 & 0\end{pmatrix} = \begin{pmatrix}10 & 2 & 8\\ -2 & 2 & 0\end{pmatrix}. \quad \surd$$

Speziell für passende Einheits- bzw. Nullmatrizen gilt:

Rechengesetze für die Matrizenmultiplikation mit passenden Einheitsmatrizen und Nullmatrizen	
(IV-11)	$\mathbf{A}\cdot\mathbf{E} = \mathbf{A}$
(IV-12)	$\mathbf{E}\cdot\mathbf{A} = \mathbf{A}$
(IV-13)	$\mathbf{A}\cdot\mathbf{0} = \mathbf{0}$
(IV-14)	$\mathbf{0}\cdot\mathbf{A} = \mathbf{0}$

Insofern handelt es sich bei Einheitsmatrizen um die neutralen Elemente bezüglich der Matrizenmultiplikation. Sie spielen hier in gewisser Hinsicht eine entsprechende Rolle wie die Zahl Eins bei der Zahlenmultiplikation. Beachten Sie aber auch hier, daß trotz formal gleicher Schreibweise wegen unterschiedlicher Ordnungen die Einheitsmatrix aus (IV-11) nicht mit der Einheitsmatrix von (IV-12) übereinstimmt, sobald **A** nicht quadratisch ist. Entsprechendes gilt für die Nullmatrizen in (IV-13) und (IV-14).

Von ganz außerordentlicher Bedeutung ist die Beobachtung, daß die Regeln bezüglich der Matrizenmultiplikation insbesondere gültig bleiben, wenn es sich beispielsweise bei dem rechten Faktor um einen geeigneten Spaltenvektor (also eine gewissermaßen verkümmerte, einspaltige Matrix) handelt.

Beispiel IV-23
Gegeben sei die Matrix **T** aus Beispiel IV-22 und der Spaltenvektor **c** aus Beispiel III-2:

$$\mathbf{T}\cdot\mathbf{c} = \begin{pmatrix} 2 & 1 & 2 \\ 3 & 0 & 2 \end{pmatrix} \cdot \begin{pmatrix} 1 \\ 4 \\ 3 \end{pmatrix} = \begin{pmatrix} 12 \\ 9 \end{pmatrix}.$$

Steht nun **A** für die Koeffizientenmatrix (IV-1) eines linearen Gleichungssystems, **x** für den Spaltenvektor der Variablen

$$\mathbf{x} := \begin{pmatrix} x_1 \\ x_2 \\ \vdots \\ x_n \end{pmatrix}$$

und **b** für den Spaltenvektor der rechten Seiten

$$\mathbf{b} := \begin{pmatrix} b_1 \\ b_2 \\ \vdots \\ b_m \end{pmatrix},$$

so folgt daraus, daß wir ein lineares Gleichungssystem auch wie folgt abkürzen können:

Matrizielle Darstellung eines linearen Gleichungssystems
$\mathbf{A}\cdot\mathbf{x} = \mathbf{b}$, **x** und **b** Spaltenvektoren
Wir können auch sagen: Gesucht wird ein Vektor **x**, welcher durch Multiplikation von **links** mit der Matrix **A** auf den Vektor **b** abgebildet wird: $\mathbf{x} \xrightarrow{\mathbf{A}\cdot} \mathbf{b}.$

Unter Verwendung des soeben benutzten Begriffes der *linearen Abbildung*

$$\mathbf{x} \xrightarrow{\mathbf{A}\cdot} \mathbf{A}\cdot\mathbf{x}$$

läßt sich der Übergang von (IV-7) mit Hilfe von (IV-8) zu (IV-9) aufgrund der Definition der Matrizenmultiplikation nun wie folgt interpretieren: Wenn die vektoriellen Abbildungsvorschriften $\mathbf{f}(\;)$ und $\mathbf{g}(\;)$ durch Linksoperatoren $\mathbf{A}\cdot$ und $\mathbf{B}\cdot$ gegeben sind, dann ist die vektorielle Abbildungsvorschrift für $\mathbf{f}(\mathbf{g}(\;))$ durch $\mathbf{A}\cdot\mathbf{B}\cdot$ beschreibbar.

Beispiel IV-24
Unter Verwendung von Matrizen können wir für das Gleichungssystem GS_7 aus Beispiel II-8 auch schreiben:

$$\begin{pmatrix} 1 & 3 & -3 & 2 \\ 0 & 1 & -1 & -1 \\ 2 & 4 & -2 & 4 \end{pmatrix} \cdot \begin{pmatrix} x_1 \\ x_2 \\ x_3 \\ x_4 \end{pmatrix} = \begin{pmatrix} -2 \\ -1 \\ -2 \end{pmatrix}.$$

Weiterhin kann man ja nach wie vor etwa eine Matrix $\mathbf{B}$ als Zeilenvektor von Spaltenvektoren $\check{\mathbf{b}}^{(1)}, \check{\mathbf{b}}^{(2)}, \ldots, \check{\mathbf{b}}^{(n)}$ interpretieren:

$$\mathbf{B} = (\check{\mathbf{b}}^{(1)}, \check{\mathbf{b}}^{(2)}, \ldots, \check{\mathbf{b}}^{(n)}).$$

Wie man der Formel (IV-10) für die Matrizenmultiplikation entnehmen kann, gilt

$$\text{(IV-15)} \quad \mathbf{A}\cdot(\check{\mathbf{b}}^{(1)}, \check{\mathbf{b}}^{(2)}, \ldots, \check{\mathbf{b}}^{(n)}) = (\mathbf{A}\cdot\check{\mathbf{b}}^{(1)}, \mathbf{A}\cdot\check{\mathbf{b}}^{(2)}, \ldots, \mathbf{A}\cdot\check{\mathbf{b}}^{(n)}),$$

sofern $\mathbf{A}\cdot\mathbf{B}$ definiert ist. Die Matrix auf der rechten Seite besteht danach wieder aus einer Folge von Spaltenvektoren $\mathbf{A}\cdot\check{\mathbf{b}}^{(j)}$. Man kann also gewissermaßen mit einer Matrix von links in ein (Zeilen-)System von Spaltenvektoren „hineinmultiplizieren".

Beispiel IV-25
Wir interpretieren die Matrix **L** aus Beispiel IV-18 als einen Zeilenvektor von Spaltenvektoren.

$$\mathbf{L} = \left(\begin{pmatrix} 7 \\ 0 \end{pmatrix}, \begin{pmatrix} 4 \\ 3 \end{pmatrix}, \begin{pmatrix} 2 \\ 2 \end{pmatrix}\right).$$

Für das Produkt $\mathbf{K}\cdot\mathbf{L}$ ergibt sich analog zu (IV-15)

$$\begin{pmatrix} 4 & 8 \\ 3 & 2 \end{pmatrix} \cdot \left(\begin{pmatrix} 7 \\ 0 \end{pmatrix}, \begin{pmatrix} 4 \\ 3 \end{pmatrix}, \begin{pmatrix} 2 \\ 2 \end{pmatrix}\right) = \left(\begin{pmatrix} 4 & 8 \\ 3 & 2 \end{pmatrix}\cdot\begin{pmatrix} 7 \\ 0 \end{pmatrix}, \begin{pmatrix} 4 & 8 \\ 3 & 2 \end{pmatrix}\cdot\begin{pmatrix} 4 \\ 3 \end{pmatrix}, \begin{pmatrix} 4 & 8 \\ 3 & 2 \end{pmatrix}\cdot\begin{pmatrix} 2 \\ 2 \end{pmatrix}\right)$$
$$= \left(\begin{pmatrix} 28 \\ 21 \end{pmatrix}, \begin{pmatrix} 40 \\ 18 \end{pmatrix}, \begin{pmatrix} 24 \\ 10 \end{pmatrix}\right).$$

Dies entspricht der Matrix $\mathbf{K}\cdot\mathbf{L}$, die wir in Beispiel IV-18 erhalten haben, weiter interpretiert als Zeilenvektor von Spaltenvektoren.

Entsprechende Überlegungen ergeben sich, wenn bei der Multiplikation zweier Matrizen der linke Faktor ein geeigneter Zeilenvektor ist. Wir überlassen es Ihnen, sie für diesen Fall vorzunehmen, aber fassen für ein lineares Gleichungssystem zusammen:

Alternative Darstellung eines linearen Gleichungssystems
$\mathbf{x} \cdot \mathbf{A} = \mathbf{b}$, **x** und **b** Zeilenvektoren
Gesucht wird ein Vektor **x**, welcher durch Multiplikation von **rechts** mit der Matrix **A** auf den Vektor **b** abgebildet wird: $\mathbf{x} \xrightarrow{\cdot \mathbf{A}} \mathbf{b}$.

Diese alternative Darstellung kann z. B. in der hier nicht behandelten Dualitätstheorie der Linearen Optimierung Verwendung finden. Von der einen zur alternativen Darstellung und umgekehrt kann man aber auch durch Transposition unter Benutzung der folgenden Formel übergehen:

Transposition eines Matrizenproduktes
$(\mathbf{A} \cdot \mathbf{B})' = \mathbf{B}' \cdot \mathbf{A}'$
speziell $(\mathbf{A} \cdot \mathbf{x})' = \mathbf{x}' \cdot \mathbf{A}'$ $(\mathbf{x} \cdot \mathbf{A})' = \mathbf{A}' \cdot \mathbf{x}'$

Diese läßt sich leicht aus der Definition des Matrizenproduktes ableiten, wobei Sie auf die Umstellung der Reihenfolge der Faktoren achten müssen.

Zum Schluß dieses Unterabschnittes sei ausdrücklich betont, daß – wie schon im Zusammenhang mit der Definition in Kapitel III, Abschnitt 5 hingewiesen – für das innere Produkt von Vektoren die Verwendung der Matrizenmultiplikation verlangt, daß der linke Faktor ein Zeilenvektor (symbolisiert durch „>“), der rechte Faktor ein Spaltenvektor (symbolisiert durch „∨“) ist:

Inneres Produkt von Vektoren in den Schreibweisen der Vektorrechnung und der Matrizenrechnung[1]
$\mathbf{x} * \mathbf{y} = \overset{>}{\mathbf{x}} \cdot \overset{\vee}{\mathbf{y}} = \overset{>}{\mathbf{y}} \cdot \overset{\vee}{\mathbf{x}}$

Wir müssen hier nochmals darauf hinweisen, daß in vielen Lehrbüchern im Rahmen der Matrizenrechnung sämtliche Vektoren **x** automatisch als **Spalten**vektoren definiert werden, so daß bei ihrer Verwendung als **Zeilen**vektoren dann stets **x**′ geschrieben steht.

[1] Das ist nicht ganz sauber, denn der linke Ausdruck symbolisiert einen Skalar, der mittlere und der rechte Ausdruck symbolisieren eine nur aus einem Glied bestehende Matrix.

7.2. Matrizenmultiplikation mit speziellen Matrizen

Unter Verwendung geeigneter Matrizen lassen sich mit Hilfe der Matrizenmultiplikation interessante und zum Teil schon behandelte Umformungen an anderen Matrizen und damit auch an linearen Gleichungssystemen bewirken, nämlich dann, wenn man sie auf beiden Seiten des Systems gleichzeitig ausführt. Wir beginnen mit denjenigen Typen von Matrizen, welche durch Multiplikation von links die in Kapitel II, Unterabschnitt 2.3 behandelten Einzelumformungen bewirken. Wir benutzen dabei ganz bewußt die gleichen Symbole mit nunmehr etwas anderer, aber präzisierter Bedeutung.

(1) Multiplikation mit einer Matrix des Typs $\mathbf{M}_p(c)$

Die Multiplikation einer (m × n)-Matrix **A** von *links* mit einer quadratischen Matrix $\mathbf{M}_p(c)$ der Ordnung m

$$\text{(IV-16)}\quad \mathbf{M}_p(c) := \begin{pmatrix} 1 & 0 & \dots & 0 & \dots & 0 \\ 0 & 1 & \dots & 0 & \dots & 0 \\ \vdots & \vdots & & \vdots & & \vdots \\ 0 & 0 & \dots & c & \dots & 0 \\ \vdots & \vdots & & \vdots & & \vdots \\ 0 & 0 & \dots & 0 & \dots & 1 \end{pmatrix} \begin{matrix} \\ \\ \\ \leftarrow \text{p-te Zeile,} \\ \\ \\ \end{matrix}$$

↑ p-te Spalte

die außerhalb der Hauptdiagonalen nur Nullen, auf der Hauptdiagonalen in der Position (p, p) die Zahl c und sonst nur Einsen aufweist, führt dazu, daß jedes Glied der p-ten **Zeile** von **A** durch sein c-faches ersetzt wird. Will man speziell die p-te Zeile von **A** derart normieren, daß das Glied in Position (p, q) den Wert Eins enthält, so ist

$$c := \frac{1}{a_{pq}}$$

zu wählen, was natürlich nur bei $a_{pq} \neq 0$ geht.

Beispiel IV-26
Wir betrachten die Koeffizientenmatrix des Gleichungssystems GS_7 aus Beispiel II-8:

$$\begin{pmatrix} 1 & 3 & -3 & 2 \\ 0 & 1 & -1 & -1 \\ 2 & 4 & -2 & 4 \end{pmatrix}.$$

Die dritte Zeile soll normiert werden, wobei das in der Position (3, 1) stehende Glied den Wert Eins annehmen soll. Dazu multiplizieren wir die Koeffizientenmatrix von links mit der (3 × 3)-Matrix

$$\mathbf{M}_3(\tfrac{1}{2}) = \begin{pmatrix} 1 & 0 & 0 \\ 0 & 1 & 0 \\ 0 & 0 & 1/2 \end{pmatrix}$$

und erhalten

$$\begin{pmatrix} 1 & 0 & 0 \\ 0 & 1 & 0 \\ 0 & 0 & 1/2 \end{pmatrix} \cdot \begin{pmatrix} 1 & 3 & -3 & 2 \\ 0 & 1 & -1 & -1 \\ 2 & 4 & -2 & 4 \end{pmatrix} = \begin{pmatrix} 1 & 3 & -3 & 2 \\ 0 & 1 & -1 & -1 \\ 1 & 2 & -1 & 2 \end{pmatrix}.$$

Multipliziert man die Matrix **A** dagegen von **rechts** mit einer (m × n)-Matrix $\mathbf{M}_p(c)$, wird jedes Element der p-ten **Spalte** durch sein c-faches ersetzt.

Beispiel IV-27
Wir multiplizieren die Matrix **Q** aus Beispiel IV-22 von rechts mit der (2 × 2)-Matrix

$$\mathbf{M}_2(-\tfrac{1}{2}) = \begin{pmatrix} 1 & 0 \\ 0 & -1/2 \end{pmatrix}$$

und erhalten

$$\begin{pmatrix} 2 & 0 \\ 4 & -2 \\ -1 & 1 \end{pmatrix} \cdot \begin{pmatrix} 1 & 0 \\ 0 & -1/2 \end{pmatrix} = \begin{pmatrix} 2 & 0 \\ 4 & 1 \\ -1 & -1/2 \end{pmatrix}.$$

(2) Multiplikation mit einer Matrix des Typs $\mathbf{F}_{pq}(c)$

Das Ersetzen der p-ten **Zeile** einer (m × n)-Matrix **A** durch die Summe dieser Zeile und des c-fachen der q-ten Zeile mit p ≠ q erfolgt durch Multiplikation von **links** mit einer Matrix $\mathbf{F}_{pq}(c)$ der Ordnung m, die innerhalb der Hauptdiagonalen nur Einsen, außerhalb der Hauptdiagonalen in der Position (p, q) die Zahl c und sonst nur Nullen aufweist:

$$\text{(IV-17)} \quad \mathbf{F}_{pq}(c) := \begin{pmatrix} 1 & 0 & \dots & 0 & \dots & 0 & \dots & 0 \\ 0 & 1 & \dots & 0 & \dots & 0 & \dots & 0 \\ \vdots & \vdots & & \vdots & & \vdots & & \vdots \\ 0 & 0 & \dots & 1 & \dots & c & \dots & 0 \\ \vdots & \vdots & & \vdots & & \vdots & & \vdots \\ 0 & 0 & \dots & 0 & \dots & 1 & \dots & 0 \\ \vdots & \vdots & & \vdots & & \vdots & & \vdots \\ 0 & 0 & \dots & 0 & \dots & 0 & \dots & 1 \end{pmatrix} \begin{matrix} \\ \\ \\ \leftarrow \text{p-te Zeile} \\ \\ \leftarrow \text{q-te Zeile} \\ \\ \\ \end{matrix}$$

(↑ p-te Spalte, ↑ q-te Spalte)

Beispiel IV-28
Wir wollen die erste Zeile der bereits umgeformten Matrix aus Beispiel IV-26 ersetzen durch die Summe dieser Zeile und des (−1)-fachen der dritten Zeile. Wir multiplizieren deshalb von links mit der Matrix

$$\mathbf{F}_{13}(-1) = \begin{pmatrix} 1 & 0 & -1 \\ 0 & 1 & 0 \\ 0 & 0 & 1 \end{pmatrix} \quad \text{und erhalten}$$

$$\begin{pmatrix} 1 & 0 & -1 \\ 0 & 1 & 0 \\ 0 & 0 & 1 \end{pmatrix} \cdot \begin{pmatrix} 1 & 3 & -3 & 2 \\ 0 & 1 & -1 & -1 \\ 1 & 2 & -1 & 2 \end{pmatrix} =$$

$$= \begin{pmatrix} 1+(-1)\cdot 1 & 3+(-1)\cdot 2 & -3+(-1)\cdot(-1) & 2+(-1)\cdot 2 \\ 0 & 1 & -1 & -1 \\ 1 & 2 & -1 & 2 \end{pmatrix}$$

$$= \begin{pmatrix} 0 & 1 & -2 & 0 \\ 0 & 1 & -1 & -1 \\ 1 & 2 & -1 & 2 \end{pmatrix}.$$

Multipliziert man $\mathbf{A}$ dagegen von **rechts** mit einer Matrix $\mathbf{F}_{pq}(c)$ der Ordnung n, so wird die q-te **Spalte** durch die Summe dieser Spalte und des c-fachen der p-ten Spalte ersetzt.

Beispiel IV-29

Wir multiplizieren die Matrix $\mathbf{Q}$ aus Beispiel IV-22

$$\begin{pmatrix} 2 & 0 \\ 4 & -2 \\ -1 & 1 \end{pmatrix}$$

von rechts mit der Matrix $\mathbf{F}_{21}(2) = \begin{pmatrix} 1 & 0 \\ 2 & 1 \end{pmatrix}$ und erhalten

$$\begin{pmatrix} 2 & 0 \\ 4 & -2 \\ -1 & 1 \end{pmatrix} \cdot \begin{pmatrix} 1 & 0 \\ 2 & 1 \end{pmatrix} = \begin{pmatrix} 2+0\cdot 2 & 0 \\ 4-2\cdot 2 & -2 \\ -1+1\cdot 2 & 1 \end{pmatrix} = \begin{pmatrix} 2 & 0 \\ 0 & -2 \\ 1 & 1 \end{pmatrix}.$$

Das bewirkt, daß in $\mathbf{Q}$ die erste Spalte durch die Summe dieser Spalte und des Zweifachen der zweiten Spalte ersetzt wird.

Linksmultiplikationen von Matrizen mit $\mathbf{M}_p(c)$ bzw. $\mathbf{F}_{pq}(c)$ bewirken Umformungen, die den Elementarumformungen für Koeffizienten und rechte Seiten von Gleichungssystemen entsprechen. Wir wollen deshalb auch die Matrizen des Typs $\mathbf{M}_p(c)$ bzw. $\mathbf{F}_{pq}(c)$ *elementar* nennen. Auch für die übrigen zwei Einzelumformungstypen existieren sofort Matrizentypen, mit denen man entsprechende Umformungen an anderen Matrizen erreicht, wenn man sie mit diesen multipliziert.

(3) Multiplikation mit einer Matrix des Typs $\mathbf{T}_{pq}$

Vertauscht man in einer Einheitsmatrix die p-te Zeile mit der q-ten Zeile, so vertauscht sich automatisch auch die p-te Spalte mit der q-ten Spalte und umgekehrt. Das erkennt man sofort daran, daß in der Matrix $\mathbf{T}_{pq}$, definiert durch

$$\text{(IV-18)} \quad \mathbf{T}_{pq}: \begin{pmatrix} 1 & 0 & 0 & 0 & 0 & 0 \\ 0 & 0 & 0 & 0 & \textcircled{1} & 0 \\ 0 & 0 & 1 & 0 & 0 & 0 \\ 0 & 0 & 0 & 1 & 0 & 0 \\ 0 & \textcircled{1} & 0 & 0 & 0 & 0 \\ 0 & 0 & 0 & 0 & 0 & 1 \end{pmatrix} \begin{matrix} \\ \leftarrow \text{p-te Zeile} \\ \\ \\ \leftarrow \text{q-te Zeile} \\ \\ \end{matrix} \quad \begin{matrix}\text{(für den Fall} \\ p = 2,\ q = 5)\end{matrix}$$

↑ p-te Spalte ↑ q-te Spalte

die zwei Pfeilpaare, welche die Transposition symbolisieren, zusammen ein Quadrat bilden. Jede Matrix dieses Typs (IV-18) wollen wir *Transpositionsmatrix* nennen. Durch Multiplikation einer (m × n)-Matrix **A** von links mit einer (m × m)-Matrix $\mathbf{T}_{pq}$ erreicht man, daß in **A** die **Zeile** p mit der Zeile q vertauscht wird.

Beispiel IV-30
Wir wollen in der Koeffizientenmatrix

$$\begin{pmatrix} 1 & 3 & -3 & 2 \\ 0 & 1 & -1 & -1 \\ 2 & 4 & -2 & 4 \end{pmatrix}$$

des Gleichungssystems GS_7 die erste mit der dritten Zeile vertauschen und multiplizieren deshalb von links mit der Matrix

$$\mathbf{T}_{13} = \begin{pmatrix} 0 & 0 & 1 \\ 0 & 1 & 0 \\ 1 & 0 & 0 \end{pmatrix},$$

die wir aus der entsprechenden Einheitsmatrix durch Vertauschen der ersten mit der dritten Zeile erlangt haben.

$$\begin{pmatrix} 0 & 0 & 1 \\ 0 & 1 & 0 \\ 1 & 0 & 0 \end{pmatrix} \cdot \begin{pmatrix} 1 & 3 & -3 & 2 \\ 0 & 1 & -1 & -1 \\ 2 & 4 & -2 & 4 \end{pmatrix} = \begin{pmatrix} 2 & 4 & -2 & 4 \\ 0 & 1 & -1 & -1 \\ 1 & 3 & -3 & 2 \end{pmatrix}.$$

Bei Multiplikation von **A** von rechts mit einer entsprechenden Matrix $\mathbf{T}_{pq}$ erfolgt analog eine Vertauschung der Spalten von **A**.

Beispiel IV-31
Wir multiplizieren die Koeffizientenmatrix von GS_7 nun von rechts mit

$$\mathbf{T}_{24} = \begin{pmatrix} 1 & 0 & 0 & 0 \\ 0 & 0 & 0 & 1 \\ 0 & 0 & 1 & 0 \\ 0 & 1 & 0 & 0 \end{pmatrix}.$$

Diese Matrix geht aus der entsprechenden (4 × 4)-Einheitsmatrix hervor, indem deren zweite und vierte Spalte vertauscht wurde.

$$\begin{pmatrix} 1 & 3 & -3 & 2 \\ 0 & 1 & -1 & -1 \\ 2 & 4 & -2 & 4 \end{pmatrix} \cdot \begin{pmatrix} 1 & 0 & 0 & 0 \\ 0 & 0 & 0 & 1 \\ 0 & 0 & 1 & 0 \\ 0 & 1 & 0 & 0 \end{pmatrix} = \begin{pmatrix} 1 & 2 & -3 & 3 \\ 0 & -1 & -1 & 1 \\ 2 & 4 & -2 & 4 \end{pmatrix}.$$

In dem erhaltenen Matrizenprodukt ist gegenüber der Ausgangsmatrix ebenfalls die zweite mit der vierten Spalte vertauscht.

(4) Multiplikation mit Matrizen des Typs $\mathbf{N}_{p\emptyset}$ bzw. $\mathbf{N}_{\emptyset q}$

Durch Linksmultiplikation einer (m × n)-Matrix **A** mit der ((m − 1) × m)-Matrix $\mathbf{N}_{p\emptyset}$, die aus der (m × m)-Einheitsmatrix dadurch hervorgeht, daß man die p-te **Zeile** streicht, wird die p-te Zeile von **A** ersatzlos gestrichen. Multipliziert man dagegen von rechts mit der (n × (n − 1))-Matrix $\mathbf{N}_{\emptyset q}$, die man aus der (n × n)-

Einheitsmatrix durch Streichung der q-ten **Spalte** erzeugt, so entfällt im Produkt die q-te Spalte von **A**. Wir haben dabei (für den Fall p = 3 bzw. q = 3) definiert:

$$\text{(IV-19)}\quad \mathbf{N}_{p\emptyset} := \begin{pmatrix} 1 & 0 & 0 & 0 & 0 \\ 0 & 1 & 0 & 0 & 0 \\ 0 & 0 & 0 & 1 & 0 \\ 0 & 0 & 0 & 0 & 1 \end{pmatrix} \begin{matrix} \\ \\ \leftarrow \text{ursprüngliche } (p+1)\text{-te Zeile} \\ \\ \end{matrix}$$

$$\begin{matrix} \uparrow \\ \text{p-te Spalte (nur Nullen)} \end{matrix}$$

$$\mathbf{N}_{\emptyset q} := \begin{pmatrix} 1 & 0 & 0 & 0 \\ 0 & 1 & 0 & 0 \\ 0 & 0 & 0 & 0 \\ 0 & 0 & 1 & 0 \\ 0 & 0 & 0 & 1 \end{pmatrix} \begin{matrix} \\ \\ \leftarrow \text{q-te Zeile (nur Nullen)} \\ \\ \\ \end{matrix}$$

$$\begin{matrix} \uparrow \\ \text{ursprüngliche } (q+1)\text{-te Spalte} \end{matrix}$$

Beispiel IV-32

Durch Multiplikation von links mit $\mathbf{N}_{2\emptyset}$ bzw. von rechts mit $\mathbf{N}_{\emptyset 2}$ erhalten wir:

$$\begin{pmatrix} 1 & 0 & 0 \\ 0 & 0 & 1 \end{pmatrix} \cdot \begin{pmatrix} 1 & 3 & -3 & 2 \\ 0 & 1 & -1 & -1 \\ 2 & 4 & -2 & 4 \end{pmatrix} = \begin{pmatrix} 1 & 3 & -3 & 2 \\ 2 & 4 & -2 & 4 \end{pmatrix},$$

$$\begin{pmatrix} 1 & 3 & -3 & 2 \\ 0 & 1 & -1 & -1 \\ 2 & 4 & -2 & 4 \end{pmatrix} \cdot \begin{pmatrix} 1 & 0 & 0 \\ 0 & 0 & 0 \\ 0 & 1 & 0 \\ 0 & 0 & 1 \end{pmatrix} = \begin{pmatrix} 1 & -3 & 2 \\ 0 & -1 & -1 \\ 2 & -2 & 4 \end{pmatrix}.$$

Jede Matrix, die durch ersatzloses Streichen entweder einer Zeile oder einer Spalte, aber nicht einer Zeile **und** einer Spalte, aus einer Einheitsmatrix hervorgeht, wollen wir *Annulatormatrix* nennen.

Die bisher vorgestellten speziellen Matrizen lassen sich nun durch (möglicherweise mehrfache) Produktbildungen zu komplexen Typen zusammenfassen.

(5) Multiplikation mit einer Permutationsmatrix Π

Eine *Permutationsmatrix* Π ist eine Matrix, die man durch eine Umstellung der Reihenfolge zweier oder mehrerer oder keiner Zeilen oder Spalten (aber nicht gemischt!), kurz durch eine Permutation, aus einer Einheitsmatrix erhält (vgl. auch Unterabschnitt 2.1 in Kapitel V). Damit handelt es sich bei jeder Transpositionsmatrix $\mathbf{T}_{pq}$ auch um eine Permutationsmatrix; aber nur Permutationsmatrizen, die sich durch einmaliges Vertauschen zweier Spalten in Einheitsmatrizen überführen lassen, sind auch Transpositionsmatrizen. Durch die **Links**multiplikation einer $(m \times n)$-Matrix **A** mit einer quadratischen Permutationsmatrix der Ordnung m wird die Reihenfolge der **Zeilen** von **A** entsprechend vertauscht, durch **Rechts**multiplikation mit einer Permutationsmatrix der Ordnung n die entsprechende Reihenfolge ihrer **Spalten**.

Beispiel IV-33

$$\begin{pmatrix} 0 & 1 & 0 \\ 0 & 0 & 1 \\ 1 & 0 & 0 \end{pmatrix} \cdot \begin{pmatrix} 1 & 3 & -3 & 2 \\ 0 & 1 & -1 & -1 \\ 2 & 4 & -2 & 4 \end{pmatrix} = \begin{pmatrix} 0 & 1 & -1 & -1 \\ 2 & 4 & -2 & 4 \\ 1 & 3 & -3 & 2 \end{pmatrix}$$

$$\begin{pmatrix} 1 & 3 & -3 & 2 \\ 0 & 1 & -1 & -1 \\ 2 & 4 & -2 & 4 \end{pmatrix} \cdot \begin{pmatrix} 0 & 0 & 1 & 0 \\ 1 & 0 & 0 & 0 \\ 0 & 0 & 0 & 1 \\ 0 & 1 & 0 & 0 \end{pmatrix} = \begin{pmatrix} 3 & 2 & 1 & -3 \\ 1 & -1 & 0 & -1 \\ 4 & 4 & 2 & -2 \end{pmatrix}.$$

Da sich jede Permutation auf ein sukzessives Ausführen mehrerer Transpositionen zurückführen läßt, folgt sofort:

Permutation als Hintereinanderschaltung von Transpositionen
Jede Permutationsmatrix ist als Produkt von Transpositionsmatrizen darstellbar, wobei die Multiplikation zum Erzeugen von Zeilenvertauschungen sukzessive von rechts nach links, zum Erzeugen von Spaltenvertauschungen sukzessive von links nach rechts auszuführen ist.

Beispiel IV-34

Damit – wie im vorstehenden Beispiel IV-33 – in der betrachteten Matrix die ursprünglich erste Zeile zur dritten, die zweite zur ersten und die dritte zur zweiten wird, können wir auch eine Folge zweier Transpositionen ausführen:

- Zunächst vertauschen wir die erste mit der letzten Zeile,
- dann vertauschen wir die zweite mit der (neuen) ersten Zeile.

Diese beiden Umformungen erzeugen wir durch zweimaliges linksseitiges Multiplizieren mit geeigneten Transpositionsmatrizen:

$$\underbrace{\underbrace{\begin{pmatrix} 0 & 1 & 0 \\ 1 & 0 & 0 \\ 0 & 0 & 1 \end{pmatrix}}_{\substack{\uparrow \\ \text{bewirkt Vertauschung der (neuen) 1. Zeile mit der 2. Zeile}}} \cdot \left(\underbrace{\underbrace{\begin{pmatrix} 0 & 0 & 1 \\ 0 & 1 & 0 \\ 1 & 0 & 0 \end{pmatrix}}_{\substack{\uparrow \\ \text{bewirkt Vertauschung der 1. mit der 3. Zeile}}} \cdot \begin{pmatrix} 1 & 3 & -3 & 2 \\ 0 & 1 & -1 & -1 \\ 2 & 4 & -2 & 4 \end{pmatrix}}_{\text{Zuerst ausgeführte Multiplikation}} \right)}_{\text{Als zweites ausgeführte Multiplikation}} = \begin{pmatrix} 0 & 1 & -1 & -1 \\ 2 & 4 & -2 & 4 \\ 1 & 3 & -3 & 2 \end{pmatrix}$$

Nach dem Assoziativgesetz für Matrizen gilt aber

$$\begin{pmatrix} 0 & 1 & 0 \\ 1 & 0 & 0 \\ 0 & 0 & 1 \end{pmatrix} \cdot \left(\begin{pmatrix} 0 & 0 & 1 \\ 0 & 1 & 0 \\ 1 & 0 & 0 \end{pmatrix} \cdot \begin{pmatrix} 1 & 3 & -3 & 2 \\ 0 & 1 & -1 & -1 \\ 2 & 4 & -2 & 4 \end{pmatrix} \right)$$

$$= \underbrace{\left(\begin{pmatrix} 0 & 1 & 0 \\ 1 & 0 & 0 \\ 0 & 0 & 1 \end{pmatrix} \cdot \begin{pmatrix} 0 & 0 & 1 \\ 0 & 1 & 0 \\ 1 & 0 & 0 \end{pmatrix} \right)}_{= \begin{pmatrix} 0 & 1 & 0 \\ 0 & 0 & 1 \\ 1 & 0 & 0 \end{pmatrix}} \cdot \begin{pmatrix} 1 & 3 & -3 & 2 \\ 0 & 1 & -1 & -1 \\ 2 & 4 & -2 & 4 \end{pmatrix}.$$

↑ bewirkt den gesamten Vertauschungsprozeß

(6) Multiplikation mit einer Diagonalmatrix $\mathbf{D}(c_1, c_2, \ldots, c_m)$

Bei der Multiplikation einer (m × n)-Matrix **A** von **links** mit einer Diagonalmatrix der Ordnung m

$$\text{(IV-20)} \quad \mathbf{D}(c_1, c_2, \ldots, c_m) := \begin{pmatrix} c_1 & 0 & \ldots & 0 \\ 0 & c_2 & \ldots & 0 \\ \vdots & \vdots & & \vdots \\ 0 & 0 & \ldots & c_m \end{pmatrix}$$

wird jedes Glied der ersten **Zeile** von **A** durch sein c_1-faches, jedes Glied der zweiten **Zeile** durch sein c_2-faches usw. ersetzt.

Beispiel IV-35

Wir wollen die erste Zeile der Koeffizientenmatrix des Gleichungssystems GS_7 durch ihr $(-1/3)$-faches ersetzen, die zweite Zeile unverändert lassen und die dritte Zeile wieder durch ihr (1/2)-faches ersetzen.

$$\begin{pmatrix} -1/3 & 0 & 0 \\ 0 & 1 & 0 \\ 0 & 0 & 1/2 \end{pmatrix} \cdot \begin{pmatrix} 1 & 3 & -3 & 2 \\ 0 & 1 & -1 & -1 \\ 2 & 4 & -2 & 4 \end{pmatrix} = \begin{pmatrix} -1/3 & -1 & 1 & -2/3 \\ 0 & 1 & -1 & -1 \\ 1 & 2 & -1 & 2 \end{pmatrix}.$$

Die **Rechts**multiplikation führt zu entsprechenden Veränderungen in bezug auf die **Spalten** von **A**.

Wir sehen also:

- daß bei **Links**multiplikation einer Matrix **A** mit einer Matrix der sechs vorgestellten Typen gewisse **Zeilen** von **A** ersetzt, gestrichen oder miteinander vertauscht werden, d.h. sogenannte *Zeilenoperationen* vorgenommen werden.
- daß bei **Rechts**multiplikation einer Matrix **A** mit den vorgestellten speziellen Matrizen gewisse **Spalten** von **A** ersetzt, gestrichen oder miteinander vertauscht werden, d.h. sog. *Spaltenoperationen* vorgenommen werden.

Auch die durch (IV-16) oder (IV-17) erzeugten Zeilen- bzw. Spaltenoperationen nennen wir *elementar*.

7.3. Matrizenmultiplikation und die Überführung linearer Gleichungssysteme in eine kanonische Form

Im Zusammenhang mit realen Problemstellungen sind Multiplikationen von Matrizen selten isoliert auszuführen, sondern meistens im Zusammenhang mit Überlegungen, die sich eigentlich auf Gleichungen und/oder Ungleichungen beziehen. Sie haben bereits

(IV-21) $\mathbf{A} \cdot \mathbf{x} = \mathbf{b}$

zur Beschreibung eines allgemeinen linearen Gleichungssystems kennengelernt. Es seien nun die Glieder von $\mathbf{A}$ numerisch spezifiziert. Ist für (IV-21) eine numerische Lösung $\mathbf{x}^*$ gefunden, so steht also, nachdem wir $\mathbf{x}^*$ eingesetzt und das Matrizenprodukt $\mathbf{A} \cdot \mathbf{x}^*$ ausgerechnet haben, auf der linken und der rechten Seite des Gleichheitszeichens jeweils derselbe Spaltenvektor. Wenn wir dann auf beiden Seiten – etwa von links – mit derselben Matrix $\mathbf{B}$ multiplizieren, dann ist auch die neue (Vektor-)Gleichung

$$\mathbf{B} \cdot (\mathbf{A} \cdot \mathbf{x}^*) = \mathbf{B} \cdot \mathbf{b}$$

wahr. Wie sieht aber die Situation aus, wenn wir den Vektor $\mathbf{x}$ noch nicht numerisch bestimmt haben? Nun, solange wir nur aufeinanderfolgende, elementare Zeilenoperationen ausführen, und zwar stets gleichzeitig sowohl in bezug auf die linke Seite als auch in bezug auf die rechte Seite von (IV-21), verändern wir die Lösungsmenge von (IV-21) sicherlich nicht, denn derartige Operationen entsprechen lediglich den oben besprochenen (elementaren) lösungsneutralen Umformungen für lineare Gleichungssysteme. Daraus folgt, daß zur Umformung von (IV-21) zunächst lediglich Linksmultiplikationen mit geeigneten, derartige Einzelumformungen erzeugenden Matrizen in Frage kommen, und diese in gleicher Weise auf der linken wie auf der rechten Seite vorzunehmen sind. Ist $\mathbf{P}$ jetzt zunächst irgendein Produkt elementarer Matrizen, so geht (IV-21) nach Linksmultiplikation über in

(IV-22) $\mathbf{P} \cdot (\mathbf{A} \cdot \mathbf{x}) = \mathbf{P} \cdot \mathbf{b}$,

und wegen des Assoziativgesetzes der Matrizenmultiplikation ist das äquivalent zu

(IV-23) $(\mathbf{P} \cdot \mathbf{A}) \cdot \mathbf{x} = \mathbf{P} \cdot \mathbf{b}$.

$\mathbf{P} \cdot \mathbf{A}$ stellt die umgeformte Koeffizientenmatrix und $\mathbf{P} \cdot \mathbf{b}$ die umgeformte rechte Seite des Gleichungssystems dar. Dieses Gleichungssystem (IV-23) ist also äquivalent zu dem ursprünglichen System (IV-21).

Wir wollen nun untersuchen, welche spezielle Matrix $\mathbf{P}$ einen Pivotschritt unter Verwendung des Pivotelementes a_{pq} ($\neq 0$) erzeugt. Zunächst würde man etwa das System (IV-21) von links mit einer Matrix $\mathbf{M}$ des Typs (IV-16) multiplizieren, um die Pivotzeile zu normieren:

(IV-24) $(\mathbf{M} \cdot \mathbf{A})\mathbf{x} = \mathbf{M} \cdot \mathbf{b}$.

Dabei ist $\mathbf{M}$, genauer gesagt, eine Abkürzung für die Matrix

$$\text{(IV-25)} \quad \mathbf{M}_p\left(\frac{1}{a_{pq}}\right) := \begin{pmatrix} 1 & 0 & \dots & 0 & \dots & 0 \\ 0 & 1 & \dots & 0 & \dots & 0 \\ \vdots & \vdots & & \vdots & & \vdots \\ 0 & 0 & \dots & \frac{1}{a_{pq}} & \dots & 0 \\ \vdots & \vdots & & \vdots & & \vdots \\ 0 & 0 & \dots & 0 & \dots & 1 \end{pmatrix} \begin{matrix} \\ \\ \\ \leftarrow \text{p-te Zeile.} \\ \\ \\ \end{matrix}$$

↑ p-te Spalte

Anschließend ist die erste Zeile durch die Summe dieser Zeile und des $(-a_{1q})$-fachen der umgeformten Pivotzeile zu ersetzen, um den Koeffizienten in der Position (1, q) zu Null werden zu lassen. Das geschieht durch die Multiplikation von (IV-24) (unter Verwendung der Abkürzung (IV-25)) von links mit der Matrix $\mathbf{F}_{1q}(-a_{1q})$, die wir $\mathbf{F}_1$ abkürzen wollen:

$$\mathbf{F}_1 := \begin{pmatrix} 1 & 0 & \dots & -a_{1q} & \dots & 0 \\ 0 & 1 & \dots & 0 & \dots & 0 \\ \vdots & \vdots & & \vdots & & \vdots \\ 0 & 0 & \dots & 1 & \dots & 0 \\ \vdots & \vdots & & \vdots & & \vdots \\ 0 & 0 & \dots & 0 & \dots & 1 \end{pmatrix} \begin{matrix} \leftarrow \text{1. Zeile} \\ \\ \\ \leftarrow \text{p-te Zeile.} \\ \\ \\ \end{matrix}$$

↑ p-te Spalte

(IV-24) geht damit über in

$$\text{(IV-26)} \quad (\mathbf{F}_1 \cdot (\mathbf{M} \cdot \mathbf{A})) \cdot \mathbf{x} = \mathbf{F}_1 \cdot (\mathbf{M} \cdot \mathbf{b}).$$

Durch sukzessive Linksmultiplikation mit entsprechenden Matrizen $\mathbf{F}_{iq}(-a_{iq})$, abgekürzt

$$\text{(IV-27)} \quad \mathbf{F}_i := \begin{pmatrix} 1 & 0 & \dots & 0 & \dots & 0 & \dots & 0 \\ 0 & 1 & \dots & 0 & \dots & 0 & \dots & 0 \\ \vdots & \vdots & & \vdots & & \vdots & & \vdots \\ 0 & 0 & \dots & 1 & \dots & 0 & \dots & 0 \\ \vdots & \vdots & & \vdots & & \vdots & & \vdots \\ 0 & 0 & \dots & -a_{iq} & \dots & 1 & \dots & 0 \\ \vdots & \vdots & & \vdots & & \vdots & & \vdots \\ 0 & 0 & \dots & 0 & \dots & 0 & \dots & 1 \end{pmatrix} \begin{matrix} \\ \\ \\ \leftarrow \text{p-te Zeile} \\ \\ \leftarrow \text{i-te Zeile,} \\ \\ \\ \end{matrix}$$

↑ p-te Spalte $\qquad (i \neq p)$

lassen wir die Koeffizienten in den Positionen (i, q) ($i = 1, \ldots, m$, $i \neq p$) zu Null werden (sofern sie nicht schon gleich Null sind). (IV-21) ist damit übergegangen in

$$\text{(IV-28)} \quad \mathbf{F}_m \cdots \mathbf{F}_{p+1} \cdot \mathbf{F}_{p-1} \cdots \mathbf{F}_1 \cdot \mathbf{M} \cdot \mathbf{A} \cdot \mathbf{x} = \mathbf{F}_m \cdots \mathbf{F}_{p+1} \cdot \mathbf{F}_{p-1} \cdots \mathbf{F}_1 \cdot \mathbf{M} \cdot \mathbf{b}.$$

Wegen der Gültigkeit des Assoziativgesetzes für die Matrizenmultiplikation können wir für (IV-28) auch schreiben

$$\text{(IV-29)} \quad (\mathbf{F}_m \cdots \mathbf{F}_{p+1} \cdot \mathbf{F}_{p-1} \cdots \mathbf{F}_1 \cdot \mathbf{M}) \cdot \mathbf{A} \cdot \mathbf{x} = (\mathbf{F}_m \cdots \mathbf{F}_{p+1} \cdot \mathbf{F}_{p-1} \cdots \mathbf{F}_1 \cdot \mathbf{M}) \cdot \mathbf{b}.$$

Also wird die Pivotierung mit dem Pivot (p, q) durch die folgende Matrix, jetzt präziser $\mathbf{P}_{pq}$ abgekürzt, erreicht:

$$\text{(IV-30)} \quad \mathbf{P}_{pq} := \mathbf{F}_m \cdots \mathbf{F}_{p+1} \cdot \mathbf{F}_{p-1} \cdots \mathbf{F}_1 \cdot \mathbf{M}.$$

Durch Ausrechnen des Matrizenproduktes (IV-30) unter Verwendung der in (IV-25) und (IV-27) definierten Faktoren können Sie sich klar machen, daß $\mathbf{P}_{pq}$ sich nur in der p-ten Spalte von der Einheitsmatrix unterscheidet und die folgende Gestalt hat

$$\text{(IV-31)} \quad \mathbf{P}_{pq} := \begin{pmatrix} 1 & 0 & \ldots & -\frac{a_{1q}}{a_{pq}} & \ldots & 0 \\ 0 & 1 & \ldots & -\frac{a_{2q}}{a_{pq}} & \ldots & 0 \\ \vdots & \vdots & \ddots & \vdots & & \vdots \\ 0 & 0 & \ldots & \frac{1}{a_{pq}} & \ldots & 0 \\ \vdots & \vdots & & \vdots & \ddots & \vdots \\ 0 & 0 & \ldots & -\frac{a_{mq}}{a_{pq}} & \ldots & 1 \end{pmatrix} \leftarrow \text{p-te Zeile}$$

$\uparrow$
p-te Spalte

Durch Linksmultiplikation beider Seiten eines Gleichungssystems (IV-21) mit einer Matrix (IV-31) wird also ein Pivotschritt für das Gleichungssystem unter Verwendung des Pivots (p, q) bewirkt. Wir wollen jede derartig konstruierte Matrix (IV-31) deshalb auch *Pivotmatrix* nennen.

Beispiel IV-36

Wir betrachten wieder das Gleichungssystem GS_7 aus Beispiel II-8

$$GS_7: \begin{pmatrix} 1 & 3 & -3 & 2 \\ 0 & 1 & -1 & -1 \\ 2 & 4 & -2 & 4 \end{pmatrix} \cdot \begin{pmatrix} x_1 \\ x_2 \\ x_3 \\ x_4 \end{pmatrix} = \begin{pmatrix} -2 \\ -1 \\ -2 \end{pmatrix}$$

und wollen einen Pivotschritt unter Verwendung des Pivots (3,1) ausführen. Die Normierung der Pivotzeile erreichen wir durch Linksmultiplikation mit der Matrix (vgl. Beispiel IV-26)

$$\begin{pmatrix} 1 & 0 & 0 \\ 0 & 1 & 0 \\ 0 & 0 & 1/2 \end{pmatrix}.$$

Durch Linksmultiplikation beider Seiten von GS_7 erhält man

$$GS_7': \begin{pmatrix} 1 & 3 & -3 & 2 \\ 0 & 1 & -1 & -1 \\ 1 & 2 & -1 & 2 \end{pmatrix} \cdot \begin{pmatrix} x_1 \\ x_2 \\ x_3 \\ x_4 \end{pmatrix} = \begin{pmatrix} -2 \\ -1 \\ -1 \end{pmatrix}.$$

Mit Hilfe einer Zeilenoperation lassen wir nun den Koeffizienten in der Position (1,1) gleich Null werden.

Dazu verwenden wir die Matrix (vgl. Beispiel IV-28)

$$\begin{pmatrix} 1 & 0 & -1 \\ 0 & 1 & 0 \\ 0 & 0 & 1 \end{pmatrix}.$$

GS_7' geht durch Linksmultiplikation dieser Matrix über in ein Gleichungssystem, in dem x_1 bereits Basisvariable ist.

$$GS_7'': \begin{pmatrix} 0 & 1 & -2 & 0 \\ 0 & 1 & -1 & -1 \\ 1 & 2 & -1 & 2 \end{pmatrix} \cdot \begin{pmatrix} x_1 \\ x_2 \\ x_3 \\ x_4 \end{pmatrix} = \begin{pmatrix} -1 \\ -1 \\ -1 \end{pmatrix}.$$

GS_7'' hätten wir natürlich auch direkt durch Linksmultiplikation von GS_7 mit der Pivotmatrix

$$\begin{pmatrix} 1 & 0 & -1/2 \\ 0 & 1 & 0 \\ 0 & 0 & 1/2 \end{pmatrix} = \begin{pmatrix} 1 & 0 & -1 \\ 0 & 1 & 0 \\ 0 & 0 & 1 \end{pmatrix} \cdot \begin{pmatrix} 1 & 0 & 0 \\ 0 & 1 & 0 \\ 0 & 0 & 1/2 \end{pmatrix}$$

erhalten.

Sofern überhaupt eine Lösung des Gleichungssystems (IV-21) existiert, läßt es sich durch eine Folge linksseitiger Multiplikationen mit Matrizen des Typs (IV-31) in ein nach allen gewählten Basisvariablen vollständig aufgelöstes System überführen. Sollten darin noch g (>0) Nullgleichungen enthalten sein, so kann man diese abschließend durch eine Folge von g linksseitigen Multiplikationen mit entsprechenden Annulatormatrizen

(IV-32) $\mathbf{N}_1, \ldots, \mathbf{N}_g$

der Form (IV-19) sukzessiv eliminieren. Danach liegt dann eine kanonische Form des Gleichungssystems vor. Die bei den Pivotschritten gewählten Pivots seien $(p_1, q_1), (p_2, q_2), \ldots, (p_{m-g}, q_{m-g})$. Die zugehörigen Pivotmatrizen kürzen wir zur optischen Vereinfachung noch

(IV-33) $\mathbf{P}_k := \mathbf{P}_{p_k q_k}, \quad k = 1, \ldots, m-g$

ab. Unter Benutzung von (IV-32), (IV-33) und (IV-31) besitzt die kanonische Form dann die Gestalt

(IV-34) $\mathbf{N}_g \cdots \mathbf{N}_1 \cdot \mathbf{P}_{m-g} \cdots \mathbf{P}_1 \cdot \mathbf{A} \cdot \mathbf{x} = \mathbf{N}_g \cdots \mathbf{N}_1 \cdot \mathbf{P}_{m-g} \cdots \mathbf{P}_1 \cdot \mathbf{b}.$

Bei der praktischen Durchführung der in (IV-34) vorkommenden Matrizenmultiplikationen per Hand empfiehlt es sich, folgendes Rechentableau (T_3) zu verwenden:

(T_3)

	$\mathbf{A}$	$\mathbf{b}$
$\mathbf{P}_1$	$\mathbf{P}_1 \cdot \mathbf{A}$	$\mathbf{P}_1 \cdot \mathbf{b}$
$\vdots$	$\vdots$	$\vdots$
$\mathbf{P}_{m-g}$	$\mathbf{P}_{m-g} \cdots \mathbf{P}_1 \cdot \mathbf{A}$	$\mathbf{P}_{m-g} \cdots \mathbf{P}_1 \cdot \mathbf{b}$
$\mathbf{N}_1$	$\mathbf{N}_1 \cdot \mathbf{P}_{m-g} \cdots \mathbf{P}_1 \cdot \mathbf{A}$	$\mathbf{N}_1 \cdot \mathbf{P}_{m-g} \cdots \mathbf{P}_1 \cdot \mathbf{b}$
$\vdots$	$\vdots$	$\vdots$
$\mathbf{N}_g$	$\mathbf{N}_g \cdots \mathbf{N}_1 \cdot \mathbf{P}_{m-g} \cdots \mathbf{P}_1 \cdot \mathbf{A}$	$\mathbf{N}_g \cdots \mathbf{N}_1 \cdot \mathbf{P}_{m-g} \cdots \mathbf{P}_1 \cdot \mathbf{b}$

Dieses Rechentableau beinhaltet im wesentlichen eine mehrfache Anwendung des FALKschen Schemas. Analog dazu schreibt man sich zunächst „rechts oben" die Faktoren **A** und **b**, „darunter ganz links" die erste Pivotmatrix $\mathbf{P}_1$ auf und berechnet die Produkte $\mathbf{P}_1 \cdot \mathbf{A}$ und $\mathbf{P}_1 \cdot \mathbf{b}$. Aus $\mathbf{P}_1 \cdot \mathbf{A}$ bestimmt man sodann die nächste Pivotmatrix $\mathbf{P}_2$ und berechnet die nächsten Produkte $\mathbf{P}_2 \cdot (\mathbf{P}_1 \cdot \mathbf{A})$ bzw. $\mathbf{P}_2 \cdot (\mathbf{P}_2 \cdot \mathbf{b})$ usw., bis man die maximal mögliche Anzahl von Basisvariablen erzeugt hat. Entsprechend geht man bei der Multiplikation mit den Annulatormatrizen vor.

Beispiel IV-37

Im folgenden ist gezeigt, wie sich für das Gleichungssystem GS_7 eine kanonische Form durch Linksmultiplikation mit geeigneten Pivotmatrizen erzeugen läßt. Als Pivotelemente wurden dabei die jeweiligen umkreisten Koeffizienten gewählt. Vergleichen Sie bitte die einzelnen Schritte mit der Vorgehensweise in den Beispielen II-10 und II-11.

			1	3	−3	2	−2
			0	1	−1	−1	−1
			(2)	4	−2	4	−1
1	0	−1/2	0	1	−2	0	−1
0	1	0	0	1	(−1)	−1	−1
0	0	1/2	1	2	−1	2	−1
1	−2	0	0	(−1)	0	2	1
0	−1	0	0	−1	1	1	1
0	−1	1	1	1	0	3	0
−1	0	0	0	1	0	−2	−1
−1	1	0	0	0	1	−1	0
1	0	1	1	0	0	5	1

Aus dem unteren Teil des Tableaus lesen wir (in der Mitte und rechts) die folgende kanonische Form ab:

$$\begin{aligned} x_2 \qquad - 2x_4 &= -1 \\ x_3 - x_4 &= 0 \\ x_1 \qquad + 5x_4 &= 1. \end{aligned}$$

8. Die Inverse einer Matrix

8.1. Der Begriff der Inversen

Zur Einführung in diesen Abschnitt gehen wir von einem Gleichungssystem

(IV-35) $\mathbf{A} \cdot \mathbf{x} = \mathbf{b}$

mit n Gleichungen und n Variablen (also mit quadratischer Koeffizientenmatrix **A** der Ordnung n) aus und unterstellen, wir hätten es durch Einzelumformungen in eine kanonische Form überführt, ohne dabei auf Nullgleichungen oder Widersprüche gestoßen zu sein. Das umgeformte System hat dann, möglicherweise erst nach dem Vertauschen der Reihenfolgen von Gleichungen, d. h. nach Linksmultiplikation mit einer Permutationsmatrix $\boldsymbol{\Pi}$, die Form

$$\text{(IV-36)} \quad \begin{cases} x_1 & & & = \tilde{b}_1 \\ & x_2 & & = \tilde{b}_2 \\ & & \ddots & \\ & & x_n & = \tilde{b}_n . \end{cases}$$

Dabei sollen $\tilde{b}_1, \tilde{b}_2, \ldots, \tilde{b}_n$ die rechten Seiten der natürlichen kanonischen Form darstellen. Anstelle von (IV-36) können wir unter Verwendung von Matrizen auch schreiben:

(IV-37) $\mathbf{E} \cdot \mathbf{x} = \tilde{\mathbf{b}}$.

Dabei ist **E** eine Einheitsmatrix der Ordnung n und

$$\tilde{\mathbf{b}} := \begin{pmatrix} \tilde{b}_1 \\ \tilde{b}_2 \\ \vdots \\ \tilde{b}_n \end{pmatrix}.$$

Es muß dann eine Folge von Pivotmatrizen $\mathbf{P}_1, \mathbf{P}_2, \ldots, \mathbf{P}_n$ und damit auch eine $(n \times n)$-Matrix **B** mit

(IV-38) $\mathbf{B} = \mathbf{P}_n \cdots \mathbf{P}_2 \cdot \mathbf{P}_1$

existieren, die durch Multiplikation von links das Gleichungssystem (IV-35) lösungsneutral in das System (IV-37) überführt:

(IV-39) $\mathbf{B} \cdot \mathbf{A} \cdot \mathbf{x} = \mathbf{B} \cdot \mathbf{b}$

mit

(IV-40) $\mathbf{B} \cdot \mathbf{A} = \mathbf{E}$

und

(IV-41) $\mathbf{B} \cdot \mathbf{b} = \tilde{\mathbf{b}}$.

Natürlich ist in einem solchen Falle wegen (IV-37)

$$\mathbf{x}^* = \mathbf{B} \cdot \mathbf{b}$$

eine eindeutige Lösung des Gleichungssystems (IV-35). Eingesetzt in (IV-35) muß demnach

$$\mathbf{A} \cdot (\mathbf{B} \cdot \mathbf{b}) = \mathbf{b}$$

oder umgeformt

$$(\mathbf{A} \cdot \mathbf{B}) \cdot \mathbf{b} = \mathbf{b}$$

erfüllt sein, und zwar **für jeden beliebigen Vektor b** von rechten Seiten. Die einzige Matrix, die durch Linksmultiplikation **jedes b** in sich überführt, ist jedoch die $(n \times n)$-Einheitsmatrix **E**, also muß auch gelten

(IV-42) $\mathbf{A} \cdot \mathbf{B} = \mathbf{E}$.

Eine zu **A** gehörige Matrix **B**, die sowohl (IV-40) als auch (IV-42) erfüllt, nennt man *Inverse* von **A**.

Inverse einer Matrix
Existiert zu einer $(n \times n)$-Matrix **A** eine $(n \times n)$-Matrix **B** dergestalt, daß gleichzeitig $\mathbf{A} \cdot \mathbf{B} = \mathbf{E}$ und $\mathbf{B} \cdot \mathbf{A} = \mathbf{E}$ (**E**: $(n \times n)$-Einheitsmatrix) gelten, so heißt **B** Inverse von **A** und wird mit $\mathbf{A}^{-1}$ bezeichnet.

Existiert die Inverse von **A**, dann heißt **A** *invertierbar*, manchmal auch *regulär* oder *nicht-singulär*. Beachten Sie bitte, daß Inverse nur für quadratische Matrizen definiert sind. Außerdem müssen die betreffenden Matrizen **A** und $\mathbf{A}^{-1}$ (und damit auch **E**) stets die gleiche Ordnung besitzen. Aus der Definition ist im übrigen sofort einzusehen, daß

$(\mathbf{A}^{-1})^{-1} = \mathbf{A}$ gilt.

Beispiel IV-38
Gegeben seien die Matrizen

$$\mathbf{T} := \begin{pmatrix} 1 & -4 & -4 \\ 0 & 2 & 2 \\ 1 & -2 & 0 \end{pmatrix}, \quad \mathbf{U} := \begin{pmatrix} 1 & 2 & 0 \\ 1/2 & 1 & -1/2 \\ -1/2 & -1/2 & 1/2 \end{pmatrix},$$

$$\mathbf{V} := \begin{pmatrix} 1 & 4 & -2 \\ 0 & -2 & 1 \\ -1 & 1/2 & 0 \end{pmatrix}, \quad \mathbf{W} := \begin{pmatrix} 1 & 2 & 0 \\ 2 & 4 & 2 \\ 4 & 9 & 4 \end{pmatrix}.$$

U ist eine Inverse von **T**, denn es gilt sowohl

$$\begin{pmatrix} 1 & 2 & 0 \\ 1/2 & 1 & -1/2 \\ -1/2 & -1/2 & 1/2 \end{pmatrix} \cdot \begin{pmatrix} 1 & -4 & -4 \\ 0 & 2 & 2 \\ 1 & -2 & 0 \end{pmatrix} = \begin{pmatrix} 1 & 0 & 0 \\ 0 & 1 & 0 \\ 0 & 0 & 1 \end{pmatrix}$$

als auch

$$\begin{pmatrix} 1 & -4 & -4 \\ 0 & 2 & 2 \\ 1 & -2 & 0 \end{pmatrix} \cdot \begin{pmatrix} 1 & 2 & 0 \\ 1/2 & 1 & -1/2 \\ -1/2 & -1/2 & 1/2 \end{pmatrix} = \begin{pmatrix} 1 & 0 & 0 \\ 0 & 1 & 0 \\ 0 & 0 & 1 \end{pmatrix}.$$

Weiterhin ist **W** eine Inverse von **V** wegen

$$\begin{pmatrix} 1 & 2 & 0 \\ 2 & 4 & 2 \\ 4 & 9 & 4 \end{pmatrix} \cdot \begin{pmatrix} 1 & 4 & -2 \\ 0 & -2 & 1 \\ -1 & 1/2 & 0 \end{pmatrix} = \begin{pmatrix} 1 & 0 & 0 \\ 0 & 1 & 0 \\ 0 & 0 & 1 \end{pmatrix}$$

und

$$\begin{pmatrix} 1 & 4 & -2 \\ 0 & -2 & 1 \\ -1 & 1/2 & 0 \end{pmatrix} \cdot \begin{pmatrix} 1 & 2 & 0 \\ 2 & 4 & 2 \\ 4 & 9 & 4 \end{pmatrix} = \begin{pmatrix} 1 & 0 & 0 \\ 0 & 1 & 0 \\ 0 & 0 & 1 \end{pmatrix}.$$

Mit der gleichen Begründung könnte man natürlich auch **T** als Inverse von **U** bzw. **V** als Inverse von **W** ansehen.

Wie Sie im nächsten Unterabschnitt sehen werden, kann es durchaus sein, daß für eine quadratische Matrix keine Inverse existiert. Ist es nun aber auch möglich, daß sie mehrere besitzt? Die Antwort gibt der folgende Satz:

Eindeutigkeit der Inversen einer Matrix
Existiert zu einer Matrix **A** eine Inverse $\mathbf{A}^{-1}$, so ist $\mathbf{A}^{-1}$ eindeutig bestimmt.

Man sieht die Gültigkeit des Satzes wie folgt: Es sei **A** invertierbar, und es existiere eine quadratische Matrix **X** mit der gleichen Ordnung wie **A** und der Eigenschaft

$$\mathbf{A} \cdot \mathbf{X} = \mathbf{E}.$$

Durch Linksmultiplikation beider Seiten dieser Gleichung mit $\mathbf{A}^{-1}$ folgt

$$\underbrace{\mathbf{A}^{-1} \cdot \mathbf{A}}_{\mathbf{E}} \cdot \mathbf{X} = \underbrace{\mathbf{A}^{-1} \cdot \mathbf{E}}_{\mathbf{A}^{-1}}$$

oder kürzer

$$\mathbf{X} = \mathbf{A}^{-1},$$

d.h. **X** muß dann die Inverse von **A** sein.

Eine interessante Rechenregel ergibt sich nun in bezug auf die Inverse eines Produktes von Matrizen. Sofern $\mathbf{A} \cdot \mathbf{B}$, $\mathbf{A}^{-1}$ und $\mathbf{B}^{-1}$ definiert sind, gilt:

Inverse eines Matrizenproduktes	
von zwei Matrizen **A** und **B**	von l Matrizen $\mathbf{A}_1, \mathbf{A}_2, \ldots, \mathbf{A}_{l-1}, \mathbf{A}_l$
$(\mathbf{A} \cdot \mathbf{B})^{-1} = \mathbf{B}^{-1} \cdot \mathbf{A}^{-1}$	$(\mathbf{A}_1 \cdot \mathbf{A}_2 \ldots \mathbf{A}_{l-1} \cdot \mathbf{A}_l)^{-1} = \mathbf{A}_l^{-1} \cdot \mathbf{A}_{l-1}^{-1} \ldots \mathbf{A}_2^{-1} \cdot \mathbf{A}_1^{-1}$

Beachten Sie, daß in dem Produkt $(\mathbf{A} \cdot \mathbf{B})$ auf der linken Seite **A** den linken und **B** den rechten Faktor bildet, während in dem Produkt $(\mathbf{B}^{-1} \cdot \mathbf{A}^{-1})$ die Inverse von **B** als linker und die Inverse von **A** als rechter Faktor auftritt. Als Merkhilfe: Man zieht sich zuerst die Strümpfe (Prozeß **B**) und danach die Schuhe (Prozeß **A**) an. Beim inversen Gesamtprozeß laufen die inversen Einzelprozesse in umgekehrter Reihenfolge ab, also zuerst $\mathbf{A}^{-1}$, dann $\mathbf{B}^{-1}$.

Die Gültigkeit dieser Beziehung läßt sich leicht zeigen. Wenn nämlich $(\mathbf{B}^{-1} \cdot \mathbf{A}^{-1})$ die Inverse zu $(\mathbf{A} \cdot \mathbf{B})$ sein soll, muß gelten

$$(\mathbf{B}^{-1} \cdot \mathbf{A}^{-1}) \cdot (\mathbf{A} \cdot \mathbf{B}) = \mathbf{E}.$$

Wir zeigen nun, daß der Ausdruck auf der linken Seite tatsächlich gleich der Einheitsmatrix ist. Durch Umklammern aufgrund des Assoziativgesetzes der Matrizenmultiplikation erhalten wir

$$\begin{aligned}(\mathbf{B}^{-1} \cdot \mathbf{A}^{-1}) \cdot (\mathbf{A} \cdot \mathbf{B}) &= \mathbf{B}^{-1} \cdot (\mathbf{A}^{-1} \cdot \mathbf{A}) \cdot \mathbf{B} \\ &= \mathbf{B}^{-1} \cdot \mathbf{E} \cdot \mathbf{B} \\ &= \mathbf{B}^{-1} \cdot \mathbf{B} \\ &= \mathbf{E}.\end{aligned}$$

Der Beweis für ein Produkt von mehr als zwei Matrizen ist analog zu führen.

Beispiel IV-39
Wir gehen von den Matrizen **T** und **V** sowie den zugehörigen Inversen $\mathbf{T}^{-1} = \mathbf{U}$ und $\mathbf{W}^{-1} = \mathbf{V}$ aus Beispiel IV-38 aus und üben damit weiter den Umgang mit numerisch festgelegten Matrizen. Es muß nun – wie wir gesehen haben – etwa gelten:

$$(\mathbf{T} \cdot \mathbf{W})^{-1} = \mathbf{W}^{-1} \cdot \mathbf{T}^{-1}.$$

Setzen wir die entsprechenden Matrizen ein, so erhalten wir

$$\left(\begin{pmatrix} 1 & -4 & -4 \\ 0 & 2 & 2 \\ 1 & -2 & 0 \end{pmatrix} \cdot \begin{pmatrix} 1 & 2 & 0 \\ 2 & 4 & 2 \\ 4 & 9 & 4 \end{pmatrix}\right)^{-1}$$

$$= \begin{pmatrix} 1 & 4 & -2 \\ 0 & -2 & 1 \\ -1 & 1/2 & 0 \end{pmatrix} \cdot \begin{pmatrix} 1 & 2 & 0 \\ 1/2 & 1 & -1/2 \\ -1/2 & -1/2 & 1/2 \end{pmatrix}$$

$$\begin{pmatrix} -23 & -50 & -24 \\ 12 & 26 & 12 \\ -3 & -6 & -4 \end{pmatrix}^{-1} = \begin{pmatrix} 4 & 7 & -3 \\ -3/2 & -5/2 & 3/2 \\ -3/4 & -3/2 & -1/4 \end{pmatrix}.$$

8.2. Berechnung

Bei Problemstellungen der Praxis ist es oft erforderlich, die Inverse zu einer quadratischen Matrix zu berechnen (bzw. festzustellen, ob die Inverse überhaupt existiert). Eine Möglichkeit dazu (sofern Invertierbarkeit vorliegt) haben wir eigentlich bereits implizit kennengelernt, nämlich anhand von Formel (IV-38). Danach müssen wir lediglich versuchen, die betrachtete Matrix durch sukzessives linksseitiges Multiplizieren in eine Einheitsmatrix zu überführen, und dann die verwendeten Pivotmatrizen miteinander multiplizieren, wobei wir allerdings – wie im vorigen Abschnitt dargestellt – die Matrizenprodukte von rechts und links aufbauen müssen.

Beispiel IV-40
Gegeben sei die Matrix

$$\mathbf{A} := \begin{pmatrix} 2 & 1 \\ 4 & 1 \end{pmatrix},$$

zu der eine Inverse bestimmt werden soll. Durch Linksmultiplikation mit geeigneten Pivotmatrizen versuchen wir, sie sukzessive in eine Einheitsmatrix zu überführen. Zunächst führen wir einen Pivotschritt unter Verwendung des Pivots (1, 1) durch:

$$\begin{pmatrix} 1/2 & 0 \\ -2 & 1 \end{pmatrix} \cdot \begin{pmatrix} 2 & 1 \\ 4 & 1 \end{pmatrix} = \begin{pmatrix} 1 & 1/2 \\ 0 & -1 \end{pmatrix}.$$

Anschließend pivotieren wir unter Verwendung des Pivots (2, 2):

$$\begin{pmatrix} 1 & 1/2 \\ 0 & -1 \end{pmatrix} \cdot \begin{pmatrix} 1 & 1/2 \\ 0 & -1 \end{pmatrix} = \begin{pmatrix} 1 & 0 \\ 0 & 1 \end{pmatrix}.$$

Die gesuchte Inverse ergibt sich gemäß (IV-38) als Produkt der beiden Pivotmatrizen, und zwar in der folgenden Weise:

$$\begin{pmatrix} 1 & 1/2 \\ 0 & -1 \end{pmatrix} \cdot \begin{pmatrix} 1/2 & 0 \\ -2 & 1 \end{pmatrix} = \begin{pmatrix} -1/2 & 1/2 \\ 2 & -1 \end{pmatrix}.$$

Natürlich kann es dabei vorkommen, daß wir aufgrund des Auftretens einer oder mehrerer Nullzeilen kein Pivotelement mehr wählen können. In einem solchen Fall besteht dann keine Möglichkeit mehr, die gewünschte Einheitsmatrix zu erzeugen, denn das Auftreten von Nullzeilen ist unabhängig von der Wahl der Pivotelemente. Die Inverse der betrachteten Matrix existiert dann nicht.

Beispiel IV-41
Gegeben sei die Matrix

$$\mathbf{B} := \begin{pmatrix} 2 & 1 \\ 4 & 2 \end{pmatrix}.$$

Wir gehen wieder wie im vorstehenden Beispiel IV-40 vor und führen einen Pivotschritt unter Verwendung des Pivots (1, 1) durch.

$$\begin{pmatrix} 1/2 & 0 \\ -2 & 1 \end{pmatrix} \cdot \begin{pmatrix} 2 & 1 \\ 4 & 2 \end{pmatrix} = \begin{pmatrix} 1 & 1/2 \\ 0 & 0 \end{pmatrix}.$$

Ein weiteres Pivotelement kann nicht festgelegt werden. Es existiert keine Inverse zu der betrachteten Matrix.

Eine andere Variante der Berechnung der Inversen macht von der Idee Gebrauch, diese auf die Ermittlung der Lösungen eines Gleichungssystems zurückzuführen. Dazu treffen wir zunächst einige Vorbereitungen. Mit

$$\mathbf{A} := \begin{pmatrix} a_{11} & a_{12} & \dots & a_{1n} \\ a_{21} & a_{22} & \dots & a_{2n} \\ \vdots & & & \\ a_{n1} & a_{n2} & \dots & a_{nn} \end{pmatrix}$$

bezeichnen wir die Matrix, zu der die bisher noch unbekannte Inverse

$$\mathbf{X} := \begin{pmatrix} x_{11} & x_{12} & \dots & x_{1n} \\ x_{21} & x_{22} & \dots & x_{2n} \\ \vdots & & & \\ x_{n1} & x_{n2} & \dots & x_{nn} \end{pmatrix}$$

angegeben werden soll (sofern sie existiert). Wir kürzen die Spalten von **X** mit $\check{x}^{(j)}$, $j = 1, \dots, n$ ab, so daß wir einfach

$$\text{(IV-43)} \quad \mathbf{X} = (\check{x}^{(1)}, \check{x}^{(2)}, \dots, \check{x}^{(n)}) \quad \text{mit} \quad \check{x}^{(j)} := \begin{pmatrix} x_{1j} \\ x_{2j} \\ \vdots \\ x_{nj} \end{pmatrix}$$

schreiben können. Wir formulieren aufgrund der oben gegebenen Definition der Inversen einer Matrix **A** folgende **notwendige** Bedingung für **X**:

$$\text{(IV-44)} \quad \mathbf{A} \cdot \mathbf{X} = \mathbf{E}$$

bzw. unter Verwendung von (IV-43) und der Formel (IV-4) für die Interpretation der Einheitsmatrix als Zeilenvektor von Spaltenvektoren $\check{e}^{(j)}$:

$$\text{(IV-45)} \quad \mathbf{A} \cdot (\check{x}^{(1)}, \check{x}^{(2)}, \dots, \check{x}^{(n)}) = (\check{e}^{(1)}, \check{e}^{(2)}, \dots, \check{e}^{(n)})$$

und weiter unter Verwendung der Formel (IV-15) für das Hineinmultiplizieren:

$$\text{(IV-46)} \quad (\mathbf{A} \cdot \check{x}^{(1)}, \mathbf{A} \cdot \check{x}^{(2)}, \dots, \mathbf{A} \cdot \check{x}^{(n)}) = (\check{e}^{(1)}, \check{e}^{(2)}, \dots, \check{e}^{(n)})$$

oder durch Gleichsetzung der entsprechenden Spalten links und rechts

$$\text{(IV-47)} \quad \mathbf{A} \cdot \check{x}^{(1)} = \check{e}^{(1)}, \mathbf{A} \cdot \check{x}^{(2)} = \check{e}^{(2)}, \dots, \mathbf{A} \cdot \check{x}^{(n)} = \check{e}^{(n)}.$$

Beachten Sie, daß die aus den Lösungen der Gleichungssysteme (IV-47) (sofern sie existieren) zusammengestellte Matrix **X** nach unserem bisherigen Kenntnisstand erst eine **potentielle** Inverse von **A** ist, da wir noch nicht wissen, ob **X** auch die Bedingung

$$\text{(IV-48)} \quad \mathbf{X} \cdot \mathbf{A} = \mathbf{E}$$

erfüllt. (Später wird sich allerdings zeigen, daß eine Matrix **X**, die (IV-44) erzeugt, auch (IV-48) erfüllt.)

Beispiel IV-42
Gegeben sei wieder die Matrix

$$\mathbf{A} = \begin{pmatrix} 2 & 1 \\ 4 & 1 \end{pmatrix}$$

aus Beispiel IV-40, zu der eine entsprechende Matrix **X** gefunden werden soll, für die

$$\mathbf{A} \cdot \mathbf{X} = \mathbf{E}$$

gilt. Zur Lösung dieser Aufgabe erstellen wir gem. (IV-47) die beiden folgenden Gleichungssysteme

$$\begin{aligned} 2x_{11} + 1x_{21} &= 1 \\ 4x_{11} + 1x_{21} &= 0 \end{aligned} \qquad (j = 1)$$

und

$$\begin{aligned} 2x_{12} + 1x_{22} &= 0 \\ 4x_{12} + 1x_{22} &= 1 \end{aligned} \qquad (j = 2)$$

Durch Ausrechnen findet man die eindeutigen Lösungen

$$\begin{aligned} x_{11} &= -1/2 \qquad & x_{12} &= 1/2 \\ x_{21} &= 2 & x_{22} &= -1 \end{aligned}$$

und damit die gesuchte Matrix **X**:

$$\mathbf{X} = \begin{pmatrix} -1/2 & 1/2 \\ 2 & -1 \end{pmatrix}.$$

Man kann sich überzeugen, daß auch

$$\mathbf{X} \cdot \mathbf{A} = \mathbf{E}$$

gilt, so daß **X** tatsächlich die Inverse von **A** ist (vgl. auch Beispiel IV-40).

Die n Gleichungssysteme von (IV-47) unterscheiden sich nur in den rechten Seiten. Für die simultane Bestimmung von Lösungen derartiger Gleichungssysteme haben wir bereits in Abschnitt 2.6.3 des Kapitels II ein Verfahren kennengelernt. Wir benutzten dazu die dort vorgestellte Tableauschreibweise, die im vorliegenden Fall zu folgendem Tableau vom Typ T_2 führt:

x_1	x_2	...	x_n	RS_1	RS_2	...	RS_n
a_{11}	a_{12}	...	a_{1n}	1	0	...	0
a_{21}	a_{22}	...	a_{2n}	0	1	...	0
⋮	⋮		⋮	⋮	⋮		⋮
a_{n1}	a_{n2}	...	a_{nn}	0	0	...	1

, kürzer: | **A** ‖ **E** | .

Durch den senkrechten Doppelstrich ist das Tableau wieder in einen linken und einen rechten Teil zerlegt. Man versucht nun, durch lösungsneutrale Umformungen eine kanonische Form zu erzeugen, wobei alle Variablen zu Basisvariablen werden müssen. Gelingt das, so können wir für jedes der n Systeme eine (dann eindeutige) Lösung ablesen und daraus die Matrix **X** als potentielle Inverse zusammenstellen.

Beispiel IV-43

Wir wollen auch mit diesem Verfahren noch einmal die Inverse zur Matrix **A** aus Beispiel IV-40 bestimmen (vgl. auch Beispiel IV-42). Als Ausgangstableau erhalten wir

x_1	x_2	RS_1	RS_2
2	1	1	0
4	1	0	1

Wir verwenden nacheinander die Koeffizienten in den Positionen (1, 2) und (2, 1) als Pivotelemente und erhalten

	* x_1	* x_2	RS_1	RS_2
*	0	1	2	−1
*	1	0	−1/2	1/2

Daraus lesen wir als Lösung ab:

$x_{11} = -1/2 \quad x_{12} = 1/2$
$x_{21} = 2 \quad x_{22} = -1.$

Die gesuchte Inverse lautet damit

$$\begin{pmatrix} -1/2 & 1/2 \\ 2 & -1 \end{pmatrix}.$$

Besonders einfach gestaltet sich das Ablesen der potentiellen Inversen aus dem Endtableau, wenn die **natürliche** kanonische Form vorliegt:

	* x_1	* x_2	...	* x_n	RS_1	RS_2	...	RS_n
*	1	0	...	0	c_{11}	c_{12}	...	c_{1n}
*	0	1	...	0	c_{21}	c_{22}	...	c_{2n}
⋮	⋮	⋮		⋮	⋮	⋮		⋮
*	0	0	...	1	c_{n1}	c_{n2}	...	c_{nn}

, kürzer:

E	C

.

Wie Sie sich leicht klarmachen können, kann man dann die Spalten $RS_1, RS_2, \ldots, RS_n$ direkt als die Spalten der potentiellen Inversen übernehmen, d.h. dann folgt unmittelbar

(IV-49) $\mathbf{X} = \mathbf{C}$

und damit wegen der Gleichung (IV-44), von der wir ausgingen,

(IV-50) $\mathbf{A} \cdot \mathbf{C} = \mathbf{E}.$

Erfahrungsgemäß empfiehlt es sich, aus Gründen der Übersichtlichkeit und zur Vermeidung von Rechenfehlern von vornherein diese Form anzustreben.

Beispiel IV-44
Ausgehend von dem Endtableau aus Beispiel IV-43 nehmen wir noch eine Zeilenvertauschung vor und erhalten die natürliche kanonische Form

x_1	x_2	RS_1	RS_2
1	0	−1/2	1/2
0	1	2	−1

.

Die Spalten RS_1 und RS_2 können jetzt direkt als erste und zweite Spalte der gesuchten Inversen genommen werden.

Gelingt die Erzeugung einer kanonischen Form nicht, weil in der linken Hälfte des Rechentableaus eine Zeile auftaucht, die ausschließlich aus Nullen besteht, dann sind zunächst zwei Möglichkeiten denkbar: 1. Entweder besteht auch der rechte Teil dieser Zeile nur aus Nullen. Die einzige Linearkombination der Zeilen der rechten Hälfte, welche rechts nur Nullen ergibt, ist aber wegen der linearen Unabhängigkeit des Systems aller Zeilen der anfänglichen rechten Hälfte (siehe Abschnitt 7 in Kapitel III) die **triviale**; die mit den gleichen Multiplikatoren konstruierte Nullzeile in der linken Hälfte ist aber als **nichttriviale** Linearkombination des Systems der Zeilen der linken Hälfte gewonnen. Wegen dieses Widerspruches ist diese erste Möglichkeit also ausgeschlossen. 2. Oder aber die rechte Hälfte dieser Zeile enthält mindestens eine von Null verschiedene Zahl. Dann haben wir jedoch unter den n kanonisch umgeformten Gleichungssystemen – und damit insgesamt – eine Inkonsistenz, d. h. in diesem Falle existiert noch nicht einmal potentiell eine Inverse.

Beispiel IV-45

Wir wenden unser Verfahren noch einmal auf die Matrix **B** aus Beispiel IV-41 an. Als Ausgangstableau erhalten wir

x_1	x_2	RS_1	RS_2
(2)	1	1	0
4	2	0	1

.

Nach einmaligem Pivotieren unter Verwenden des umkreisten Elementes ergibt sich:

	*				
	x_1	x_2	RS_1	RS_2	
*	1	1/2	1/2	0	
	0	0	−2	1	← Widerspruch!

.

Es sei nun **B** die in (IV-38) eingeführte Matrix, die durch Linksmultiplikation die Koeffizientenmatrix **A** des Ausgangstableaus in die Einheitsmatrix umformt:

(IV-51) $\mathbf{B} \cdot \mathbf{A} = \mathbf{E}$.

Durch Linksmultiplikation der Spalten **beider** Teile von (IV-46) mit diesem **B** folgt dann unmittelbar

(IV-52) $(\mathbf{B} \cdot \mathbf{A} \cdot \check{\mathbf{x}}^{(1)}, \mathbf{B} \cdot \mathbf{A} \cdot \check{\mathbf{x}}^{(2)}, \ldots, \mathbf{B} \cdot \mathbf{A} \cdot \check{\mathbf{x}}^{(n)}) = (\mathbf{B} \cdot \check{\mathbf{e}}^{(1)}, \mathbf{B} \cdot \check{\mathbf{e}}^{(2)}, \ldots, \mathbf{B} \cdot \mathbf{e}^{(n)})$

oder wegen (IV-51) und $\mathbf{E} = (\check{\mathbf{e}}^{(1)}, \check{\mathbf{e}}^{(2)}, \ldots, \check{\mathbf{e}}^{(n)})$ vereinfacht:

(IV-53) $\mathbf{X} = (\check{\mathbf{x}}^{(1)}, \check{\mathbf{x}}^{(2)}, \ldots, \check{\mathbf{x}}^{(n)}) = \mathbf{B}$.

Also haben wir insgesamt (vgl. auch (IV-49)):

(IV-54) $\mathbf{X} = \mathbf{B} = \mathbf{C}$

und sehen: Die „Rechtsinverse" **X** aus (IV-44) stimmt mit der „Linksinversen" **B** aus (IV-51) überein. Wegen (IV-50) und (IV-51) gilt demgemäß:

$$\mathbf{A} \cdot \mathbf{X} = \mathbf{X} \cdot \mathbf{A} = \mathbf{E}.$$

Damit haben wir endlich bewiesen, daß der berechnete Kandidat **X** in der Tat die Inverse von **A** ist. (Sobald man den Umgang mit Matrizen beherrscht, kann man diesen Beweis extrem knapp auch wie folgt führen: Durch Multiplikation des Ausgangstableaus $\boxed{\mathbf{A} \| \mathbf{E}}$ von links mit dem (IV-47) genügenden **B** erhält man das Endtableau $\boxed{\mathbf{B} \cdot \mathbf{A} \| \mathbf{B} \cdot \mathbf{E}}$ oder einfach $\boxed{\mathbf{E} \| \mathbf{B}}$.) Wir können unsere Überlegungen damit zu folgendem Verfahren zusammenfassen:

Algorithmus 4: Invertierung einer quadratischen Matrix

Anwendungsvoraussetzungen

Gegeben ist eine quadratische Matrix

$$\begin{pmatrix} a_{11} & a_{12} & \dots & a_{1n} \\ a_{21} & a_{22} & \dots & a_{2n} \\ \vdots & \vdots & & \vdots \\ a_{n1} & a_{n2} & \dots & a_{nn} \end{pmatrix}.$$

Anfangsschritt

(0.1) Erstelle ein Tableau der Form

	x_1	x_2	…	x_n	RS_1	RS_2	…	RS_n
(T_2)	a_{11}	a_{12}	…	a_{1n}	b_{11}	b_{12}	…	b_{1n}
	a_{21}	a_{22}	…	a_{2n}	b_{21}	b_{22}	…	b_{2n}
	⋮	⋮		⋮	⋮	⋮	⋱	⋮
	a_{n1}	a_{n2}	…	a_{nn}	b_{n1}	b_{n2}	…	b_{nn}

mit

$$\begin{array}{llll} b_{11} := 1 & b_{12} := 0 & \dots & b_{1n} := 0 \\ b_{21} := 0 & b_{22} := 1 & \dots & b_{2n} := 0 \\ \vdots & \vdots & & \vdots \\ b_{n1} := 0 & b_{n2} := 0 & \dots & b_{nn} := 1\,! \end{array}$$

Schritt 1 (keine Inverse)

(1.1) Gibt es eine Zeile p in T_2, mit
$a_{pj} = 0$ für $j = 1, \dots, n$?
JA → (5.1)!
NEIN → (2.1)!

Schritt 2 (kanonische Form)

(2.1) Ist die Anzahl der bereits gewählten Basisvariablen in T_2 gleich n?
JA → (5.2)!
NEIN → (3.1)!

Schritt 3 (Auswahl des Pivotelementes)

(3.1) Wähle eine noch nicht markierte Zeile mit dem Index p!

(3.2) Wähle eine Variable x_q, die noch nicht als Basisvariable markiert ist, mit $a_{pq} \neq 0$!

Schritt 4 (Pivotschritt)

(4.1) Setze

$$a_{ij} := a_{ij} - a_{iq} \cdot \frac{a_{pj}}{a_{pq}} \quad \text{für } i = 1, \ldots, n,\ i \neq p,\ j = 1, \ldots, n;$$

$$b_{ij} := b_{ij} - a_{iq} \cdot \frac{b_{pj}}{a_{pq}} \quad \text{für } i = 1, \ldots, n,\ i \neq p,\ j = 1, \ldots, n;$$

$$a_{pj} := \frac{a_{pj}}{a_{pq}} \quad \text{für } j = 1, \ldots, n$$

$$b_{pj} := \frac{b_{pj}}{a_{pq}} \quad \text{für } j = 1, \ldots, n!$$

(4.2) Markiere x_q als Basisvariable!

(4.3) Markiere die Zeile mit dem Index p!
→ (1.1)!

Endschritt

(5.1) „Die Matrix besitzt keine Inverse!"

(5.2) Weist T_2 eine natürliche kanonische Form aus?
JA → (5.4)!
NEIN → (5.3)!

(5.3) Vertausche die Zeilen von T_2 solange, bis eine natürliche kanonische Form vorliegt!

(5.4) „Die Spalten $RS_1, RS_2, \ldots, RS_n$ sind die Spalten der gesuchten Inversen (in dieser Reihenfolge)."

(5.5) STOP!

9. Der Rang einer Matrix

Eine Matrix **A** mit m Zeilen und n Spalten haben wir bereits mehrfach als ein System

$$\text{(IV-55)} \quad \begin{pmatrix} \vec{\mathbf{a}}^{(1)} \\ \vec{\mathbf{a}}^{(2)} \\ \vdots \\ \vec{\mathbf{a}}^{(m)} \end{pmatrix}$$

von Zeilenvektoren $\vec{\mathbf{a}}^{(1)}, \vec{\mathbf{a}}^{(2)}, \ldots, \vec{\mathbf{a}}^{(m)}$ oder als ein System

(IV-56) $(\check{\mathbf{a}}^{(1)}, \check{\mathbf{a}}^{(2)}, \ldots, \check{\mathbf{a}}^{(n)})$

von Spaltenvektoren $\check{\mathbf{a}}^{(1)}, \check{\mathbf{a}}^{(2)}, \ldots, \check{\mathbf{a}}^{(n)}$ interpretiert. Bei beiden Vektorsystemen kann man sich wieder (wie in Kapitel III, Abschnitt 8) für ihren Rang interessieren. Im Zusammenhang mit der Interpretation (IV-55) könnte man von *Zeilenrang*, im Zusammenhang mit der Interpretation (IV-56) von *Spaltenrang* sprechen. Zeilen- und Spaltenrang einer Matrix werden sich bald als gleich erweisen, so daß man in der Regel auch nur von **dem** Rang der Matrix spricht. Zunächst wollen wir sie aber noch getrennt betrachten und zeigen, daß gewisse Umformungen an Matrizen den Zeilenrang bzw. den Spaltenrang nicht verändern. Solche Umformungen, die wir als *rangneutral* bezeichnen wollen, sind etwa die folgenden, oben bereits eingeführten elementaren Matrizenumformungen:

- Ersetzen einer Spalte durch ein c-faches ($c \neq 0$) von ihr.
- Ersetzen einer Spalte durch die Summe dieser Spalte und des c-fachen einer anderen Spalte.
- Ersetzen einer Zeile durch ein c-faches ($c \neq 0$) von ihr.
- Ersetzen einer Zeile durch die Summe dieser Zeile und des c-fachen einer anderen Zeile.

Aus naheliegenden Gründen wollen wir die beiden erstgenannten Operationen auch *elementare Spaltenoperationen*, die letzten beiden *elementare Zeilenoperationen* und alle vier zusammen *elementare Matrizenoperationen* nennen.

Wir beginnen mit der Untersuchung in bezug auf den **Spaltenrang** und benutzen für die Multiplikatoren wieder die Buchstaben $x_1, x_2, \ldots, x_n$. Die Antwort auf die Frage, ob das System der Spalten $\check{\mathbf{a}}^{(1)}, \check{\mathbf{a}}^{(2)}, \ldots, \check{\mathbf{a}}^{(n)}$ einer Matrix $\mathbf{A}$ linear unabhängig oder linear abhängig ist, bleibt unverändert, wenn man eine der Spalten, etwa $\check{\mathbf{a}}^{(q)}$, durch ein c-faches ($c \neq 0$) von ihr ersetzt. Das sieht man wie folgt:

Aus jeder Lösung

(IV-57) $(x_1^*, x_2^*, \ldots, x_q^*, \ldots, x_n^*)$

des Systems

(IV-58) $\check{\mathbf{a}}^{(1)} x_1 + \check{\mathbf{a}}^{(2)} x_2 + \ldots + \check{\mathbf{a}}^{(q)} x_q + \ldots + \check{\mathbf{a}}^{(n)} x_n = \mathbf{0}$

läßt sich sofort eine Lösung des Systems

(IV-59) $\check{\mathbf{a}}^{(1)} x_1 + \check{\mathbf{a}}^{(2)} x_2 + \ldots + (c\check{\mathbf{a}}^{(q)}) x_q + \ldots + \check{\mathbf{a}}^{(n)} x_n = \mathbf{0}$

entwickeln, nämlich

(IV-60) $\left(x_1^*, x_2^*, \ldots, \dfrac{x_q^*}{c}, \ldots, x^*\right)$.

Hat nun eines der beiden Systeme nur die triviale Lösung, dann hat auch das jeweilige andere System nur die triviale Lösung. Existiert dagegen bei einem der Systeme auch eine nichttriviale Lösung, so besitzt auch das jeweils andere System eine nichttriviale Lösung. Anders ausgedrückt: Entweder sind beide Systeme linear abhängig, oder beide sind linear unabhängig. Ganz Entsprechendes gilt, wenn nur **einige** Zeilen von $\mathbf{A}$ untersucht werden sollen. Im übrigen hätten wir dieses Ergebnis auch abstrakter, aber wesentlich kürzer wie folgt ableiten können: In matrizieller

Schreibweise gehen die Formeln (IV-58) und (IV-59) über in $\mathbf{A} \cdot \mathbf{x} = \mathbf{0}$ und $\mathbf{A} \cdot \mathbf{M}_q(c) \cdot \mathbf{x} = \mathbf{0}$. Wegen $\mathbf{0} = \mathbf{A} \cdot \mathbf{x} = \mathbf{A} \cdot \mathbf{M}_q(c) \cdot (\mathbf{M}_q(c))^{-1} \cdot \mathbf{x}$ ist $(\mathbf{M}_q(c))^{-1} \cdot \mathbf{x}^*$ eine nichttriviale Lösung von (IV-59) dann und nur dann, wenn $\mathbf{x}^*$ eine nichttriviale Lösung von (IV-58) ist. Es gilt aber $(\mathbf{M}_q(c))^{-1} = \mathbf{M}_q\left(\frac{1}{c}\right)$.

Die Antwort auf die Frage, ob das System von Spalten $\check{\mathbf{a}}^{(1)}, \check{\mathbf{a}}^{(2)}, \ldots, \check{\mathbf{a}}^{(n)}$ linear unabhängig oder linear abhängig ist, bleibt auch unverändert, wenn man die q-te Spalte durch die Summe dieser Spalte und des c-fachen der p-ten Spalte ($p \neq q$) ersetzt. Um das zu zeigen, müssen wir die Lösungen der Systeme

(IV-61) $\check{\mathbf{a}}^{(1)} x_1 + \ldots + \check{\mathbf{a}}^{(q)} x_q + \ldots + \check{\mathbf{a}}^{(p)} x_p + \ldots + \check{\mathbf{a}}^{(n)} x_n = \mathbf{0}$

und

(IV-62) $\check{\mathbf{a}}^{(1)} x_1 + \ldots + (\check{\mathbf{a}}^{(q)} + c\check{\mathbf{a}}^{(p)}) x_q + \ldots + \check{\mathbf{a}}^{(p)} x_p + \ldots + \check{\mathbf{a}}^{(n)} x_n = \mathbf{0}$

miteinander vergleichen. Zunächst schreiben wir aber (IV-62) etwas um:

(IV-63) $\check{\mathbf{a}}^{(1)} x_1 + \ldots + \check{\mathbf{a}}^{(q)} x_q + \ldots + \check{\mathbf{a}}^{(p)} (x_p + c x_q) + \ldots + \check{\mathbf{a}}^{(n)} x_n = \mathbf{0}$.

Aus jeder Lösung

(IV-64) $(x_1^*, \ldots, x_q^*, \ldots, x_p^*, \ldots, x_n^*)$

von (IV-61) kann man sofort auf eine Lösung von (IV-62) bzw. (IV-63) schließen, nämlich auf die Lösung

(IV-65) $(x_1^*, \ldots, x_q^*, \ldots, \underbrace{x_p^* - c x_q^*}_{\uparrow\ \text{p-tes Glied}}, \ldots, x_n^*)$.

Andererseits kann man von jeder Lösung (IV-64) von (IV-62) bzw. (IV-63) sofort auf eine Lösung von (IV-61) schließen, nämlich auf

(IV-66) $(x_1^*, \ldots, x_q^*, \ldots, x_p^* + c \cdot x_q^*, \ldots, x_n^*)$.

Man kann nun die gleiche Überlegung wie oben anstellen: Hat nun eines der beiden Systeme nur die triviale Lösung, dann hat das jeweils andere System deshalb auch aufgrund von (IV-65) und (IV-66) ebenfalls nur die triviale Lösung, und beide sind linear unabhängig. Existiert dagegen für eines der beiden Systeme (IV-61) und (IV-62) auch eine nichttriviale Lösung, dann läßt sich aufgrund von (IV-65) und (IV-66) auch für das jeweils andere System eine nichttriviale Lösung finden. Beide Systeme sind dann linear abhängig. Damit sind entweder beide Systeme linear unabhängig oder beide Systeme linear abhängig. Entsprechendes gilt, wenn nur **einige** Zeilen von $\mathbf{A}$ betrachtet werden. Auch hier hätte man wiederum abstrakter wie folgt schließen können: In matrizieller Schreibweise gehen die Formeln (IV-61) und (IV-62) über in $\mathbf{A} \cdot \mathbf{x} = \mathbf{0}$ und $\mathbf{A} \cdot \mathbf{F}_{pq}(c) \cdot \mathbf{x} = \mathbf{0}$. Wegen $\mathbf{0} = \mathbf{A} \cdot \mathbf{x} = \mathbf{A} \cdot \mathbf{F}_{pq}(c) \cdot (\mathbf{F}_{pq}(c))^{-1} \cdot \mathbf{x}$ ist $(\mathbf{F}_{pq}(c))^{-1} \cdot \mathbf{x}^*$ eine nichttriviale Lösung von (IV-62) dann und nur dann, wenn $\mathbf{x}^*$ eine nichttriviale Lösung von (IV-61) ist. Wir können damit als erstes Zwischenergebnis formulieren:

Elementare Spaltenoperationen verändern den Spaltenrang einer Matrix nicht.

Wir wenden uns nun den elementaren Zeilenoperationen und ihren Auswirkungen auf den Spaltenrang zu. Das entsprechende Ergebnis folgt jetzt eigentlich noch einfacher, und zwar unmittelbar aus der Tatsache, daß elementare Umformungen eines Gleichungssystems lösungsneutral sind; wir wollen aber diese Überlegung noch im Einzelnen im gegenwärtigen symbolischen Kontext verdeutlichen. Zunächst sieht man sofort, daß die Antwort auf die Frage, ob das System der Spalten der Matrix **A** linear unabhängig oder abhängig ist, nicht davon beeinflußt wird, wenn man die p-te Zeile durch ein c-faches ($c \neq 0$) von ihr ersetzt. Die zugehörigen Gleichungssysteme

$$\text{(IV-67)} \quad \begin{pmatrix} a_{11} \\ a_{12} \\ \vdots \\ a_{p1} \\ \vdots \\ a_{m1} \end{pmatrix} x_1 + \begin{pmatrix} a_{12} \\ a_{22} \\ \vdots \\ a_{p2} \\ \vdots \\ a_{m2} \end{pmatrix} x_2 + \ldots + \begin{pmatrix} a_{1n} \\ a_{2n} \\ \vdots \\ a_{pn} \\ \vdots \\ a_{mn} \end{pmatrix} x_n = \begin{pmatrix} 0 \\ 0 \\ \vdots \\ 0 \\ \vdots \\ 0 \end{pmatrix}$$

und

$$\text{(IV-68)} \quad \begin{pmatrix} a_{11} \\ a_{12} \\ \vdots \\ ca_{p1} \\ \vdots \\ a_{m1} \end{pmatrix} x_1 + \begin{pmatrix} a_{12} \\ a_{22} \\ \vdots \\ ca_{p2} \\ \vdots \\ a_{m2} \end{pmatrix} x_2 + \ldots + \begin{pmatrix} a_{1n} \\ a_{2n} \\ \vdots \\ ca_{pn} \\ \vdots \\ a_{mn} \end{pmatrix} x_n = \begin{pmatrix} 0 \\ 0 \\ \vdots \\ 0 \\ \vdots \\ 0 \end{pmatrix}$$

haben ja stets genau dieselben Lösungen, weil man offensichtlich (IV-68) aus (IV-67) erhält, indem man die p-te Gleichung durch ihr c-faches ($c \neq 0$) lösungsneutral ersetzt. Entweder sind also beide Systeme linear abhängig oder beide linear unabhängig. Entsprechend kann man argumentieren, wenn man nur **einige** Spalten von **A** betrachtet.

Das Gleiche zeigt sich in bezug auf das Ersetzen einer Zeile mit Index p durch die Summe dieser Zeile und des c-fachen einer anderen Zeile mit Index q. Auch die zugehörigen Gleichungssysteme

$$\text{(IV-69)} \quad \begin{pmatrix} a_{11} \\ a_{21} \\ \vdots \\ a_{p1} \\ \vdots \\ a_{q1} \\ \vdots \\ a_{m1} \end{pmatrix} x_1 + \begin{pmatrix} a_{12} \\ a_{22} \\ \vdots \\ a_{p2} \\ \vdots \\ a_{q2} \\ \vdots \\ a_{m2} \end{pmatrix} x_2 + \ldots + \begin{pmatrix} a_{1n} \\ a_{2n} \\ \vdots \\ a_{pn} \\ \vdots \\ a_{qn} \\ \vdots \\ a_{mn} \end{pmatrix} x_n = \begin{pmatrix} 0 \\ 0 \\ \vdots \\ 0 \\ \vdots \\ 0 \\ \vdots \\ 0 \end{pmatrix}$$

und

(IV-70)

$$\begin{pmatrix} a_{11} \\ a_{21} \\ \vdots \\ a_{p1}+ca_{q1} \\ \vdots \\ a_{q1} \\ \vdots \\ a_{m1} \end{pmatrix} x_1 + \begin{pmatrix} a_{12} \\ a_{22} \\ \vdots \\ a_{p2}+ca_{q2} \\ \vdots \\ a_{q2} \\ \vdots \\ a_{m2} \end{pmatrix} x_2 + \ldots + \begin{pmatrix} a_{1n} \\ a_{2n} \\ \vdots \\ a_{pn}+ca_{qn} \\ \vdots \\ a_{qn} \\ \vdots \\ a_{mn} \end{pmatrix} x_n = \begin{pmatrix} 0 \\ 0 \\ \vdots \\ 0 \\ \vdots \\ 0 \\ \vdots \\ 0 \end{pmatrix}$$

haben ja ebenfalls genau die gleichen Lösungen, denn (IV-69) läßt sich in (IV-70) durch eine lösungsneutrale elementare Umformung (Ersetzen der p-ten Gleichung durch die Summe dieser Gleichung und des c-fachen der q-ten Gleichung) überführen. Es gilt also auch hier: Entweder sind beide Systeme linear abhängig oder beide linear unabhängig. Entsprechendes gilt für Überlegungen in bezug auf nur **einige** Spalten von **A**. Damit können wir als zweites Zwischenergebnis festhalten:

Elementare Zeilenoperationen verändern den Spaltenrang einer Matrix nicht.

Die Untersuchung der Wirkung von Zeilen- und Spaltenoperationen auf den **Zeilenrang** können wir erheblich kürzer fassen. Der Zeilenrang einer Matrix **A** ist nämlich nichts anderes als der Spaltenrang ihrer Transponierten **A'**. Außerdem entspricht jeder elementaren Zeilen- bzw. Spaltenoperation in bezug auf **A** genau eine elementare Spalten- bzw. Zeilenoperation für **A'**. Die lassen aber, wie wir gesehen haben, den Spaltenrang von **A'** und damit auch den Zeilenrang von **A** unverändert. Folglich gilt:

Elementare Zeilenoperationen und elementare Spaltenoperationen lassen den Zeilenrang einer Matrix unverändert.

Weiterhin folgt direkt, daß auch sämtliche Operationen, die sich aus einer Folge von elementaren Zeilen-/Spaltenoperationen zusammensetzen, insbesondere

- das Umstellen der Reihenfolge von Zeilen bzw. Spalten,
- das Ersetzen einer Zeile bzw. Spalte durch eine Linearkombination sämtlicher oder gewisser Zeilen bzw. Spalten,
- die Durchführung von Pivotschritten

weder den Zeilenrang noch den Spaltenrang einer Matrix verändern.

Es soll nun ein Weg skizziert werden, wie man den Zeilenrang einer $(m \times n)$-Matrix bestimmen kann. Dazu eine Vorüberlegung. Wir nehmen an, wir hätten bereits eine Basis, bestehend aus genau r Zeilen, identifiziert. Dann müssen also die übrigen $m - r$ Zeilen als Linearkombinationen dieser Zeilen darstellbar sein. Ohne den Rang der Matrix – der hier natürlich gleich r ist – zu verändern, kann man nun durch eine Umstellung der Reihenfolge der Zeilen (rangneutrale Zeilenoperationen) die gewissermaßen redundanten Zeilen nach unten schieben und sie dann mit Hilfe der Addition von geeigneten Linearkombinationen (rangneutrale Zeilenoperationen) der nun oben aufgeführten linear unabhängigen Zeilen in Nullzeilen überführen. Bezeichnet man mit **0** die Nullmatrix dieser Nullzeilen, so erhält man dadurch die folgende Matrix:

$$\text{(IV-71)} \quad \left(\begin{array}{c} \text{System von r linear} \\ \text{unabhängigen Zeilen} \\ \hline \mathbf{0} \end{array}\right) \begin{array}{l} \uparrow \\ \downarrow \end{array} r \; .$$

Geht es nun darum, den Rang einer Matrix zu bestimmen, dann kennt man natürlich in der Regel noch keine Basis des Systems ihrer Zeilen. Allerdings könnte man versuchen, die Matrix rangneutral auf die Form (IV-71) zu überführen. Es müßte dabei allerdings garantiert sein, daß in dem oberen Teil tatsächlich nur ein System von linear unabhängigen Zeilen zu stehen kommt. Ihre Anzahl wäre dann der gesuchte Zeilenrang r. Zur rangneutralen Überführung einer Matrix in eine dieser Formen kann man etwa wie folgt vorgehen: Man versucht durch sukzessives Pivotieren in **A** möglichst viele voneinander verschiedene Einheits**spalten** zu erzeugen (rangneutrale Zeilenoperationen). Dabei auftretende Nullzeilen schiebt man nach unten.Ist kein weiterer Pivotschritt mehr möglich, vertauscht man – soweit erforderlich – die Spalten der Matrix (rangneutrale Spaltenoperation) so lange, bis man links oben einen quadratischen Block mit einer Einheitsmatrix stehen hat. Nehmen wir an, die Anzahl der durchgeführten Pivotschritte hätte r betragen, so sieht die umgeformte Matrix wie folgt aus:

$$\text{(IV-72)} \quad \left(\begin{array}{c|c} & \cdots \\ & \cdots \\ \mathbf{E} & \cdots \\ & \cdots \\ \hline \mathbf{0} & \mathbf{0} \end{array}\right) \begin{array}{l} \uparrow \\ r \\ \downarrow \end{array} \text{Zeilen} \; .$$

$\leftarrow r \rightarrow$
Spalten

Die Zeilen in dem oberen Block **(E|...)** sind linear unabhängig (siehe Abschnitt 7.1 in Kapitel III: Lineare Abhängigkeit und Unabhängigkeit von Vektorsystemen (2)). Ihre Anzahl r ist der gesuchte Zeilenrang.

Beispiel IV-46
Gegeben sei die Matrix

$$\begin{pmatrix} -4 & 0 & -1 & 3 & 4 \\ -1 & 2 & \textcircled{1} & 4 & 3 \\ 3 & 2 & 2 & 1 & -1 \end{pmatrix}.$$

Unter Verwendung des eingekreisten Gliedes als Pivotelement erhält man durch (rangneutrales) Pivotieren

$$\begin{pmatrix} -5 & \textcircled{2} & 0 & 7 & 7 \\ -1 & 2 & 1 & 4 & 3 \\ 5 & -2 & 0 & -7 & -7 \end{pmatrix}.$$

Durch weiteres (rangneutrales) Pivotieren folgt weiter

$$\begin{pmatrix} -5/2 & 1 & 0 & 7/2 & 7/2 \\ 4 & 0 & 1 & -3 & -4 \\ 0 & 0 & 0 & 0 & 0 \end{pmatrix} .$$

Schließlich vertauscht man noch die Reihenfolge der Spalten (rangneutral) und erhält etwa:

$$\left(\begin{array}{cc|ccc} 1 & 0 & -5/2 & 7/2 & 7/2 \\ 0 & 1 & 4 & -3 & -4 \\ \hline 0 & 0 & 0 & 0 & 0 \end{array}\right).$$

Durch gestrichelte Linien haben wir darin die Blöcke gemäß (IV-72) gekennzeichnet.

Da die bisher verwendeten Operationen den Zeilenrang der Matrix nicht beeinflussen, kann der Zeilenrang im übrigen nicht von der speziellen kanonischen Form abhängen, die man zur Erzeugung der Form (IV-72) gewählt hat. Daraus folgt weiter, daß jede Basis des Systems von Zeilen einer Matrix die gleiche Anzahl von Zeilen besitzt.

Unsere Überlegungen sollten aber nicht nur dazu dienen, ein Verfahren zur Zeilenrangbestimmung zu entwickeln. Ziemlich leicht können wir jetzt auch zeigen, daß der Zeilenrang und der Spaltenrang einer Matrix übereinstimmen. Jede Spalte im rechten Block $\left(\frac{\cdots}{\mathbf{0}}\right)$ läßt sich nämlich als Linearkombination der Spalten des linken Blockes $\left(\frac{\mathbf{E}}{\mathbf{0}}\right)$ darstellen. Durch Addition geeigneter Linearkombinationen (rangneutrale Operation) der Spalten des linken Blocks von (IV-72) lassen wir die Spalten des rechten Blocks zu Nullspalten werden und erhalten schließlich

$$\text{(IV-73)} \qquad \underbrace{\left(\begin{array}{c|c} \mathbf{E} & \mathbf{0} \\ \hline \mathbf{0} & \mathbf{0} \end{array}\right)}_{\leftarrow r \rightarrow \ \text{Spalten}} \begin{array}{l} \updownarrow r \text{ Zeilen} \\ \\ \end{array} .$$

Wir stellen nun fest, daß der **Spalten**rang der Matrix (IV-73) gleich r ist, denn die Anzahl der Einheitsspalten beträgt r. Da wir aber beim Übergang von der Ausgangsmatrix **A** zur Matrix (IV-73) nur Operationen verwendeten, die nicht nur den Zeilen-, sondern auch den Spaltenrang unverändert ließen, muß der Spaltenrang von **A** ebenfalls r betragen. Er ist damit gleich dem zuvor ermittelten Zeilenrang von **A**. Wir sprechen deshalb im folgenden einfach nur noch von dem *Rang* einer Matrix.

Mit Hilfe des Ranges der Koeffizientenmatrix **A** bzw. der erweiterten Koeffizientenmatrix **(A, b)** lassen sich nun (Un-)Lösbarkeitsbedingungen für lineare Gleichungssysteme $\mathbf{A} \cdot \mathbf{x} = \mathbf{b}$ formulieren. Betrachten wir zunächst ein lösbares System. Überführt man dieses durch Pivotieren in eine kanonische Form, so erhält die erweiterte Koeffizientenmatrix – sofern man Nullgleichungen nicht streicht und möglicherweise erst nach einer Vertauschung gewisser Zeilen – dadurch die Gestalt

$$\text{(IV-74)}\qquad \underbrace{\overbrace{\underset{\leftarrow r \rightarrow \text{ Spalten}}{}\left(\begin{array}{c|c||c} \mathbf{E} & \vdots & \vdots \\ \hline \mathbf{0} & \mathbf{0} & \mathbf{0} \end{array}\right)}^{\text{umgeformte Spalten von } \mathbf{A} \;(\leftarrow n \text{ Spalten} \rightarrow)}}_{\text{umgeformte Spalten von } (\mathbf{A}, \mathbf{b})}.$$

Man erkennt sofort, daß der Rang der Koeffizientenmatrix **A** gleich dem Rang der erweiterten Koeffizientenmatrix **(A, b)** ist. Wir können damit festhalten:

> Ist ein lineares Gleichungssystem lösbar, dann ist der Rang der Koeffizientenmatrix gleich dem Rang der erweiterten Koeffizientenmatrix.

Man kann jetzt aber auch die Argumentation in umgekehrter Richtung führen. Wir nehmen an, für ein lineares Gleichungssystem gelte, daß der Rang von **A** gleich dem Rang von **(A, b)** sei. Dann muß aber **b** als Linearkombination der Spalten $\check{\mathbf{a}}^{(1)}, \check{\mathbf{a}}^{(2)}, \ldots, \check{\mathbf{a}}^{(n)}$ von **A** mit geeigneten Multiplikatoren $x_1, x_2, \ldots, x_n$ darstellbar sein, was nichts anderes bedeutet, als daß

$$\text{(IV-75)}\qquad \check{\mathbf{a}}^{(1)} \cdot x_1 + \check{\mathbf{a}}^{(2)} \cdot x_2 + \ldots + \check{\mathbf{a}}^{(n)} \cdot x_n = \mathbf{b}$$

lösbar ist. (IV-75) ist aber das untersuchte Gleichungssystem. Als Zwischenergebnis erhalten wir damit:

> Ist der Rang der Koeffizientenmatrix eines linearen Gleichungssystems gleich dem Rang der erweiterten Koeffizientenmatrix, dann ist das Gleichungssystem lösbar.

Aus den letzten beiden Zwischenergebnissen folgt:

Lösbarkeit eines linearen Gleichungssystems
Ein lineares Gleichungssystem ist dann und nur dann lösbar, wenn der Rang der Koeffizientenmatrix gleich dem Rang der erweiterten Koeffizientenmatrix ist.

Da der Rang der erweiterten Koeffizientenmatrix nie kleiner sein kann als der Rang der eigentlichen Koeffizientenmatrix, ist der letzte Satz äquivalent mit dem folgenden:

Unlösbarkeit eines linearen Gleichungssystems
Ein lineares Gleichungssystem hat dann und nur dann keine Lösung, wenn der Rang der Koeffizientenmatrix kleiner als der Rang der erweiterten Koeffizientenmatrix ist.

Wie wir wissen, äußert sich der Fall der Unlösbarkeit durch das Auftreten einer Widerspruchsgleichung der Form

$$0x_1 + 0x_2 + \ldots + 0x_n = b_i \quad \text{mit} \quad b_i \neq 0 .$$

Entsprechend enthält die zugehörige erweiterte Koeffizientenmatrix eine Zeile der Gestalt

$$(0, 0, \ldots, 0; \quad b_i),$$

die wir – rangerhaltend – durch ihr $(1/b_i)$-faches ersetzen können. Wir gelangen zu einer neuen nach der rechten Seite normierten Zeile

$$(\underbrace{0, 0, \ldots, 0}_{\substack{\uparrow \\ \text{Koeffizienten}}}; \quad \underbrace{1}_{\substack{\uparrow \\ \text{rechte Seite}}}).$$

Schiebt man diese Zeile direkt unter die r-te Zeile und bringt die übrigen Zeilen auf eine kanonische Form, so hat die erweiterte Koeffizientenmatrix – möglicherweise erst nach einer Vertauschung gewisser Zeilen – die Gestalt

$$\text{(IV-76)} \qquad \underbrace{\left(\begin{array}{c|c||c} \overbrace{\mathbf{E} \;\; \vdots\vdots\vdots}^{\text{umgeformte Spalten von } \mathbf{A}} & & \vdots \\ \hline \mathbf{0} & \mathbf{0} & 1 \\ \hline \mathbf{0} & \mathbf{0} & \mathbf{0} \end{array}\right)}_{\text{umgeformte Spalten von } (\mathbf{A}, \mathbf{b})} . \qquad \begin{array}{l} \updownarrow \text{ die ersten r Zeilen} \\ \leftarrow (r+1)\text{-te Zeile} \\ \end{array}$$

Man erkennt jetzt sofort, daß der Rang der erweiterten Koeffizientenmatrix **(A, b)** um Eins größer ist als der Rang der eigentlichen Koeffizientenmatrix **A**.

Kehren wir noch einmal zum Fall der Lösbarkeit zurück. Sofern in (IV-74) der Grenzfall $n = r$ eintritt und damit auch der Rang von **A** gleich dem von **(A, b)** ist, dann entfallen die mittleren Blöcke und (IV-74) geht über in

$$\text{(IV-77)} \qquad \left(\begin{array}{c||c} \mathbf{E} & \vdots \\ \hline \mathbf{0} & \mathbf{0} \end{array}\right).$$

In diesem Fall weist die kanonische Form keine freien Variablen auf, und das Gleichungssystem ist eindeutig lösbar. Gilt dagegen, wie in unserer Darstellung (IV-74) eigentlich unterstellt, $n > r$, dann hat das Gleichungssystem unendlich viele Lösungen.

Lösungsvielfalt linearer Gleichungssysteme
Ist ein lineares Gleichungssystem lösbar und ist die Anzahl der Spalten der Koeffizientenmatrix gleich dem Rang der (erweiterten) Koeffizientenmatrix, dann ist das System eindeutig lösbar. Ist ein lineares Gleichungssystem lösbar und ist die Anzahl der Spalten der Koeffizientenmatrix größer als der Rang der (erweiterten) Koeffizientenmatrix, dann besitzt das System unendlich viele Lösungen.

Wir wollen nun die in diesem Abschnitt entwickelten Ergebnisse auf ein Beispiel anwenden.

Beispiel IV-47
Gegeben sei das Gleichungssystem

$$GS_{12}: \begin{cases} -x_1 + 2x_2 + 6x_3 + 3x_4 = 2 \\ 2x_1 \qquad\quad + 4x_3 + 2x_4 = 4 \\ x_1 \qquad\quad + 2x_3 + x_4 = 2. \end{cases}$$

Es sollen Aussagen über Lösbarkeit und Lösungsvielfalt dieses Systems hergeleitet werden. Dazu untersuchen wir die erweiterte Koeffizientenmatrix

$$\left(\begin{array}{rrrr|r} -1 & 2 & 6 & 3 & 2 \\ 2 & 0 & 4 & 2 & 4 \\ 1 & 0 & 2 & 1 & 2 \end{array}\right)$$

im Hinblick auf ihren Rang. Nach zweimaligem Pivotieren liegt folgende Matrix vor

$$\left(\begin{array}{rrrr|r} 0 & 1 & 4 & 2 & 2 \\ 0 & 0 & 0 & 0 & 0 \\ 1 & 0 & 2 & 1 & 2 \end{array}\right).$$

Durch Zeilenvertauschung erhalten wir daraus

$$\left(\begin{array}{rr|rr|r} 1 & 0 & 2 & 1 & 2 \\ 0 & 1 & 4 & 2 & 2 \\ \hline 0 & 0 & 0 & 0 & 0 \end{array}\right).$$

Der Rang der Koeffizientenmatrix des Gleichungssystems GS_{12} ist gleich dem Rang der entsprechenden erweiterten Koeffizientenmatrix und beträgt zwei. Das System ist lösbar, und zwar besitzt es unendlich viele Lösungen, weil der Rang der Koeffizientenmatrix gleich 2 und damit kleiner ist als die Anzahl der Spalten der Koeffizientenmatrix (vier).

Aus dem vorstehenden Beispiel geht hervor, daß unser Verfahren zur Rangbestimmung nicht sehr überzeugt, wenn man – bevor man sich an das Auflösen eines Gleichungssystems macht – zur Reduzierung des Arbeitsaufwandes quasi in einer Voranalyse erst einmal die Frage nach Lösbarkeit und Lösungsvielfalt dieses Systems untersuchen will. Hat man die Koeffizientenmatrix nämlich soweit umgeformt, daß man diese Frage beantworten kann, dann kann man auch gleich die allgemeine Lösung des Systems angeben.

Es gibt nun aber eine Möglichkeit, den Rechenaufwand zumindest etwas zu reduzieren. So ist es zur Rangbestimmung nicht erforderlich, die erweiterte Koeffizientenmatrix vollständig auf die Form (IV-74) zu bringen. Vielmehr reicht es aus, anstelle der Einheitsmatrix im linken oberen Block durch rang- und lösungsneutrale Operationen eine solche (obere oder untere) Dreiecksmatrix zu erzeugen, bei der alle Glieder in der Hauptdiagonalen ungleich Null sind. Aus einer solchen Dreiecksmatrix könnte man ja durch Pivotieren sofort eine entsprechende Einheitsmatrix mit gleich vielen Zeilen/Spalten erzeugen, so daß die Anzahl der Zeilen bzw. Spalten dieser Dreiecksmatrix den Rang der Matrix angibt.

Beispiel IV-48
Wir wenden unser modifiziertes Verfahren auf die erweiterte Koeffizientenmatrix

$$\left(\begin{array}{cccc||c} -1 & 2 & 6 & 3 & 2 \\ 2 & 0 & 4 & 2 & 4 \\ 1 & 0 & 2 & 1 & 2 \end{array}\right)$$

des Gleichungssystems GS_{12} an und versuchen, im „linken oberen Block" eine obere Dreiecksmatrix zu erzeugen. Durch Vertauschen der ersten und der zweiten Spalte erhalten wir

$$\left(\begin{array}{cccc||c} 2 & -1 & 6 & 3 & 2 \\ 0 & 2 & 4 & 2 & 4 \\ 0 & 1 & 2 & 1 & 2 \end{array}\right).$$

Die erste Spalte der angestrebten Dreiecksmatrix liegt bereits vor. Wir addieren nun das $(-1/2)$-fache der zweiten Zeile zur dritten Zeile:

$$\left(\begin{array}{cc|cc||c} 2 & -1 & 6 & 3 & 2 \\ 0 & 2 & 4 & 2 & 4 \\ \hline 0 & 0 & 0 & 0 & 0 \end{array}\right).$$

Die nun vorliegende Matrix hat die angestrebte Gestalt. Wir lesen wieder ab, daß der Rang dieser Matrix und damit auch der Rang der zugrundegelegten erweiterten Koeffizientenmatrix gleich zwei ist.

Durch Pivotieren unter Verwendung der Koeffizienten in den Positionen (2, 2) und (1, 1) kann man jetzt – sofern man möchte – sofort die Menge aller Lösungen des Gleichungssystems bestimmen. Man erhält

$$\left(\begin{array}{cc|cc||c} 1 & 0 & 4 & 2 & 2 \\ 0 & 1 & 2 & 1 & 2 \\ \hline 0 & 0 & 0 & 0 & 0 \end{array}\right)$$

sowie als allgemeine Lösung

$$\begin{pmatrix} x_1 \\ x_2 \\ x_3 \\ x_4 \end{pmatrix} = \begin{pmatrix} 2 \\ 2 \\ 0 \\ 0 \end{pmatrix} + \begin{pmatrix} -2 \\ -4 \\ 1 \\ 0 \end{pmatrix} t_3 + \begin{pmatrix} -1 \\ -2 \\ 0 \\ 1 \end{pmatrix} t_4, \quad t_3, t_4 \text{ beliebige reelle Zahlen.}$$

Sofern Sie unsere Lösung verblüffen sollte: Beachten Sie, daß wir zuvor die Spalten der Variablen x_1 und x_2 vertauscht haben. Beim Ablesen der Lösung müssen wir diese Vertauschung natürlich rückgängig machen.

Sie sehen, letztlich wird auch durch die dargestellte Modifikation der Rechenaufwand nicht entscheidend vermindert. Wenn wir dieses Verfahren trotzdem vorgestellt haben, dann deshalb, weil es sich in vielen Lehrbüchern findet, oft allerdings, ohne daß der theoretische Hintergrund beleuchtet wird. Wir hoffen, wir haben Ihnen den Zusammenhang mit den theoretischen Grundlagen vermitteln können.

10. Orthogonale Matrizen und ihre geometrische Bedeutung

Eine invertierbare Matrix $\boldsymbol{\Omega}$ heißt *orthogonal*, wenn sie die Eigenschaft

(IV-78) $\boldsymbol{\Omega}^{-1} = \boldsymbol{\Omega}'$

besitzt, und entsprechend heißt auch die durch

(IV-79) $\bar{\mathbf{x}} = \boldsymbol{\Omega} \cdot \mathbf{x}$

definierte Umformung eine *orthogonale Transformation* bzw. die Zuordnung $\mathbf{x} \rightarrow \boldsymbol{\Omega} \cdot \mathbf{x}$ eine *orthogonale Abbildung*. Letztere hat die bemerkenswerte Eigenschaft, daß sie innere Produkte unverändert läßt, denn es gilt

$$\begin{aligned} \bar{\mathbf{x}} * \bar{\mathbf{y}} &= \bar{\mathbf{x}}' \cdot \bar{\mathbf{y}} = (\boldsymbol{\Omega} \cdot \mathbf{x})' \cdot \boldsymbol{\Omega} \cdot \mathbf{y} = \mathbf{x}' \cdot \boldsymbol{\Omega}' \cdot \boldsymbol{\Omega} \cdot \mathbf{y} \\ &= \mathbf{x}' \cdot \boldsymbol{\Omega}^{-1} \cdot \boldsymbol{\Omega} \cdot \mathbf{y} = \mathbf{x}' \cdot \mathbf{y} = \mathbf{x} * \mathbf{y}, \end{aligned}$$

wobei wir von der Vektorschreibweise des inneren Produktes zur Matrizenschreibweise überwechselten und zurück.

Geometrisch bedeutet das, daß durch eine orthogonale Transformation rechtwinklige Paare geometrischer Vektoren wieder in rechtwinklige Paare übergehen (woraus sich die griechische Bezeichnungsweise ableitet) und unorientierte Winkel wegen $\cos\alpha = \cos(-\alpha)$ sich nicht verändern, dagegen sich möglicherweise die Winkelrichtung umdreht. (Unter Benutzung der Definition einer Determinante und der Multiplikationsregel für Determinanten, die beide in dem folgenden Kapitel V behandelt werden, kann man darüberhinaus sagen: Der letztere Fall tritt genau dann ein, wenn $|\boldsymbol{\Omega}| = -1$ ist, es gilt nämlich in jedem Fall $|\boldsymbol{\Omega}| = \pm 1$ wegen

$$|\boldsymbol{\Omega}|^2 = |\boldsymbol{\Omega}| \cdot |\boldsymbol{\Omega}| = |\boldsymbol{\Omega}'| \cdot |\boldsymbol{\Omega}| = |\boldsymbol{\Omega}' \cdot \boldsymbol{\Omega}| = |\boldsymbol{\Omega}^{-1} \cdot \boldsymbol{\Omega}| = |\mathbf{E}| = 1.)$$

Spaltet man eine orthogonale Matrix $\boldsymbol{\Omega}$ in ihre Spaltenvektoren $\check{\omega}^{(1)}, \check{\omega}^{(2)}, \ldots, \check{\omega}^{(n)}$ auf:

$$\boldsymbol{\Omega} = (\check{\omega}^{(1)}, \check{\omega}^{(2)}, \ldots, \check{\omega}^{(n)}),$$

so werden durch den Übergang zu $\boldsymbol{\Omega}'$ die Spalten zu Zeilen, d. h. in sofort einsichtiger Schreibweise

$$\boldsymbol{\Omega}^{-1} = \boldsymbol{\Omega}' = \begin{pmatrix} \omega^{(1)\prime} \\ \omega^{(2)\prime} \\ \vdots \\ \omega^{(n)\prime} \end{pmatrix}.$$

Die Bedingung (IV-78) ist aber völlig gleichbedeutend damit, daß $\omega^{(i)\prime} \cdot \omega^{(j)}$ gleich dem allgemeinen Element der Einheitsmatrix ist, oder mit Hilfe der Schreibweise des inneren Produktes geschrieben:

$$\text{(IV-80)} \quad \omega^{(i)} * \omega^{(j)} = \begin{cases} 1, & \text{wenn } i = j \\ 0, & \text{sonst.} \end{cases}$$

Geometrisch bedeutet das also, daß zwei verschiedene Spaltenvektoren einer orthogonalen Matrix senkrecht zueinander stehen, und daß jeder solche Spaltenvektor die Länge 1 hat.

Ist, wie üblich, mit $\mathbf{e}^{(i)}$ der i-te Einheitsvektor (verantwortlich für die Längenmessung entlang der i-ten Koordinatenrichtung) bezeichnet, so rechnet man unmittelbar die Beziehung $\boldsymbol{\Omega} \cdot \mathbf{e}^{(i)} = \omega^{(i)}$ aus, d.h. die Transformation (IV-79) führt wegen (IV-80) in der Tat von einem kartesischen Koordinatensystem zu einem ebensolchen.

Geometrisch bedeutet bei orthogonalem $\boldsymbol{\Omega}$ die Transformation (IV-79) in zwei oder drei Dimensionen eine Drehung des Koordinatensystems (bei $|\boldsymbol{\Omega}| = +1$) oder eine Kombination von Drehung und Spiegelung (mit Umorientierung gerichteter Winkel, bei $|\boldsymbol{\Omega}| = -1$).

11. Fortführung der Grundbeispiele

11.1. Grundbeispiel 1: Prozeßanalyse

Zu Beginn dieses Kapitels haben Sie gesehen, wie sich Informationen aus einem Pfeildiagramm in eine Matrixdarstellung überführen lassen. Wir benutzen diese neu erworbenen Kenntnisse, um den Produktionsprozeß aus Abb. I-2 zunächst noch etwas eingehender zu analysieren. Betrachten Sie zunächst nur die erste Produktionsstufe, auf der die Einsatzgüter in Zwischenprodukte überführt werden. Der betreffende Teil der Abbildung ist ein zweistufiges Pfeildiagramm, und wir können die darin enthaltenen Informationen auch in einer Matrix „mit Rand“ darstellen:

$\mathbf{S}^{(1)} :=$

	ZP_1	ZP_2
EG_1	4	8
EG_2	3	2

Die Glieder $s_{ik}^{(1)}$ ($i = 1, 2$; $k = 1, 2$) der Matrix $\mathbf{S}^{(1)}$ geben an, wie viele Mengeneinheiten des Einsatzgutes EG_i in eine Mengeneinheit des Zwischenproduktes ZP_k eingehen. Definieren wir

v_1: für ein bestimmtes Produktionsprogramm von FP_1, FP_2 und FP_3 einzusetzende Mengeneinheiten von EG_1,

v_2: für ein bestimmtes Produktionsprogramm von FP_1, FP_2 und FP_3 einzusetzende Mengeneinheiten von EG_2,

z_1: für ein bestimmtes Produktionsprogramm von FP_1, FP_2 und FP_3 einzusetzende Mengeneinheiten von ZP_1,

z_2: für ein bestimmtes Produktionsprogramm von FP_1, FP_2 und FP_3 einzusetzende Mengeneinheiten von ZP_2

und führen wir außerdem die Abkürzungen

$$\mathbf{v} := \begin{pmatrix} v_1 \\ v_2 \end{pmatrix} \quad \text{und} \quad \mathbf{z} := \begin{pmatrix} z_1 \\ z_2 \end{pmatrix}$$

ein, dann läßt sich mit Hilfe der Gleichung

(IV-81) $\mathbf{v} = \mathbf{S}^{(1)} \cdot \mathbf{z}$

für beliebige Zwischenproduktmengen z_1, z_2 ermitteln, wie viele Mengeneinheiten v_1 von EG_1 bzw. v_2 von EG_2 dazu eingesetzt werden müssen.

In gleicher Weise analysieren wir die zweite Produktionsstufe, auf der die Zwischenprodukte in Endprodukte überführt werden. Die dort vorgefundenen Mengenbeziehungen stellen wir mit Hilfe der Matrix

$\mathbf{S}^{(2)} :=$

	FP_1	FP_2	FP_3
ZP_1	7	4	2
ZP_2	0	3	2

dar. Wir definieren

b_5: gewünschte Herstellmenge von FP_1,
b_6: gewünschte Herstellmenge von FP_2,
b_7: gewünschte Herstellmenge von FP_3

und führen die Abkürzung

$$\mathbf{w} := \begin{pmatrix} b_5 \\ b_6 \\ b_7 \end{pmatrix}$$

ein.

In analoger Weise erhält man dann die Gleichung

(IV-82) $\mathbf{z} = \mathbf{S}^{(2)} \cdot \mathbf{w}$,

aus der man für beliebige Produktionsprogramme b_5, b_6, b_7 bezüglich der Endprodukte die dafür benötigten Mengeneinheiten z_1, z_2 der Zwischenprodukte berechnen kann. Setzt man nun die rechte Seite von (IV-82) in (IV-81) ein, so erhält man die Gleichung

(IV-83) $\mathbf{v} = \mathbf{S}^{(1)} \cdot \mathbf{S}^{(2)} \cdot \mathbf{w}$.

Das darin vorkommende Matrizenprodukt $\mathbf{S}^{(1)} \cdot \mathbf{S}^{(2)}$ haben wir in Beispiel IV-18 bereits numerisch berechnet:

	FP_1	FP_2	FP_3
EG_1	28	40	24
EG_2	21	18	10

Anstelle dieser Matrix läßt sich natürlich wieder ein äquivalentes zweiteiliges Pfeildiagramm zeichnen:

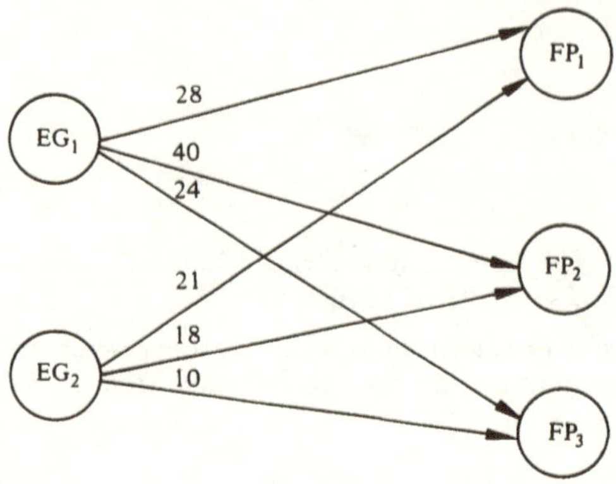

Abb. IV-4: Alternative Darstellung der Mengenbeziehungen zwischen Einsatzgütern und Endprodukten des Grundbeispiels „Prozeßanalyse"

Abb. IV-4 macht die Bedeutung des Matrizenproduktes $\mathbf{S}^{(1)} \cdot \mathbf{S}^{(2)}$ klar: Die Eintragung in der Position (i, j) gibt an, wie viele Mengeneinheiten des Einsatzgutes EG_i i = 1, 2) zur Herstellung einer Mengeneinheit des Endproduktes FP_j (j = 1, 2, 3) einzusetzen sind. Sie können sich von der Richtigkeit unserer Überlegungen und Rechnungen auch dadurch überzeugen, daß Sie die Eintragungen des Matrizenproduktes mit denjenigen von Tab. I-3 vergleichen, die wir durch Rechnen am Pfeildiagramm gewonnen haben. Damit ist die erste Frage, die wir im Zusammenhang mit unserer kleinen Fallstudie gestellt haben, bereits beantwortet. Es ist nun auch leicht ersichtlich, wie man die Matrizenrechnung zur Analyse komplexer n-stufiger Produktionsprozesse nutzbar machen kann. Man ermittelt lediglich auf den einzelnen Stufen die Mengenbeziehungen zwischen den dort jeweils eingesetzten und hergestellten Gütern und faßt die Ergebnisse für jede Produktionsstufe j zu einer Matrix $\mathbf{S}^{(j)}$ (j = 1, ..., n) zusammen. Das Matrizenprodukt

$$\mathbf{S}^{(1)} \cdot \mathbf{S}^{(2)} \cdots \mathbf{S}^{(n)}$$

informiert dann über die Mengenbeziehungen zwischen den Einsatzgütern der ersten und den Endprodukten der letzten Stufe.

Die Beantwortung der übrigen Fragen ist mit Hilfe der Beziehungen (IV-81) – (IV-82) ebenfalls leicht möglich. So ermitteln wir für den Vektor der gewünschten Endproduktmenge

$$\begin{pmatrix} 20 \\ 10 \\ 5 \end{pmatrix}$$

aufgrund von (IV-83)

$$\begin{pmatrix} 28 & 40 & 24 \\ 21 & 18 & 10 \end{pmatrix} \cdot \begin{pmatrix} 20 \\ 10 \\ 5 \end{pmatrix} = \begin{pmatrix} 1080 \\ 650 \end{pmatrix}$$

als Vektor der erforderlichen Einsatzgütermenge und aufgrund von (IV-82)

$$\begin{pmatrix} 7 & 4 & 2 \\ 0 & 3 & 2 \end{pmatrix} \cdot \begin{pmatrix} 20 \\ 10 \\ 5 \end{pmatrix} = \begin{pmatrix} 190 \\ 40 \end{pmatrix}$$

als Vektor der erforderlichen Zwischenproduktmengen.

Aufgrund des Matrizenproduktes $\mathbf{S}^{(1)} \cdot \mathbf{S}^{(2)}$ wissen wir jetzt, wie viele Mengeneinheiten der Einsatzgüter in jeweils eine Mengeneinheit der drei Endprodukte eingehen. Wir können diese Information nun ebenfalls ausnutzen, um die hierdurch verursachten Einsatzgüterkosten pro Mengeneinheit von FP_1, FP_2 und FP_3 zu berechnen. Es seien

p_i: Beschaffungspreis (in Geldeinheiten) des Einsatzgutes EG_i $(i = 1, 2)$,

q_i: Einsatzgüterkosten (in Geldeinheiten) pro Mengeneinheit des Endproduktes FP_i $(i = 1, 2, 3)$.

Außerdem wählen wir die Abkürzungen

$$\mathbf{p} = (p_1, p_2)$$
$$\mathbf{q} = (q_1, q_2, q_3).$$

Dann ergibt sich bei bekanntem $\mathbf{p}$ der gesuchte Vektor $\mathbf{q}$ der Einsatzgüterkosten aufgrund von

$$\text{(IV-84)} \quad \mathbf{q} = \mathbf{p} \cdot \mathbf{S}^{(1)} \cdot \mathbf{S}^{(2)}.$$

Mit den in der Aufgabenstellung angegebenen Preisen $p_1 = 40$, $p_2 = 60$ berechnen wir dann den Kostenvektor $\mathbf{q}$ wie folgt:

$$(40, 60) \cdot \begin{pmatrix} 28 & 40 & 24 \\ 21 & 18 & 10 \end{pmatrix} = (2.380, 2.680, 1.560).$$

Danach betragen die von den zwei Einsatzgütern EG_1 und EG_2 verursachten Kosten pro Mengeneinheit von FP_1 2380 Geldeinheiten, pro Mengeneinheit von FP_2 2680 Geldeinheiten und pro Mengeneinheit von FP_3 1560 Geldeinheiten. Sie stellen im übrigen fest, daß die Matrix $\mathbf{S}^{(1)} \cdot \mathbf{S}^{(2)}$ für die *Mengenrechnung* (IV-83) von **rechts** mit einem entsprechenden **Spalten**vektor **w** der Endproduktmengen und für die *Preisrechnung* (IV-84) von **links** mit einem entsprechenden **Zeilen**vektor **p** der Preise zu multiplizieren ist. Der Zusammenhang zwischen diesen beiden Fragestellungen wird in der weiterführenden Literatur im Rahmen der *Dualität* betrachtet.

Kommen wir noch einmal auf das Modell (IV-82) bzw. (IV-83) zur Durchführung der Mengenrechnung zurück und vergleichen es mit dem im wesentlichen für den gleichen Zweck erstellten Restriktionssystem aus Kapitel I, Unterabschnitt 4.1, das von der Gestalt

$$\text{(IV-85)} \quad \begin{cases} \mathbf{A} \cdot \mathbf{x} = \mathbf{b} \\ \quad\;\; \mathbf{x} \geqq \mathbf{0} \end{cases}$$

mit

$$\mathbf{A} = \begin{pmatrix} 1 & & -4 & -8 & & & \\ & 1 & -3 & -2 & & & \\ & & 1 & & -7 & -4 & -2 \\ & & & 1 & & -3 & -2 \\ & & & & 1 & & \\ & & & & & 1 & \\ & & & & & & 1 \end{pmatrix}$$

(unter Weglassen aller Nullen),

$$\mathbf{x} = \begin{pmatrix} x_1 \\ x_2 \\ x_3 \\ x_4 \\ x_5 \\ x_6 \\ x_7 \end{pmatrix}, \quad \mathbf{b} = \begin{pmatrix} b_1 \\ b_2 \\ b_3 \\ b_4 \\ b_5 \\ b_6 \\ b_7 \end{pmatrix}, \quad \mathbf{0} = \begin{pmatrix} 0 \\ 0 \\ 0 \\ 0 \\ 0 \\ 0 \\ 0 \end{pmatrix}$$

war. Beide Modelle unterscheiden sich bereits in formaler Hinsicht. So besitzt etwa die Matrix $\mathbf{S}^{(1)} \cdot \mathbf{S}^{(2)}$ 2 Zeilen und 3 Spalten, während $\mathbf{A}$ eine quadratische Matrix von der Ordnung 7 ist. Darüber hinaus läßt sich auch ein inhaltlicher Unterschied aufzeigen. Betrachten wir dazu die nur indirekt angegebene Bedeutung der Glieder b_i ($i = 1, \ldots, 7$) des Vektors $\mathbf{b}$:

b_1: gewünschte Lagerbestandsänderung beim Einsatzgut EG_1,
b_2: gewünschte Lagerbestandsänderung beim Einsatzgut EG_2,
b_3: gewünschte Lagerbestandsänderung beim Zwischenprodukt ZP_1,
b_4: gewünschte Lagerbestandsänderung beim Zwischenprodukt ZP_2,
b_5, b_6, b_7 wie oben.

In (IV-85) kann man danach Lagerbestandsänderungen b_1, b_2, b_3, b_4 bei den Einsatzgütern bzw. Zwischenprodukten vorgeben. Das ist beim Modell (IV-82) – (IV-83) nicht möglich. Hier wird stets unterstellt, daß keine Lagerbestandsänderungen bei diesen Gütern möglich sind. Gibt man bei gleichen gewünschten Endproduktmengen b_5, b_6, b_7 in (IV-85) außerdem für alle Lagerbestandsänderungen den Wert Null vor, also

$$b_1 = b_2 = b_3 = b_4 = 0,$$

so müssen die aus beiden Modellen ermittelten Ergebnisse übereinstimmen. Setzt man dagegen in (IV-85) auch nur für ein i (= 1, 2, 3, 4)

$$b_i \neq 0,$$

so weichen die Ergebnisse beider Modelle voneinander ab. Eine Schwierigkeit, die dabei in bezug auf (IV-85) auftreten kann, wurde bereits in Kapitel II deutlich: Möglicherweise hat man $\mathbf{b}$ so gewählt, daß (IV-85) keine zulässige Lösung hat. Wir wollen uns abschließend noch kurz mit dieser Schwierigkeit befassen. Dazu betrachten wir das Restriktionssystem noch etwas eingehender. Man sieht sofort, daß es sich bei der quadratischen Koeffizientenmatrix um eine obere Dreiecksmatrix handelt, deren Hauptdiagonale mit von Null verschiedenen Gliedern besetzt ist.

Die Spalten sind folglich linear unabhängig, und damit ist $\mathbf{A}$ invertierbar. Das Gleichungsteilsystem von (IV-85)

$$\mathbf{A} \cdot \mathbf{x} = \mathbf{b}$$

besitzt dann – unabhängig davon, wie man $\mathbf{b}$ vorgegeben hat – eine eindeutige Lösung, nämlich

$$\text{(IV-86)} \quad \mathbf{x}^* = \mathbf{A}^{-1} \cdot \mathbf{b},$$

wobei Sie sich selbst durch Invertieren von $\mathbf{A}$ überzeugen können, daß $\mathbf{A}^{-1}$ durch die Matrix

$$\mathbf{A}^{-1} = \begin{pmatrix} 1 & & 4 & 8 & 28 & 40 & 24 \\ & 1 & 3 & 2 & 21 & 18 & 10 \\ & & 1 & & 7 & 4 & 2 \\ & & & 1 & & 3 & 2 \\ & & & & 1 & & \\ & & & & & 1 & \\ & & & & & & 1 \end{pmatrix}$$

(unter Weglassen aller Nullen)

gegeben ist. Mit Hilfe der Beziehung (IV-86) läßt sich nun leicht für alternative Vektoren $\mathbf{b}$ die jeweilige Lösung $\mathbf{x}^*$ des Gleichungsteilsystems von (IV-85) ermitteln. Erfüllt $\mathbf{x}^*$ auch die NN-Bedingung, so ist $\mathbf{x}^*$ auch eine Lösung des gesamten Systems (IV-85). Andernfalls muß man $\mathbf{b}$ modifizieren.

11.2. Grundbeispiel 2: Absatzprognose

Mit Hilfe der Matrizenrechnung lassen sich die in Kapitel I, Abschnitt 7.2 aufgeworfenen Fragen zum Grundbeispiel „Absatzprognose" leicht mathematisch formulieren. Es sei

$$\mathbf{x}^{(t)} := \begin{pmatrix} x_A^{(t)} \\ x_B^{(t)} \\ x_C^{(t)} \end{pmatrix}$$

der Vektor der Marktanteile $x_i^{(t)}$ $(i = A, B, C)$ der Zeitschriften A, B bzw. C im Monat t sowie

$$\mathbf{U} = \begin{pmatrix} 0{,}5 & 0{,}2 & 0{,}3 \\ 0{,}2 & 0{,}6 & 0{,}2 \\ 0{,}4 & 0{,}3 & 0{,}3 \end{pmatrix}$$

die Matrix der relativen Übergangshäufigkeiten u_{ij}, wobei u_{ij} den Anteil der Käufer der Zeitschrift i $(i = A, B, C)$ angibt, die im folgenden Monat zur Zeitschrift j $(j = A, B, C)$ überwechseln. Für den Vektor $\mathbf{x}^{(t)}$ der Marktanteile im Monat t gilt dann:

$$\mathbf{x}^{(t)} = \mathbf{U} \cdot \mathbf{x}^{(t-1)}.$$

Entsprechend ergibt sich der Vektor der Marktanteile $\mathbf{x}^{(n)}$ im Monat n aus dem Vektor $\mathbf{x}^{(1)}$ der Marktanteile im Monat 1:

$$\text{(IV-87)}\quad \mathbf{x}^{(n)} := \overbrace{\mathbf{U} \ldots \underbrace{\mathbf{U} \cdot \underbrace{\mathbf{U} \cdot \mathbf{x}^{(1)}}_{\substack{\text{Marktanteil}\\ \text{im Monat } t+1}}}_{\substack{\text{Marktanteil}\\ \text{im Monat } t+2}}}^{n-1 \text{ Faktoren}} = \mathbf{U}^{n} \cdot \mathbf{x}^{(1)}$$

Man sieht daran recht deutlich, daß im Hinblick auf die Marktanteile der Zeitschriften im Gleichgewichtszustand (d.h. $n \to \infty$) sowohl die Marktanteile im Ausgangszustand als auch die Übergangshäufigkeiten von Bedeutung sind.

Wir betrachten nun das in Kapitel II, Abschnitt 4.2 entwickelte Endtableau. Wir entnehmen diesem Tableau, daß wir in dem Gleichungsteil des ursprünglichen Restriktionssystems (vgl. Kapitel I, Abschnitt 7.2) von vornherein die zweite Gleichung hätten streichen können. Damit verbleibt – abgesehen von den NN-Bedingungen – folgendes Gleichungssystem:

$$\begin{aligned} 0{,}5x_A - 0{,}2x_B - 0{,}4x_C &= 0 \\ -0{,}3x_A - 0{,}2x_B + 0{,}7x_C &= 0 \\ x_A + \quad x_B + \quad x_C &= 1 \end{aligned}$$

oder in Schreibweise der Matrizenrechnung

$$\mathbf{A} \cdot \mathbf{x} = \mathbf{b}$$

mit

$$\mathbf{A} = \begin{pmatrix} 0{,}5 & -0{,}2 & -0{,}4 \\ -0{,}3 & -0{,}2 & 0{,}7 \\ 1 & 1 & 1 \end{pmatrix}, \quad \mathbf{x} = \begin{pmatrix} x_A \\ x_B \\ x_C \end{pmatrix}, \quad \mathbf{b} = \begin{pmatrix} 0 \\ 0 \\ 1 \end{pmatrix}.$$

Dabei sei für $n \to \infty$: $\mathbf{x}^{(n)} = \mathbf{x}$.

A ist eine quadratische Matrix. Existiert ihre Inverse $\mathbf{A}^{-1}$, so können wir das Gleichungssystem durch Linksmultiplikation mit $\mathbf{A}^{-1}$ auflösen:

$$\text{(IV-88)}\quad \mathbf{A}^{-1} \cdot \mathbf{A} \cdot \mathbf{x} = \mathbf{A}^{-1} \cdot \mathbf{b}$$

$\curvearrowright$

$$\text{(IV-89)}\quad \mathbf{x} = \mathbf{A}^{-1} \cdot \mathbf{b}.$$

Im vorliegenden Fall gilt (gerundet):

$$\mathbf{A}^{-1} = \begin{pmatrix} 1{,}48 & 0{,}33 & 0{,}36 \\ -1{,}64 & -1{,}48 & 0{,}38 \\ 0{,}16 & 1{,}15 & 0{,}26 \end{pmatrix},$$

und es ergibt sich wieder

$$\mathbf{A}^{-1}\cdot\mathbf{b}=\begin{pmatrix}1{,}48 & 0{,}33 & 0{,}36\\ -1{,}64 & -1{,}48 & 0{,}38\\ 0{,}16 & 1{,}15 & 0{,}26\end{pmatrix}\cdot\begin{pmatrix}0\\0\\1\end{pmatrix}=\begin{pmatrix}0{,}36\\0{,}38\\0{,}26\end{pmatrix}.$$

Bei der Konstruktion von **A** gingen nun aber sowohl die relativen Übergangshäufigkeiten als auch die Marktanteile $\mathbf{x}^{(1)}$ im Ausgangsmonat t = 1 ein. Damit wird auch $\mathbf{A}^{-1}$ und letztlich – aufgrund von (IV-89) – auch der Vektor **x** der Marktanteile im Gleichgewichtszustand von den beiden Einflußgrößen „Marktanteile im Ausgangszustand" und „relative Übergangshäufigkeiten" bestimmt. Im übrigen läßt sich aus (IV-87) ersehen, daß die Vektoren $\mathbf{x}^{(n)}$ bzw. **x** der Marktanteile im Monat n bzw. im Gleichgewichtszustand stets nur nichtnegative Elemente enthalten können, denn **U** und **x** weisen nach Konstruktion ebenfalls nur nichtnegative Elemente auf. Damit können in unserem Grundmodell aus Kapitel I die Nichtnegativitätsrestriktionen ersatzlos gestrichen werden. Nachträglich ergibt sich damit eine Rechtfertigung für unser Vorgehen in Kapitel II, wo wir uns ausschließlich auf die Untersuchung des Gleichungsteils des Restriktionssystems beschränkten.

Abschließend wollen wir darauf hinweisen, daß sich (IV-87) leicht für den Fall verallgemeinern läßt, wenn man von Monat zu Monat veränderte Übergangshäufigkeiten unterstellt. Bezeichnet man mit $\mathbf{U}^{(t)}$ die Matrix der relativen Übergangshäufigkeiten vom Monat t zum Monat t − 1, so geht (IV-87) über in:

(IV-90) $\mathbf{x}^{(n)}=\mathbf{U}^{(n-1)}\cdots\mathbf{U}^{(1)}\cdot\mathbf{x}^{(1)}.$

12. Literaturhinweise

Für die Verallgemeinerung des Begriffes der Matrix als doppeltindizierte Familie mit Zeilen- und Spaltenrand und des Zusammenhangs zwischen den Indices mit dem vom Abstraktionsgrad abhängigen Größen siehe Jaeger/Wenke [1960, S. 143–151] und Jaeger [1983, S. 253–264]. Eine noch weitergehende Verallgemeinerung, bei der in einer Matrix leerstehende Positionen zugelassen werden und insbesondere die Multiplikation für jedes **beliebige** Paar von Matrizen ausführbar wird, ist in Jaeger [1972b, S. 3–13] beschrieben, Weiterführende und ausführlichere Behandlungen des Umgangs mit Matrizen finden sich z. B. in großen Teilen von Dietrich/Stahl [1968], Dück/Körth/Runge/Wunderlich [1980] sowie in dem Klassiker Zurmühl/Falk [1984]. Die Rolle der Matrix als Operator (Rechenvorschrift) und eine damit eng verbundene Einführung des Begriffes der Linearität als Eigenschaft von Abbildungen sind in Jaeger/Wenke [1960, S. 201–210, S. 183–185] behandelt.

Mit der Bewältigung spezieller Matrixstrukturen (Umfangreichheit, Dünnbesetztheit, Blockzerlegung, Blockdiagonalform, Dekomposition) beschäftigen sich u.a. Jaeger/Wenke [1969, S. 210–217, S. 289–294], Vogel [1970, S. 51–70] und in verschiedenen Zusammenhängen Gill/Murray/Wright [1981] und Zurmühl/Falk [1984]. Sowohl im Hinblick auf diese Fragestellungen als auch unabhängig davon spielen wechselseitige Beziehungen zur Graphentheorie (darunter die Benutzung von Pfeildiagrammen) und zu logischen Methoden eine bedeutsame Rolle, die durch Stichworte wie Gozinto-Graph, Netzflußanalyse und Boolesche (logische, binäre, Null-Eins-)Matrizen angedeutet werden kann.

Hier vergleiche man z.B. DÜCK/KÖRTH/RUNGE/WUNDERLICH [1980, S. 84–100], JAEGER [1977], JAEGER/WENKE [1969, S.175–183, S.217–221, S.280–289], WILLIAMS [1979, S.36–54] und vor allem die umfassende Monographie HAMMER/RUDEANU [1968]. Viele Hinweise auf ökonomische Anwendungen der Matrizenrechnung finden Sie insbesondere in DÜCK/KÖRTH/RUNGE/WUNDERLICH [1980, I, S.191–198, S. 244–246, S. 259–261, S. 280–285] sowie in dem gesamten Buch von VOGEL [1970], aber auch in JAEGER/WENKE [1969, S.175–181].

Wiederholungsfragen

1. Was versteht man unter einer Matrix? Geben Sie eine Definition an!
2. Was ist speziell eine Diagonalmatrix, eine Skalarmatrix, eine Einheitsmatrix bzw. eine Dreiecksmatrix?
3. Wann nennt man zwei Matrizen gleich, wann nennt man eine Matrix mindestens (höchstens) so groß wie eine andere Matrix?
4. Wie sind die Rechenoperationen der Addition und der Subtraktion von Matrizen bzw. die Multiplikation einer Matrix mit einem Skalar definiert?
5. Wie ist das Produkt zweier Matrizen definiert?
6. Wie läßt sich ein lineares Gleichungssystem in Matrizenform darstellen?
7. Was versteht man unter elementaren Matrizen und welche Typen kennen Sie?
8. Was sind elementare Zeilen- bzw. elementare Spaltenoperationen?
9. Was sind Pivotmatrizen und wie sind solche Matrizen aufgebaut?
10. Was versteht man unter der Inversen einer quadratischen Matrix? Geben Sie eine Definition an!
11. Kann es sein, daß eine quadratische Matrix keine Inverse bzw. mehrere Inversen besitzt?
12. Wie läßt sich die Inverse einer Matrix berechnen (sofern sie existiert)? Skizzieren Sie kurz das Verfahren verbal!
13. Was versteht man unter dem Rang einer Matrix und wie kann man ihn bestimmen?
14. Welcher Zusammenhang besteht zwischen der (Un-)Lösbarkeit eines linearen Gleichungssystems, dem Rang der Koeffizientenmatrix und dem Rang der erweiterten Koeffizientenmatrix dieses Systems?
15. Was ist eine orthogonale Matrix?

Übungsaufgaben

Aufgabe IV-1

Übertragen Sie das Pfeildiagramm der Abb. I-2 aus dem Grundbeispiel 1 in eine Matrix mit Rand! Nehmen Sie dabei die verschiedenen, darin dargestellten Produkte sowohl als Zeilen- als auch als Spaltenbezugsmenge!

Aufgabe IV-2

Gegeben seien die fogenden Vektoren und Matrizen:

$$\mathbf{A} := \begin{pmatrix} 2 & -3 \\ 6 & 5 \end{pmatrix} \qquad \mathbf{B} := \begin{pmatrix} 6 & 2 & -1 \\ 3 & 4 & 6 \end{pmatrix} \qquad \mathbf{C} := \begin{pmatrix} 4 & 3 \\ 2 & 5 \\ 9 & 8 \end{pmatrix}$$

$$\mathbf{D} := \begin{pmatrix} 4 & 0 \\ 2 & 3 \end{pmatrix} \qquad \mathbf{E} := \begin{pmatrix} 1 & 0 \\ 0 & 1 \end{pmatrix} \qquad \mathbf{F} := (-1, \quad -2)$$

$$\mathbf{G} := \begin{pmatrix} 1, 2, 4 \end{pmatrix} \qquad \mathbf{H} := \begin{pmatrix} 1 \\ 2 \end{pmatrix} \qquad \mathbf{I} := \begin{pmatrix} 2 \\ 3 \\ 4 \end{pmatrix}.$$

Bestimmen Sie die folgenden Summen und Produkte, sofern sie definiert sind:

a) $2\mathbf{A}$	g) $\mathbf{A} \cdot \mathbf{B}$	m) $\mathbf{I} \cdot \mathbf{G}$
b) $(-4) \cdot \mathbf{B}$	h) $\mathbf{B} \cdot \mathbf{A}$	n) $\mathbf{I} * \mathbf{G}$
c) $\mathbf{A} + \mathbf{D}$	i) $\mathbf{D} \cdot \mathbf{E}$	o) $\mathbf{D} \cdot \mathbf{H}$
d) $\mathbf{E} + \mathbf{A}'$	j) $\mathbf{C} \cdot \mathbf{E}$	p) $\mathbf{E} \cdot \mathbf{F}$.
e) $\mathbf{B} + \mathbf{C}$	k) $\mathbf{G} \cdot \mathbf{I}$	
f) $\mathbf{B}' + \mathbf{C}$	l) $\mathbf{G} * \mathbf{I}$	

Aufgabe IV-3

Kreuzen Sie an, ob die folgenden Aussagen zutreffen oder nicht:

	richtig	falsch
a) Jede Einheitsmatrix ist eine quadratische Matrix		
b) Jede Nullmatrix ist eine quadratische Matrix		
c) Jede Einheitsmatrix ist eine Diagonalmatrix		
d) Jede Nullmatrix ist eine Diagonalmatrix		
e) Jede Diagonalmatrix ist eine Skalarmatrix		
f) Jede Skalarmatrix ist eine Diagonalmatrix		
g) Jede Einheitsmatrix ist eine Dreiecksmatrix		
h) Jede quadratische Nullmatrix ist eine Dreiecksmatrix		

Aufgabe IV-4

Die Multiplikation von Matrizen ist im allgemeinen nicht kommutativ. Nennen Sie Ausnahmen!

Aufgabe IV-5

A und **B** seien zwei beliebige $(n \times n)$-Matrizen. Gilt

$$(\mathbf{A}+\mathbf{B})^2 = \mathbf{A}^2 + 2\mathbf{A}\cdot\mathbf{B} + \mathbf{B}^2?$$

Begründen Sie Ihre Antwort!

Aufgabe IV-6

Stellen Sie das lineare Optimierungssystem aus dem Grundbeispiel „Produktionsprogrammplanung" unter Verwendung von Matrizen dar!

Aufgabe IV-7

Sind die folgenden Paare von Matrizen invers zueinander?

a) $\begin{pmatrix} 1 & 4 \\ 2 & 2 \end{pmatrix}, \qquad \begin{pmatrix} -1/3 & 2/3 \\ 1/3 & -1/6 \end{pmatrix}$

b) $\begin{pmatrix} -2 & -1 & 1/2 \\ 5/2 & 1 & -1/4 \\ -3 & -1 & 1/2 \end{pmatrix}, \qquad \begin{pmatrix} 1 & 0 & -1 \\ -2 & 2 & 3 \\ 2 & 4 & 2 \end{pmatrix}$

c) $\begin{pmatrix} 5 & 1 & 3 \\ 4 & -2 & 1 \\ 9 & 3 & 6 \end{pmatrix}, \qquad \begin{pmatrix} -1 & 4 & 3 \\ -1 & 4 & 3 \\ 2 & -8 & -6 \end{pmatrix}.$

Aufgabe IV-8

Bestimmen Sie die Inversen der folgenden Matrizen (sofern diese existieren):

$$\mathbf{A} = \begin{pmatrix} 2 & 4 \\ 1 & 1 \end{pmatrix}, \qquad \mathbf{B} = \begin{pmatrix} 2 & 4 & 4 \\ 1 & 0 & 2 \\ 1 & 2 & 1 \end{pmatrix},$$

$$\mathbf{C} = \begin{pmatrix} 2 & 4 & 3 \\ 1 & 0 & 2 \end{pmatrix}, \qquad \mathbf{D} = \begin{pmatrix} -1 & 1 & 1 \\ 1 & 2 & 3 \\ 4 & 2 & 4 \end{pmatrix},$$

$$\mathbf{E} = \begin{pmatrix} 1 & 0 & 0 \\ 0 & 1 & 0 \\ 0 & 0 & 1 \end{pmatrix}.$$

Aufgabe IV-9

Gegeben sei die Matrix

$$\mathbf{A} = \begin{pmatrix} -1 & 2 \\ a_{21} & 2 \end{pmatrix}.$$

a) Wie muß a_{21} gewählt werden, damit die Inverse von **A** existiert?
b) Geben Sie für diesen Bereich von a_{21} die Inverse von **A** an!

Aufgabe IV-10

In der Matrizengleichung

$$\mathbf{A} = \mathbf{B} \cdot \mathbf{C}$$

seien **A** und **C** bekannt:

$$\mathbf{A} := \begin{pmatrix} 2 & -3 \\ -4 & 2 \end{pmatrix}, \quad \mathbf{C} := \begin{pmatrix} 2 & 0 \\ 4 & 1 \end{pmatrix}.$$

Bestimmen Sie **B**!

Aufgabe IV-11

In der Matrizengleichung

$$2\mathbf{A} + \mathbf{A} \cdot \mathbf{B} = \mathbf{C}$$

seien **B** und **C** bekannt:

$$\mathbf{B} := \begin{pmatrix} -1 & 2 \\ 4 & -2 \end{pmatrix}, \quad \mathbf{C} := \begin{pmatrix} -1 & -2 \\ 8 & 8 \end{pmatrix}.$$

Bestimmen Sie **A**! Lösen Sie dabei die Gleichung zuerst allgemein nach **A** auf und bestimmen Sie **A** dann erst numerisch!

Aufgabe IV-12

Gegeben seien die Matrizen

$$\mathbf{A} := \begin{pmatrix} 2 & 4 \\ 1 & 2 \end{pmatrix}, \quad \mathbf{B} := \begin{pmatrix} 1 & 2 \\ -1 & -1 \end{pmatrix}, \quad \mathbf{C} := \begin{pmatrix} 2 & -2 \\ 1 & 4 \end{pmatrix}.$$

Außerdem gelte

$$(\mathbf{B} - \mathbf{A}) \cdot \mathbf{X} - \mathbf{C} = \mathbf{X} - \mathbf{A} \cdot \mathbf{X}.$$

a) Lösen Sie diese Matrizengleichung zunächst allgemein nach **X** auf und bestimmen Sie dann **X** numerisch!

b) Machen Sie die Probe, indem Sie **X** in die Matrizengleichung einsetzen!

Aufgabe IV-13

Gegeben sei das folgende Gleichungssystem

$$\begin{aligned} x_1 + x_2 - x_3 - x_4 + 2x_5 &= -1 \\ x_1 + 2x_2 \phantom{{}-x_3} + 2x_4 + 5x_5 &= 2 \\ 2x_1 - x_2 - 3x_3 - x_4 \phantom{{}+2x_5} &= 1. \end{aligned}$$

a) Stellen Sie das Gleichungssystem in Matrizenschreibweise dar!

b) Lösen Sie das Gleichungssystem sukzessive durch Linksmultiplikation mit geeigneten Pivotmatrizen nach den Variablen x_1, x_2 und x_3 auf, wobei Sie die Pivots (1, 1), (2, 2), (3, 3) verwenden! Geben Sie die Pivotmatrizen an!

c) Wie lautet die ausgewiesene Basislösung?

d) Bestimmen Sie aus den Pivotmatrizen die Inverse der durch die Koeffizientenspalten der Variablen x_1, x_2, x_3 gebildeten Matrix!

Aufgabe IV-14

Gegeben sei die Matrix

$$\mathbf{A} = \begin{pmatrix} 1 & -1 & 1 & 0 \\ 4 & 6 & 2 & 0 \\ 2 & 4 & 0 & 2 \end{pmatrix}.$$

a) Bestimmen Sie den Rang $r(\mathbf{A})$ von $\mathbf{A}$!

b) Wie groß ist der Rang $r(\mathbf{A}')$ von $\mathbf{A}'$?

c) Was können Sie über die Lösungsvielfalt eines Gleichungssystems mit dieser Koeffizientenmatrix $\mathbf{A}$ aussagen?

Kapitel V: Determinanten und Eigenwerte

Gliederung

Die Determinante einer quadratischen Matrix der Ordnung n ist ein mathematischer Ausdruck, der nach einer ganz bestimmten Rechenvorschrift aus ihren Gliedern gebildet wird. Ihre Berechnung ist zunächst einmal schon insofern nützlich, weil notwendig und hinreichend für die Existenz der Inversen einer Matrix ist, daß ihre Determinante von Null verschieden ist. Darüber hinaus eignen sich Determinanten im Prinzip auch zur Berechnung dieser Inversen bzw. zur Bestimmung der Lösung eines eindeutig lösbaren Gleichungssystems. Die dabei zu verwendenden Formeln sehen zwar auf den ersten Blick recht ansprechend aus, erweisen sich jedoch bereits für $n > 3$ als derart unhandlich, daß Determinanten in diesem Zusammenhang heute – im Gegensatz zu den bereits vorgestellten Methoden – i.a. keine große praktische Bedeutung zukommt. Wenn wir hier trotzdem auf sie eingehen, dann deshalb, weil sie im Rahmen theoretischer Überlegungen noch eine gewisse Rolle spielen, und außerdem, weil die im zweiten Teil dieses Kapitels vorgestellten Eigenwerte gewisse Kenntnisse über Determinanten voraussetzen.

Wir beginnen unsere Ausführungen mit einem Exkurs in die Kombinatorik (Abschnitt 2.1), der vor allem dazu dient, die Ihnen nicht unbedingt bekannten Begriffe der Permutation, Transposition und des Signums einer Permutation einzuführen.[1] Erst darauf aufbauend können wir dann genau definieren, was man unter einer Determinante versteht (Abschnitt 2.2). Die Formel, die wir dabei angeben werden, ist jedoch recht unübersichtlich, so daß wir in Abschnitt 2.3 einige Regeln erläutern, die gegebenenfalls eine vereinfachte Berechnung ermöglichen. Wir behandeln anschließend die Determinanten spezieller Matrizen (Abschnitt 2.4) und untersuchen dann die Auswirkungen von Matrizenoperationen auf die Determinanten (Abschnitte 2.5 und 2.6). Aus diesen Überlegungen läßt sich in Abschnitt 2.7 ein spezielles Verfahren zur Determinantenberechnung entwickeln. In einem weiteren Abschnitt 2.8 über Determinanten zeigen wir Zusammenhänge zwischen Rang und Invertierbarkeit von Matrizen auf. Schließlich geben wir noch kurz an, wie man die Inverse einer Matrix mit Hilfe von Determinanten berechnen kann.

Der zweite Hauptteil dieses Kapitels befaßt sich mit Eigenwerten bzw. Eigenvektoren. Sie sind vor allem bei gewissen theoretischen Überlegungen in der Volkswirtschaftslehre von Bedeutung. Außerdem läßt sich mit ihrer Hilfe eine Klasse von Aufgaben der Nichtlinearen, genauer: der Quadratischen Algebra auf Fragestellungen der Linearen Algebra zurückführen. Nach der Einführung der wichtigsten Begriffe (Abschnitt 3.1) werden wir diesen Aspekt etwas näher beleuchten (Abschnitte 3.2 und 3.3). Wegen des doch sehr theoretischen Inhalts und der relativ geringen praktischen Bedeutung dieses Kapitels verzichten wir wieder auf die Weiterführung der Grundbeispiele.

1. Lernziele

Wenn Sie dieses Kapitel durchgearbeitet haben, sollten Sie

- wissen, wie die Determinante einer quadratischen Matrix allgemein definiert ist,
- Regeln für die Berechnung der Determinanten von (2×2)- und (3×3)-Matrizen angeben können,

[1] Wer allerdings bereits mit kombinatorischen Begriffen wie insbesondere einer geraden oder ungeraden Permutation, hier mit $\operatorname{sgn} \pi = +1$ bzw. $\operatorname{sgn} \pi = -1$ abgekürzt, vertraut ist, kann sich notfalls diesen Exkurs ersparen, jedoch auf die Gefahr hin, später Schwierigkeiten mit dem Nachvollziehen von Beweisen über Determinanteneigenschaften zu haben.

- den LAPLACEschen Entwicklungssatz formulieren und seinen Inhalt skizzieren können,
- in der Lage sein, ein einfaches Verfahren zur Determinantenberechnung verbal zu beschreiben sowie
- Zusammenhänge zwischen den Begriffen lineare (Un-)Abhängigkeit, Rang, Invertierbarkeit und dem Wert einer Determinante aufzeigen können.

Weiterhin sollten Sie die Determinanten numerisch vorgegebener Matrizen ausrechnen können. Schließlich sollten Sie wissen,

- was man unter einem Eigenwert, einem Eigenvektor bzw. einem Eigenwertproblem versteht,
- wie man Eigenwerte und Eigenvektoren für eine numerisch spezifizierte (2×2)-Matrix berechnet und
- wie man quadratische Formen umformen kann, so daß gemischtquadratische Summanden entfallen.

2. Determinanten

Der Begriff der Determinante bezieht sich nur auf **quadratische** Matrizen. Die Determinante einer quadratischen Matrix **A** der Ordnung n ist ein gewisses homogenes Polynom n-ten Grades der Glieder a_{ij} von **A**, das nach einer bestimmten Rechenvorschrift gebildet wird und für die Behandlung einer Reihe von wichtigen Fragen der Linearen Algebra von Nutzen sein kann. Zum Verständnis dieser Rechenvorschrift und insbesondere ihrer kompliziert erscheinenden Vorzeichenregeln ist zunächst ein Exkurs in die Kombinatorik erforderlich.

2.1. Exkurs: Gerade und ungerade Permutation

In elementarer Auffassung wird unter einer Permutation sowohl der **Prozeß des Umstellens einer Reihenfolge** (*Permutationsprozeß*), in der (endlich viele) verschiedene Objekte aufgeschrieben sind, als auch das **Ergebnis einer solchen Umstellung** (*Permutationsergebnis*) von allgemein festgelegten Ausgangsreihenfolgen (gewöhnlich der natürlichen Reihenfolge) verstanden.[1] In der modernen Mathematik wird eine *Permutation* als eine **umkehrbar eindeutige** Abbildung π *Bijektion*) einer (hier endlichen) Menge **auf** sich selbst aufgefaßt, d. h. als eine Zuordnung, die jedem Element i der Menge wieder ein dann mit $\pi(i)$ bezeichnetes Element dieser Menge so zuordnet, daß aus $i \neq j$ stets $\pi(i) \neq \pi(j)$ folgt und alle Elemente der Menge als Bilder auftreten. Den Zusammenhang zwischen diesen Begriffsbildungen und zusätzlich noch dem Begriff der Permutationsmatrix (vgl. Unterabschnitt 7.2 in Kapitel IV) kann man sich folgendermaßen klarmachen: Man nehme als Objekte die Zahlen 1, 2, ..., n und schreibe sie in ihrer natürlichen Reihenfolge und in einer permutierten Reihenfolge als Spaltenvektor auf, wobei $\pi(i)$ die Zahl bedeuten soll, die nach Umstellung der Reihenfolge in der Position i steht:

[1] Diese doppelte Interpretationsmöglichkeit ist sehr ähnlich der möglichen doppelten Auffassung eines geometrischen Vektors als Verschiebung und als Punkt.

$$\text{(V-1)} \qquad \pi: \quad \begin{pmatrix} 1 \\ 2 \\ 3 \\ \vdots \\ n \end{pmatrix} \xrightarrow{\;\Pi\cdot\;} \begin{pmatrix} \pi(1) \\ \pi(2) \\ \pi(3) \\ \vdots \\ \pi(n) \end{pmatrix}$$

Permutation als Zuordnung	natürliche Anordnung	Permutations-matrix	Permutations-ergebnis

Der Übergang von dem linken Vektor zum rechten Vektor, hier angedeutet durch einen Pfeil, kann dabei durch Multiplikation von links mit einer Permutationsmatrix Π erzeugt werden.[1] Wir fassen zusammen: Der Permutations**prozeß** π ist durch eine Permutations**matrix** Π dargestellt, das Permutations**ergebnis** durch den in (V-1) rechts dargestellten Permutations**vektor**.

Beispiel V-1

$$\begin{pmatrix} 1 \\ 2 \\ 3 \\ 4 \end{pmatrix} \xrightarrow{\;\Pi\cdot\;} \begin{pmatrix} 2 \\ 3 \\ 4 \\ 1 \end{pmatrix}$$

mit $\pi(1) = 2$, $\pi(2) = 3$, $\pi(3) = 4$, $\pi(4) = 1$ wird erzeugt durch Linksmultiplikation mit der Matrix

$$\Pi := \begin{pmatrix} 0 & 1 & 0 & 0 \\ 0 & 0 & 1 & 0 \\ 0 & 0 & 0 & 1 \\ 1 & 0 & 0 & 0 \end{pmatrix}.$$

$$\begin{pmatrix} 1 \\ 2 \\ 3 \\ 4 \end{pmatrix} \xrightarrow{\;P\;} \begin{pmatrix} 4 \\ 1 \\ 2 \\ 3 \end{pmatrix}$$

mit $\varrho(1) = 4$, $\varrho(2) = 1$, $\varrho(3) = 2$, $\varrho(4) = 3$ wird erzeugt durch Linksmultiplikation mit der Matrix

$$P := \begin{pmatrix} 0 & 0 & 0 & 1 \\ 1 & 0 & 0 & 0 \\ 0 & 1 & 0 & 0 \\ 0 & 0 & 1 & 0 \end{pmatrix}.$$

In der Kombinatorik wird nun die Menge aller n! Permutationen einer festen Anzahl n von mindestens zwei ($n \geqq 2$) Objekten 1, 2, ..., n in zwei Klassen von je n!/2 Permutationen aufgespalten. Die Permutationen der ersten Klasse sowie die Klasse selbst werden *gerade* genannt, und ihnen wird als *Signum* (abgekürzt sgn) der Faktor „+1" zugeordnet. Die Permutationen der anderen Klasse sowie diese Klasse selbst heißen *ungerade*; ihnen wird als Signum „−1" zugeordnet. Im Falle $n = 1$ wird der einzig möglichen Permutation „+1" zugeordnet. Dieser Begriff sgn spielt (u.a.) in der formelmäßigen Definition der Determinante eine Schlüsselrolle und wird in der Literatur formal unterschiedlich, aber inhaltlich stets identisch definiert. Das Verständlichmachen dieses Begriffes ist etwas schwierig und hat schon Generationen von Studenten Mühe bereitet. Wir wollen den folgenden Weg versuchen:

Gegeben sei zunächst ein Permutationsergebnis wie auf der rechten Seite von (V-1). Folgt darin aus $i < j$ für ein Paar (i, j), daß $\pi(i) > \pi(j)$ gilt, so spricht man von dem Auftreten einer *Inversion*.[2] Tritt nun in einem Permutationsergebnis genau eine gerade Anzahl dieser Inversion auf, so nennt man es *gerade Anordnung*, sonst eine *ungerade*. Als nächstes nennt man einen Permutationsprozeß π – bzw. seine Permu-

[1] Vielfach wird in der Literatur auch mit Zeilenvektoren gearbeitet; in einem solchen Fall muß man von rechts mit einer Permutationsmatrix arbeiten. Beide Möglichkeiten haben leider ihre Vorteile und Nachteile.

[2] Bitte verwechseln Sie nicht „Inversion in einer Permutation" mit „Invertieren einer Matrix"!

tationsmatrix $\boldsymbol{\Pi}$ – *gerade* genau dann, wenn er eine in dem soeben eingeführten Sinne gerade Anordnung wieder in eine gerade und eine ungerade Anordnung wieder in eine ungerade überführt, und *ungerade*, wenn er gewissermaßen einen *Klassenwechsel* von „gerade" zu „ungerade" oder umgekehrt herbeiführt. Da die natürliche Anordnung (wie in (V-1)) keine Inversionen enthält und damit gerade ist, formt natürlich ein gerader Permutationsprozeß diese Anordnung in eine gerade Anordnung und ein ungerader Permutationsprozeß in eine ungerade Anordnung um. Der wechselseitige Übergang von Permutationsprozeß zu Permutationsergebnis ändert also nichts an dem Gerade- oder Ungeradesein. Man kann also unmißverständlich von geraden oder ungeraden Permutationen bzw. von ihrem Signum $+1$ bzw. -1 sprechen.

Beispiel V-2

Aus der natürlichen Reihenfolge gehe durch einen Permutationsprozeß π das Permutationsergebnis, also die neue Anordnung, wie folgt hervor:

$$\pi: \begin{pmatrix}1\\2\\3\\4\\5\end{pmatrix} \to \begin{pmatrix}4\\2\\1\\5\\3\end{pmatrix}$$

Hier gilt nun:

$1 < 2$ **aber** $\pi(1) > \pi(2)$ (Inversion)
$1 < 3$ **aber** $\pi(1) > \pi(3)$ (Inversion)
$1 < 4$ und $\pi(1) < \pi(4)$
$1 < 5$ **aber** $\pi(1) > \pi(5)$ (Inversion)
$2 < 3$ **aber** $\pi(2) > \pi(3)$ (Inversion)
$2 < 4$ und $\pi(2) < \pi(4)$
$2 < 5$ und $\pi(2) < \pi(5)$
$3 < 4$ und $\pi(3) < \pi(4)$
$3 < 5$ und $\pi(3) < \pi(5)$
$4 < 5$ **aber** $\pi(4) > \pi(5)$ (Inversion)

Der Permutationsprozeß bewirkt also fünf Inversionen. Es liegt damit eine ungerade Permutation vor, und das zugehörige Signum beträgt -1.

Wir betrachten als Nächstes den Zusammenhang zwischen dem Signum und den jeweiligen speziellen Permutationen, bei denen nur ein gegenseitiger Austausch von zwei Objekten bei Festhalten aller übrigen Objekte in ihren jeweiligen Positionen erfolgt, und die *Transpositionen* heißen. Dies kann man symbolisch so darstellen:

$$\text{(V-2)} \qquad \begin{aligned}\pi(i) &= j\\ \pi(j) &= i\\ \pi(k) &= k \ \text{ für } k \neq i, k \neq j\end{aligned} \qquad \begin{pmatrix}\vdots\\ i\\ \vdots\\ j\\ \vdots\end{pmatrix}\begin{matrix}\text{in Position}\\ \leftarrow p\\ \\ \leftarrow q\\ \\ \end{matrix} \xrightarrow{\boldsymbol{\Pi}\cdot} \begin{pmatrix}\vdots\\ j\\ \vdots\\ i\\ \vdots\end{pmatrix}\begin{matrix}\text{in Position}\\ \leftarrow p\\ \\ \leftarrow q\\ \\ \end{matrix}.$$

Die durch (V-2) beschriebene Veränderung kann man nun auf zweifache Weise deuten:

Erste Interpretation: Das, was gerade in Position p steht, wird vertauscht mit dem, was gerade in Position q steht. Diese Art von Vertauschung wird bewirkt durch Multiplikation des in (V-2) stehenden Spaltenvektors von links mit der entsprechend dimensionierten Transpositionsmatrix $\mathbf{T}_{pq}$ (*erste Form der Protokollierung*).

Zweite Interpretation: i und j wechseln ihre Positionen (unabhängig davon, in welchen Positionen sie gerade stehen). Dieser Umformungsprozeß wird von uns ab sofort mit [i, j] unter Verwendung von eckigen Klammern (zur Unterscheidung von Vektorklammern) abgekürzt (*zweite Form der Protokollierung*).

Beachten Sie also bitte, daß [i, j] und $\mathbf{T}_{pq}$ die gleiche Wirkung haben, wobei in einem Falle die **Objekte** i, j und im anderen Falle die **Positionen** p, q symbolisch verwendet werden. Problematisch ist diese mehrfache Interpretationsmöglichkeit ganz unterschiedlicher Zahlenpaare aber nicht, denn lediglich die **Anzahl** der in den Untersuchungen zu zählenden Transpositionen wird eine Rolle spielen und nicht die Art der Protokollierung.

Wir beginnen mit der Bestimmung des Signums einer speziellen Transposition, nämlich einer solchen, bei der zwei in unmittelbar benachbarten Positionen p und p + 1 befindliche Objekte i und j vertauscht werden:

$$\text{(V-3)}\quad \mathbf{T}_{pp+1}\cdot:\quad \begin{pmatrix} \vdots \\ i \\ j \\ \vdots \end{pmatrix} \begin{matrix} \\ \leftarrow p \\ \leftarrow p+1 \\ \\ \end{matrix} \overset{\text{in Position}}{} \longrightarrow \begin{pmatrix} \vdots \\ j \\ i \\ \vdots \end{pmatrix} \begin{matrix} \\ \leftarrow p \\ \leftarrow p+1 \\ \\ \end{matrix} \overset{\text{in Position}}{}.$$

Eine solche Transposition nennen wir eine *Nachbartransposition* der gegebenen Anordnung. Gilt i < j, so bewirkt der durch Multiplikation mit $\mathbf{T}_{pp+1}$ von links erzeugte Übergang genau **eine zusätzliche** Inversion; gilt dagegen i > j, so wird die Anzahl der Inversionen um genau **eine verringert**. In beiden Fällen gibt es also einen Wechsel des Signums, also einen Klassenwechsel. Als Nächstes nehmen wir an, durch die in (V-2) mit π bezeichnete Transposition werden zwei Objekte i und j vertauscht, zwischen denen noch m(> 0) Objekte $k_1, k_2, .., k_m$ stehen. Wenn i die Position p hat, dann hat j, sobald es unterhalb i steht, also die Position p + m + 1, d.h. wir müssen die Wirkung von $\mathbf{T}_{pp+m+1}$ untersuchen:

$$\text{(V-4)}\quad \mathbf{T}_{pp+m+1}\cdot:\quad \begin{pmatrix} \vdots \\ i \\ k_1 \\ \vdots \\ k_m \\ j \\ \vdots \end{pmatrix} \begin{matrix} \\ \leftarrow p \\ \leftarrow p+1 \\ \\ \leftarrow p+m \\ \leftarrow p+m+1 \\ \\ \end{matrix} \overset{\text{in Position}}{} \longrightarrow \begin{pmatrix} \vdots \\ j \\ k_1 \\ \vdots \\ k_m \\ i \\ \vdots \end{pmatrix} \begin{matrix} \\ \leftarrow p \\ \leftarrow p+1 \\ \\ \leftarrow p+m \\ \leftarrow p+m+1 \\ \\ \end{matrix} \overset{\text{in Position}}{}.$$

Durch m + 1 sukzessive Nachbartranspositionen kann man **zunächst** i direkt **unter** j schieben und **danach** j durch m sukzessive Nachbartranspositionen nach **oben** über k_1 schieben:

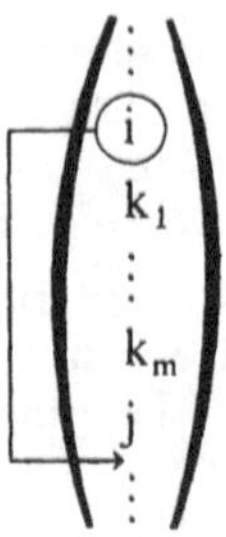

Erst wird i an m + 1 Objekten vorbei hinuntergeschoben.

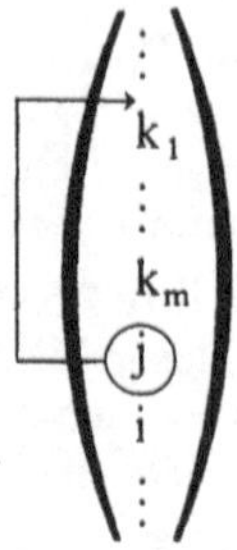

Dann wird j an m Objekten vorbei hinaufgeschoben.

Insgesamt werden also in diesem Prozeß hintereinander 2m + 1 Nachbartranspositionen vorgenommen, somit erfolgt (2m + 1)-mal ein Vorzeichenwechsel des Signums, d. h. auch bei Anwendung einer **allgemeinen** Transposition wird ein Klassen**wechsel** bewirkt.

Da sich jedes Permutationsergebnis überhaupt aus der natürlichen Anordnung durch eine Aufeinanderfolge von Transpositionen gewinnen läßt, kann man ähnlich schließen, daß sich eine gerade Anordnung genau dann ergibt, wenn die Anzahl der dazu verwendeten Transpositionen gerade ist. Wir erhalten also:

Gerade und ungerade Permutationen
Eine Permutation ist gerade oder ungerade, je nachdem ob diese durch Hintereinanderausführung von einer geraden oder ungeraden Anzahl Transpositionen aus der natürlichen Reihenfolge gewonnen werden kann.

Soeben wurden Permutationen (nämlich hier speziell Transpositionen) hintereinander ausgeführt. Bei der Verwendung von Permutationsmatrizen ergibt sich das der Hintereinanderschaltung entsprechende Produkt von Matrizen (von rechts nach links aufzubauen), bei der Funktionsauffassung der Symbole für Permutationen π_1, $\pi_2, \ldots, \pi_k$ benutzt man die Ihnen vielleicht schon von der Schule her bekannte Schreibweise

(V-5) $\quad \pi_1 \circ \pi_2 \circ \ldots \circ \pi_k(\mathrm{i}) := \pi_1(\pi_2(\ldots)\, \pi_k(\mathrm{i}))\ \ldots))$

oder schreibt auch kürzer

(V-6) $\quad \pi_1 \cdot \pi_2 \ldots \pi_k$

und spricht von dem *Produkt* der Permutationen. Bei Anwendung des Ausdruckes (V-6) ist **unbedingt zu beachten**, daß erst π_k, dann π_{k-1}, usw. und zuletzt π_1 ausgeführt wird, also **von rechts nach links** vorgegangen werden muß. Auf diesen Aspekt haben wir schon im Zusammenhang mit Permutationsmatrizen als Linksoperatoren hingewiesen.

Beispiel V-3
(a) Gewinnung des Permutationsergebnisses aus Beispiel (V-2) mit Hilfe von 5 Nachbartranspositionen, doppelt protokolliert:

$$\begin{pmatrix}1\\2\\3\\4\\5\end{pmatrix} \xrightarrow[{[3,4]}]{\mathbf{T}_{34}\cdot} \begin{pmatrix}1\\2\\4\\3\\5\end{pmatrix} \xrightarrow[{[2,4]}]{\mathbf{T}_{23}\cdot} \begin{pmatrix}1\\4\\2\\3\\5\end{pmatrix} \xrightarrow[{[1,4]}]{\mathbf{T}_{12}\cdot} \begin{pmatrix}4\\1\\2\\3\\5\end{pmatrix} \xrightarrow[{[1,2]}]{\mathbf{T}_{23}\cdot} \begin{pmatrix}4\\2\\1\\3\\5\end{pmatrix} \xrightarrow[{[3,5]}]{\mathbf{T}_{45}\cdot} \begin{pmatrix}4\\2\\1\\5\\3\end{pmatrix},$$

also auch nach dieser Regel: $\operatorname{sgn} \pi = -1$.

Protokollierung mittels Matrizenmultiplikation (von rechts nach links auszuführen):

$\boldsymbol{\Pi} = \mathbf{T}_{45} \cdot \mathbf{T}_{23} \cdot \mathbf{T}_{12} \cdot \mathbf{T}_{23} \cdot \mathbf{T}_{34}$.

(b) Gewinnung der gleichen Permutation π mit Hilfe von nur 3 Transpositionen:

$$\begin{pmatrix}1\\2\\3\\4\\5\end{pmatrix} \xrightarrow[{[1,3]}]{\mathbf{T}_{13}\cdot} \begin{pmatrix}3\\2\\1\\4\\5\end{pmatrix} \xrightarrow[{[3,5]}]{\mathbf{T}_{15}\cdot} \begin{pmatrix}5\\2\\1\\4\\3\end{pmatrix} \xrightarrow[{[4,5]}]{\mathbf{T}_{14}\cdot} \begin{pmatrix}4\\2\\1\\5\\3\end{pmatrix}.$$

Protokollierung mit Hilfe der Matrizenmultiplikation:

$\boldsymbol{\Pi} = \mathbf{T}_{14} \cdot \mathbf{T}_{15} \cdot \mathbf{T}_{13}$.

Unter Verwendung der Schreibweise (V-6) läßt sich auch leicht aus dem Vorangegangenen das interessante Resultat ableiten:

Signum eines Produktes von Permutationen π_1 und π_2
$\operatorname{sgn}(\pi_1 \cdot \pi_2) = \operatorname{sgn} \pi_1 \cdot \operatorname{sgn} \pi_2$

Zu jeder Permutation π gibt es eine Permutation, die den Umstellungsprozeß rückgängig macht; sie wird die zu π *inverse* Permutation genannt und entsprechend mit π^{-1} bezeichnet. Es gilt also dann:

(V-7) $\quad \pi^{-1}(\pi(\mathrm{i})) = \pi(\pi^{-1}(\mathrm{i})) = \mathrm{i}$.

Für jedes betrachtete Objekt ergibt die Hintereinanderausführung einer Permutation und der zugehörigen inversen Permutation die identische Permutation ι, die jedes Objekt stehen läßt, wo es steht:

$$\iota(\mathrm{i}) = \mathrm{i}.$$

Selbstverständlich sind die zugehörigen Permutationsmatrizen ebenfalls invers zueinander, und der identischen Permutation entspricht die Einheitsmatrix. Man kann sich das auch symbolisch veranschaulichen durch

$$\begin{pmatrix}1\\2\\3\\\vdots\\n\end{pmatrix} \underset{\pi^{-1}}{\overset{\pi}{\rightleftarrows}} \begin{pmatrix}\pi(1)\\\pi(2)\\\pi(3)\\\vdots\\\pi(n)\end{pmatrix}.$$

Wenn man durch Hintereinanderausführung von t Transpositionen eine bestimmte Permutation gewinnt, dann gewinnt man durch Hintereinanderausführung der gleichen t Transpositionen **in umgekehrter Reihenfolge** (unabhängig davon, ob man die Darstellungsform [i, j] oder $\mathbf{T}_{pq}$ wählt) die inverse Permutation, und daraus folgt

$$\boxed{\operatorname{sgn} \pi = \operatorname{sgn}(\pi^{-1})}$$

Wenn Sie nun noch die Frage stellen sollten, warum es nicht möglich wäre, daß einunddieselbe Permutation durch Hintereinanderausführung sowohl einer geraden als auch einer ungeraden Anzahl von Transpositionen gewonnen werden könnte, dann kann man mit einem sehr ähnlichen Gedanken zeigen, daß unter einer solchen Annahme auch die identische Permutation durch eine ungerade Anzahl von Transpositionen erzeugbar sein müßte. Dieses ist aber unmöglich, weil die identische Permutation gerade ist.

Beispiel V-4
Wir betrachten wieder die Permutation π aus Beispiel V-3 und halten fest, daß $\operatorname{sgn} \pi = -1$ galt. Diesmal beschränken wir uns aber auf die Verwendung von Permutationsmatrizen für die Protokollierung, und dazu bezeichne $\boldsymbol{\Pi}^{-1}$ die zu π^{-1} gehörige Permutationsmatrix. Aus (a) entnehmen wir nun unter Verwendung der Regel für die Inverse eines Matrizenproduktes:

$$\boldsymbol{\Pi}^{-1} = \mathbf{T}_{34}^{-1} \cdot \mathbf{T}_{23}^{-1} \cdot \mathbf{T}_{12}^{-1} \cdot \mathbf{T}_{23}^{-1} \cdot \mathbf{T}_{45}^{-1}.$$

Da durch zweimalige Anwendung der gleichen Transposition unmittelbar hintereinander wieder die Ausgangslage erreicht wird, ist jede Transpositionsmatrix ihre eigene Inverse; also muß für unsere inverse Matrix gelten:

$$\boldsymbol{\Pi}^{-1} = \mathbf{T}_{34} \cdot \mathbf{T}_{23} \cdot \mathbf{T}_{12} \cdot \mathbf{T}_{23} \cdot \mathbf{T}_{45}.$$

Führt man $\boldsymbol{\Pi}^{-1}$ auf das in Beispiel V-3 erhaltene Permutationsergebnis

$$\begin{pmatrix} 4 \\ 2 \\ 1 \\ 5 \\ 3 \end{pmatrix}$$

aus, so ergibt sich

$$\begin{pmatrix} 4 \\ 2 \\ 1 \\ 5 \\ 3 \end{pmatrix} \xrightarrow{\mathbf{T}_{45}\,\cdot} \begin{pmatrix} 4 \\ 2 \\ 1 \\ 3 \\ 5 \end{pmatrix} \xrightarrow{\mathbf{T}_{23}\,\cdot} \begin{pmatrix} 4 \\ 1 \\ 2 \\ 3 \\ 5 \end{pmatrix} \xrightarrow{\mathbf{T}_{12}\,\cdot} \begin{pmatrix} 1 \\ 4 \\ 2 \\ 3 \\ 5 \end{pmatrix} \xrightarrow{\mathbf{T}_{23}\,\cdot} \begin{pmatrix} 1 \\ 2 \\ 4 \\ 3 \\ 5 \end{pmatrix} \xrightarrow{\mathbf{T}_{34}\,\cdot} \begin{pmatrix} 1 \\ 2 \\ 3 \\ 4 \\ 5 \end{pmatrix},$$

also als Ergebnis, wie, in der Tat zu erwarten, die natürliche Reihenfolge, woraus aufgrund der ungeraden Anzahl von Transpositionen auch $\operatorname{sgn}(\pi^{-1}) = -1$ folgt.

Analog entnimmt man aus (b) das folgende Ergebnis:

$$\boldsymbol{\Pi}^{-1} = \mathbf{T}_{13} \cdot \mathbf{T}_{15} \cdot \mathbf{T}_{14},$$

und berechnet entsprechend

$$\begin{pmatrix} 4 \\ 2 \\ 1 \\ 5 \\ 3 \end{pmatrix} \xrightarrow{T_{14}\,\cdot} \begin{pmatrix} 5 \\ 2 \\ 1 \\ 4 \\ 3 \end{pmatrix} \xrightarrow{T_{15}\,\cdot} \begin{pmatrix} 3 \\ 2 \\ 1 \\ 4 \\ 5 \end{pmatrix} \xrightarrow{T_{13}\,\cdot} \begin{pmatrix} 1 \\ 2 \\ 3 \\ 4 \\ 5 \end{pmatrix}.$$

Als Vorbereitung für einen interessanten Satz über Determinanten wollen wir schließlich in diesem Unterabschnitt noch untersuchen, welche Veränderung das Signum erfährt, wenn man aus einer Permutation (im Sinne von Anordnung) von n Objekten ein Objekt entfernt und die übrigen Objekte in ihrer vorliegenden Reihenfolge läßt, so daß man das Resultat als Anordnung von $n-1$ Objekten deuten kann. Diese Untersuchung ist besonders einfach, wenn das Objekt j gerade an j-ter Stelle auftritt und man dieses entfernt. Steht nämlich Objekt j in Normalposition j, so kann man sich bei den sukzessiven Transpositionen, welche die zu untersuchende Umstellung der übrigen Objekte ($\neq j$) innerhalb der übrigen Positionen ($\neq j$) bewirken, auf solche Transpositionen beschränken, die das Objekt j gar nicht betreffen. Diese Transpositionen bewirken dann die gleichen Umstellungen der übrigen Objekte insgesamt, und zwar unabhängig davon, ob man j in Position j stehen läßt oder (unter „einstufigem Hochrücken" der Positionen unterhalb von j) wegläßt. Also gilt zunächst

$$\text{(V-8)} \qquad \operatorname{sgn}\begin{pmatrix} k_1 \\ \vdots \\ k_{j-1} \\ j \\ k_{j+1} \\ \vdots \\ k_n \end{pmatrix} = \operatorname{sgn}\begin{pmatrix} k_1 \\ \vdots \\ k_{j-1} \\ k_{j+1} \\ \vdots \\ k_n \end{pmatrix}.$$

Es sei als Nächstes angenommen, daß das Objekt j in Position p liege, und diese Position sei m Positionen höher als die Position j, d. h. es gelte $m = j - p > 0$. Dann kann man mit Hilfe von m Nachbartranspositionen das Objekt j sukzessiv in seine Normalposition j hinunterschieben, wobei $j - p\ (= m)$ Vorzeichenveränderungen des Signums auftreten. Insgesamt ergibt sich deshalb unter Berücksichtigung von (V-8) und von $(-1)^{j-p} = (-1)^{j+p}$ (wegen $(-1)^{2p} = 1$):

$$\begin{matrix} \text{Position} \\ 1 & \rightarrow \\ \\ p-1 & \rightarrow \\ p & \rightarrow \\ p+1 & \rightarrow \\ \\ j & \rightarrow \\ j+1 & \rightarrow \\ \\ n & \rightarrow \end{matrix} \quad \operatorname{sgn}\begin{pmatrix} k_1 \\ \vdots \\ k_{p-1} \\ j \\ k_{p+1} \\ \vdots \\ k_j \\ k_{j+1} \\ \vdots \\ k_n \end{pmatrix} = (-1)^{j-p} \cdot \operatorname{sgn}\begin{pmatrix} k_1 \\ \vdots \\ k_{p-1} \\ k_{p+1} \\ \vdots \\ k_j \\ j \\ k_{j+1} \\ \vdots \\ k_n \end{pmatrix} \quad \begin{matrix} \text{Position} \\ \leftarrow & 1 \\ \\ \leftarrow & p-1 \\ \leftarrow & p \\ \\ \leftarrow & j-1 \\ \leftarrow & j \\ \leftarrow & j+1 \\ \\ \leftarrow & n \end{matrix}$$

$$= (-1)^{j+p} \cdot \operatorname{sgn} \begin{pmatrix} k_1 \\ \vdots \\ k_{p-1} \\ k_{p+1} \\ \vdots \\ k_j \\ k_{j+1} \\ \vdots \\ k_n \end{pmatrix} \begin{matrix} \text{Position} \\ \leftarrow \quad 1 \\ \\ \leftarrow \quad p-1 \\ \leftarrow \quad p \\ \\ \leftarrow \quad j-1 \\ \leftarrow \quad j \\ \\ \leftarrow \quad n-1 \end{matrix}$$

Zusammengefaßt und etwas anders formuliert kann man sich merken:

Veränderung des Signums bei Auslassen eines Objektes aus einer Permutation
Es seien π_{pj}: Permutation von n Objekten, bei der das Objekt j in p-ter Position steht $\bar{\pi}_{pj}$: Permutation von $n-1$ Objekten, die aus π_{pj} durch Streichen des Objektes j (in Position p) und Hochrücken aller darunter liegenden Objekte um jeweils eine Position entsteht. (V-9) $\quad \operatorname{sgn} \pi_{pj} = (-1)^{p+j} \bar{\pi}_{pj}$

Beachten Sie hierbei besonders, daß in $\bar{\pi}_{pj}$ also kein Objekt j mehr auftritt, d.h. $\bar{\pi}_{pj}$ eine Permutation der $n-1$ Objekte $1, 2, \ldots, j-1, j+1, \ldots, n$ darstellt.

2.2. Der Begriff der Determinante

Wir können nach den obigen Vorbereitungen die formale Definition der Determinante $|\mathbf{A}|$ einer quadratischen Matrix $\mathbf{A}$ als Polynom aus ihren Gliedern vorstellen:

Definition der Determinante $\lvert\mathbf{A}\rvert$ einer $(n \times n)$ Matrix $\mathbf{A} = (a_{ij})$
(V-10) $\quad \lvert\mathbf{A}\rvert = \sum_{\{\pi\}} (\operatorname{sgn} \pi) \cdot a_{1j_1} \cdot a_{2j_2} \ldots a_{nj_n}$, wobei $j_1 := \pi(1), j_2 := \pi(2), \ldots, j_n := \pi(n)$ abkürzt und die Summe über alle n! Permutationen π der Zahlen $1, 2, \ldots, n$ zu bilden ist.
Als Abkürzung für den Ausdruck (V-10) verwendet man anstelle von $\lvert\mathbf{A}\rvert$ auch $\det \mathbf{A}$. *n* nennt man die *Ordnung* der Determinante, und man spricht von einer *n-reihigen Determinante.*

Da das Lesen der Formel (V-10) erfahrungsgemäß Schwierigkeiten bereitet, haben wir in Tafel V-1 auf der nächsten Seite für $n = 1$ bis $n = 4$ untereinander zunächst ihre wesentlichen Bausteine und dahinter die jeweilige Formel selbst ohne Verwen-

Tafel V-1:

n	A	Permutation π [1]	als Produkt von Transpositionen [2]	sgn π	$\|\mathbf{A}\|$
1	(a_{11})	(1)	–	+1	a_{11}
2	$\begin{pmatrix} a_{11} & a_{12} \\ a_{21} & a_{22} \end{pmatrix}$	(1, 2)	–	+1	$a_{11}a_{22}$
		(2, 1)	[1, 2]	−1	$-a_{12}a_{21}$
3	$\begin{pmatrix} a_{11} & a_{12} & a_{13} \\ a_{21} & a_{22} & a_{23} \\ a_{31} & a_{32} & a_{33} \end{pmatrix}$	(1, 2, 3)	–	+1	$a_{11}a_{22}a_{33}$
		(1, 3, 2)	[2, 3]	−1	$-a_{11}a_{23}a_{32}$
		(2, 1, 3)	[1, 2]	−1	$-a_{12}a_{21}a_{33}$
		(2, 3, 1)	[1, 2] · [2, 3]	+1	$+a_{12}a_{23}a_{31}$
		(3, 1, 2)	[1, 3] · [2, 3]	+1	$+a_{13}a_{21}a_{32}$
		(3, 2, 1)	[1, 3]	−1	$-a_{13}a_{22}a_{31}$
4	$\begin{pmatrix} a_{11} & a_{12} & a_{13} & a_{14} \\ a_{21} & a_{22} & a_{23} & a_{24} \\ a_{31} & a_{32} & a_{33} & a_{34} \\ a_{41} & a_{42} & a_{43} & a_{44} \end{pmatrix}$	(1, 2, 3, 4)	–	+1	$a_{11}a_{22}a_{33}a_{44}$
		(1, 2, 4, 3)	[3, 4]	−1	$-a_{11}a_{22}a_{34}a_{43}$
		(1, 3, 2, 4)	[2, 3]	−1	$-a_{11}a_{23}a_{32}a_{44}$
		(1, 3, 4, 2)	[2, 3] · [3, 4]	+1	$+a_{11}a_{23}a_{34}a_{42}$
		(1, 4, 2, 3)	[2, 4] · [3, 4]	+1	$+a_{11}a_{24}a_{32}a_{43}$
		(1, 4, 3, 2)	[2, 4]	−1	$-a_{11}a_{24}a_{33}a_{42}$
		(2, 1, 3, 4)	[1, 2]	−1	$-a_{12}a_{21}a_{33}a_{44}$
		(2, 1, 4, 3)	[1, 2] · [3,4]	+1	$+a_{12}a_{21}a_{34}a_{43}$
		(2, 3, 1, 4)	[1, 2] · [2, 3]	+1	$+a_{12}a_{23}a_{31}a_{44}$
		(2, 3, 4, 1)	[1, 2] · [2, 3] · [3, 4]	−1	$-a_{12}a_{23}a_{34}a_{41}$
		(2, 4, 1, 3)	[1, 2] · [2, 4] · [3, 4]	−1	$-a_{12}a_{24}a_{31}a_{43}$
		(2, 4, 3, 1)	[1, 2] · [2, 4]	+1	$+a_{12}a_{24}a_{33}a_{41}$
		(3, 1, 2, 4)	[1, 3] · [2, 3]	+1	$+a_{13}a_{21}a_{32}a_{44}$
		(3, 1, 4, 2)	[1, 3] · [2, 3] · [3, 4]	−1	$-a_{13}a_{21}a_{34}a_{42}$
		(3, 2, 1, 4)	[1, 3]	−1	$-a_{13}a_{22}a_{31}a_{44}$
		(3, 2, 4, 1)	[1, 3] · [3, 4]	+1	$+a_{13}a_{22}a_{34}a_{41}$
		(3, 4, 1, 2)	[1, 3] · [2, 4]	+1	$+a_{13}a_{24}a_{31}a_{42}$
		(3, 4, 2, 1)	[1, 3] · [2, 4] · [3, 4]	−1	$-a_{13}a_{24}a_{32}a_{41}$
		(4, 1, 2, 3)	[1, 4] · [2, 4] · [3, 4]	−1	$-a_{14}a_{21}a_{32}a_{43}$
		(4, 1, 3, 2)	[1, 4] · [2, 4]	+1	$+a_{14}a_{21}a_{33}a_{42}$
		(4, 2, 1, 3)	[1, 4] · [3, 4]	+1	$+a_{14}a_{22}a_{31}a_{43}$
		(4, 2, 3, 1)	[1, 4]	−1	$-a_{14}a_{22}a_{33}a_{41}$
		(4, 3, 1, 2)	[1, 4] · [2, 3] · [3, 4]	−1	$-a_{14}a_{23}a_{31}a_{42}$
		(4, 3, 2, 1)	[1, 4] · [3, 2]	+1	$+a_{14}a_{23}a_{32}a_{41}$

[1] dargestellt als Permutationsergebnis **ausnahmsweise in Zeilenschreibweise** bei Anwendung des Permutationsprozesses auf die natürliche Reihenfolge.

[2] sukzessiv **von rechts nach links** auf die natürliche Anordnung anzuwenden.

dung des Summenzeichens ausführlich aufgeschrieben. Darin sind die Permutationen sowohl durch Permutationsergebnisse (beim Ausgehen von der natürlichen Anordnung) als auch durch Produkte von Transpositionen dargestellt.

Beispiel V-5
Gegeben seien die Matrizen

$$\mathbf{A} := \begin{pmatrix} 2 & 3 \\ 4 & 5 \end{pmatrix}, \quad \mathbf{B} := \begin{pmatrix} 1 & 2 \\ 2 & 4 \end{pmatrix}, \quad \mathbf{C} := \begin{pmatrix} 1 & 2 & 3 \\ 4 & 5 & 6 \\ 7 & 8 & 10 \end{pmatrix}.$$

Bei der Berechnung ihrer Determinanten erhält man gem. Tafel V-1:

$$\begin{aligned} |\mathbf{A}| &= 2 \cdot 5 - 3 \cdot 4 = -2, \\ |\mathbf{B}| &= 1 \cdot 4 - 2 \cdot 2 = 0, \\ |\mathbf{C}| &= 1 \cdot 5 \cdot 10 - 1 \cdot 6 \cdot 8 - 2 \cdot 4 \cdot 10 \\ &\quad + 2 \cdot 6 \cdot 7 + 3 \cdot 4 \cdot 8 - 3 \cdot 5 \cdot 7 \\ &= 50 - 48 - 80 + 84 + 96 - 105 \\ &= -3. \end{aligned}$$

2.3. Einige Regeln für die Berechnung von Determinanten

Wenn Sie auch im Zusammenhang mit Anwendungen der Matrizenrechnung auf reale Probleme kaum jemals in die Lage kommen dürften, die Determinanten von Matrizen „per Hand“ ausrechnen zu müssen, kann es dagegen durchaus sein, daß Sie während Ihres Studiums im Rahmen theoretischer Überlegungen einmal vor einer solchen Aufgabe stehen. Zwar dürften die dabei auftretenden Matrizen nur wenige Zeilen bzw. Spalten umfassen, aber selbst bei Matrizen niedriger Ordnung erweist sich die direkte oder ausschließliche Anwendung der Formel (V-10) als unübersichtlich und deshalb erfahrungsgemäß als permanente Fehlerquelle. Deshalb finden Sie in jedem diesbezüglichen Lehrbuch eine ganze Reihe von verschiedenartigen Regeln (genauer: Lehrsätze) für den Umgang mit Determinanten, welche bei geschickter Anwendung die Berechnung von Determinanten erleichtern, beschleunigen und auch transparenter machen können. Welche der Regeln man jeweils bei einer zahlenmäßig festgelegten Matrix anwenden sollte, hängt oft von irgendwelchen Gesetzmäßigkeiten in der numerischen Ausgangslage ab, z. B. von positionsmäßigen Mustern, von der Anzahl und Verteilung der auftretenden Nullen usw.[1] Das Sammeln von numerischer Erfahrung im Umgang mit Determinanten ermittelt dabei außerdem ein wachsendes Gefühl für den Begriff „Determinante“ und hilft, das Unbehagen vor ihnen abzubauen.

Wir beginnen mit zwei übersichtlichen Rechenregeln zur Bestimmung einer Determinante der Ordnungen 2 und 3, die unmittelbar aus (V-10) abzuleiten sind:

---

[1] Selbst bei Computersoftware wird geschickt Gebrauch gemacht von den Mustern, welche die Nullen bei größeren Problemen der Praxis mit sog. *mageren* oder *dünnbesetzten* Matrizen bilden.

Berechnung der Determinante der Ordnungen 2 und 3			
Ord-nung	$\|A\|$	Beschreibung	Merksymbolik
2	$\begin{vmatrix} a_{11} & a_{12} \\ a_{21} & a_{22} \end{vmatrix}$	Man subtrahiere von dem Produkt der Glieder auf der Hauptdiagonalen das Produkt der Glieder auf der Nebendiagonalen.	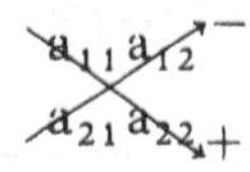
3	$\begin{vmatrix} a_{11} & a_{12} & a_{13} \\ a_{21} & a_{22} & a_{23} \\ a_{31} & a_{32} & a_{33} \end{vmatrix}$	*SARRUSsche Regel:* Man füge rechts von der rechten Seite der Matrix noch einmal die ersten beiden Spalten an, bilde die Summe der Dreier-Produkte in den Diagonalen von links oben schräg nach rechts unten und subtrahiere davon die Summe der Dreier-Produkte in den Diagonalen von links unten nach rechts oben.	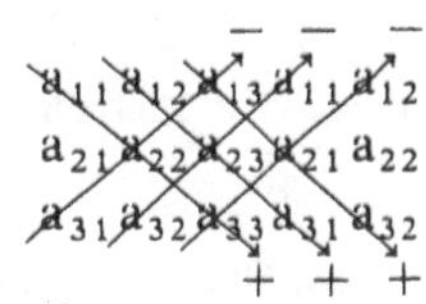

Wir möchten Sie darauf hinweisen, daß entsprechende Regeln zur Berechnung der Determinanten von Matrizen höherer Ordnung nun leider nicht existieren. Trotzdem kann man auch in diesen Fällen den Rechengang u. U. erheblich vereinfachen. Wir kommen später noch darauf zurück. Zunächst wollen wir aber eine Regel einführen, die auf den ersten Blick lediglich mittelbar der Berechnung von Determinanten dient. Sie wird aber bewußt hierhin gestellt, weil sie sowohl die Formulierung als auch die Beweisführung im Zusammenhang mit den folgenden Regeln vereinfacht. Ausgangspunkt ist die folgende Überlegung: Wir können in jedem Summanden von (V-10) in dem Produkt der Glieder die Reihenfolge der Faktoren auch nach dem **zweiten** Index ordnen:

$$a_{i_1 1} \cdot a_{i_2 2} \cdots a_{i_n n}.$$

Dadurch erleidet der ursprüngliche Vektor (1, 2, ..., n) der ersten Indizes eine Permutation, welche die urspüngliche Permutation π der zweiten Indizes $(\pi(1), \pi(2), \ldots, \pi(n))$ rückgängig macht, d. h. die neuen ersten Indizes sind in ihrer jetzigen Reihenfolge durch die Inverse π^{-1} von π definiert:

$$i_1 = \pi^{-1}(1), i_2 = \pi^{-1}(2), \ldots, i_n = \pi^{-1}(n),$$

wie aus (V-5) in Verbindung mit (V-4) hervorgeht. Die Menge aller Permutationen π ist aber offensichtlich gleich der Menge aller Inversen π^{-1} dieser Permutationen. Anstatt also über alle Inversen von π^{-1} zu summieren, genügt es auch, nach diesen Reihenfolgeumstellungen der Faktoren über alle π zu summieren. Schließlich gilt

$\operatorname{sgn}\pi = \operatorname{sgn}(\pi^{-1})$. Also folgt insgesamt

$$\begin{aligned}|\mathbf{A}| &= \sum_{\{\pi\}} (\operatorname{sgn}\pi) \cdot a_{1\pi(1)} \cdot a_{2\pi(2)} \cdots a_{n\pi(n)} \\ &= \sum_{\{\pi\}} (\operatorname{sgn}\pi) \cdot a_{\pi(1)1} \cdot a_{\pi(2)2} \cdots a_{\pi(n)n} = |\mathbf{A}|,\end{aligned}$$

wobei rechts (im Gegensatz zu links) π^{-1} wieder durch π ersetzt ist. Es gilt unmittelbar:

Determinante der Transponierten $\mathbf{A}'$ einer quadratischen Matrix $\mathbf{A}$
$\lvert\mathbf{A}'\rvert = \lvert\mathbf{A}\rvert$

Beispiel V-6

In Beispiel V-5 haben wir

$$|\mathbf{C}| = -3$$

ermittelt. Ohne weiteres Rechnen folgt:

$$|\mathbf{C}'| = -3.$$

Es folgt als Konsequenz, daß jede Determinantenaussage, die man über eine Zeile einer zugrundeliegenden Matrix macht, auch entsprechend für ihre Spalten gilt und umgekehrt. Anders ausgedrückt:

Jede Determinantenregel bleibt erhalten, wenn man in ihr konsistent jeweils das Wort „Zeile“ durch das Wort „Spalte“ ersetzt und umgekehrt.

Das führt wiederum zu dem Gedanken, im Zusammenhang mit Determinanten, das Wort „*Reihe*“ als Oberbegriff für „Zeile“ und „Spalte“ einzuführen. Im folgenden bedeute also „Reihe“ wahlweise, aber dann durchgängig, entweder „Zeile“ oder „Spalte“.

Nach diesen Vorbereitungen entwickeln wir nun Regeln, mit deren Hilfe die Berechnung einer Determinante der Ordnung n im wesentlichen auf die Berechnung von n Determinanten der Ordnung n – 1 zurückgeführt werden kann. Ausgangspunkt ist jetzt die Beobachtung, daß die Menge $\{\pi\}$ aller Permutationen von n Objekten zerlegt werden kann in die Klasse $\{\pi_{p1}\}$ derjenigen Permutationen, die **in einer fest gewählten Position** p das Objekt 1 haben, in die Klasse derjenigen Permutationen, die **in der gleichen Position** p das Objekt 2 haben $\{\pi_{p2}\}$ usw. Unter Benutzung der am Ende des Exkurses in Unterabschnitt 2.1 eingeführten Bezeichnung sowie der Schreibweise der Mengenlehre gelten nun die folgenden n Formeln:

(V-11) $\{\pi\} = \{\pi_{p1}\} \cup \{\pi_{p2}\} \cup \ldots \cup \{\pi_{pn}\}$ für jede Wahl von $p\,(=1, 2, \ldots, n)$.

In bezug auf Formel (V-10) folgt daraus, daß die dortige Summe $\sum_{\{\pi\}}$ über sämtliche n! Permutationen aufgespalten werden kann in die Summe von n Summanden, die ihrerseits Summen mit variablem ersten Index i (1, 2, ..., n) von jeweils (n – 1)! Summanden sind:

$$\text{(V-12)} \qquad \sum_{\text{alle } \pi} = \sum_{\text{alle } \pi_{p1}} + \sum_{\text{alle } \pi_{p2}} + \overbrace{\sum_{\text{alle } \pi_{pj}}}^{*} + \ldots + \sum_{\text{alle } \pi_{pn}},$$

wobei wir der Übersichtlichkeit halber die bis jetzt noch gleichen Ausdrücke hinter jedem Summenzeichen einfach weggelassen haben. Sehen wir uns in (V-12) die durch einen Stern * markierte j-te Teilsumme genauer an:

$$* = \sum_{\text{alle } \pi_{pj}} (\operatorname{sgn} \pi_{pj}) \cdot a_{1j_1} \cdot a_{2j_2} \cdots a_{p-1,j_{p-1}} \cdot a_{pj} \cdot a_{p+1,j_{p+1}} \cdots a_{nj_n},$$

darin stellt j einen **festen** Index dar. Damit ist in dieser Summe * in jedem der Summanden der p-te Faktor immer dieselbe Zahl (nämlich a_{pj}), die aus der Summe herausgezogen werden kann. Tut man das, so bleiben hinter dem Summenzeichen nur noch n − 1 Faktoren übrig, und der Vektor ihrer n − 1 verbliebenen zweiten Indizes $(j_1, \ldots, j_{p-1}, j_{p+1}, \ldots, j_n)$ ist von der Form $\bar{\pi}_{pj}$. Allerdings muß auch das Signum nun auf diese Form bezogen werden, was unter Verwendung von Formel (V-9) möglich ist. Dadurch erhält der Ausdruck * die folgende Gestalt

$$\begin{aligned} * &= a_{pj} \sum_{\text{alle } \pi_{pj}} (-1)^{p+j} (\operatorname{sgn} \pi_{pj}) \cdot a_{1j_1} \cdots a_{p-1,j_{p-1}} \cdot a_{p+1,j_{p+1}} \cdots a_{nj_n} \\ &= a_{pj} \cdot (-1)^{p+j} \cdot \overbrace{\sum_{\text{alle } \pi_{pj}} (\operatorname{sgn} \pi_{pj}) \cdot a_{1j_1} \cdot a_{2j_2} \cdots a_{p-1,j_{p-1}} \cdot a_{p+1,j_{p+1}} \cdots a_{nj_n}}^{**} \end{aligned}$$

Bezeichnet man nun mit $\mathbf{A}_{pj}$ diejenige **Matrix**, die aus **A** durch Weglassen der p-ten Zeile und der j-ten Spalte hervorgeht

$$\text{(V-13)} \qquad \mathbf{A}_{pj} = \begin{pmatrix} & & a_{1j} & & \\ & & \vdots & & \\ a_{p1} & \cdots & a_{pj} & \cdots & a_{pn} \\ & & \vdots & & \\ & & a_{nj} & & \end{pmatrix} \leftarrow \text{Zeile p weglassen!}$$

$$\uparrow \text{ Spalte j weglassen!}$$

$$= \begin{pmatrix} a_{11} & a_{12} & \cdots & a_{1j-1} & a_{1j+1} & \cdots & a_{1n} \\ \vdots & \vdots & & \vdots & \vdots & & \vdots \\ a_{p-1,1} & a_{p-1,2} & \cdots & a_{p-1,j-1} & a_{p-1,j+1} & \cdots & a_{p-1,n} \\ a_{p+1,1} & a_{p+1,2} & \cdots & a_{p+1,j-1} & a_{p+1,j+1} & \cdots & a_{p+1,n} \\ \vdots & \vdots & & \vdots & \vdots & & \vdots \\ a_{n1} & a_{n2} & \cdots & a_{n,j-1} & a_{n,j+1} & \cdots & a_{nn} \end{pmatrix} \leftarrow \begin{array}{l}\text{p-te Zeile} \\ \text{nunmehr}\end{array},$$

$$\uparrow \text{ j-te Spalte nunmehr}$$

so erweist sich unter augenblicklichem Ignorieren der Faktoren $a_{pj} \cdot (-1)^{p+j}$ die in * mit ** bezeichnete Summe durch Anwendung der Definition (V-10) direkt als $|\mathbf{A}_{pj}|$. Durch Einsetzen dieses Ergebnisses in (V-12) erhält man:

$$\text{(V-14)} \qquad \begin{aligned} |\mathbf{A}| = {} & (-1)^{p+1} \cdot a_{p1} \cdot |\mathbf{A}_{p1}| + (-1)^{p+2} \cdot a_{p2} \cdot |\mathbf{A}_{p2}| + \ldots \\ & + (-1)^{p+n} \cdot a_{pn} \cdot |\mathbf{A}_{pn}| \end{aligned}$$

für jede (beliebige) feste Wahl von p (= 1, 2, …, n). Man nennt diese auf LAPLACE zurückgehende Identität (V-14) *Entwicklung der Determinante nach der p-ten Zeile.* Durch Anwendung der Eigenschaft $|\mathbf{A}| = |\mathbf{A}'|$ erhält man auch das entsprechende Ergebnis mit festem zweiten Index q (= 1, 2, ..., n) und variablem ersten Index, genannt *Entwicklung nach der q-ten* Spalte:

$$\text{(V-15)} \quad |\mathbf{A}| = (-1)^{1+q} \cdot a_{1q} \cdot |\mathbf{A}_{1q}| + (-1)^{2+q} \cdot a_{2q} \cdot |\mathbf{A}_{2q}| + \ldots + (-1)^{n+q} \cdot a_{nq} \cdot |\mathbf{A}_{nq}|.$$

In diesem Zusammenhang nennt man $\mathbf{A}_{ij}$ auch die zu a_{ij} *gehörende Untermatrix* und $|\mathbf{A}_{ij}|$ die zu a_{ij} *gehörende Unterdeterminante.* Nimmt man die Formeln (V-14) und (V-15) zusammen, so besagen sie, daß man zur Berechnung der Determinante einer quadratischen Matrix nach einer beliebigen Reihe entwickeln kann, das Ergebnis aber immer das gleiche ist.

Wir fassen diese Ergebnisse für jede (beliebige) feste Wahl von p und q(p, q = 1, 2, ..., n) unter Verwendung des Summenzeichens wie folgt zusammen:

LAPLACEsche Entwicklung einer Determinante nach einer Reihe	
Entwicklung nach der p-ten Zeile	Entwicklung nach der q-ten Spalte
(V-16) $|\mathbf{A}| = \sum_{j=1}^{n} (-1)^{p+j} \cdot a_{pj}|\mathbf{A}_{pj}|$ p = 1, 2, ..., n	(V-17) $|\mathbf{A}| = \sum_{i=1}^{n} (-1)^{i+q} \cdot a_{iq}|\mathbf{A}_{iq}|$ q = 1, 2, ..., n

Die in diesen Formeln auftretenden Vorzeichen $(-1)^{i+j}$ können Sie gedanklich den Positionen (i, j) der Größen a_{ij} zuordnen und erhalten dann die alternierende Vorzeichenverteilung

$$\begin{matrix} + & - & + & - & + & - & \cdot & \cdot & \cdot \\ - & + & - & + & - & + & \cdot & \cdot & \cdot \\ + & - & + & - & + & - & \cdot & \cdot & \cdot \\ - & + & - & + & - & + & \cdot & \cdot & \cdot \\ + & - & + & - & + & - & \cdot & \cdot & \cdot \\ - & + & - & + & - & + & \cdot & \cdot & \cdot \\ \cdot & \cdot & \cdot & \cdot & \cdot & \cdot & \cdot & \cdot & \cdot \\ \cdot & \cdot & \cdot & \cdot & \cdot & \cdot & \cdot & \cdot & \cdot \\ \cdot & \cdot & \cdot & \cdot & \cdot & \cdot & \cdot & \cdot & \cdot \end{matrix},$$

deren Schema das konkrete Rechnen beschleunigt. Häufig ordnet man diese Vorzeichen aber dagegen begrifflich den entsprechenden Unterdeterminanten $|\mathbf{A}_{ij}|$ zu und nennt dann den **skalaren** Ausdruck

$$\text{(V-18)} \quad (-1)^{i+j} \cdot |\mathbf{A}_{ij}| = A^{ij}$$

die *zu* a_{ij} *gehörende Adjunkte* oder den *zu* a_{ij} *gehörenden Kofaktor* oder *Minor* von **A**, wofür wir die Schreibweise A^{ij} (ohne Fettdruck) benutzen wollen. Dann können wir uns auch alternativ merken:

LAPLACEsche Entwicklung einer Determinante mit Adjunkten	
(V-18a) $\lvert\mathbf{A}\rvert = \sum_{j=1}^{n} a_{pj} A^{pj}$ $p = 1, 2, \ldots, n$	(V-18b) $\lvert\mathbf{A}\rvert = \sum_{i=1}^{n} a_{iq} A^{iq}$ $q = 1, 2, \ldots, n$

Beispiel V-7
Durch Entwicklung nach der zweiten Zeile wiederholen wir die Berechnung der Determinante der Matrix **C** aus Beispiel V-5:

$$\begin{aligned}
\lvert\mathbf{C}\rvert = \;& 4 \cdot (-1)^{2+1} \cdot \begin{vmatrix} 2 & 3 \\ 8 & 10 \end{vmatrix} \\
& + 5 \cdot (-1)^{2+2} \begin{vmatrix} 1 & 3 \\ 7 & 10 \end{vmatrix} \\
& + 6 \cdot (-1)^{2+3} \cdot \begin{vmatrix} 1 & 2 \\ 7 & 8 \end{vmatrix} \\
= \;& (-4) \cdot (20 - 24) + 5 \cdot (10 - 21) + (-6) \cdot (8 - 14) \\
= \;& -3.
\end{aligned}$$

Dasselbe Ergebnis hätten wir bei einer Entwicklung nach einer anderen Zeile oder irgendeiner Spalte erhalten. Eine Entwicklung nach der ersten Spalte liefert etwa

$$\begin{aligned}
\lvert\mathbf{C}\rvert = \;& 1 \cdot (-1)^{1+1} \begin{vmatrix} 5 & 6 \\ 8 & 10 \end{vmatrix} \\
& + 4 \cdot (-1)^{2+1} \begin{vmatrix} 2 & 3 \\ 8 & 10 \end{vmatrix} \\
& + 7 \cdot (-1)^{3+1} \begin{vmatrix} 2 & 3 \\ 5 & 6 \end{vmatrix} \\
= \;& 1 \cdot (50 - 48) + (-4) \cdot (20 - 24) + 7 = (12 - 15) \\
= \;& -3.
\end{aligned}$$

Mit Hilfe des Entwicklungssatzes von LAPLACE läßt sich also die Berechnung der Determinante einer (n × n)-Matrix zurückführen auf die Berechnung von n Determinanten von Matrizen der Ordnung (n − 1). Natürlich kann man eine solche Entwicklung mehrmals hintereinanderschalten, so daß damit zumindest theoretisch die Berechnung der Determinante einer Matrix höherer Ordnung auf die – möglicherweise oftmals zu wiederholende – Anwendung der SARRUSschen Regel hinausläuft.

Beispiel V-8
Gegeben sei die Matrix

$$\mathbf{D} := \begin{pmatrix} 1 & 0 & 4 & 2 \\ 6 & 3 & 1 & 0 \\ 9 & 0 & 2 & 7 \\ 4 & 0 & 8 & 3 \end{pmatrix}.$$

Durch Entwicklung nach der zweiten Spalte erhält man:

$$
\begin{aligned}
|\mathbf{D}| = \quad & 0 \cdot (-1)^{1+2} \cdot \begin{vmatrix} 6 & 1 & 0 \\ 9 & 2 & 7 \\ 4 & 8 & 3 \end{vmatrix} \\
& + 3 \cdot (-1)^{2+2} \cdot \begin{vmatrix} 1 & 4 & 2 \\ 9 & 2 & 7 \\ 4 & 8 & 3 \end{vmatrix} \\
& + 0 \cdot (-1)^{3+2} \cdot \begin{vmatrix} 1 & 4 & 2 \\ 6 & 1 & 0 \\ 4 & 8 & 3 \end{vmatrix} \\
& + 0 \cdot (-1)^{4+2} \cdot \begin{vmatrix} 1 & 2 & 4 \\ 6 & 1 & 0 \\ 9 & 2 & 7 \end{vmatrix} \\
= \; & 3 \cdot (6 + 112 + 144 - 16 - 56 - 108) \\
= \; & 246.
\end{aligned}
$$

Ohne weiteres Rechnen folgt: $|\mathbf{D}'| = 246$.

Das vorstehende Beispiel V-8 zeigt dabei deutlich, daß man durch eine geschickte Auswahl der Entwicklungszeilen/-spalten den Rechenaufwand möglicherweise nicht unerheblich vermindern kann. Ist nun aber in einem konkreten Fall ein derartiges spezielles Muster der Nullen nicht von vornherein erkennbar, so müssen gem. (V-10) auch bei Anwendung des LAPLACEschen Entwicklungssatzes n! Summanden berechnet werden. n! wird aber bereits für kleine Werte von n sehr groß (5! = 120, 10! = 3.628.800), so daß wir uns letztlich für Matrizen realer Größenordnungen nach geeigneteren Verfahren zur Berechnung von Determinanten umsehen müssen. Wir gehen dabei wieder in der Weise vor, daß wir uns zunächst mit solchen Matrizen befassen, deren Determinanten sich leicht ermitteln lassen. Erst anschließend fragen wir uns, welche Operationen man vornehmen muß, um beliebige Matrizen auf diese Form zu bringen, und wie sich dadurch die jeweilige Determinante ändert.

2.4. Determinanten spezieller Matrizen

Aus dem LAPLACEschen Entwicklungssatz lassen sich direkt die Determinanten einiger spezieller Matrizen angeben. So sieht man sofort, wenn die betreffende Matrix (mindestens) eine vollständige Reihe von Nullen enthält:

Matrizen, deren Determinanten gleich Null sind (1)
Ist bei einer quadratischen Matrix eine Zeile oder eine Spalte gleich dem Nullvektor, so ist ihre Determinante gleich Null.

Nach dem LAPLACEschen Enwicklungssatz kann man nach einer beliebigen Zeile/Spalte entwickeln. Wir wählen für die Entwicklung die betreffende Nullzeile bzw. Nullspalte und erhalten gem. (V-16) bzw. (V-17) eine Summe von Produkten, bei der die Faktoren a_{ij} sämtlich gleich Null sind.

Beispiel V-9
Gegeben sei die Matrix

$$\mathbf{F} := \begin{pmatrix} 1 & 3 & 1 & 2 \\ 2 & 7 & 9 & 0 \\ 0 & 0 & 0 & 0 \\ 4 & 3 & 2 & 4 \end{pmatrix}.$$

Da die dritte Zeile ein Nullvektor ist, gilt

$$|\mathbf{F}| = 0.$$

Für die Berechnung der Determinante von Matrizen ist die folgende Eigenschaft von Dreiecksmatrizen von großer Bedeutung:

Determinante einer Dreiecksmatrix
Die Determinante einer Dreiecksmatrix ist gleich dem Produkt der Elemente in der Hauptdiagonalen.

Die Gültigkeit dieser Aussage läßt sich sofort aus (V-10) einsehen. Bei einer Dreiecksmatrix kann nur die identische Permutation

$$(j_1, j_2, \ldots, j_n) = (1, 2, \ldots, n)$$

einen Summanden bringen, der ein von Null verschiedenes Produkt

$$a_{1j_1} a_{2j_2} \ldots a_{nj_n}$$

liefert. Bei allen anderen Summanden ist dieses Produkt jedoch gleich Null, da mindestens eines der Glieder $a_{1i_1}, a_{2i_2}, \ldots, a_{ni_n}$ gleich Null ist.

Beispiel V-10
Gegeben sei die Matrix

$$\mathbf{G} := \begin{pmatrix} 2 & 4 & 6 & 8 \\ 0 & 3 & 5 & 2 \\ 0 & 0 & 7 & 1 \\ 0 & 0 & 0 & 2 \end{pmatrix}.$$

Die Gültigkeit unseres Ansatzes kann man auch durch geeignetes sukzessives Entwickeln zeigen. Durch Entwicklung nach der ersten Spalte erhält man zunächst:

$$|\mathbf{G}| = 2 \cdot (-1)^{1+1} \cdot \begin{vmatrix} 3 & 5 & 2 \\ 0 & 7 & 1 \\ 0 & 0 & 2 \end{vmatrix}$$

$$= 2 \cdot \begin{vmatrix} 3 & 5 & 2 \\ 0 & 7 & 1 \\ 0 & 0 & 2 \end{vmatrix}.$$

Zur Berechnung der Determinante der Untermatrix $\mathbf{G}_{11}$ von $\mathbf{G}$ wählen wir in bezug auf $\mathbf{G}_{11}$ wieder eine Entwicklung nach der ersten Spalte. Damit erhalten wir für $|\mathbf{G}|$:

$$|\mathbf{G}| = 2 \cdot \left(3 \cdot (-1)^{1+1} \cdot \begin{vmatrix} 7 & 1 \\ 0 & 2 \end{vmatrix}\right)$$
$$= 2 \cdot 3 \cdot \begin{vmatrix} 7 & 1 \\ 0 & 2 \end{vmatrix}.$$

Durch erneutes Entwickeln nach der ersten Spalte ergibt sich:

$$|\mathbf{G}| = 2 \cdot 3 \cdot (7 \cdot (-1)^{1+1} \cdot \det(2))$$
$$= 2 \cdot 3 \cdot 7 \cdot 2$$
$$= 84.$$

Wir wenden uns nun als Nächstes den elementaren Matrizen zu. Auf die elementaren Matrizen im engeren Sinne kann die Regel zur Bestimmung der Determinanten von Dreiecksmatrizen unmittelbar angewendet werden. Bei der elementaren Matrix $\mathbf{T}_{pq}$ kann nur die Permutation (genauer: die Transposition)

$$(j_1, j_2, \ldots, j_{p-1}, j_p, j_{p+1}, \ldots, j_{q-1}, j_q, j_{q+1}, \ldots, j_n)$$
$$= (1, 2, \ldots, p-1, q, p+1, \ldots, q-1, p, q+1, \ldots, n)$$

einen Summanden bringen, der ein von Null verschiedenes Produkt

$$a_{1j_1} a_{2j_2} \ldots a_{nj_n}$$

liefert, das im jetzigen Falle natürlich gleich Eins ist. Wie wir in Unterabschnitt 2.1 sahen, ist das Signum jeder Transposition gleich minus Eins, also muß noch das Vorzeichen „–“ dazukommen. Insgesamt ergibt sich durch Ausrechnen:

Determinanten elementarer Matrizen				
(V-19)	$\lvert\mathbf{E}\rvert = 1$	$\lvert\mathbf{M}_p(c)\rvert = c$	$\lvert\mathbf{F}_{pq}(c)\rvert = 1$	$\lvert\mathbf{T}_{pq}\rvert = -1$

Als nächstes wollen wir uns überlegen, daß die Determinante einer quadratischen Matrix gleich Null sein muß, sobald eine Zeile ein Vielfaches einer anderen Zeile ist. 1. Wir gehen zuerst von der speziellen Annahme aus, daß zwei Zeilen einer Matrix **A gleich** sind. Für den Fall der Ordnung 2 ergibt sich unmittelbar durch Ausrechnen $|\mathbf{A}| = 0$. Im Fall der Ordnung 3 können wir $|\mathbf{A}|$ nach einer „unbeteiligten“ (d. h. von den zwei gleich seienden Zeilen verschiedenen) Zeile (oder auch nach irgendeiner Spalte) entwickeln; die beim Entwickeln auftretenden Unterdeterminanten sind von der Ordnung 2, haben sämtlich zwei gleiche Zeilen und sind damit sämtlich gleich Null, also folgt insgesamt $|\mathbf{A}| = 0$. Im Falle der Ordnung 4 können wir entsprechend $|\mathbf{A}|$ nach einer unbeteiligten Zeile entwickeln und Gebrauch von dem soeben erhaltenen Ergebnis, angewandt auf die jetzigen Unterdeterminanten der Ordnung 3, machen, und wiederum ergibt sich $|\mathbf{A}| = 0$, usw. Dieser – hier ganz vereinfacht dargestellte – Induktionsbeweis führt zu dem behaupteten Ergebnis $|\mathbf{A}| = 0$ für jede Ordnung.

2. Nunmehr gehen wir von der allgemeinen Annahme aus, daß eine Zeile das c-fache einer anderen Zeile sei. Dann kann man in der Definition (V-10) den Proportionalitätsfaktor c aus der Summe herausziehen. Dadurch bleibt hinter dem Summenzeichen der Ausdruck für eine Determinante mit zwei gleichen Zeilen übrig, und diese ist, wie in Teil 1 gezeigt, gleich Null. Unter Verwendung der Tatsache, daß entsprechende Ergebnisse auch für den Fall gleicher oder proportionaler Spalten

gelten, folgt:

Matrizen, deren Determinanten gleich Null sind (2)
Ist in einer quadratischen Matrix eine Reihe gleich dem Vielfachen einer anderen Reihe (insb. sind zwei Reihen gleich), so ist ihre Determinante gleich Null.

2.5. Elementare Matrizenoperationen und die Determinante einer Matrix

Da wir im Kapitel über Matrizen gesehen haben, daß die Umformung von Matrizen auf Dreiecksform keine wesentlichen Schwierigkeiten bereitet, bietet es sich an, zur Berechnung der Determinante einer Matrix diese zunächst mit Hilfe von Zeilen- und/oder Spaltenoperationen in eine (obere oder untere) Dreiecksmatrix umzuformen und schließlich von dieser umgeformten Matrix die Determinante zu berechnen. Wir müssen uns dann aber fragen, ob und ggf. wie sich die Determinante einer Matrix durch solche Operationen ändert.

Wir beginnen unsere Untersuchung mit demjenigen Typ einer elementaren Umformung, bei dem alle Elemente der p-ten Zeile mit einem festen Faktor c multipliziert werden, also bei festem p jeweils a_{pj} durch ca_{pj} für jedes $j = 1, \ldots, n$ ersetzt wird. Durch Einsetzen dieser Veränderung in (V-10) sieht man sofort, daß in jedem Summanden dieser Faktor c und zwar jeweils genau einmal auftritt, man ihn also aus der Summe herausziehen kann. Was übrig bleibt, ist die Definition (V-10) der Determinante der ursprünglichen Matrix. Diese Umformung bewirkt also eine multiplikative Veränderung der Determinante um den Faktor c.

Unter Berücksichtigung von $|\mathbf{A}'| = |\mathbf{A}|$ gilt die vorstehende Überlegung auch für eine entsprechende Spaltenoperation, so daß wir zusammenfassen können:

> Ersetzt man in einer quadratischen Matrix eine Reihe durch ihr c-faches (Umformungstyp $\mathbf{M}_p(c)$), so ändert sich die Determinante multiplikativ um den Faktor c.

Wir setzen unsere Untersuchung fort mit demjenigen Typ einer elementaren Umformung, bei welcher in einer quadratischen Matrix **A** zur p-ten Zeile das c-fache der q-ten Zeile ($p \neq q$) addiert wird. Wir müssen dann anstelle von a_{pj}

(V-20) $\quad a_{pj} + ca_{qj} \quad$ für dieses feste p und jedes $j\ (= 1, \ldots, n)$

schreiben.

Die Determinante der neuen Matrix $\tilde{\mathbf{A}}$ berechnet sich dann wegen (V-10) als

$$(\text{V-21}) \qquad |\tilde{\mathbf{A}}| = \sum_{\{\pi\}} (\operatorname{sgn} \pi) \cdots a_{p-1j_{p-1}} \cdot (a_{pj_p} + ca_{qj_p}) \cdot a_{p+1j_{p+1}} \cdots a_{q-1j_{q-1}} \cdot a_{qj_q} \cdots .$$

Diese Summe kann zunächst in zwei Summen aufgespalten werden, wobei sich in der zweiten Summe der von dem Summationsindex nicht betroffene konstante Faktor c herausziehen läßt. Dadurch erhalten wir

$$(\text{V-22}) \qquad |\tilde{\mathbf{A}}| = \sum_{\{\pi\}} (\operatorname{sgn} \pi) \cdots a_{p-1j_{p-1}} \cdot a_{pj_p} \cdot a_{p+1j_{p+1}} \cdots a_{q-1j_{q-1}} \cdot a_{qj_q} \cdots$$
$$+ c \cdot \underbrace{\sum_{\{\pi\}} (\operatorname{sgn} \pi) \cdots a_{p-1j_{p-1}} \cdot a_{qj_p} \cdot a_{p+1j_{p+1}} \cdots a_{q-1j_{q-1}} \cdot a_{qj_q} \cdots}_{*} .$$

Beachten Sie bitte, daß in der zweiten, durch einen Stern markierten, Summe sowohl a_{qj_p} als auch a_{qj_q}, d.h. jeweils zwei Faktoren aus der Zeile q auftreten. Genauer besehen, kann der Ausdruck * aufgefaßt werden als die Definition (V-10) derjenigen Matrix, die aus **A** dadurch entsteht, daß in ihrer p-ten Zeilenposition anstatt des normalerweise dort stehenden Vektors

(V-23) $(a_{p1}, a_{p2}, \ldots, a_{pn})$

jetzt der Vektor

(V-24) $(a_{q1}, a_{q2}, \ldots, a_{qn})$

steht, der ja bereits außerdem in der q-ten Zeilenposition eingetragen ist. Das ist aber eine Matrix mit zwei gleichen Zeilen, deren Determinante gleich Null ist. Damit ist aber auch der Ausdruck * gleich Null, und es ist überhaupt keine numerische Veränderung gegenüber (V-21) aufgetreten. Wir halten – wieder unter Berücksichtigung von $|\mathbf{A}'| = |\mathbf{A}|$ fest:

Ersetzt man in einer Matrix eine Reihe durch die Summe dieser Reihe und des c-fachen einer anderen Reihe (Umformungstyp $\mathbf{F}_{pq}$), so ändert sich die Determinante nicht.

Es bleibt schließlich noch zu untersuchen, welche Wirkung diejenige Umformung hat, bei der zwei verschiedene Zeilen p und q vertauscht werden. Das bewirkt bei jedem Summanden in (V-10) eine Veränderung der zugehörigen Permutation um eine Transposition, wodurch jedes sgn durch – sgn ersetzt werden muß. Also verändert die Determinante dann ihr Vorzeichen. Wegen $|\mathbf{A}'| = |\mathbf{A}|$ erhalten wir:

Vertauscht man in einer quadratischen Matrix zwei Zeilen oder zwei Spalten miteinander (Umformungstyp $\mathbf{T}_{pq}$), so ändert sich das Vorzeichen der Determinante.

Unter Verwendung der in Kapitel II bzw. IV eingeführten Schreibweise merken wir uns also:

Elementare Matrizenoperationen und die Determinante einer quadratischen Matrix **A**	
Umformungstyp	Auswirkungen
$\mathbf{M}_p(c)$ $\mathbf{F}_{pq}$ $\mathbf{T}_{pq}$	Multiplikative Veränderung um den Faktor c keine Veränderung Veränderung des Vorzeichens

2.6. Der Multiplikationssatz für Determinanten

Wir stellen diesmal den zu beweisenden Satz an den Anfang, damit Sie im folgenden stets im Auge behalten können, worauf wir abzielen. Nach unseren Vorbereitungen wird er erstaunlich leicht, nämlich ohne großes Herumrechnen, zu beweisen sein.

Determinante eines Matrizenproduktes		
Die Determinante eines Produktes von quadratischen Matrizen gleicher Ordnung ist gleich dem Produkt ihrer Determinanten:		
(V-25)	$\lvert \mathbf{A} \cdot \mathbf{B} \rvert = \lvert \mathbf{A} \rvert \cdot \lvert \mathbf{B} \rvert$	für zwei Faktoren
bzw.		
(V-26)	$\lvert \mathbf{A}_1 \cdot \mathbf{A}_2 \cdots \mathbf{A}_l \rvert = \lvert \mathbf{A}_1 \rvert \cdot \lvert \mathbf{A}_2 \rvert \cdots \lvert \mathbf{A}_l \rvert$	für l Faktoren

Vergleicht man die Auswirkungen elementarer Matrizenoperationen (hier: Zeilenoperationen) auf eine Determinante mit dem Resultat (V-19), so sieht man sofort:

$$\lvert \mathbf{M}_p(c) \cdot \mathbf{A} \rvert = \lvert \mathbf{M}_p(c) \rvert \cdot \lvert \mathbf{A} \rvert,$$
$$\lvert \mathbf{F}_{pq} \cdot \mathbf{A} \rvert = \lvert \mathbf{F}_{pq} \rvert \cdot \lvert \mathbf{A} \rvert,$$
$$\lvert \mathbf{T}_{pq} \cdot \mathbf{A} \rvert = \lvert \mathbf{T}_{pq} \rvert \cdot \lvert \mathbf{A} \rvert.$$

Also ist (V-25) bereits als gültig erwiesen, sobald (z. B.) der linke Faktor eine elementare Matrix (sogar im erweiterten Sinne) ist. Durch mehrfache Anwendung dieser Überlegung folgt, daß (V-25) ebenfalls gültig ist, wenn **A** ein Produkt von elementaren Matrizen ist:

(V-27) $\lvert \mathbf{A} \cdot \mathbf{B} \rvert = \lvert \mathbf{A} \rvert \cdot \lvert \mathbf{B} \rvert$, **A** Produkt von elementaren Matrizen.

Wir machen nun zwei Fallunterscheidungen, je nachdem ob in (V-25) **A** invertierbar ist oder nicht.

Fall 1: **A** ist invertierbar. Zunächst folgt aus (IV-38), daß die Inverse von **A**, dort und wieder jetzt mit **B** bezeichnet, sich als ein Produkt von Pivotmatrizen darstellen läßt. Da aber jede Pivotmatrix ihrerseits ein Produkt von elementaren Matrizen (im engeren Sinne) ist, läßt sich also auch **B** als ein Produkt von, sagen wir, r elementaren Matrizen $\mathbf{B}_k$ darstellen:

$$\mathbf{B} = \mathbf{B}_r \cdot \mathbf{B}_{r-1} \cdots \mathbf{B}_2 \cdot \mathbf{B}_1 .$$

Jede solche elementare Matrix muß eine Inverse besitzen; diese sei jeweils mit $\mathbf{A}_k$ bezeichnet. Aus der Regel für die Gewinnung der Inversen eines Produktes von Matrizen (Unterabschnitt 8.1 in Kapitel IV) folgt jedoch nun

(V-28) $\mathbf{A} = \mathbf{A}_1 \cdot \mathbf{A}_2 \cdots \mathbf{A}_{r-1} \cdot \mathbf{A}_r$, jedes $\mathbf{A}_i$ eine elementare Matrix.

Ein Vergleich von (V-27) und (V-28) ergibt, daß (V-25) für Fall 1 damit bereits bewiesen ist.

Fall 2: **A** ist nicht invertierbar. Dann kann man ebenfalls mit Hilfe von Überlegungen aus Kapitel IV ableiten, daß **A** durch elementare Umformungen in eine quadratische Matrix **N** überführt werden kann, die in (mindestens) einer Zeile (zum Beispiel der letzten Zeile) nur Nullen enthält. Multipliziert man **N** von links in der richtigen Reihenfolge mit den Inversen $\mathbf{A}_k$ der dazu verwendeten elementaren Matrizen, dann folgt für dieses nichtinvertierbare **A**:

(V-29) $\mathbf{A} = \underbrace{\mathbf{A}_1 \cdot \mathbf{A}_2 \cdots \mathbf{A}_l}_{=:\mathbf{C}} \cdot \mathbf{N}$, $\mathbf{A}_j$ elementar, **N** mit Nullzeile.

Wir setzen nun, wie angedeutet, $\mathbf{C} := \mathbf{A}_1 \cdot \mathbf{A}_2 \cdots \mathbf{A}_l$ und nehmen an, daß die p-te Zeile von $\mathbf{N}$ nur aus Nullen besteht. Da $\mathbf{C}$ ein Produkt von elementaren Matrizen ist, folgt aus (V-27) zunächst $|\mathbf{C} \cdot \mathbf{N}| = |\mathbf{C}| \cdot |\mathbf{N}|$, aus dem LAPLACEschen Entwicklungssatz sodann $|\mathbf{N}| = 0$, und wegen (V-29) schließlich $\mathbf{C} \cdot \mathbf{N} = \mathbf{A}$. Alles zusammen ergibt

$$|\mathbf{A}| = |\mathbf{C} \cdot \mathbf{N}| = |\mathbf{C}| \cdot |\mathbf{N}| = |\mathbf{C}| \cdot 0 = 0,$$

und daraus folgt jetzt unmittelbar

$$\text{(V-30)} \qquad |\mathbf{A}| \cdot |\mathbf{B}| = 0.$$

Andererseits besteht in $\mathbf{N} \cdot \mathbf{B}$ ebenfalls die ganze p-te Zeile nur aus Nullen, denn nach der Definition der Matrizenmultiplikation sind die Glieder in der p-ten Zeile des Matrizenproduktes $\mathbf{N} \cdot \mathbf{B}$ ja durch

$$\sum_k n_{pk} b_{kj}$$

definiert. Also ergibt sich $|\mathbf{N} \cdot \mathbf{B}| = 0$. Da $\mathbf{C}$ ein Produkt von elementaren Matrizen ist, folgt wiederum aus (V-27):

$$|\mathbf{C} \cdot (\mathbf{N} \cdot \mathbf{B})| = |\mathbf{C}| \cdot |\mathbf{N} \cdot \mathbf{B}| = |\mathbf{C}| \cdot 0 = 0$$

oder wegen

$$\mathbf{C} \cdot (\mathbf{N} \cdot \mathbf{B}) = (\mathbf{C} \cdot \mathbf{N}) \cdot \mathbf{B} = \mathbf{A} \cdot \mathbf{B},$$

schließlich

$$\text{(V-31)} \qquad |\mathbf{A} \cdot \mathbf{B}| = 0.$$

Ein Vergleich von (V-30) und (V-31) zeigt nun endlich die Gültigkeit von (V-25) auch für den Fall 2.

Beispiel V-11

Wir gehen von der Matrix $\mathbf{D}'$ aus Beispiel V-8 sowie der Matrix $\mathbf{G}$ aus Beispiel V-10 aus und bilden das Produkt

$$\mathbf{D}' \cdot \mathbf{G} = \begin{pmatrix} 2 & 22 & 99 & 37 \\ 0 & 9 & 15 & 6 \\ 8 & 19 & 43 & 52 \\ 4 & 8 & 61 & 29 \end{pmatrix}.$$

Als Determinante dieses Produktes berechnen wir (etwa durch Entwickeln nach der zweiten Zeile):

$$|\mathbf{D}' \cdot \mathbf{G}| = \quad 9 \begin{vmatrix} 2 & 99 & 37 \\ 8 & 43 & 52 \\ 4 & 61 & 29 \end{vmatrix}$$

$$-15 \begin{vmatrix} 2 & 22 & 37 \\ 8 & 19 & 52 \\ 4 & 8 & 29 \end{vmatrix}$$

$$+ 6 \begin{vmatrix} 2 & 22 & 99 \\ 8 & 19 & 43 \\ 4 & 8 & 61 \end{vmatrix}$$

$$= 9 \cdot 5466 - 15 \cdot (-702) + 6(-6510)$$
$$= 20664.$$

Zuvor hatten wir bereits $|\mathbf{D}'|$ und $|\mathbf{G}|$ berechnet. Bilden wir das Produkt daraus, so erhalten wir natürlich ebenfalls

$$|\mathbf{D}'| \cdot |\mathbf{G}| = 246 \cdot 84 = 20664.$$

Mit Hilfe dieser Aussage über Determinanten von Matrizenprodukten läßt sich weiter ableiten:

Determinante der Inversen einer Matrix $\mathbf{A}$
$\lvert\mathbf{A}^{-1}\rvert = \dfrac{1}{\lvert\mathbf{A}\rvert}$, wenn $\lvert\mathbf{A}\rvert \neq 0$

Denn es ergibt sich unmittelbar die Kette von Gleichungen

$$|\mathbf{A}| \cdot |\mathbf{A}^{-1}| = |\mathbf{A} \cdot \mathbf{A}^{-1}| = |\mathbf{E}| = 1 \quad (\mathbf{E}\text{: Einheitsmatrix}),$$

woraus für $|\mathbf{A}| \neq 0$ die Behauptung sofort abzulesen ist.

Beispiel V-12
Ohne die Inverse der Matrix **G** aus Beispiel V-10 auszurechnen, können wir ihre Determinante angeben:

$$|\mathbf{G}^{-1}| = \frac{1}{|\mathbf{G}|} = \frac{1}{84}.$$

2.7. Ein Verfahren zur Determinantenberechnung

Die Ergebnisse des vorstehenden Abschnittes sollen nun genutzt werden, um ein Verfahren zur Berechnung der Determinanten quadratischer Matrizen zu formulieren. Der im folgenden beschriebene Algorithmus beruht dabei auf dem bereits skizzierten Gedanken, die zugrundeliegende Matrix zunächst auf Dreiecksform zu bringen, hiervon dann die Determinante zu berechnen und von diesem Ergebnis unter Berücksichtigung der vorgenommenen Umformungen auf die Determinante der ursprünglichen Matrix zu schließen. Offensichtlich gibt es nun unterschiedliche Möglichkeiten, die erwünschte Dreiecksgestalt zu erzeugen. Unser Verfahren verwendet ausschließlich Zeilenperationen, und zwar handelt es sich dabei um

- das Ersetzen einer Zeile durch die Summe dieser Zeile und des Vielfachen einer anderen Zeile (Anwendung von $\mathbf{F}_{pq}(c)$ als Linksoperator)
- das Vertauschen der Reihenfolge zweier Zeilen (Anwendung von $\mathbf{T}_{pq}$ als Linksoperator).

Wir bemerken, daß durch Operationen des erstgenannten Typs die Determinante überhaupt nicht, und durch Operationen des zweiten Typs lediglich ihr Vorzeichen verändert wird.

Algorithmus 5: Verfahren zur Berechnung der Determinante einer quadratischen Matrix

Anwendungsvoraussetzungen

Gegeben ist eine quadratische Matrix

$$\begin{pmatrix} a_{11} & a_{12} & \dots & a_{1n} \\ a_{21} & a_{22} & \dots & a_{2n} \\ \vdots & \vdots & & \vdots \\ a_{n1} & a_{n2} & \dots & a_{nn} \end{pmatrix}.$$

Anfangsschritt

(0.1) Setze $q := 1$!

(0.2) Setze $VVF := 1$!

Schritt 1 (Determinante gleich Null)

(1.1) Ist $a_{qq} \neq 0$?
JA → (3.1)!
NEIN → (1.2)!

(1.2) Gibt es eine Zeile p ($p > q$) mit $a_{pq} \neq 0$?
JA → (2.1)!
NEIN → (5.1)!

Schritt 2 (Zeilenvertauschung)

(2.1) Vertausche die Zeile p mit der Zeile q!

(2.2) Setze $VVF := (-1) \cdot VVF$!

Schritt 3 (Vereinfachter Pivotschritt)

(3.1) Gibt es eine Zeile i ($i > q$) mit $a_{iq} \neq 0$?
JA → (3.2)!
NEIN → (4.1)!

(3.2) Setze

$$a_{ij} := a_{ij} - \frac{a_{iq}}{a_{qq}} \cdot a_{qj} \quad \text{für } j = 1, \dots, n!$$

→ (3.1)!

Schritt 4 (Dreiecksform)

(4.1) Ist $q = n$?
JA → (4.3)!
NEIN → (4.2)!

(4.2) Setze $q := q + 1$!
→ (1.1)!

(4.3) $DET := a_{11} \cdot a_{22} \cdots a_{nn} \cdot VVF$
→ (5.2)!

Endschritt

(5.1) „Die Determinante der Matrix ist gleich Null!"

(5.2) „Die Determinante der Matrix ist gleich DET!"

In dem vorstehenden Verfahren dient die Variable VVF (*Vorzeichenveränderungsfaktor*) zur „Buchführung" darüber, ob bei der Berechnung der gesuchten Determinante nach Bildung des Produktes der Diagonalelemente der Dreiecksmatrix noch eine Vorzeichenveränderung vorzunehmen ist. Zur Erleichterung der Kontrolle empfiehlt es sich dabei, den Faktor VVF an das rechte Ende von (4.3) zu setzen. Schritt 3 beinhaltet einen vereinfachten Pivotschritt insofern, als auf eine Normierung der Pivotzeile verzichtet wird.

Beispiel V-13

Wir wollen das oben beschriebene Verfahren zur Berechnung der Determinante der Matrix

$$\mathbf{J} := \begin{pmatrix} 1 & 0 & 4 & 3 \\ 3 & 0 & 5 & 6 \\ 2 & 4 & 1 & 0 \\ 4 & 0 & 2 & 3 \end{pmatrix}$$

anwenden. Wie üblich, haben wir die „Pivotelemente" umkreist.

$$\begin{pmatrix} \textcircled{1} & 0 & 4 & 3 \\ 3 & 0 & 5 & 6 \\ 2 & 4 & 1 & 0 \\ 4 & 0 & 2 & 3 \end{pmatrix}, \quad \text{VVF} = 1$$

Matrix nach dem 1. Pivotschritt

$$\begin{pmatrix} 1 & 0 & 4 & 3 \\ 0 & 0 & -7 & -3 \\ 0 & 4 & -7 & -6 \\ 0 & 0 & -14 & -9 \end{pmatrix}, \quad \text{VVF} = 1$$

Matrix nach dem Vertauschen der 2. und 3. Zeile

$$\begin{pmatrix} 1 & 0 & 4 & 3 \\ 0 & 4 & -7 & -6 \\ 0 & 0 & \textcircled{-7} & -3 \\ 0 & 0 & -14 & -9 \end{pmatrix}, \quad \text{VVF} = -1$$

Matrix nach dem 2. Pivotschritt

$$\begin{pmatrix} 1 & 0 & 4 & 3 \\ 0 & 4 & -7 & -6 \\ 0 & 0 & -7 & -3 \\ 0 & 0 & 0 & -3 \end{pmatrix}, \quad \text{VVF} = -1.$$

Es liegt nun eine obere Dreiecksmatrix vor, so daß $|\mathbf{J}|$ berechnet werden kann;

$$|\mathbf{J}| = 1 \cdot 4 \cdot (-7) \cdot (-3) \cdot \underset{\uparrow \text{VVF}}{(-1)} = -84.$$

Es sei noch angemerkt, daß wir natürlich ein entsprechendes Verfahren für Spaltenoperationen bzw. für Kombinationen aus Zeilen- und Spaltenoperationen bzw. zur Erzeugung einer unteren Dreiecksmatrix hätten formulieren können.

2.8. Einige Zusammenhänge zwischen linearer (Un-)Abhängigkeit, Rang, Invertierbarkeit und der Determinante einer Matrix

Bei den meisten Untersuchungen über Determinanten von Matrizen interessiert weniger, welche konkreten Zahlen sie annehmen, sondern vielmehr, ob sie gleich Null oder von Null verschieden sind. Ist nämlich die Determinate einer quadratischen Matrix von Null verschieden, dann bedeutet das nichts anderes, als daß sich die Matrix durch Anwendung von Algorithmus 5 oder auch durch analoge Spaltenoperationen auf eine Dreiecksform bringen läßt, bei der die Glieder in der Hauptdiagonalen sämtlich von Null verschieden sind. Die Zeilen (bzw. die Spalten) einer solchen Dreiecksmatrix sind offensichtlich linear unabhängig. Da aber dabei nur (rangneutrale) Zeilen- und Spaltenoperationen zur Verwendung für die Umformungen vorkommen, müssen auch die Zeilen bzw. Spalten der Ausgangsmatrix unabhängig sein. Das bedeutet aber wieder, daß sie eine Inverse haben muß.

Besitzt eine Matrix andererseits eine Inverse, dann muß auch ihre Determinante von Null verschieden sein. Durch Zeilenoperationen läßt sie sich dann in eine Einheitsmatrix überführen, deren Determinante gleich Eins ist. Die Determinante der ursprünglichen Matrix kann dann aber nur ein c-faches ($c \neq 0$) von Eins, muß also ungleich Null sein.

Folgende Aussagen für eine Matrix **A** können wir damit sofort als äquivalent angeben:

Äquivalente Aussagen für „$\|\mathbf{A}\| \neq 0$“ bei einer $(n \times n)$-Matrix **A**
a) Die Zeilen von **A** sind linear unabhängig. b) Die Spalten von **A** sind linear unabhängig. c) Der Rang von **A** beträgt n. d) **A** ist invertierbar. e) Das Gleichungssystem $\mathbf{A} \cdot \mathbf{x} = \mathbf{b}$ hat eine eindeutige Lösung.

Schließlich betrachten wir noch die Negationen der obigen Aussagen, die aus Gründen der Aussagenlogik ebenfalls äquivalent sein müssen:

Äquivalente Aussagen für „$\|\mathbf{A}\| = 0$“ bei einer $(n \times n)$-Matrix **A**
a) Die Zeilen von **A** sind linear abhängig. b) Die Spalten von **A** sind linear abhängig. c) Der Rang von **A** ist kleiner als n. d) **A** ist nicht invertierbar. e) Das Gleichungssystem $\mathbf{A} \cdot \mathbf{x} = \mathbf{b}$ hat (keine eindeutige Lösung; also:) entweder keine Lösung, oder es hat unendlich viele Lösungen.

Am wichtigsten hierbei sind die zwei mit d) bezeichneten Fälle. Wenn nämlich in einem elementaren ökonomischen Lehrbuch keine Matrizen benutzt werden, so können doch Determinanten vorkommen. Treten dann nur Aussagen wie „det $\neq$ 0“ oder „det = 0“ auf, so können Sie diese in äquivalente Invertierbarkeitsaussagen übersetzen.

Invertierbarkeit und Determinante einer quadratischen Matrix
$\lvert\mathbf{A}\rvert \neq 0 \Leftrightarrow \mathbf{A}^{-1}$ existiert. $\lvert\mathbf{A}\rvert = 0 \Leftrightarrow \mathbf{A}^{-1}$ existiert nicht.

2.9. Die Berechnung der Inversen einer Matrix mit Hilfe von Determinanten

Abschließend zeigen wir noch, wie sich für eine invertierbare Matrix der Ordnung n

$$\mathbf{A} = \begin{pmatrix} a_{11} & a_{12} & \dots & a_{1n} \\ \vdots & \vdots & & \vdots \\ a_{n1} & a_{n2} & \dots & a_{nn} \end{pmatrix}$$

mit Hilfe von Determinanten die Inverse bestimmen läßt. Dazu wählen wir zunächst für den zu a_{ij} gehörenden Minor die bereits in (V-18) eingeführte Abkürzung:

(V-32) $\quad A^{ij} := (-1)^{i+j} \cdot \lvert\mathbf{A}_{ij}\rvert .$

In der Matrix

(V-33) $$\begin{pmatrix} A^{11} & A^{12} & \dots & A^{1n} \\ \vdots & \vdots & & \vdots \\ A^{n1} & A^{n2} & \dots & A^{nn} \end{pmatrix}$$

haben wir in der Position (i, j) denjenigen Minor aufgeführt, der dem Glied a_{ij} zugeordnet ist. Als nächstes betrachten wir den Ausdruck

(V-34) $$\sum_{j=1}^{n} a_{ij} \cdot A^{kj},$$

der Ihnen bereits bekannt sein müßte, sofern i = k ist (vgl. Formel V-18-a). Es handelt sich bei (V-34) um nichts anderes als die Formel für die Berechnung der Determinante von **A** durch Entwickeln nach der i-ten Zeile. Offensichtlich gilt dann

(V-35) $$\sum_{j=1}^{n} a_{ij} \cdot A^{kj} = \lvert\mathbf{A}\rvert \quad \text{für } i = k .$$

Welchen Wert nimmt (V-34) aber für $i \neq k$ an? Wie wir sofort zeigen werden, ist

(V-36) $$\sum_{j=1}^{n} a_{ij} A^{kj} = 0 \quad \text{für } i \neq k .$$

Formel (V-34) kann nämlich so gewonnen werden, daß in der Matrix **A** zunächst die i-te Zeile durch die k-te Zeile ersetzt und von der so modifizierten Matrix

$$\begin{matrix} \text{i-te Zeile} \rightarrow \\ \\ \text{k-te Zeile} \rightarrow \end{matrix} \begin{pmatrix} \vdots & \vdots & & \vdots \\ a_{k1} & a_{k2} & \dots & a_{kn} \\ \vdots & \vdots & & \vdots \\ a_{k1} & a_{k2} & \dots & a_{kn} \\ \vdots & \vdots & & \vdots \end{pmatrix}$$

die Determinante durch Entwickeln nach der i-ten Zeile berechnet wird. Es ergibt sich dann tatsächlich formal für die Determinante der modifizierten Matrix

$$\sum_{j=1}^{n} a_{kj} \cdot A^{ij} \quad \text{(Entwicklung nach der i-ten Zeile)},$$

also genau (V-34). Die Determinante der modifizierten Matrix muß aber gleich Null sein, da zwei Zeilen in ihr identisch sind. Damit gilt (V-36).

Wir fassen nun (V-35) und (V-36) noch zusammen und erhalten:

$$\text{(V-37)} \qquad \sum_{j=1}^{n} a_{ij} A^{kj} = \begin{cases} |\mathbf{A}| & \text{für } i = k \\ 0 & \text{sonst.} \end{cases}$$

Spaltenbezogen kann man ganz entsprechend zeigen:

$$\text{(V-38)} \qquad \sum_{i=1}^{n} a_{ij} A^{ik} = \begin{cases} |\mathbf{A}| & \text{für } j = k \\ 0 & \text{sonst.} \end{cases}$$

Mit diesen Vorbereitungen läßt sich jetzt leicht einsehen, daß die Inverse $\mathbf{A}^{-1}$ von **A** (sofern sie existiert und damit $|\mathbf{A}| \neq 0$ ist) sich mit Hilfe von Determinanten wie folgt darstellen läßt:

$$\text{(V-39)} \qquad \mathbf{A}^{-1} = \frac{1}{|\mathbf{A}|} \cdot \begin{pmatrix} A^{11} & A^{21} & \dots & A^{n1} \\ A^{12} & A^{22} & \dots & A^{n2} \\ \vdots & \vdots & & \vdots \\ A^{1n} & A^{2n} & \dots & A^{nn} \end{pmatrix}.$$

Beachten Sie bitte ganz besonders, daß es sich bei der Matrix auf der rechten Seite von (V-39) um die **Transponierte** von (V-33) handelt. Davon, daß durch (V-39) bzw. äquivalent durch

$$\text{(V-40)} \qquad \begin{pmatrix} \frac{A^{11}}{|\mathbf{A}|} & \frac{A^{21}}{|\mathbf{A}|} & \dots & \frac{A^{n1}}{|\mathbf{A}|} \\ \vdots & \vdots & & \vdots \\ \frac{A^{1n}}{|\mathbf{A}|} & \frac{A^{2n}}{|\mathbf{A}|} & \dots & \frac{A^{nn}}{|\mathbf{A}|} \end{pmatrix}$$

tatsächlich die Inverse zu **A** gegeben ist, können Sie sich leicht überzeugen, indem Sie zur Probe das Produkt

$$\mathbf{A}\cdot\mathbf{A}^{-1}=\begin{pmatrix} a_{11} & a_{12} & \dots & a_{1n} \\ a_{21} & a_{22} & \dots & a_{2n} \\ \vdots & \vdots & & \vdots \\ a_{n1} & a_{n2} & \dots & a_{nn} \end{pmatrix}\cdot\begin{pmatrix} \frac{A^{11}}{|\mathbf{A}|} & \frac{A^{21}}{|\mathbf{A}|} & \dots & \frac{A^{n1}}{|\mathbf{A}|} \\ \frac{A^{12}}{|\mathbf{A}|} & \frac{A^{22}}{|\mathbf{A}|} & \dots & \frac{A^{n2}}{|\mathbf{A}|} \\ \vdots & & & \vdots \\ \frac{A^{1n}}{|\mathbf{A}|} & \frac{A^{2n}}{|\mathbf{A}|} & \dots & \frac{A^{nn}}{|\mathbf{A}|} \end{pmatrix}$$

bilden. Unter Verwendung von (V-37) werden Sie feststellen, daß dieses Produkt die Einheitsmatrix der Ordnung n ergibt.

Bei eindeutiger Lösbarkeit des Gleichungssystems

$$\mathbf{A}\cdot\mathbf{x}=\mathbf{b}$$

mit quadratischer Koeffizientenmatrix **A** folgt aus (V-39) als Lösung des Systems

$$\text{(V-41)}\qquad \mathbf{x}^*=\mathbf{A}^{-1}\cdot\mathbf{b}=\frac{1}{|\mathbf{A}|}\cdot\begin{pmatrix} A^{11} & A^{21} & \dots & A^{n1} \\ A^{12} & A^{22} & \dots & A^{n2} \\ \vdots & \vdots & & \vdots \\ A^{1n} & A^{2n} & \dots & A^{nn} \end{pmatrix}\cdot\begin{pmatrix} b_1 \\ b_2 \\ \vdots \\ b_n \end{pmatrix}$$

oder äquivalent

$$\text{(V-42)}\qquad \begin{cases} x_1^*=\frac{1}{|\mathbf{A}|}\cdot\sum\limits_{i=1}^{n} A^{i1}b_i \\ x_2^*=\frac{1}{|\mathbf{A}|}\cdot\sum\limits_{i=1}^{n} A^{i2}b_i \\ \vdots \\ x_n^*=\frac{1}{|\mathbf{A}|}\cdot\sum\limits_{i=1}^{n} A^{in}b_i. \end{cases}$$

Das ist aber nichts anderes als die folgende, Ihnen vielleicht schon von der Schule her bekannte Rechenvorschrift zur Bestimmung der Lösung x^* eines eindeutig lösbaren Gleichungssystems:

$$
(V\text{-}43)\quad
\begin{cases}
x_1^* = \dfrac{\begin{vmatrix} b_1 & a_{12} & \dots & a_{1n} \\ b_2 & a_{22} & \dots & a_{2n} \\ \vdots & \vdots & & \vdots \\ b_n & a_{2n} & \dots & a_{nn} \end{vmatrix}}{\begin{vmatrix} a_{11} & a_{12} & \dots & a_{1n} \\ a_{21} & a_{22} & \dots & a_{2n} \\ \vdots & & & \vdots \\ a_{n1} & a_{n2} & \dots & a_{nn} \end{vmatrix}} \\[2em]
x_2^* = \dfrac{\begin{vmatrix} a_{11} & b_1 & \dots & a_{1n} \\ a_{21} & b_2 & \dots & a_{2n} \\ \vdots & \vdots & & \vdots \\ a_{n1} & b_n & \dots & a_{nn} \end{vmatrix}}{\begin{vmatrix} a_{11} & a_{12} & \dots & a_{1n} \\ a_{21} & a_{22} & \dots & a_{2n} \\ \vdots & \vdots & & \vdots \\ a_{n1} & a_{n2} & \dots & a_{nn} \end{vmatrix}} \\
\qquad\quad\vdots \\
x_n^* = \dfrac{\begin{vmatrix} a_{11} & a_{12} & \dots & b_1 \\ a_{21} & a_{22} & \dots & b_2 \\ \vdots & \vdots & & \vdots \\ a_{n1} & a_{n2} & \dots & b_n \end{vmatrix}}{\begin{vmatrix} a_{11} & a_{12} & \dots & a_{1n} \\ a_{21} & a_{22} & \dots & a_{2n} \\ \vdots & \vdots & & \vdots \\ a_{n1} & a_{n2} & \dots & a_{nn} \end{vmatrix}} .
\end{cases}
$$

- Die Determinante im Zähler ist die Determinante einer Matrix, die man aus der Koeffizientenmatrix **A** dadurch gewinnt, daß man die i-te Koeffizientenspalte durch den Vektor **b** der rechten Seiten des Gleichungssystems ersetzt.
- Die Determinante im Nenner ist die Determinante der Koeffizientenmatrix.

Im allgemeinen ist aber auch Formel (V-43) zum Ausrechnen von Lösungen zu unhandlich.

3. Eigenwerte

In diesem Abschnitt stellen wir zunächst das sog. Eigenwertproblem vor. Es ist schon lange bekannt und kam ursprünglich im Zusammenhang mit Problemen der Theoretischen Physik (Himmelsmechanik, Schwingungslehre, Quantenmechanik) und der zugrundegelegten Geometrie vor. In jüngster Zeit tritt es jedoch auch bei ökonomischen Modellen in wachsendem Umfang auf. Wir schildern außerdem ein Problem der Umformung von homogenen quadratischen Polynomen, das sich mit Hilfe der Behandlung des Eigenwertproblems bewältigen läßt.

3.1. Das Eigenwertproblem

Die Linksmultiplikation eines (Spalten-)Vektors mit einer geeigneten Skalarmatrix Λ, definiert durch

$$\Lambda := \begin{pmatrix} \lambda & & 0 \\ & \ddots & \\ 0 & & \lambda \end{pmatrix},$$

hat die gleiche Wirkung wie die Multiplikation des Vektors mit dem Skalar λ:

$$\Lambda \cdot \mathbf{x} = \lambda \cdot \mathbf{x}.$$

Aber auch zu allgemeinen quadratischen Matrizen **A** können Zahlen λ existieren, so daß für gewisse Vektoren **x**

$$\text{(V-44)} \qquad \mathbf{A} \cdot \mathbf{x} = \lambda \cdot \mathbf{x}$$

gilt. Solche Zahlen λ zu finden, erweist sich natürlich als absolut problemlos, wenn $\mathbf{x} = \mathbf{0}$ ist, denn in diesem Fall erfüllt jedes beliebige $\lambda \in \mathbb{R}$ die Beziehung (V-44). Die Aufgabe, für eine gegebene quadratische Matrix **A** – falls möglich – Zahlen λ und nichttriviale Vektoren $\mathbf{x} \neq \mathbf{0}$ zu bestimmen, welche (V-44) erfüllen, nennt man auch das *Eigenwertproblem*, die Zahlen λ heißen in diesem Zusammenhang *Eigenwerte* von **A** und die Vektoren **x** die zu einem λ gehörenden *Eigenvektoren* oder *charakteristische Vektoren*.

Wegen $\lambda \cdot \mathbf{x} = (\lambda\mathbf{E}) \cdot \mathbf{x}$ und der Gültigkeit des Distributivgesetzes für Matrizen kann man anstelle von (V-44) auch die äquivalente Formulierung

$$\text{(V-45)} \qquad (\mathbf{A} - \lambda\mathbf{E}) \cdot \mathbf{x} = \mathbf{0}$$

wählen. Hier handelt es sich offensichtlich um ein (immer zumindest trivial) lösbares homogenes lineares Gleichungssystem mit quadratischer Koeffizientenmatrix $(\mathbf{A} - \lambda\mathbf{E})$. Es besitzt – neben der trivialen Lösung – genau dann weitere nichttriviale Lösungen, also Eigenvektoren, wenn die Determinante dieser Matrix gleich Null ist:

$$\text{(V-46)} \qquad |\mathbf{A} - \lambda\mathbf{E}| = 0$$

oder ausführlicher

$$\text{(V-47)} \qquad \begin{vmatrix} a_{11} - \lambda & a_{12} & \dots & a_{1n} \\ a_{21} & a_{22} - \lambda & \dots & a_{2n} \\ \vdots & \vdots & & \vdots \\ a_{n1} & a_{n2} & \dots & a_{nn} - \lambda \end{vmatrix} = 0.$$

Beispiel V-14

Gegeben sei die quadratische Matrix

$$\mathbf{A} := \begin{pmatrix} 1 & 0 \\ 2 & 4 \end{pmatrix}.$$

Gesucht seien die Eigenwerte von **A** sowie die zugehörigen Eigenvektoren.

Zunächst stellen wir die Koeffizientenmatrix von (V-45) auf:

$$\mathbf{A} - \lambda\mathbf{E} = \begin{pmatrix} 1-\lambda & 0 \\ 2 & 4-\lambda \end{pmatrix}.$$

Damit überhaupt Eigenvektoren existieren können, muß gelten:

$$\begin{vmatrix} 1-\lambda & 0 \\ 2 & 4-\lambda \end{vmatrix} = 0.$$

Daraus leiten wir

$$(1-\lambda)\cdot(4-\lambda) - 2\cdot 0 = 0$$

ab, das sich zu

$$(1-\lambda)\cdot(4-\lambda) = 0$$

vereinfachen läßt und aus dem sofort die Lösungen

$$\lambda_1 = 1$$
$$\lambda_2 = 4$$

abgelesen werden können. Die gesuchten Eigenwerte sind damit gefunden. Als nächstes ermitteln wir die zu λ_1 bzw. zu λ_2 gehörenden Mengen von Eigenvektoren. In bezug auf λ_1 lösen wir dazu gem. (V-45) das Gleichungssystem (in Tableauform)

Ausgangstableau

x_1	x_2	RS
0	0	0
2	3	0

Endtableau

x_1	x_2	RS
0	0	0
1	3/2	0

Aus dem Endtableau lesen wir die allgemeine Lösung

$$\begin{pmatrix} x_1 \\ x_2 \end{pmatrix} = \begin{pmatrix} 0 \\ 0 \end{pmatrix} + \begin{pmatrix} -3/2 \\ 1 \end{pmatrix} \cdot t_2$$

ab. Die Menge $\mathscr{E}_1$ der zu $\lambda_1 = 1$ gehörenden Eigenvektoren ist danach gegeben durch

$$\mathscr{E}_1 := \left\{ \begin{pmatrix} x_1 \\ x_2 \end{pmatrix} \middle| \begin{pmatrix} -3/2 \\ 1 \end{pmatrix} \cdot t_2, t_2 \neq 0 \right\}.$$

Für $\lambda = 4$ bestimmt man entsprechend die Menge $\mathscr{E}_2$ der zugehörigen Eigenvektoren.

$$\mathscr{E}_2 := \left\{ \begin{pmatrix} x_1 \\ x_2 \end{pmatrix} \middle| \begin{pmatrix} 0 \\ 1 \end{pmatrix} \cdot t_2, t_2 \neq 0 \right\}.$$

Durch eine Probe können wir uns von der Richtigkeit unserer Rechnungen überzeugen. Für $\lambda_1 = 1$ muß nach (V-44) gelten:

$$\begin{pmatrix} 1 & 0 \\ 2 & 4 \end{pmatrix} \cdot \begin{pmatrix} -3/2 \cdot t_2 \\ t_2 \end{pmatrix} \stackrel{?}{=} 1 \cdot \begin{pmatrix} -3/2 \cdot t_2 \\ t_2 \end{pmatrix}, \quad t_2 \neq 0.$$

Durch Ausrechnen findet man in der Tat

$$\begin{pmatrix} -\frac{3}{2} t_2 \\ t_2 \end{pmatrix} = \begin{pmatrix} -\frac{3}{2} t_2 \\ t_2 \end{pmatrix}.$$

Entsprechend für $\lambda_2 = 4$:

$$\begin{pmatrix} 1 & 0 \\ 2 & 4 \end{pmatrix} \cdot \begin{pmatrix} 0 \\ 1 t_1 \end{pmatrix} \stackrel{?}{=} 4 \begin{pmatrix} 0 \\ t_1 \end{pmatrix}, \quad t_1 \neq 0$$

$$\begin{pmatrix} 0 \\ 4 t_1 \end{pmatrix} = \begin{pmatrix} 0 \\ 4 t_1 \end{pmatrix}.$$

Wir entnehmen dem vorstehenden Beispiel noch die folgende Selbstverständlichkeit: Hat man zu einem Eigenwert λ_i einen Eigenvektor $\mathbf{x}^{(i)}$ bestimmt, so muß auch jedes t-fache ($t \neq 0$) des Eigenvektors wieder ein zu λ_i gehörender Eigenvektor sein.

Die Gleichung (V-47) wird auch *charakteristische Gleichung* genannt. In unserem Beispiel V-14, bei dem wir von einer Matrix **A** der Ordnung 2 ausgingen, hatte diese eine sehr einfache Gestalt. Für allgemeine quadratische Matrizen der Ordnung n ergibt sich nun eine Gleichung n-ten Grades:

(V-48) $\quad (-\lambda)^n + d_{n-1}(-\lambda)^{n-1} + \ldots + d_1(-\lambda) + d_0 = 0,$

wobei – wie man durch Ausrechnen der Determinante von (V-47) findet – gilt

$$d_{n-1} = a_{11} + a_{22} + \ldots + a_{nn}$$

und

$$d_0 = |\mathbf{A}|.$$

Zu jeder Gleichung (V-48) gehört ein System $\lambda_1, \lambda_2, \ldots, \lambda_n$ von Lösungen („System“ anstelle von „Menge“ soll betonen, daß einige oder gar alle durch verschiedene Indizes gekennzeichneten Lösungen auch numerisch zusammenfallen können), mit denen die linke Seite von (V-48) dann auch in die Form

(V-49) $\quad (\lambda_1 - \lambda)(\lambda_2 - \lambda) \cdots (\lambda_n - \lambda)$

gebracht werden kann. Wie man ausrechnen kann, gilt dann insbesondere

$$d_{n-1} = a_{11} + a_{22} + \ldots + a_{nn} = \lambda_1 + \lambda_2 + \ldots + \lambda_n$$

und

$$d_0 = |\mathbf{A}| = \lambda_1 \cdot \lambda_2 \cdots \lambda_n.$$

Beispiel V-15

Als charakteristische Gleichung für die Matrix **A** aus Beispiel V-14 erhält man

$\lambda^2 - 5\lambda + 4 = 0$

oder in der Form (V-48)

$(-\lambda)^2 + 5(-\lambda) + 4 = 0.$

Nun ist:

$$d_1 = a_{11} + a_{22} = \lambda_1 + \lambda_2 = 5$$
$$d_0 = |\mathbf{A}| = \lambda_1 \cdot \lambda_2 = 4.$$

Allerdings kann es sein – wie Sie von der Lösung quadratischer Gleichungen wissen sollten –, daß auch bei sämtlich reellen Koeffizienten (wie sicherlich hier bei den ökonomischen Modellen) einer algebraischen Gleichung ihre Lösungen (paarweise konjugiert) komplexe Zahlen sein können, und nur bei **ungeradem** n ist wenigstens eine reelle Lösung allgemein sicher. Bevorzugt werden wir uns aber noch mit symmetrischen Matrizen beschäftigen. Solange bei einer symmetrischen Matrix **A** sämtliche Glieder reelle Zahlen sind, erweisen sich nämlich zum Glück **alle** Eigenwerte als reelle Zahlen.

3.2. Reduktion von quadratischen Formen

Vor allem im Zusammenhang mit Kostenfunktionen treten bei wirtschaftswissenschaftlichen Untersuchungen in wachsendem Umfang homogene quadratische Ausdrücke der Gestalt

$$\text{(V-50)} \quad Q(\mathbf{x}) := \sum_{i=1}^{n} \sum_{j=i+1}^{n} q_{ij} x_i x_j$$

auf, die man *quadratische Formen* nennt. Mit Hilfe der Umrechnungsformeln

$$\text{(V-51)} \quad a_{ij} = a_{ji} = \frac{1}{2} q_{ij} \quad \text{für jedes Paar } q_{ij} \text{ mit } i < j$$

$$\text{(V-52)} \quad a_{ii} = q_{ii} \quad \text{für jedes } i$$

läßt sich ein solcher Ausdruck (V-50) auf die Gestalt

$$\text{(V-53)} \quad A(\mathbf{x}) := \sum_{i=1}^{n} \sum_{j=1}^{n} a_{ij} x_i x_j$$

bringen, der – unter Verwendung des als Spaltenvektor aufgefaßten Tupels **x** und der nach Konstruktion symmetrischen Matrix **A** – mit Hilfe der Schreibweise der Matrizenmultiplikation auch in der folgenden Form geschrieben werden kann[1]:

$$\text{(V-54)} \quad A(\mathbf{x}) = \mathbf{x}' \cdot \mathbf{A} \cdot \mathbf{x}.$$

Beispiel V-16
Gegeben sei der quadratische Ausdruck

$$Q(\mathbf{x}) := 2x_1^2 + 5x_1x_2 + 7x_1x_3 + 3x_2^2 + 9x_2x_3 + 4x_3^2.$$

Unter Verwendung der Umrechungsformeln (V-51) und (V-52) erstellen wir die Matrix

$$\mathbf{A} := \begin{pmatrix} 2 & 5/2 & 7/2 \\ 5/2 & 3 & 9/2 \\ 7/2 & 9/2 & 4 \end{pmatrix}.$$

Anstelle von Q(**x**) läßt sich unter Verwendung von Matrizenmultiplikation schreiben:

[1] Hierbei muß allerdings wieder ein Skalar (linke Seite) mit einer nun aus einem Glied bestehenden Matrix (rechte Seite) identifiziert werden (vgl. Fußnote auf S. 185).

$$A(\mathbf{x}) := (x_1, x_2, x_3) \cdot \begin{pmatrix} 2 & 5/2 & 7/2 \\ 5/2 & 3 & 9/2 \\ 7/2 & 9/2 & 4 \end{pmatrix} \cdot \begin{pmatrix} x_1 \\ x_2 \\ x_3 \end{pmatrix}.$$

Überzeugen Sie sich durch Ausmultiplizieren von $A(\mathbf{x})$, daß die Ausdrücke $Q(\mathbf{x})$ und $A(\mathbf{x})$ gleich sind.

Funktionen des Typs (V-50) bzw. (V-53) sind aufgrund ihrer gemischtquadratischen Summanden $x_i x_j$ $(i \neq j)$ ggf. schlecht unmittelbar zu analysieren. Es soll deshalb eine Überlegung angestellt werden, wie man durch eine *orthogonale Koordinatentransformation*

(V-55) $\quad \mathbf{x} = \boldsymbol{\Omega} \cdot \mathbf{y}$

mit *orthogonaler* Matrix $\boldsymbol{\Omega}$, definiert durch die Eigenschaft

(V-56) $\quad \boldsymbol{\Omega}^{-1} = \boldsymbol{\Omega}'$, oder äquivalent dazu: $\boldsymbol{\Omega}' \cdot \boldsymbol{\Omega} = \boldsymbol{\Omega} \cdot \boldsymbol{\Omega}' = \mathbf{E}$,

die quadratische Form so reduzieren kann, daß alle gemischtquadratischen Summanden wegfallen und im neuen Koordinatensystem nur ein – leicht zu analysierender – Ausdruck der Gestalt

(V-57) $\quad L(\mathbf{y}) := \sum_{i=1}^{n} \lambda_i y_i^2$

bzw. äquivalent in Matrizenschreibweise

(V-58) $\quad L(\mathbf{y}) := \mathbf{y}' \cdot \boldsymbol{\Lambda} \cdot \mathbf{y}$

mit

(V-59) $$\boldsymbol{\Lambda} = \begin{pmatrix} \lambda_1 & & & \\ & \lambda_2 & & \mathbf{0} \\ & \mathbf{0} & \ddots & \\ & & & \lambda_n \end{pmatrix}$$

übrigbleibt. Setzt man (V-55) in (V-54) ein, so erhält man

(V-60) $\quad \mathbf{x}' \cdot \mathbf{A} \cdot \mathbf{x} = (\boldsymbol{\Omega} \cdot \mathbf{y})' \cdot \mathbf{A} \cdot (\boldsymbol{\Omega} \cdot \mathbf{y}) = \mathbf{y}' \cdot (\boldsymbol{\Omega}' \cdot \mathbf{A} \cdot \boldsymbol{\Omega}) \cdot \mathbf{y}.$

Ein Vergleich von (V-60) mit (V-58) zeigt, daß dann für die Diagonalmatrix $\boldsymbol{\Lambda}$ gelten müßte:

(V-61) $\quad \boldsymbol{\Omega}' \cdot \mathbf{A} \cdot \boldsymbol{\Omega} = \boldsymbol{\Lambda}.$

Durch Multiplikation von links mit $\boldsymbol{\Omega}$ würde wegen $\boldsymbol{\Omega}' = \boldsymbol{\Omega}^{-1}$ folgen:

(V-62) $\quad \mathbf{A} \cdot \boldsymbol{\Omega} = \boldsymbol{\Omega} \cdot \boldsymbol{\Lambda}$

oder, wenn man $\boldsymbol{\Omega}$ in ihre Spaltenvektoren $\boldsymbol{\omega}^{(j)}$ aufspaltet:

(V-63) $$\mathbf{A} \cdot (\boldsymbol{\omega}^{(1)} | \boldsymbol{\omega}^{(2)} | \ldots | \boldsymbol{\omega}^{(n)}) = (\boldsymbol{\omega}^{(1)} | \boldsymbol{\omega}^{(2)} | \ldots | \boldsymbol{\omega}^{(n)}) \cdot \begin{pmatrix} \lambda_1 & & & \\ & \lambda_2 & & \mathbf{0} \\ & \mathbf{0} & \ddots & \\ & & & \lambda_n \end{pmatrix}.$$

Anstelle von (V-63) kann man aber auch

$$(\text{V-64}) \qquad (\mathbf{A}\omega^{(1)}|\mathbf{A}\omega^{(2)}|\ldots|\mathbf{A}\omega^{(n)}) = (\lambda_1\omega^{(1)}|\lambda_2\omega^{(2)}|\ldots|\lambda_n\omega^{(n)})$$

schreiben, wie man durch einfaches Ausrechnen sehen kann. Die Matrizengleichung (V-64) ist jedoch gleichbedeutend mit den n Vektorgleichungen

$$(\text{V-65}) \qquad \mathbf{A}\cdot\omega^{(j)} = \lambda_j\cdot\omega^{(j)},\, j = 1, \ldots, n.$$

Wir sehen nun folgendes: Gelänge die Transformation von der Form (V-53) auf die Form (V-57), dann wären die λ_i die Eigenwerte von **A** und die Spalten $\omega^{(j)}$ der orthogonalen Matrix $\boldsymbol{\Omega}$ geeignete Eigenvektoren.

Da wir hier nur Matrizen betrachten, deren Glieder reelle Zahlen sind und da die Matrix **A** symmetrisch ist, kann man beweisen (was wir uns aber ersparen), daß **A** n **reelle** (möglicherweise zusamenfallende) Eigenwerte besitzt. Damit ließen sich aufgrund von (V-46) die Faktoren λ_i für (V-57) berechnen. Es stellt sich aber noch die wichtige Frage, ob sich unter den zu einem Eigenwert λ_j gehörenden Eigenvektoren auch ein Vektor finden läßt, der sich als eine Spalte $\omega^{(j)}$der aufzubauenden, gesuchten Matrix $\boldsymbol{\Omega}$ eignet. Die äquivalente Formulierung in (V-56) rechts der Definition einer orthogonalen Matrix ist wiederum äquivalent mit den n^2 Bedingungen

$$\omega^{(i)\prime}\cdot\omega^{(j)} = \begin{cases} 1, \text{ wenn } i = j \text{ (1 in der Hauptdiagonalen von } \mathbf{E}) \\ 0, \text{ wenn } i \neq j \text{ (0 außerhalb der Hauptdiagonalen von } \mathbf{E}) \end{cases}$$

oder mit der Schreibweise des inneren Produktes

$$(\text{V-66}) \qquad \omega^{(i)} * \omega^{(j)} = \begin{cases} 1, \text{ wenn } i = j \\ 0, \text{ wenn } i \neq j \end{cases}.$$

Nehmen wir an, wir hätten zu den Eigenwerten λ_i $(i = 1, \ldots, n)$ Eigenvektoren $\mathbf{x}^{(i)}$ $(i = 1, \ldots, n)$ gefunden. Setzt man nun

$$(\text{V-67}) \qquad \omega^{(i)} := \frac{1}{\|\mathbf{x}^{(i)}\|}\mathbf{x}^{(i)},$$

so ist auch $\omega^{(i)}$ ein zu λ_i gehörender Eigenvektor, denn aufgrund von (V-67) ist er ein Vielfaches von $\mathbf{x}^{(i)}$. Weiterhin erkennt man folgendes:

Aufgrund von (V-67) gilt $\|\omega^{(i)}\| = 1$. Nach Definition ist das aber äquivalent mit

$$\sqrt{(\omega^{(i)})^2} = 1 \qquad \text{bzw.} \qquad \omega^{(i)} * \omega^{(i)} = 1.$$

Die gem. (V-67) gebildeten Vektoren $\omega^{(i)}$ erfüllen damit den oberen Teil von (V-66) für $i = j$.

Wegen $\mathbf{A} = \mathbf{A}'$ gilt weiterhin

$$\begin{aligned} \lambda_i\cdot\omega^{(i)\prime}\cdot\omega^{(j)} &= (\mathbf{A}\cdot\omega^{(i)})'\cdot\omega^{(j)} \\ &= \omega^{(i)\prime}\cdot\mathbf{A}'\cdot\omega^{(j)} \\ &= \omega^{(i)\prime}\cdot(\mathbf{A}\cdot\omega^{(j)}) \\ &= \omega^{(i)\prime}\cdot(\lambda_j\cdot\omega^{(j)}) \\ &= \lambda_j\cdot\omega^{(i)\prime}\cdot\omega^{(j)}, \end{aligned}$$

und durch Vergleich des Anfangs und Endes dieser Gleichungskette

(V-68) $\lambda_i \cdot \omega^{(i)\prime} \cdot \omega^{(j)} = \lambda_j \cdot \omega^{(i)\prime} \cdot \omega^{(j)}$,

woraus man schließen kann:

(V-69) $(\lambda_i - \lambda_j) \cdot (\omega^{(i)\prime} \cdot \omega^{(j)}) = 0$.

Aus (V-69) folgt in der Schreibweise des inneren Produktes zwangsläufig:

$$\omega^{(i)} * \omega^{(j)} = 0, \quad \text{falls} \quad \lambda_i \neq \lambda_j,$$

d.h. die gem. (V-67) gebildeten Vektoren $\omega^{(i)}$ erfüllen für den Fall $\lambda_i \neq \lambda_j$ ebenfalls den unteren Teil von (V-66).

Wesentlich schwieriger gestaltet sich der Beweis für den Fall, daß zwar $i \neq j$, aber $\lambda_i = \lambda_j$ ist (also beim numerischen Zusammenfallen von Eigenwerten). Tatsächlich kann man auch in diesem Falle, aber erheblich umständlicher, $\omega^{(i)}$ und $\omega^{(j)}$ so konstruieren, daß sowohl $\omega^{(i)} * \omega^{(i)} = 1$ als auch $\omega^{(j)} * \omega^{(j)} = 1$ als auch

$$\omega^{(i)} * \omega^{(j)} = 0 \quad \text{für } \lambda_i = \lambda_j, \text{ aber } i \neq j$$

gilt. (Wir verzichten hier auf den Beweis.)

Auf eine solche, hier nur skizzierte Weise kann man schließlich die Spalten der orthogonalen Matrix sukzessiv durch geeignete Eigenvektoren von (V-65) aufbauen.

Beachten Sie, daß es zur Berechnung der reduzierten Form $L(\mathbf{y})$ nicht erforderlich ist, $\mathbf{\Omega}$ numerisch zu bestimmen. Vielmehr braucht man mit Hilfe des Eigenwertproblems $\mathbf{Ax} = \lambda\mathbf{x}$ mit $\mathbf{A} = \mathbf{A}'$ lediglich die Eigenwerte $\lambda_1, \ldots, \lambda_n$ zu bestimmen.

3.3. Definitheit quadratischer Formen und Konvexität

Wie wir skizziert haben, kann eine quadratische Form

$$A(\mathbf{x}) = \mathbf{x}' \cdot \mathbf{A} \cdot \mathbf{x}$$

mit symmetrischer Matrix $\mathbf{A}$ in n Variablen x_i durch eine Koordinatentransformation $\mathbf{x} = \mathbf{\Omega y}$ auf die Gestalt

$$L(\mathbf{y}) = \sum_{i=1}^{n} \lambda_i y_i^2$$

mit lauter reellen λ_i, den Eigenwerten von $\mathbf{A}$, gebracht werden. Hieraus kann man folgendes ablesen: Sind alle λ_i positiv, so wird $L(\mathbf{y})$ für reelles $\mathbf{y}$ niemals negativ und gleich Null nur für $\mathbf{x} = \mathbf{0}$. In diesem Fall nennt man die Matrix $\mathbf{A}$ und die quadratische Form $A(\mathbf{x})$ *positiv definit*. Gilt dagegen nur die schwächere Bedingung $\lambda_i \geqq 0$ für alle $i = 1, \ldots, n$, so wird $L(\mathbf{y})$ zwar ebenfalls niemals negativ, aber falls etwa für den n-ten Eigenwert $\lambda_n = 0$ gilt, so folgt darüber hinaus durch Einsetzen des von dem Nullvektor verschiedenen n-ten Einheitsvektors

$$\mathbf{e}^{(n)} = (0, 0, \ldots, 1)'$$

in die quadratische Form $L(\mathbf{y})$, daß $L(\mathbf{e}^{(n)}) = 0$ wird, und aus (V-55) ergibt sich jetzt, daß durch Einsetzen von $\mathbf{x} := \mathbf{\Omega e}^{(n)} = \omega^{(n)}$ $(\neq \mathbf{0})$ in $A(\mathbf{x})$ auch die Gleichung

$A(\omega^{(n)}) = 0$ folgt. In diesem Fall nennt man die Matrix **A** und auch die quadratische Form $A(\mathbf{x})$ *positiv semidefinit*. Mit Überlegungen aus der Differentialrechnung oder der Geometrie, die wir hier nicht durchführen wollen, kann man nun beweisen, daß die Funktion $L(\mathbf{y})$ bei positiver Definitheit streng konvex und bei positiver Semidefinitheit konvex ist. Im ersten Fall tritt also genau ein Minimum (in $\mathbb{R}^n$) bei $\mathbf{x} = \mathbf{y} = \mathbf{0}$ und im zweiten Fall unendlich viele Minima, die aber dann sämtlich globale Minima sind, auf.

4. Literaturhinweise

Ästhetische Prinzipien, insbesondere Eleganz und Harmonie, haben in der Mathematik oft eine große Faszination auf Mathematiker ausgeübt. Da sie sich besonders gut und einfach auf die Darstellung der Determinanten anwenden lassen, erscheint ein so elementares mathematisches Lehrbuch wie NEISS [1941, S. 19] in seiner ersten Auflage dem Studenten der Ökonomie als etwas schwierig. Eine einfachere Einführung finden Sie in JAEGER/WENKE [1969, S. 251], eine noch andere übrigens in JAEGER [1960, S. 204]. Für leicht verständliche Anwendungsbeispiele im Zusammenhang mit der Vektorrechnung sowie der Behandlung von Funktionen mehrerer Variablen und gewöhnlicher Differentialgleichungen sei auf DIETRICH/STAHL [1968, S. 40–45] verwiesen.

Die Anwendung von Eigenwerten symmetrischer Matrizen in der Geometrie quadratischer Gleichungen (Kegelschnitte und dreidimensionale Verallgemeinerungen) ist z. B. bereits in JAEGER [1960, S. 264–285] leicht dargestellt. Eine ausführliche Darstellung von Eigenwertproblemen finden Sie auch in HADLEY [1961, S. 234–284]. Eine der wichtigsten ökonomischen Anwendungen beinhalten die auf lineare Verflechtungen innerhalb einer Volkswirtschaft (LEONTIEF) oder einer Unternehmung (PICHLER und WENKE) basierenden Input-Output-Modelle, über die Sie etwas mehr in HADLEY [1962, S. 487–508], GALE [1960, S. 301–306], JAEGER/WENKE [1969, S. 294–302], DÜCK/KÖRTH/RUNGE/WUNDERLICH [1980, I, S. 195–196, II, S. 340–368] nachlesen können. In JAEGER [1960, S. 266–269] ist auch ein Beweis für die Existenz eines orthogonalen Ω zur Diagonalisierung der symmetrischen Matrix A, die auch die Beweislücke hier in diesem Buche für den Fall mehrfacher Eigenwerte füllt.

Numerische Verfahren zur Lösung von Eigenwertaufgaben werden ausführlich in ZURMÜHL/FALK [1984, Kapitel VI] vorgeführt.

Wiederholungsfragen

1. Was versteht man unter der Determinante einer Matrix? Geben Sie eine **allgemeine** Definition an!
2. Ist es denkbar, daß eine Matrix
   - keine oder
   - mehrere

   Determinanten besitzt?
3. Was versteht man in diesem Zusammenhang unter einer Unterdeterminante bzw. unter der zugehörigen Adjunkten (dem zugehörigen Kofaktor)?
4. Wie lassen sich die Determinaten von (2×2)- und (3×3)-Matrizen vereinfacht berechnen?
5. Wie ändert sich die Determinante einer quadratischen Matrix **A**, wenn die folgenden Operationen an **A** vorgenommen werden:
   - Multiplikation sämtlicher Elemente einer Zeile (Spalte) von **A** mit dem Faktor t;

- Multiplikation sämtlicher Elemente von **A** mit t;
- Addition des t-fachen einer Zeile (Spalte) von **A** zu einer anderen Zeile (Spalte) von **A**;
- Vertauschen zweier Zeilen (Spalten) von **A**.

6. Welchen Wert hat die Determinante einer quadratischen Matrix **A**, wenn (alternativ)
   - alle Elemente einer Zeile (Spalte) gleich Null sind;
   - wenn zwei Zeilen (Spalten) identisch sind;
   - wenn eine Zeile (Spalte) ein Vielfaches einer anderen Zeile (Spalte) ist.
7. Welchen Wert nimmt die Determinante einer quadratischen Matrix **A** an, wenn **A**
   - eine Dreiecksmatrix
   - eine Nullmatrix bzw.
   - eine Einheitsmatrix

   ist?
8. Welcher Zusammenhang besteht zwischen der Determinante einer Matrix und der Determinante ihrer Transponierten?
9. Gegeben sei ein allgemeines Gleichungssystem der Form

   $\mathbf{A} \cdot \mathbf{x} = \mathbf{b}$

   mit quadratischer Koeffizientenmatrix **A**. Welcher Zusammenhang besteht zwischen
   - der Lösbarkeit des Gleichungssystems,
   - der Inversen von **A**,
   - der Determinante von **A**,
   - dem Rang von **A**,
   - der linearen Unabhängigkeit der Zeilen (Spalten) von **A**?
10. Was versteht man unter dem Eigenwertproblem?
    Definieren Sie in diesem Zusammenhang auch die Begriffe Eigenwert und Eigenvektor!

Übungsaufgaben

Aufgabe V-1

Berechnen Sie die Determinanten der folgenden Matrizen (sofern sie existieren):

$$\mathbf{A} = \begin{pmatrix} 2 & 4 \\ 3 & 5 \end{pmatrix}, \quad \mathbf{B} = \begin{pmatrix} 1 & 2 \\ 2 & 4 \end{pmatrix}, \quad \mathbf{C} = \begin{pmatrix} 1 & 2 & 0 \\ 2 & 4 & 1 \end{pmatrix},$$

$$\mathbf{D} = \begin{pmatrix} 2 & 6 & 5 \\ 4 & 1 & -1 \\ 2 & 2 & 1 \end{pmatrix}, \quad \mathbf{E} = \begin{pmatrix} 1 & 0 & 0 \\ 0 & 1 & 0 \\ 0 & 0 & 1 \end{pmatrix}, \quad \mathbf{F} = \begin{pmatrix} 2 & 1 & 0 \\ 0 & 4 & -6 \\ 0 & 0 & -2 \end{pmatrix},$$

$$\mathbf{G} = \begin{pmatrix} 4 & 6 & -2 \\ 2 & 5 & -1 \\ 3 & 9 & 0 \end{pmatrix}, \quad \mathbf{H} = \begin{pmatrix} 4 & 0 & 0 \\ 0 & 4 & 0 \\ 0 & 0 & 4 \end{pmatrix}.$$

$$\mathbf{I} = \begin{pmatrix} 3 & 7 & 0 & 9 \\ 8 & 6 & 2 & 4 \\ 5 & 3 & 0 & 1 \\ 9 & 5 & 0 & 2 \end{pmatrix}, \quad \mathbf{K} = \begin{pmatrix} 0 & 7 & 0 & 4 \\ 1 & 4 & 6 & 8 \\ 0 & 2 & 7 & 6 \\ 2 & 3 & 2 & 7 \end{pmatrix}, \quad \mathbf{L} = \begin{pmatrix} 2 & 6 & 3 & 7 \\ 0 & 4 & 0 & 8 \\ 0 & 0 & 1 & 2 \\ 0 & 0 & 0 & 2 \end{pmatrix},$$

$$\mathbf{M} = \begin{pmatrix} 2 & 2 & 7 & 7 \\ 0 & 6 & 3 & 2 \\ 0 & 4 & 4 & 0 \\ 0 & 0 & 7 & 0 \end{pmatrix}.$$

Aufgabe V-2

Gegeben seien die folgenden Matrizen:

$$\mathbf{A} = \begin{pmatrix} -1 & 2 & 0 & -5 \\ -3 & 1 & 0 & 1 \\ 4 & 2 & 2 & 3 \\ 2 & 4 & 0 & 4 \end{pmatrix}, \quad \mathbf{B} = \begin{pmatrix} 2 & 0 & 0 & 0 \\ 0 & 0 & 4 & 0 \\ 0 & 0 & 0 & -1 \\ 0 & 3 & 0 & 0 \end{pmatrix},$$

$$\mathbf{C} = \begin{pmatrix} 2 & 4 & 2 & 4 \\ 7 & 6 & 9 & 3 \\ 0 & 0 & 0 & 0 \\ 3 & 8 & 17 & 7 \end{pmatrix}, \quad \mathbf{D} = \begin{pmatrix} 2 & 0 & 4 \\ 1 & 2 & 4 \end{pmatrix},$$

$$\mathbf{E} = \begin{pmatrix} 1 & 0 & 0 \\ 0 & 1 & 0 \\ 0 & 0 & 1 \end{pmatrix}, \quad \mathbf{F} = \begin{pmatrix} 1 & 6 \\ 5 & 2 \\ 3 & 4 \end{pmatrix}.$$

Bestimmen Sie die folgenden Determinanten (sofern sie existieren):

- $|\mathbf{A}|$
- $|\mathbf{B}|$
- $|\mathbf{A}'|$
- $|\mathbf{A} \cdot \mathbf{B}|$
- $|4 \cdot \mathbf{A}|$
- $|\mathbf{A}^{-1} \cdot \mathbf{B}|$
- $|\mathbf{A}^{-1} \cdot \mathbf{B} \cdot \mathbf{C}|$
- $|\mathbf{D}|$
- $|\mathbf{D} \cdot \mathbf{F}|$.

Aufgabe V-3

Gegeben sei das folgende Gleichungssystem:

$$\begin{aligned} 2x_1 + x_2 + 3x_3 &= 7 \\ 4x_1 \phantom{{}+ x_2} + 2x_3 &= 4 \\ 3x_1 + x_2 + 4x_3 &= 2. \end{aligned}$$

a) Besitzt das Gleichungssystem eine eindeutige Lösung? Beantworten Sie diese Frage unter Bezugnahme auf die Determinante der Koeffizientenmatrix!

b) Was können Sie über
 - die Inverse der Koeffizientenmatrix,
 - den Rang der Koeffizientenmatrix,
 - den Rang der erweiterten Koeffizientenmatrix und
 - bezüglich linearer (Un-)abhängigkeit der Zeilen bzw. Spalten der Koeffizientenmatrix aussagen?

Aufgabe V-4

Gegeben seien die folgenden Matrizen

$$\mathbf{A} = \begin{pmatrix} 1 & 5 & -1 \\ 3 & -8 & 9 \\ 6 & 2 & 4 \end{pmatrix}, \quad \mathbf{B} = \begin{pmatrix} 3 & 2 & 4 \\ 4 & 1 & 7 \\ 2 & 0 & 4 \end{pmatrix}.$$

a) Bestimmen Sie $|\mathbf{A}|$ und $|\mathbf{B}|$.

b) Was können Sie aufgrund des Ergebnisses, das Sie unter a) erhalten haben, über die Lösbarkeit der Gleichungssysteme

$\mathbf{A} \cdot \mathbf{x} = \mathbf{b}$ und $\mathbf{B} \cdot \mathbf{x} = \mathbf{b}$

aussagen? Dabei sei $\mathbf{b}$ ein beliebiger dreidimensionaler Spaltenvektor.

Kapitel VI: Lineare Optimierung

Gliederung

Wenn Sie die Grundbeispiele in Kapitel I und die dort angegebene Literatur durchgearbeitet haben, ist Ihnen klar geworden, wie viele verschiedenartige Fragestellungen man im Zusammenhang mit ökonomischen Problemen mit Hilfe von linearen Optimierungssystemen untersuchen kann. Möglicherweise wird Ihnen auch aufgefallen sein, daß diese Systeme ganz unterschiedliche Strukturen aufweisen. Trotzdem werden wir am Ende dieses Kapitels ein Verfahren entwickelt haben, mit dem sich für jedes dieser Systeme eine optimale Lösung bestimmen läßt, sofern eine solche existiert.

Scheinbar im Gegensatz zu dieser Absicht befassen wir uns zunächst einmal mit Optimierungssystemen eines ganz speziellen Typs, den sog. (primal) zulässigen kanonischen Optimierungssystemen (Abschnitt 2). Es handelt sich dabei um Optimierungssysteme, deren Restriktionen ein NN-Gleichungssystem in einer zulässigen kanonischen Form bilden. Man kann nun zeigen, daß es stets auch eine optimale Basislösung gibt, sofern überhaupt eine optimale Lösung existiert. Wir richten deshalb unser Hauptaugenmerk auf verschiedene äquivalente kanonische Formen des Optimierungssystems bzw. auf zugehörige Basislösungen. Zunächst zeigen wir, wie sich optimale Basislösungen identifizieren lassen (noch Abschnitt 2). Liegt noch keine derartige Lösung vor, so gehen wir zu einer äquivalenten (primal) zulässigen kanonischen Form über, die eine in der Regel bessere, nie aber eine schlechtere Basislösung ausweist. Dies geschieht mit einem speziellen Pivotschritt, der in diesem Zusammenhang als primaler Simplexschritt bezeichnet wird (Abschnitt 3). Der in Abschnitt 4 vorgestellte primale Simplexalgorithmus faßt im wesentlichen die vorausgegangenen Überlegungen zu einem Verfahren zusammen, mit dessen Hilfe man für kanonische Optimierungssysteme eine optimale Lösung bestimmen kann, sofern eine solche Lösung existiert. Andernfalls bricht das Verfahren ab.

Nun liegen aber bei ökonomischen Anwendungen, wie Sie auch den Grundbeispielen in Kapitel I entnehmen können, Optimierungssysteme nicht von vornherein in kanonischer Form vor. Allerdings haben wir in Kapitel II, Abschnitt 3.4 gesehen, wie sich beliebige Restriktionssysteme in NN-Gleichungssysteme umformen lassen. In Abschnitt 5 dieses Kapitels demonstrieren wir, wie Optimierungssysteme mit derartigen Restriktionssystemen (die ja im Gegensatz zu den Annahmen von Abschnitt 2 nicht mehr in zulässiger kanonischer Form vorzuliegen brauchen) in zulässige kanonische Optimierungssysteme überführt werden können. Man bedient sich dabei eines Kunstgriffes, der dann auch hier die Voraussetzungen für den Einsatz des Simplexalgorithmus schafft. Man erweitert dabei das vorliegende Restriktionssystem zu einem Optimierungshilfssystem, einem sog. künstlichen Optimierungssystem, auf das sich der Simplexalgorithmus anwenden läßt. Sofern überhaupt eine (primal) zulässige Basislösung des Restriktionssystems existiert, liefert das Verfahren am Ende eine zugehörige kanonische Form des zugrundeliegenden NN-Gleichungssystems. Nach einer geeigneten Hinzufügung der ursprünglichen Zielgleichung liegt ein kanonisches Optimierungssystem vor, für das man dann wieder, wie in den Abschnitten 2, 3 und 4 beschrieben, eine optimale Lösung bestimmen kann.

In Abschnitt 6 fassen wir unsere Überlegungen zur sog. Zwei-Phasen-Simplexmethode zusammen, mit der sich dann tatsächlich beliebige Optimierungsaufgaben lösen lassen. In Abschnitt 7 führen wir noch einen anderen, nämlich den dualen Simplexalgorithmus vor, für den andersgeartete Anwendungsvoraussetzungen erforderlich sind. Schließlich wollen wir in Abschnitt 8 die Grundbeispiele weiterführen.

1. Lernziele

Wenn Sie dieses Kapitel durchgearbeitet haben, sollten Sie in der Lage sein,

- anzugeben, was ein kanonisches Optimierungssystem ist bzw. was in diesem Zusammenhang primal zulässige und dual zulässige kanonische Formen des Optimierungssystems sind,
- Anwendungsvoraussetzungen, Grundgedanken und Ablauf des Simplexalgorithmus verbal zu beschreiben,
- mögliche Sondersituationen beim primalen Simplexalgorithmus mit ihren Merkmalen zu nennen,
- die Bedeutung und die Konstruktion von künstlichen Optimierungssystemen zu erläutern,
- den Ablauf der Zwei-Phasen-Simplexmethode verbal zu skizzieren,
- die Unterschiede zwischen dem primalen und dem dualen Simplexalgorithmus zu schildern sowie
- konkrete Optimierungsaufgaben numerisch zu lösen.

2. Kanonische Optimierungssysteme

Was Optimierungssysteme sind, haben Sie bereits in Kapitel I kennengelernt. Wir wollen uns hier allerdings noch nicht mit solchen allgemeinen Systemen befassen, vielmehr stehen zunächst – wie auch schon bei der Behandlung linearer Gleichungssysteme – Systeme eines ganz speziellen Typs im Mittelpunkt. Es handelt sich dabei um Optimierungssysteme der folgenden oder einer äquivalenten Gestalt:

$$\text{(VI-1)}\quad \left\{\begin{array}{lllll} \text{ZG:} & x_0 & & + a_{0r+1}x_{r+1} + a_{0r+2}x_{r+2} + \ldots + a_{0n}x_n = b_0 & \\ \text{RG:} & \left\{\begin{array}{l} x_1 \\ \quad x_2 \\ \qquad \ddots \\ \qquad\qquad x_r \end{array}\right. & & \begin{array}{l} + a_{1r+1}x_{r+1} + a_{1r+2}x_{r+2} + \ldots + a_{1n}x_n = b_1 \\ + a_{2r+1}x_{r+1} + a_{2r+2}x_{r+2} + \ldots + a_{2n}x_n = b_2 \\ \\ + a_{rr+1}x_{r+1} + a_{rr+2}x_{r+2} + \ldots + a_{rn}x_n = b_r \end{array} & \\ \text{NN:} & x_1, x_2, \ldots, x_r, & & x_{r+1}, \quad x_{r+2}, \ldots, \quad x_n \geqq 0 & \\ \text{ZV:} & x_0 \rightarrow \text{opt!} & & & \end{array}\right.$$

wobei opt! entweder für „max!“ oder für „min!“ stehen soll. In unserer Darstellung haben wir bereits hervorgehoben, daß sich das System (VI-1) in vier Teile gliedern läßt:

Teilsystem RG

Dieses Teilsystem enthält allgemeine Restriktionen in den Variablen $x_1, x_2, \ldots, x_n$. Genauer gesagt, handelt es sich um ein System von Gleichungsrestriktionen, das hier bereits in kanonischer Form für eine vorher ausgewählte Menge von Basisvariablen (hier **zur Vereinfachung** $x_1, x_2, \ldots, x_r$ numeriert) vorliegen soll.

Teilsystem NN

Dieses Teilsystem weist ganz spezielle Restriktionen auf, und zwar für jede der Variablen $x_1, x_2, \ldots, x_n$, **mit Ausnahme von** x_0, eine Nichtnegativitätsrestriktion.

Teilsystem ZG

ZG enthält nur eine Formel, nämlich die aus der Zielfunktion abgeleitete Zielgleichung. Im Gegensatz zu den in Kapitel I vorgestellten Zielgleichungen seien in ZG hier bereits die Basisvariablen des Teilsystems RG eliminiert, weshalb man ZG auch *modifizierte Zielgleichung* und die Koeffizienten a_{0j}, $j = 1, \ldots, n$, *modifizierte Zielkoeffizienten* nennt.[1]

Teilsystem ZV

ZV besteht nur aus der sog. *Zielvorschrift*, die angibt, ob ein möglichst großer Zielwert ($ZV : x_0 \rightarrow \max!$) oder ein möglichst kleiner Zielwert ($ZV : x_0 \rightarrow \min!$) angestrebt werden soll.

Jedes Optimierungssystem, das diese Gestalt (VI-1) hat oder sich durch eine Vertauschung der Reihenfolge der Gleichungen von RG und/oder der *Restriktionsvariablen* x_i ($i = 1, \ldots, n$) bzw. durch eine Umnumerierung von ihnen auf diese Form bringen läßt, heiße ein *kanonisches lineares Optimierungssystem* oder auch *lineares Optimierungssystem in kanonischer Form.* In diesem Buch werden wir gewöhnlich die Qualifikation „linear" weglassen, da keine anderen Optimierungsprobleme behandelt werden. Wir sprechen speziell von einem kanonischen *Maximierungs*system, wenn die Zielvorschrift $x_0 \rightarrow \max!$ lautet bzw. von einem kanonischen *Minimierungs*system, wenn die Zielvorschrift $x_0 \rightarrow \min!$ lautet. Man nennt das Optimierungssystem (VI-1) *primal zulässig*, wenn die rechten Seiten von RG sämtlich nichtnegativ sind:

$$b_i \geqq 0 \quad \text{für } i = 1, .., r,$$

und sonst *primal unzulässig*. In elementaren Einführungen in die Lineare Algebra und Optimierung findet man häufig auch nur die Bezeichnungsweise „zulässig". Bei primaler Zulässigkeit erfüllen die Variablenwerte der Basislösung das Teilsystem NN (die Nichtnegativitätsrestriktionen), und man sagt auch, daß in diesem Falle die Basislösung *(primal) zulässig* und sonst *(primal) unzulässig* ist. Insbesondere im Verlaufe der Konstruktion einer kanonischen Form werden wir sogar eine einzelne bereits gewählte Basisvariable, nachdem das Gleichungssystem bereits nach ihr aufgelöst ist, *(primal) zulässig* oder *unzulässig* nennen, je nachdem ob auf der rechten Seite der zu ihr gehörigen Gleichung eine nichtnegative oder negative Zahl steht.

Beispiel VI-1

Das Maximierungssystem

$$OS_1: \left\{ \begin{array}{lllllll} x_0 & & & & & + 6x_5 = & 86 \\ & x_1 & & & + 2x_4 & + 3x_5 = & 12 \\ & & x_2 & & - \ x_4 & + 4x_5 = & 8 \\ & & & x_3 + & x_4 & - 2x_5 = & 4 \\ & x_1, & x_2, & x_3, & x_4, & x_5 \geqq & 0 \\ x_0 \rightarrow \max! \end{array} \right.$$

[1] Diese Modifikation ändert zwar i.a. den aus ZG bestimmbaren Zielwert eines allgemeinen n-Vektors, aber keineswegs die Zielwerte von **Lösungen** von RG, da durch den Eliminationsprozeß lediglich eine Linearkombination der Gleichungen von RG zu ZG addiert wird, die für Lösungen von RG erfüllt ist. Vgl. auch Unterabschnitt 2.3 in Kapitel II für diese Art der Argumentation.

liegt in primal zulässiger Form vor. Wir lesen daraus die primal zulässige Basislösung (12, 8, 4, 0, 0) ab. Ebenfalls in primal zulässiger Form liegt das Optimierungssystem

$$\text{OS}_2: \begin{cases} x_0 - 2x_1 \quad + 2x_3 \quad = 12 \\ \quad - 2x_1 + x_2 + 2x_3 \quad = 5 \\ \quad 4x_1 \quad - 2x_3 + x_4 \quad = 8 \\ \quad 2x_1 \quad - 3x_3 \quad + x_5 = 16 \\ \quad x_1, \; x_2, \; x_3, \; x_4, \; x_5 \geqq 0 \\ x_0 \to \max! \end{cases}$$

vor, aus der wir die zugehörige Basislösung (0,5, 0,8, 16) entnehmen.

Keine primal zulässigen Optimierungssysteme sind dagegen:

$$\text{OS}_3: \begin{cases} x_0 \quad + 2x_3 + 4x_4 = 12 \\ \quad x_1 \quad - \; x_3 + \; x_4 = 10 \\ \quad - x_2 + 2x_3 - 4x_4 = 5 \\ \quad x_1, \; x_2, \; x_3, \; x_4 \geqq 0 \\ x_0 \to \min! \\ \text{(keine kanonische Form)} \end{cases}$$

$$\text{OS}_4: \begin{cases} x_0 - 2x_1 - 4x_2 - 5x_3 - 5x_4 - 6x_5 = 20 \\ \quad x_1 \quad + 2x_4 + 3x_5 = 12 \\ \quad x_2 \quad - \; x_4 + 4x_5 = 8 \\ \quad x_3 + \; x_4 - 2x_5 = 4 \\ \quad x_1, \; x_2, \; x_3, \; x_4, \; x_5 \geqq 0 \\ x_0 \to \max! \\ \text{(Basisvariablen nicht aus der Zielgleichung eliminiert)} \end{cases}$$

$$\text{OS}_5: \begin{cases} x_0 + 2x_1 \quad + 4x_4 = 12 \\ \quad - x_1 \quad + x_3 + \; x_4 = 12 \\ \quad 2x_1 + x_2 \quad - 4x_4 = 5 \\ \quad x_1, \quad x_3 \quad \geqq 0 \\ x_0 \to \min! \\ \text{(keine NN-Bedingungen für } x_2 \text{ und } x_4\text{)} \end{cases}$$

Die Frage, ob man immer und ggf. wie man durch neutrale Umformungen zu einem primal zulässigen Optimierungssystem gelangen kann, werden wir im wesentlichen erst später in Abschnitt 5 untersuchen.

Wir bemerken nun weiterhin, daß durch b_0 in ZG von (VI-1) der Zielwert x_0^* der zugehörigen Basislösung gegeben ist. Diese lautet ja

$$\text{(VI-2)} \qquad \begin{pmatrix} x_1^* \\ x_2^* \\ \vdots \\ x_r^* \\ x_{r+1}^* \\ x_{r+2}^* \\ \vdots \\ x_n^* \end{pmatrix} = \begin{pmatrix} b_1 \\ b_2 \\ \vdots \\ b_r \\ 0 \\ 0 \\ \vdots \\ 0 \end{pmatrix},$$

und durch Einsetzen der Nullen als Werte der Nichtbasisvariablen in ZG folgt die Behauptung:

$$x_0 + \underbrace{\sum_{j=r+1}^{n} a_{0j} \cdot 0}_{\stackrel{=}{0}} = b_0$$

Beispiel VI-2

Zu der Basislösung (12, 8, 4, 0, 0) des Optimierungssystems OS_1 aus Beispiel VI-1 lesen wir den zugehörigen Zielwert $x_0^* = 86$ ab.

Wir wollen uns nun überlegen, wie man – ausgehend von einer primal zulässigen kanonischen Form – eine optimale Lösung identifizieren kann, sofern eine solche erkennbar ist. Dabei beschränken wir uns zunächst auf **Maximierungs**aufgaben. Wie wir in Kapitel II gesehen haben, sind sämtliche Lösungen von RG durch die Parameterform (II-3) ausgedrückt. Wegen der Nichtnegativitätsbedingungen können wir aber, wenn wir von der Basislösung (alle $t_{r+k} = 0$, $k = 1, \ldots, n-r$) zu irgendeiner anderen primal zulässigen Lösung von RG übergehen wollen, einen oder mehrere Parameterwerte t_{r+k} nur von Null auf **positive Werte wachsen** lassen, weil ja

(VI-3) $\quad 0 \leqq x_{r+k} := t_{r+k}, \quad k = 1, \ldots, n-r$

erfüllt sein muß. Zur Analyse der Auswirkungen von derartigen Veränderungen setzen wir die Parameter in die modifizierte Zielgleichung ZG von (VI-1) ein und erhalten

$$x_0 + a_{0r+1} t_{r+1} + a_{0r+2} t_{r+2} + \ldots + a_{0n} t_n = b_0$$

bzw. äquivalent und kürzer

(VI-4) $\quad x_0 = b_0 - \sum_{k=1}^{n-r} a_{0r+k} \cdot t_{r+k}.$

Man sieht sofort folgendes: Angenommen, es gelte bei einem primal zulässigen Maximierungssystem in kanonischer Form für sämtliche modifizierten Zielkoeffizienten der Nichtbasisvariablen

(VI-5) $\quad a_{0r+k} \geqq 0, \quad k = 1, \ldots, n-r,$

dann bedeuten (VI-3) und (VI-5) zusammen, daß in (VI-4) zunächst für jedes Produkt hinter dem Summenzeichen gelten muß

$$a_{0r+k} \cdot t_{r+k} \geqq 0$$

und damit insgesamt für das Negative der Summe

(VI-6) $\quad -\sum_{k=1}^{n-r} a_{0r+k} \cdot t_{r+k} \leqq 0.$

Erhält man nun für eine zulässige Lösung mit nichtnegativen Parameterwerten t_{r+k} speziell

$$-\sum_{k=1}^{n-r} a_{0r+k} \cdot t_{r+k} = 0,$$

d.h. gilt das Gleichheitszeichen in (VI-6), dann ist der Zielwert der Basislösung **gleich** dem Zielwert der neuen Lösung. In dem Falle

$$-\sum_{k=1}^{n-r} a_{0r+k} \cdot t_{r+k} < 0$$

ist der Zielwert der neuen Lösung dagegen **schlechter**. Beide Fälle zusammen bedeuten aber, daß es keine Lösung von (RG, NN) aus (VI-1) gibt, die besser als die ausgewiesene (primal zulässige) Basislösung von RG ist, sofern (VI-5) gilt. Anders ausgedrückt: Die ausgewiesene Basislösung ist für den Fall (VI-5) bereits eine optimale Lösung.

Beispiel VI-3

Die in Beispiel VI-1 ermittelte primal zulässige Basislösung für das Maximierungssystem OS_1 ist bereits eine optimale Lösung des Systems, da alle modifizierten Zielkoeffizienten der Nichtbasisvariablen (x_4, x_5) nichtnegativ sind.

Es kann jedoch durchaus noch andere optimale Lösungen geben, die keine Basislösungen sind, so daß das erweiterte Problem, **alle** optimalen Lösungen zu finden, damit noch nicht beantwortet ist.

Betrachten wir nun dagegen ein **Minimierungs**system in primal zulässiger kanonischer Form und nehmen an, es liege diesmal für die modifizierten Zielkoeffizienten der Nichtbasisvariablen die zu (VI-5) **umgekehrte** Situation

(VI-7) $\quad a_{0r+k} \leqq 0, \quad k = 1, \ldots, n-r$

vor. Dann findet man ganz analog

(VI-8) $\quad -\sum_{k=1}^{n-r} a_{0r+k} \cdot t_{r+k} \geqq 0$

und schließt sofort, daß es keine Lösung mit einem kleineren Zielwert als dem der Basislösung geben kann. Auch hier, also für den Fall (VI-7), hat man mit der (primal zulässigen) Basislösung eine optimale Lösung gefunden. Wir fassen zusammen:

Optimale Basislösung für lineare Optimierungssysteme (1)
Liegt ein lineares Maximierungssystem in primal zulässiger kanonischer Form vor und sind sämtliche modifizierten Zielkoeffizienten nichtnegativ, so ist die ausgewiesene Basislösung optimal. Liegt ein lineares Minimierungssystem in primal zulässiger kanonischer Form vor und sind sämtliche modifizierten Zielkoeffizienten nichtpositiv, so ist die ausgewiesene Basislösung optimal.

Nennt man ein lineares Optimierungssystem in kanonischer Form *dual zulässig*, wenn in dem Falle $x_0 \to \max!$ für alle $k = 1, .., n-r$ die Ungleichung $a_{0r+k} \geqq 0$

und in dem Falle $x_0 \to \min!$ für alle $k = 1, \dots, n - r$ die Ungleichung $a_{0r+k} \leqq 0$ gilt, so kann man noch kürzer formulieren:

Optimale Basislösungen für lineare Optimierungssysteme (2)
Eine Basislösung eines linearen Optimierungssystems in primal und dual zulässiger kanonischer Form ist optimal.

Im übrigen wollen wir anstelle von einer gleichzeitig primal und dual zulässigen kanonischen Form eines Optimierungssystems auch kurz von einer *optimalen kanonischen Form* sprechen.

3. Der primale Simplexschritt

Gegenstand dieses Abschnittes ist, wie man ausgehend von einem linearen Optimierungssystem in primal, aber noch nicht dual zulässiger kanonischer Form bzw. von der zugehörigen Basislösung mit Hilfe von lösungsneutralen Umformungen andere, und zwar in der Regel bessere, aber niemals schlechtere (Basis-)Lösungen auffinden kann. Wir beschränken uns bei diesen Untersuchungen zunächst wieder auf **Maximierungs**aufgaben. In einem solchen Fall muß es mindestens eine Nichtbasisvariable x_q geben, deren modifizierter Zielkoeffizient in der modifizierten Zielgleichung ZG echt kleiner als Null ist:

$$\text{(VI-9)} \qquad a_{0q} < 0, \; q \in \{r+1, \dots, n\}.$$

Dann könnte es sich lohnen, von der gegenwärtigen Basislösung, bei der alle Parameterwerte gleich Null sind, dadurch zu einer anderen Lösung überzugehen, daß man (vgl. die Parameterdarstellung (II-3) der allgemeinen Lösung) den zugehörigen Parameter t_q – unter Festhalten der Werte aller übrigen Parameter auf dem Wert Null – auf positive Werte wachsen läßt. Denn wie man direkt aus (VI-4) entnimmt, würde sich dadurch der Zielwert immer weiter verbessern:

$$\text{(VI-10)} \qquad x_0 = b_0 - a_{0q} t_q .$$

Die auf diese Weise erzeugten Glieder der neuen Lösungen von RG aus (VI-1) seien hier nochmals protokolliert:

$$\text{(VI-11)} \qquad \begin{cases} x_1 &= b_1 - a_{1q} \cdot t_q \\ x_2 &= b_2 - a_{2q} \cdot t_q \\ \vdots & \vdots \\ x_r &= b_r - a_{rq} \cdot t_q \\ x_{r+k} &= 0 \qquad\qquad \text{für } k = 1, \dots, n-r, \text{ aber } r+k \neq q \\ x_q &= t_q . \end{cases}$$

Dabei müssen diese neuen Lösungen wegen NN aber unbedingt nichtnegativ bleiben. Leider ist jedoch zu befürchten, daß die aus (VI-11) ablesbaren Nichtnegativitätsforderungen

$$\text{(VI-12)}\quad \begin{cases} b_1 - a_{1q} \cdot t_q \geqq 0 \\ b_2 - a_{2q} \cdot t_q \geqq 0 \\ \vdots \\ b_r - a_{rq} \cdot t_q \geqq 0 \end{cases}$$

verletzt werden können. Wie weit darf nun t_q gerade noch wachsen, damit so etwas nicht passiert? Schauen wir uns dazu eine einzelne Ungleichung von (VI-12)

$$\text{(VI-13)}\quad b_i - a_{iq} \cdot t_q \geqq 0$$

für t_q näher an. Wenn $a_{iq} \leqq 0$ ist, dann wird durch positive Werte für t_q diese Ungleichung **niemals** verletzt, denn bei wachsendem t_q verkleinert sich die linke Seite von (VI-13) nicht.

Anders dagegen der Fall $a_{iq} > 0$. Dann darf t_q höchstens den Wert $\frac{b_i}{a_{iq}}$ annehmen; denn wird t_q größer, so wird die linke Seite von (VI-13) negativ. Derartige Überlegungen sind natürlich für jede der r Ungleichungen von (VI-12) anzustellen, so daß t_q genau bis zur kleinsten dieser Schranken anwachsen darf:

$$\text{(VI-14)}\quad t_q \leqq \min\left\{\frac{b_i}{a_{iq}} \,\middle|\, i = 1, \ldots, r, a_{iq} > 0\right\}.$$

Um den in diesem Abschnitt einzuführenden Umformungsschritt überhaupt durchführen zu können, müssen wir an dieser Stelle die **wesentliche Zusatzannahme** machen, daß das in (VI-14) verlangte Minimum nicht leer ist, d.h. mindestens ein positives a_{iq} für das vorher ausgewählte q existiert, oder noch anders ausgedrückt, daß t_q **nach oben beschränkt** ist. Dann existiert also tatsächlich eine nicht negative Zahl t_q^* als obere Grenze (= kleinste obere Schranke) für t_q mit

$$\text{(VI-15)}\quad t_q^* := \min\left\{\frac{b_i}{a_{iq}} \,\middle|\, i = 1, \ldots, r, a_{iq} > 0\right\},$$

welche die bestmögliche Zielverbesserung bei alleiniger Vergrößerung des Parameters t_q ergibt. Nehmen wir weiter an, diese Grenze sei durch den die p-te Zeile (in RG) betreffenden Quotienten festgelegt:

$$\text{(VI-16)}\quad t_q^* = \frac{b_p}{a_{pq}} \text{ mit } \frac{b_p}{a_{pq}} \leqq \frac{b_i}{a_{iq}} \text{ für alle } i\ (= 1, \ldots, r) \text{ mit } a_{iq} > 0.$$

Durch Einsetzen des durch (VI-16) definierten Wertes für t_q in (VI-10) und (VI-11) erhält man sofort den Zielwert x_0^* der neuen Lösung sowie diese selbst in der Form

$$\text{(VI-17)}\quad x_0^* = b_0 - a_{0q} \cdot \frac{b_p}{a_{pq}}.$$

Die Lösung (VI-18) erfüllt RG und NN von (VI-1), ist aber normalerweise keine Basislösung bezüglich **dieses** kanonischen Systems mehr (es sei denn, es gelte gerade $b_p = 0$, vgl. in diesem Falle Kapitel II, Unterabschnitt 2.6.1 zur Präzisierung). Wenn man aber nun das kombinierte System (VI-17), (VI-18) mit den rechten Sei-

$$
\text{(VI-18)} \quad \begin{pmatrix} x_1^* \\ x_2^* \\ \vdots \\ x_p^* \\ \vdots \\ x_r^* \\ x_{r+1}^* \\ \vdots \\ x_{q-1}^* \\ x_q^* \\ x_{q+1}^* \\ \vdots \\ x_n^* \end{pmatrix} = \begin{pmatrix} b_1 - a_{1q} \cdot \frac{b_p}{a_{pq}} \\ b_2 - a_{2q} \cdot \frac{b_p}{a_{pq}} \\ \vdots \\ b_p - a_{pq} \cdot \frac{b_p}{a_{pq}} & \leftarrow = 0 \\ \vdots \\ b_r - a_{rq} \cdot \frac{b_p}{a_{pq}} \\ 0 \\ \vdots \\ 0 \\ \frac{b_p}{a_{pq}} \\ 0 \\ \vdots \\ 0 \end{pmatrix} .
$$

ten von Tab. II-2 vergleicht, stellt man fest: (VI-18) ist Basislösung bezüglich eines kanonischen **Optimierungs**systems, das man durch einen Pivotschritt mit dem Pivot (p, q) aus dem System (ZG, RG) von (VI-1) erhält, wobei jetzt der Pivotschritt zur Modifizierung der Zielkoeffizienten automatisch auf die Zielzeile ausgedehnt wird. Die Anwendung eines derartigen Pivotschrittes, bei dem **zuerst** der Pivot**spalten**index q aufgrund einer Vorzeichenbedingung (VI-9) und **danach** der Pivot**zeilen**index p durch die Annahme der oberen Grenze für t_q mit Hilfe von (VI-15) bzw. (VI-16) festgelegt werden, wird *(primaler) Simplexschritt* genannt. Dieser führt zu einer neuen kanonischen Form des Optimierungssystems, deren Basislösung wegen (VI-9) und $a_{pq} > 0$ in dem Falle $b_p > 0$ einen besseren Zielwert, aber in dem Falle $b_p = 0$ nur einen gleichguten Zielwert (Entartungsfall) aufweist. Beachten Sie bitte, daß die neue kanonische Form ebenfalls wieder zulässig ist, weil aufgrund der Konstruktion von t_q^* nach (VI-16) ja die Bedingungen (VI-12) erfüllt sind.

Beispiel VI-4

Wir betrachten das Optimierungssystem OS_2 aus Beispiel VI-1. Dieses System weist eine primal, aber nicht dual zulässige kanonische Form auf. Insbesondere gilt, daß der modifizierte Zielkoeffizient von x_1 kleiner als Null ist:

$$a_{01} = -2.$$

Es würde sich also im Hinblick auf den Zielwert lohnen, x_1 wachsen zu lassen, und wir wählen deshalb erstens $q := 1$. Zur Bestimmung der oberen Grenze t_1^* von t_1 bilden wir

$$t_1^* = \min\left\{\frac{8}{4}, \frac{16}{2}\right\} = 2.$$

Die obere Grenze wird durch die Quotienten $\frac{8}{4}$ aus der zweiten Gleichungsrestriktion festgelegt, und wir müssen daher zweitens $p := 2$ wählen. Damit ist als Pivotelement der in der Position (2, 1) stehende Koeffizient bestimmt. Der entsprechende Simplexschritt führt zu folgendem Optimierungssystem:

$$
OS_2': \left\{ \begin{array}{llllll}
x_0 & & + & x_3 + 1/2x_4 & & = 16 \\
& & x_2 + & x_3 + 1/2x_4 & & = 9 \\
& x_1 & & - 1/2x_3 + 1/4x_4 & & = 2 \\
& & & - \quad 2x_3 - 1/2x_4 & + x_5 & = 12 \\
& x_1, & x_2, & x_3, \quad x_4, & x_5 & \geqq 0 \\
x_0 \rightarrow \min! & & & & &
\end{array} \right.
$$

Auch dieses System weist eine primal zulässige kanonische Form auf. Da außerdem die modifizierten Zielkoeffizienten der Nichtbasisvariablen (x_3, x_4) nichtnegativ sind, ist es sogar dual zulässig. Die ausgewiesene – optimale – Basislösung lautet (2, 9, 0, 0, 12), und der zugehörige Zielwert beträgt $x_0^* = 16$.

Im Hinblick auf **Minimierungs**systeme ergibt sich nur ein einziger Unterschied: Um zu einer besseren bzw. wenigstens keinesfalls schlechteren Lösung zu gelangen, wird man bei einer Minimierungsaufgabe eine solche Nichtbasisvariable x_q, $q \in \{r+1, \ldots, n\}$, für welche anstelle von (VI-9) jetzt **umgekehrt**

$$(\text{VI-19}) \qquad a_{0q} > 0$$

gilt, von Null anwachsen lassen. Der Zielwert der zugehörigen Lösung ergibt sich wieder gem. (VI-10). Er wird also günstiger, d. h. kleiner, je größer t_q gewählt wird. Sämtliche sich anschließenden Überlegungen stimmen mit denen für Maximierungssysteme völlig überein, so daß wir hier auf sie verzichten wollen.

Sofern man Simplexschritte per „Hand" durchführen will, empfiehlt sich wieder die Verwendung eines Rechentableaus. Das hier zunächst vorgestellte sog. *ausführliche Simplextableau* hat die folgende Gestalt:

1	a_{01}	a_{02}	...	a_{0n}	b_0
0	a_{11}	a_{12}	...	a_{1n}	b_1
0	a_{21}	a_{22}	...	a_{2n}	b_2
⋮	⋮	⋮		⋮	⋮
0	a_{r1}	a_{r2}	...	a_{rn}	b_r

Dieses Tableau ist von der gleichen Form, die wir in Unterabschnitt 2.4 des Kapitels II einführten. Im Gegensatz zu jener weist es noch eine zusätzliche Zeile mit dem Zeilenindex 0 zur Aufnahme der modifizierten Zielkoeffizienten sowie eine zusätzliche Spalte mit dem Spaltenindex 0 für die Koeffizienten der Zielvariablen x_0 auf. Wenn wir im folgenden eine solches Schema mit nicht numerisch spezifizierten Koeffizienten verwenden, dann sei immer unterstellt, daß eine kanonische Form darin verborgen ist. Oft sind in einem solchen Fall die zu den Basisvariablen gehörenden Spalten wiederum durch Sterne markiert. Häufig trägt man in die Kopfzeile noch die zu den Spalten gehörenden Variablen sowie die Abkürzung „RS" für „rechte Seite" ein. Nicht protokolliert werden dagegen normalerweise die Nichtnegativitätsrestriktionen sowie die Zielvorschrift. Ohne explizit aufgeführt zu sein, stehen sie also quasi hinter dem Tableau. Die zunächst als Pivotvariable und damit als neue Basisvariable gewählte Nichtbasisvariable sowie die im folgenden bestimmte Pivotgleichung markiert man häufig mit einem Pfeil über der entsprechenden Spalte bzw. rechts neben der entsprechenden Zeile. In der Kreuzung der so bezeichneten Variablenspalte mit dem Index q und der Pivotgleichung mit dem Index p steht das zu verwendende Pivotelement a_{pq}.

Wie Sie bereits aus Beispiel VI-4 gesehen haben dürften, sind auch die Umformungen, die im Anschluß an die Bestimmung des Pivotelementes beim Übergang von einer kanonischen Form zu einer anderen vorgenommen werden müssen, völlig mit denjenigen identisch, die wir bei der Behandlung von Pivotschritten für lineare Gleichungssysteme kennenlernten. Formal haben wir sie lediglich auf die Zielgleichung zu übertragen.

Beispiel VI-5

Für das Maximierungssystem OS_2 aus Beispiel VI-1 wollen wir das entsprechende Tableau „mit Kopfzeile" erstellen (gegenwärtige Basisvariablen durch Sterne, Spalte der Pivotvariablen und Zeile der Pivotgleichung durch Pfeile gekennzeichnet):

	↓	*		*	*		
x_0	x_1	x_2	x_3	x_4	x_5	RS	
1	−2	0	2	0	0	12	
0	−2	1	2	0	0	5	
0	④	0	−2	1	0	8	←
0	2	0	−3	0	1	16	.

Unter Verwendung des umkreisten Pivotelementes erhält man das folgende umgeformte Tableau

	*	*			*		
x_0	x_1	x_2	x_3	x_4	x_5	RS	
1	0	0	1	1/2	0	16	
0	0	1	1	1/2	0	9	
0	1	0	−1/2	1/4	0	2	
0	0	0	−2	1/2	1	12	.

Wir müssen uns aber nun noch mit dem Fall auseinandersetzen, daß ein **primaler Simplexschritt nicht ausführbar** ist, weil das auf der rechten Seite von (VI-14) aufgeschriebene **Minimum** gar **nicht existiert**, d.h. (VI-12) für jedes positive t_q uneingeschränkt gilt. In diesem Fall kann man t_q beliebig groß wählen, ohne daß eine NN-Bedingung verletzt wird. Folglich wächst dann bei Maximierungssystemen (wegen (VI-9)) bzw. sinkt bei Minimierungssystemen (wegen (VI-19)) der Zielwert gemäß (VI-10) über alle Grenzen. Anders gesagt: Kann man einen Spaltenindex q ($r+1 \leqq q \leqq n$) derart finden, daß für alle i ($= 1, \ldots, r$) $a_{iq} \leqq 0$ gilt, so gibt es **keine optimale Lösung** von (VI-1). Nennt man einen modifizierten Zielkoeffizienten a_{0j} sowie die entsprechende Spalte j *dual unzulässig*, wenn $a_{0j} < 0$ im Falle eines Maximierungssystems, $a_{0j} > 0$ im Falle eines Minimierungssystems gilt, so kann man sich kurz merken:

Nichtexistenz einer optimalen Lösung
Besteht bei einem primal zulässigen kanonischen Optimierungssystem in Tableauform die Spalte unterhalb eines dual unzulässigen modifizierten Zielkoeffizienten lediglich aus nichtpositiven Gliedern, so existiert keine optimale Lösung.

Beispiel VI-6
Aus der Spalte mit Spaltenindex 9 des **Minimierungs**systems in primal zulässiger kanonischer Form

			*	*			*	*		
x_0	x_1	x_2	x_3	x_4	x_5	x_6	x_7	x_8	x_9	RS
1	−10	−30	0	0	−5	6	0	0	4	22
0	−1	4	0	0	−2	−2	1	0	−1	0
0	7	2	1	0	−3	1	0	0	−2	14
0	−4	−3	0	0	1	8	0	1	0	10
0	−3	−4	0	1	1	−6	0	0	−1	8

liest man unmittelbar ab, daß dieses (zwar eine primal zulässige, aber) keine optimale Lösung besitzt.

Über alle Grenzen wachsende oder sinkende Zielwerte sind bei wirtschaftswissenschaftlichen Anwendungen, bei denen x_0 etwa für Gewinne, Erlöse oder Kosten steht, wohl nicht sehr realistisch. Sollte Ihnen in der Praxis doch so etwas unterkommen, dann dürfte dieser Fall wohl darauf zurückzuführen sein, daß das aufgestellte System die zu analysierende Situation der Realität falsch wiedergibt *(falsches Modell)*, oder daß bei der rechentechnischen Behandlung Rechen- oder Rundungsfehler zu einem solchen falschen Ergebnis geführt haben.

4. Der primale Simplexalgorithmus

Aus den letzten zwei Abschnitten hat sich ergeben, daß in bezug auf ein kanonisches Optimierungssystem bzw. in bezug auf die ausgewiesene Basislösung drei Fälle vorkommen können, nämlich entweder ist die ausgewiesene Basislösung optimal, oder man kann bereits erkennen, daß es überhaupt keine optimale Lösung gibt, oder aber es kann ein Simplexschritt durchgeführt werden, der zu einer neuen, in der Regel besseren Basislösung führt. Daraus kann man mehr oder weniger direkt ableiten:

Beschränkung der Suche nach optimalen Basislösungen
Existiert für ein kanonisches Optimierungssystem überhaupt eine optimale Lösung, dann existiert auch eine optimale Basislösung.

Es gibt zwar möglicherweise auch Nicht-Basislösungen, die optimal sind, aber da es in der Regel ausreicht, **eine** optimale Lösung zu kennen, bietet es sich an, sich bei der Suche danach auf Basislösungen zu konzentrieren. Sie schließen nun vielleicht daraus, daß man für ein gegebenes Optimierungssystem nur alle Basislösungen zu konstruieren und von diesen dann die beste zulässige Lösung zu nehmen braucht. Bedenken Sie aber, daß die Anzahl der möglichen Basislösungen eines Gleichungssystems RG aus (VI-1)

$$\binom{n}{r} = \frac{n!}{r!\,(n-r)!}$$

ist. Bei Optimierungsaufgaben der ökonomischen Praxis beträgt die Anzahl n der Variablen durchaus schon einmal 15000 und die Anzahl r der Gleichungen 10000. Sie können sich leicht vorstellen, daß diese Vorgehensweise der vollständigen Enumeration selbst mit dem Einatz modernster Rechenanlagen nicht sehr weit führt.

Das Verfahren, das wir nun im Einzelnen beschreiben wollen, macht vielmehr von der Idee Gebrauch, von einer primal zulässigen kanonischen Form bzw. ihrer Basislösung nur solche kanonischen Formen anzusteuern, die ebenfalls zulässig sind, aber möglichst bessere Basislösungen ausweisen. Diese Eigenschaft realisierte aber gerade der im vorhergehenden Abschnitt vorgestellte primale Simplexschritt. Wenn überhaupt eine optimale (Basis-)Lösung existiert, dann muß man auch nach einer endlichen Folge von Simplexschritten zu einer solchen Lösung gelangen. Grundsätzlich geht man dabei wie folgt vor:

- Man überprüft, ob bereits auch eine dual zulässige Form vorliegt. Ist das der Fall, so liest man die zugehörige Basislösung als gesuchte optimale Lösung sowie den zugehörigen Zielwert ab und beendet das Verfahren.
- Man überprüft, ob für ein q mit $a_{0q} < 0$ bei einem Maximierungssystem bzw. für ein q mit $a_{0q} > 0$ bei einem Minimierungssystem sämtliche a_{iq} $(i = 1, \ldots, r)$ negativ sind. Ist das der Fall, so gibt es keine optimale Lösung, und man beendet das Verfahren.
- Andernfalls wählt man eine gegenwärtige Nichtbasisvariable x_q mit $a_{0q} < 0$ bei einem Maximierungssystem bzw. mit $a_{0q} > 0$ bei einem Minimierungssystem als neue Basisvariable.
- Gemäß Formel (VI-16) legt man dann eine Pivotgleichung p fest.
- Unter Verwendung des Pivots (p, q) führt man einen Pivotschritt durch. Damit gelangt man zu einer neuen primal zulässigen kanonischen Form und beginnt von vorn.

Dabei können jedoch noch drei Zusatzfragen auftreten, die wir bisher nicht behandelt haben. So kommen unter den modifizierten Zielkoeffizienten der Nichtbasisvariablen bei einem Maximierungssystem möglicherweise mehrere negative a_{0q} (bzw. bei einem Minimierungssystem mehrere positive a_{0q}) vor. Wie soll man dann fortfahren? Für die Auswahl der Pivotspalte kann man nun auf eine der folgenden Regeln zurückgreifen:

- man wähle bei einem Maximierungssystem (Minimierungssystem) diejenige Spalte, die beim **Maximieren** den **kleinsten negativen** (bzw. beim **Minimieren** den **größten positiven**) Koeffizienten a_{0q} besitzt. Hierbei handelt es sich um die sog. DANTZIG-*Regel*.

– Man wähle diejenige Spalte, die von den negativen (bzw. positiven) Koeffizienten denjenigen mit dem kleinsten Index aufweist.

– Man lasse einen Zufallsprozeß über die Auswahl einer Spalte aus der Menge der Spalten mit negativen (bzw. positiven) Koeffizienten entscheiden.

– Man wähle diejenige Spalte, die in Verbindung mit dem zugehörigen Pivotelement die größte Verbesserung des Zielwertes bewirkt.

Beispiel VI-7

Gegeben sei das folgende, bereits in Beispiel VI-6 vorgeführte Simplextableau, das allerdings diesmal zu einem primal zulässigen kanonischen **Maximierungs**system gehöre:

	↓	↓	*	*	↓		*	*		
x_0	x_1	x_2	x_3	x_4	x_5	x_6	x_7	x_8	x_9	RS
1	−10	−30	0	0	−5	6	0	0	4	22
0	−1	$\textcircled{4}^{0}$	0	0	−2	−2	1	0	−1	0
0	$\textcircled{7}^{20}$	2	1	0	−3	1	0	0	−2	14
0	−4	−3	0	0	1	8	0	1	0	10
0	−3	−4	0	1	$\textcircled{1}^{40}$	−6	0	0	−1	8

,

Die Koeffizientenspalten der Basisvariablen sind wieder durch Sterne markiert. Die für einen primalen Pivotschritt geeigneten Pivotspalten sind hier durch Pfeile markiert, die sich dabei jeweils ergebenden Pivotelemente wie gewöhnlich umkreist. An diesen umkreisten Elementen haben wir diesmal außerdem noch die jeweiligen Zielwertverbesserungen vermerkt, die sich nach ihrer Verwendung als Pivotelemente für die neugewonnene Basislösung ergeben würden.

Wie man sieht, würde man nach der Dantzig-Regel die x_2-Spalte und im Hinblick auf die größte Zielwertverbesserung die x_5-Spalte wählen.

Letztlich garantiert aber keine dieser Regeln, daß man auch wirklich am schnellsten, d.h. mit der geringsten Anzahl von Simplexschritten, zu einer optimalen Lösung gelangt.

Zweitens kann es in bezug auf die ausgewählte Pivotspalte mehrere Zeilen l geben, für die

$$\frac{b_l}{a_{lq}} = \min \left\{ \frac{b_i}{a_{iq}},\ a_{iq} > 0 \right\}$$

ist. Was soll man dann tun? Man wähle in dieser Situation einfach irgendeine Zeile p von diesen gleichgeeigneten Zeilen l aus.

Schließlich kann es zumindest sowohl theoretisch als auch in sorgfältig konstruierten Rechenbeispielen zum *Kreisen* des skizzierten Verfahrens kommen. Damit bezeichnet man den Tatbestand, daß man – ausgehend von einem primal, aber nicht dual zulässigen kanonischen Optimierungssystem – nach einer Folge von den Zielwert nicht verbessernden Simplexschritten wieder zu einer kanonischen Form gelangt, die man bereits nach einem der vorangegangenen Schritte vorliegen hatte. Wie soll man aus dem Kreisen herauskommen? Dieser Fall ist offensichtlich allenfalls beim Auftreten einer Entartung möglich. Er setzt außerdem ein starres Festhalten an einer deterministischen (d.h. nicht zufallsbedingten) Auswahlregel der

Pivotspalte voraus. Tatsächlich ist es aber selbst beim Vorliegen dieser Bedingungen nur in sehr konstruierten Fällen zum Kreisen des Verfahrens gekommen. Auch kann man in Computerprogrammen durch einfache Zusatzvorschriften das endlose Verharren in einem solchen Kreis verhindern, so daß wir uns nicht weiter mit diesem Sonderfall beschäftigen wollen.

Beispiel VI-8

Würden wir in bezug auf das Simplextableau in Beispiel VI-7 zur Auswahl der Pivotspalte die DANTZIG-Regel verwenden, so ergäbe sich der in der x_2-Spalte eingekreiste Koeffizient als Pivotelement. Der sich anschließende Pivotschritt erbrächte jedoch keine Zielwertverbesserung. In einem solchen Fall könnte man – als Zusatzregel – die Auswahl der Pivotspalte wieder rückgängig machen und zunächst erst einmal nach einem anderen, den Zielwert verbessernden Pivotelement suchen. Derartige Pivotelemente sind die in der x_1- und der x_5-Spalte umkreisten Koeffizienten. Als Pivotelement verwendet, führt jeder dieser Koeffizienten zu einem neuen Tableau, in dem die Entartung aufgehoben ist.

Wir fassen unsere Überlegungen zu folgendem Verfahren zusammen:

Algorithmus 6: (Primaler) Simplexalgorithmus zur Bestimmung einer optimalen kanonischen Form aus einem primal zulässigen kanonischen Optimierungssystem

Anwendungsvoraussetzungen

Gegeben ist ein Maximierungs- (bzw. Minimierungs-)System **in primal zulässiger kanonischer Form**

ZG	$x_0 + a_{01}x_1 + a_{02}x_2 + \ldots + a_{0r}x_r + \ldots + a_{0n}x_n = b_0$	Zielkoeffizienten bereits modifiziert
RG	$a_{11}x_1 + a_{12}x_2 + \ldots + a_{1r}x_r + \ldots + a_{1n}x_n = b_1 \geqq 0$ $a_{21}x_1 + a_{22}x_2 + \ldots + a_{2r}x_r + \ldots + a_{2n}x_n = b_2 \geqq 0$ $\vdots$ $a_{r1}x_1 + a_{r2}x_2 + \ldots + a_{rr}x_r + \ldots + a_{rn}x_n = b_r \geqq 0$	Gleichungssystem bereits in primal zulässiger Form mit r Basisvariablen (hier nicht erkennbar)
NN	$x_1, \quad x_2, \ldots, \quad x_r, \ldots, \quad x_n \geqq 0$	
ZV	$x_0 \to$ max! oder alternativ $x_0 \to$ min!	

Die kanonische Form ist hier wegen der numerisch noch nicht spezifizierten Koeffizienten als solche nicht erkennbar.

Anfangsschritt

(0.1) Markiere die r Basisvariablen!

Schritt 1 (Optimale Lösung)

(1.1) Gilt $a_{0j} \geqq 0$ (bzw. $a_{0j} \leqq 0$) für alle $j = 1, \ldots, n$?

JA → (5.2)!
NEIN → (2.1)!

Schritt 2 (Unbeschränkter Zielwert)

(2.1) Gibt es eine Variable x_q mit
$a_{0q} < 0$ (bzw. $a_{0q} > 0$) und $a_{iq} \leqq 0$ für alle $i = 1, \ldots, r$?
JA → (5.1)!
NEIN → (3.1)!

Schritt 3 (Bestimmung des Pivotelementes)

(3.1) Wähle ein q mit $a_{0q} < 0$ (bzw. $a_{0q} > 0$)!

(3.2) Wähle ein p mit

$$\frac{b_p}{a_{pq}} = \min \left\{ \frac{b_i}{a_{iq}} \,\middle|\, i = 1, \ldots, r,\ a_{iq} > 0 \right\}!$$

Schritt 4 (Primaler Simplexschritt)

(4.1) Setze

$$a_{ij} := a_{ij} - a_{iq} \cdot \frac{a_{pj}}{a_{pq}} \quad \text{für } i = 0, \ldots, r,\ i \neq p,\ j = 1, \ldots, n;$$

$$b_i := b_i - a_{iq} \frac{b_p}{a_{pq}} \quad \text{für } i = 0, 1, \ldots, r,\ i \neq p;$$

$$a_{pj} := \frac{a_{pj}}{a_{pq}} \quad \text{für } j = 1, \ldots, n;$$

$$b_p := \frac{b_p}{a_{pq}}!$$

(4.2) Markiere die neue Basisvariable x_q!

(4.3) Lösche die Markierung für die neue Nichtbasisvariable!
→ (1.1)!

Endschritt

(5.1) „Der Zielwert des Maximierungs- (bzw. Minimierungs-) Systems ist unbeschränkt."
→ (5.3)!

(5.2) „Es liegt eine primal und dual zulässige kanonische Form des Maximierungs- (bzw. Minimierungs-)Systems vor. Die ausgewiesene Basislösung ist eine optimale Lösung des Systems (ZG, RG, NN, ZV)."

(5.3) STOP!

Das vorstehende Verfahren wird üblicherweise auch *primaler Simplex-Algorithmus* genannt. Wir wollen es an einem Beispiel demonstrieren.

Beispiel VI-9
Gegeben sei das folgende, primal zulässige kanonische Optimierungssystem:

$$
\mathrm{OS}_6: \begin{cases} x_0 \quad - 4x_2 - 3x_3 \quad = \;\; 0 \\ \quad x_1 + 4x_2 + 2x_3 \quad = 20 \\ \quad\quad 2x_2 + 2x_3 + x_4 = 12 \\ \quad x_1, \quad x_2, \quad x_3, \quad x_4 \geqq \;\; 0 \\ x_0 \to \max! \end{cases}
$$

Als zugehöriges Ausgangstableau erhält man:

	*		*		
x_0	x_1	x_2	x_3	x_4	RS
1	0	−4	−3	0	0
0	1	④	2	0	20
0	0	2	2	1	12

Offensichtlich ist diese kanonische Form noch dual unzulässig, da noch die Koeffizienten zweier Nichtbasisvariablen kleiner als Null sind. Da man aus dem Tableau auch nicht entnehmen kann, daß der Zielwert unbeschränkt ist, bereiten wir einen ersten Simplexschritt vor. Zur Auswahl des Pivotelementes wollen wir hier (und auch im folgenden) das DANTZIG-Kriterium verwenden.

Das DANTZIG-Kriterium liefert im vorliegenden Fall die x_2-Spalte als Pivotspalte. Zur Ermittlung der Pivotzeile bilden wir

$$
\min\left\{\frac{20}{4}, \frac{12}{2}\right\} = 5.
$$

Dieses Minimum liefert der Quotient der **ersten** Restriktionszeile. Somit ergibt sich als Pivot (1, 2) bzw. als Pivotelement der in dem obigen Tableau umkreiste Koeffizient. Die Ausführung des Pivotschrittes führt zu folgendem umgeformten Tableau:

		*		*	
x_0	x_1	x_2	x_3	x_4	RS
1	1	0	−1	0	20
0	1/4	1	1/2	0	5
0	−1/2	0	①	1	2

Als neue Basislösung lesen wir (0, 5, 0, 2) mit dem zugehörigen Zielwert $x_0^* = 20$ ab. Da der modifizierte Zielkoeffizient der Nichtbasisvariablen x_3 noch negativ ist, kann diese Lösung nicht die gesuchte optimale Lösung sein. Da man wieder nicht ersehen kann, daß der Zielwert unbeschränkt ist, bereiten wir einen weiteren Simplexschritt vor. Als Pivotspalte kommt nun lediglich die x_3-Spalte in Betracht. Zur Ermittlung der Pivotzeile suchen wir wieder das Minimum der entsprechenden Quotienten

$$
\min\left\{\frac{5}{1/2}, \frac{2}{1}\right\} = 2.
$$

Das Minimum ergibt sich jetzt in bezug auf die **zweite** Restriktionsgleichung. Damit steht (2, 3) als Pivotelement fest. Der Simplexschritt liefert das folgende Tableau:

		*	*		
x_0	x_1	x_2	x_3	x_4	RS
1	1/2	0	0	1	22
0	1/2	1	0	−1/2	4
0	−1/2	0	1	1	2

Da sämtliche modifizierten Zielkoeffizienten nunmehr nichtnegativ sind, liegt auch eine dual zulässige Form vor. Als optimale Lösung des Optimierungssystems OS_6 lesen wir (0, 4, 2, 0) mit dem zugehörigen Zielwert $x_0^* = 22$ ab.

5. Künstliche Optimierungssysteme

Offensichtlich kann man bei praktischen Anwendungen nicht erwarten, daß von vornherein ein primal zulässiges kanonisches Optimierungssystem (VI-1) gegeben ist. Wir wollen uns deshalb in diesem Zusammenhang zunächst fragen, wie man, ausgehend von einem Optimierungssystem (RG, NN und ZV) sowie einer Zielfunktion

$$\text{(VI-20)}\quad x_0 = c_1x_1 + c_2x_2 + \ldots + c_rx_r + c_{r+1}x_{r+1} + \ldots + c_nx_n + c_0,$$

zu einer Zielgleichung der speziellen Form ZG in (VI-1) gelangt. In Kapitel I haben Sie bereits gesehen, daß man anstelle von (VI-20) auch äquivalent

$$\text{(VI-21)}\quad x_0 - c_1x_1 - c_2x_2 - \ldots - c_rx_r - c_{r+1}x_{r+1} - c_{r+2}x_{r+2} - \ldots - c_nx_n = c_0$$

schreiben kann. Addiert man nun das c_1-fache der ersten, das c_2-fache der zweiten, ... und das c_r-fache der r-ten Restriktionsgleichung von RG zu dieser Zielgleichung (VI-21) hinzu, so sind die in (VI-1) gewählten Basisvariablen $x_1, x_2, \ldots, x_r$ daraus eliminiert. Man erhält eine Zielgleichung der gewünschten Form ZG aus (VI-1) mit

$$\text{(VI-22)}\quad a_{0j} = \begin{cases} 0 & \text{für } j = 1, \ldots, r \quad (j = \text{Basisindex}) \\ -c_j + \sum\limits_{i=1}^{r} c_i a_{ij} & \text{für } j = r+1, \ldots, n \quad (j = \text{Nichtbasisindex}) \end{cases}$$

sowie

$$\text{(VI-23)}\quad b_0 = c_0 + \sum_{i=1}^{r} c_i \cdot b_i.$$

Nennt man j einen *Basisindex* bzw. einen *Nichtbasisindex* je nachdem, ob x_j in einer gerade betrachteten kanonischen Form Basisvariable oder Nichtbasisvariable ist, so kann man sofort (VI-22) auf den Fall, wo eine andere Wahl von Basisvariablen als die in (VI-1) vorgenommene getroffen wurde, verallgemeinern (wie rechts in (VI-22) bereits angedeutet). Die Ausführung eines solchen Umformungsschrittes ist sicherlich zulässig, denn für **Lösungen** von RG sind nur Vielfache von numerischen Identitäten

$$x_i^* + a_{ir+1}x_{ir+1}^* + a_{ir+2}x_{ir+2}^* + \ldots + a_{in}x_n^* = b_i$$

zur Zielgleichung addiert worden, und die Addition von gleichen Konstanten auf beiden Seiten einer Gleichung ändert an dem Zusammenhang zwischen der „abhängigen" Zielvariablen x_0 und den „unabhängigen" Variablen x_i $(i = 1, \ldots, n)$ nicht das Geringste (vgl. auch eine diesbezügliche Bemerkung bei der Einführung des Teilsystems ZG in Abschnitt 2).

Beispiel VI-10

Wir gehen von dem Optimierungssystem OS_4 aus Beispiel VI-1 aus und addieren das 2-fache der ersten, das 4-fache der zweiten und das 5-fache der dritten Restriktionsgleichung zur Zielgleichung hinzu und erhalten

$$OS_3': \left\{ \begin{array}{l} x_0 \qquad\qquad\qquad + 6x_5 = 86 \\ \quad x_1 \qquad\quad + 2x_4 + 3x_5 = 12 \\ \qquad x_2 \quad - \ x_4 + 4x_5 = \ 8 \\ \qquad\quad x_3 + \ x_4 - 2x_5 = \ 4 \\ \quad x_1, x_2, x_3, \quad x_4, \quad x_5 \geqq 0 \\ x_0 \to \max. \end{array} \right.$$

Es liegt nun ein primal und dual zulässiges kanonisches Optimierungssystem vor. Offensichtlich ist es mit dem System OS_1 aus Beispiel VI-1 identisch.

Hat man also bereits ein System der Form (RG, NN) aus (VI-1) vorliegen, so bereitet die Erstellung der zugehörigen modifizierten Zielgleichung ZG keine großen Probleme. Als weitaus aufwendiger kann sich aber die Erzeugung gerade dieser Form (RG, NN) aus beliebigen Restriktionssystemen erweisen. Wir haben zwar in Kapitel II ein Verfahren vorgestellt, mit dessen Hilfe man Restriktions- in NN-Gleichungssysteme (um ein solches handelt es sich ja gerade bei (RG, NN)) überführen kann. Dieses Verfahren reicht aber leider keinesfalls immer aus, um auch eine **zulässige kanonische** Form des NN-Gleichungssystems zu erzeugen.

Beispiel VI-11

Ersetzen wir – analog zu Algorithmus 3 – in dem Optimierungssystem OS_5 aus Beispiel VI-1 die unbeschränkten Variablen x_2 und x_4 durch die Differenz zweier nichtnegativer Variablen $x_2' - x_2''$ bzw. $x_4' - x_4''$, so erhalten wir das Hilfssystem

$$OS_5': \left\{ \begin{array}{l} x_0 + 2x_1 \qquad\qquad\qquad\qquad + 4x_4' - 4x_4'' = 12 \\ \qquad x_1 \qquad\qquad\quad + x_3 + \ x_4' - \ x_4'' = 12 \\ \quad 2x_1 + x_2' - x_2'' \qquad\quad - 4x_4' + 4x_4'' = \ 5 \\ \qquad x_1, \ x_2', \ x_2'', \ x_3, \quad x_4', \quad x_4'' \geqq 0 \\ x_0 \to \min! \end{array} \right.$$

Das Gleichungsrestriktionssystem von OS_5' besitzt nun eine primal zulässige, kanonische Form in bezug auf x_2' und x_3 als Basisvariablen. Auf dieses System könnte also ohne weiteres der Simplexalgorithmus angewendet werden.

Betrachten Sie nun das Optimierungssystem

$$OS_7: \left\{ \begin{array}{l} x_0 = 200x_1 + 150x_2 \\ \qquad\quad x_1 + \quad x_2 \leqq 120 \\ \qquad\quad x_1 + \ 2x_2 \leqq 180 \\ \qquad\quad x_1 \qquad\ \ \leqq \ 80 \\ \qquad\quad x_1, \quad x_2 \geqq \ 0 \\ x_0 \to \max! \end{array} \right.$$

Wir überführen zunächst die Zielfunktion in eine Zielgleichung $x_0 - 200x_1 - 150x_2 = 0$ und wenden dann Algorithmus 3 auf die Gleichungen an, die den Blöcken ZG und RG aus (VI-1) entsprechen. Es ergibt sich das folgende Hilfssystem:

$$OS_7': \begin{cases} x_0 - 200x_1 - 150x_2 & = 0 \\ x_1 + x_2 + s_1 & = 120 \\ x_1 + 2x_2 + s_2 & = 180 \\ x_1 + s_3 & = 80 \\ x_1, x_2, s_1, s_2, s_3 & \geqq 0 \\ x_0 \to \max! \end{cases}$$

Auch dieses System weist eine primal zulässige, kanonische Form in bezug auf s_1, s_2, s_3 als Basisvariablen des Systems der Restriktionsgleichungen auf.

Führen wir in OS_7 nun aber eine zusätzliche Restriktion

$$x_2 \geqq 40$$

ein, so bekämen wir entsprechend in OS_7' eine zusätzliche Gleichung der Form

$$x_2 - s_4 = 40$$

sowie eine zusätzliche NN-Bedingung für s_4. Nun besitzt OS_7' jedoch keine kanonische Form mehr. (Der Koeffizient von s_4 in der neuen Gleichung ist (-1).) Durch Multiplikation der zuletzt eingeführten Gleichung mit (-1) erhalten wir zwar

$$-x_2 + s_4 = -40.$$

Damit läge zwar eine kanonische Form vor, das System wäre jedoch nicht mehr primal zulässig wegen der negativen Zahl auf der rechten Seite der letzten Gleichung, d.h. wegen der primalen Unzulässigkeit der zuletzt eingeführten Basisvariablen s_4.

Entsprechendes gilt im übrigen für das Optimierungssystem OS_3 aus Beispiel VI-1.

Wir halten damit als Zwischenergebnis fest, daß wir mit Hilfe von Algorithmus 3 beliebige Restriktionssysteme in NN-Gleichungssysteme umformen können. Weiterhin können wir ggf. durch Multiplikation gewisser Gleichungen mit (-1) erreichen, daß sämtliche rechten Seiten nichtnegativ sind. Das dann vorliegende Hilfssystem muß aber, wie wir gesehen haben, nicht unbedingt in kanonischer Form vorliegen. Die Durchführung von Pivotschritten im Rahmen des modifizierten GAUSS-Algorithmus braucht hier auch nicht weiterzuhelfen, weil dieses Verfahren nicht gewährleistet, daß sämtliche rechten Seiten nichtnegativ bleiben. Man muß in der Regel damit rechnen, daß nach Erreichen einer kanonische Form bei der zugehörigen Basislösung mindestens eine Basisvariable einen negativen Wert annimmt, also noch primal unzulässig ist. An dieser Stelle ist deshalb zu untersuchen, wie man für ein solches System, das die Form

$$\text{(VI-24)} \quad \begin{cases} a_{11}x_1 + a_{12}x_2 + \ldots + a_{1n}x_n = b_1 \geqq 0 \\ a_{21}x_1 + a_{22}x_2 + \ldots + a_{2n}x_n = b_2 \geqq 0 \\ \vdots \\ a_{m1}x_1 + a_{m2}x_2 + \ldots + a_{mn}x_n = b_m \geqq 0 \\ x_1, \quad x_2, \ldots, \quad x_n \geqq 0 \end{cases}$$

besitzt, eine erste zulässige Basislösung ermittelt, sofern eine solche Lösung überhaupt existiert. Interessanterweise werden wir dabei wieder auf den Simplexalgorithmus zurückgreifen, nachdem wir das System (VI-24) in geeigneter Weise umgeformt haben. Sofern das Restriktionssystem (VI-24) zu einem Optimierungssystem gehört, lassen wir die zugehörige Zielgleichung und Zielvorschrift erst einmal völlig außer Betracht. Haben wir eine zulässige kanonische Form von (VI-24) gefunden, werden wir diese ursprüngliche Zielgleichung und Zielvorschrift wieder aufnehmen.

Vergleichen wir zunächst das NN-Gleichungssystem (VI-24) mit dem NN-Gleichungssystem

$$\text{(VI-25)}\quad \begin{cases} a_{11}x_1 + a_{12}x_2 + \ldots + a_{1n}x_n + y_1 & = b_1 \geqq 0 \\ a_{21}x_1 + a_{22}x_2 + \ldots + a_{2n}x_n \quad + y_2 & = b_2 \geqq 0 \\ \vdots & \\ a_{m1}x_1 + a_{m2}x_2 + \ldots + a_{mn}x_n \qquad + y_m & = b_m \geqq 0 \\ \quad x_1, \quad x_2, \ldots, \quad x_n, \; y_1, \; y_2, \; \ldots, y_m \geqq 0. & \end{cases}$$

Das neue System (VI-25) geht einfach aus dem System (VI-24) hervor, indem man auf jeder der m linken Seiten additiv eine eigene zusätzliche, nichtnegative Variable einführt. Diese Variablen $y_1, y_2, \ldots, y_m$ nennt man auch *künstliche Variablen.* Wir wollen uns nun fragen, welche Beziehungen allgemein zwischen den Lösungen (also nicht nur in bezug auf Basislösungen) der Systeme (VI-24) und (VI-25) bestehen. Hat man etwa eine Lösung

$$\text{(VI-26)}\quad (x_1^*, x_2^* \ldots, x_n^*)$$

von (VI-24) gefunden, dann kann man sofort auch eine Lösung von (VI-25) angeben, nämlich

$$\text{(VI-27)}\quad (x_1^*, x_2^*, \ldots, x_n^*, 0, 0, \ldots, 0).$$

Wir brauchen also lediglich an den Vektor (VI-26) m Nullen „anzuhängen". Andersherum läßt sich jedoch leider nicht aus jeder Lösung

$$\text{(VI-28)}\quad (x_1^*, x_2^*, \ldots, x_n^*, y_1^*, y_2^*, \ldots, y_m^*)$$

durch „Abschneiden" der letzten m Glieder eine Lösung (VI-26) von (VI-24) konstruieren. Ist nämlich nur ein y_p^* positiv, so folgt daraus ja

$$a_{p1}x_1^* + a_{p2}x_2^* + \ldots + a_{pn}x_n^* < b_p,$$

d.h. der so konstruierte Vektor (VI-26) erfüllt die p-te Gleichung von (VI-24) nicht. Lediglich für solche Lösungen von (VI-25), bei denen sämtliche künstliche Variablen den Wert Null annehmen (also Lösungen der Form (VI-27)), liefert das „Abschneiden" der künstlichen Variablen zulässige Lösungen (VI-26) von (VI-24).

Wie läßt sich aber nun eine solche Lösung (VI-27) von (VI-25) bestimmen? Da

$$y_1, y_2, \ldots, y_m \geqq 0$$

vorausgesetzt ist, gilt zunächst, daß auch für die Summe der künstlichen Variablen $y_1, y_2, \ldots, y_m$ die Ungleichung gelten muß:

$$y_1 + y_2 + \ldots + y_m \geqq 0.$$

Für die angestrebte Lösung (VI-27) muß aber sogar

(VI-29) $y_1 + y_2 + \ldots + y_m = 0$

erfüllt sein. Eine Lösung der Gestalt (VI-27) von (VI-25) minimiert folglich die sog. *künstliche Zielfunktion*

(VI-30) $y_0 = y_1 + y_2 + \ldots + y_m$

mit der abhängigen Variablen y_0 (die in diesem Zusammenhang auch *künstliche Zielvariable* genannt wird). Wir können damit zunächst als Aufgabe formulieren:

Bestimme eine Lösung von (VI-25), bei der die Summe (VI-30) der künstlichen Variablen minimiert ist.

Nimmt die künstliche Zielvariable y_0 für eine solche minimale Lösung (VI-28) den Wert Null an, d. h. gilt für den *künstlichen Zielwert* $y_0^* = 0$ für (VI-28), dann muß die Lösung automatisch von der gesuchten Form (VI-27) sein. Ist dagegen der Zielwert y_0^* für die minimale Lösung größer als Null, dann ist auch mindestens eine künstliche Variable größer als Null, und die gefundene Lösung ist nicht von der gesuchten Form (VI-27). Sogar mehr noch: Es existiert in einem solchen Falle überhaupt keine Lösung der Gestalt (VI-27) für (VI-25). Wenn aber für (VI-25) nur Lösungen existieren, bei denen mindestens eine künstliche Variable größer als Null ist, dann kann das ursprüngliche System (VI-24) überhaupt keine zulässige Lösung haben.

Unsere zunächst nur verbal formulierte Minimierungsaufgabe können wir offensichtlich auch durch das folgende Optimierungssystem mit *künstlicher Zielgleichung* wiedergeben:

$$\text{(VI-31)}\quad \begin{cases} y_0 \qquad\qquad\qquad\qquad\qquad\qquad - y_1 - y_2 - \ldots - y_m = 0 \\ a_{11}x_1 + a_{12}x_2 + \ldots + a_{1n}x_n + y_1 \qquad\qquad\qquad = b_1 \\ a_{21}x_1 + a_{22}x_2 + \ldots + a_{2n}x_n \qquad + y_2 \qquad\quad = b_2 \\ \vdots \\ a_{m1}x_1 + a_{m2}x_2 + \ldots + a_{mn}x_n \qquad\qquad\qquad + y_m = b_m \\ \quad x_1, \quad x_2, \ldots, \quad x_n, \; y_1, \; y_2, \ldots, \; y_m \geqq 0 \\ y_0 \to \min! \end{cases}$$

In diesem Zusammenhang bezeichnet man derartig konstruierte Optimierungssysteme (VI-31) als *künstliche Optimierungssysteme*. Wir stellen sofort fest, daß das Teilsystem der Gleichungsrestriktionen von (VI-31) bereits von kanonischer Form ist, nämlich mit allen künstlichen und keinen anderen Variablen als Basisvariablen. Die zugehörige zulässige Basislösung lautet:

$$(0, 0, \ldots, 0, b_1, b_2, \ldots, b_m).$$

Mit Hilfe der Restriktionsgleichungen lassen sich dann sofort die künstlichen Basisvariablen auch aus der Zielgleichung eliminieren. Als neue und zwar jetzt modifizierte Zielgleichung erhält man dann:

$$y_0 + \left(\sum_{i=1}^{m} a_{i1}\right)x_1 + \left(\sum_{i=1}^{m} a_{i2}\right)x_2 + \ldots + \left(\sum_{i=1}^{m} a_{in}\right)x_n = 0.$$

Da nach Konstruktion bereits sämtliche rechten Seiten $b_1, \ldots, b_m$ nichtnegativ waren, befindet sich das so aus (VI-31) umgeformte Optimierungssystem in primal zulässiger kanonischer Form, so daß man darauf direkt den im vorstehenden Abschnitt 4 dargestellten Simplexalgorithmus anwenden kann.

Beispiel VI-12

Betrachtet sei das Restriktionssystem

$$\begin{aligned} x_1 \quad - x_3 + x_4 &= 10 \\ - x_2 + 2x_3 - 4x_4 &= 5 \\ x_1, \; x_2, \; x_3, \; x_4 &\geqq 0 \end{aligned}$$

des Optimierungssystems OS_3 aus Beispiel VI-1, für das wir eine zulässige Lösung bestimmen wollen. Es handelt sich um ein NN-Gleichungssystem, bei dem sämtliche rechten Seiten nichtnegativ sind und dessen System der Gleichungsrestriktionen noch keine kanonische Form aufweist. Als zu analysierendes Hilfssystem erstellen wir das folgende künstliche Optimierungssystem:

$$\begin{aligned} y_0 \quad - y_1 - y_2 &= 0 \\ x_1 \quad - x_3 + x_4 + y_1 &= 10 \\ - x_2 + 2x_3 - 4x_4 + y_2 &= 5 \\ x_1, \; x_2, \; x_3, \; x_4, \; y_1, \; y_2 &\geqq 0 \\ y_0 \rightarrow \min! & \end{aligned}$$

Mit Hilfe der Restriktionsgleichungen werden die künstlichen Variablen aus der (künstlichen) Zielgleichung eliminiert. Es ergibt sich als modifizierte Zielgleichung:

$$y_0 + x_1 - x_2 + x_3 - 3x_4 = 15.$$

Auf das so umgeformte System können wir nun den Simplexalgorithmus anwenden.

Um das Prinzip der Konstruktion von künstlichen Systemen zu verdeutlichen, ordneten wir zunächst jeder der m Gleichungen von (VI-24) eine künstliche Variable zu, um überhaupt einmal ein primal zulässiges kanonisches System zu erhalten. Häufig findet sich aber bereits in (VI-24) eine Variable, die in genau einer der Gleichungen einen von Null verschiedenen Faktor hat (der dann mühelos zu 1 normiert werden kann) und in den übrigen $m - 1$ Gleichungen überhaupt nicht auftritt. In einem solchen Fall kann man diese Variable unmittelbar zu Beginn aller Überlegungen zur Basisvariablen wählen und braucht dann für diese Gleichung keine künstliche Variable mehr. Insbesondere sind sofort alle Schwundvariablen in dieser Weise verwendbar (dagegen die Überschußvariablen wegen des falschen Vorzeichens nicht!). Es lohnt sich also, die Struktur der Koeffizientenmatrix von (VI-24) sorgfältig zu prüfen und gleich eingangs so viele Variablen wie möglich als Basisvariablen zu wählen. Dadurch läßt sich häufig die Anzahl der künstlichen Variablen kleiner halten als die Anzahl der Gleichungen.

Beispiel VI-13

Anstelle des künstlichen Optimierungssystems aus Beispiel VI-12 hätten wir auch das folgende System erstellen können:

$$\begin{aligned} y_0 \quad - y_2 &= 0 \\ x_1 \quad - x_3 - x_4 &= 10 \\ - x_2 + 2x_3 - 4x_4 + y_2 &= 5 \\ y_0 \rightarrow \min! & \end{aligned}$$

Mit Hilfe der zweiten Restriktionsgleichung eliminiert man y_2 aus der künstlichen Zielgleichung:

$$y_0 \quad - x_2 + 2x_3 - 4x_4 \quad = 5.$$

Das so umgeformte Optimierungssystem weist ebenfalls eine primal zulässige kanonische Form auf.

Bevor wir zur Anwendung des Simplexalgorithmus kommen, fassen wir zunächst unsere bisherigen Überlegungen zur Konstruktion eines künstlichen Optimierungssystems in primal zulässiger Form zusammen:

Algorithmus 7: Konstruktion eines künstlichen Optimierungssystems in primal zulässiger kanonischer Form

Anwendungsvoraussetzungen

Gegeben ist ein NN-Gleichungssystem der speziellen, noch nicht kanonischen Form:

RG	G_1	$a_{11} x_1 + a_{12} x_2 + \ldots + a_{1n} x_n = b_1 \geqq 0$
	G_2	$a_{21} x_1 + a_{22} x_2 + \ldots + a_{2n} x_n = b_2 \geqq 0$
	$\vdots$	$\vdots$
	G_m	$a_{m1} x_1 + a_{m2} x_2 + \ldots + a_{mn} x_n = b_m \geqq 0$
NN		$x_1, \quad x_2, \ldots, \quad x_n \geqq 0$

Schritt 1 (Vorauswahl von Basisvariablen)

(1.1) Gibt es in RG eine Gleichung G_p, die keine Basisvariable, aber eine Variable x_q enthält, die ohne Umformungen als Basisvariable gewählt werden kann?

JA → (1.2)!
NEIN → (2.1)!

(1.2) Markiere x_q als Basisvariable

→ (1.1)!

Schritt 2 (Einführung von künstlichen Variablen)

(2.1) Setze $s := 0$

(2.2) Gibt es in RG eine Restriktionsgleichung G_p, in der noch keine Basisvariable vorkommt?

JA → (2.3)!
NEIN → (3.1)!

(2.3) Setze $s := s + 1$

(2.4) Ersetze die Restriktionsgleichung G_p durch

$a_{p1} x_1 + a_{p2} x_2 + \ldots + a_{pn} x_n + y_s = b_p$!

(2.5) Führe in NN die Nichtnegativitätsrestriktion

$y_s \geqq 0$

ein!

→ (2.2).

Schritt 3 (künstliche Zielfunktion)

(3.1) Erweitere das System (RG, NN) zu einem System (KZF, RG, NN, KZV) mit

KZF: $y_0 = y_1 + y_2 + \ldots + y_s$
KZV: $y_0 \rightarrow \min!$

Schritt 4 (modifizierte künstliche Zielgleichung)

(4.1) Ersetze KZF durch

KZG: $y_0 - y_1 - y_2 - \ldots - y_s = 0$.

(4.2) Setze $i := 1$

(4.3) Enthält die i-te Restriktionsgleichung aus RG eine künstliche Variable?

JA → (4.4)!
NEIN → (4.5)!

(4.4) Addiere die i-te Restriktionsgleichung aus RG zur künstlichen Zielgleichung KZG hinzu.

(4.5) Ist $i = m$?

JA → (5.1)!
NEIN → (4.6)!

(4.6) Setze $i := i + 1$

→ (4.3)!

Endschritt

(5.1) „Es liegt ein künstliches Optimierungssystem im primal zulässiger kanonischer Form vor!"

(5.2) STOP!

Wir merken zu diesem Verfahren an, daß man selbstverständlich auch die künstliche Zielfunktion

KZF: $y_0 = -y_1 - y_2 - \ldots - y_s$

mit der Zielvorschrift

KZV: $y_0 \rightarrow \max!$

verwenden kann. Die vorstehenden und die folgenden Überlegungen gelten dann analog.

Gehen wir nun davon aus, daß die Anwendung des Simplexalgorithmus auf (KZG, RG, NN, KZV) ein primal und dual zulässiges, kanonisches Optimierungssystem geliefert hat und daß der **künstliche Zielwert** der dadurch ausgewiesenen Basislösung wie erhofft gleich **Null** ist. Zunächst sei darüber hinaus angenommen, daß **keine Entartung** vorliege. Dann müssen die künstlichen Variablen sämtlich Nichtbasisvariablen sein; denn nur diese sind **in diesem Falle** gleich Null. Weiterhin wollen wir zur Vereinfachung der Diskussion annehmen, daß das System der Restriktionsgleichungen dieses optimalen künstlichen Optimierungssystems direkt die folgende Gestalt besitzt:

$$
\text{(VI-32)}\quad
\begin{array}{l}
x_1 \qquad\qquad + \tilde{a}_{1m+1}x_{m+1} + \ldots + \tilde{a}_{1n}x_n + \tilde{a}_{1n+1}y_1 + \ldots + \tilde{a}_{1n+s}y_s = \tilde{b}_1 \geqq 0 \\
\quad x_2 \qquad\quad + \tilde{a}_{2m+1}x_{m+1} + \ldots + \tilde{a}_{2n}x_n + \tilde{a}_{2n+1}y_1 + \ldots + \tilde{a}_{2n+s}y_s = \tilde{b}_2 \geqq 0 \\
\qquad \ddots \\
\qquad\quad x_m + \tilde{a}_{mm+1}x_{m+1} + \ldots + \tilde{a}_{mn}x_n + \underbrace{\tilde{a}_{1n+1}y_1 + \ldots + \tilde{a}_{mn+s}y_s}_{=\,0} = \tilde{b}_m \geqq 0 .
\end{array}
$$

$\tilde{a}_{ij}$ $(i = 1, \ldots, m;\ j = 1, \ldots, n)$ bezeichnet dabei die im Laufe der Anwendung des Simplexalgorithmus umgeformten Koeffizienten, $\tilde{b}_i$ $(i = 1, \ldots, m)$ die umgeformten rechten Seiten des Gleichungssystems von (VI-31).

Aus diesem System (VI-32) läßt sich nun, wie wir bereits zuvor dargelegt haben, eine zulässige Lösung des zugrundeliegenden NN-Gleichungssystems (VI-24) ableiten, indem man einfach von der ausgewiesenen Basislösung den Teil der künstlichen Variablen „abschneidet“:

$$
\text{(VI-33)}\quad (\tilde{b}_1, \tilde{b}_2, \ldots, \tilde{b}_m, \underbrace{0, \ldots, 0}_{\substack{n-m \\ \text{Nullen}}}).
$$

Wir können aber aus (VI-32) noch mehr entnehmen, nämlich eine primal zulässige kanonische Form für das Gleichungssystem von (VI-24). Da in (VI-32) ja dann wegen (VI-33) gilt:

$$
\text{(VI-34)}\quad \sum_{j=1}^{m} a_{im+j}\, y_j = 0 \quad \text{für } i = 1, \ldots, m,
$$

können wir anstelle von (VI-32) auch verkürzt schreiben:

$$
\text{(VI-35)}\quad
\left\{
\begin{array}{l}
x_1 \qquad\qquad + \tilde{a}_{1m+1}x_{m+1} + \ldots + \tilde{a}_{1n}x_n = \tilde{b}_1 \geqq 0 \\
\quad x_2 \qquad\quad + \tilde{a}_{2m+1}x_{m+1} + \ldots + \tilde{a}_{2n}x_n = \tilde{b}_2 \geqq 0 \\
\qquad \ddots \\
\qquad\quad x_m + \tilde{a}_{mm+1}x_{m+1} + \ldots + \tilde{a}_{mn}x_n = \tilde{b}_m \geqq 0 .
\end{array}
\right.
$$

Dieses primal zulässige kanonische Gleichungssystem ist äquivalent zu dem Gleichungsteilsystem von (VI-24), denn es ging durch lösungsneutrale (im Rahmen der Anwendung des Simplexalgorithmus vorgenommene) Umformungen aus diesem hervor. Wir haben diese Umformungen zwar auch in bezug auf zusätzliche (künstliche) Variablen vorgenommen, die wir aber, wie sich später herausstellte, auch hätten gleich Null setzen und damit fortlassen können. Zusammen mit den entsprechenden NN-Restriktionen liefert (VI-35) damit die gesuchte, primal zulässige kanonische Form für das NN-Gleichungssystem (VI-24).

Beispiel VI-14

Wir setzen unsere Betrachtungen aus Beispiel VI-12 zum Optimierungssystem OS_3 fort. Zunächst erstellen wir das folgende Ausgangstableau für die Anwendung des Simplexalgorithmus:

					*	*	
y_0	x_1	x_2	x_3	x_4	y_1	y_2	RS
1	1	−1	1	−3	0	0	15
0	①	0	−1	1	1	0	10
0	0	−1	2	−4	0	1	5

Unter Verwendung des eingekreisten Koeffizienten als Pivotelement erhält man nach einem ersten Simplexschritt:

	*					*	
y_0	x_1	x_2	x_3	x_4	y_1	y_2	RS
1	0	−1	2	−4	−1	0	5
0	1	0	−1	1	1	0	10
0	0	−1	②	−4	0	1	5

Ein zweiter Simplexschritt führt zu einer primal und dual zulässigen kanonischen Form des betrachteten künstlichen Optimierungssystems:

	*		*				
y_0	x_1	x_2	x_3	x_4	y_1	y_2	RS
1	0	0	0	0	−1	−1	0
0	1	−1/2	0	−1	1	1/2	25/2
0	0	−1/2	1	−2	0	1/2	5/2

Als optimale Basislösung des künstlichen Systems lesen wir ab:

$(25/2, 0, 5/2, 0, 0, 0)$.

Die künstlichen Variablen y_1 und y_2 nehmen darin – wie gewünscht – den Wert Null an. Als zulässige Lösung des Restriktionssystems von OS_3 erhält man dann durch „Abschneiden“ der künstlichen Variablen:

$(25/2, 0, 5/2, 0)$.

Aus dem letzten Simplextableau entnehmen wir außerdem die folgende zulässige kanonische Form des Restriktionssystems von OS_3:

$$\begin{aligned} x_1 - 1/2x_2 \qquad - x_4 &= 25/2 \\ -1/2x_2 + x_3 - 2x_4 &= 5/2 \\ x_1, \quad x_2, \; x_3, \; x_4 &\geqq 0. \end{aligned}$$

Ein entsprechendes Ergebnis hätte sich natürlich ergeben, wenn wir von dem künstlichen System aus Beispiel VI-13 ausgegangen wären. Überzeugen Sie sich selbst!

Wie Sie sicherlich bemerkt haben, war uns sehr daran gelegen, den Entartungsfall zunächst auszuschließen. Tut man das nämlich nicht, so kann es geschehen, daß beim Vorliegen einer optimalen kanonischen Form für das künstliche Optimierungssystem zwar der (künstliche) Zielwert Null ist, eine künstliche Variable oder mehrere künstliche Variablen aber noch Basisvariablen sind (und dabei natürlich den Wert Null annehmen).

- Erster Fall: In der p-ten Gleichung, in der noch eine künstliche Variable als Basisvariable steht, existiert eine nicht künstliche (Nichtbasis-)Variable x_q ($q \in \{1, \ldots, n\}$), d.h. eine der Variablen des zugrundeliegenden NN-Gleichungssystems, mit $a_{pq} \neq 0$. Man kann dann mit Hilfe dieses Elementes einen Simplexschritt durchführen. Das bewirkt, daß die betreffende künstliche Variable Nichtbasisvariable und die nicht künstliche Variable x_q Basisvariable wird. Da für die rechte Seite der p-ten Pivotzeile $\tilde{b}_p = 0$ gilt, verändern sich dabei die Werte der rechten Seiten nicht. Insbesondere ist auch die neue kanonische Form primal und dual zulässig. Durch Nullsetzen dieser neuen künstlichen Nichtbasisvariablen kann man diese dann aus dem System löschen.
- Zweiter Fall: In der p-ten Gleichung, in der noch eine künstliche Variable als Basisvariable auftritt, gibt es keine Variable x_q, $q = 1, \ldots, n$ mit einem von Null verschiedenen Koeffizienten. Mit Ausnahme dieser einen künstlichen Basisvariablen gibt es in dieser Gleichung jedoch auch keinerlei andere künstliche Variablen mehr mit einem von Null verschiedenen Koeffizienten; denn eine andere künstliche Basisvariable darf nach Definition gar nicht darin vorkommen, und die künstlichen Nichtbasisvariablen werden sämtlich schon vorher gelöscht. Mit $y_1 = y_2 = \ldots = y_n = 0$ stellt dann eine solche Zeile eine Nullzeile dar und kann deshalb ersatzlos gestrichen werden.

Beispiel VI-15

Es soll das NN-Gleichungssystem

$$\text{GS:} \begin{cases} 2x_1 + 4x_2 = 20 \\ x_1 + 2x_2 = 10 \\ x_1, \quad x_2 \geqq 0 \end{cases}$$

betrachtet werden. Beachten Sie bitte, daß die beiden Restriktionsgleichungen linear abhängig sind. Zur Bestimmung einer zulässigen kanonischen Form für GS erstellen wir das folgende künstliche Minimierungssystem (in Tableaudarstellung):

y_0	x_1	x_2	y_1 *	y_2 *	RS
1	3	6	0	0	30
0	2	4	1	0	20
0	1	(2)	0	1	10

Unter Verwendung des umkreisten Koeffizienten als Pivotelement ergibt sich nach einem Simplexschritt:

y_0	x_1	x_2 *	y_1 *	y_2	RS
1	0	0	0	−3	0
0	0	0	1	−2	0
0	1/2	1	0	1/2	5

Es liegt eine optimale kanonische Form des Minimierungssystems vor, und der Zielwert beträgt Null. y_1 ist zwar noch nicht Nichtbasisvariable, doch mit $y_1 = y_2 = 0$ ergibt sich als erste Restriktionsgleichung:

$$0x_1 + 0x_2 = 0.$$

Eine solche Gleichung können wir bekannterweise fortlassen, so daß wir als eine zulässige kanonische Form für GS erhalten:

$$1/2x_1 + x_2 = 5$$
$$x_1, \quad x_2 \geqq 0.$$

Unsere Überlegungen zur Entwicklung einer zulässigen kanonischen Form für ein NN-Gleichungssystem aus einem entsprechenden künstlichen Optimierungssystem in primal und dual zulässiger kanonischer Form fassen wir wie folgt zusammen:

Algorithmus 8: Erstellung einer zulässigen kanonischen Form für ein zugrundeliegendes NN-Gleichungssystem aus einem künstlichen Optimierungssystem in optimaler kanonischer Form

Anwendungsvoraussetzungen

Gegeben ist ein künstliches Minimierungssystem **in primal und dual zulässiger kanonischer Form** (die wegen der hier numerisch noch nicht spezifizierten Koeffizienten als solche nicht erkennbar ist) mit den künstlichen Variablen $y_1, y_2, \ldots, y_s$:

KZG		$y_0 + a_{01}x_1 + \ldots + a_{0n}x_n + a_{0n+1}y_1 + \ldots + a_{0n+s}y_s = b_0$			
RG	G_1 G_2 $\vdots$ G_m	$a_{11}x_1 + \ldots + a_{1n}x_n + a_{1n+1}y_1 + \ldots + a_{1n+s}y_s = b_1 \geqq 0$ $a_{21}x_1 + \ldots + a_{2n}x_n + a_{2n+1}y_1 + \ldots + a_{2n+s}y_s = b_2 \geqq 0$ $\vdots$ $a_{m1}x_1 + \ldots + a_{mn}x_n + a_{mn+1}y_1 + \ldots + a_{mn+s}y_s = b_m \geqq 0$			kanonisch aufgelöst nach m protokollierten Basisvariablen
NN		$x_1, \ldots, \quad x_n, \quad y_1, \ldots, \quad y_s \geqq 0$			
KZV		$y_0 \to$ min!	oder	$y_0 \to$ max!	
		$a_{01}, \ldots, a_{0n+s} \leqq 0$	alternativ	$a_{01}, \ldots, a_{0n+s} \geqq 0$	

Anfangsschritt

Setze $r := m$

Schritt 1 (Löschen der künstlichen Zielgleichung)

(1.1) Reduziere das Optimierungssystem (KZG, RG, NN, KZV) durch Löschen von KZG und KZV zu einem NN-Gleichungssystem (RG, NN)!

Schritt 2 (Löschen der künstlichen Variablen)

(2.1) Gibt es eine künstliche Variable y_q ($q \in \{1, 2, \ldots, s\}$), die in RG Nichtbasisvariable ist?

JA → (2.2)!
NEIN → (2.4)!

(2.2) Lösche y_q mit ihren zugehörigen Koeffizienten a_{in+q} aus sämtlichen Gleichungen ($i = 1, \ldots, r$) von RG!

(2.3) Lösche in NN die NN-Restriktion für y_q!

→ (2.1)!

(2.4) Gibt es eine Gleichung p ($p \in \{1, \ldots, r\}$), in der eine künstliche Variable y_g ($g \in \{1, \ldots, s\}$) als Basisvariable vorkommt?

JA → (2.5)!
NEIN → (3.1)!

(2.5) Gibt es ein q ($q \in \{1, \ldots, n\}$) mit $a_{pq} \neq 0$?

JA → (2.6)!
NEIN → (2.10)!

(2.6) Führe einen Pivotschritt unter Verwendung des Pivotelementes a_{pq} durch!

(2.7) Markiere x_q als Basisvariable!

(2.8) Lösche y_g mit ihren zugehörigen Koeffizienten a_{in+g} aus sämtlichen Gleichungen ($i = 1, \ldots, r$) von RG!

(2.9) Lösche in NN die NN-Restriktion für y_g!

→ (2.4)!

(2.10) Lösche die Gleichung G_p!

(2.11) Lösche y_g mit ihren zugehörigen Koeffizienten a_{in+g} aus sämtlichen Gleichungen ($i = 1, \ldots, r$, $i \neq p$) von RG!

(2.12) Lösche die NN-Restriktion für y_g aus NN!

(2.13) Numeriere die Gleichungen von RG neu durch!

(2.14) Setze $r := r - 1$

→ (2.4)!

Endschritt

(3.1) „Eine zulässige kanonische Form des zugrundeliegenden NN-Gleichungssystems liegt vor."

(3.2) STOP!

6. Die Zwei-Phasen-Simplexmethode

Durch eine geschickte Verbindung der bisher betrachteten Methoden lassen sich nun für beliebige lineare Optimierungssysteme mit Restriktionen des Typs (I-1) optimale Lösungen bestimmen, gleichgültig von welcher Art dabei das jeweilige

Restriktionssystem im Einzelnen ist. Als eine Möglichkeit wollen wir die sog. *Zwei-Phasen-Methode* vorstellen. In der ersten Phase versucht man zunächst, eine primal zulässige kanonische Form des Systems zu ermitteln. Ist das gelungen, berechnet man – ausgehend von dieser primal zulässigen kanonischen Form – in einer zweiten Phase eine primal und dual zulässige kanonische Form, sofern eine solche existiert. Interessanterweise kommt dabei in beiden Phasen im wesentlichen nur der primale Simplexalgorithmus zum Einsatz. Im einzelnen geht man dabei wie folgt vor:

- Man trennt die Nichtnegativitätsrestriktionen von den übrigen *allgemeinen Restriktionen* (AR).
- Weist das Optimierungssystem noch eine Zielfunktion auf, dann überführt man sie zunächst in eine Zielgleichung.
- Restriktionsgleichungen mit negativen rechten Seiten multipliziert man mit (-1).
- Soweit es erforderlich ist, formt man das Restriktionssystem in ein entsprechendes NN-Gleichungssystem um. Ist es dabei notwendig, unbeschränkte Restriktionsvariable durch die Differenz zweier nichtnegativer Variablen zu ersetzen, dann nimmt man diese Umformungen auch in bezug auf die Zielgleichung vor.
- Liegt nun schon eine primal zulässige kanonische Form des Optimierungssystems vor, so ist Phase 1 damit beendet.
- Andernfalls läßt man die Zielgleichung erst einmal außer Betracht und erstellt zu dem vorliegenden Restriktionssystem ein entsprechendes künstliches Optimierungssystem, auf das der primale Simplexalgorithmus angewendet wird. Nimmt der Zielwert des künstlichen Systems im Optimum einen Wert ungleich Null an, so weist das ursprüngliche Restriktionssystem überhaupt keine zulässige Lösung auf, und das Verfahren bricht ab. Ist der künstliche Zielwert dagegen im Optimum gleich Null, dann leitet man aus dem vorliegenden primal und dual zulässigen künstlichen Optimierungssystem eine zulässige kanonische Form des NN-Gleichungssystems ab. Anschließend fügt man diesem System die Zielgleichung hinzu und eliminiert daraus die Basisvariablen. Damit ist auch in diesem Fall die Phase 1 beendet.
- Ausgehend von dem nun vorliegenden primal zulässigen kanonischen Optimierungssystem berechnet man schließlich in Phase 2 – wieder mit Hilfe des Simplexalgorithmus – eine sowohl primal als auch dual zulässige kanonische Form (sofern eine solche existiert).

Eine noch etwas präzisere Beschreibung der Zwei-Phasen-Methode ist im folgenden gegeben:

Algorithmus 9: Zwei-Phasen-Methode zur Bestimmung einer optimalen Lösung für lineare Maximierungs-(Minimierungs-)Systeme

Anwendungsvoraussetzungen

Gegeben ist ein lineares Optimierungssystem der Form

ZF		$x_0 = c_1 \cdot x_1 + c_2 \cdot x_2 + \ldots + c_n \cdot x_n + b_0$
AR	R_1	$a_{11} x_1 + a_{12} x_2 + \ldots + a_{1n} x_n \square_1 b_1$
	R_2	$a_{21} x_1 + a_{22} x_2 + \ldots + a_{2n} x_n \square_2 b_2$
	$\vdots$	$\vdots$
	R_m	$a_{m1} x_1 + a_{m2} x_2 + \ldots + a_{mn} x_n \square_m b_m$
NN		NN-Restriktionen für einige Variablen
ZV		$x_0 \to \max!$ oder alternativ $x_0 \to \min!$

wobei $\square_i$ $(i = 1, \ldots, m)$ für eines der Zeichen „=", „≦" oder „≧" steht und alle eventuell vorkommenden NN-Restriktionen schon separat unter NN aufgeführt sind.

Schritt 1 (Zielgleichung)

(1.1) Ersetze die Zielfunktion ZF durch eine Zielgleichung
ZG: $x_0 + a_{01} x_1 + a_{02} x_2 + \ldots + a_{0n} x_n = b_0$
mit $a_{0j} := -c_j, \quad j = 1, \ldots, n!$

Schritt 2 (NN-Gleichungssystem)

(2.1) Gibt es in AR eine Restriktion R_p mit $b_p < 0$?
JA → (2.2)!
NEIN → (2.3)!

(2.2) Multipliziere die Restriktion R_p in AR mit (-1)
→ (2.1)!

(2.3) Handelt es sich bei dem Restriktionssystem (AR, NN) um ein NN-Gleichungssystem?
JA → (3.1)
NEIN → (2.4)

(2.4) Gibt es eine unbeschränkte Variable x_q?
JA → (2.5)!
NEIN → (2.6)!

(2.5) Ersetze in der Zielgleichung ZG x_q durch $x_q' - x_q''$!
→ (2.4)!

(2.6) Wende Algorithmus 3 auf das System (AR, NN) an.

Schritt 3 (zulässige kanonische Form)

(3.1) Weist das System (AR, NN) eine primal zulässige kanonische Form auf?

JA → (3.2)!
NEIN → (4.1)!

(3.2) Sind die Basisvariablen aus der Zielgleichung ZG eliminiert?
JA → (5.1)!
NEIN → (3.3)!

(3.3) Eliminiere die Basisvariablen aus der Zielgleichung ZG!
→ (5.1)!

Schritt 4 (Ermittlung einer primal zulässigen kanonischen Form)

(4.1) Erstelle zu dem System (AR, NN) mit Hilfe von Algorithmus 7 ein künstliches Optimierungssystem (KZG, AR, NN, KZV)!

(4.2) Wende den Algorithmus 6 auf das künstliche Optimierungssystem (KZG, AR, NN, KZV) an!

(4.3) Ist der optimale Zielwert von (KZG, AR, NN, KZV) gleich Null?
JA → (4.4)!
NEIN → (6.1)!

(4.4) Reduziere das System (KZG, AR, NN, ZV) durch Anwendung von Algorithmus 8 zu einem System (AR, NN)
→ (3.2)!

Schritt 5 (primal und dual zulässige kanonische Form)

(5.1) Wende Algorithmus 6 auf das System (ZG, AR, NN, ZV) an!

(5.2) Existiert eine primal und dual zulässige kanonische Form für das System (ZG, AR, NN, ZV)?
JA → (6.3)!
NEIN → (6.2)!

Endschritt

(6.1) „Es existiert keine zulässige Lösung des Optimierungssystems!"
→ (6.7)!

(6.2) „Der Zielwert des Optimierungssystems ist unbeschränkt!"
→ (6.7)!

(6.3) „Es liegt eine primal und dual zulässige kanonische Form des umgeformten Optimierungssystems mit dem Zielwert $x_0^* = b_0$ vor!"

(6.4) Sofern Schlupfvariablen eingeführt wurden, eliminiere die Werte der Schlupfvariablen aus dem Vektor der optimalen Lösung des umgeformten Systems!

(6.5) Sofern unbeschränkte Variablen durch die Differenz zweier nichtnegativer Variablen ersetzt wurden, mache diese Ersetzung in bezug auf den vorliegenden Lösungsvektor rückgängig!

(6.6) „Der vorliegende Vektor ist eine optimale Lösung des ursprünglichen Systems (ZF, AR, NN, ZV). Der zugehörige Zielwert ist x_0^*."

(6.7) STOP!

Mit Hilfe des vorstehenden Verfahrens wollen wir nun eine Optimierungsaufgabe vollständig durchrechnen.

Beispiel VI-16

Es soll zu dem folgenden Optimierungssystem OS_8 eine optimale Lösung bestimmt werden, sofern eine solche Lösung existiert.

$$OS_8: \begin{cases} x_0 = 2x_1 + x_2 + x_3 \\ 2x_1 + 3x_2 - x_3 \geqq 6 \\ 2x_1 + x_2 + x_3 \geqq 4 \\ x_1 \leqq 6 \\ x_1, \; x_2, \; x_3 \geqq 0 \\ x_0 \to \min! \end{cases}$$

Zunächst überführen wir die Zielfunktion in eine Zielgleichung, außerdem formen wir das Restriktionssystem durch das Einführen von Schlupfvariablen in ein NN-Gleichungssystem um. Damit haben wir das folgende (Hilfs-)Optimierungssystem OS'_8 erhalten:

$$OS'_8: \begin{cases} x_0 - 2x_1 - x_2 - x_3 = 0 \\ 2x_1 + 3x_2 - x_3 - s_1 = 6 \\ 2x_1 + x_2 + x_3 - s_2 = 4 \\ x_1 + s_3 = 6 \\ x_1, \; x_2, \; x_3, \; s_1, \; s_2, \; s_3 \geqq 0 \\ x_0 \to \min! \end{cases}$$

Dieses Hilfssystem weist noch keine kanonische Form auf. Deshalb lassen wir die Zielfunktion erst einmal außer Betracht und entwickeln aus dem Restriktionssystem ein künstliches Optimierungssystem. Es ergibt sich

$$OS''_8: \begin{cases} y_0 - y_1 - y_2 = 0 \\ 2x_1 + 3x_2 - x_3 - s_1 + y_1 = 6 \\ 2x_1 + x_2 + x_3 - s_2 + y_2 = 4 \\ x_1 + s_3 = 6 \\ x_1, \; x_2, \; x_3, \; s_1, \; s_2, \; s_3, \; y_1, \; y_2 \geqq 0 \\ y_0 \to \min! \end{cases}$$

Zur Ermittlung einer zulässigen kanonischen Form für das Restriktionssystem von OS'_8 wenden wir auf das künstliche System OS''_8 den Simplexalgorithmus an. Das Ausgangstableau hat die folgende Gestalt:

y_0	x_1	x_2	x_3	s_1	s_2	s_3 *	y_1 *	y_2 *	RS
1	4	4	0	−1	−1	0	0	0	10
0	2	3	−1	−1	0	0	1	0	6
0	⓶	1	1	0	−1	0	0	1	4
0	1	0	0	0	0	1	0	0	6

Wir wählen die x_1-Spalte als Pivotspalte und erhalten den umkreisten Koeffizienten als Pivotelement. Damit ergibt sich nach einem Simplexschritt als nächstes Simplextableau:

	*					*	*		
y_0	x_1	x_2	x_3	s_1	s_2	s_3	y_1	y_2	RS
1	0	2	−2	−1	1	0	0	−2	2
0	0	2	−2	−1	(1)	0	1	−1	2
0	1	1/2	1/2	0	−1/2	0	0	1/2	2
0	0	−1/2	−1/2	0	1/2	1	0	−1/2	4

Unter Verwendung des umkreisten Pivotelementes ergibt sich weiter:

	*				*	*			
y_0	x_1	x_2	x_3	s_1	s_2	s_3	y_1	y_2	RS
1	0	0	0	0	0	0	−1	−1	0
0	0	2	−2	−1	1	0	1	−1	2
0	1	3/2	−1/2	−1/2	0	0	1/2	0	3
0	0	−3/2	1/2	1/2	0	1	−1/2	0	3

Der Zielwert des künstlichen Optimierungssystems OS_8'' ist gleich Null geworden. Das Restriktionssystem besitzt damit eine zulässige Lösung. Aus dem vorstehenden Tableau erhalten wir nach Aufnahme der ursprünglichen Zielgleichung (und Eliminierung von x_1 daraus) die folgende primal zulässige kanonische Form unseres (Hilfs-) Optimierungssystems OS_8':

	*				*	*	
x_0	x_1	x_2	x_3	s_1	s_2	s_3	RS
1	0	2	−2	−1	0	0	6
0	0	(2)	−2	−1	1	0	2
0	1	3/2	−1/2	−1/2	0	0	3
0	0	−3/2	1/2	1/2	0	1	3

Das vorliegende System ist noch nicht dual zulässig. Wir ermitteln den umkreisten Koeffizienten als Pivotelement und erhalten nach einem Simplexschritt:

	*	*				*	
x_0	x_1	x_2	x_3	s_1	s_2	s_3	RS
1	0	0	0	0	−1	0	4
0	0	1	−1	−1/2	1/2	0	1
0	1	0	1	1/4	−3/4	0	3/2
0	0	0	−1	−1/4	3/4	1	9/2

Damit liegt nun eine optimale kanonische Form unseres Hilfssystems OS_8' vor. Die ausgewiesene Lösung lautet (3/2, 1, 0, 0, 0, 9/2), und der zugehörige Zielwert beträgt $x_0^* = 4$. Daraus leiten wir als Lösung unseres ursprünglichen Optimierungssystems OS_8 (3/2, 1, 0) sowie den Zielwert $x_0^* = 4$ ab.

7. Der duale Simplexalgorithmus

Zur Abrundung unserer Überlegungen über Lineare Optimierungssysteme (sowie nebenbei zur Begründung, warum wir stets auf den Zusatz „primal“ Wert legten) soll hier noch ein anderer Simplexalgorithmus kurz skizziert werden, der sich anbietet, wenn die kanonische Form (VI-1) primal noch nicht zulässig, aber dafür bereits dual zulässig ist, d. h. wenn

$$\left.\begin{array}{lll}\text{(VI-36)} & \text{bei } \textbf{Maximierungssystemen} & a_{0r+k} \geqq 0 \\ \text{(VI-37)} & \text{bei } \textbf{Minimierungssystemen} & a_{0r+k} \leqq 0\end{array}\right\} \text{für } k = 1, \ldots, n-r$$

erfüllt ist, jedoch für mindestens eine Zeile p ($\neq 0$) noch

$$\text{(VI-38)} \quad b_p < 0$$

gilt.

Beispiel VI-17
Gegeben sei das folgende Optimierungssystem:

$$OS_9: \begin{cases} x_0 = x_1 + x_2 \\ 2x_1 + 3x_2 \geqq 6 \\ 2x_1 + x_2 \geqq 4 \\ x_1, \quad x_2 \geqq 0 \\ x_0 = \min! \end{cases}$$

Nach der Umformung der Zielfunktion in eine Zielgleichung, dem Einführen von Schlupfvariablen sowie der Multiplikation der dann vorliegenden Gleichungsrestriktionen mit (-1) erhält man das folgende **dual, aber nicht primal** zulässige Optimierungssystem:

$$\begin{aligned} x_0 - x_1 - x_2 \quad &= 0 \\ -2x_1 - 3x_2 + s_1 \quad &= -6 \\ -2x_1 - x_2 \quad + s_2 &= -4 \\ x_1, \quad x_2, \quad s_1, \quad s_2 &\geqq 0. \end{aligned}$$

Bei Vorliegen dieser Situation sehe man sich zunächst die Koeffizienten a_{pj} $(j = r+1, \ldots, n)$ auf der linken Seite der p-ten Zeile

$$\text{(VI-39)} \quad x_p + a_{pr+1} x_{r+1} + \ldots + a_{pq} x_q + \ldots + a_{pn} x_n = b_p < 0$$

an. Sind diese sämtlich positiv, so steht (VI-39) ganz offensichtlich im Widerspruch zu den Nichtnegativitätsbedingungen. Ja, es gilt sogar darüber hinaus:

Nichtexistenz einer (primal) zulässigen Lösung
Sind in einem linearen Gleichungssystem mit Nichtnegativitätsrestriktionen für alle Variablen in einer Gleichung mit negativer rechter Seite die Koeffizienten nichtnegativ, so existiert keine zulässige Lösung.

Beispiel VI-18
Es liege das folgende Simplextableau eines **Minimierungs**systems vor:

x_0	x_1	x_2	x_3	x_4	x_5	x_6	RS
1	−1	−3	−2	0	0	0	0
0	−1	−2	−2	1	0	0	−15
0	2	1	2	0	1	0	− 5
0	−2	−2	−1	0	0	1	−20

Das Optimierungssystem weist eine dual, aber nicht primal zulässige kanonische Form auf. Der zweiten Restriktionsgleichung

$$2x_1 + x_2 + 2x_3 + 0x_4 + 1x_5 + 0x_6 = -5$$

entnehmen wir, daß keine zulässige Lösung des Systems existiert, da es keine nichtnegativen Zahlen $x_1, x_2, \ldots, x_6$ gibt, die diese Gleichung erfüllen.

Nehmen wir nunmehr an, daß dieser Fall nicht vorliege, d. h. daß mindestens ein a_{pj} negativ ist. In diesem Fall überlegt man sich als nächstes, daß jeder Pivot (p, q) mit $a_{pq} < 0$ geeignet ist für einen Pivotschritt mit dem Ziel, die rechte Seite der p-ten Gleichung positiv werden zu lassen. Wir wollen aber die duale Zulässigkeit weiterhin gewahrt lassen, und das bedeutet, daß für die (durch den Pivotschritt) neu modifizierten Zielkoeffizienten beim **Maximierungs**system gelten muß:

$$\text{(VI-40)} \quad a_{0j} - a_{0q} \cdot \frac{a_{pj}}{a_{pq}} \geqq 0 \quad \text{mit } j = 1, \ldots, n.$$

Wegen $a_{0j} \geqq 0$ für $j = 1, \ldots, n$ und $a_{pq} < 0$ kann dieser Typ Bedingung nur für die j mit negativen a_{pj} verletzt werden. In diesem Fall ist aber (VI-40) äquivalent mit

$$\text{(VI-41)} \quad \frac{a_{0j}}{a_{pj}} \leqq \frac{a_{0q}}{a_{pq}} \quad j = 1, \ldots, n, \; a_{pj} < 0.$$

Diese Bedingungen sind sämtlich erfüllt, sobald man q so wählt, daß

$$\text{(VI-42)} \quad \frac{a_{0q}}{a_{pq}} = \max \left\{ \frac{a_{0j}}{a_{pj}}, \; j = 1, \ldots, n, \; a_{pj} < 0 \right\}$$

erfüllt ist. Eine solche Auswahl ist stets möglich, da wir die Existenz mindestens eines negativen a_{pj} angenommen haben. Der durch diesen Pivot (p, q) definierte Pivotschritt heißt dualer Simplexschritt. Man beachte, daß im Gegensatz zum primalen Simplexschritt hier **zuerst** die Pivot**zeile** p und **danach** die Pivot**spalte** q festgelegt wird. Diese Überlegungen und analoge Überlegungen für den Fall von Minimierungssystemen lassen sich wie folgt zusammenfassen:

Algorithmus 10: Dualer Simplexalgorithmus zur Bestimmung einer optimalen kanonischen Form aus einem dual zulässigen kanonischen Optimierungssystem

Anwendungsvoraussetzungen

Gegeben ist ein Maximierungs- (bzw. Minimierungs-)System in dual zulässiger kanonischer Form der folgenden oder einer äquivalenten Gestalt:

<table>
<tr><td>ZG</td><td></td><td colspan="3">$x_0 \qquad + a_{0r+1}x_{r+1} + \ldots + a_{0n}x_n = b_0$</td></tr>
<tr><td>RG</td><td>G_1
G_2
$\vdots$
G_r</td><td colspan="3">$x_1 \qquad + a_{1r+1}x_{r+1} + \ldots + a_{1n}x_n = b_1$
$x_2 \qquad + a_{2r+1}x_{r+1} + \ldots + a_{2n}x_n = b_2$
$\ddots$
$x_r + a_{rr+1}x_{r+1} + \ldots + a_{rn}\, x_n = b_r$</td></tr>
<tr><td>NN</td><td></td><td colspan="3">$x_1, x_2, \ldots, x_r, \quad x_{r+1}, \ldots, \quad x_n \geqq 0$</td></tr>
<tr><td>ZV</td><td>$x_0 \to \max!$ ·</td><td rowspan="2">oder
alternativ</td><td>$x_0 \to \min!$</td></tr>
<tr><td></td><td>$a_{0r+1}, \ldots, a_{0n} \geqq 0$</td><td>$a_{0r+1}, \ldots, a_{0n} \leqq 0$</td></tr>
</table>

Anfangsschritt

(0.1) Markiere die Basisvariablen!

Schritt 1 (Optimale Lösung)

(1.1) Gilt $b_i \geqq 0$ für alle $i = 1, 2, \ldots, r$?
JA → (5.2)!
NEIN → (2.1)!

Schritt 2 (Keine zulässige Lösung)

(2.1) Gibt es eine Gleichung mit Index i mit $b_i < 0$ und $a_{ij} \geqq 0$ für alle $j = 1, \ldots, n$?
JA → (5.1)
NEIN → (3.1)

Schritt 3 (Bestimmung des Pivotelementes)

(3.1) Wähle ein p mit $b_p < 0$!

(3.2) Wähle ein q mit $\frac{a_{0q}}{a_{pq}} = \max\left\{\frac{a_{0j}}{a_{pj}}, j = 1, \ldots, n, a_{pj} < 0\right\}$

(bzw. mit $\frac{a_{0q}}{a_{pq}} = \min\left\{\frac{a_{0j}}{a_{pj}}, j = 1, \ldots, n, a_{pj} < 0\right\}$!

Schritt 4 (Dualer Simplexschritt)

(4.1) Setze

$$a_{ij} := a_{ij} - a_{iq} \cdot \frac{a_{pj}}{a_{pq}} \quad \text{für } i = 0, 1, \ldots, r, \; i \neq p, \; j = 1, \ldots, n;$$

$$b_i := b_i - a_{iq} \frac{b_p}{a_{pq}} \quad \text{für } i = 0, 1, \ldots, r, \; i \neq p;$$

$$a_{pj} := \frac{a_{pj}}{a_{pq}} \quad \text{für } j = 1 \ldots, n;$$

$$b_p := \frac{b_p}{a_{pq}}\,!$$

(4.2) Markiere die neue Basisvariable!

(4.3) Lösche die Markierung der neuen Nichtbasisvariablen!
→ (1.1)

Endschritt

(5.1) „Es existiert keine primal zulässige Lösung."
→ (5.3)

(5.2) „Es liegt eine primal und dual zulässige kanonische Form des betrachteten Optimierungssystems vor. Die ausgewiesene Basislösung ist eine optimale Lösung des Systems."

(5.3) STOP!

Beispiel VI-19
Wir wenden den dualen Simplexalgorithmus auf das Optimierungssystem OS_9 aus Beispiel VI-17 an:

x_0	x_1	x_2	s_1	s_2	RS
1	−1	−1	0	0	0
0	−2	(−3)	1	0	−6
0	−2	−1	0	1	−4

(Ausgangstableau)

x_0	x_1	x_2	s_1	s_2	RS
1	−1/3	0	−1/3	0	2
0	2/3	1	−1/3	0	2
0	(−4/3)	0	−1/3	1	−2

x_0	x_1	x_2	s_1	s_2	RS
1	0	0	−1/4	−1/4	5/2
0	0	1	−1/2	1/2	1
0	1	0	1/4	−3/4	3/2

(Endtableau)

Das letzte Tableau weist eine primal und dual zulässige kanonische Form aus. Die optimale Lösung des ursprünglichen Systems lautet danach

(3/2, 1)

mit dem zugehörigen Zielwert $x_0^* = 5/2$.

x_0	x_H *	x_D *	s_1 *	s_2	s_3	s_4 *	RS
1	0	0	0	450	50	0	400000
0	0	0	1	−1	1/12	0	680/3
0	0	1	0	3	−1	0	1600
0	1	0	0	0	1	0	800
0	0	0	0	−3	−1	1	400

Als optimale Lösung des umgeformten Systems lesen wir

(800, 1600, 680/3, 0, 0, 400)

und damit als Lösung unseres ursprünglichen Optimierungssystems

(800, 1600)

sowie den Zielwert

$x_0 = 400\,000$

ab. Danach sollten also 800 Herren- und 1600 Damenräder hergestellt werden. Es wäre dann ein Periodenumsatz in Höhe von DM 400 000 zu erwarten. Das ist natürlich dieselbe Lösung, die wir auch schon in Kapitel II mit geometrischen Überlegungen ermittelt haben.

Das letzte Simplextableau liefert im übrigen eine Reihe weiterer, für ökonomische Entscheidungen bedeutsame Informationen. Es ist Ihnen vermutlich bereits klar, daß in dem vorliegenden Zusammenhang den Schlupfvariablen eine gewisse ökonomische Bedeutung zukommt. s_1 bzw. s_2 steht für die ungenutzte Kapazität der Werkstatt 1 bzw. 2, s_3 und s_4 für ungenutzte Beschaffungsmöglichkeiten. Würde die Fahrradfabrik versuchen, die ausgewiesene Lösung zu realisieren, wäre damit zu rechnen, daß (wegen $s_1 = 680/3$) die Werkstatt 1 nur zu $\left(\left(1 - \frac{680/3}{960}\right) \cdot 100 = \right)$ 76,39 Prozent, die Werkstatt 2 aber voll ausgelastet ist ($s_2 = 0$). Ebenfalls voll in Anspruch genommen würden die Beschaffungsmöglichkeiten bezüglich der Herrenradrahmen ($s_3 = 0$), während von den möglichen 2000 Rahmen für Damenräder (wegen $s_4 = 400$) nur (2000 − 400) = 1600 Stück benötigt würden.

Das ist aber noch nicht alles, was wir dem Tableau des optimalen kanonischen Systems entnehmen können. Betrachten wir etwa die Kapazitätsbeschränkung für die vollausgelastete Werkstatt 2 und nehmen an, es stünden (aus irgendwelchen Gründen, die nicht weiter von Bedeutung sind) nicht 800 Stunden, sondern eine Stunde weniger, also nur 799 Stunden zur Verfügung. Wie ändert sich danach die optimale Lösung bzw. der zugehörige Zielwert? Diese neue Fragestellung bedeutet nichts anderes, als daß wir – ausgehend von der optimalen Lösung – die zur Kapazitätsrestriktion der Werkstatt 2 gehörende Schlupfvariable s_2 von ihrem Wert Null auf den Wert 1 wachsen lassen wollen. Wir entnehmen dem oben angegebenen Tableau, daß die neue Lösung einschließlich ihres Zielwertes wie folgt aussieht:

$$\begin{pmatrix} 400000 \\ \hline 800 \\ 1600 \\ 680/3 \\ 0 \\ 0 \\ 400 \end{pmatrix} + \begin{pmatrix} -450 \\ \hline 0 \\ -3 \\ 1 \\ 1 \\ 1 \\ 3 \end{pmatrix}.$$

Danach sinkt der Umsatz um 450 Geldeinheiten, denn die Anzahl der herzustellenden Damenräder sinkt um 3 Stück. Damit steigt aber auch die ungenutzte Kapazität von Werkstatt 1 um eine Stunde, und die Beschaffungsmöglichkeiten bei den Damenradrahmen werden noch um drei weitere Einheiten weniger genutzt. Allgemein: Soll in einem optimalen Tableau der Wert einer Nichtbasisvariablen von Null auf Eins steigen, so ändern sich die Werte der Basisvariablen um die mit (-1) multiplizierten Koeffizienten der betreffenden Variablenspalte (sofern nicht gerade eine Entartung vorliegt).

Man kann jetzt aber auch „in die andere Richtung" argumentieren, sich also fragen, was geschieht, wenn eine zusätzliche Einheit für die betrachtete Kapazitätsbeschränkung zur Verfügung stünde (wenn also etwa einer der Beschäftigten aus der Werkstatt 2 eine Überstunde ableistete). Man sieht dann analog, daß sich die Werte der Basisvariablen um die jeweiligen Koeffizienten aus der Spalte der zugehörigen Schlupfvariablen s_2 ändern. Es werden dann 3 Damenräder mehr hergestellt, wodurch die ungenutzte Kapazität in Werkstatt 1 um eine Stunde bzw. die ungenutzte Beschaffungskapazität bei den Rahmen für Damenräder um 3 Einheiten sinkt. Aus der Zielgleichung entnehmen wir, daß dadurch wiederum der Umsatz um DM 450 steigt. Eine solche Information ist natürlich im Hinblick auf die Einführung von Überstunden von großer Bedeutung. Sofern – wie im vorliegenden Fall – die Schlupfvariablen für freie Kapazitäten stehen, so kann man allgemein sagen, daß die Zielkoeffizienten der Schlupfvariablen Auskunft darüber geben, welchen zusätzlichen Beitrag zum Zielwert eine zusätzliche Einheit der betreffenden Kapazität bringen würde. Ausgehend von dem vorliegenden optimalen Tableau erhielten wir:

Kapazitätsausweitung in Werkstatt 1

Kein zusätzlicher Umsatz (Zielkoeffizient von s_1 ist gleich Null), denn die Kapazität der Werkstatt 1 ist bei der vorliegenden Lösung sowieso noch längst nicht ausgelastet.

Kapazitätsausweitung in Werkstatt 2

Zusätzlicher Umsatz in Höhe von DM 450 (wie erläutert).

Kapazitätsausweitung bei der Beschaffung von Herrenradrahmen

Es ergibt sich ein zusätzlicher Umsatz von DM 50 (Zielkoeffizient von s_3 ist gleich 50).

Kapazitätenausweitung bei der Beschaffung von Damenradrahmen

Kein zusätzlicher Umsatz, da die vorhandene Kapazität noch längst nicht ausgelastet ist (Zielkoeffizient von s_4 ist gleich Null).

Wir kommen noch einmal auf den dritten Fall zurück und fragen uns, wie sich das Produktionsprogramm ändert, wenn ein zusätzlicher Rahmen für ein Herrenrad beschafft werden kann. Aus dem optimalen Tableau entnehmen wir der Spalte der betreffenden Schlupfvariablen: Die Produktion an Herrenrädern steigt um eine Einheit, während andererseits aber die Produktion an Damenrädern interessanterweise um eine Einheit sinkt. Das muß aber so sein, denn in der Werkstatt 2 stehen nach wie vor nur 800 Arbeitsstunden zur Verfügung, die umverteilt werden müssen, soll ein zusätzliches Herrenrad hergestellt werden.

8.2. Grundbeispiel 5: Mischungsoptimierung

Die Bestimmung einer optimalen Lösung für unsere Mischungsaufgabe „per Hand" wollten wir Ihnen und uns nicht zumuten. Wir haben stattdessen zu diesem Zweck ein kommerzielles Softwarepaket eingesetzt, wie es heute bereits für Personalcomputer erhältlich ist und mit dessen Hilfe durchaus reale Optimierungsaufga-

```
name            mischungsoptimierung
rows
 n  cost
 l  schwefel
 l  phosphor
 g  eisen
 g  chrom
 g  silizium
 e  produkt
 l  x1max
 l  x2max
 l  x3max
 l  x4max
columns
    x1          cost        410.            schwefel    .035
    x1          phosphor    .056            eisen       .280
    x1          chrom       .056            silizium    .070
    x1          produkt     .700            x1max       1.0
    x2          cost        430.            schwefel    .090
    x2          eisen       .3375           chrom       .075
    x2          silizium    .225            produkt     .750
    x2          x2max       1.0
    x3          cost        500.            schwefel    .085
    x3          phosphor    .017            eisen       .4675
    x3          chrom       .051            silizium    .170
    x3          produkt     .850            x3max       1.0
    x4          cost        620.            schwefel    .054
    x4          phosphor    .009            eisen       .585
    x4          chrom       .027            silizium    .036
    x4          produkt     .900            x4max       1.0
rhs
    rhs1        schwefel    600.            phosphor    400.
    rhs1        eisen       5000.           chrom       500.
    rhs1        silizium    500.            produkt     10000.
    rhs1        x1max       5000.           x2max       8000.
    rhs1        x3max       10000.          x4max       8000.
endata
```

Abb. VI-1: Eingabedaten des Grundbeispiels 5

ben der Praxis – gerade auch aus dem Bereich der Mischungsplanung – gelöst werden können. Mit der folgenden Darstellung wollen wir Ihnen einen kurzen Einblick in den Aufbau und die Arbeitsweise solcher Standardprogrammsysteme geben.

In Abb. VI-1 sind die Eingabedaten unseres Grundbeispiels im sog. MPS-Format dokumentiert. Nahezu alle Softwarepakete zur Linearen Optimierung verwenden ein derartiges Format für die Eingabedaten. Bei Großrechnerprogrammen wird in der Regel diese Datenstruktur sogar verlangt, während sie bei PC-Programmen normalerweise nur eine von verschiedenen Möglichkeiten darstellt. Da dieses Format jedoch weite Verbreitung gefunden hat, soll es hier erläutert werden. Mit der ersten Zeile („name") wird zunächst der Datensatz benannt. Unter der Überschrift „rows" folgen dann die Namen der Zeilen unseres Problems, und zwar beginnend mit der Zielfunktion. Der Buchstabe „n" besagt dabei, daß die betreffende Zeile keinerlei Beschränkungen enthält (Zielfunktion). „l" steht für eine Restriktion des Typs „$\leqq$", „g" für „$\geqq$" und „e" für „$=$". Unter der Rubrik „columns" finden sich die Koeffizienten des Optimierungssystems, spaltenweise aufgelistet und beginnend mit dem jeweiligen Koeffizienten in der Zielfunktion. Koeffizienten, die gleich Null sind, werden nicht protokolliert. Nicht angeführt sind auch die NN-Bedingungen. Sie werden vom Programm als selbstverständlich angesehen, solange nichts anderes angegeben wird. Mit „enddata" ist schließlich das Ende des Datensatzes gekennzeichnet.

Auf den so vorbereiteten Datensatz angewendet, benötigte unser Softwarepaket zur Ermittlung einer optimalen Lösung 10 Pivotschritte bei 4 Sekunden Rechenzeit, Es wird Sie nicht unbedingt überraschen, daß der im folgenden erläuterte Computerausdruck keine Rechentableaus in der bisher verwendeten Form enthält. Sie sind offensichtlich zur Dokumentation bei Problemen realer Größenordnungen nicht mehr – oder nur sehr unübersichtlich – auf ein Blatt Papier oder einen Bildschirm zu bringen. Abb. VI-2 enthält zunächst in der Spalte „Activity" die Werte der Variablen x_1, x_2, x_3, x_4 in der optimalen Lösung. Danach sollten 5000 Tonnen des Füllstoffs 1, 1029,4118 Tonnen des Füllstoffs 3 und 6250 Tonnen des Füllstoffs 4 beschafft und eingesetzt werden. Der Füllstoff 2 kommt überhaupt nicht zum Einsatz. Weiterhin sind in der Spalte „Cost" noch einmal die jeweiligen Kosten pro Tonne des jeweiligen Füllstoffs aufgeführt. Im Kopf der Tabelle ist außerdem der optimale Zielwert, d. h. die Kosten des ermittelten optimalen Beschaffungsprogramms (DM 6439705,88) genannt.

Abb. VI-3 beinhaltet eine Analyse der Restriktionen für die ermittelte optimale Lösung. Die jeweilige Beanspruchung (Spalte „Activity") ist der entsprechenden Vorgabe (Spalte „RHS") gegenübergestellt. Außerdem sind noch die betreffenden Restriktionszeichen aufgeführt. Danach weist von den Ungleichungsrestriktionen lediglich die Restriktion für den Maximalgehalt an Schwefel sowie die Beschaf-

File: Mischopt
SOLUTION (Minimized): 6439705.882 mischungsoptimierung

	Variable	Activity	Cost		Variable	Activity	Cost
I	x1	5,000.0000	410.0000	:	x2	0.0000	430.0000
I	x3	1,029.4118	500.0000	I	x4	6,250.0000	620.0000

Abb. VI-2: Optimale Lösung des Grundbeispiels 5

File: Mischopt
CONSTRAINTS: mischungsoptimierung

Constraint	Activity		RHS	Constraint	Activity		RHS
schwefel	600.0000	<	600.0000	phosphor	353.7500	<	400.0000
eisen	5,537.5000	>	5,000.0000	chrom	501.2500	>	500.0000
silizium	750.0000	>	500.0000	produkt	10,000.0000	=	10,000.0000
x1max	5,000.0000	<	5,000.0000	x2max	0.0000	<	8,000.0000
x3max	1,029.4118	<	10,000.0000	x4max	6,250.0000	<	8,000.0000

Total Error: 0.000000

Abb. VI-3: Restriktionen des Grundbeispiels 5

fungsrestriktion für den Füllstoff 1 (x1 max) keinen Schlupf auf. Bei der Restriktion „produkt" handelte es sich von vornherein um eine Gleichung, die auch genau erfüllt ist.

Der in den Abb. VI-4 und VI-5 vorgestellte Output geht bereits über den in diesem Buch behandelten Themenkreis hinaus, wird aber von kommerziellen Softwarepaketen standardmäßig bereitgestellt. Er stellt die Ergebnisse einer *Sensitivitätsanalyse* dar. Abb. VI-4 bezieht sich auf die Frage, welche Auswirkungen Änderungen der Zielkoeffizienten auf die gefundene optimale Lösung haben. Dabei betrachtet man stets Veränderungen eines Koeffizienten unter Festhalten aller übrigen Koeffizienten auf den ursprünglich gegebenen Werten. Aus dem Feld links unten entnimmt man beispielsweise, daß der Zielkoeffizient der Variablen x_3 (d.h. Preis pro Tonne des Füllstoffs 3) von gegenwärtig DM 500,– unbegrenzt sinken kann, ohne daß sich die oben angegebene optimale Lösung ändert. Steigen kann der Preis pro Tonne dagegen nur auf DM 520,07. Bei einer weiteren Steigerung würde dann x_2 zur Basisvariablen und x_3 (gegenwärtig noch Basisvariable mit $x_3 = 1\,029{,}41$) zur Nichtbasisvariablen (mit dann $x_3 = 0$). Unter „Reduced Cost" findet sich der modifizierte Zielkoeffizient der Variablen x_3. Er ist hier gleich Null, denn x_3 ist Basisvariable.

Abb. VI-5 gibt schließlich Antwort auf die Frage, welche Auswirkungen Änderungen auf den rechten Seiten des ursprünglichen Restriktionssystems haben. Dabei beschränkt sich die Analyse sinnvollerweise auf solche Restriktionen, die bei der

File: Mischopt
COST ANALYSIS: mischungsoptimierung

Variable	Stable Cost Range	Variable to Change	Variable	Stable Cost Range	Variable to Change
Upper	499.8366	x1max	Upper	UNBOUNDED	
x1	410.0000		x2	430.0000	
Lower	UNBOUNDED		Lower	403.4314	<------
Reduced Cost		0.0000	Reduced Cost		-26.5686
Upper	520.0741	x2	Upper	UNBOUNDED	
x3	500.0000		x4	620.0000	
Lower	UNBOUNDED		Lower	556.2353	x2
Reduced Cost		0.0000	Reduced Cost		0.0000

Abb. VI-4: Kostenanalyse des Grundbeispiels 5

```
File: Mischopt
MARGINAL ANALYSIS: mischungsoptimierung
----------------------------------------------------------------------
:  Constraint      :    Value    :  Constraint      :     Value     :
:   at limit       :             :   at limit       :               :
----------------------------------------------------------------------
:       schwefel <     600.0000 :           xlmax <  5,000.0000 :
:  Decreases objective ...      :  Decreases objective ...      :
:             by     2,516.3399 :              by       89.8366 :
:                               :                               :
: Upper Limit.                  : Upper Limit.                  :
:   New limit ..       785.0000 :   New limit ..     5,911.3300 :
:   New optimum ... 5974183.007 :   New optimum ... 6357835.088 :
:   Forced to limit    phosphor :   Forced to limit    phosphor :
:                               :                               :
: Lower Limit.                  : Lower Limit.                  :
:   New limit ..       598.3333 :   New limit ..     4,968.9441 :
:   New optimum ... 6443899.782 :   New optimum ... 6442495.839 :
:   Forced to limit       chrom :   Forced to limit       chrom :
----------------------------------------------------------------------
```

Abb. VI-5: Marginalanalyse des Grundbeispiels 5

optimalen Lösung voll beansprucht waren, hier also auf die Restriktion für den Maximalgehalt an Schwefel sowie die Beschaffungsrestriktion für den Füllstoff 1. Man entnimmt dem linken Teil von Abb. VI-5 folgendes: Dürfte in den herzustellenden 10000 Tonnen Stahl eine zusätzliche Tonne Schwefel (also 601 anstelle von 600 Tonnen) enthalten sein, würden die Gesamtkosten um DM 2516,34 sinken. Diese Kostenminderung pro zusätzlicher Tonne Schwefel würde bis zu einem Gehalt von 785 Tonnen anhalten, der optimale Zielwert würde dabei auf DM 5974183 (für die 10000 Tonnen Stahl) gesunken sein. Das Zulassen eines noch höheren Schwefelgehaltes brächte keinen weiteren Kostenvorteil, weil dann die Restriktion für den Gehalt an „Phosphor" greift. Das Zulassen eines geringeren Schwefelgehaltes zeigt dagegen schneller eine Wirkung. Bereits bei einer Senkung des Maximalgehaltes auf 598,33 Tonnen würde die Restriktion für den Gehalt an „Chrom" ihren Minimalwert von 500 Tonnen erreicht haben. Entsprechendes gilt für die rechte Seite von Abb. VI-5.

9. Literaturhinweise

Die Literatur über Lineare Optimierung ist bereits seit einer Reihe von Jahren unübersehbar geworden und reicht von der anspruchslosesten Rezeptsammlung mit ganz einfachen Beispielen bis zu sehr eleganten Darstellungen in Klassikern wie z. B. in GALE [1960]. Bereits dieses Buch enthält jedoch, wie viele der anspruchsvollen Werke, noch weitere Themen und macht von den Zusammenhängen zwischen ihnen Gebrauch, was einerseits das isolierte Lesen der für die Lineare Optimierung relevanten Teile erschweren kann und andererseits eigentlich eine Einreihung in ein Erweiterungsgebiet „Mathematische Programmierung" erforderlich macht. Wir wollen uns daher auf eine subjektive Auswahl einiger weniger Texte beschränken.

Zum Gewinnen einer weiteren Übersicht empfiehlt es sich zunächst, den Klassiker DANTZIG [1966] in die Hand zu nehmen, der von einem der Grundväter der Linearen Programmierung verfaßt wurde und dessen Erinnerungen an die Pionierzeit des Gebietes leicht verständlich in DANTZIG [1984] wiedergegeben sind. Sodann liefert die Lektüre des Buches von JAEGER/WENKE [1969] eine recht elementare, aber ergänzende und etwas weiterführende Einleitung auch in die Lineare Optimierung, das natürlich mit unserem Buch bereits wegen der Identität des erstgenannten Verfassers sehr kompatibel ist. Eine ansprechende, leichte und ausführliche Darstellung finden Sie in mehreren Teilen von

DÜCK/KÖRTH/RUNGE/WUNDERLICH [1980]. Eine besondere didaktische Qualität besitzt GAL [1983]. Weiterhin seien die Lehrbücher von BLOECH [1974], IGNIZIO [1982] und KREKO [1973] erwähnt.

Die bedeutendste, jedoch über unser Buch hinausgehende theoretische Erweiterung ist die *Dualitätstheorie* der Linearen Optimierung, in der gewisse Paare von linearen Optimierungssystemen gleichzeitig betrachtet und gleichermaßen theoretisch und praktisch wichtige Beziehungen zwischen ihren jeweiligen optimalen Lösungen aufgedeckt werden; siehe z.B. DANTZIG [1966, S. 143–163, S. 292–304], JAEGER/WENKE [1969, S. 264–279], DÜCK/KÖRTH/RUNGE/WUNDERLICH [980, II, S. 213–222], GAL [1979, S. 17–19], GAL/KRUSE/VOGELER/WOLF [1983, S. 42–58].

Mit Fragestellungen über das Verhalten einer optimalen Lösung insbesondere bei gewissen Veränderungen der rechten Seiten oder der modifizierten Zielkoeffizienten eines linearen Optimierungssystems befaßt sich die *Parametrische* (und auf noch höherer Ebene die *Multiparametrische*) *Optimierung*. Elementare Darstellungen finden Sie z. B. in JAEGER/WENKE [1969, S. 310–315], DÜCK/KÖRTH/RUNGE/WUNDERLICH [1980, II, S. 238–246], ZOUTENDIJK [1976, S. 161–172], eine umfassende moderne Darstellung in GAL [1979] und eine ausführliche Monographie in DINKELBACH [1969].

Die Behandlung sehr umfangreicher linearer Optimierungsaufgaben gewissermaßen durch Zerlegung in Teilprobleme unter der Voraussetzung vieler und geschickt plazierter Nullen in der Koeffizientenmatrix, genannt *Dekompositionsverfahren*, erfolgt u.a. in DANTZIG [1966, S. 507–532], JAEGER/WENKE [1969, S. 302–310], ZOUTENDIJK [1976, S. 173–210].

Schließlich müssen wir noch auf einen bedeutenden und häufig anwendbaren Spezialtyp linearer Optimierungssysteme, die (klassischen) *Transport-* und *Zuordnungssysteme*, hinweisen, für die es besonders einfache, problemangepaßte Lösungsmethoden gibt, die sogar (in vielen, besonders spezifizierten Fällen) automatisch zu ganzzahligen optimalen (Basis-)Lösungen führen, sobald alle eingegebenen Daten nur ganzzahlig sind, siehe z.B. DANTZIG [1966, S. 343–379], DÜCK/KÖRTH/RUNGE/WUNDERLICH [1980, II, S. 256–280], GAL/KRUSE/VOGELER/WOLF [1983, S. 59–72], GASS [1985, S. 224–249], JAEGER/WENKE [1969, S. 315–326] und JUDIN/GOLSTEIN [1970, S. 411–447].

Wiederholungsfragen

1. Was versteht man unter einem Optimierungssystem (Maximierungs-, Minimierungssystem) in kanonischer Form? Was speziell unter einem primal zulässigen Optimierungssystem in kanonischer Form?
2. Woran erkennt man eine optimale Basislösung eines Maximierungs- bzw. Minimierungssystems?
3. Worin unterscheidet sich ein primaler Simplexschritt von einem Pivotschritt im Rahmen des GAUSS-Algorithmus?
4. Welcher Grundgedanke liegt dem Simplexalgorithmus zugrunde?
5. Kann es sein, daß ein Optimierungssystem zwar zulässige, aber keine optimalen Lösungen besitzt?
6. Wozu benötigt man künstliche Optimierungssysteme?
7. Wie erkennt man, daß ein Restriktionssystem keine zulässigen Lösungen besitzt?
8. Was ist der Inhalt der Phasen der Zwei-Phasen-Simplexmethode?

Übungsaufgaben

Aufgabe VI-1

Gegeben sei das folgende lineare Optimierungssystem

$$\begin{aligned} x_0 &= 4x_3 + 4x_4 \rightarrow \max! \\ x_1 \quad &+ 4x_3 + 2x_4 = 20 \\ x_2 &+ 2x_3 + 4x_4 = 20 \\ x_1, x_2, &\quad x_3, \quad x_4 \geqq 0. \end{aligned}$$

a) Bestimmen Sie für das Optimierungssystem mit Hilfe des Simplexalgorithmus eine optimale Lösung sowie den zugehörigen Zielwert!

b) Bestimmen Sie eine optimale Lösung sowie den dazugehörigen Zielwert, wenn die (zu maximierende) Zielfunktion stattdessen

$$x_0 = x_3 + 4x_4 \rightarrow \max! \quad \text{bzw.}$$
$$x_0 = 4x_3 + 2x_4 \rightarrow \max!$$

lauten!

Aufgabe VI-2

Bestimmen Sie eine optimale Lösung sowie den optimalen Zielwert des folgenden Optimierungssystems:

$$\begin{aligned} x_0 = - \ x_1 - \ x_2 \qquad\qquad &\rightarrow \min! \\ 3x_1 + 4x_2 + x_3 \qquad\quad &= 16 \\ 6x_1 + 2x_2 \qquad + x_4 \quad &= 10 \\ x_1 + \ x_2 \qquad\qquad + x_5 &= \ 4 \\ x_1, \ x_2, \ x_3, \ x_4, \ x_5 &\geqq \ 0. \end{aligned}$$

Aufgabe VI-3

Gegeben sei ein – nicht näher bezeichnetes – lineares Optimierungssystem. Bei der Berechnung einer **maximalen** Lösung dieses Systems ergebe sich das folgende Tableau:

x_0	x_1	x_2	x_3 *	x_4 *	x_5	x_6	x_7 *	x_8 *	x_9	b
1	−15	−3	0	0	−1	6	0	0	0	22
0	0	4	0	0	−2	−2	1	0	1	8
0	1	2	1	0	−3	1	0	0	2	14
0	−4	−3	0	0	1	8	0	1	0	10
0	−3	−4	0	1	8	−6	0	0	−1	0

a) Ist die ausgewiesene Basislösung bereits optimal? Begründen Sie Ihre Antwort!

b) Geben Sie alle Pivotelemente an, die möglich sind, wenn Sie nach dem Simplexalgorithmus vorgehen würden!

c) Welches dieser Pivotelemente ergäbe die größte Verbesserung des Zielwertes?

d) Geben Sie eine weitere Lösung an, die den gleichen Zielwert besitzt wie die ausgewiesene Lösung!

Aufgabe VI-4

Gegeben sei das folgende lineare Optimierungssystem:

$$\begin{array}{rrrrrrrl} x_0 = & 8x_1 + & 3x_2 + & 3x_3 - & 5x_4 & & & \to \max! \\ & & 4x_2 - & 5x_3 - & 6x_4 + x_5 & & & = 60 \\ & 4x_1 - & 4x_2 + & 3x_3 + & 10x_4 & + x_6 & & = 12 \\ & -12x_1 + & 16x_2 - & 13x_3 + & 2x_4 & & + x_7 & = 4 \\ & x_1, & x_2, & x_3, & x_4, \; x_5, & x_6, & x_7 & \geqq 0. \end{array}$$

Bestimmen Sie eine optimale Lösung (sofern eine derartige Lösung existiert) sowie den zugehörigen Zielwert für das Optimierungssystem!

Aufgabe VI-5

Gegeben sei das folgende lineare Optimierungssystem:

$$\begin{array}{rrrrrrrl} x_0 = & 3x_1 + & x_2 + & 2x_3 + & 2x_4 & & & \to \max! \\ & x_1 + & x_2 + & 2x_3 & & + x_5 & & = 2 \\ & x_1 & & & + \; x_4 & & + x_6 & = 2 \\ & -x_1 + & 3x_2 + & 4x_3 - & 2x_4 & & + x_7 & = 6 \\ & x_1, & x_2, & x_3, & x_4, & x_5, \; x_6, & x_7 & \geqq 0. \end{array}$$

a) Bestimmen Sie eine optimale Lösung (sofern eine derartige Lösung existiert) sowie den zugehörigen Zielwert!

b) Was fällt Ihnen auf?

Aufgabe VI-6

Bei der Berechnung einer optimalen Lösung eines **Minimierungs**systems ergebe sich – eventuell nach Umbenennung der Variablen – das folgende Tableau:

	*	*	*	*					
x_0	x_1	x_2	x_3	x_4	x_5	x_6	x_7	x_8	b
1	0	0	0	0	0	−7	−7	−1	42
0	1	0	0	0	1	−4	6	−9	2
0	0	1	0	0	0	3	−8	0	4
0	0	0	1	0	0	2	−4	−7	16
0	0	0	0	1	−1	−1	3	−2	8

a) Ist die ausgewiesene Lösung bereits optimal? Begründen Sie Ihre Antwort!

b) Geben Sie eine weitere Lösung an, die zu dem gleichen Zielwert führt wie die ausgewiesene Lösung!

Unterstellen Sie nun, Sie hätten das ausgewiesene Tableau bei der Berechnung einer optimalen Lösung eines **Maximierungs**systems erhalten.

c) Ist die ausgewiesene Lösung bereits optimal? Begründen Sie Ihre Antwort!

d) Läßt sich an dieser Stelle bereits feststellen, ob überhaupt eine optimale Lösung für das Maximierungssystem existiert?

Aufgabe VI-7

Gegeben sei das folgende lineare Optimierungssystem:

$$\begin{aligned} x_0 = \; & x_1 + 2x_2 + 4x_3 \to \max! \\ & -x_1 \geqq -2 \\ & x_1 + x_2 + 2x_3 \leqq 4 \\ & 3x_2 + 4x_3 \leqq 6 \\ & x_1, \; x_2, \; x_3 \geqq 0. \end{aligned}$$

a) Überführen Sie das gegebene System in ein Hilfssystem, auf das Sie den primalen Simplexalgorithmus anwenden können!

b) Bestimmen Sie eine optimale Lösung und den optimalen Zielwert!

Aufgabe VI-8

Gegeben sei das folgende lineare Optimierungssystem:

$$\begin{aligned} x_0 = \; & 2x_1 + 3x_2 - x_3 \to \max! \\ & x_1 + x_2 + x_3 \leqq 10 \\ & 2x_1 - x_2 - x_3 \leqq 5 \\ & -x_1 + \tfrac{1}{3}x_2 \leqq 4 \\ & x_1, \; x_2 \geqq 0 \\ & x_3 \text{ unbeschränkt}. \end{aligned}$$

a) Überführen Sie dieses Optimierungssystem in ein Hilfssystem, auf das Sie den primalen Simplexalgorithmus anwenden können!

b) Bestimmen Sie eine optimale Lösung und den optimalen Zielwert!

Aufgabe VI-9

Gegeben sei das folgende lineare Optimierungssystem:

$$\begin{aligned} x_0 = \; & 6x_1 + 9x_2 + 16x_3 \to \max! \\ & x_1 \leqq 2 \\ & x_1 + x_2 + 2x_3 \leqq 4 \\ & 3x_2 + 4x_3 \leqq 6 \\ & x_1, \; x_2, \; x_3 \geqq 0. \end{aligned}$$

Bestimmen Sie zwei verschiedene optimale Lösungen und den optimalen Zielwert!

Aufgabe VI-10

Gegeben sei das folgende lineare Optimierungssystem:

$$\begin{aligned} x_0 = \quad 8x_1 - 24x_2 + 5x_3 + 28 &\rightarrow \min! \\ -3x_1 + 8x_2 - x_3 &\leqq 12 \\ -x_1 + 13x_2 - 3x_3 &\leqq 20 \\ x_1, \quad x_2, \quad x_3 &\geqq 0. \end{aligned}$$

a) Ist ein Minimum erreicht, wenn x_1 und x_2 Basisvariablen sind?

b) Wie lautet Ihre Antwort, wenn

$x_0 \rightarrow \max!$

gefordert wäre?

Aufgabe VI-11

Bestimmen Sie eine zulässige Basislösung des folgenden Restriktionssystems (sofern eine derartige Lösung existiert):

$$\begin{aligned} x_1 \qquad - x_3 + 4x_4 &= 3 \\ 2x_1 - x_2 \qquad &= 3 \\ 3x_1 - 2x_2 \qquad - x_4 &= 1 \\ x_1, \quad x_2, \quad x_3, \quad x_4 &\geqq 0. \end{aligned}$$

Aufgabe VI-12

Gegeben sei das folgende NN-Gleichungssystem:

$$\begin{aligned} 2x_1 + 4x_2 - 4x_3 &= 10 \\ 5x_1 - 2x_2 + 10x_3 &= 40 \\ x_1, \quad x_2, \quad x_3 &\geqq 0. \end{aligned}$$

a) Bestimmen Sie eine zulässige Basislösung mit Hilfe eines künstlichen Optimierungssystems!

b) Gehen Sie von dem unter a) erhaltenen Ergebnis aus und versuchen Sie, diese Basislösung durch eine entsprechende Anwendung des modifizierten GAUSS-Algorithmus zu erzeugen!

c) Begründen Sie, warum die sofortige Anwendung des Gaußschen Algorithmus Ihnen möglicherweise nicht zur Beantwortung von a) weitergeholfen hätte!

Aufgabe VI-13

Konstruieren Sie sich ein einfaches Gleichungssystem, das keine (nicht-negativen) Lösungen besitzt! Versuchen Sie dann, mit Hilfe eines künstlichen Optimierungssystems eine zulässige Basislösung zu ermitteln!

Aufgabe VI-14

Bestimmen Sie eine zulässige Basislösung des folgenden Restriktionssystems (sofern eine derartige Lösung existiert):

$$\begin{aligned} x_1 + 2x_2 &\geqq 9 \\ -x_1 + x_2 &\leqq 3 \\ x_1 + x_2 &\geqq 5 \\ x_1, \quad x_2 &\geqq 0. \end{aligned}$$

Aufgabe VI-15

Ein Optimierungssystem, dessen Restriktionssystem aus Gleichungen und der Nichtnegativitätsbedingung für alle Variablen besteht, besitzt als Zielfunktion

$$x_0 = x_1 + 4x_2 + 5x_3 + 6x_4 + 7x_5 + 2x_6 \rightarrow \max!$$

und als Basislösung des Restriktionssystems

	x_1	x_2	x_3	x_4	x_5	x_6	b
x_1	1	0	0	0	4	−6	7
x_2	0	1	0	2	−3	7	4
x_3	0	0	1	1	2	1	3

.

Erweitern Sie dieses Tableau zu einer Basislösung des Optimierungssystems!

Aufgabe VI-16

Bestimmen Sie eine optimale Lösung (sofern eine derartige Lösung existiert) sowie den optimalen Zielwert des folgenden Optimierungssystems:

$$\begin{aligned} x_0 = 2x_1 + 3x_2 + x_3 &\rightarrow \max! \\ x_1 + 2x_2 + x_3 &\leqq 15 \\ 2x_1 + x_2 \qquad &= 8 \\ x_1 + x_2 + x_3 &\geqq 8 \\ x_1, \quad x_2, \quad x_3 &\geqq 0. \end{aligned}$$

Aufgabe VI-17

Bestimmen Sie eine optimale Lösung (sofern eine derartige Lösung existiert) sowie den optimalen Zielwert für das folgende Optimierungssystem:

$$\begin{aligned} x_0 = 2x_1 + 2x_2 + 4x_3 &\rightarrow \max! \\ x_1 + 3x_2 - 3x_3 &= -2 \\ x_2 - x_3 &= -1 \\ 2x_1 + x_2 - 2x_3 &= -1 \\ x_1, \quad x_2, \quad x_3 &\geqq 0. \end{aligned}$$

Aufgabe VI-18

Bestimmen Sie für das folgende Optimierungssystem eine optimale Lösung (sofern eine derartige Lösung existiert) sowie den optimalen Zielwert:

$$
\begin{aligned}
x_0 = \quad 2x_1 + \quad x_2 &\rightarrow \max! \\
x_1 - \quad x_2 &= -20 \\
x_1 + 3x_2 &\geqq \quad 90 \\
-3x_1 + 2x_2 &\leqq \quad 40 \\
x_1, \quad x_2 &\geqq \quad 0.
\end{aligned}
$$

Aufgabe VI-19

Bestimmen Sie – sofern das möglich ist – eine optimale Lösung sowie den optimalen Zielwert des folgenden Optimierungssystems:

$$
\begin{aligned}
x_0 = 3x_1 + 2x_2 &\rightarrow \max! \\
3x_1 - 2x_2 &\leqq 3 \\
x_1 + 2x_2 &= 6 \\
x_1 + 5x_2 &= 10 \\
x_1, \quad x_2 &\geqq 0.
\end{aligned}
$$

Aufgabe VI-20

Bestimmen Sie eine optimale Lösung des Optimierungssystems aus der Aufgabe I-5 und interpretieren Sie das Ergebnis!

Aufgabe VI-21

Bestimmen Sie eine optimale Lösung des Optimierungssystems aus der Aufgabe I-6 und interpretieren Sie das Ergebnis!

Aufgabe VI-22

Bei der Berechnung einer optimalen Lösung eines **Maximierungs**systems gelange man zu folgendem Tableau (möglicherweise nach einer Umbenennung der Variablen):

	*	*	*	*	*	*						
x_0	x_1	x_2	x_3	x_4	x_5	x_6	x_7	x_8	x_9	x_{10}	x_{11}	b
1	0	0	0	0	0	0	13	16	0	32	46	6
0	1	0	0	0	0	0	7	−4	6	−8	−23	−5
0	0	1	0	0	0	0	−21	−32	3	−4	0	−6
0	0	0	1	0	0	0	−1	−6	46	−3	−12	1
0	0	0	0	1	0	0	−7	16	−15	−22	10	−3
0	0	0	0	0	1	0	−20	−3	4	−7	39	0
0	0	0	0	0	0	1	10	0	14	−2	0	−1

a) Liefert dieses Tableau bereits eine optimale Lösung? Begründen Sie Ihre Antwort!

b) Geben Sie alle Pivotelemente an, die möglich sind, wenn Sie nach dem dualen Simplexalgorithmus vorgehen würden! Welches davon ergäbe nach der Ausführung des Pivotschrittes die größte Veränderung des Zielwertes in Richtung auf den optimalen Zielwert?

c) Läßt sich an dieser Stelle bereits feststellen, ob überhaupt eine optimale Lösung existiert?

Aufgabe VI-23

Bei der Berechnung einer optimalen Lösung eines **Minimierungs**systems ergebe sich das folgende Tableau:

x_0	x_1	x_2	x_3	x_4 *	x_5 *	x_6 *	b
1	−1	−3	−2	0	0	0	0
0	−1	−2	−2	1	0	0	−15
0	−2	−1	−2	0	1	0	− 5
0	−2	−2	−1	0	0	1	−20

a) Geben Sie alle Pivotelemente an, die möglich sind, wenn Sie nach dem dualen Simplexalgorithmus vorgehen würden!

b) Bestimmen Sie eine neue Basislösung, wobei Sie von allen möglichen Pivotelementen ein solches auswählen, welches die größte Veränderung des Zielwertes bewirkt.

Aufgabe VI-24

Gegeben sei das folgende Maximierungssystem:

$$
\begin{aligned}
x_0 = -3x_1 - 5x_2 - 8x_3 &\rightarrow \max! \\
-x_1 + x_2 - x_3 &\geqq 8 \\
x_1 + 2x_2 \quad &\geqq 14 \\
-3x_2 + x_3 &\geqq 25 \\
x_1, \quad x_2, \quad x_3 &\geqq 0.
\end{aligned}
$$

Ermitteln Sie eine optimale Basislösung mit Hilfe des dualen Simplexalgorithmus (sofern eine derartige Lösung existiert)!

Aufgabe VI-25

Gegeben sei das folgende Maximierungssystem:

$$
\begin{aligned}
x_0 = -2x_1 - x_2 &\rightarrow \max! \\
x_1 + x_2 &\geqq 4 \\
2x_1 - 5x_2 &\leqq 10 \\
5x_1 + 8x_2 &\leqq 40 \\
x_1 - x_2 &\leqq 1 \\
2x_1 + x_2 &\geqq 6 \\
x_1, \quad x_2 &\geqq 0.
\end{aligned}
$$

Bestimmen Sie mit Hilfe des dualen Simplexalgorithmus eine optimale Lösung (sofern eine derartige Lösung existiert)!

Kapitel VII: Weiterführende und benachbarte Gebiete

Gliederung

In diesem abschließenden Kapitel wollen wir zur Abrundung noch einen sehr skizzenhaften Ausblick über die prinzipiellen Stärken der Linearen Algebra und Linearen Optimierung, ihre Grenzen sowie die Überwindung dieser Grenzen insbesondere im Hinblick auf ökonomische Anwendungen durch Entwicklung von allgemeineren Gebieten geben. Danach beenden wir unsere Ausführungen mit einigen knappen Bemerkungen über Wechselbeziehungen zu Nachbargebieten der Linearen Algebra und Linearen Optimierung.

1. Stärken und Grenzen der Linearen Algebra und Linearen Optimierung

Die Stärken der Linearen Algebra und Linearen Optimierung lassen sich etwa wie folgt stichwortartig beschreiben:

- didaktisch: unmittelbare Anknüpfung an die Schulmathematik, durch jahrhundertelange Erfahrungen sehr ausgereift, begrifflich relativ wenig aufwendig, übersichtlich, leicht verständlich und durchschaubar, undurchsichtigeTricks weitestgehend ausgeschlossen,
- anwendungsbezogen: universelle Anwendbarkeit auf Ökonomie, innerhalb der Mathematik und auf die mathematische Behandlung aller Disziplinen,
- kommunikationstechnisch: Basiswissen jedes Mathematikers, Informatikers, Physikers, Ingenieurs, daher leichte interdisziplinäre Kommunikation,
- rechentechnisch: weitestgehende Rechenbarkeit, unproblematische Verwendung des Computers auch bei umfangreichem Datenmaterial, kaum rechentechnischer Ärger (außer in unmittelbarer Nähe eines Strukturbruches, z. B. bei Unentscheidbarkeit im Rahmen der Daten- und Rechengenauigkeit, ob eine Determinante gleich oder ungleich Null ist),
- änderungsbezogen: innerhalb der Linearität Veränderung vieler Prämissen leicht durchführbar, daher in diesem Rahmen relativ mühelose und schnelle Einstellung auf neue Gegebenheiten, entsprechende Auswirkungen leicht berechenbar.

Im Gegensatz dazu stehen die im folgenden ausgeführten Grenzen der Linearen Algebra, Linearen Optimierung und linearen ökonomischen Modelle, die explizit oder implizit mit der Annahme der Linearität verbunden sind:

Mathematische Annahmen bei linearen Systemen

- Das System der Restriktionen besteht nur aus **linearen** Gleichungen und **linearen** Ungleichungen, die **gleichzeitig** und **exakt** erfüllt sein müssen *(konjunktive und exakte lineare Bedingungen)*.
- Die (zulässigen) Lösungen sind aus **reellen** Zahlen zusammengesetzt, welche den Restriktionen genügen *(Kontinuierliche Optimierung)*.
- Gesucht ist das Maximum oder Minimum einer **einzigen linearen** Zielfunktion bzw. Zielgleichung *(Maximierung oder Minimierung bezüglich eines linearen Einzelkriteriums)*.

Numerische Annahmen bei linearen Restriktions- und Optimierungsmodellen

- Das Modell ist **nicht zeitabhängig** *(statisches Modell)*.
- Die konstanten Größen sind **genau** bestimmbare Zahlen *(keine Unschärfen im Modell)*.
- Diese Daten hängen **nicht vom Zufall** ab *(rein deterministisches Modell)*.
- Die Lösungen werden nur mit Hilfe der **vier Grundrechnungsarten** sowie des Auswählens einer **größten** oder **kleinsten** Zahl aus einer **endlichen** Menge reeller Zahlen gewonnen *(Beschränkung auf Methoden der Linearen Algebra mit Anordnungsbeziehungen)*.
- Die Algorithmen müssen **in vertretbarer Rechenzeit** zu Lösungen mit vorgeschriebener **Genauigkeit** führen *(Mäßige Komplexität)*.

Ausgehend hiervon wollen wir im folgenden Abschnitt auf einige neuartige Gebiete der Mathematik verweisen, die zu einer Überwindung derartiger Grenzen konzipiert sind.

2. Weiterführende Gebiete

Bereits bei einer ersten Analyse der Konsequenzen der soeben beschriebenen Annahmen gelangt man zu dem Schluß, daß in vielen Fällen die Lineare Algebra bzw. die Lineare Optimierung zum Behandeln der strukturellen und instrumentellen Fragestellungen der ökonomischen Praxis noch nicht ausreicht. Es war diese (zumindest aus der Sicht der Anwender wesentliche) Erkenntnis, die zur Entwicklung einer Gruppe von Erweiterungsgebieten geführt hat, für die sich die Sammelbezeichnung *Mathematische Optimierung* (bzw. *Mathematische Programmierung*) eingebürgert hat und die sich aus einer allgemeineren Sicht mit dem Auffinden von „Optima" befaßt.

Zunächst kann man zur Entwicklung eines realitätsnahen Modells einfach gezwungen sein, nichtlineare Restriktionen und/oder Zielfunktionen aufzunehmen. In dem Falle der Optimierung bewegt man sich dann natürlich in dem Gebiet der *Nichtlinearen Optimierung.* Wie unangenehm bereits eine einzelne nichtlineare Gleichung sein kann, haben Sie vielleicht schon in der Schule erfahren. Unter der Überschrift „Maxima und Minima mit Nebenbedingungen" wird in der Analysis-Propädeutik die LAGRANGE-Funktion und ihre Nützlichkeit für Vorentscheidungen zur Gewinnung von Optima in dem Falle ihrer partiellen Differenzierbarkeit gewonnen. Als sog. (lokales) KUHN-TUCKER-Theorem ist nun eine Erweiterung dieser Gedankengänge auf den Fall von Ungleichungsrestriktionen der Form $f_i(x_1, x_2, \ldots, x_n) \leq 0$ bekannt, bei dem dann die LAGRANGE-Multiplikatoren plötzlich nichtnegativ sein müssen. Falls diese $f_i(x_1, x_2, \ldots, x_n)$ und die Zielfunktion sämtlich partiell differenzierbar und konvex sind, ergibt sich dann ein System von notwendigen und – von einem Ausnahmefall abgesehen – sogar hinreichenden Bedingungen für die Existenz eines (wegen der Konvexität bereits) globalen Minimums, die man sofort rechentechnisch auswerten kann. Man spricht dann von *Konvexer Optimierung.* Als verblüffend einfach erweist sich in diesem Zusammenhang der Spezialfall einer quadratischen Zielfunktion (z. B. quadratischen Kostenfunktion) mit lediglich linearen Restriktionen, für welchen meist die (recht saloppe) Bezeichnung *Quadratische Optimierung* verwendet wird. Von den notwendigen Bedingungen bei der Konvexen und speziell Quadratischen Optimierung erweisen sich dabei einige als sog. *Alterna-*

tivbedingungen, d.h. dabei geht es z.B. um Paare von Bedingungen, von denen **mindestens eine** erfüllt sein muß. Im allgemeinen bringen Alternativbedingungen, bei deren Auftreten man auch von *Disjunktiver Optimierung* spricht, so viele zusätzliche Schwierigkeiten, daß man sich häufig schon mit einer irgendwie zufriedenstellenden Lösung begnügt.

Werden z.B. in einem ökonomischen System oder Modell Variablen benutzt, die sich auf Anzahlen von Personen oder Maschinen beziehen, so sind für die Glieder der Lösungsvektoren nur nichtnegative **ganze Zahlen** erlaubt. Damit kommt ein neuartiger Typ von Restriktionen, sog. *Ganzzahligkeitsbedingungen*, hinzu. In manchen Fällen dürfen die Variablen auch unbeschränkt ganzzahlig sein; in noch anderen Situationen dürfen sie **nur die Werte 0 oder 1** annehmen (BOOLEsche *Variablen*, auch: *logische, binäre* oder *0-1-Variablen* genannt). Bei Vorhandensein eines Optimierungszieles spricht man dann von *Ganzzahliger* (bzw. BOOLEscher bzw. *Gemischt-Ganzzahliger*) *Optimierung* oder zusammengefaßt von *Diskreter*[1] *Optimierung*. Daß dabei eine zusätzliche Problematik ins Spiel kommt, erkennt man schon bei der Analyse eines linearen Gleichungssystems mit quadratischer, ganzzahliger Koeffizientenmatrix **A**, von Null verschiedener Koeffizientendeterminante $|\mathbf{A}|$ und ganzzahligen rechten Seiten. Von Ausnahmefällen abgesehen, ergibt sich bereits aus der Konstruktion von $\mathbf{A}^{-1}$ mit Hilfe der Formel (V-40), daß Ganzzahligkeit der eindeutigen Lösung nur dann gewährleistet ist, wenn $|\mathbf{A}| = \pm 1$. (Solche Ausnahmefälle können bei der Berechnung von **Basis**lösungen gewisser Transport- und Zuordnungsprobleme auftreten.) Das Auf- bzw. Abrunden von gebrochenen Zahlen in Lösungen, die unter Vernachlässigung der Ganzzahligkeitsbedingungen ermittel wurden, liefert i.a. keine Lösungen des zugrundeliegenden Restriktionssystems, sofern die Restriktionen exakt erfüllt sein müssen. Im Optimierungsfalle wird möglicherweise durch Runden einer optimalen nichtganzzahligen Lösung die optimale ganzzahlige Lösung verfehlt! Genügt es aber bei manchen Restriktionen, daß sie nur „ungefähr" erfüllt zu sein brauchen, so muß man in einer zusätzlichen Theorie erst eine Präzisierung des Unterschiedes zwischen einer derartigen *weichen* und einer *harten* (d.h. exakt zu erfüllenden) Restriktion aufbauen. Die Behandlung derartiger und ähnlicher Fragestellungen erfolgt in dem Gebiet der *Goal-Optimierung* (vielleicht besser bekannt unter der angelsächsischen Bezeichnung *goal programming*).

Bei einer wachsenden Anzahl von ökonomischen Modellen werden anstelle einer einzigen Zielgleichung simultan mehrere von ihnen betrachtet. (Selbst bei der Goal-Optimierung kann man das tun, indem man jede Zielgleichung auf eine Verletzung einer weichen Restriktion bezieht.) Dadurch wird jeder zulässigen Lösung gleich ein **Vektor von Zielwerten** zugeordnet. Von außerordentlichen Sonderfällen abgesehen, wird es dann keinen „optimalen" Zielwertvektor in dem Sinne geben, daß er „besser" (genauer: nicht schlechter) als der Zielwertvektor jeder anderen zulässigen Lösung ist, wohl aber sog. *Pareto-optimale* (auch *effizient* genannte) Zielwertvektoren, zu denen es keine besseren gibt. Das entsprechende Arbeitsgebiet ist unter recht unterschiedlichen Namen bekannt: *Mehrzieloptimierung, Vektoroptimierung, multiobjective programming*. Es erfordert zu seiner Behandlung bereits in dem Falle allseits linearer Restriktionen und linearer Zielfunktionen weitergehende Kenntnisse über n-dimensionale Vektorräume für eine Analyse der Menge der Zielwertvektoren aller zulässigen Lösungen des zugrundeliegenden Restriktionssystems.

---

[1] Genauer gesagt, bedeutet „diskrete Variable", daß sie ihre Werte nur aus einer endlichen oder abzählbar unendlichen Menge von Zahlen entnehmen darf.

Sollte das Ziel der Optimierung bzw. Pareto-Optimierung mathematisch oder rechentechnisch zu schlecht zu erreichen sein, so kann man auch durch Vorgabe von (möglicherweise sukzessiv veränderten) *Anspruchsniveaus* ein Optimierungssystem in ein reines Restriktionssystem überführen. In diesem Falle spricht man von *Satisfizierung*.

Zeitabhängige, insbesondere **aus mehreren Stufen** bestehende ökonomische Modelle werden in der *Dynamischen Optimierung* behandelt. Für den Umgang mit **unscharfen**, verschwommenen Daten, soweit dazu die Parametrische Optimierung nicht ausreicht, ist das Gebiet *Unscharfe Optimierung (fuzzy optimisation)* im Aufbau. Falls der **Zufall** in einem Modell der Mathematischen Optimierung berücksichtigt werden muß, kommt man in das Gebiet der *Stochastischen Optimierung*, zu dessen Verständnis natürlich erhebliche Kenntnisse und Erfahrungen im Umgang mit Wahrscheinlichkeitsrechnung der Statistischen Methodenlehre eine absolute Vorbedingung sind.

Seit einiger Zeit haben sich die Mathematiker Gedanken gemacht, ob nicht insbesondere bei linearen Systemen mit großen Datenmengen (aber auch bei Systemen mit sehr schwierig zu handhabenden Funktionen) andere als rein algebraische Lösungsmethoden, nämlich **Konvergenzmethoden** der höheren mathematischen Analysis, schneller zum Ergebnis führen als Verallgemeinerungen des modifizierten GAUSS-Algorithmus und Varianten der Simplex-Methode. Vor einigen Jahren erweckte der Russe KHACHIJAN (die transkribierte Schreibweise des Namens ist unterschiedlich) ein großes (bis in die internationale Presse wirkendes) Aufsehen mit einer neuartigen Methode, die allerdings – zur Überraschung der Insider – entgegen den theoretischen Überlegungen den praktischen Erwartungen nicht entsprach. Diese vermeintliche Diskrepanz führte zur schnellen Entwicklung eines neuen Gebietes im Schnitt zwischen Mathematik und Informatik, der sog. *Komplexitätstheorie*, die sich mit Fragen der Rechengeschwindigkeit als Funktion der Anzahl der Variablen und Restriktionen beschäftigt und zwischen *polynomialem* und *exponentiellem Wachstum* unterscheidet. In allerjüngster Zeit hat KARMARKAR [1984] einen noch andersgearteten Algorithmus als Alternative zum Simplexalgorithmus entwickelt, der aus mehreren Gründen vielversprechender zu sein scheint und für den er inzwischen bereits einen Wissenschaftspreis erhielt.

3. Nachbargebiete

Neben den im letzten Abschnitt skizzierten Erweiterungen der Linearen Optimierung bestehen auch enge Beziehungen zu einer Reihe von mathematischen Gebieten, die sich eigentlich unabhängig, aber parallel entwickelten. Das gilt – wie bereits erwähnt und durch die häufige Verwendung von Pfeildiagrammen nahegelegt – im weitesten Sinne für die Theorie und die Methoden der *Graphen* und *Netzwerke*, was sich bereits durch vielseitige Verwendung von Matrizen und geschickt angepaßten Varianten von Matrizenoperationen zeigt. Problemstellungen wie die Bestimmung von kürzesten oder längsten Wegen, Rückkopplungseffekten, maximalen Flüssen in Netzwerken und Teilbereiche von Netzplantechniken bedienen sich der in unserem Buch entwickelten Methoden.

Auch die *Spieltheorie* und allgemeiner die *Theorie der Gruppenentscheidungen* kann man als Nachbargebiete des in diesem Buch behandelten Doppelgebietes ansehen.

Vor allem erweist sich das Zwei-Personen-Null-Summen-Spiel (auch *Matrixspiel* genannt) als äquivalent dem klassischen Problem der Linearen Optimierung.

Schließlich hat die *Multikriteria-Entscheidungstheorie* starke Verbindungen zu den in unserem Buch behandelten Gebieten. Von einem Untergebiet, der Mehrzieloptimierung, haben wir bereits vor wenigen Zeilen gesprochen; ein anderes Hauptgebiet ist jedoch die *Multiattributive Optimierung* mit dem Spezialgebiet der *Multiattributiven Nutzentheorie*. Hierbei geht es, grob gesprochen, um eine durch Zielwertvektoren vorzunehmende Bewertung von i. a. (und sogar überschaubar) endlich vielen Objekten, die explizit gegeben sind und nicht implizit als (i. a. unendlich viele) Lösungen eines Restriktionssystems nur potentiell vorliegen.

4. Literaturhinweise

Eine einfache Zusammenfassung über die Mathematische Optimierung finden Sie in JAEGER [1986a]. Allgemeine Übersichten über die Mathematische Optimierung, ihre Anwendungen und ihr Umfeld – jedoch teilweise gleichzeitig über andere ökonomisch relevante mathematische und statistische Gebiete – erhalten Sie z.B. in DANTZIG [1966], DÜCK/KÖRTH/RUNGE/WUNDERLICH [1980, I S. 247–442], FOULDS [1981], GILL et al. [1981] mit Schwerpunkt auf numerischer Behandlung sowie WILLIAMS [1978] mit Schwerpunkt auf Modellbau sowie LEHMANN [1983] und SCHMITZ/SCHÖNLEIN [1978], beide mit Schwerpunkt auf Benutzung des Computers.

Für eine leicht lesbare Einführung in die Nichtlineare Optimierung mit schönen Anwendungsbeispielen ist LUPTÁČIK [1981] zu empfehlen, weitere gute Darstellungen finden Sie etwa in DANTZIG [1966, S. 534–563], DÜCK/KÖRTH/RUNGE/WUNDERLICH [1980, II, S. 297–305], FOULDS [1981, S. 310–366] und für anspruchsvolle Leser in ZOUTENDIJK [1976, S. 263–287, S. 383–479]. Die Anfangsgründe der klassischen Optimierung sind z. B. in FOULDS [1981, S. 257–306] beschrieben.

Die Ganzzahlige Optimierung ist in BURKARD [1972] detailliert dargestellt, behandelt finden Sie diese u.a. auch in DANTZIG [1966, S. 583–624], DÜCK/KÖRTH/RUNGE/WUNDERLICH [1980, II, S. 290–296], FOULDS [1981, S. 150–182] und in anspruchsvollerer Form in GALE [1960, S. 132–174] und ZOUTENDIJK [1976, S. 211–262]. Die neuesten theoretischen Ergebnisse der Kombinatorischen Optimierung, vor allem diejenigen, die sich für Anwendungen in der Praxis als sehr nützlich erwiesen haben, sind in einer nicht elementar zugänglichen Arbeit von BACHEM/EULER [1984] veröffentlicht. Für BOOLEsche Methoden sei auf den Klassiker HAMMER/RUDEANU [1968] verwiesen.

Goal-Optimierung wurde in CHARNES/COOPER [1961, S. 215–223] eingeführt, man lese dazu z. B. WILLIAMS [1978, S. 27, S. 272–275].

Für die lineare Vektoroptimierung kann man etwa auf ZELENY [1982, insb. S. 212–273], auf GAL [1979, S. 273–296] oder auch auf große Teile von HWANG/MASUD [1979] verweisen. Aus ZELENY [1982, S. 280–306] können Sie auch den wichtigen Zusammenhang zwischen multiobjective programming und goal programming entnehmen.

Leicht verständliche Bemerkungen bzw. Beispiele über die Dynamische Optimierung finden sich in DANTZIG [1966, S. 10–12, S. 578–580, S. 588–589], DÜCK/KÖRTH/RUNGE/WUNDERLICH [1980, II, S. 306–310], FOULDS [1981, S. 235–255], eine ausführliche Darstellung gibt SCHNEEWEISS [1974]. Eine leichte Einführung in unscharfe Mengen und speziell in die Unscharfe Optimierung finden Sie in ZIMMERMANN [1985, insb. S. 261–304]. Für die mit Methoden der Analysis arbeitende Ellipsoidmethoden verweisen wir auf die Originalarbeit von KHACHIJAN (Transkription aus dem Kyrillischen uneinheitlich) [1979] und auf eine ausführliche Beschreibung mit Ausblick in SCHRADER [1983]. In KARMARKAR [1984] können Sie schließlich die neueste Entwicklung der Linearen Optimierung verfolgen. Eine sehr einfache Einführung in den Zusammenhang zwischen Graphentheorie und Linearer Algebra bringen SCHWARZE [1986, S. 158–202], DÜCK/KÖRTH/RUNGE/WUNDERLICH [1980, II, S. 281–288] und GASS [1985, S. 207–214], ausführlich können Sie es dem Klassiker HARARY/NORMAN/CARTWRIGHT [1965] und NOLTEMEIER [1976] entnehmen. Optimierungsfragen bei Graphen und Netzwerken sind u. a. behandelt in DANTZIG [1966, S. 385–416, 438–457], FOULDS [1981, S. 187–227]. Netzmodelle finden Sie z. B. in DÜCK/KÖRTH/RUNGE/WUNDERLICH [1980, II, 369–395].

Der Zusammenhang zwischen der Theorie der Matrixspiele und der Linearen Optimierung ist leicht und ausführlich schon in DANTZIG [1956, S. 318–342] vorgeführt, eine anspruchsvollere Darstellung findet man z. B. in GALE [1960, S. 180–256]. Eine einfache Zusammenfassung von Multikriteria-Methoden finden Sie in JAEGER [1986b], eine detailliertere Darstellung z. B. in ZELENY [1982].

Anhang 1: Lösungen zu den Übungsaufgaben

1. Lösungen zu Aufgaben des Kapitels I

Aufgabe I-1

Lösungen des Restriktionssystems sind

$$(0, 40, 0, 20, -20)$$
$$(-8, -10, -10, 27, 22)$$
$$(-150, -100, 110, 0, 120).$$

Aufgabe I-2

x_A: Liter Milch mit 1,8% Fettgehalt pro 50-Liter Kanister
x_B: Liter Milch mit 5 % Fettgehalt pro 50-Liter Kanister

$$\begin{aligned} 0{,}018x_A + 0{,}05x_B &= 0{,}035 \cdot 50 \\ x_A + x_B &= 50 \\ x_A, x_B &\geqq 0. \end{aligned}$$

Aufgabe I-3

$$\begin{aligned} x_1 - 4x_3 - 8x_4 &= 120 \\ x_2 - 3x_3 - 2x_4 &= 0 \\ x_3 - 7x_5 - 4x_6 - 2x_7 &= -50 \\ x_4 - 3x_6 - 2x_7 &= -60 \\ x_5 &= 20 \\ x_6 &= 10 \\ x_7 &= 5 \\ x_1, x_2, x_3, x_4, x_5, x_6, x_7 &\geqq 0. \end{aligned}$$

Aufgabe I-4

a)

Gut \ Aktivität	EG_1	EG_2	ZP_3	ZP_4	ZP_5	EP_6	EP_7
EG_1	1		−8				−4
EG_2		1	−6	−2			
ZP_3			1	−4	−6		−3
ZP_4				1	−4	−8	
ZP_5					1	−3	−6
EP_6						1	
EP_7							1

b) x_1: zu beschaffende Mengeneinheiten von EG_1
x_2: zu beschaffende Mengeneinheiten von EG_2
x_3: herzustellende Mengeneinheiten von ZP_3
x_4: herzustellende Mengeneinheiten von ZP_4
x_5: herzustellende Mengeneinheiten von ZP_5

x_6: herzustellende Mengeneinheiten von EP_6
x_7: herzustellende Mengeneinheiten von EP_7

$$\begin{array}{lllllllll}
x_1 & -8x_3 & & & & & & = & 0 \\
x_1 & & & & & & & \leqq & 20000 \\
x_2 & -6x_3 & -2x_4 & & & & & = & 0 \\
x_2 & & & & & & & \leqq & 16000 \\
 & x_3 & -4x_4 & -6x_5 & & & -3x_7 & = & 0 \\
 & & x_4 & -4x_5 & -8x_6 & & & = & 0 \\
 & & & x_5 & -3x_6 & -6x_7 & & = & 0 \\
 & & & & x_6 & & & \geqq & 2000 \\
 & & & & x_6 & & & \leqq & 6000 \\
 & & & & & & x_7 & \geqq & 3000 \\
 & & & & & & x_7 & \leqq & 4000 \\
x_1, x_2, & x_3, & x_4, & x_5, & x_6, & & x_7, & \geqq & 0.
\end{array}$$

Aufgabe I-5

x_0: zu maximierender Umsatz des Planungszeitraums;
x_1: zu produzierende Mengeneinheiten des Fertigproduktes FP_1;
x_2: zu produzierende Mengeneinheiten des Fertigproduktes FP_2.

$$\begin{array}{llll}
 & x_0 = 400x_1 + 300x_2 \rightarrow \max! & & \\
A_1: & 1x_1 + & 1x_2 \leqq & 100 \\
A_2: & 0{,}75x_1 + & 2x_2 \leqq & 150 \\
A_3: & 2x_1 & \leqq & 120 \\
 & x_1, & x_2 \geqq & 0.
\end{array}$$

Aufgabe I-6

x_0: zu minimierende Gesamttransportkosten;
x_{ij}: Mengeneinheiten des Transportgutes, die von der Produktionsstätte PS_i $(i = 1, 2)$ zur Baustelle BS_j $(j = 1, 2)$ zu transportieren sind.

$$x_0 = 45x_{11} + 20x_{12} + 30x_{21} + 50x_{22} \rightarrow \min!$$

$$\begin{array}{lllll}
x_{11} + & x_{12} & & & \leqq 130 \\
 & & x_{21} + & x_{22} & \leqq 270 \\
x_{11} & + & x_{21} & & = 150 \\
 & x_{12} & + & x_{22} & = 180 \\
x_{11}, & x_{12}, & x_{21}, & x_{22} & \geqq 0.
\end{array}$$

Aufgabe I-7:

- Zielfunktion und Zielvorschrift
  Zu minimieren ist die Summe aus den im gesamten Quartal anfallenden Lagerungs- und Bestellmengenkosten:

$x_0 = 10x_1 + 20x_2 + 30x_3 + 8x_4 + 8x_5 + 5x_6$
$x_0 \rightarrow \min!$

- Restriktionen
  - Lagerung
    Die Lagerhauskapazitäten dürfen nicht überschritten werden:

$$\begin{array}{llll} x_4 & & & \leqq 40 \\ & x_5 & & \leqq 40 \\ & & x_6 & \leqq 60. \end{array}$$

  - Produktion
    Die folgenden Restriktionen sind im Sinne der allgemeinen „Lagerformel" zu lesen, nach der für jeden der betrachteten Monate gelten muß:

    Anfangsbestand + Zugänge − Abgänge = Endbestand

    bzw.

    Zugänge + Anfangsbestand − Endbestand = Abgänge.

    Die Zugänge sind dabei die Bestellungen, die Abgänge die für die Produktion bereitzustellenden Einsatzgütermengen. Der Endbestand im Monat j entspricht dem Anfangsbestand im Monat j + 1.

$$\begin{array}{llllllll} x_1 - & & & x_4 & & & = 80 \\ & x_2 & + & x_4 - & x_5 & & = 40 \\ & & x_3 + & & x_5 - & x_6 & = 80. \end{array}$$

  - NN-Restriktionen

$$x_1, \quad x_2, \quad x_3, \quad x_4, \quad x_5, \quad x_6 \geqq 0.$$

Zusammengefaßt:

$$\begin{array}{lllllll} x_0 = 10\,x_1 + & x_2 + & x_3 + & x_4 + & x_5 + & x_6 & \rightarrow \min! \\ & & & x_4 & & & \leqq 40 \\ & & & & x_5 & & \leqq 40 \\ & & & & & x_6 & \leqq 60 \\ x_1 & & - & x_4 & & & = 80 \\ & x_2 & + & x_4 - & x_5 & & = 40 \\ & & x_3 & + & x_5 - & x_6 & = 80 \\ x_1, & x_2, & x_3, & x_4, & x_5, & x_6 & \geqq 0. \end{array}$$

2. Lösungen zu Aufgaben des Kapitels II

Aufgabe II-1

a)

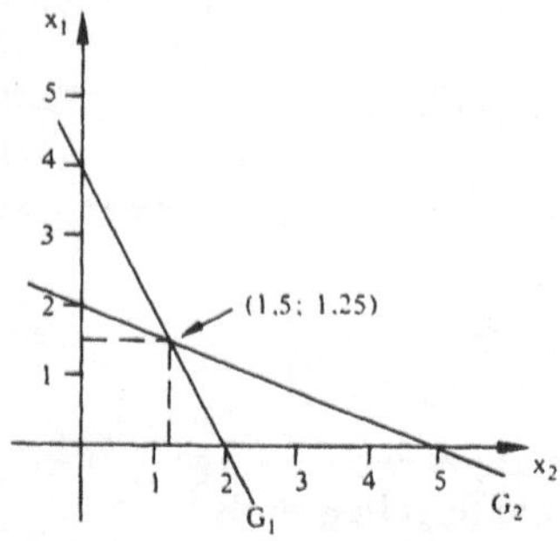

Abb. VIII-1: Durch das Gleichungssystem der Aufgabe II-1 beschriebene Lösungsmenge

b) Lösbarkeit ohne Freiheitsgrade.

Aufgabe II-2

$$\begin{pmatrix} -2-4t_4-2t_5 \\ -6-2t_4+t_5 \\ 4+2t_4-t_5 \\ t_4 \\ t_5 \end{pmatrix}, \quad t_4, t_5 \text{ beliebige reelle Zahlen.}$$

Aufgabe II-3

Die gesuchte allgemeine Lösung lautet:

$$\begin{pmatrix} t_1 \\ 4-2t_1+2t_3 \\ t_3 \\ 6-t_1+2t_3 \\ -2-t_1+t_3 \end{pmatrix}, \quad t_1, t_3 \text{ beliebige reelle Zahlen.}$$

Die zu der vorliegenden kanonischen Form gehörende Basislösung ist entsprechend

$(0, 4, 0, 6, -2)$.

Aufgabe II-4

Durch Anwendung des modifizierten GAUSS-Algorithmus auf das zweite Gleichungssystem erhält man (in Tabellenschreibweise):

x_1	x_2	RS
2	4	16
1	①	6

	x_1 *	x_2	RS
	(−2)	0	−8
*	1	1	6

	x_1 *	x_2 *	RS
*	1	0	4
*	0	1	2

Als einzige Lösung des Gleichungssystems erhält man

(4, 2),

die offensichtlich mit derjenigen des ersten Systems übereinstimmt.

Aufgabe II-5

a) Durch Pivotieren nach den in den Positionen (1, 3) und (2, 1) stehenden Koeffizienten ermittelt man

$$\begin{pmatrix} 18 + 2t_2 + 4t_4 + 5t_5 \\ t_2 \\ -64 - 10t_2 - 10t_4 - 17t_5 \\ t_4 \\ t_5 \end{pmatrix}, \; t_2, t_4, t_5 \text{ beliebige reelle Zahlen}$$

b) Durch Pivotieren nach den in den Positionen (3, 3) und (2, 1) stehenden Koeffizienten ermittelt man

$$\begin{pmatrix} -4t_2 \\ t_2 \\ -2t_2 \end{pmatrix}, \; t_2 \text{ beliebige reelle Zahl.}$$

Aufgabe II-6

Ausgangstableau:

x_1	x_2	x_3	RS_1	RS_2	RS_3
2	4	4	1	0	0
1	0	2	0	1	0
1	2	1	0	0	1

Endtableau:

	* x_1	* x_2	* x_3	RS_1	RS_2	RS_3
*	0	1	0	1/4	−1/2	0
*	1	0	0	−1	1	2
*	0	0	1	1/2	0	−1

Lösung des 1. Systems: (−1, 1/4, 1/2)
Lösung des 2. Systems: (1, −1/2, 0)
Lösung des 3. Systems: (2, 0, −1).

Aufgabe II-7

Durch Anwendung von Algorithmus 2 erhält man:

$$\begin{aligned}
2x_1 - 4x_2 + 8x_3 + 16x_4 &\geqq 160\\
-2x_1 + 4x_2 - 8x_3 - 16x_4 &\geqq -160\\
-x_1 + 2x_2 + x_3 - 4x_4 &\geqq -80\\
-4x_1 \qquad - 8x_3 - x_4 &\geqq -100\\
2x_1 - 2x_2 - 2x_3 + 2x_4 &\geqq 40\\
-2x_1 + 2x_2 + 2x_3 - 2x_4 &\geqq -40.
\end{aligned}$$

Aufgabe II-8

Algorithmus 3 liefert:

$$\begin{aligned}
2x_1 + 4x_2' - 4x_2'' + x_3 \qquad + s_1 \qquad &= 20\\
-4x_1 + x_2' - x_2'' + 2x_3 + 2x_4 \qquad - s_2 \qquad &= -40\\
x_1 + x_2' - x_2'' - 4x_3 \qquad + s_3 &= 10\\
x_1, \; x_2', \; x_2'', \; x_3, \; x_4, \; s_1, \; s_2, \; s_3 &\geqq 0.
\end{aligned}$$

Aufgabe II-9

Algorithmus 2 liefert:

$$\begin{aligned}
-3x_1 - 4x_2 + x_3 &\geqq -10\\
2x_1 \qquad + 2x_3 &\geqq -10\\
x_2 \qquad &\geqq 0.
\end{aligned}$$

Durch Anwendung von Algorithmus 3 erhält man:

$$\begin{aligned}
3x_1' - 3x_1'' + 4x_2 - x_3' + x_3'' + s_1 \qquad &= 10\\
2x_1' - 2x_1'' \qquad + 2x_3' - 2x_3'' \qquad - s_2 &= -10\\
x_1', \; x_1'', \; x_2, \; x_3', \; x_3'', \; s_1, \; s_2 &\geqq 0.
\end{aligned}$$

Aufgabe II-10

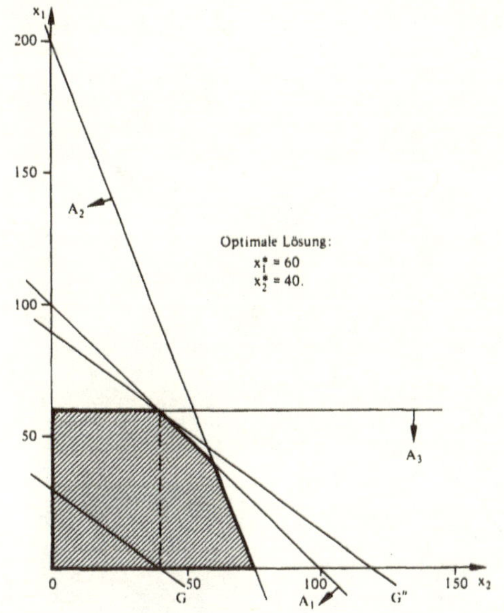

Abb. VIII-2: Durch das Restriktionssystem der Aufgabe I-5 beschriebene Lösungsmenge und verschiedene Zielwertgeraden

Es sollten von Typ FP_1 60 ME und von FP_2 40 ME hergestellt werden. Dadurch wäre ein Umsatz von 36000 GE zu erzielen. Bei diesem Produktionsprogramm wären die Anlagen A_1 und A_3 voll ausgelastet. Anlage A_2 hätte dann eine freie Kapazität von 25 Stunden.

3. Lösungen zu Aufgaben des Kapitels III

Aufgabe III-1

$$\mathbf{a} + \mathbf{b} = \begin{pmatrix} 0 \\ 1 \\ 2 \end{pmatrix}.$$

$$\mathbf{a} + \mathbf{c} = \begin{pmatrix} -1 \\ 3 \\ -2 \end{pmatrix}.$$

$\mathbf{c} - \mathbf{f}$: nicht definiert.

$$3 \cdot \mathbf{i} = \begin{pmatrix} 12 \\ 6 \\ 0 \\ 3 \end{pmatrix}.$$

$$-\mathbf{f} = \begin{pmatrix} 0 \\ 1 \\ -4 \\ 2 \end{pmatrix}.$$

$$2\mathbf{a} + \mathbf{d} - \mathbf{e} = \begin{pmatrix} -1 \\ 9 \\ 7 \end{pmatrix}.$$

$$3\mathbf{g} - 5\mathbf{g} = -2\mathbf{g} = \begin{pmatrix} -4 \\ -8 \\ 16 \\ -6 \end{pmatrix}.$$

$$6 \cdot 2 \cdot \mathbf{m} = 12\mathbf{m} = \begin{pmatrix} 12 \\ 36 \end{pmatrix}.$$

$\mathbf{m} * \mathbf{n} = 5.$

$\mathbf{b} * \mathbf{f}$: nicht definiert.

$\mathbf{f}(\mathbf{g} * \mathbf{k})$: nicht definiert.

$\mathbf{m} * \mathbf{l} = 4.$

Aufgabe III-2

Jede Linearkombination

$$\begin{pmatrix} 1 \\ 2 \\ -2 \\ 0 \end{pmatrix} \cdot s_1 + \begin{pmatrix} 0 \\ 2 \\ -1 \\ 1 \end{pmatrix} \cdot s_2 + \begin{pmatrix} 1 \\ 0 \\ -1 \\ 1 \end{pmatrix} \cdot s_3, \qquad s_1, s_2, s_3 \text{ beliebige reelle Zahlen}$$

der gegebenen Vektoren ist wieder eine Lösung des Systems.

Mit $s_1 = s_2 = s_3 = 1$ ergibt sich etwa die Lösung

$$\begin{pmatrix} 2 \\ 4 \\ -4 \\ 2 \end{pmatrix}.$$

Aufgabe III-3

Jede **normierte** Linearkombination

$$\begin{pmatrix} 3 \\ 3 \\ 0 \end{pmatrix} \cdot s_1 + \begin{pmatrix} -1 \\ 1 \\ 6 \end{pmatrix} \cdot s_2, \quad s_1 + s_2 = 1$$

der gegebenen Vektoren ist wieder eine Lösung des Gleichungssystems. Mit

$s_1 = -1$, $s_2 = 2$ ergibt sich etwa die Lösung

$$\begin{pmatrix} -5 \\ -1 \\ 12 \end{pmatrix}.$$

Aufgabe III-4

a) Durch Einsetzen und Ausrechnen sieht man, daß beide Vektoren Lösungen des betrachteten Ungleichungssystems sind.

b) Jede **nichtnegative** Linearkombination

$$\begin{pmatrix} 10 \\ 10 \\ 1 \end{pmatrix} \cdot s_1 + \begin{pmatrix} 2 \\ 4 \\ -3 \end{pmatrix} \cdot s_2; \quad s_1, s_2 \geqq 0$$

der beiden gegebenen Lösungen ist wieder eine Lösung des betrachteten Systems. Mit $s_1 = s_2 = 1$ ergibt sich etwa

$$\begin{pmatrix} 12 \\ 14 \\ -2 \end{pmatrix}.$$

c) Beispielsweise ist

$$\begin{pmatrix} 10 \\ 10 \\ 1 \end{pmatrix} \cdot (-5) + \begin{pmatrix} 2 \\ 4 \\ -3 \end{pmatrix} \cdot 6 = \begin{pmatrix} -38 \\ -26 \\ -23 \end{pmatrix}$$

eine normierte Linearkombination der beiden gegebenen Lösungen, aber – wie Sie sich leicht überzeugen können – keine Lösung des Systems.

Aufgabe III-5

a) Durch Einsetzen und Ausrechnen findet man, daß beide Vektoren Lösungen des betrachteten Ungleichungssystems sind.

b) Jede **konvexe** Linearkombination

$$\begin{pmatrix} 1 \\ 0 \\ 25 \end{pmatrix} \cdot s_1 + \begin{pmatrix} 1{,}5 \\ 0{,}5 \\ 27 \end{pmatrix} \cdot s_2; \quad s_1 + s_2 = 1; \quad s_1, s_2 \geqq 0$$

ist wieder eine Lösung des betrachteten Systems.

Mit $s_1 = s_2 = 0{,}5$ ergibt sich etwa

$$\begin{pmatrix} 1{,}25 \\ 0{,}25 \\ 26 \end{pmatrix}.$$

c) Durch Einsetzen und Ausrechnen!

Aufgabe III-6

Jede konvexe Linearkombination

$$\begin{pmatrix}0\\0\end{pmatrix}s_1+\begin{pmatrix}600\\0\end{pmatrix}s_2+\begin{pmatrix}800\\1600\end{pmatrix}s_3+\begin{pmatrix}400\\2000\end{pmatrix}s_4+\begin{pmatrix}0\\2000\end{pmatrix}s_5,$$

$$\sum_{i=1}^{5} s_i = 1,\ s_i \geqq 0 \quad \text{für } i = 1, \ldots, 5$$

der ermittelten Koordinaten ist wieder eine Lösung des Restriktionssystems.

Aufgabe III-7

a) **f** ist nicht als Linearkombination der angegebenen Vektoren darstellbar. Ansatz für die übrigen Vektoren (in Tableauform):

x_1	x_2	x_3	RS_1	RS_2	RS_3
3	1	3	−2	2	1
4	1	2	1	0	2
2	0	1	1	1	−3

Nach drei Pivotschritten erhält man:

x_1	x_2	x_3	RS_1	RS_2	RS_3
0	1	0	−1	−2	8
1	0	0	4/3	−1/3	−2/3
0	0	1	−5/3	5/3	−5/3

Daraus liest man ab in bezug auf

– **a**: $\begin{pmatrix}-2\\1\\1\end{pmatrix}=\begin{pmatrix}3\\4\\2\end{pmatrix}\cdot 4/3+\begin{pmatrix}1\\1\\0\end{pmatrix}\cdot(-1)+\begin{pmatrix}3\\2\\1\end{pmatrix}\cdot(-5/3)$

– **b**: $\begin{pmatrix}2\\0\\1\end{pmatrix}=\begin{pmatrix}3\\4\\2\end{pmatrix}\cdot(-1/3)+\begin{pmatrix}1\\1\\0\end{pmatrix}\cdot(-2)+\begin{pmatrix}3\\2\\1\end{pmatrix}\cdot 5/3$

– **c**: $\begin{pmatrix}1\\2\\-3\end{pmatrix}=\begin{pmatrix}3\\4\\2\end{pmatrix}\cdot(-2/3)+\begin{pmatrix}1\\1\\0\end{pmatrix}\cdot 8+\begin{pmatrix}3\\2\\1\end{pmatrix}\cdot(-5/3).$

b) Die Vektoren sind linear unabhängig!

Aufgabe III-8

Da bezüglich des Vektorsystems (**a**, **b**, **c**, **d**) dreidimensionale Vektoren vorliegen, muß es linear abhängig sein. Wir ermitteln trotzdem die allgemeine Lösung des entsprechenden homogenen Gleichungssystems.

Ausgangstableau

x_1	x_2	x_3	x_4	RS
−2	2	1	4	0
1	0	2	7	0
1	1	−3	5	0

Durch Anwendung des modifizierten GAUSS-Algorithmus ergibt sich etwa das folgende **Endtableau**

x_1	x_2	x_3	x_4	RS
0	0	1	22/15	0
1	0	0	61/15	0
0	1	0	80/15	0

bzw. als Lösungsmenge in Parameterform

$$\begin{pmatrix} -61/15 \\ -80/15 \\ -22/15 \\ 1 \end{pmatrix} t_4, \quad t_4 \text{ beliebige reelle Zahl.}$$

Daraus entnehmen wir, daß der entsprechende Nullvektor wie folgt als nichttriviale Linearkombination der Vektoren **a**, **b**, **c** und **d** dargestellt werden kann:

$$\begin{pmatrix} 0 \\ 0 \\ 0 \end{pmatrix} = \begin{pmatrix} -2 \\ 1 \\ 1 \end{pmatrix}(-61) + \begin{pmatrix} 2 \\ 0 \\ 1 \end{pmatrix}(-80) + \begin{pmatrix} 1 \\ 2 \\ -3 \end{pmatrix}(-22) + \begin{pmatrix} 4 \\ 7 \\ 5 \end{pmatrix} 15.$$

Damit läßt sich aber auch etwa der Vektor **d** als Linearkombination von **a**, **b** und **c** darstellen:

$$\begin{pmatrix} 4 \\ 7 \\ 5 \end{pmatrix} = \begin{pmatrix} -2 \\ 1 \\ 1 \end{pmatrix}(61/15) + \begin{pmatrix} 2 \\ 0 \\ 1 \end{pmatrix}(80/15) + \begin{pmatrix} 1 \\ 2 \\ -3 \end{pmatrix}(22/15).$$

Aus dem oben angegebenen Endtableau entnimmt man, daß durch (**a**, **b**, **c**) ein linear unabhängiges Vektorsystem gegeben ist.

Bezüglich (**g**, **h**, 2**h**) gilt: Das Vektorsystem

$$\left(\begin{pmatrix} 2 \\ 4 \\ -8 \\ 3 \end{pmatrix}, \begin{pmatrix} 1 \\ 2 \\ -1 \\ -4 \end{pmatrix}, \begin{pmatrix} 2 \\ 4 \\ -2 \\ -8 \end{pmatrix}\right)$$

ist linear abhängig, da der dritte Vektor das Zweifache des zweiten darstellt. Offensichtlich gilt etwa:

$$\begin{pmatrix} 2 \\ 4 \\ -2 \\ -8 \end{pmatrix} = \begin{pmatrix} 2 \\ 4 \\ -8 \\ 3 \end{pmatrix} 0 + \begin{pmatrix} 1 \\ 2 \\ -1 \\ -4 \end{pmatrix} 2.$$

Das System (j, l, m) ist linear abhängig, da es aus drei 2-Vektoren besteht. Das System (**j**, **o**) ist linear abhängig, da es einen Nullvektor enthält. Es gilt:

$$\begin{pmatrix} 0 \\ 0 \end{pmatrix} = \begin{pmatrix} 2 \\ -2 \end{pmatrix} 0.$$

Das System (**b**, **c**, 2**e**) untersucht man wieder mit dem entsprechenden homogenen Gleichungssystem. Es ist linear unabhängig.

Aufgabe III-9

Ansatz in Tableauform (vgl. Beispiel III-18):

s_1	s_2	s_3	RS_1	RS_2	RS_3
1	0	2	0	0	1
3	1	4	1	0	0
−3	−1	−2	0	1	0
2	−1	4	−2	−1	5
−2	−1	−2	−1	0	1

Die Anwendung des GAUSS-Algorithmus liefert die folgende Lösung:

s_1	s_2	s_3	RS_1	RS_2	RS_3
1	0	0	−1	−1	1
0	1	0	2	1	−3
0	0	1	1/2	1/2	0
0	0	0	0	0	0
0	0	0	0	0	0

Die erste Gleichung des kanonischen Systems läßt sich als eine Linearkombination des ursprünglichen Systems darstellen, wobei man der ersten Gleichung −1, der zweiten 2 und der dritten 1/2 als Multiplikator zuordnen muß. Aus den Spalten RS_2 und RS_3 entnimmt man die entsprechenden Multiplikatoren zur Darstellung der übrigen Gleichungen des kanonischen Systems.

Aufgabe III-10

Aus der Lösung zu Aufgabe III-8 entnimmt man, daß

$$\left(\begin{pmatrix} -2 \\ 1 \\ 1 \end{pmatrix}, \begin{pmatrix} 2 \\ 0 \\ 1 \end{pmatrix}, \begin{pmatrix} 1 \\ 2 \\ -3 \end{pmatrix} \right)$$

eine interne Basis des Vektorsystems (**a**, **b**, **c**, **d**, **e**) und sein Rang gleich drei ist.

Der Nullvektor des Vektorsystems (**j**, **l**, **o**) kann nicht zu einer internen Basis gehören. Das aus den verbleibenden Vektoren **j** und **l** gebildete Untersystem ist linear unabhängig. **j** und **l** bilden damit eine interne Basis des Systems, dessen Rang zwei beträgt.

Der Rang des Vektorsystems (**j**, **k**, **l**) kann höchstens gleich zwei sein, da es aus 2-Vektoren gebildet wird. Er ist genau gleich zwei, da das aus **j** und **l** gebildete Untersystem – wie bereits ermittelt – linear unabhängig ist.

Mit analoger Argumentation findet man, daß der Rang des Systems (**j**, **k**, **n**) gleich zwei ist und etwa (**j**, **k**) eine interne Basis von (**j**, **k**, **n**) darstellt.

Aufgabe III-11

Da das System aus Vektoren der Dimension drei gebildet wird, kann sein Rang höchstens gleich drei sein. Der Rang ist genau gleich drei, weil sich sofort drei linear unabhängige Vektoren finden, nämlich die drei Einheitsvektoren

$$\begin{pmatrix} 0 \\ 0 \\ 1 \end{pmatrix}, \begin{pmatrix} 0 \\ 1 \\ 0 \end{pmatrix}, \begin{pmatrix} 1 \\ 0 \\ 0 \end{pmatrix}.$$

Jede interne Basis von $\mathbf{VS}_4$ besteht damit aus drei Gliedern, so daß weder $\mathbf{US}_1$, $\mathbf{US}_2$ noch $\mathbf{US}_6$ hierfür in Frage kommen. $\mathbf{US}_4$ ist offensichtlich eine interne Basis. $\mathbf{US}_3$ und $\mathbf{US}_5$ untersucht man auf lineare Abhängigkeit bzw. Unabhängigkeit. Es zeigt sich, daß nur $\mathbf{US}_5$ noch eine interne Basis von $\mathbf{VS}_4$ darstellt.

4. Lösungen zu Aufgaben des Kapitels IV

Aufgabe IV-1

	EG_1	EG_2	ZP_1	ZP_2	FP_1	FP_2	FP_3
EG_1			4	8			
EG_2			3	2			
ZP_1					7	4	2
ZP_2						3	2
FP_1							
FP_2							
FP_3							

(Nullen nicht aufgeführt)

Aufgabe IV-2

$$2\mathbf{A} = \begin{pmatrix} 4 & -6 \\ 12 & 10 \end{pmatrix}.$$

$$(-4)\mathbf{B} = \begin{pmatrix} -24 & -8 & 4 \\ -12 & -16 & -24 \end{pmatrix}.$$

$$\mathbf{A}+\mathbf{D}=\begin{pmatrix}6 & -3\\ 8 & 8\end{pmatrix}.$$

$$\mathbf{E}+\mathbf{A}'=\begin{pmatrix}3 & 6\\ -3 & 6\end{pmatrix}.$$

B + **C**: nicht definiert.

$$\mathbf{B}'+\mathbf{C}=\begin{pmatrix}10 & 6\\ 4 & 9\\ 8 & 14\end{pmatrix}.$$

$$\mathbf{A}\cdot\mathbf{B}=\begin{pmatrix}3 & -8 & -20\\ 51 & 32 & 24\end{pmatrix}.$$

B · **A**: nicht definiert.

$$\mathbf{D}\cdot\mathbf{E}=\begin{pmatrix}4 & 0\\ 2 & 3\end{pmatrix}.$$

$$\mathbf{C}\cdot\mathbf{E}=\begin{pmatrix}4 & 3\\ 2 & 5\\ 9 & 8\end{pmatrix}.$$

$\mathbf{G}\cdot\mathbf{I}=(24)$ (Matrix!).

$\mathbf{G} * \mathbf{I}=24$ (Skalar!).

$$\mathbf{I}\cdot\mathbf{G}=\begin{pmatrix}2 & 4 & 8\\ 3 & 6 & 12\\ 4 & 8 & 16\end{pmatrix}.$$

$\mathbf{I} * \mathbf{G}=24$ (Skalar!).

$$\mathbf{D}\cdot\mathbf{H}=\begin{pmatrix}4\\ 8\end{pmatrix}.$$

E · **F**: nicht definiert.

Aufgabe IV-3

Richtig sind die Aussagen a), c), f), g) und h).

Aufgabe IV-4

Die beiden Faktoren sind quadratische Matrizen gleicher Ordnung und
- mindestens eine der Matrizen ist eine Nullmatrix,
- mindestens eine der Matrizen ist eine Einheitsmatrix bzw.
- die beiden Matrizen sind invers zueinander.

Aufgabe IV-5

$$\begin{aligned}(\mathbf{A}+\mathbf{B})^2 &= (\mathbf{A}+\mathbf{B})\cdot(\mathbf{A}+\mathbf{B})\\ &= \mathbf{A}\cdot\mathbf{A}+\mathbf{A}\cdot\mathbf{B}+\mathbf{B}\cdot\mathbf{A}+\mathbf{B}\cdot\mathbf{B}\\ &= \mathbf{A}^2+\mathbf{A}\cdot\mathbf{B}+\mathbf{B}\cdot\mathbf{A}+\mathbf{B}^2.\end{aligned}$$

Da die Matrizenmultiplikation in der Regel nicht kommutativ ist, kann man $\mathbf{A} \cdot \mathbf{B} + \mathbf{B} \cdot \mathbf{A}$ **nicht** zu $2\mathbf{A} \cdot \mathbf{B}$ zusammenfassen. Damit ist aber $(\mathbf{A} + \mathbf{B})^2$ grundsätzlich auch **nicht** gleich $\mathbf{A}^2 + 2\mathbf{A} \cdot \mathbf{B} + \mathbf{B}^2$.

Aufgabe IV-6

$$x_0 = (200, 150) \cdot \begin{pmatrix} x_M \\ x_D \end{pmatrix} \to \max!$$

$$\begin{pmatrix} 1/4 & 1/3 \\ 1/3 & 1/3 \\ 1 & 0 \\ 0 & 1 \end{pmatrix} \cdot \begin{pmatrix} x_M \\ x_D \end{pmatrix} \leqq \begin{pmatrix} 960 \\ 800 \\ 800 \\ 2000 \end{pmatrix}.$$

$$\begin{pmatrix} x_M \\ x_D \end{pmatrix} \geqq \begin{pmatrix} 0 \\ 0 \end{pmatrix}.$$

Aufgabe IV-7

Man multipliziert die jeweiligen Matrizen miteinander und findet, daß nur die Matrizenpaare a) und b) invers zueinander sind.

Aufgabe IV-8

$$\mathbf{A}^{-1} = \begin{pmatrix} -1/2 & 2 \\ 1/2 & -1 \end{pmatrix}.$$

$$\mathbf{B}^{-1} = \begin{pmatrix} -1 & 1 & 2 \\ 1/4 & -1/2 & 0 \\ 1/2 & 0 & -1 \end{pmatrix}.$$

$\mathbf{C}^{-1}$: nicht definiert.

$\mathbf{D}^{-1}$: existiert nicht.

$\mathbf{E}^{-1} = \mathbf{E}$.

Aufgabe IV-9

a) $a_{21} \neq -1$

b) $\mathbf{A}^{-1} = \begin{pmatrix} -2 & 2 \\ a_{21} & 1 \end{pmatrix} \cdot \frac{1}{(2 + 2a_{21})}$

Aufgabe IV-10

$$\mathbf{A} = \mathbf{B} \cdot \mathbf{C}$$

$$\mathbf{A} \cdot \mathbf{C}^{-1} = \mathbf{B} \cdot \mathbf{C} \cdot \mathbf{C}^{-1} = \mathbf{B} \cdot \mathbf{E} = \mathbf{B}.$$

bzw.

$$\mathbf{B} = \mathbf{A} \cdot \mathbf{C}^{-1}$$

$$= \begin{pmatrix} 2 & -3 \\ -4 & 2 \end{pmatrix} \cdot \begin{pmatrix} 1/2 & 0 \\ -2 & 1 \end{pmatrix} = \begin{pmatrix} 7 & -3 \\ -6 & 2 \end{pmatrix}.$$

Aufgabe IV-11

$$2A + A \cdot B = C$$
$$\curvearrowright \quad A \cdot 2 + A \cdot B = C$$
$$\curvearrowright \quad A \cdot 2 \cdot E + A \cdot B = C$$
$$\curvearrowright \quad A(2E + B) = C$$
$$\curvearrowright \quad A(2E + B)(2E + B)^{-1} = C(2E + B)^{-1}$$
$$\curvearrowright \quad A = C \cdot (2E + B)^{-1}$$
$$= \begin{pmatrix} -1 & -2 \\ 8 & 8 \end{pmatrix} \cdot \begin{pmatrix} 1 & 2 \\ 4 & 0 \end{pmatrix}^{-1}$$
$$= \begin{pmatrix} -1 & -2 \\ 8 & 8 \end{pmatrix} \cdot \begin{pmatrix} 0 & 1/4 \\ 1/2 & -1/8 \end{pmatrix}$$
$$= \begin{pmatrix} -1 & 0 \\ 4 & 1 \end{pmatrix}.$$

Aufgabe IV-12

a)
$$(B - A)X - X + AX = C$$
$$\curvearrowright \quad BX - AX - EX + AX = C$$
$$\curvearrowright \quad (B - E)X = C$$
$$\curvearrowright \quad X = (B - E)^{-1}C$$
$$= \begin{pmatrix} -3 & -2 \\ 1 & -1 \end{pmatrix}$$

b)
$$\begin{pmatrix} -1 & -2 \\ -2 & -3 \end{pmatrix} \cdot \begin{pmatrix} -3 & -2 \\ 1 & -1 \end{pmatrix} - \begin{pmatrix} 2 & -2 \\ 1 & 4 \end{pmatrix} \stackrel{?}{=} \begin{pmatrix} -3 & -2 \\ 1 & -1 \end{pmatrix} - \begin{pmatrix} 2 & 4 \\ 1 & 2 \end{pmatrix} \cdot \begin{pmatrix} -3 & -2 \\ 1 & -1 \end{pmatrix}$$
$$\curvearrowright \quad \begin{pmatrix} -1 & 6 \\ 2 & 3 \end{pmatrix} = \begin{pmatrix} -1 & 6 \\ 2 & 3 \end{pmatrix}. \quad \checkmark$$

Aufgabe IV-13

$$\begin{pmatrix} 1 & 1 & -1 & -1 & 2 \\ 1 & 2 & 0 & 2 & 5 \\ 2 & -1 & -3 & -1 & 0 \end{pmatrix} \cdot \begin{pmatrix} x_1 \\ x_2 \\ x_3 \\ x_4 \\ x_5 \end{pmatrix} = \begin{pmatrix} -1 \\ 2 \\ 1 \end{pmatrix}.$$

b) In der Darstellung des Rechentableaus T_3 ergibt sich

			①	1	−1	−1	2	−1
			1	2	0	2	5	2
			2	−1	−3	−1	0	1
1	0	0	1	1	−1	−1	2	−1
−1	1	0	0	①	1	3	3	3
−2	0	1	0	−3	−1	1	−4	3
1	−1	0	1	0	−2	−4	−1	−4
0	1	0	0	1	1	3	3	3
0	3	1	0	0	②	10	5	12
1	0	1	1	0	0	6	4	8
0	1	−1/2	0	1	0	−2	1/2	−3
0	0	1/2	0	0	1	5	5/2	6

c) $(8, -3, 6, 0, 0)$.

d) $$\begin{pmatrix} 1 & 1 & -1 \\ 1 & 2 & 0 \\ 2 & -1 & -3 \end{pmatrix}^{-1} = \begin{pmatrix} 1 & 0 & 1 \\ 0 & 1 & -1/2 \\ 0 & 0 & 1/2 \end{pmatrix} \cdot \begin{pmatrix} 1 & -1 & 0 \\ 0 & 1 & 0 \\ 0 & 3 & 1 \end{pmatrix} \cdot \begin{pmatrix} 1 & 0 & 0 \\ -1 & 1 & 0 \\ -2 & 0 & 1 \end{pmatrix}$$

$$= \begin{pmatrix} -3 & 2 & 1 \\ 3/2 & -1/2 & -1/2 \\ -5/2 & 3/2 & 1/2 \end{pmatrix}.$$

Aufgabe IV-14

a) $r(\mathbf{A}) = 3$.

b) $r(\mathbf{A}') = 3$.

c) Das System hat entweder keine oder unendlich viele Lösungen.

5. Lösungen zu Aufgaben des Kapitels V

Aufgabe V-1

$|\mathbf{A}| = 2 \cdot 5 - 3 \cdot 4 = -2.$

$|\mathbf{B}| = 1 \cdot 4 - 2 \cdot 2 = 0.$

$|\mathbf{C}|$ nicht definiert.

$|\mathbf{D}| = 2 \cdot 1 \cdot 1 + 6 \cdot (-1) \cdot 2 + 5 \cdot 4 \cdot 2 - 2 \cdot 1 \cdot 5 - 2 \cdot (-1) \cdot 2 - 1 \cdot 4 \cdot 6 = 0.$

$|\mathbf{E}| = 1.$

$|\mathbf{F}| = -16.$

$|\mathbf{G}| = 4 \cdot 5 \cdot 0 + 6 \cdot (-1) \cdot 3 + (-2) \cdot 2 \cdot 9 - 3 \cdot 5 \cdot (-2) - 9 \cdot (-1) \cdot 4$
$- 0 \cdot 2 \cdot 6 = 12.$

$|\mathbf{H}| = 64.$

$$|\mathbf{I}| = (-1)^{2+3}\cdot 2\cdot\begin{vmatrix} 3 & 7 & 9\\ 5 & 3 & 1\\ 9 & 5 & 2\end{vmatrix} \quad \text{(Entwicklung nach der 3. Spalte)}$$

$$= -2\cdot(-22) = 44.$$

$|\mathbf{K}| = -39$ (etwa durch Anwendung von Algorithmus 5)

$|\mathbf{L}| = 2\cdot 4\cdot 1\cdot 2 = 16$

$$|\mathbf{M}| = \begin{vmatrix} 2 & 2 & 7 & 7\\ 0 & 6 & 3 & 2\\ 0 & 4 & 4 & 0\\ 0 & 0 & 7 & 0\end{vmatrix} = -\begin{vmatrix} 2 & 7 & 7 & 2\\ 0 & 2 & 3 & 6\\ 0 & 0 & 4 & 4\\ 0 & 0 & 7 & 0\end{vmatrix} = \begin{vmatrix} 2 & 7 & 2 & 7\\ 0 & 2 & 6 & 3\\ 0 & 0 & 4 & 4\\ 0 & 0 & 0 & 7\end{vmatrix} = 112.$$

vertauschen vertauschen

Aufgabe V-2

$|\mathbf{A}| = 196$ $\left(\mathbf{A}^{-1}\text{ existiert, } |\mathbf{A}^{-1}| = \frac{1}{196}\right)$.

$|\mathbf{B}| = -24.$

$|\mathbf{A}'| = 196.$

$|\mathbf{A}\cdot\mathbf{B}| = |\mathbf{A}|\cdot|\mathbf{B}| = -4704.$

$|4\cdot\mathbf{A}| = 4^4\cdot 196 = 50176.$

$|\mathbf{A}^{-1}\cdot\mathbf{B}| = |\mathbf{A}^{-1}|\cdot|\mathbf{B}| = -\frac{24}{196} = -0{,}1224.$

$|\mathbf{A}^{-1}\cdot\ \mathbf{B}\cdot\ \mathbf{C}| = 0$ (da $|\mathbf{C}| = 0$).

$|\mathbf{D}|$ nicht definiert.

$$|\mathbf{D}\cdot\mathbf{F}| = \left|\begin{pmatrix} 2 & 0 & 4\\ 1 & 2 & 4\end{pmatrix}\cdot\begin{pmatrix} 1 & 6\\ 5 & 2\\ 3 & 4\end{pmatrix}\right| = \begin{vmatrix} 14 & 28\\ 23 & 26\end{vmatrix} = -280.$$

Aufgabe V-3

$$\begin{vmatrix} 2 & 1 & 3\\ 4 & 0 & 2\\ 3 & 1 & 4\end{vmatrix} = -2.$$

a) Das Gleichungssystem ist eindeutig lösbar!

b) Die Inverse der Koeffizientenmatrix existiert; der Rang der Koeffizientenmatrix ist gleich 3; der Rang der erweiterten Koeffizientenmatrix ist ebenfalls gleich drei; die Zeilen und Spalten der Koeffizientenmatrix sind linear unabhängig; die Zeilen der erweiterten Koeffizientenmatrix sind linear unabhängig, die Spalten aber linear abhängig.

Aufgabe V-4

a) $|\mathbf{A}| = 106.$

$|\mathbf{B}| = 0.$

b) $\mathbf{A}\cdot\mathbf{x} = \mathbf{b}$ ist eindeutig lösbar;

$\mathbf{B}\cdot\mathbf{x} = \mathbf{b}$ hat entweder keine oder aber unendlich viele Lösungen.

6. Lösungen zu Aufgaben des Kapitels VI

Aufgabe VI-1

a) Optimale kanonische Form in Tableaudarstellung:

x_0	x_1	x_2	x_3	x_4	RS
1	2/3	2/3	0	0	80/3
0	1/3	−1/6	1	0	10/3
0	−1/6	1/3	0	1	10/3

Optimale Lösung: (0, 0, 10/3, 10/3),
optimaler Zielwert: 80/3.

b) Ersetzt man in dem vorstehenden Tableau die Zielgleichung durch die neue Zielgleichung $x_0 - x_3 - 4x_4 = 0$ und eliminiert man anschließend daraus die Basisvariablen x_3 und x_4, so erhält man

x_0	x_1	x_2	x_3	x_4	RS
1	−1/3	7/6	0	0	50/3
0	(1/3)	−1/6	1	0	10/3
0	−1/6	1/3	0	1	10/3

Das vorliegende Tableau ist noch nicht dual zulässig. Die Anwendung des Simplexalgorithmus liefert

x_0	x_1	x_2	x_3	x_4	RS
1	0	1	1	0	20
0	1	−1/2	3	0	10
0	0	1/4	1/2	1	5

Optimale Lösung: (10, 0, 0, 5),
optimaler Zielwert: 20.

Fügt man dem unter a) aufgeführten Tableau dagegen die Zielgleichung $x_0 - 4x_3 - 2x_4 = 0$ hinzu und eliminiert die Basisvariablen x_3 und x_4 daraus, so erhält man als neue Zielgleichung:

x_0	x_1	x_2	x_3	x_4	RS
1	1	0	0	0	20

Die unter a) aufgeführte Lösung ist weiterhin optimal, der Zielwert beträgt nun aber 20. Im übrigen zeigt der modifizierte Zielkoeffizient (0) der Variablen x_2 an, daß jetzt noch eine weitere optimale Basislösung existiert (duale Entartung). Durch einen Simplexschritt, bei dem man x_2 zur Basisvariablen macht, findet man diese Lösung: (0, 10, 5, 0).

Aufgabe VI-2

Eine optimale kanonische Form lautet (in Tableaudarstellung):

x_0	x_1	x_2	x_3	x_4	x_5	RS
1	0	0	0	0	−1	−4
0	0	0	1	1/4	−9/2	1/2
0	1	0	0	1/4	−1/2	1/2
0	0	1	0	−1/4	3/2	7/2

Daraus liest man die zugehörige optimale Basislösung (1/2, 7/2, 1/2, 0, 0) mit dem Zielwert −4 ab. Es existieren noch weitere optimale Basislösungen mit x_4 als Basisvariable (duale Entartung).

Aufgabe VI-3

a) Die ausgewiesene Basislösung ist noch nicht optimal, da noch negative Koeffizienten in der Zielgleichung auftreten.

b) und c)

			*	*			*	*		
x_0	x_1	x_2	x_3	x_4	x_5	x_6	x_7	x_8	x_9	RS
1	−15	−3	0	0	−1	6	0	0	0	22
0	0	$\textcircled{4}^{6}$	0	0	−2	−2	1	0	1	8
0	$\textcircled{1}^{210}$	2	1	0	−3	1	0	0	2	14
0	−4	−3	0	0	1	8	0	1	0	10
0	−3	−4	0	1	$\textcircled{8}^{0}$	−6	0	0	−1	0

Alle möglichen Pivotelemente sind durch Kreise markiert, an ihnen wurden die jeweiligen Zielwertänderungen notiert.

d) Ein Simplexschritt, bei dem man x_9 zur neuen Basisvariablen bestimmt, liefert die neue Basislösung

(0, 0, 0, 7, 0, 0, 1, 10, 7)

mit dem gleichen Zielwert $x_0^* = 22$.

Aufgabe VI-4

Nach zwei Simplexschritten erhält man:

x_0	x_1	x_2	x_3	x_4	x_5	x_6	x_7	RS
1	0	0	−8	113	0	41/4	11/4	134
0	0	0	−1	−38	1	−3	−1	20
0	1	0	−1/4	21/2	0	1	1/4	13
0	0	1	−1	8	0	3/4	1/4	10

.

Der x_3-Spalte entnimmt man, daß keine optimale Lösung existiert; der Zielwert ist unbeschränkt.

Aufgabe VI-5

a) Ausgangstableau

x_0	x_1	x_2	x_3	x_4	x_5	x_6	x_7	RS
1	−3	−1	−2	−2	0	0	0	0
0	①	1	2	0	1	0	0	2
0	1	0	0	1	0	1	0	2
0	−1	3	4	−2	0	0	1	6

Unter Verwendung des markierten Pivotelementes erhält man:

x_0	x_1	x_2	x_3	x_4	x_5	x_6	x_7	RS
1	0	2	4	−2	3	0	0	6
0	1	1	2	0	1	0	0	2
0	0	−1	−2	①	−1	1	0	0
0	0	4	6	−2	1	0	1	8

Der nächste Simplexschritt liefert:

x_0	x_1	x_2	x_3	x_4	x_5	x_6	x_7	RS
1	0	0	0	0	1	2	0	6
0	1	1	2	0	1	0	0	2
0	0	−1	−2	1	−1	1	0	0
0	0	2	2	0	−1	2	1	8

mit der optimalen Basislösung (2, 0, 0, 0, 0, 0, 8) und dem optimalen Zielwert $x_0^* = 6$.

b) Bereits das zweite Tableau liefert eine optimale Basislösung (gleicher Zielwert wie die im dritten Tableau ausgewiesene Lösung!), diese wird aber noch nicht als optimal erkannt (noch keine duale Zulässigkeit!). Das Optimalitätskriterium versagt hier also zunächst. Durch weitere Anwendung des Simplexalgorithmus wird aber schließlich eine optimale Lösung gefunden. Bei genauerem Hinsehen zeigt sich, daß die im zweiten und dritten Tableau ausgewiesenen Basislösungen numerisch gleich sind, wobei aber unterschiedliche Variablen als Basis- bzw. Nichtbasisvariablen auftreten. Im übrigen weist das letzte Tableau sowohl eine primale Entartung (die Basisvariable x_4 nimmt den Wert Null an) als auch eine mehrfache duale Entwartung (die modifizierten Zielkoeffizienten der Nichtbasisvariablen x_2 und x_3 sind gleich Null) auf.

Aufgabe VI-6

a) Die ausgewiesene Basislösung (2, 4, 16, 8, 0, 0, 0, 0) ist optimal, da (für das **Minimierungs**system) primale und duale Zulässigkeit vorliegt.

b) (0, 4, 16, 10, 2, 0, 0, 0) erhält man durch einen Simplexschritt, bei dem man x_5 zur Basisvariablen macht.

c) Bezieht sich das Tableau auf ein **Maximierungs**system, so ist die vorliegende kanonische Form dual nicht zulässig (modifizierte Zielkoeffizienten von x_6, x_7 und x_8 sind hier kleiner als Null). Die ausgewiesene Lösung ist nicht optimal.

d) Bezieht sich das Tableau auf ein **Maximierungs**system, so kann man bereits feststellen, daß keine optimale Lösung existiert. Der Zielwert ist unbeschränkt, denn in der x_8-Spalte sind sämtliche Koeffizienten aus den Restriktionsgleichungen kleiner oder gleich Null.

Aufgabe VI-7

a)
$$\begin{array}{l} x_0 - x_1 - 2x_2 - 4x_3 = 0 \\ x_1 + s_1 = 2 \\ x_1 + x_2 + 2x_3 + s_2 = 4 \\ 3x_2 + 4x_3 + s_3 = 6 \\ x_1,\ x_2,\ x_3,\ s_1,\ s_2,\ s_3 \geqq 0 \\ x_0 \to \max! \end{array}$$

b) Die Anwendung des Simplexalgorithmus auf das unter a) entwickelte System liefert das folgende optimale kanonische System (in Tableaudarstellung):

x_0	x_1	x_2	x_3	s_1	s_2	s_3	RS
1	0	1/2	0	0	1	1/2	7
0	0	1/2	0	1	−1	1/2	1
0	1	−1/2	0	0	1	−1/2	1
0	0	3/4	1	0	0	1/4	3/2

Optimale Lösung des **Ausgangs**systems: (1, 0, 3/2), optimaler Zielwert: 7.

Aufgabe VI-8

a)
$$\begin{array}{l} x_0 - 2x_1 - 3x_2 + x_3' - x_3'' = 0 \\ x_1 + x_2 + x_3' - x_3'' + s_1 = 10 \\ 2x_1 - x_2 - x_3' + x_3'' + s_2 = 5 \\ -x_1 + 1/3x_2 + s_3 = 4 \\ x_1,\ x_2,\ x_3',\ x_3'',\ s_1,\ s_2,\ s_3 \geqq 0 \\ x_0 \to \max! \end{array}$$

b) Die Anwendung des Simplexalgorithmus auf das unter a) entwickelte System liefert die folgende optimale kanonische Form:

x_0	x_1	x_2	x'_3	x''_3	s_1	s_2	s_3	RS
1	0	0	0	0	4	5	12	113
0	0	1	0	0	1	1	3	27
0	1	0	0	0	1/3	1/3	0	5
0	0	0	−1	1	1/3	4/3	3	22

optimale Lösung des **Ausgangssystems**: (5, 27, −22).
optimaler Zielwert: 113.
Anmerkung: $x_3'^* = 0$, $x_3''^* = 22 \Rightarrow x_3^* = 0 - 22 = -22$.

Aufgabe VI-9

(1, 0, 3/2) und (2, 2, 0) sind optimale Lösungen mit dem Zielwert 30.

Aufgabe VI-10

a) Ja, denn der Simplexalgorithmus, auf ein entsprechendes Hilfssystem angewendet, liefert das folgende optimale System (mit x_1 und x_2 als Basisvariablen).

x_0	x_1	x_2	s_1	s_2	s_3	RS
1.00	0.00	0.00	−1.65	−2.58	−0.26	−8.16
0.00	0.00	1.00	−0.26	−0.03	0.10	1.55
0.00	1.00	0.00	−0.35	−0.42	0.26	0.13

b) Nein, denn das umgeformte System ist nun nicht mehr dual zulässig.

Aufgabe VI-11

Künstliches Optimierungssystem

$$
\begin{aligned}
y_0 = \quad & y_1 + y_2 + y_3 \rightarrow \min!\\
x_1 - x_3 + 4x_4 + y_1 &= 3\\
2x_1 - x_2 + y_2 &= 3\\
3x_1 - 2x_2 - x_4 + y_3 &= 1\\
x_1,\ x_2,\ x_3,\ x_4,\ y_1,\ y_2,\ y_3 &\geqq 0.
\end{aligned}
$$

Ausgangstableau (nach Elimination von y_1, y_2, y_3 aus der künstlichen Zielgleichung):

y_0	x_1	x_2	x_3	x_4	y_1	y_2	y_3	RS
1	6	−3	−1	3	0	0	0	7
0	1	0	−1	4	1	0	0	3
0	2	−1	0	0	0	1	0	3
0	3	−2	0	−1	0	0	1	1

Optimales Tableau (des künstlichen Optimierungssystems):

y_0	x_1	x_2	x_3	x_4	y_1	y_2	y_3	RS
1	0	0	0	0	−1	−1	−1	0
0	0	1/2	0	1	0	3/2	−1	7/2
0	0	3/2	1	0	−1	13/2	−4	25/2
0	1	−1/2	0	0	0	1/2	0	3/2

Bei der Anwendung des Simplexalgorithmus wurde darauf geachtet, daß von den möglichen Pivotelementen stets ein solches gewählt wurde, das eine künstliche (Basis-)Variable zu einer Nichtbasisvariablen macht. Sukzessive gehen dabei x_1, x_4 und x_3 (in dieser Reihenfolge) in die Menge der Basisvariablen ein, während y_3, y_1 und y_2 zu Nichtbasisvariablen werden.

Zulässige kanonische Form des gegebenen Gleichungssystems:

$$\begin{aligned} 1/2x_2 \quad\quad + x_4 &= 7/2 \\ 3/2x_2 + x_3 \quad\quad &= 25/2 \\ x_1 - 1/2x_2 \quad\quad\quad &= 3/2. \end{aligned}$$

Zulässige Basislösung: (3/2, 0, 25/2, 7/2).

Aufgabe VI-12

a) Künstliches Optimierungssystem:

$$\begin{aligned} y_0 = \quad\quad\quad\quad\quad\quad & + y_1 + y_2 \rightarrow \min! \\ 2x_1 + 4x_2 - 4x_3 + y_1 \quad\quad &= 10 \\ 5x_1 - 2x_2 + 10x_3 \quad\quad + y_2 &= 40 \\ x_1, \quad x_2, \quad x_3, \; y_1, \; y_2 &\geqq 0. \end{aligned}$$

Die Anwendung des Simplexalgorithmus auf dieses künstliche System liefert:

y_0	x_1	x_2	x_3	y_1	y_2	RS
1	0	0	0	−1	−1	0
0	1	4/5	0	1/4	1/10	13/2
0	0	−3/5	1	−1/8	1/20	3/4

Als zulässige kanonische Form des ursprünglichen Systems erhält man daraus:

$$\begin{aligned} x_1 + 4/5x_2 \quad\quad &= 13/2 \\ -3/5x_2 + x_3 &= 3/4 \\ x_1, \quad x_2, \quad x_3 &\geqq 0. \end{aligned}$$

Die entsprechende zulässige Basislösung lautet: (13/2, 0, 3/4).

b) Die Anwendung des GAUSS-Algorithmus auf das ursprüngliche Gleichungssystem liefert – unter Verwendung der Pivots (1, 1) und (2, 3) – das obenstehende umgeformte System.

c) Der GAUSS-Algorithmus garantiert grundsätzlich nicht, daß eine **zulässige** kanonische Form erzeugt wird (d. h. möglicherweise kommt es zu negativen rechten Seiten in bezug auf die Restriktionsgleichungen).

Aufgabe VI-14

Künstliches Optimierungssystem:

$$
\begin{array}{rl}
y_0 = & y_1 + y_2 \to \min! \\
x_1 + 2x_2 - s_1 \qquad\qquad + y_1 & = 9 \\
-x_1 + x_2 \quad + s_2 \qquad\qquad & = 3 \\
x_1 + x_2 \qquad - s_3 \quad + y_2 & = 5 \\
x_1,\ x_2,\ s_1,\ s_2,\ s_3,\ y_1,\ y_2 & \geqq 0.
\end{array}
$$

Optimale kanonische Form des künstlichen Optimierungssystems:

y_0	x_1	x_2	s_1	s_2	s_3	y_1	y_2	RS
1	0	0	0	0	0	−1	−1	0
0	0	1	−1	0	1	1	−1	4
0	0	0	2	1	−3	−2	3	0
0	1	0	1	0	−2	−1	2	1

Zulässige Basislösung des **Ausgangs**systems: (1, 4).

Aufgabe VI-15

	*	*	*				
x_0	x_1	x_2	x_3	x_4	x_5	x_6	RS
1	0	0	0	7	−5	25	38
0	1	0	0	0	4	−6	7
0	0	1	0	2	−3	7	4
0	0	0	1	1	2	1	3

Aufgabe VI-16

Künstliches Optimierungssystem zur Erzeugung einer ersten zulässigen Basislösung des Restriktionssystems:

$$
\begin{array}{rl}
y_0 = & y_1 + y_2 \to \min! \\
x_1 + 2x_2 + x_3 + s_1 \qquad\qquad & = 15 \\
2x_1 + x_2 \qquad\qquad + y_1 & = 8 \\
x_1 + x_2 + x_3 \quad - s_2 \quad + y_2 & = 8 \\
x_1,\ x_2,\ x_3,\ s_1,\ s_2,\ y_1,\ y_2 & \geqq 0.
\end{array}
$$

Der Simplexalgorithmus (Phase 1) liefert für dieses **künstliche** System die folgende optimale kanonische Form:

y_0	x_1	x_2	x_3	s_1	s_2	y_1	y_2	RS
1	0	0	0	0	0	−1	−1	0
0	0	1	0	1	1	0	−1	7
0	1	1/2	0	0	0	1/2	0	4
0	0	1/2	1	0	−1	−1/2	1	4

Eliminierung der künstlichen Variablen und Aufnahme der ursprünglichen Zielfunktion ergibt:

x_0	x_1	x_2	x_3	s_1	s_2	RS
1	0	−3/2	0	0	−1	12
0	0	1	0	1	1	7
0	1	1/2	0	0	0	4
0	0	1/2	1	0	−1	4

Die Anwendung des Simplexalgorithmus (Phase 2) ergibt das folgende optimale Tableau:

x_0	x_1	x_2	x_3	s_1	s_2	RS
1	0	0	0	3/2	1/2	45/2
0	0	1	0	1	1	7
0	1	0	0	−1/2	−1/2	1/2
0	0	0	1	−1/2	−3/2	1/2

Eine optimale Basislösung des ursprünglichen Optimierungssystems lautet damit (1/2, 7, 1/2).
Der zugehörige Zielwert beträgt 45/2.

Aufgabe VI-17

Optimale kanonische Form

x_0	x_1	x_2	x_3	RS
1	0	0	0	12
0	1	0	0	1
0	0	1	0	1
0	0	0	1	2

Das Restriktionssystem (und damit auch das Optimierungssystem als Ganzes) besitzt nur eine Lösung, nämlich (1, 1, 2).
Zugehöriger Zielwert: 12.

Aufgabe VI-18

Nach der Anwendung des Simplexalgorithmus auf ein entsprechendes künstliches Optimierungssystem, der anschließenden Eliminierung der künstlichen Variablen sowie der Aufnahme der ursprünglichen Zielfunktion ergibt sich die folgende kanonische Form:

x_0	x_1	x_2	s_1	s_2	RS
1	0	0	−3/4	0	85/2
0	0	1	−1/4	0	55/2
0	1	0	−1/4	0	15/2
0	0	0	−1/4	1	15/2

Der Zielwert ist unbeschränkt (vgl. s_1-Spalte!).

Aufgabe VI-19

Die Anwendung des Simplexalgorithmus auf ein entsprechendes künstliches Optimierungssystem (Phase 1) liefert die folgende kanonische Form (gerundet):

y_0	x_1	x_2	s_1	y_1	y_2	RS
1	0	0	−0,18	0	−1,47	0,76
0	1	0	0,29	0	0,12	2,06
0	0	0	−0,18	1	−0,47	0,76
0	0	1	−0,06	0	0,18	1,59

Der Zielwert ist nicht gleich Null. Deshalb besitzt das Restriktionssystem überhaupt keine zulässige Lösung.

Aufgabe VI-20

Die Simplexmethode liefert das folgende optimale kanonische System:

x_0	x_1	x_2	s_1	s_2	s_3	RS
1	0	0	300	0	50	36.000
0	0	1	1	0	−1/2	40
0	0	0	−2	1	5/8	25
0	1	0	0	0	1/2	60

Nach der ausgewiesenen Lösung sollten 60 ME von FP_1 und 40 ME von FP_2 hergestellt werden. Der zu erwartende Umsatz beträgt dann 36.000 GE. Bei diesem Produktionsprogramm wären die Anlagen A_1 und A_3 voll ausgelastet, während auf der Anlage A_2 noch 25 Stunden ungenutzt verblieben. Eine zusätzliche Anlagenstunde der Anlage A_1 würde den Umsatz um 300 GE erhöhen, während eine weitere Stunde von A_3 nur zu 50 GE zusätzlich führt.

Aufgabe VI-21

Die Simplexmethode liefert folgende optimale Lösung

$$x_{11}^* = 0 \quad x_{21}^* = 150 \qquad x_0^* = 9.400.$$
$$x_{12}^* = 130 \quad x_{22}^* = 50$$

Danach sollten die Transporte wie folgt vorgenommen werden:

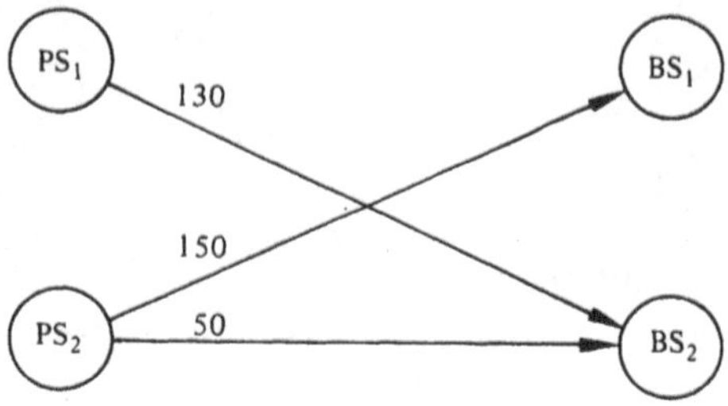

Abb. VIII-3: Kostenoptimale Transportgütermengen für das Problem aus der Aufgabe I-6.

Aufgabe VI-22

a) Nicht optimal, da noch nicht primal zulässig.

b)

x_0	x_1	x_2	x_3	x_4	x_5	x_6	x_7	x_8	x_9	x_{10}	x_{11}	RS
1	0	0	0	0	0	0	13	16	0	32	46	6
0	1	0	0	0	0	0	7	−4	6	−8	(−23)$^{-10}$	−5
0	0	1	0	0	0	0	−21	(−32)$^{-3}$	3	−4	0	−6
0	0	0	1	0	0	0	−1	−6	46	−3	−12	1
0	0	0	0	1	0	0	−7	16	(−15)^{0}	−22	10	−3
0	0	0	0	0	1	0	−20	−3	4	−7	39	0
0	0	0	0	0	0	1	10	0	14	(−2)$^{-16}$	0	−1

Die möglichen Pivotelemente wurden durch Kreise markiert, die zugehörigen Zielwertänderungen daran vermerkt. Danach ergibt sich die größte Änderung des Zielwertes bei Verwendung des markierten Koeffizienten in der letzten Gleichung.

c) Nein, denn es kann nach einem oder mehreren Pivotschritten noch immer eine Gleichung mit einer negativen rechten Seite auftreten, bei der sämtliche Koeffizienten auf der linken Seite nicht negativ sind.

Aufgabe VI-23

a)

				*	*	*	
x_0	x_1	x_2	x_3	x_4	x_5	x_6	RS
1	−1	−3	−2	0	0	0	0
0	$(-1)^{15}$	−2	$(-2)^{15}$	1	0	0	−15
0	$(-2)^{2,5}$	−1	−2	0	1	0	− 5
0	$(-2)^{10}$	−2	−1	0	0	1	−20

b)

	*				*	*	
x_0	x_1	x_2	x_3	x_4	x_5	x_6	RS
1	0	−1	0	−1	0	0	15
0	1	2	2	−1	0	0	15
0	0	3	2	−2	1	0	25
0	0	2	3	−2	0	1	10

Das umgeformte System ist primal und dual zulässig. Die ausgewiesene optimale Lösung lautet:

(15, 0, 0, 0, 25, 10).

Der optimale Zielwert beträgt 15.

Aufgabe VI-24

(Ausgangstableau)

				*	*	*	
x_0	x_1	x_2	x_3	s_1	s_2	s_3	RS
1	3	5	8	0	0	0	0
0	1	−1	1	1	0	0	− 8
0	−1	−2	0	0	1	0	−14
0	0	3	(-1)	0	0	1	−25

(Endtableau)

x_0	x_1	x_2	x_3	s_1	s_2	s_3	RS
1	3	29	0	0	0	8	−200
0	1	2	0	1	0	1	− 33
0	−1	−2	0	0	1	0	− 14
0	0	−3	1	0	0	−1	25

Es existiert überhaupt keine zulässige Lösung (vgl. die erste Restriktionsgleichung!).

Aufgabe VI-25

x_0	x_1	x_2	s_1	s_2	s_3	s_4	s_5	RS
1	2	1	0	0	0	0	0	0
0	−1	−1	1	0	0	0	0	−4
0	2	−5	0	1	0	0	0	10
0	5	8	0	0	1	0	0	40
0	1	−1	0	0	0	1	0	1
0	−2	−1	0	0	0	0	1	−6

(Ausgangstableau)

x_0	x_1	x_2	s_1	s_2	s_3	s_4	s_5	RS
1	0	0	0	0	0	0	1	−6
0	0	1	−2	0	0	0	1	2
0	0	0	−12	1	0	0	7	16
0	0	0	11	0	1	0	−3	14
0	0	0	−3	0	0	1	2	1
0	1	0	1	0	0	0	−1	2

Optimale Lösung des Ausgangssystems: (2, 2).
Optimaler Zielwert: −6.

Ausgewählte Literatur

ADAM, Dietrich/WITTE, Thomas [1975/1976]: Betriebswirtschaftliche Modelle: Aufgabe, Aufbau, Eignung. WISU, Bd. 4, S. 369–371; S. 419–423, Bd. 5, 1–5.

ARONOFSKY, Julius S./DUTTON, John M./TAYYABKHAN, Michael T. [1978]: Managerial Planning with Linear Programming. Wiley, New York.

BACHEM, A./EULER, R. [1984]: Recent Trends in Combinatorial Optimization. OR Spektrum, Bd. 6, S. 1–21.

BLOECH, Jürgen [1974]: Lineare Optimierung für Wirtschaftswissenschaftler. Studienbücher BWL/VWL, Bd. 2, Westdeutscher Verlag, Opladen.

BURKARD, R. W. [1972]: Methoden der ganzzahligen Programmierung. Springer-Verlag, Wien/New York.

CHARNES, A./COOPER, W. [1961]: Management Models and Industrial Applications of Linear Programming I, II. John Wiley and Sons, New York/London.

DANTZIG, George B. [1966]: Lineare Programmierung und Erweiterungen. Deutsche Bearbeitung von JAEGER, Arno. Springer-Verlag, Berlin/Heidelberg/New York.

DANTZIG, George B. [1984]: Reminiscences about the Origin of Linear Programming. In: COTTLE, Richard, W./KELMANSON, Milton L./KORTE, Bernhard (Hrsg.), Proceedings of the International Congress on Mathematical Programming 1981, North Holland, Amsterdam/New York/Oxford, S. 105–112.

DIETRICH, G./STAHL, H. [1968]: Matrizen und Determinanten und ihre Anwendung in Technik und Industrie. VEB Fachbuchverlag, Leipzig.

DINKELBACH, Werner [1969]: Sensitivitätsanalyse und parametrische Programmierung. Springer-Verlag, Berlin/Heidelberg/New York.

DINKELBACH, Werner [1973]: Modell – ein isomorphes Abbild der Wirklichkeit? In: GROCHLA, Erich/SZYPERSKI, Norbert (Hrsg.), Modell- und computergestützte Unternehmensplanung. Gabler, Wiesbaden.

DÜCK, W./KÖRTH, H./RUNGE, W./WUNDERLICH, L. [1980]: Mathematik für Ökonomen I, II. Harri Deutsch, Thun/Frankfurt.

FOULDS, L. R. [1981]: Optimization Techniques, An Introduction. Springer-Verlag, New York/Heidelberg/Berlin.

GAL, Tomas [1979]: Postoptimal Analysis, Parametric Programming and Related Topics. McGraw Hill, New York/London.

GAL, Tomas/GEHRING, Hermann [1981]: Betriebswirtschaftliche Planungs- und Entscheidungstechniken. De Gruyter, Berlin/New York.

GAL, Tomas [1983]: Mathematik für Wirtschaftswissenschaftler, III. Lineare Optimierung. Springer-Verlag, Berlin/Heidelberg/New York.

GAL, Tomas/KRUSE, H. J./VOGELER, B./WOLF, H. [1983]: Mathematik für Wirtschaftswissenschaftler, I. Lineare Algebra. Springer-Verlag, Berlin/Heidelberg/New York.

GALE, David [1960]: The Theory of Linear Economic Models. McGraw-Hill, New York/Toronto/London.

GASS, Saul J. [1985]: Decision Making, Models and Algorithms. John Wiley, New York/Toronto.

GILL, Philip E./MURRAY, Walter/WRIGHT, Margaret H. [1981]: Practical Optimization. Academic Press, London/New York.

GROCHLA, Erwin [1969]: Modelle als Instrumente der Unternehmensführung. Zeitschrift für betriebswirtschaftliche Forschung (N.F.) Bd. 21, S. 382–397.

HADLEY, George [1961]: Linear Algebra. Addison-Wesley, Reading/London.

HADLEY, George [1962]: Linear Programming. Addison-Wesley, Reading/London.

HAMMER (IVANESCU), Peter L./RUDEANU [1968]: Boolean Methods in Operations Research. Springer-Verlag, Berlin/Heidelberg/New York.

HARARY, Frank/NORMANN, Robert Z./CARTWRIGHT, Dorwin [1965]: Structural Models. An Introduction to the Theory of Directed Graphs. Wiley, New York.

HWANG, C. L./MASUD, A. [1979]: Multiple Objective Decision Making – Methods and Applications. Springer-Verlag, Berlin/Heidelberg/New York.

IGNIZIO, James Paul [1982]: Linear Programming in Single- and Multiple-Objective Systems. Prentice-Hall, Englewood Cliffs, N.J.

ISCHBOLDIN, Boris [1960]: Zur Kritik der mathematischen Methode in den Wirtschaftswissenschaften. Zeitschrift für handelswissenschaftliche Forschung, Bd. 12, S. 209–220.

JAEGER, Arno [1960]: Introduction to Analytic Geometry and Linear Algebra. Holt, Rinehart and Winston, New York.

JAEGER, Arno [1972]: Beziehungen zwischen Mathematik und Wirklichkeit in mathematischen Modellen von empirischen Strukturen. In: HENKE, M./JAEGER, A./WARTMANN, R./ZIMMERMANN, H.J. (Hrsg.), Proceedings in Operations Research. Physica-Verlag, Würzburg/Wien, S. 15–33.

JAEGER, Arno [1972]: Unrestricted Multiplication and Addition of Matrices with Vacant Positions. In: KRELLE, Wilhelm (Hrsg.), Operations Research Verfahren XIV, Anton Hain, Meisenheim, S. 3–13.

JAEGER, Arno [1977]: A Plea for Preordinators. In: HENN, Rudolf/MOESCHLIN, Otto (Hrsg.), Mathematical Economics and Game Theory. Springer-Verlag, Berlin/Heidelberg/New York, S. 605–615.

JAEGER, Arno [1980]: Die Mathematik in den Wirtschaftswissenschaften – Eine Anwendung von Symbolen? In: HENN, R./SCHIPS, B./STÄHLY, P. (Hrsg.), Quantitative Wirtschafts- und Unternehmensforschung. Springer-Verlag, Berlin/Heidelberg/New York, S. 49–79.

JAEGER, Arno [1983]: Modal Quantity Structures in Linear Economic Models. In: BECKMANN, Martin J./EICHHORN, Wolfgang/KRELLE, Wilhelm (Hrsg.), Mathematische Systeme in der Ökonomie. Athenäum, Königstein, S. 253–264.

JAEGER, Arno [1986a]: Mathematische Programmierung. In: SZYPERSKI, Norbert (Hrsg.), Handwörterbuch der Planung. C. E. Poeschel Verlag, Stuttgart.

JAEGER, Arno [1986b]: Multikriteria-Planung. In: SZYPERSKI, Norbert (Hrsg.), Handwörterbuch der Planung. C. E. Poeschel-Verlag, Stuttgart.

JAEGER, Arno/WENKE, Klaus [1969]: Lineare Wirtschaftsalgebra. Teubner, Stuttgart.

JUDIN, D. B./GOLSTEIN, E. G. [1968]: Lineare Optimierung I. Akademieverlag, Berlin/DDR.

KARMARKAR, Narenda [1984]: A New Polynomial-Time Algorithm for Linear Programming. Combinatoria, Bd. 4, S. 373–396.

KHACHIYAN, L. G. [1979]: A Polynomial Algorithm in Linear Programming. English Translation in: Soviet Mathematics Doklady, Bd. 20, S. 191–194.

KISTNER, K.-P. [1981]: Einflüsse der Unternehmensforschung auf die betriebswirtschaftliche Theorie. In: BROCKHOFF, K./KRELLE, W. (Hrsg.), Unternehmensplanung. Springer-Verlag, Berlin/Heidelberg/New York, S. 63–80.

KLINGER, Karl [1964]: Zur Mathematisierung der Betriebswirtschaftslehre. Der Betrieb, Bd. 17, S. 849–852.

KÖHLER, Richard [1975]: Modelle. In: GROCHLA, E./WITTMANN, W. (Hrsg.), Handwörterbuch der Betriebswirtschaft. 4. Auflage. C. E. Poeschel Verlag, Stuttgart, Sp. 2701–2716.

KOSIOL, Erich [1961]: Modellanalyse als Grundlage unternehmerischer Entscheidungen. Zeitschrift für Betriebswirtschaft, Bd. 13, S. 318–344.

KOSIOL, Erich [1964]: Betriebswirtschaftslehre und Unternehmensführung. Zeitschrift für Betriebswirtschaftslehre, Bd. 34, S. 743–762.

KREKO, B. [1973]: Lehrbuch der Linearen Optimierung. 8. Aufl. Deutscher Verlag der Wissenschaften, Berlin/DDR.

LEHMANN, E. [1983]: Lineare Algebra mit dem Computer. Teubner, Stuttgart.

LUPTÁČIK, Mikuláš [1981]: Nichtlineare Programmierung mit ökonomischen Anwendungen. Athenäum, Königstein.

MATTESSICH, Richard [1960]: Zu Ischboldins Kritik der mathematischen Methode. Zeitschrift für handelswissenschaftliche Forschung, Bd. 12, S. 550–556.

MÜLLER-MERBACH, Heiner [1970]: On Round-off Errors in Linear Programming. Springer-Verlag, Berlin/Heidelberg/New York.

MÜLLER-MERBACH, Heiner [1973]: Operations Research. Methoden und Modelle der Optimalplanung. 3. Aufl., Vahlen, München.

NEISS, Fritz [1941]: Determinanten und Matrizen. 1. Aufl., Springer-Verlag, Berlin.

NEISS, Fritz/LIEMANN, H. [1975]: Determinanten und Matrizen. 8. Aufl., Springer-Verlag, Berlin/Heidelberg/New York.

NOLTEMEIER, H. [1976]: Graphentheorie mit Algorithmen und Anwendungen. De Gruyter, Berlin/New York.

RUNZHEIMER, Bodo [1983]: Operations Research I: Lineare Planungsrechnung und Netzplantechnik. Gabler, Wiesbaden.

SAATY, Thomas L./ALEXANDER, Joyce M. [1981]: Thinking with Models. Pergamon Press, Oxford/New York.

SCHELLER, Klaus [1964]: Das Verhältnis der konventionellen Betriebswirtschaftslehre zur Operations Research. Der Betrieb, Bd. 17, S. 1128–1129.

SCHMITZ, Paul/SCHÖNLEIN, Alfred [1978]: Lineare und linearisierbare Optimierungsmodelle sowie ihre ADV-gestützte Lösung. Vieweg, Braunschweig.

SCHNEEWEISS, Christoph [1974]: Dynamisches Programmieren. Physica-Verlag, Würzburg/Wien.

SCHRADER, R. [1983]: The Ellipsoid Method and its Implications. OR Spektrum, Bd. 5, S. 1–13.

SCHWARZE, Jochen [1986]: Mathematik für Wirtschaftswissenschaftler, Bd. 3: Lineare Algebra und Lineare Programmierung. 6. Aufl. Neue Wirtschaftsbriefe, Herne/Berlin.

VAJDA, Steven [1960]: Lineare Programmierung. Beispiele. Industrielle Organisation, Zürich.

VOGEL, Friedrich [1970]: Matrizenrechnung in der Betriebswirtschaft. Westdeutscher Verlag, Opladen.

WÄSCHER, Gerhard [1982]: Lineare Planungs- und Entscheidungsmodelle in der betrieblichen Praxis. Studienmaterialien Bd. 52, Staatliches Institut für Lehrerfort- und -weiterbildung, Speyer.

WÄSCHER, Gerhard [1984]: Lineare Optimierungsmodelle zur Lösung von Problemen der Unternehmungsplanung. Didaktik der Mathematik, Bd. 12, S. 85–112.

WILLIAM, H.P. [1979]: Model Building in Mathematical Programming. John Wiley, Chichester/New York/Brisbane/Toronto.

WITTMANN, Waldemar [1958]: Betriebswirtschaftslehre und Operations Research. Zeitschrift für betriebswirtschaftliche Forschung, Bd. 5, S. 285–297.

ZELENY, Milan [1982]: Multiple Criteria Decision Making. McGraw-Hill, New York/Hamburg/London.

ZIMMERMANN, Hans-Jürgen [1980]: Testability and Meaning of Mathematical Models in Social Sciences. Mathematical Modelling, Bd. 1, S. 123–139.

ZIMMERMANN, Hans Jürgen [1985]: Fuzzy Set Theory and Its Applications. Kluwer-Nijhoff Publishing, Boston/Dordrecht/Lancaster.

ZOUTENDIJK, G. [1976]: Mathematical Programming Methods. North-Holland, Amsterdam/New York/Oxford.

ZURMÜHL, R./FALK, S. [1984]: Matrizen und ihre Anwendungen. Springer-Verlag, Berlin/Heidelberg/New York.

Sachverzeichnis

Oldenbourg · Wirtschafts- und Sozialwissenschaften · Steuer · Recht

www.ingramcontent.com/pod-product-compliance
Lightning Source LLC
LaVergne TN
LVHW092154300926
849161LV00002B/268
* 9 7 8 3 4 8 6 2 4 5 8 6 8 *